इस्मत आपा

वाणी प्रकाशन

इस्मत आपा

सम्पादन

सुकृता पॉल कुमार

अमितेश कुमार

वाणी प्रकाशन
4695, 21-ए, दरियागंज, नयी दिल्ली 110 002

शाखा

अशोक राजपथ, पटना 800 004

फ़ोनः +91 11 23273167 फ़ैक्सः +91 11 23275710

www.vaniprakashan.in
vaniprakashan@gmail.com
sales@vaniprakashan.in

ISMAT AAPA
Edited by Sukrita Paul Kumar, Amitesh Kumar
Photographs published with permission of Ashish Sawhney
Cover and Layout Design by Devesh Kardam

ISBN : 978-93-5000-092-2
Criticism/Anthology

प्रथम संस्करण

मूल्य : ₹895

यश प्रिंटोग्राफ़िक्स, नोएडा-201 301 (नोएडा) में मुद्रित

वाणी प्रकाशन का लोगो मक़बूल फ़िदा हुसेन की कूची से

इस्मत आपा

अपने को निर्मित करने के लिए इस्मत आपा को बाहरी औज़ारों की ज़रूरत नहीं थी। उनमें निश्चय था और निश्चय को क्रिया में बदलने की ताक़त भी। उन्हें पुरानी रूढ़ियों और पूर्वाग्रहों को तोड़ने के लिए अलग से किसी हथियार की आवश्यकता भी नहीं थी। उनका स्त्रीवाद उनके निर्णयों से स्वतः झलकता है। सहज और साफ़! जब उन्होंने तय किया कि वे पर्दा नहीं करेंगी, उनको कोई बड़ी लड़ाई नहीं लड़नी पड़ी। और उनकी क़लम ने मध्यवर्गीय मुस्लिम महिलाओं की दुनिया, उनकी गपशप, करतूतों, इच्छाओं और आकांक्षाओं, ईर्ष्या और तनावों, रिवाजों और परम्पराओं और उनके दमन और छोटे-छोटे विद्रोहों से पर्दा हटाने के लिए युक्ति की तरह काम किया। पहली बार इस्मत की क़लम के ज़रिये 'बेगमाती ज़ुबान' (घर की औरतों की विशेष ज़बान) उर्दू कथा में शामिल हुई, कमाल के मुहावरों, कहावतों, बिम्बों और फेंटे हुए लहजे में। एक अग्रदूत की ऊर्जा और जीवन्तता के साथ इस्मत ने अपने जीवनानुभवों, अपनी भाषा और परिवार के चरित्रों को इस्तेमाल किया, पर्दे के पीछे की दुनिया की सोयी हुई चुप्पी को निर्भीकता से दिखाने के लिए। उर्दू कथा में यह तब तक ग़ायब था जब तक इस्मत चुग़ताई, जिन्होंने रशीद जहाँ को अपना संरक्षक माना, चालीस के दशक में उर्दू अदब के परिदृश्य में दाख़िल नहीं हुई। 1942 में छपी उनकी कहानी 'लिहाफ़' पर व्यापक प्रतिक्रिया हुई, यहाँ तक कि उनको अदालत तक जाना पड़ा। इस्मत एक किंवदन्ती बन गयीं, ऐसी जो विवादों से घिरी रहती थीं। यहाँ तक कि उनके इन्तक़ाल के बाद भी शोधार्थी उनके जन्म के बारे में बहस करते हैं : ये 1911 था या 1915?

इस्मत की कहानियों में, उनकी आत्मकथा 'काग़ज़ी है पैरहन' और उनके उपन्यास 'टेढी लकीर', 'एक क़तरा ख़ून', में देखा जा सकता है कि इस्मत चुग़ताई ने जो कहानियाँ लिखीं उनमें और असल में एक सहज अंतर्पाठीय जीवनानुभव के बीच की रेखाएँ उनके लिए घुल गयी थीं। उनके परिवार के सदस्य, उनके घर के नौकर, उनके दोस्त उनकी कहानियों के किरदार बने। कभी-कभी उसी नाम से जो उनका असल जीवन में था। सम्बन्ध और उनकी कड़ियाँ जिनसे वो गुज़रीं उनकी कहानियों के लिए सन्दर्भ बन गये। एक ही समय में वे कड़ियाँ उनकी आत्मकथा, उपन्यास और यहाँ तक कि कहानियों में भी कही गयीं। उनकी तेज़ाबी वाक्पटुता, उनकी भाषाई ताक़त, उनके तीक्ष्ण हास्य बोध

ने सम्मिलित रूप से उनकी कहानियों को सर्वाधिक पठनीय बनाया। यहाँ तक कि उनके समकालीन कहानीकार कृष्ण चन्दर ने इस्मत के वाक्यों की गति की तुलना दौड़ते हुए घोड़े से की!

इस्मत ने यथार्थ जीवन को जितनी आसानी से कथा में संभाला उसी आसानी से उन्होंने कथा को अपने जीवन के पाठ में शामिल किया। इसीलिए अपनी आत्मकथा में जो कुछ भी उन्होंने कहा है वह उनके असली अनुभवों की उतनी पुष्टि नहीं करता। इस्मत का व्यक्तित्व, उनका जीवन, और उनकी कहानियाँ एक-दूसरे में घुलमिल गयीं। इनमें से एक को जानने का मतलब अनिवार्य रूप से दूसरे को जानना है। इस्मत का आत्मबोध उनके जीवन के 'निर्मित होने वाले वर्षों' की मुठभेड़ से विकसित हुआ—वे 'ग़ुबारे कारवाँ' (उनकी आत्मकथा का एक अध्याय) में ऐसे दो अनुभवों को दर्ज करती हैं। एक बच्चे की हथेली पर जो उनका हमेशा पीछा करता रहा, तड़तड़ाता हुए बेंत और अली असग़र के गले में अटक गये तीर की दर्द भरी तस्वीर से उनका अवगत होना। उनकी तरक़्क़ीपसंदीयत ऐसे ही अन्याय और शोषण के अनुभवों से पल्लवित विकसित हुई, ना कि किसी सिद्धान्त से। इस्मत ने अधिकांश शोध बचपन में बिस्तर के नीचे छिप कर औरतों के एक-दूसरे से गप्प सुनते हुए, नौकरों से बात करने में और असली जीवन की स्थितियों को इकट्ठा करने में किया है। आलोचक फ़ुज़ैल जाफ़री, इस्मत की कहानियों में घरेलू सच के प्रामाणिक विवरण को देखकर उनके कहानीकार के फ़न को फ़ोटोग्राफी के रूप में वर्णित करते हैं, चित्रकारी में नहीं। उन्होंने नानियों, नौकरों, घर की बूढ़ी और जवान महिलाओं के मानस में प्रवेश किया और अपने सधे अवलोकन से मुस्लिम घरों की संस्कृति को एक के बाद एक कहानी लिख कर जीवन्त कर दिया।

इस्मत ने अपनी आत्मकथा को 'काग़ज़ी है पैरहन' कहा, एक अभिव्यक्ति जिसे ग़ालिब के दीवान के पहले शेर से लिया गया। वह शिकायतकर्ता की अपनी भूमिका के बारे में सचेत थीं, जो कमज़ोर, शोषित और ज़रूरतमन्दों की तरफ़ से थी। वह बतौर गवाह खड़ी होतीं जैसा कि था—सच्ची कहानियों को कहने की अदालत में। 'काग़ज़ी पैरहन' पहने हुए अपनी शिकायतों और स्वीकार को प्रस्तुत करते हुए, इस्मत ने अदबी दृश्य में प्रवेश किया जागरूकता और बदलाव का आह्वान करते हुए। इस्मत चुग़ताई जीते जी लीजेंड बन गयी थीं, प्रमुख रूप से अपनी कहानी 'लिहाफ़' के कारण। उन्होंने यथास्थिति का समर्थन नहीं किया, वे कहतीं, दुनिया को मजबूर करो कि अपने को बदले और विकसित करे।

इस्मत ने घोषणा की "लिखते हुए मैं कल्पना करती हूँ कि मेरे पाठक मेरे सामने बैठे हैं। मैं उनसे बात कर रही थी—जैसे कि ज़बानी परम्परा में क़िस्सागो सुनाते थे, मैं अपने क़िस्से अपने श्रोताओं को सुनाती थी।" श्रोता भीड़ हैं। लेकिन उन्होंने बहुत सारे व्यक्तिगत पत्र भी लिखे, उनमें बहुत से उन्होंने नहीं भेजे! रामलाल, प्रख्यात उर्दू अफ़साना निगार को लिखे एक ख़त में इस्मत कृष्ण के लिए राधा के प्रेम और प्रेमिका के रूप में स्त्री की ग़ैर- परम्परागत भूमिका और पुरुष के प्रिय रूप का ज़िक्र करती हैं। इस्मत के खरे विचार,

निर्भीक और जीवन्त मानस ने मिलकर कथा के विशाल हिस्से को जन्म दिया, जिन्होंने उनकी जीवन शैली को भी पोषित किया।

जब कुर्तुलएन हैदर उर्दू अदबी परिदृश्य में 'आधुनिक' बुद्धिजीवी और लेखक के रूप में आयीं, इस्मत ने एक लेख 'पोम पोम डार्लिंग' लिखा, जिसमें इस्मत ने ऊँचे तबक़े की शेखी के बरक्स उन्हें जीवाश्मी चरित्रों से भरी दुनिया बताया। इस्मत की मृत्यु के बहुत बाद में, प्रख्यात लेखिका कुर्तुलएन हैदर ने भी इस्मत पर एक लेख लिखा 'लेडी चंगेज़ ख़ाँ' और कहा—"उर्दू अदब के जंगी मैदान में, इस्मत एक चुग़ताई थीं, घुड़सवार और तीरंदाज़ जिसका कभी निशाना नहीं चूका।" इस्मत चुग़ताई और कुर्तुलएन हैदर, इस्मत आपा और ऐनी आपा—जो उन्हें आत्मीयता से पुकारा जाता—अन्य लेखकों के साथ एक मज़बूत स्तम्भ की तरह थीं, जिनके ऊपर आधुनिक समय के उर्दू अफ़सानों का महल टिका था।

ऐसी इस्मत आपा के बारे में जानना एक साथ बहुत-सी चीज़ों का जानना है। जैसे कि उनका जीवन, उनके अफ़साने, उनके अन्य नस्र, उनके बारे में उनके समकालीनों के विचार, उनका समय, उस समय में औरतों का लेखन, उर्दू अफ़सानों की दुनिया, अन्य लेखकों से उनके रिश्ते इत्यादि। स्पष्ट है कि कोई ऐसा एक ग्रन्थ नहीं, जहाँ उर्दू अदब और भारतीय अदब की इस महान शख़्सियत को आप जान सकें, हिन्दी और उर्दू में विशेषकर नहीं। ऐसे में इस किताब का प्रकाशन उपलब्धि से अधिक सन्तोष की तरह है।

—सुकृता पॉल कुमार
—अमितेश कुमार

अनुक्रम

यादें

आमने-सामने

कुछ ख़त...

रहगुज़र

आगरा शताब्दियों से इस्मत के पूर्वजों का शहर था। आगरा में उनके दादा जी मिर्ज़ा करीम बेग़ चुग़ताई ने अपना व्यवसाय जमाया था और करीम कटरा बनाया था। और यहाँ उनकी बादशाही ख़ानम (बिच्छो फूफ़ी) का कटरा मैथान था।

आगरा में नाना और उनका परिवार था, जो उस्मानी परिवार से सम्बन्ध रखता था और बाबा फ़रीद तथा हज़रत सलीम चिश्ती की शेख़ी बघारता था। चुग़ताई परिवार के सदस्य इस शहर में अक्सर आते रहते।

इस्मत के पिता मिर्ज़ा कासिम बेग़ चुग़ताई को (जन्म 1861, मृत्यु 1936) ब्रिटिश भारतीय शासन में उनकी सेवाओं के लिए 'ख़ान बहादुर' का सम्मान दिया गया था। इस्मत चुग़ताई की माँ टेनिस की अच्छी खिलाड़ी थीं। वह शतरंज, चौसर भी खेलतीं और फ़िल्मों की शौक़ीन थीं।

इस्मत की बड़ी बहन रिफ़त ख़ानम (बड़ी आपा) का ब्याह हो चुका था। इनके बड़े परिवार में इस्मत के भाई और बहन के अलावा उनके चचेरे भाई-बहन और दूसरे रिश्तेदार भी रहते थे, इस्मत के मामा के दूसरे लड़के, शेख़ अख़्तर हुसैन उस्मानी (जुगनू) अपनी बहन शौकत के साथ रहते थे।

उनके जन्म के समय उनका घर परिवार के आश्रितों से भरा था। दूसरों के साथ वहाँ वे महिलाएँ थीं जिन्होंने ख़ासा बेगमी माहौल बनाया हुआ था।

इमामी ख़ानम, मिर्ज़ा करीम बेग़ (इस्मत के दादा जी) की बहन, उनके पिता मिर्ज़ा कासिम बेग़ की बुआ, और उनकी माँ नुसरत ख़ान की दादी।

असग़री बेगम (दुन्ना), नुसरत ख़ानम की माँ और विख्यात लेखक शेख़ उमराव अली उस्मानी, इस्मत के नाना जी की पत्नी लताफ़त ख़ानम, उमर बेग़, इस्मत चुग़ताई के दादा जी मिर्ज़ा करीम बेग़ चुग़ताई के भाई की शिया विधवा नूरजहाँ, मिर्ज़ा कासिम बेग़ चुग़ताई की सौतेली माँ ने अपने पति की मौत के बाद अपने मेहर की रक़म का दावा किया, जो उस ज़माने में बड़ी रक़म थी, उनका 1930 में मक्का में इन्तक़ाल हुआ।

1911 : 21 अगस्त—बदायूँ, उत्तर प्रदेश में इस्मत का जन्म, आख़िरी लेकिन परिवार की दस सन्तानों में से एक।

1913 : इस्मत के भाई मिर्ज़ा असीम बेग़ चुग़ताई का बदायूँ में जन्म, विभाजन के बाद पाकिस्तान पलायन और वहाँ के उल्लेखनीय कथाकार बने।

1914 : रिफ़त ख़ानम, इस्मत की बड़ी बहन, दूसरे बच्चे को जन्म दिया, नैयर जहाँ (नर्रो/नैयर इस्मत के उपन्यास 'टेढ़ी लकीर' की अहम किरदार और इस्मत के आत्मकथात्मक लेखों में भी इनका ज़िक्र हुआ है।)

इस्मत ने रिफ़त ख़ानम के बारे में अपने रिपोर्ताज़ 'यहाँ से वहाँ तक' में लिखा है।

1915 : इस्मत के बड़े बहनोई का इन्तक़ाल, जो उनकी बहन रिफ़त ख़ानम को उन्नीस साल की उमर में विधवा छोड़ गये। वह अपने वालिद के घर वापस आ गयीं। इसने इस्मत पर बहुत असर डाला।

छोटे मामा के घर अख़्तर सुलतान का जन्म। उर्दू के मूर्धन्य लेखक कृष्ण चन्दर के अनुसार इस्मत को अख़्तर और जमीला से मिले बग़ैर कोई भी नहीं समझ सकता।

1916 : इस्मत का धनकोट के नगरपालिका विद्यालय में दाख़िला। उनका परिवार लखनऊ चला गया क्योंकि पिता वहाँ पदस्थापित हो गये थे।

1917 : उनका परिवार बहराइच, उ.प्र. चला गया।

1919 : इस्मत 'दिल की दुनिया' अपने लघु उपन्यास में बहराइच के संस्मरणों को दर्ज करती हैं।

1920 : फ़रहत ख़ानम, बाजी, इस्मत की बहन का निक़ाह। वह 'टेढ़ी लकीर' की मंजू थी और इस्मत से बेहद लगाव था। फ़रहत लगभग इस्मत की घरेलू शिक्षिका थीं और उनका बहुत ख़याल रखतीं। उनके निक़ाह के बाद इस्मत बहुत अकेली पड़ गयीं।

छोटे मामा फ़रहत हुसैन उस्मानी के घर जमीला का 1 नवम्बर को जन्म, वह इस्मत के क़रीबी साथी के रूप में बड़ी हुई।

1921 : इस्मत के वालिद ब्रिटिश भारतीय सरकार में डिप्टी कलक्टर के पद से सेवानिवृत्त हुए। परिवार अलीगढ़ चला आया। उनके भाई अज़ीम बेग़ और उनके चाचा इब्राहिम बेग़ चुग़ताई ने इस्मत को पढ़ाना शुरू किया।

1922 : इस्मत ने अलीगढ़ में फिर से स्कूल जाना शुरू किया, भीखमपुर के नवाब मुजम्मिल खान ने मिर्ज़ा क़ासिम बेग़ को अपनी जायदाद का दीवान नियुक्त किया।

1923 : रिफ़त हुसैन उस्मानी (रफ्फो) ने फ़रहत हुसैन उस्मानी के यहाँ 2 अप्रैल को जन्म लिया।

इस्मत की बहन अज़मत ख़ानम की शादी हुई।

1924 : इस्मत के भाई अज़ीम बेग़ चुग़ताई (मुन्ने) की शादी अहमदी बेग़म के साथ।

इस्मत ने कुछ रोमानी कहानियाँ लिखनी शुरू कीं, जिसे वो तकिये के नीचे छुपा कर रखती थीं।

1925 : अज़ीम बेग़ चुग़ताई के यहाँ नुजहत का जन्म।

छोटी बहन अज़मत ख़ान से अतहर का जन्म। इन बच्चों के बहुत क़रीब इस्मत ने इन पर अपने कथानक के किरदार गढ़े।

1927 : मिर्ज़ा अज़ीम बेग़ चुग़ताई अलीगढ़ से स्नातक। इनके यहाँ मिदहत (मिद्धो) का जन्म। (इस्मत की कहानी 'बच्चे' में आयीं) फ़रहत ख़ानम (इस्मत की बहन) ने मिदहत को अपनी बेटी के रूप में गोद लिया।

1928 : अज़ीम ने 'क़ुरान और पर्दा' और 'हदीस और पर्दा' को प्रकाशित करवाया, इस्लाम में पर्दे का अध्ययन। इस्मत ने जोधपुर में ट्रेन से उतरते हुए पर्दे को ख़ारिज किया जहाँ वो अपने परिवार के साथ शादी में शरीक होने गयी थीं।

1929 : मिर्ज़ा अज़ीम बेग़ चुग़ताई ने अलीगढ़ मुस्लिम विश्वविद्यालय से एलएलबी की उपाधि प्राप्त की।

परिवार अलीगढ़ से सांभर, राजस्थान में चला गया।

1930 : इस्मत की सौतेली दादी नूरजहाँ का सौ वर्ष की उम्र में मक्का में इन्तक़ाल।

1931 : परिवार सांभर से सोजात, राजस्थान चला गया जहाँ इस्मत के पिता मजिस्ट्रेट थे।

1932 : द्वितीय श्रेणी में अलीगढ़ से इस्मत ने मैट्रिक परीक्षा उत्तीर्ण की।

'अंगारे' प्रगतिशील कहानियों का संकलन, लखनऊ से प्रकाशित हुआ। इस्मत अंगारे पढ़ती हैं। रशीद जहाँ की तरक़्क़ीपसन्द सोच ने उन्हें प्रभावित किया। अलीगढ़ में वे लेडी चैटर्लीज लव भी पढ़ती हैं।

1933 : इस्मत ने अलीगढ़ से एफ.ए. पूरा किया और लखनऊ में बी.ए. के लिए इसाबेल थोबोर्न कालेज में दाख़िला लिया। (इस्मत की सुलताना के साथ दोस्ती थी लखनऊ में जिसने बाद में अली सरदार जाफ़री के साथ शादी की। उनके उपन्यास 'टेढ़ी लकीर' में इस दौर के कुछ किरदार आते हैं—एक मुख्य किरदार उनके दोस्त एल्मा मोहनलाल पर आधारित है।)

1935 : इस्मत बी.ए. की परीक्षा में असफल।

अज़ीम बेग़ चुग़ताई के यहाँ तलत ख़ानम (मीनू) का जन्म। उसने इस्मत की कहानी 'उफ ये बच्चे' में जगह पायी।

अज़ीम बेग़ चुग़ताई जावरे में मुख्य न्यायाधीश नियुक्त हुए।

1936 : अज़ीम बेग़ की सलाह पर, इस्मत अलीगढ़ से स्वतन्त्र उम्मीदवार के तौर पर स्नातक हुईं।

3 दिसम्बर को जोधपुर में इस्मत के पिता का इन्तक़ाल।

इस्मत के अनुसार वे प्रगतिशील लेखक सम्मेलन (लखनऊ) में शिरकत करती हैं और प्रेमचन्द से मिलती हैं।

1937 : इस्मत के भाई मिर्ज़ा [illegible] बेग़ चुग़ताई की जमील[illegible] बहन [illegible]र से शादी।

इस्मत 9-10 महीने के लिए जावरे में प्राचार्या नियुक्त होती हैं।

जुलाई में इस्लामिया गर्ल स्कूल, फराशी टोला, गोला मोहल्ला, बरेली की प्राचार्या नियुक्त 100 रुपये की तनख़्वाह पर।

अक्टूबर में अपने बचपन के अनुभवों के बारे में अपना पहला निबन्ध 'बचपन' लिखा। लाहौर के मौलवी मुमताज अली ने इसको छापने से इनकार कर दिया। वे मुरादाबाद के ज़ियाउलिस्लाम से अपने प्रेम के बारे में बात करती हैं। वो उनसे मिलने बरेली आती हैं। ('ताले', 'कागजी है पैरहन')

1938 : इस्मत साक़ी, शाहिद अहमद देहलवी, डिपुटी नाज़िर अहमद के पौत्र द्वारा सम्पादित प्रसिद्ध पत्रिका में छपने लगती हैं। इस्मत ने लिखा–

'बचपन' (निबन्ध), 'ढीट' (उनका एकमात्र एकालाप), 'फ़सादी' (उनका पहला नाटक), 'काफ़िर' (उनकी पहली कहानी 'साक़ी' अप्रैल 1938) मुस्लिम लड़की और उसके हिन्दू प्रेमी पुष्कर के प्यार और नफ़रत के सम्बन्ध पर आधारित थी। 'गेंदा' (कहानी : नया अदब में) चौदह साल की विधवा से जन्मे नाजायज़ पुत्र के बारे में थी। बाद में 'गेंदा' का अहमद अली ने तर्जुमा किया 'द लिटिल मदर'। 'ख़िदमतगार' ('साक़ी', अक्टूबर 1938)।

(शाहिद लतीफ़ दिल्ली में रहते थे। नं. 1 दरियागंज में और मौलवी अब्दुल हक़ के हिन्दुस्तानी शब्दकोश परियोजना से जुड़े थे। 75 रुपये मासिक आय थी)

1939 : बीटी के लिए अलीगढ़ मुस्लिम विश्वविद्यालय में दाख़िला लेने के लिए इस्मत बरेली की अपनी नौकरी छोड़ देती हैं। 'पर्दे के पीछे से' इस्मत की बीटी कक्षाओं की याद कराता है।

बीटी समाप्त कर चुकने के बाद राजमहल स्कूल जोधपुर में पढ़ाना शुरू करती हैं। 'इंतिख़ाब' (नाटक), 'ज़िद्दी' (लघु उपन्यास) और 'नीरा' (कहानी) लिखी।

1940 : इस्मत जोधपुर में लिखती हैं–'उसके ख्वाब', 'बिन बुलाये मेहमान', 'क्यों रे कुत्ते', 'डायन' (साक़ी सालनामा), 'ज़बरदस्ती', 'शादी' (अदबी दुनिया सालनामा)।

1941 : इस्मत जोधपुर में हैं जब मिर्ज़ा अज़ीम बेग़ चुग़ताई प्रख्यात उर्दू कथाकार और इस्मत के प्रिय भाई (20.8.1941) का इन्तक़ाल होता है। (वह केवल बयालीस साल के थे, ऐसा कहा गया कि उन्हें जावरे के नवाब ने साज़िश के तहत ज़हर दे दिया)।

लाहौर के मौलाना सलाउद्दीन अहमद ने इस्मत के लेखन पर पहला आलोचनात्मक निबन्ध लिखा। यह निबन्ध उल्लेखनीय उर्दू पत्रिका अदबी दुनिया, लाहौर में प्रकाशित हुआ। इसी निबन्ध को उनके लेखन के पहले संग्रह 'कलियाँ', प्रकाशक साक़ी बुक डिपो, की भूमिका के रूप में लिया गया जिसमें 'पर्दे के पीछे से', 'गेंदा', 'शादी', 'इंतिख़ाब', 'जवानी', 'डायन', 'साँप', 'फ़सादी', 'ढीट', 'ख़िदमतगार', 'बचपन', 'तरक़्क़ी', 'बन्ने', 'काफ़िर', 'नीरा', 'उफ़ ये बच्चे' शामिल थे।

इस्मत 15.11.1941 को जोधपुर छोड़ देती हैं और, अपने भाई मिर्ज़ा जसीम बेग़ चुग़ताई जो पेशे से इंजीनियर और इंग्लैंड के स्नातक थे, के पास बम्बई चली जाती हैं।

उनका निबन्ध 'एक शहर की ख़ातिर' जोधपुर से बम्बई की यात्रा के बारे में था। बहुत जल्दी उनका भाई से मतभेद होने लगा, मिर्ज़ा जसीम बेग़ इन्हें डॉ. अतहर हुसैन उस्मानी (जुगनू) से शादी करने के लिए कहते हैं लेकिन वह ऐसा करने से इनकार कर देती हैं।

जसीम बेग़ चुग़ताई के यहाँ ताहिरा (कुम्मी) का 28.2.1941 को जन्म।

1942 : 2.5.1942 को शाहिद लतीफ़ के साथ इस्मत शादी करती हैं अपने भाई मिर्ज़ा जसीम बेग़ की मर्ज़ी के ख़िलाफ़। दोनों ही भाई बहन क़सम खाते हैं कि इसके बाद वे दोनों एक-दूसरे को नहीं देखेंगे। शाहिद लतीफ़ सत्ताईस साल के थे, इस्मत चार साल बड़ी थीं। मोहसिन अब्दुल्लाह और ख़्वाजा अहमद अब्बास निक़ाह के गवाह थे। मेहर की रक़म 30,000 रुपये तय होती है।

जून में अली सरदार जाफ़री लखनऊ से बम्बई आते हैं। इस्मत उनसे पहली बार मिलती हैं, अली सरदार जाफ़री कम्युनिस्ट पार्टी के उर्दू साप्ताहिक क़ौमी जंग का सम्पादन करते थे।

उनकी पहली पुत्री सीमा का जन्म बम्बई में अक्टूबर में हुआ।

इस्मत को लाहौर अदालत में पेश होने का सम्मन मिलता है अपनी कहानी 'लिहाफ़' में आपत्तिजनक और अश्लील पंक्तियाँ लिखने के कारण।

1945 : जनवरी में इस्मत अपने ऊपर लगे आरोप का बचाव करने के लिए लाहौर जाती हैं। सआदत हसन मण्टो, उनकी बीवी साफ़िया और शाहिद लतीफ़ उनके साथ थे। इस्मत ने प्रमुख लेखकों, मुल्कराज आनन्द, कृष्ण चन्दर, बेदी, अख़्तरउल इमान, जाँनिसार अख्तर से बम्बई के सिल्वर फिश रेस्टोरेंट में मिलना शुरू करती हैं। वे अदब और तरक़्क़ीपसन्द लेखन पर, तरक़्क़ीपसन्दियत के विचार पर, बैठकों का एजेंडा तय करने पर घंटों बाते करते हैं और कार्यक्रम बनाते हैं। इन लेखकों को बम्बई समूह के लेखक के नाम से भी जाना गया। इस्मत अपना पहला उपन्यास 'टेढ़ी लकीर' प्रकाशित कराती हैं।

1946 : 'लाल च्युंटे' इस्मत का एक और निबन्ध प्रकाशित।

नवम्बर में इस्मत दिल्ली जाती हैं और वहाँ से शाहिद अहमद देहलवी के साथ लाहौर, 'लिहाफ़' पर चल रहे मुक़द्दमे की दूसरी सुनवाई के लिए।

निबन्धों, कहानियों, यात्रावृत्तान्तों, ख़ाकों का इस्मत का संग्रह लाहौर से प्रकाशित। 'एक बात', 'नन्ही सी जान', 'नफ़रत', 'जाल', 'हीरो', 'हिरोईन', 'बेड़ियाँ', 'पेशा', 'बावर्ची', 'एक शौहर की ख़ातिर', 'लाल च्युंटे', 'चौथी का जोड़ा' शामिल। इस्मत चुग़ताई अपने पति शाहिद लतीफ़ का नाम इस्तेमाल करती हैं और संग्रह के लिए इस्मत शाहिद लतीफ़ इस्तेमाल करती हैं।

इस्मत इप्टा, पृथ्वीराज कपूर और अन्य सिने शख़्सियतों के साथ संवाद शुरू करती हैं।

1947 : इस्मत विभाजन पर एक लम्बा नाटक 'धनी बाँके' लिखती हैं।

1948 : 1939 में लिखे इस्मत के पहले लघु उपन्यास 'ज़िद्दी' पर फ़िल्म बनी। कराची विश्वविद्यालय के अब्दुल ख़ैर काशफ़ी के अनुसार इस कहानी को तुर्की के किसी उपन्यास से लिया गया था।

बॉम्बे टाकीज ने 'महल' प्रस्तुत की। कमाल अमरोही ने कहानी लिखी। ऐसा कहा जाता है कि चूँकि मण्टो की लिखी कहानी ख़ारिज कर दी गयी थी इसलिए मण्टो पाकिस्तान चले गये।

'शिकायत' की कहानी के लिए अज़ीम बेग़ चुग़ताई को लिया गया, इस्मत चुग़ताई संवाद लिखती हैं।

1949 : जनवरी में इस्मत बम्बई से भोपाल के लिए निकली, मिण्टो हाल में होने वाले प्रगतिशील लेखक सम्मेलन (25-27 जनवरी) में शिरकत के लिए और इस यात्रा वृत्तान्त को 'बम्बई से भोपाल तक' में दर्ज करती हैं।

मण्टो, इस्मत पर अपना चर्चित आलोचनात्मक निबन्ध लिखते हैं, इस्मत के आलोचकों की आलोचना करते हुए।

इस्मत, असरारुल हक़ मज़ाज़ पर ख़ाका लिखती हैं, जिन पर वो फ़िदा थीं।

सादिया अख़्तर 'टेढ़ी लकीर' पर आलोचनात्मक निबन्ध छपवाती हैं। वो 'टेढ़ी लकीर' की मुख्य किरदार शम्मन को विश्लेषित करने के लिए मनोविश्लेषणात्मक रुख़ अपनाती हैं।

1950 : इस्मत 'आरज़ू' फिल्म की पटकथा लिखती हैं, इस फिल्म के साथ शाहिद लतीफ़ और इस्मत चुग़ताई फ़िल्म निर्माता और निर्देशक के रूप में 'फिल्मिना' बैनर के तले कैरियर शुरू करते हैं। यह बहुत सफल फ़िल्म नहीं थी लेकिन दिलीप कुमार 'शहंशाह-ए-जज़्बात' के नाम से मशहूर हुए।

1951 : 'बुज़दिल' (किशोर साहू, निम्मी) 'फिल्मिना' के बैनर तले निर्मित होने वाली दूसरी फ़िल्म, यह भी बहुत सफल फ़िल्म नहीं थी।

1952 : इस्मत और शाहिद ने 'शीशा' निर्मित की फिल्मिना की तीसरी फ़िल्म (अभिनेता नर्गिस और सज्जन)।

सबरीना, इस्मत की दूसरी बेटी, इंडस कोर्ट वाले घर में पैदा हुई, यही वह जगह थी जहाँ वो जीवनपर्यन्त रहीं।

शाहिद लतीफ़ के बहुत क़रीबी दोस्त अख़लाक़ अहमद देहलवी "शाहिद लतीफ़ की शादी इस्मत चुग़ताई और शाहिद लतीफ़ के ख़ुतूत से एक सच्ची कहानी की तरतीब" लिखते हैं, नक़ूश, अफ़साना अंक (सितम्बर-अक्टूबर), लाहौर।

'छुईमुई', इस्मत के चौदह निबन्धों, रिपोर्ताजों और कहानियों का संग्रह जनवरी में प्रकाशित बम्बई से। 'कहानी', 'फ़सादात और अदब', 'बहू बेटियाँ', 'बम्बई से भोपाल तक', 'चौथी का जोड़ा', 'किधर जायें', 'सेडिल कोर्ट', 'पोम-पोम डार्लिंग', 'जड़ें', 'सोने का अंडा', 'कच्चे धागे', 'उफ ये बच्चे', 'लाल च्युंटे', 'छुईमुई' शामिल।

1953 : इस्मत 'फ़रेब' की पटकथा लिखती हैं, किशोर कुमार और शकुन्तला भूमिका में हैं शाहिद लतीफ़ निर्देशन में। फ़िल्म सफल नहीं हुई।

1954 : 'नन्ही की नानी' इस्मत की प्रसिद्ध कहानी नक़ूश में प्रकाशित (अफ़साना अंक, जनवरी 1954)।

अख़लाक़ अहमद देहलवी नक़ूश के इस अंक के लिए इस्मत पर ख़ाका लिखते हैं।

इस्मत अन्तरराष्ट्रीय शान्ति सम्मेलन में भाग लेने फिनलैंड जाती हैं।

शेखर और श्यामा को लेकर इस्मत 'दरवाज़ा' फ़िल्म की पटकथा लिखती हैं। फिर से फिल्मिना के बैनर तले, सफल नहीं हुई।

अक्टूबर में इस्मत चीन गयीं।

1955 : इस्मत अली सरदार जाफ़री के साथ मास्को के दौरे पर, उनकी कहानी 'थोड़ी सी पागल' की किरदार **गिना** इस दौर का उनकी तरफ़ से उपहार। **गिना** का बुज़ुर्ग तुर्की कवि नाजिम हिकमत ने इस्मत के सामने प्रेम के लिए ताज़ा नज़रिया प्रस्तुत किया।

खालिद लतीफ़ नक़ूश में इस्मत चुग़ताई पर ख़ाका लिखते हैं। (शख़्सियात अंक, 47-48, 1955)

इस्मत के छह रेडियो नाटकों का संग्रह लाहौर से प्रकाशित। ये हैं—'शैतान', 'ख़ा म ख़ा', 'तस्वीरें', 'दुल्हन कैसी है', 'शामते अमाल', 'धनी बाँके'।

इस्मत 'सोसाइटी' फ़िल्म की पटकथा लिखती हैं। नासिर ख़ान और निम्मी मुख्य भूमिका में हैं और शाहिद लतीफ़ निर्देशक। यह इस्मत और लतीफ़ द्वारा निर्मित छठी लगातार फ़िल्म थी जो असफल रही।

1956 : शायद इसी वर्ष के आसपास 'मुट्ठी मालिश' प्रकाशित हुई। कहानी बम्बई के निचले तबके की महिलाओं की स्थिति पर केन्द्रित है। बाद में यह कहानी, कहानियाँ (अंक 1) में प्रकाशित हुई, सम्पादित मुगनी तब्बसुम और वाहिद अनवर, 1975 के क़रीब। इसी प्रकाशक, उर्दू क्लासिक, ने 1985 में कहानियाँ का दूसरा अंक प्रकाशित किया। दूसरे अंक में इस्मत चुग़ताई की कहानी 'कैबरे' शामिल थी।

1958 : इस्मत ने फ़िल्म 'लाल रुख़' निर्देशित करने में मदद की इसमें तलत महमूद और श्यामा की भूमिका थी।

'सोने की चिड़िया' बहुत ही सफल फ़िल्म, सातवीं फ़िल्म थी जिसे इस्मत ने प्रस्तुत किया शाहिद लतीफ़ के साथ (भूमिका तलत महमूद और नूतन)। इस्मत ने यह कहानी पर्दे की नायिका के बारे में लिखी थी।

1959 : इस्मत, पतरस बुख़ारी का ख़ाका लिखती हैं 'हँसते-हँसते' शीर्षक से।

1960 : इस्मत 'दोज़ख़' छपवाती हैं। स्त्री की बढ़ती हुई उम्र पर एक नाटक, वह मेनोपाज के बाद स्त्री के मानसिक अनुभव पर ध्यान देती हैं, अल्जाईमर और अकेलेपन पर। 'दो बातें' और 'नींद' निबन्ध भी लिखा।

वह 'मेरा दोस्त, मेरा दुश्मन' लिखती हैं, सआदत हसन मण्टो के बारे में, नक़ूश के मण्टो अंक 49-50 में प्रकाशित। 18 जनवरी, 1955 को मण्टो की मृत्यु।

1961 : इस्मत की चर्चित कहानी 'चौथी का जोड़ा' प्रकाशित।

1962 : दिल की दुनिया, इस्मत के बचपन के बारे में कहता उपन्यास (1917-20, बहराइच में उनके साल) प्रकाशित होता है। इसके साथ उनका उपन्यास 'मासूमा' भी। वो

'हिन्दुस्तान छोड़ दो' लिखती हैं जो एक आयरिश व्यक्ति के बारे में है जिसने 1947 के बाद अपने देश जाने से इनकार कर दिया था।

1963 : इस्मत 'कच्चे धागे', और 'कल्लू डेपुटी', 'कल्लू नं. 1', 'कल्लु नं. 2' और 'कल्लू की माँ' लिखती हैं। एक ही किरदार के इर्द-गिर्द घूमती हुईं ये कहानियाँ बहुत बाद में छपीं क्योंकि ये अली सरदार जाफ़री के पास रह गयीं और इस्मत इन्हें वापस लेना भूल गयी थीं।

'कल्लू की माँ' दूरदर्शन के लिए फ़िल्म बनी जिसमें अशोक कुमार ने बूढ़े आदमी की भूमिका निभाई।

1964 : इस्मत ने 'तीन अनाड़ी' लिखा, एक लघु उपन्यास और 'हम लोग' एक आत्मकथात्मक निबन्ध।

इस्मत की बहन फ़रहत ख़ानम जो उनके बेहद क़रीब थी, का रामपुर में देहान्त चौंसठ साल की उम्र में।

1965 : इस्मत 'ख़लीफ़ा' छपवाती हैं और एक बहुत सशक्त कहानी 'ज़हर का प्याला' लिखती हैं। यह उनकी धाय माता टीकू के बारे में है। कहानी इसी वर्ष नया दौर, कराची से प्रकाशित हुई।

"क्या तरक़्क़ीपसन्द अदबी तहरीक से अदब को नुकसान पहुँचा है" इस्मत का एक आलोचनात्मक लेख किताब, लखनऊ से प्रकाशित।

2 अगस्त बम्बई में इस्मत का साक्षात्कार प्रोफ़ेसर राल्फ रसेल के साथ जुम्बिश-ए-नौ में प्रकाशित।

1966 : इस्मत का उपन्यास 'सौदाई' पाकिस्तान में बहरूप नगर के नाम से प्रकाशित। इसी साल 'चिड़ी की दुक्की' प्रकाशित।

इस्मत के सबसे बड़े भाई मिर्ज़ा नसीम बेग़ चुग़ताई (नन्हे भाई), पेशे से वकील, कराची में बृहस्पतिवार, 10 मार्च को मृत्यु।

'दो हाथ', इस्मत की कहानियों का संग्रह जुलाई में लाहौर से प्रकाशित। संग्रह में इस्मत चुग़ताई का एक ख़ाका भी था जिसे कृष्ण चन्दर ने लिखा था और सत्रह अन्य लेख भी थे, 'ज़हर का प्याला', 'जानी दुश्मन', 'हिन्दुस्तान छोड़ दो', 'छबड़े भेड़ें', 'रोशन', 'दो हाथ', 'यार', 'बेक़रार', 'चिड़ी की दुक्की', 'बिच्छो फूफ़ी', 'कल्लू की माँ', 'नींद', 'कुँवारी', 'चौथी का जोड़ा', 'चट्टान', 'इश्क़ पर ज़ोर नहीं'।

1967 : इस्मत की माँ, नुसरत ख़ानम का 13 अप्रैल को अलीगढ़ में इन्तक़ाल।

अप्रैल में उनके पति शाहिद लतीफ़ का निधन।

इस्मत एक औरत का ख़ाका लिखती हैं जिसका पेशा पुणे में लड़कियाँ सप्लाई करना था 'सॉरी मम्मी'। मण्टो ने भी इसी औरत का ख़ाका लिखा था।

1968 : इस्मत एक लघु उपन्यास 'अजीब आदमी' लिखती हैं, गुरुदत्त, गीतादत्त और वहीदा रहमान की कहानी को पृष्ठभूमि में रखते हुए। कहानी 'निवाला' भी छपवायी।

उनकी लड़की सीमा, पंजाबी हिन्दू नवीन साहनी से शादी करती हैं, बैंग्लोर में 14 अगस्त को।

1969 : सीमा साहनी से आशीष का जन्म 4 जुलाई को।

1970 : इस्मत अलग तरीक़े की कहानी 'गुलदान' लिखती हैं कृत्रिम गर्भाधान के विचार पर। इस साल के उनके अन्य लेखन में 'तीसरा दौरा' (कहानी), 'ग़ुबारे-कारवाँ' (आत्मकथात्मक लेख, नवम्बर 1970, आजकल) 'काँटों भरी वादियाँ' (जाँनिसार अख़्तर का ख़ाका), 'वो कौन था' शामिल।

1971 : इस्मत दो लघु उपन्यास 'बन्दी' और 'जंगली कबूतर' प्रकाशित करवाती हैं।

अपने भतीजे मुन्नन (मिर्ज़ा बाबर बेग़ चुग़ताई) को लम्बा पत्र लिखती हैं। भारत-पाक युद्ध के अपने निजी अनुभव के बारे में।

1973 : शिक्षा और युवाओं पर ध्यान रख कर इस्मत 'ढकोसला' नाम की कहानी लिखती हैं।

इस्मत की कहानी 'चौथी का जोड़ा' पर बनी प्रसिद्ध फ़िल्म 'गरम हवा' प्रदर्शित हुई। इस्मत चुग़ताई सर्वश्रेष्ठ फ़िल्म कहानी के लिए राष्ट्रपति पुरस्कार प्राप्त करती हैं। फ़िल्म एम.एस. सथ्यु के द्वारा बनायी गयी थी। इस्मत ने कुल बारह फ़िल्मों की पटकथा लिखी।

अज़ीज़ दोस्त अख़्तर सुल्तान, इस्मत के चचेरे भाई और बहनोई का इसी साल देहान्त।

1974 : सीमा और उसका बेटा आशीष इस्मत के साथ रहने के लिए बम्बई चले जाते हैं।

1976 : 3 अप्रैल को राष्ट्रपति फ़ख़रुद्दीन अली अहमद द्वारा इस्मत पद्मश्री से सम्मानित।

इस्मत ने कैफ़ी आज़मी और अली सरदार जाफ़री के साथ जुलाई में लखनऊ की यात्रा की। उत्तर प्रदेश के मुख्यमन्त्री ने उन्हें सम्मानित किया।

इस्मत सितम्बर अक्टूबर में विभाजन के बाद पहली बार पाकिस्तान गयीं और 'यहाँ से वहाँ तक' रिपोर्ताज लिखा। उन्होंने अपनी बहन की पीड़ा का हवाला दिया जिसका एक बेटा पाकिस्तान में है और एक भारत में, इस्मत चुग़ताई द्वारा वर्णित विभाजन की पीड़ा विभाजन की त्रासदी में स्त्री परिप्रेक्ष्य को सामने लाती है।

इस्मत के ख़ाकों का संग्रह लाहौर से प्रकाशित हुआ। इसमें 'हम लोग', 'दोज़ख़ी', 'मेरा दोस्त मेरा दुश्मन', 'नींद की माटी' (सुरैया का ख़ाका), ख़्वाजा अहमद अब्बास का एक ख़ाका, 'बहती गंगा' (मीना कुमारी का एक ख़ाका), मेहबूब (उनके रसोइये का ख़ाका), 'औरत' (निबन्ध), इश्क़...इश्क़...इश्क़ (एक नायक का ख़ाका) शामिल थे।

वे 'एक क़तरा ख़ून' उपन्यास प्रकाशित कराती हैं जो मुहम्मद के नवासे हज़रत इमाम हुसैन की शहादत पर आधारित, कर्बला में अपने बहत्तर परिवार के सदस्यों के साथ 10 मुहर्रम 61 हिजरी, अक्टूबर 680 ईसवी। यह दावा है कि उपन्यास उर्दू कवि मीर अनीस की मर्सियों पर आधारित है।

इस्मत निम्नलिखित कहानियाँ लिखती हैं—'चारपाई', 'लेडी किलर', 'मुग़ल बच्चा' (कहानी सह ख़ाका इस्मत के नाना के भाई पर)।

उर्दू पत्रिका शायर का विशेषांक इस्मत चुग़ताई अंक के रूप में बम्बई से प्रकाशित।

अंक 3 खंड 47। एजाज़ सिद्दीक़ी सम्पादक। इसमें शामिल है इस्मत चुग़ताई एक जादूगरनी, सलमा सिद्दीक़ी के द्वारा इस्मत का एक ख़ाका, इस्मत चुग़ताई से एक मुलाक़ात, युनुस अगसाकर, नुरुलैन अली और मेमोना दलवी के द्वारा साक्षात्कार। ज़रीना थानी का लेख, इस्मत चुग़ताई का उपन्यास 'अजीब आदमी', अलीगढ़ की अंग्रेज नर्स की कहानी 'नयी दुल्हन'। इस्मत अलीगढ़ के पास एक गाँव (चन्दौसी) में जाती और रहती हैं साढ़े चार महीनों तक गाँव के मनुष्य के जीवन के क़रीबी अध्ययन के लिए। रपट लिखती हैं 'मैले का टोकरा'। सीमा को गाँव में रहने की असुविधा के बारे में ख़त लिखती हैं।

1977 : इस्मत ग़ालिब सम्मान लेती हैं (ग़ालिब इंस्टिटयूट) अपने उर्दू नाटक 'तन्हाई का ज़हर' के लिए।

'बे कुंडे की प्याली' कहानी प्रकाशित।

कृष्ण चन्दर की मृत्यृ (8 अप्रैल) पर इस्मत 'चिराग़ रौशन हैं' एक ख़ाका लिखती हैं।

1978 : इस्मत, अली सरदार जाफ़री और सुल्ताना जाफ़री यू.एस.एस.आर. जाते हैं, 11 अप्रैल से महीने के अन्त तक। 13 को राइटर्स क्लब उनको मास्को बुलाता है। ब्रजेंस्की अपने शिक्षक सदरुद्दीन ऐनी पर बोलते हैं। फ़ैज़ अहमद फ़ैज़ इस्मत की दुशाम्बे की यात्रा में उनके साथ जुड़ते हैं। वो ताशकन्द, पामीर, लेनिनग्राद भी जाती हैं।

इस्मत 'जुनून' फ़िल्म की शूटिंग के लिए लखनऊ जाती हैं। जिसमें वो एक बूढ़ी आग्ल भारतीय माँ की भूमिका करती हैं। यह फ़िल्म 1857 की क्रान्ति पर आधारित है। नसीरुद्दीन शाह, शशि कपूर, और नफ़ीसा अली दूसरे मुख्य अभिनेता हैं। फ़िल्म का निर्देशन श्याम बेनेगल ने किया।

इस्मत 'कारसाज़' (कहानी) लिखती हैं।

शमीम बेग़ (शना), इस्मत के भाई और उनके सहपाठी, उनसे दो साल बड़े, कराची में देहान्त।

1979 : जनवरी में 'जुनून' फ़िल्म प्रदर्शित हुई। इस्मत ने आन्ध्र प्रदेश उर्दू अकादमी का मख़्दूम साहित्यिक पुरस्कार प्राप्त किया।

इस्मत आजकल में अपनी आत्मकथा 'काग़ज़ी है पैरहन' मार्च से धारावाहिक रूप में प्रकाशित करना शुरू करती हैं।

1980 : 'तीसरा हाथ' (कहानी) इस्मत ने इस साल लिखी।

दिल्ली में फ़िल्म महोत्सव में भाग लिया (18-22 मार्च)।

इस्मत ने मदनपुरा के सार्वजनिक पुस्तकालय का उद्घाटन किया (22 अप्रैल)।

मई में 'काग़ज़ी है पैरहन' लिखना पूरा किया।

काफ़िला लाहौर (अंक 23, मार्च 1980) ने इस्मत चुग़ताई विशेषांक निकाला। इसमें 'बाकलम खुद' (आत्मकथात्मक निबन्ध 2.1.1970) 'इस्मत बा यक क़लम' अख़लाक़ अहमद देहलवी द्वारा, 'मुग़ल बच्चा', 'एक बात', 'चौथी का जोड़ा', 'सास', 'पंक्चर', 'दोज़खी', 'कल्लू की माँ', 'छुई-मुई', 'भूलभुलैया', 'पेशा', 'नन्ही की नानी', 'दो हाथ', 'घरवाली', 'ज़िद्दी' शामिल थे।

1981 : इस्मत एक निबन्ध 'मैं क्यूँ लिखती हूँ' प्रकाशित कराती हैं और 'अन्धा युग' शीर्षक कहानी बम्बई के देह व्यापार पर।

कश्मीर पच्चीस दिनों के लिए गयीं। मज़हर इमाम श्रीनगर टेलिविज़न केन्द्र के केन्द्र निदेशक उनकी कथा पर आलोचनात्मक निबन्ध लिखते हैं।

1982 : फ़रवरी में इस्मत हैदराबाद जाती हैं और अप्रैल में बनारस और इलाहाबाद।

1983 : इस्मत 'पेनी' (कहानी) लिखती हैं।

जुलाई में यू.एस.एस.आर., सोवियत लैंड नेहरू सम्मान 1982 लेने के लिए जाती हैं। साइबेरिया भी जाती हैं। नवम्बर में वे गोरखपुर जाती हैं।

इस्मत 'मुक़द्दस फ़र्ज़' प्रकाशित करवाती हैं जो हिन्दू-मुस्लिम के बीच सहमति से विवाह पर आधारित है।

वसीम बेग़ चुग़ताई, इस्मत चुग़ताई के भाई का जयपुर में निधन।

1984 : इस्मत निम्नलिखित कहानियाँ लिखती हैं—'बलात्कार', 'सर्टिफिकेट', 'काला देव', 'जो अम्मा मिली तो कहाँ मिली' और 'युसूफ़ ज़ुलेखा' (दिलीप कुमार का ख़ाका) भी।

असीम बेग़ चुग़ताई (चुन्नू) इस्मत के छोटे भाई का कराची में 22.9.1984 को 71 वर्ष की आयु में निधन। उनकी चार बीवियाँ थीं, एक को तलाक़ दिया तीन के साथ रहे।

1985 : इस्मत 'कन्यादान' (कहानी) प्रकाशित करवाती हैं। फिर पाकिस्तान जाती हैं।

1986 : इस्मत 'सुन्दर सी' (कहानी) लिखती हैं।

उनकी बड़ी बहन रिफ़त ख़ानम (बड़ी आपा) की 91 वर्ष की आयु में पेशावर में मृत्यु हो जाती है। वह तिब्बिया कालेज दिल्ली की स्नातक थीं। और कुछ समय के लिए तिब्बिया कालेज, पटना की प्राचार्य।

1987 : 'मोखा' (कहानी) इस्मत ने इस साल लिखी।

अज़मत ख़ानम, इस्मत की सबसे छोटी बहन की बम्बई में मृत्यु।

1988 : इस्मत को अल्जाइमर रोग से ग्रस्त पाया गया। उनकी देख-भाल उनकी बेटियाँ सीमा और सबरीना करने लगीं।

1989 : इस्मत के लिए इक़बाल सम्मान की घोषणा।

1990 : फ़रवरी में इस्मत भोपाल जाती हैं इक़बाल सम्मान लेने के लिए। उन्हें एक लाख रुपया दिया गया। राजस्थान उर्दू अकादमी गयीं जयपुर, उनके सम्मान में आयोजित कार्यक्रम में।

उनके स्वास्थ्य का गिरना शुरू, बचपन की यादें उनकी सोच पर हावी होने लगीं। वह चाहने लगीं कि वह अपने भाइयों और बहनों के साथ फिर से अपनी ज़िन्दगी जियें। वह मानने लगीं कि उनके परिवार में कोई मरा नहीं है और मौत से डरने लगीं।

1991 : इस्मत चुग़ताई का 24.10.1991 को [illegible]बई निधन में। धर्मवीर भारती, सुरेन्द्र

सिंह नौटियाल, और विश्वनाथ सचदेवा, उनकी लाश को श्मशान ले गये। उनकी बेटी सीमा ने यह निर्णय लिया कि उनका अन्तिम संस्कार उनकी इच्छा के अनुसार किया जाये। यह विवाद का विषय बना।

एक उर्दू पत्रिका शायर ने इस्मत चुग़ताई पर विशेषांक प्रकाशित किया। अंक 8 खंड 62, इसमें शामिल थे, 'इस्मत आपा', निदा फ़ाज़ली का एक निबन्ध, 'मेरे अल्फ़ाज़ वापस दे दो', इफ़्तिख़ार इमाम सिद्दीक़ी द्वारा, 'नयी दुल्हन', शायर के अंक 3, 1976 से कहानी की पुनःप्रस्तुति, 'मैं क्यूँ लिखती हूँ' अदब-ए-लतीफ़ 1981 से पुनःप्रस्तुति।

1992, इस्मत की कहानी 'आख़िरी कहानी' बीसवीं सदी में प्रकाशित।

इस्मत चुग़ताई के सौ अफ़साने लाहौर से प्रकाशित।

इस्मत की कृतियाँ

ज़िद्दी (लघु उपन्यास), साक़ी बुक डिपो, दिल्ली, 1939
कलियाँ (कहानियाँ), साक़ी बुक डिपो, दिल्ली, 1941। भूमिका मौलाना सलाउद्दीन अहमद के द्वारा
चोटें (कहानियाँ, ख़ाके, नाटक), साक़ी बुक डिपो, दिल्ली, 1942, कृष्ण चन्दर की भूमिका
टेढ़ी लकीर (उपन्यास), मकतबा उर्दू, लाहौर, 1945
धनी बाँके (नाटक) ,1948
छुईमुई (कहानियाँ), लाहौर, 1952
शैतान (रेडियो नाटक), नया इदारा, लाहौर, 1955
मासूमा (उपन्यास), 1971
दिल की दुनिया (लघु उपन्यास), 1962
हम लोग (ख़ाके) रिफ़त पब्लिशर्स, लाहौर, 1964
तीन अनाड़ी (बच्चों के उपन्यास), खिलौना बुक डिपो, 1964
दो हाथ (कहानियाँ), शीश महल, किताबघर, लाहौर, 1966
सौदाई (उपन्यास), नया इदारा, लाहौर, 1966
जंगली कबूतर (उपन्यास), 1971
एक क़तरा-ए-ख़ून (उपन्यास), 1976
बदन की खुशबू, 1979
काग़ज़ी है पैरहन (आत्मकथा), लाहौर, 1981
अजीब आदमी (लघु उपन्यास), बहरूप नगर, कराची

–संकलनकर्ता : अब्दुल्लाह

इस्मत : दो अफ़साने

लिहाफ़

नन्ही की नानी

लिहाफ़

जब मैं जाड़ों में लिहाफ़ ओढ़ती हूँ तो पास की दीवार पर उसकी परछाईं हाथी की तरह झूमती हुई मालूम होती है। और एकदम से मेरा दिमाग़ बीती हुई दुनिया के पर्दों में दौड़ने-भागने लगता है। न जाने क्या कुछ याद आने लगता है।

माफ़ कीजियेगा, मैं आपको ख़ुद अपने लिहाफ़ का रूमानअंगेज़ ज़िक्र बताने नहीं जा रही हूँ, न लिहाफ़ से किसी क़िस्म का रूमान जोड़ा ही जा सकता है। मेरे ख़याल से कम्बल कम आरामदेह सही, मगर उसकी परछाईं इतनी भयानक नहीं होती जितनी—जब लिहाफ़ की परछाईं दीवार पर डगमगा रही हो। यह जब का ज़िक्र है, जब मैं छोटी-सी थी और दिन-भर भाइयों और उनके दोस्तों की मार-कुटाई में गुज़ार दिया करती थी। कभी-कभी मुझे ख़याल आता कि मैं कमबख़्त इतनी लड़ाका क्यों थी? उस उम्र में जबकि मेरी और बहनें आशिक़ जमा कर रही थीं, मैं अपने-पराये हर लड़के और लड़की से जूतम-पैजार में मशग़ूल थी।

यही वजह थी कि अम्माँ जब आगरा जाने लगीं तो हफ़्ता-भर के लिए मुझे अपनी एक मुँहबोली बहन के पास छोड़ गयीं। उनके यहाँ, अम्मा ख़ूब जानती थीं कि चूहे का बच्चा भी नहीं और मैं किसी से भी लड़-भिड़ न सकूँगी। सज़ा तो ख़ूब थी मेरी! हाँ, तो अम्माँ मुझे बेगम जान के पास छोड़ गयीं। वही बेगम जान जिनका लिहाफ़ अब तक मेरे ज़ेहन में गर्म लोहे के दाग़ की तरह महफ़ूज है। ये वो बेगम जान थीं जिनके ग़रीब माँ-बाप ने नवाब साहब को इसलिए दामाद बना लिया कि गो वह पकी उम्र के थे मगर निहायत नेक। कभी कोई रण्डी या बाज़ारी औरत उनके यहाँ नज़र न आयी। ख़ुद हाजी थे और बहुतों को हज करा चुके थे।

मगर उन्हें एक निहायत अजीबो-ग़रीब शौक़ था। लोगों को कबूतर पालने का जुनून होता है, बटेरें लड़ाते हैं, मुर्ग़बाज़ी करते हैं—इस क़िस्म के वाहियात खेलों से नवाब साहब को नफ़रत थी। उनके यहाँ तो बस तालिब इल्म रहते थे। नौजवान, गोरे-गोरे, पतली कमरों के लड़के, जिनका ख़र्च वे ख़ुद बर्दाश्त करते थे।

मगर बेगम जान से शादी करके तो वे उन्हें कुल साज़ो-सामान के साथ ही घर में रखकर भूल गये। और वह बेचारी दुबली-पतली नाज़ुक-सी बेगम तन्हाई के ग़म में घुलने लगीं।

न जाने उनकी ज़िन्दगी कहाँ से शुरू होती है? वहाँ से जब वह पैदा होने की ग़लती कर चुकी थीं, या वहाँ से जब वह एक नवाब की बेगम बनकर आयीं और छपरखट पर

ज़िन्दगी गुजारने लगीं, या जब से नवाब साहब के यहाँ लड़कों का ज़ोर बँधा। उनके लिए मुरग़्ग़न हलवे और लज़ीज़ खाने जाने लगे और बेगम जान दीवानख़ाने की दरारों में से उनकी लचकती कमरोंवाले लड़कों की चुस्त पिण्डलियाँ और मोअत्तर बारीक शबनम के कुर्ते देख-देखकर अंगारों पर लोटने लगीं।

या जब से वह मन्नतों-मुरादों से हार गयीं, चिल्ले बँधे और टोटके और रातों की वज़ीफ़ाख़्वानी भी चित हो गयी। कहीं पत्थर में जोंक लगती है! नवाब साहब अपनी जगह से टस-से-मस न हुए। फिर बेगम जान का दिल टूट गया और वह इल्म की तरफ़ मोतवज्जा हुईं। लेकिन यहाँ भी उन्हें कुछ न मिला। इश्क़िया नोवल और जज़्बाती अशआर पढ़कर और भी पस्ती छा गयी। रात की नींद भी हाथ से गयी और बेगम जान जी-जान छोड़कर बिल्कुल ही यासो-हसरत की पोट बन गयीं।

चूल्हे में डाला था ऐसा कपड़ा-लत्ता। कपड़ा पहना जाता है किसी पर रोब गाँठने के लिए। अब न तो नवाब साहब को फ़ुर्सत कि शबनमी कुर्तों को छोड़कर ज़रा इधर तवज्जो करें और न वे उन्हें कहीं आने-जाने देते। जब से बेगम जान ब्याहकर आयी थीं, रिश्तेदार आकर महीनों रहते और चले जाते, मगर वह बेचारी क़ैद की क़ैद रहतीं।

उन रिश्तेदारों को देखकर और भी उनका ख़ून जलता था और सबके-सब मज़े से माल उड़ाने, उम्दा घी निगलने, जाड़े का साज़ो-सामान बनवाने आन मरते और वह बावजूद नयी रुई के लिहाफ़ के, पड़ी सर्दी में अकड़ा करतीं। हर करवट पर लिहाफ़ नयी-नयी सूरतें बनाकर दीवार पर साया डालता। मगर कोई भी साया ऐसा न था जो उन्हें ज़िन्दा रखने के लिए काफ़ी हो। मगर क्यों जिए फिर कोई? ज़िन्दगी! बेगम जान की ज़िन्दगी जो थी! जीना बदा था नसीबों में, वह फिर जीने लगीं और ख़ूब जीं।

रब्बो ने उन्हें नीचे गिरते-गिरते सँभाल लिया। चटपट देखते-देखते उनका सूखा जिस्म भरना शुरू हुआ। गाल चमक उठे और हुस्न फूट निकला। एक अजीबो-ग़रीब तेल की मालिश से बेगम जान में ज़िन्दगी की झलक आयी। माफ़ कीजिएगा, उस तेल का नुस्ख़ा आपको बेहतरीन-से-बेहतरीन रिसाले में भी न मिलेगा।

जब मैंने बेगम जान को देखा तो वह चालीस-बयालीस की होंगी। ओफ्फोह! किस शान से वह मसनद पर नीमदराज़ थीं और रब्बो उनकी पीठ से लगी बैठी कमर दबा रही थी। एक ऊदे रंग का दुशाला उनके पैरों पर पड़ा था और वह महारानी की तरह शानदार मालूम हो रही थीं। मुझे उनकी शक्ल बेइन्तहा पसन्द थी। मेरा जी चाहता था, घण्टों बिल्कुल पास से उनकी सूरत देखा करूँ। उनकी रंगत बिल्कुल सफ़ेद थी। नाम को सुर्ख़ी का ज़िक्र नहीं। और बाल स्याह और तेल में डूबे रहते। मैंने आज तक उनकी माँग ही बिगड़ी न देखी। क्या मजाल जो एक बाल इधर-उधर हो जाये। उनकी आँखें काली थीं और अबरू पर के ज़ायद बाल अलहदा कर देने से कमानें-सी खिंची होती थीं। आँखें ज़रा तनी हुई रहती थीं। भारी-भारी फूले हुए पपोटे, मोटी-मोटी पलकें। सबसे ज़ियादः जो उनके चेहरे पर हैरतअंगेज जाज़िबे-नज़र चीज़ थी, वह उनके होंठ थे। अमूमन वह सुर्ख़ी से रंगे रहते थे। ऊपर के होंठ

पर हल्की-हल्की मूँछें-सी थीं और कनपटियों पर लम्बे-लम्बे बाल। कभी-कभी उनका चेहरा देखते-देखते अजीब-सा लगने लगता था—कम उम्र लड़कों-जैसा।

उनके जिस्म की जिल्द भी सफ़ेद और चिकनी थी। मालूम होता था किसी ने कसकर टाँके लगा दिए हों। अमूमन वह अपनी पिण्डलियाँ खुजाने के लिए किसोलतीं तो मैं चुपके-चुपके उनकी चमक देखा करती। उनका क़द बहुत लम्बा था और फिर गोश्त होने की वजह से वह बहुत ही लम्बी-चौड़ी मालूम होती थीं। लेकिन बहुत मुतनासिब और ढला हुआ जिस्म था। बड़े-बड़े चिकने और सफ़ेद हाथ और सुडौल कमर...तो रब्बो उनकी पीठ खुजाया करती थी। यानी घण्टों उनकी पीठ खुजाती—पीठ खुजाना भी ज़िन्दगी की ज़रूरियात में से था, बल्कि शायद ज़रूरियाते-ज़िन्दगी से भी ज़्यादा।

रब्बो को घर का और कोई काम न था। बस वह सारे वक़्त उनके छपरखट पर चढ़ी कभी पैर, कभी सिर और कभी जिस्म के और दूसरे हिस्से को दबाया करती थी। कभी तो मेरा दिल बोल उठता था, जब देखो रब्बो कुछ-न-कुछ दबा रही है या मालिश कर रही है। कोई दूसरा होता तो न जाने क्या होता? मैं अपना कहती हूँ, कोई इतना करे तो मेरा जिस्म तो सड़-गल के ख़त्म हो जाये।

और फिर यह रोज़-रोज़ की मालिश काफ़ी नहीं थी। जिस रोज़ बेगम जान नहातीं, या अल्लाह! बस दो घण्टा पहले से तेल और ख़ुशबूदार उबटनों की मालिश शुरू हो जाती। और इतनी होती कि मेरा तो तख़य्युल से ही दिल टूट जाता। कमरे के दरवाज़े बन्द करके अँगीठियाँ सुलगतीं और चलता मालिश का दौर। अमूमन सिर्फ़ रब्बो ही रहती। बाक़ी की नौकरानियाँ बड़बड़ातीं दरवाज़े पर से ही, ज़रूरियात की चीज़ें देती जातीं।

बात यह थी कि बेगम जान को खुजली का मर्ज़ था। बेचारी को ऐसी खुजली होती थी कि हज़ारों तेल और उबटने मले जाते थे, मगर खुजली थी कि क़ायम। डॉक्टर-हकीम कहते, “कुछ भी नहीं, जिस्म साफ़ चट पड़ा है। हाँ, कोई जिल्द के अन्दर बीमारी हो तो ख़ैर।” “नहीं बी, ये डॉक्टर तो मुए हैं पागल! कोई आपके दुश्मनों का मर्ज़ है? अल्ला रखे, ख़ून में गर्मी है!” रब्बो मुस्कराकर कहती, महीन-महीन नज़रों से बेगम जान को घूरती! ओह यह रब्बो! जितनी ये बेगम जान गोरी थीं उतनी ही यह काली। जितनी बेगम जान सफ़ेद थीं, उतनी ही यह सुर्ख़। बस जैसे तपाया हुआ लोहा। हल्के-हल्के चेचक के दाग़। गठा हुआ ठोस जिस्म। फुर्तीले छोटे-छोटे हाथ। कसी हुई छोटी-सी तोंद। बड़े-बड़े फूले हुए होंठ, जो हमेशा नमी में डूबे रहते और जिस्म में से अजीब घबरानेवाली बू के शरारे निकलते रहते थे। और ये नन्हे-नन्हे फूले हुए हाथ किस क़दर फुर्तीले थे! अभी कमर पर, तो वह लीजिए फिसलकर गये कूल्हों पर! वहाँ से रपटे रानों पर और फिर दौड़े टखनों की तरफ़! मैं तो जब कभी बेगम जान के पास बैठती, यही देखती कि अब उसके हाथ कहाँ हैं और क्या कर रहे हैं?

गर्मी-जाड़े बेगम जान हैदराबादी जाली कारगे के कुर्ते पहनतीं। गहरे रंग के पाजामे और सफ़ेद झाग-से कुर्ते। और पंखा भी चलता हो, फिर भी वह हल्की दुलाई ज़रूर जिस्म

पर ढके रहती थीं। उन्हें जाड़ा बहुत पसन्द था। जाड़े में मुझे उनके यहाँ अच्छा मालूम होता। वह हिलती-डुलती बहुत कम थीं। क़ालीन पर लेटी हैं, पीठ खुजा रही हैं, खुश्क मेवे चबा रही हैं और बस! रब्बो से दूसरी सारी नौकरानियाँ खार खाती थीं। चुड़ैल बेगम जान के साथ खाती, साथ उठती-बैठती और माशा अल्लाह! साथ ही सोती थी! रब्बो और बेगम जान आम जलसों और मजमों की दिलचस्प गुफ़्तगू का मौजूँ थीं। जहाँ उन दोनों का ज़िक्र आया और क़हक़हे उठे। लोग न जाने क्या-क्या चुटकुले ग़रीब पर उड़ाते, मगर वह दुनिया में किसी से मिलती ही न थी। वहाँ तो बस वह थीं और उनकी खुजली!

मैंने कहा कि उस वक़्त मैं काफ़ी छोटी थी और बेगम जान पर फ़िदा। वह भी मुझे बहुत ही प्यार करती थीं। इत्तेफाक से अम्माँ आगरे गयीं। उन्हें मालूम था कि अकेले घर में भाइयों से मार-कुटाई होगी, मारी-मारी फिरूँगी, इसलिए वह हफ़्ता-भर के लिए बेगम जान के पास छोड़ गयीं। मैं भी खुश और बेगम जान भी खुश।

सवाल यह उठा कि मैं सोऊँ कहाँ? क़ुदरती तौर पर बेगम जान के कमरे में। लिहाज़ा मेरे लिए भी उनके छपरखट से लगाकर छोटी-सी पलँगड़ी डाल दी गयी। दस-ग्यारह बजे तक तो बातें करते रहे। मैं और बेगम जान चेस खेलते रहे और फिर मैं सोने के लिए अपने पलँग पर चली गयी। और जब मैं सोयी तो रब्बो वैसी ही बैठी उनकी पीठ खुजा रही थी। ''भंगन कहीं की!'' मैंने सोचा। रात को मेरी एकदम से आँख खुली तो मुझे अजीब तरह का डर लगने लगा। कमरे में घुप अँधेरा। और उस अँधेरे में बेगम जान का लिहाफ़ ऐसे हिल रहा था, जैसे उसमें हाथी बन्द हो!

''बेगम जान!''

मैंने डरी हुई आवाज़ निकाली। हाथी हिलना बन्द हो गया। लिहाफ़ नीचे दब गया।

''क्या है? सो जाओ।''

बेगम जान ने कहीं से आवाज़ दी।

''डर लग रहा है।''

मैंने चूहे की-सी आवाज़ से कहा।

''सो जाओ। डर की क्या बात है? आयतलकुर्सी[1] पढ़ लो।''

''अच्छा।''

मैंने जल्दी-जल्दी आयतलकुर्सी पढ़ी। मगर 'यालमू मा बीन' पर हर दफ़ा आकर अटक गयी। हालाँकि मुझे इस वक़्त पूरी आयत याद है।

''तुम्हारे पास आ जाऊँ बेगम जान?''

''नहीं बेटी, सो रहो।'' ज़रा सख़्ती से कहा।

और फिर दो आदमियों के खुसुर-फुसुर करने की आवाज़ सुनाई देने लगी। हाय रे! यह दूसरा कौन? मैं और भी डरी।

''बेगम जान, चोर-वोर तो नहीं?''

''सो जाओ बेटा, कैसा चोर?''

1. डर भगाने की आयत।

रब्बो की आवाज़ आयी। मैं जल्दी से लिहाफ़ में मुँह डालकर सो गयी।

सुबह मेरे ज़हन में रात के ख़ौफ़नाक नज़्ज़ारे का ख़याल भी न रहा। मैं हमेशा की वहमी हूँ। रात को डरना, उठ-उठकर भागना और बड़बड़ाना तो बचपन में रोज़ ही होता था। सब तो कहते थे, मुझ पर भूतों का साया हो गया है। लिहाज़ा मुझे ख़याल भी न रहा। सुबह को लिहाफ़ बिल्कुल मासूम नज़र आ रहा था। मगर दूसरी रात मेरी आँख खुली तो रब्बो और बेगम जान में कुछ झगड़ा बड़ी ख़ामोशी से छपरखट पर ही तय हो रहा था। और मेरी ख़ाक समझ में न आया कि क्या फ़ैसला हुआ? रब्बो हिचकियाँ लेकर रोयी, फिर बिल्ली की तरह सपड़-सपड़ रकाबी चाटने-जैसी आवाज़ें आने लगीं, ऊँह! मैं तो घबराकर सो गयी।

आज रब्बो अपने बेटे से मिलने गयी हुई थी। वह बड़ा झगड़ालू था। बहुत कुछ बेगम जान ने किया—उसे दुकान कराई, गाँव में लगाया, मगर वह किसी तरह मानता ही नहीं था। नवाब साहब के यहाँ कुछ दिन रहा, खूब जोड़े-बागे भी बने, पर न जाने क्यों ऐसा भागा कि रब्बो से मिलने भी न आता। लिहाज़ा रब्बो ही अपने किसी रिश्तेदार के यहाँ उससे मिलने गयी थी। बेगम जान न जाने देतीं, मगर रब्बो भी मजबूर हो गयी।

सारा दिन बेगम जान परेशान रहीं। उनका जोड़-जोड़ टूटता रहा। किसी का छूना भी उन्हें न भाता। उन्होंने खाना भी न खाया और सारा दिन उदास पड़ी रहीं।

"मैं खुजा दूँ बेगम जान?"

मैंने बड़े शौक़ से ताश के पत्ते बाँटते हुए कहा। बेगम जान मुझे ग़ौर से देखने लगीं।

"मैं खुजा दूँ? सच कहती हूँ!"

मैंने ताश रख दिए।

मैं थोड़ी देर तक खुजाती रही और बेगम जान चुपकी लेटी रहीं।

दूसरे दिन रब्बो को आना था, मगर वह आज भी ग़ायब थी। बेगम जान का मिज़ाज चिड़चिड़ा होता गया। चाय पी-पीकर उन्होंने सिर में दर्द कर लिया।

मैं फिर खुजाने लगी उनकी पीठ—चिकनी मेज़ की तख़्ती-जैसी पीठ। मैं हौले-हौले खुजाती रही। उनका काम करके कैसी खुशी होती थी!

"ज़रा ज़ोर से खुजाओ। बन्द खोल दो।" बेगम जान बोलीं, "इधर...ऐ है, ज़रा शाने से नीचे...हाँ...वाह भई वाह! हा! हा!" वह सुरूर में ठण्डी-ठण्डी साँसें लेकर इत्मीनान ज़ाहिर करने लगीं।

"और इधर..." हालाँकि बेगम जान का हाथ ख़ूब जा सकता था, मगर वह मुझसे ही खुजवा रही थीं और मुझे उल्टा फ़ख़्र हो रहा था। "यहाँ...उई! तुम तो गुदगुदी करती हो...वाह!" वह हँसीं। मैं बातें भी कर रही थी और खुजा भी रही थी।

"तुम्हें कल बाज़ार भेजूँगी। क्या लोगी? वही सोती-जागती गुड़िया?"

"नहीं बेगम जान, मैं तो गुड़िया नहीं लेती। क्या बच्चा हूँ अब मैं?"

"बच्चा नहीं तो क्या बूढ़ी हो गयी हो?" वह हँसीं, "गुड़िया नहीं तो क्या बबुआ लेना... कपड़े, पहनाना खुद। मैं दूँगी तुम्हें बहुत-से कपड़े। सुना?" उन्होंने करवट ली।

"अच्छा।" मैंने जवाब दिया।

"इधर..." उन्होंने मेरा हाथ पकड़कर जहाँ खुजली हो रही थी, रख दिया। जहाँ उन्हें खुजली मालूम होती, वहाँ मेरा हाथ रख देतीं। और मैं बेख़याली में, बबुए के ध्यान में डूबी मशीन की तरह खुजाती रही और वह मुतवातिर[1] बातें करती रहीं।

"सुनो तो...तुम्हारे फ्राकें कम हो गयी हैं। कल दर्ज़ी को दे दूँगी, कि नयी सीं लाये। तुम्हारी अम्मा कपड़ा दे गयी हैं।"

"वह लाल कपड़े की नहीं बनवाऊँगी। चमारों-जैसा है!" मैं बकवास कर रही थी और हाथ न जाने कहाँ-कहाँ पहुँचा। बातों-बातों में मुझे मालूम भी न हुआ। बेगम जान तो चुप लेटी थीं। "अरे!" मैंने जल्दी से हाथ खींच लिया।

"ओ लड़की! देखकर नहीं खुजाती! मेरी पसलियाँ नोचे डालती है!"

बेगम जान शरारत से मुस्कराईं और मैं झेंप गयी।

"इधर आकर मेरे पास लेट जा।"

उन्होंने मुझे बाजू पर सिर रखकर लिटा लिया।

"अय है, कितनी सूख रही है। पसलियाँ निकल रही हैं।" उन्होंने मेरी पसलियाँ गिनना शुरू कीं।

"ऊँ!" मैं भुनभुनाई।

"ओई! तो क्या मैं खा जाऊँगी? कैसा तंग स्वेटर पहना है! गरम बनियान भी नहीं पहना तुमने!"

मैं कुलबुलाने लगी।

"कितनी पसलियाँ होती हैं?" उन्होंने बात बदली।

"एक तरफ़ नौ और दूसरी तरफ़ दस।"

मैंने स्कूल में याद की हुई हाइजिन की मदद ली। वह भी ऊटपटाँग।

"हटाओ तो हाथ...हाँ, एक...दो...तीन..."

मेरा दिल चाहा किसी तरह भागूँ...और उन्होंने ज़ोर से भींचा।

"ऊँ!" मैं मचल गयी।

बेगम जान ज़ोर-ज़ोर से हँसने लगीं।

अब भी जब कभी मैं उनका उस वक़्त का चेहरा याद करती हूँ तो दिल घबराने लगता है। उनकी आँखों के पपोटे और वज़नी हो गये। ऊपर के होंठ पर स्याही घिरी हुई थी। बावजूद सर्दी के, पसीने की नन्ही-नन्ही बूँदे होंठों और नाक पर चमक रही थीं। उनके हाथ ठण्डे थे, मगर नरम-नरम—जैसे उन पर की खाल उतर गयी हो। उन्होंने शाल उतार दी थी और कारगे के महीन कुर्ते में उनका जिस्म आटे की लोई की तरह चमक रहा था। भारी जड़ाऊ सोने के बटन गरेबान के एक तरफ़ झूल रहे थे। शाम हो गयी थी और कमरे में अँधेरा घुप हो रहा था। मुझे एक नामालूम डर से दहशत-सी होने लगी। बेगम

1. लगातार।

जान की गहरी-गहरी आँखें! मैं रोने लगी दिल में। वह मुझे एक मिट्टी के खिलौने की तरह भींच रही थीं। उनके गरम-गरम जिस्म से मेरा दिल बौखलाने लगा। मगर उन पर तो जैसे कोई भुतना सवार था और मेरे दिमाग़ का यह हाल कि न चीख़ा जाये और न रो सकूँ।

थोड़ी देर के बाद वह पस्त होकर निढाल लेट गयीं। उनका चेहरा फ़ीका और बदरौनक़ हो गया और लम्बी-लम्बी साँसें लेने लगीं। मैं समझी कि अब मरीं ये...और वहाँ से उठकर सरपट भागी बाहर।

शुक्र है कि रब्बो रात को आ गयी और मैं डरी हुई जल्दी से लिहाफ़ ओढ़ सो गयी। मगर नींद कहाँ? चुप घण्टों पड़ी रही।

अम्माँ किसी तरह आ ही नहीं रही थीं। बेगम जान से मुझे ऐसा डर लगता था कि मैं सारा दिन मामाओं के पास बैठी रहती। मगर उनके कमरे में क़दम रखते दम निकलता था। और कहती किससे, और कहती ही क्या, कि बेगम जान से डर लगता है? तो यह बेगम जान मेरे ऊपर जान छिड़कती थीं...

आज रब्बो में और बेगम जान में फिर अनबन हो गयी। मेरी क़िस्मत की ख़राबी कहिए या कुछ और, मुझे उन दोनों की अनबन से डर लगा। क्योंकि फ़ौरन ही बेगम जान को ख़याल आया कि मैं बाहर सर्दी में घूम रही हूँ और मरूँगी निमोनिया में!

''लड़की क्या मेरा सिर मुँडवाएगी? जो कुछ हो-हवा गया और आफ़त आयेगी।''

उन्होंने मुझे पास बिठा लिया। वह खुद मुँह-हाथ सिलप्ची में धो रही थीं। चाय तिपाई पर रखी थी।

''चाय तो बनाओ। एक प्याली मुझे भी देना।'' वह तौलिये से मुँह ख़ुश्क करके बोलीं, ''मैं ज़रा कपड़े बदल लूँ।''

वह कपड़े बदलती रहीं और मैं चाय पीती रही। बेगम जान नाइन से पीठ मलवाते वक़्त अगर मुझे किसी काम से बुलातीं तो मैं गर्दन मोड़े-मोड़े जाती और वापस भाग आती। अब जो उन्होंने कपड़े बदले तो मेरा दिल उलटने लगा। मुँह मोड़े मैं चाय पीती रही।

''हाय अम्माँ!'' मेरे दिल ने बेकसी से पुकारा, ''आख़िर ऐसा मैं भाइयों से क्या लड़ती हूँ जो तुम मेरी मुसीबत...''

अम्माँ को हमेशा से मेरा लड़कों के साथ खेलना नापसन्द है। कहो भला लड़के क्या शेर-चीते हैं जो निगल जायेंगे उनकी लाड़ली को? और लड़के भी कौन, खुद भाई और दो-चार सड़े-सड़ाए ज़रा-ज़रा-से उनके दोस्त! मगर नहीं, वह तो औरत ज़ात को सात तालों में रखने की क़ायल और यहाँ बेगम जान की वह दहशत, कि दुनिया-भर के गुण्डों से नहीं। बस चलता तो उस वक़्त सड़क पर भाग जाती, पर वहाँ न टिकती। मगर लाचार थी। मजबूरन कलेजे पर पत्थर रखे बैठी रही।

कपड़े बदल, सोलह सिंगार हुए, और गरम-गरम ख़ुशबुओं के अतर ने और भी उन्हें अंगारा बना दिया। और चलीं मुझ पर लाड़ उतारने।

''घर जाऊँगी।''

मैंने उनकी हर राय के जवाब में कहा और रोने लगी।

"मेरे पास तो आओ, मैं तुम्हें बाज़ार ले चलूँगी, सुनो तो।"

मगर मैं खली की तरह फैल गयी। सारे खिलौने, मिठाइयाँ एक तरफ़ और घर जाने की रट एक तरफ़।

"वहाँ भैया मारेंगे चुड़ैल!" उन्होंने प्यार से मुझे थप्पड़ लगाया।

"भले मारें भैया," मैंने दिल में सोचा और रूठी, अकड़ी बैठी रही।

"कच्ची अमियाँ खट्टी होती हैं बेगम जान!"

जली-कटी रब्बो ने राय दी।

और फिर उसके बाद बेगम जान को दौरा पड़ गया। सोने का हार, जो वह थोड़ी देर पहले मुझे पहना रही थीं, टुकड़े-टुकड़े हो गया। महीन जाली का दुपट्टा तार-तार। और वह माँग, जो मैंने कभी बिगड़ी न देखी थी, झाड़-झंखाड़ हो गयी।

"ओह! ओह! ओह! ओह!" वह झटके ले-लेकर चिल्लाने लगीं। मैं रपटी बाहर।

बड़े जतनों से बेगम जान को होश आया। जब मैं सोने के लिए कमरे में दबे पाँव जाकर झाँकी तो रब्बो उनकी कमर से लगी जिस्म दबा रही थी।

"जूती उतार दो।" उसने उनकी पसलियाँ खुजाते हुए कहा और मैं चुहिया की तरह लिहाफ़ में दुबक गयी।

सर सर फट खच!

बेगम जान का लिहाफ़ अँधेरे में फिर हाथी की तरह झूम रहा था।

"अल्लाह! आँ!" मैंने मरी हुई आवाज़ निकाली। लिहाफ़ में हाथी फुदका और बैठ गया। मैं भी चुप हो गयी। हाथी ने फिर लोट मचाई। मेरा रोआँ-रोआँ काँपा। आज मैंने दिल में ठान लिया कि ज़रूर हिम्मत करके सिरहाने का लगा हुआ बल्ब जला दूँ। हाथी फिर फड़फड़ा रहा था और जैसे उकड़ूँ बैठने की कोशिश कर रहा था। चपड़-चपड़ कुछ खाने की आवाज़ें आ रही थीं—जैसे कोई मज़ेदार चटनी चख रहा हो। अब मैं समझी! यह बेगम जान ने आज कुछ नहीं खाया। और रब्बो मुई तो है सदा की चट्टू! ज़रूर यह तर माल उड़ा रही है। मैंने नथुने फुलाकर सूँ-सूँ हवा को सूँघा। मगर सिवाय अतर, सन्दल और हिना की गरम-गरम ख़ुशबू के और कुछ न महसूस हुआ।

लिहाफ़ फिर उमड़ना शुरू हुआ। मैंने बहुतेरा चाहा कि चुपकी पड़ी रहूँ, मगर उस लिहाफ़ ने तो ऐसी अजीब-अजीब शक्लें बनानी शुरू कीं कि मैं लरज गयी। मालूम होता था, ग़ों-ग़ों करके कोई बड़ा-सा मेंढक फूल रहा है और अब उछलकर मेरे ऊपर आया!

"आ...न...अम्माँ!" मैं हिम्मत करके गुनगुनाई, मगर वहाँ कुछ सुनवाई न हुई और लिहाफ़ मेरे दिमाग़ में घुसकर फूलना शुरू हुआ। मैंने डरते-डरते पलँग के दूसरी तरफ़ पैर उतारे और टटोलकर बिजली का बटन दबाया। हाथी ने लिहाफ़ के नीचे कलाबाज़ी लगायी और पिचक गया। कलाबाज़ी लगाने में लिहाफ़ का कोना फ़ीट-भर उठा—

अल्लाह! मैं गड़ाप से अपने बिछौने में!!!

नन्ही की नानी

नन्ही की नानी के माँ-बाप ने नाम तो अल्लाह जाने क्या रखा था? लोगों ने उन्हें कभी उस नाम से याद न किया। जब छोटी-सी गलियों में नाक सुड़सुड़ाती फिरती थीं तो वफ़ातन की लौंडिया के नाम से पुकारी गयीं। फिर कुछ दिन बशीरे की बहू कहलायीं। फिर बिस्मिल्ला की माँ के सम्बोधन से याद की जाने लगीं और जब बिस्मिल्ला जापे के अन्दर ही नन्ही को छोड़कर चल बसीं तो वह नन्ही की नानी के नाम से आख़िरी दम तक पहचानी गयीं।

दुनिया का कोई ऐसा पेशा न था जो ज़िन्दगी में नन्ही की नानी ने अख़्तियार न किया हो। कटोरा गिलास पकड़ने की उम्र से वह घर में दो वक़्त की रोटी और पुराने कपड़ों के एवज़ में ऊपर के काम करने पर धर ली गयीं। यह ऊपर का काम कितना नीचा होता है। यह कुछ खेलने-कूदने की उम्र से काम पर जोत दिये जाने वाले ही जानते हैं। नन्हे मियाँ के आगे झुनझुना बजाने की ग़ैर दिलचस्प ड्यूटी से लेकर बड़े सरकार के सर की मालिश तक ऊपर के काम की फ़ेहरिस्त में आ जाती है।

ज़िन्दगी की दौड़ भाग में कुछ भुनौना-भुलसना भी आ गया और ज़िन्दगी के कुछ साल मामागिरी में बीत गये। पर जब दाल में छिपकली बधार दी और रोटियों में मक्खियाँ पिरोने लगीं तो मजबूरन रिटायर होना पड़ा। इसके बाद तो नन्ही की नानी बस लगायी-बुझाई करने इधर की बात उधर पहुँचाने के सिवा और किसी करम की न रहीं। यह लगायी-बुझाई का पेशा भी काफ़ी मुनाफा बख़्श होता है। मुहल्ले में खटपट चलती रहती है। मुख़ालिफ़ कैम्प में जाकर अगर होशियारी से मुख़बिरी की जाये तो खूब-खूब ख़ातिर मुदारात[1] होती है।

लेकिन यह पेशा कै दिन चलता? नानी लत्तरी कहलाने लगीं और दाल डालते न देखकर नानी ने आख़िरी मुफीद़ तरीन[2] पेशा यानी मुहज़्ज़ब[3] तरीक़े पर भीख माँगना शुरू कर दिया।

खाने के वक़्त नानी नाक फुलाकर सूँघतीं कि किस घर में क्या पक रहा है। बेहतरीन ख़ुशबू की डोर पकड़कर वह घर में आन बैठतीं।

---

1. आतिथ्य, 2. फ़ायदेमन्द, 3. सभ्य।

"ऐ बीवी घुइयाँ डाली हैं गोश्त में?" वह बेतकल्लुफ़ी से पूछतीं।

"नहीं बुआ, घुइएँ निगोड़ी आजकल गलती कहाँ हैं? आलू डाले हैं।"

"ऐ सुब्हान अल्लाह, क्या ख़ुशबू है। अल्लाह रक्खे, बिस्मिल्ला के बाबा को आलुओं से इश्क़ था। रोज़ यही कि बिस्मिल्लाह की माँ आलू गोश्त जो आँखों से भी देख जावे...ऐ बीवी कोथमीर छोड़ दिया..." वह एकदम फ़िक्रमन्द हो जातीं।

"नहीं बुआ कोथमीर निगोड़ा सब मारा गया। मुआ सक़्क़े का कुत्ता क्यारी में लोट गया।"

"है...है...बग़ैर कोथमीर के आलू गोश्त क्या खाक़ मज़ा देगा। हकीम जी के यहाँ मनों लगा है।"

"ऐ नहीं नानी, हकीम जी के लौंडे ने कल शीन मियाँ की पतंग में कटकी लगा दी। इस पर मैंने कहा ख़बरदार जो छज्जे पे क़दम रखा तो..."

"ऐ मैं कोई तुमाए नाम से थोड़ी माँगूँगी।" और नानी बुर्क़ा सँभाल स्लीपर सटपटाती हकीम साहब के यहाँ जा पहुँचीं। धूप खाने के बहाने खिसकती घिसटती क्यारी के पास मुँडेर तक पहुँच जातीं। पहले एक पत्ती तोड़कर सूँघने के बहाने चुटकी में मसलतीं। हकीम जी की बहू की आँख बची और नानी ने कोथमीर बकटा। कोथमीर मुहैया करने के बाद ज़ाहिर है दो निवाले की हक़दार हो ही जातीं।

नानी अपनी हाथ की सफ़ाई के लिए सारे मुहल्ले में मशहूर थीं। खाने-पीने की चीज़ देखी और लुक्मा मार गयीं। बच्चे के दूध की पतीली मुँह से लगायी, दो घूँट गट कर लिए। शकर की फंकी मार ली। गुड़ की डली तालू से चिपका ली। मज़े से धूप में बैठी चूस रही हैं। डली उठाई नेफ़े में उड़स ली। दो चपातियाँ लीं और आधी नेफ़े के इधर आधी उधर। ऊपर से मोटा कुर्ता आहिस्ता-आहिस्ता हस्बेमामूल कराहती कोंकती खिसक गयीं। सब जानते थे पर किसी की मुँह खोलने की हिम्मत न थी। क्योंकि नानी के बूढ़े हाथों में बिजली की सी तेज़ी थी और बेचबाए निगल जाने में वह कोई ऐब न समझती थीं। दूसरे, ज़रा से शुबहे पर ही फ़ैल मचाने पर तुल जातीं और इतनी क़समें खाती थीं। कुर्आन उठवाकर अपनी क़ब्र में भी कीड़े पड़वाए?

लत्तरी, चोर और चकमाबाज़ होने के अलावा नानी परले दर्जे की झूठी भी थीं। सबसे बड़ा झूठ तो उनका वह बुर्क़ा था जो हरदम उन पर सवार रहता था। कभी उस बुर्क़े में नक़ाब भी थी। पर जूँ-जूँ मुहल्ले के बड़े-बूढ़े चल बसे या उन्हें कम दिखने लगा तो नानी ने नक़ाब को ख़ैरबाद कह दिया। मगर गनगौरोंदार फ़ैशनेबल बुर्क़ा की टोपी उनकी खोपड़ी पर चमकती रहती। आगे चाहे महीन कुर्ते के नीचे बनियान न हो पर पीछे बुर्क़ा बादशाहों की झोल की तरह लहराता रहता और यह बुर्क़ा सिर्फ़ सर ढँकने के लिए ही नहीं था बल्कि दुनिया का हर मुमकिन और नामुमकिन काम इसी से लिया जाता था। ओढ़ने-बिछाने और गुड़ी-मुड़ी करके तकिया बनाने के अलावा और जब नानी कभी ख़ैर से नहातीं तो इसे

तौलिया के तौर पर इस्तेमाल करतीं। पंज वक़्ता[1] नमाज़ के लिए जाये-नमाज़ और जब मुहल्ले के कुत्ते दाँत निकोसें तो उनसे बचाव के लिए अच्छी-खासी ढाल। कुत्ता पिंडली पर लपका और नानी के बुर्क़े का घेरा उसके मुँह पर फुंकारा। नानी को बुर्क़ा बहुत प्यारा था। फ़ुर्सत में बैठकर हसरत से उसके बुढ़ापे पे बिसूरा करतीं। जहाँ कोई चिन्दी कत्तर मिली और एहतियातन पैबन्द चिपकाया। वह उस दिन के ख़याल से ही काँप उठती थीं जब यह बुर्क़ा भी चल बसेगा। आठ गज़ लट्ठा कफ़न को जुड़ जावे, यही बहुत जानो!

नानी का कोई मुस्तक़िल क्वार्टर नहीं। सिपाही जैसी ज़िन्दगी है। आज इसके दालान में तो कल उसकी सेहनची में, जहाँ जगह मिली, पड़ाव डाल दिया। जब दुत्कार पड़ी, कूच करके आगे चल पड़ीं। आधा बुर्क़ा ओढ़ा, आधा बिछाया, लम्बी तान ली।

मगर बुर्क़े से भी ज़्यादा वह जिसकी फ़िक्र में घुलती थीं वह थी उनकी इकलौती नवासी नन्ही। कुड़क़ मुर्ग़ी की तरह नानी पर फैलाये उसे पोटे तले दाबे रहतीं। क्या मजाल जो नज़र से ओझल हो जाये मगर जब हाथ-पैरों ने जवाब दे दिया और मुहल्ले वाले चौकन्ने हो गये। उनकी जूतियों की घिस-घिस सुनकर ही चाक़-चौबन्द होकर मोर्चे पर डट जाते। ढिठाई से नानी के इशारे किनाए से माँगने को सुना-अनसुना कर जाते तो नानी को इसके सिवा कोई चारा न रहा कि नन्ही को उसके ख़ानदानी पेशे यानी ऊपर के काम पर लगा दें। बड़े सोच-विचार के बाद उन्होंने उसे डिप्टी साहब के यहाँ रोटी-कपड़ा और डेढ़ रुपया महीने पर छोड़ ही दिया। पर वह हरदम साये की तरह लगी रहतीं। नन्ही नज़र से ओझल हुई और वह बलबलाईं। पर नसीब का लिखा कहीं बूढ़े हाथों से मिटा है। दोपहर का वक़्त था। डिप्टाइन अपने भाई के घर बेटे का पैग़ाम लेकर गयी हुई थी। सरकार ख़शख़ाने में कैलूला[2] फ़रमा रहे थे। नन्ही पंखे की डोरी थामे ऊँघ रही थी। पंखा रुक गया। और सरकार की नींद टूट गयी। शैतान जाग उठा, और नन्ही की क़िस्मत सो गयी।

कहते हैं बुढ़ापे के आसेब[3] से बचने के लिए तरह-तरह के रोग़नों और अरक़ों के साथ हकीम-वैद्य चूज़ों का शोरबा भी तज्वीज़ फ़रमाते हैं। नौ बरस की नन्ही चूज़ा ही जो थी।

मगर जब नन्ही की नानी की आँख खुली तो नन्ही ग़ायब। मुहल्ला छान मारा, कोई सुराग़ न मिला। मगर रात को जब नानी थकी-माँदी कोठरी को लौटीं तो कोने में दीवार से टिकी हुई नन्ही ज़ख़्मी चिड़िया की तरह अपनी फीकी-फीकी आँखों से घूर रही थी। नानी की घिग्घी बँध गयी और अपनी कमज़ोरी को छुपाने के लिए वह उसे गालियाँ देने लगीं। "मालज़ादी अच्छा छका। हियाँ आन कर मरी है। ढूँढ़ते-ढूँढ़ते पिंडलियाँ सूज गयीं। ठहर तो जा। सरकार कैसी चार-चोट की मार लगवाती हूँ।"

मगर नन्ही की चोट ज़्यादा देर तक न छुप सकी। नानी सर पर दोहत्थड़ मार-मार कर चिंघाड़ने लगीं। पड़ोसन ने सुना तो सर पकड़कर रह गयीं। अगर साहबज़ादे की फिसलन होती तो शायद कुछ डाँट-डपट हो जाती। मगर डिप्टी साहब...मुहल्ले के मुखिया, तीन

---

1. पाँच वक़्त की, 2. दोपहर को खाना खाने के बाद आराम, 3. प्रेतछाया।

नवासों के नाना, पंज वक़्ता नमाज़ी। अभी पिछले दिनों मस्जिद में चढ़ाइयाँ और लोटे रखवाए। मुँह से फूटने वाली बात नहीं।

लोगों के रहमोकरम की आदी नानी ने आँसू पीकर नन्ही की कमर सेंकी। आटे-गुड़ का हलवा खिलाया और जान को सब्र करके बैठ रही। दो-चार दिन लोट-पीट कर नन्ही उठ खड़ी हुई और चन्द दिनों ही में सब कुछ भूल-भाल गयी।

मगर मुहल्ले की शरीफ़ज़ादियाँ न भूलीं। छुप-छुप कर नन्ही को बुलातीं।

"नयीं...नानी मारेगी।" नन्ही टालती।

"ले ये चूड़ियाँ पहन लीजो। नानी को क्या ख़बर होगी।" बीवियाँ बेक़रार होकर फुसलातीं।

"क्या हुआ? कैसे हुआ?" की तफ़सील पूछी जाती। नन्ही कच्ची-कच्ची मासूम तफ़सीलें देती। बीवियाँ नाकों पर दुपट्टे रख के खिलखिलातीं।

नन्ही भूल गयी मगर कुदरत न भूल सकी। कच्ची कली वक़्त से पहले खिलाने की वजह से पंखुड़ियाँ झड़ जाती हैं...ठूँठ रह जाती है। नन्ही के चेहरे पर से भी न जाने कितनी मासूम पंखुड़ियाँ झड़ गयीं। चेहरे पर फिटकार और रोड़ापन। नन्ही बच्चे से लड़की नहीं बल्कि छलाँग मार एकदम औरत बन गयी। वह कुदरत के मश्शाक़[1] हाथों की सँवारी भरपूर औरत नहीं बल्कि टेढ़ी-मेढ़ी मूरत जिस पर किसी देव[2] ने दो गज़ लम्बा पाँव रख दिया हो। ठिगनी मोटी कचूरा सी जैसे कच्ची मिट्टी का खिलौना कुम्हार के घुटने तले दब गया हो।

मैली साफ़ी से कोई नाक पोंछे चाहे कूल्हे, कौन पूछता है? राह चलते इसके चुटकियाँ भरते। मिठाई के दोने पकड़ाते। नन्ही की आँखों में शैतान थिड़क उठता...मगर मैली साफ़ी की धूल भी न झड़ती। जानो रबड़ की गेंद। टप्पा खाया और उछल गयी।

चन्द साल ही में नन्ही की चौमखी से मुहल्ला काँप उठा। सुना कि डिप्टी साहब और साहबज़ादे में कुछ तन गयी। फिर सुना मस्जिद के मुल्ला जी को रजुआ कुम्हार ने मारते-मारते छोड़ा। फिर सुना सिद्दीक़ पहलवान का भांजा मुस्तक़िल हो गया।

आये दिन नन्ही की नाक कटते-कटते बचती और गलियों में लठ-पौंगा होता।

और फिर नन्ही के तलवे जलने लगे। पैर तक रत्ती भर जगह न रही। सिद्दीक़ पहलवान के भांजे की पहलवानी और नन्ही की जवानी ने मुहल्ले वालों को बोलना बन्द कर दिया। सुनते हैं दिल्ली, बम्बई में इस माल की थोक में खपत है। शायद दोनों वहीं चले गये।

जिस दिन नन्ही भागी उस दिन नानी के फ़रिश्तों को भी शुबहा न हुआ। वह तीन दिन से निगोड़ी चुपचुप सी थी। नानी से बात भी न की। चुपचाप आप ही आप बैठी हवा में घूरा करती।

"ऐ नन्ही रोटी खा ले।" नानी कहती।

---

1. अभ्यासी, 2. राक्षस।

"नानी बी भूख नहीं!"

"ऐ नन्ही अब देर हो गयी। सो जा।"

"नानी बी नींद नहीं आती।"

रात को नानी के पैर दबाने लगी।

"नानी बी, ऐ नानी बी। सुब्हान अल्ला, सुन लो याद है कि नहीं।" नानी से सुना, "फ़र फ़रयाद!"

"जा बेटी अब सो जा।" नानी ने करवट ली। "अरी मरी मरती क्यों नहीं।" नानी ने थोड़ी देर बाद उसे सेहन में खटपट करते सुनकर कहा। "समझी, ख़ानगी ने अब आँगन भी पलीद करना शुरू कर दिया। कौन हरामी है जिसे आज घर में घुसा लायी है?"

फिर सेहन में घूर-घूर कर देखने पर नानी सहमकर रह गयी। नन्ही इशा की नमाज़ पढ़ रही थी और नन्ही ग़ायब हो गयी।

कभी कोई दूर देस से आता है तो ख़बर आ जाती है। कोई कहता है, नन्ही को एक बड़े नवाब ने डाल लिया है। टमटम है, मानो सोना है। बेग़मों की तरह रहती है।

कोई कहता है, हीरामंडी में देखा था।

कोई कहता है, फ़ारस रोड पर, किसी ने उसे सोनागाछी में देखा।

मगर नानी कहती है। नन्ही को हैज़ा हुआ था। चार घड़ी लोट-पोट कर मर गयी।

नन्ही का सोग मनाने के बाद नानी कुछ ख़ब्तन भी हो गयीं। लोग राह चलते छेड़खानी करते।

"ऐ नानी निकाह कर लो..." भाभीजान छेड़तीं।

"किससे कल्लूँ? ला अपने ख़सम से करा दे।" नानी बिगड़तीं।

"ऐ नानी मुल्ला जी से कर लो। अल्लाह क़सम तुम पर जान देते हैं।" और नानी की गालियाँ शुरू हो जातीं। वो-वो पैंतरे गालियों में निकालतीं कि लोग भौचक्के रह जाते।

"मिल तो जाये भड़वा...दाढ़ी न उखाड़ लूँ तो कहना।" मगर जब मुल्ला जी कभी गली के नुक्कड़ पर मिल जाते तो नानी सचमुच शरमा-सी जातीं।

अलावा मुहल्ले के लड़कों-बालों के नानी के अज़्मी दुश्मन तो मूए निगोड़े बन्दर थे जो पीढ़ियों से इसी मुहल्ले में पलते-बढ़ते आये थे। जो हर आदमी का कच्चा चिट्ठा जानते थे। मर्द ख़तरनाक होते हैं। और बच्चे बदज़ात। औरतें तो सिर्फ़ डरपोक होती हैं। पर नानी भी इन्हीं बन्दरों में पलकर बुढ़ियाई थीं। उन्होंने बन्दरों को डराने के लिए किसी बच्चे की गुलेल हथिया ली थी। और सर पर बुर्क़े का पग्गड़ बाँधकर वह गुलेल तान कर जब उचकतीं तो बन्दर थोड़ी देर को ठिठककर ज़रूर रह जाते और फिर बेतवज्जही से टहलने लगतीं।

और बन्दरों से आये दिन उनकी बासी टुकड़ों पर चख चलती रहती। मुहल्ले में जहाँ कहीं शादी-ब्याह चला, चालीसवाँ होता, नानी जूठे टुकड़ों का ठेका ले लेतीं। लंगर खैरात बँटती तो भी चार-चार मर्तबा चकना दे देकर हिस्सा लेतीं। मानो खाना बटोर लेने के बाद वह उसे हसरत से तकतीं! काश उनके पेट में भी अल्लाह पाक ने कुछ ऊँट जैसा इन्तज़ाम किया होता तो कितने मज़े रहते। मज़े से चार दिन की खुराक मैदे में भर लेतीं। छुट्टी

रहतीं। मगर अल्लाह पाक ने रिज़्क का इतना ऊट-पटाँग इन्तज़ाम करने के बाद पेट की मशीन क्यों इस क़दर आधी-अधूरी बना डाली कि एक-दो वक़्त के खाने से ज़्यादा ज़ख़ीरा जमा करने का ठौर ठिकाना नहीं। इसलिए नानी टाट के बिस्तरों पर जूठे टुकड़े फैलाकर सुखातीं। फिर उन्हें मटकों में भर लेतीं। जब भूख लगी ज़रा से सूखे टुकड़े चुमर किये पानी का छींटा दिया। चुकटी भर लौंन-मिर्च भुरका और लज़ीज़ पकवान तैयार। लेकिन गर्मियों और बरसात के दिनों में बार-बार यह नुस्ख़ा उन पर हैज़ा तारी कर चुका था। इसीलिए बच जाने पर मन मार कर उन टुकड़ों को औने-पौने बेच डालतीं। ताकि लोग अपने कुत्तों और बकरियों वग़ैरह को खिला दें। मगर अमूमन कुत्तों और बकरियों के मैदे नानी के ढीठ मैदे का मुक़ाबला न कर पाते और लोग मोल तो क्या तोहफ़े के तौर पर भी इन सड़ी-गली चीज़ों को क़बूलने पर तैयार न होते। वही जान से ज़्यादा अज़ीज़ जूठे टुकड़े जिन्हें बटोरने के लिए नानी को हज़ारों सलावतें[1] और ठोकरें सहना पड़तीं और जिन्हें धूप में सुखाने के लिए पूरी बन्दर जाति से जिहाद मोल लेना पड़ता। जहाँ टुकड़े फैलाये गये और बन्दरों के क़बीले को बेतार बर्क़ी ख़बर पहुँची। अब क्या है ग़ोल-दर-ग़ोल दीवारों पर डटे बैठे हैं। खपरैलों पर धमाचौकड़ी मचा रहे हैं। छेड़, खसोट रहे हैं और आते-जाते ये खोखिया रहे हैं। नानी भी इस वक़्त मर्द मैदान बनी सर पर बुर्क़े का ढाटा बाँधे, हाथ में गुलेल लिए मोर्चे पर डट जातीं। सार दिन 'लगे-लगे' करके शाम को बचा-खुचा कूड़ा बटोर बन्दरों की जान को कोसती नानी अपनी कोठरी में थककर सो रहतीं।

बन्दरों को उनसे कुछ ज़ाती अनबन हो गयी थी। अगर यह बात न होती तो क्यों जहान भर की नैमतों को छोड़कर सिर्फ़ नानी के टुकड़ों पर ही हमलावर होते और क्यों बदज़ात लाल पिछाए वाला उनका जान से प्यारा तकिया ले भागता। वह तकिया जो नन्ही के बाद नानी का अकेला अज़ीज़ और प्यारा दुनिया में रह गया था। वह तकिया जो बुर्क़े के साथ उनकी जान पर हमेशा सवार रहता था। जिसकी सीवनों को वह हर वक़्त पक्का टाँका मारती रहती थीं। बार-बार नानी किसी कोने खदरे में बैठी तकिये से ऐसा खेला करतीं जैसे वह नन्ही सी बच्ची हों और वह तकिया उनकी गुड़िया, वह अपने सारे दुःख उस तकिये से कहकर जी हलका कर लिया करती थीं। जितना-जितना उन्हें तकिये पर लाड़ आता, वह उसके टाँके पक्के करती जातीं।

क़िस्मत के खेल देखिये! नानी मुँडेर से लगी बुर्क़े की आड़ में नेफ़े से जुँएँ चुन रही थीं कि बन्दर धम से कूदा और तकिया ले ये जा, वो जा। ऐसा मालूम हुआ कि कोई नानी का कलेजा नोच कर ले गया। वह दहाड़ीं और चिल्लाईं कि सारा मुहल्ला इकट्ठा हो गया।

बन्दरों का क़ायदा है कि आँख बची और कटोरा गिलास लें भागे और छज्जे पर बैठे दोनों हाथों से कटोरा दीवार पर घिस रहे हैं। कटोरे का मालिक नीचे खड़ा चुमकार रहा है। प्याज दे, रोटी दे, जब बन्दर मियाँ का पेट भर गया, कटोरा फेंक अपनी राह ली। नानी के मटकी भर टुकड़े लुटा देने पर हरामी बन्दर ने न तकिया छोड़ना था, न छोड़ा।

---

1. गालियाँ।

सौ जतन किये गये मगर उसका जी न पिघला। और उसने मज़े से तकिये के गिलाफ़ प्याज के छिलके की तरह उतारने शुरू किये। यही गिलाफ़ जिन्हें नानी ने चुंधी आँखों से घूर-घूर कर पक्के टाँकों से गूँथा था। जूँ-जूँ गिलाफ़ उतरते जाते नानी की बदहवासी और बलबलाहट में ज़्यादती होती जाती और आख़िरी गिलाफ़ भी उतर गया। और बन्दर ने एक-एक करके छज्जे पर से टपकाना शुरू किये। रोटी के गाले नहीं बल्कि शबन की फ़तोही। बन्नू सक़्के का अँगोछा। हसीना बी की अँगिया, मन्नी बी की गुड़िया का ग़रारा, रहमत की ओढ़नी और ख़ैराती का कछना।...

ख़ैरन के लौंडे का तमंचा...मुंशी जी का मफ़लर और इब्राहीम की कमीज़ की आस्तीन मय कफ़!...

सिद्दीक़ की तहमद का टुकड़ा, उनामना बी की सुरमादानी और वफ़ातन की कजलौटी। सकीना बी की अफ़शाँ की डिबिया...मुल्ला जी की तस्बीह का इमाम और बाक़र मियाँ की सजदागाह।...

बिस्मिल्लाह का सूखा हुआ नाल और कलाव में बँधी हुई नन्ही की पहली सालगिरह की हल्दी की गाँठ, दूब और चाँदी का छल्ला। और बशीर का गिलट का तमग़ा जो उसे जंग से ज़िन्दा लौट आने पर सरकारे आलिया से मिला था।

मगर किसी ने इन चीज़ों को न देखा। बस देखा तो उस चोरी के माल को जिसे सालहा साल की छापामारी के बाद नानी ने लखलौट जोड़ा था।

"चोर...बेईमान...कमीनी..."

"निकालो बुढ़िया को मुहल्ले से..."

"पुलिस में दे दो।"

"अरे इसकी तोशक भी खोलो। इसमें न जाने क्या-क्या होगा?" ग़रज़ जो जिसके मुँह में आया, कह दिया।

नानी की चीख़ें एकदम रुक गयीं। आँसू खुश्क। सर नीचा और ज़बान गुंग। काटो तो ख़ून नहीं। रात भी जूँ की तूँ। दोनों घुटने मुट्ठियों में दाबे हिलहिल कर सूखी हिचकियाँ लेती रहीं। कभी अपने माँ-बाप का नाम ले-लेकर, कभी मियाँ को याद करके, कभी बिस्मिल्लाह और नन्ही को पुकार के बैन करतीं...दम भर को ऊँघ जातीं। फिर जैसे पुराने नासूरों में चीटें चटकने लगते और वह बलबला कर चौंक उठतीं। कभी चहकी-पहकी रोतीं, कभी खुद से बातें करने लगतीं। फिर आप ही आप मुस्कुरा उठतीं और फिर तारीकी में से कोई पुरानी याद का भाला खेंच मारता और वह बीमार कुत्ते की तरह नीम इनसानी आवाज़ से सारे मुहल्ले को चौंका देतीं। दो दिन इसी हालत में बीत गये। मुहल्ले वालों को आहिस्ता-आहिस्ता एहसासे-नदामत[1] शुरू हुआ। किसी को भी तो इन चीज़ों की तनिक भी ज़रूरत न थी बरसों की खोई चीज़ों को कभी का रो-पीट कर भूल चुके थे। वे बेचारे खुद कौन-से लखपति थे। तिनके जितना बोझ भी ऐसे मौक़े पर इनसान को शहतीर की तरह

1. लज्जा का एहसास।

लगता है। लोग इन चीज़ों के बैग़र ज़िन्दा थे। शबन की फतोही अब सर्दियों से धींगामुश्ती करने के क़ाबिल कहाँ थी? यह उसके मिलने के इन्तज़ार में अपनी बढ़वार थोड़ी रोके बैठा था। हसीना बी ने अँगिया चोली की अहमियत को बेकार समझकर उसे ख़ैरबाद[1] कह दिया था। मिट्टी की गुड़िया का ग़रारा किस मसरफ़ का, वह तो कभी की गुड़ियों की उम्र से गुज़र कर हंडकुलियों की उम्र को पहुँच चुकी थी। मुहल्ले वालों को नानी की जान लेना थोड़ी मंज़ूर थी।

पुराने ज़माने में एक देव[2] था। उस देव की जान थी एक भौंरे में। सात समन्दर पार एक ग़ार में एक सन्दूक था। इस सन्दूक में एक और सन्दूक। इस सन्दूक में एक डिबिया थी जिसमें एक भौंरा था। एक बहादुर शहज़ादा आया...और उसने भौंरे की एक टाँग तोड़ दी। उधर देव की एक टाँग जादू के ज़ोर से टूट गयी। फिर उसने दूसरी टाँग तोड़ी और देव की दूसरी टाँग भी टूट गयी फिर उसने भौंरे को मसल डाला और देव मर गया।

नानी की जान भी तकिये में थी और बन्दर ने वह जादू का तकिया दाँतों से चीर डाला और नानी के सीने में गर्म सलाख़ उतर गयी।

दुनिया का कोई दुःख, कोई ज़िल्लत, कोई बदनामी ऐसी न थी जो नसीब ने नानी को न बख़्शी हो। जब सुहाग की चूड़ियों पर पत्थर गिरा था तो समझी थीं अब कोई दिन की मेहमान हैं पर जब बिस्मिल्लाह को कफ़न पहनाने लगीं तो यक़ीन हो गया कि ऊँट की पीठ पर यह आख़िरी तिनका है और जब नन्ही मुँह पर कालिख़ लगा गयी तो नानी समझीं बस यह आख़िरी घाव है।

ज़माने भर की बीमारियाँ पैदाइश के वक़्त से झेलीं। सात बार तो चेचक ने उनकी सूरत पर झाड़ू फेरी। हर बार तीज-त्योहार के मौक़े पर हैजे का हमला होता।

तेरा-मेरा गू-मूत धोते-धोते उँगलियों के पोरे सड़ गये। बर्तन-माँजते हथेलियाँ छलनी हो गयीं। हर साल अँधेरे-उजाले ऊँची-नीची सीढ़ियों से लुढ़क पड़तीं। दो-चार लोट-पीट कर फिर घिसटने लगतीं। पिछले जनम में नानी...रही होंगी। जभी तो इतनी सख़्त जान थीं। मौत का क्या वास्ता जो उनके क़रीब फटक जाये। बसरियाँ लगाये फिरेंगी मगर मुर्दे का कपड़ा तन से न छू जाये। कहीं मरने वाला सलवटों में मौत न छुपा गया हो जो नाज़ों की पाली नानी को आन दबोचे! मगर यूँ आक़बत बन्दरों के हाथों लुटेगी इसकी किसको ख़बर थी? सुबह-सवेरे भिश्ती मश्क डालने गया तो देखा नानी खपरैल की सीढ़ियों पर उकड़ूँ बैठी हैं। मुँह खुला है। मक्खियाँ अधखुली आँखों में घुस रही हैं। यूँ नानी को सोता देखकर लोग उन्हें मुर्दा समझकर डर जाया करते थे। मगर नानी हमेशा बड़बड़ाकर बलगम थूकतीं जाग पड़तीं और हँसने वाले को हज़ार गालियाँ सुना डालती थीं।

मगर उस दिन सीढ़ियों पर उकड़ूँ बैठी हुई नानी दुनिया को एक मुस्तक़िल गाली देकर चल बसीं। ज़िन्दगी में कोई कल सीधी न थी। करवट-करवट काँटे थे। मरने के बाद कफ़न में भी नानी उकड़ूँ लिटाई गयीं। हज़ार खेंचतान पर भी अकड़ा हुआ जिस्म सीधा न हुआ।

---

1. त्यागना, छोड़ देना, 2. दैत्य।

इस्मत : ग़ैर अफ़सानवी नस्र

दोज़ख़ी
बम्बई से भोपाल तक
तरक़्क़ीपसन्द तहरीर और मैं

दोज़ख़ी

जब तक कालेज सिर पर सवार रहा, पढ़ने-लिखने से फुर्सत ही न मिली जो अदब की तरफ़ ध्यान किया जाता और कालेज से निकलकर बस दिल में यह बात बैठ गयी कि हर वह चीज़ जो दो साल पहले लिखी गयी पुरानी बद-मज़ाक़ और झूठी है। नया साहित्य केवल आज और कल में मिलेगा। इस नये साहित्य ने इतना गड़बड़ाया कि न जाने कितनी किताबें सिर्फ़ नाम देखकर ही वाहियात समझकर फेंक दीं और सबसे बेकार जो नज़र आयीं वे अज़ीम बेग़ चुग़ताई की थीं। ''घर की मुर्गी दाल बराबर'' वाली बात। घर के हर कोने में उनकी किताबें रुलती फिरतीं मगर सिवाय अम्माँ और दो-एक पुराने फ़ैशन की भाभियों के किसी ने उठाकर भी न देखीं। यही ख़याल होता कि भला इनमें होगा ही क्या। यह साहित्य नहीं फक्कड़ मज़ाक़, पुराने इश्क़ के सड़ियल क़िस्से और जी जलाने वाली बातें होंगी यानी बिना पढ़े ही राय क़ायम। मुझे खुद यक़ीन नहीं आया कि मैंने अज़ीम भाई की किताबें क्यों न पढ़ीं। शायद इसमें थोड़ा-सा ग़रूर भी शामिल था और आत्म-प्रशंसा भी। यह ख़याल होता था कि यह पुराने हैं हम नये हैं।

एक दिन यों ही लेटे-लेटे उनका एक मज़मून 'यक्का' नज़र आया। मैं और असीम पढ़ने लगे। न जाने किस धुन में थे कि हँसी आने लगी और इस क़द्र आयी कि पढ़ना कठिन हो गया। हम पढ़ ही रहे थे कि अज़ीम भाई आ गये और अपनी किताब पढ़ते देखकर खिल गये। मगर हम जैसे चिढ़ गये और मुँह बनाने लगे। वे एक होशियार व्यक्ति थे, बोले–लाओ मैं तुम्हें सुनाऊँ और यह कहकर दो-एक मज़मून जो हमें सुनाये तो सही अर्थों में हम ज़मीन पर लोटने लगे। सारी बनावट ग़ायब हो गयी। एक तो उनके मज़मून और फिर उनकी ही ज़ुबानी। मालूम होता था हँसी की चिंगारियाँ उड़ रही हैं। जब वे ख़ूब मूर्ख बना चुके तो बोले–''तुम लोग तो कहते हो कि मेरे मज़मून में कुछ नहीं...'' और उन्होंने छेड़ा। हमारे मुँह उतरकर ज़रा-ज़रा से निकल आये और बुरी तरह चिढ़ गये, झुँझलाकर उल्टी-सीधी बातें करने लगे। जी जल गया और फिर इसके बाद और भी उनकी किताबों से घृणा हो गयी।

मैंने उनके मज़मूनों की उनकी ज़िन्दगी में कभी प्रशंसा न की हालाँकि वे मेरे मज़मून देखकर ऐसे खुश होते थे कि बयान नहीं, इस क़द्र प्यार से प्रशंसा करते थे। मगर यहाँ तो उनकी हर बात से चिढ़ने की आदत थी, मैं समझती थी कि वे मेरा मज़ाक़ उड़ाते हैं।

अज़ीम बेग चुग़ताई

और ख़ुदा की कसम जब ये शख़्स किसी का मज़ाक़ उड़ाता था तो जी चाहता था कि बच्चों की तरह ज़मीन पर मचल जायें और रोयें। किस क़द्र व्यंगय, कैसी कड़वी मुस्कराहट और कटते हुए वाक्य। मैं तो हर समय डरती थी कि मेरा मज़ाक़ उड़ाया और मैंने बद-ज़ुबानी की।

कभी कहते थे कि "मुझे डर लगता है कि कहीं तुम मुझसे अच्छा न लिखने लगो" और मैंने केवल चन्द मज़मून लिखे थे इसलिए दिल जलता था कि यह मेरा मज़ाक़ उड़ा रहे हैं।

उनकी मृत्यु के बाद न जाने क्यों मरने वाले की चीज़ें प्यारी हो गयीं, उनका एक-एक लफ़्ज़ चुभने लगा और मैंने ज़िन्दगी में पहली बार उनकी किताबें दिल लगाकर पढ़ीं। दिल लगाकर पढ़ने की भी ख़ूब रही। यानी दिल लगाने की भी आवश्यकता थी। दिल खुद-ब-खुद खिंचने लगा। उफ! तो यह कुछ लिखा है इन रुलाने वाली किताबों में। एक-एक लफ़्ज़ पर उनकी तस्वीर आँखों में खिंच जाती और पल भर में वह ग़म और दुःख में डूबी हुई मुस्कराने की कोशिश करती हुई आँखें। वह शोक-ग्रस्त काली घटाओं की तरह मुर्झाये हुए पीले चेहरे पर पड़े हुए घने बाल। वह पीली नीलाहट लिए हुए ऊँचा मस्तक, मुर्झाये हुए उदास होंठ जिनके अन्दर समय से पहले ही टूटे हुए ना-हमवार दाँत और वे पतले सूखे-सूखे हाथ और औरतों जैसे नाजुक दवाओं में बसी हुई लम्बी अँगुलियों वाले हाथ और फिर उन हाथों पर सूजन आ गयी थी। पतली-पतली खपची जैसी टाँगें जिनके सिर पर सूजन से फूले हुए बदसूरत पैर जिनको देखने के डर की वजह से हम लोग उनके सिरहाने ही की तरफ़ जाया करते थे। और सूखे हुए पिंजरे जैसे सीने पर धूंकनी का भ्रम होता था। कलेजे पर हज़ारों कपड़ों बनियानों की तहें और उस सीने में फड़कता हुआ चुलबुला दिल। या अल्लाह यह शख़्स क्योंकर हँसता था? कोई भूत है या जिन्न जो हर खुदाई ताक़त से कुश्ती लड़ रहा है। नहीं मानता मुस्कराये जाता है। अत्याचारी और निर्दय खुदा चढ़-चढ़कर खाँसी और दमा का कष्ट दे रहा है और यह दिल क़हक़हे नहीं छोड़ता। कौन-सा दीन-दुनिया का दुख था जो कुदरत ने बचा रखा था मगर फिर भी न रुला सकी। इस दुख में, इस जलन में हँसते ही नहीं हँसाते रहना किसी इनसान का काम नहीं। मामू कहते 'ज़िन्दा लाश' ए खुदा अगर लाशें भी इस क़द्र जानदार, बेचैन और फड़कने वाली होती हैं तो फिर दुनिया एक लाश क्यों नहीं बन जाती।

मैं एक बहन की हैसियत से नहीं एक औरत बनकर उनकी तरफ़ नज़र उठा कर देखती तो दिल काँप उठता था। किस क़दर ढीठ था उनका दिल। उसमें कितनी जान थी। मुँह पर गोश्त नाम को न था मगर कुछ दिन पहले चेहरे पर सूजन आ जाने से चेहरा खूबसूरत हो गया था। कनपटियाँ भर गयी थीं। पिचके हुए गाल मोटे हो गये थे। एक मौत की सी चमक चेहरे पर आयी थी और रंगत में कुछ अजीब तिलिस्मी सब्ज़गी सी आ गयी थी। मगर आँखें मालूम होता था किसी बच्चे की शरीर आँखें हैं जो ज़रा-सी बात पर नाच उठती थीं और फिर कभी उनमें नौजवान लड़की की-सी शोखी जाग उठती थी और यही आँखें कभी दौरे की शिद्दत से घबराकर चीख उठतीं। उनकी शीशे की तरह साफ़ नीली सतह गदली ज़र्द हो जाती और बे-कस हाथ काँपने लगते। सीना फटने पर आ जाता। दौरा ख़त्म हुआ कि फिर वही रोशनी, फिर वही नाच, फिर वही चमक।

अभी कुछ दिन हुए मैंने पहली बार 'ख़ानम' पढ़ी। हीरो वह खुद नहीं। उनमें इतनी जान ही कब थी मगर वह हीरो उनकी कल्पना का हीरो है। वह उनकी दबी हुई भावनाओं की काल्पनिक प्रतिमा है। जैसे एक लँगड़ा स्वप्न में खुद को नाचता-कूदता-दौड़ता हुआ देखता है। ऐसे ही वे बीमारी में गिरफ़्तार निढाल पड़े अपने हमज़ाद को शरारतें करता देखते थे। काश! एक बार और सिर्फ़ एक बार उनकी ख़ानम इस हीरो को देख लेती।

शायद औरों के लिए ख़ानम कुछ भी नहीं, लेकिन सिवाय लिखने वाले के और बाक़ी के सारे कैरेक्टर असली और ज़िन्दा हैं। भाई साहब, भाभी जान, नानी अम्मा, रौशनी, वालिद साहब, भतीजे, भंगी, बहिश्ती, यह सबके सब हैं। यही होता था बिल्कुल यही। और अब भी सब घरों में ऐसा ही होता है। कम से कम मेरे घर में तो था और एक-एक शब्द घर की सच्ची तस्वीर है। जब अज़ीम बेग़ लिखते थे तो सारा घर और हम सब उनके लिए एक्टिंग किया करते थे। हम हिलते-डुलते खिलौने थे और वे एक चित्रकार जिसने बिल्कुल असल की नक़ल कर दी। जितनी दफ़ा 'ख़ानम' को पढ़ती हूँ यही मालूम होता है, खानदान का ग्रुप देखती हूँ। वे, भाभी और ख़ानम झगड़ रही हैं। वे भाई साहब शरारतें ईजाद कर रहे हैं और लेखक खुद? सिर झुकाये ख़ामोश चित्र चित्रण में लीन है।

'खुर्पा बहादुर' जिसका पहला टुकड़ा 'रूह-ए-लताफ़त' में छपा है यह सब काल्पनिक है। लाचार और मजबूर इनसान अपने हमज़ाद से दुनिया भर की शरारतें करवा लेता है। वह खुद तो दो क़दम भी नहीं चल सकता लेकिन हमज़ाद चोरियाँ करता, शरारतें करता है। खुद तो एक उँगली का बोझ नहीं सहार सकता मगर हमज़ाद जी भरकर मार खाता है और टस-से-मस नहीं होता। लेखक की अभिलाषा थी कि काश! वह भी इतना ही मज़बूत होता कि दूसरे भाइयों की तरह डेढ़-डेढ़ सौ जूते खाकर कमर झाड़कर उठ खड़ा होता। तन्दुरुस्त लोग क्या जानें एक बीमार के दिल में क्या-क्या अरमान होते हैं। परकटा परिन्दा वैसे नहीं तो सपनों में तो दुनियाभर की सैर कर आता है। यही हाल उनका था—वे जो कुछ न थे कहानी में वही बनकर दिल की आग बुझा लेते थे। कुछ तो चाहिए ना जीने के लिए।

शुरू से ही रोते-धोते पैदा हुए, रुई के गालों पर रखकर पाले गये। कमज़ोर देखकर

हर कोई क्षमा कर देता। तगड़े भाई सिर झुकाकर पिट लेते। कुछ भी करें वालिद साहब कमज़ोर जानकर क्षमा कर देते। हरेक दिलजोई में लगा रहता। मगर बीमार को बीमार कहो तो उसे ख़ुशी कब होगी। इन मेहरबानियों से कमज़ोरी का एहसास और बढ़ता। बग़ावत और बढ़ती। ग़ुस्सा बढ़ता मगर बे-बस! सब ने उनके साथ गाँधी जी वाली 'नान वायलेंस' शुरू कर दी थी। वे चाहते थे कि कोई तो उन्हें भी इनसान समझे। उन्हें भी कोई डाँटे। कोई ज़िन्दा लोगों में शुमार करे इसलिए एक तरकीब निकाली और वह यह कि फ़सादी बन गये। जहाँ चाहा दो आदमियों को लड़ा दिया। अल्लाह ने दिमाग़ दिया था और फिर इसके साथ असाधारण कल्पना और तेज़ जुबान। चटखारे ले-लेकर कुछ ऐसी तरकीबें चलते कि झगड़ा ज़रूर होता। बहन-भाई, माँ-बाप सबको नफ़रत हो गयी। अच्छा-ख़ासा घर जंग का मैदान बन गया और सब मुसीबतों के ज़िम्मेदार ख़ुद। बस सारी आत्म-प्रशंसा की भावनाएँ सन्तुष्ट हो गयीं। और कमज़ोर, लाचार, हरदम का रोगी, थियेटर का विलेन हीरो बन गया और क्या चाहिए? सारी कमज़ोरियाँ हथियार बन गयीं। ज़ुबान बद से बदतर हो गयी। दुनिया में हर कोई नफ़रत करने लगा। सूरत से जी मिचलाने लगा। हँसते-बोलते लोगों को दम भर में दुश्मन बना लेना बायें हाथ का काम हो गया।

लेकिन मक़सद यह तो न था कि वास्तव में दुनिया उन्हें छोड़ दे। घर वालों ने जितना उनसे खिंचना शुरू किया उतने ही वे उनसे लिपटे। आख़िर में तो ख़ुदा माफ़ करे उनकी सूरत देखकर नफ़रत आती थी। वे लाख कहते मगर दुश्मन नज़र आते थे। बीवी शौहर न समझती, बच्चे बाप न समझते। बहन ने कह दिया तुम मेरे भाई नहीं और भाई आवाज़ सुनकर नफ़रत से मुँह मोड़ लेते। माँ कहती साँप जना था मैंने।

मरने से पहले दयनीय स्थिति थी। बहन होकर नहीं इनसान बनकर कहती हूँ—''जी चाहता था कि जल्दी से मर चुकें, आँखों में दम है मगर दिल दुखाने से नहीं चूकते। दोज़ख़ का कष्ट बन गये हैं। हज़ारों कहानियों और अफ़सानों का हीरो एक विलेन बनकर सन्तुष्ट हो चुका था। वह चाहता था अब भी कोई उसे प्यार करे, बीवी पूजा करे, बच्चे मुहब्बत से देखें। बहनें वारी जायें और माँ कलेजे से लगाये।

माँ ने तो सचमुच कलेजे से लगा लिया। भूला-भटका रास्ते पर आ लगा। आख़िर माँ थी। मगर औरों के दिल से नफ़रत न गयी। यहाँ तक कि फेफड़े ख़त्म हो गये। सूजन बढ़ गयी। आँखें चुँधिया गयीं और अन्धों की तरह टटोलने पर भी रास्ता न मिला। हीरो बनकर भी हार उनकी ही रही। जो चाहा न मिला। उसके बदले नफ़रत और घृणा मिली। इनसान किस क़दर लोभी होता है इतनी प्रसिद्धि और नाम होने के बावजूद हिकारत की ठोकरें खाकर जान दी। सुबह चार बजे आज से 42 वर्ष पहले जो नन्हा-सा बच्चा था वह ज़िन्दगी का नाटक खेल चुका था। 29 अगस्त को सुबह छह बजे शमीम भाई ने आकर कहा—"मुन्ने भाई ख़त्म हो रहे हैं, उठो!"

"वे कभी भी ख़त्म नहीं होंगे...बेकार मुझे जगा रहे हो..." मैंने बिगड़कर सुबह की ठंडी हवा में फिर सो जाने का इरादा किया।

"अरे! कमबख़्त तुझे याद कर रहे हैं..." शमीम ने कुछ परेशान होकर हिलाया।

"उनसे कह दो कि अब क़यामत के दिन मिलेंगे...अरे शमीम वे कभी नहीं मर सकते।" मैंने दृढ़ता से कहा।

मगर जब मैं नीचे आयी तो उनकी ज़ुबान बन्द हो चुकी थी। कमरा सामान से ख़ाली कर दिया गया था। सारा कूड़ा-करकट, किताबें हटा दी गयी थीं। दवा की बोतलें लाचारी की तस्वीर बनी लुढ़क रही थीं। दो नन्हे बच्चे परेशान हो-होकर दरवाज़े को तक रहे थे। भाभी उन्हें ज़बरदस्ती चाय पिला रही थीं। माँ पलँग की चादर बदल रही थीं। सूखी आहें उनके कलेजे से निकल रही थीं। आँसू बन्द थे।

''मुन्ने भाई'' मैंने उन पर झुककर कहा। एक क्षण को आँखें अपनी धुरी पर रुकीं, होंठ सिकुड़े और फिर वहीं मृत्यु अवस्था छा गयी। हम सब बैठकर चार घंटे तक सूखे बे-जान हाथों की जंग देखते रहे। मालूम होता था यमदूत भी पराजित हो रहे हैं। जंग थी कि ख़त्म ही न होती थी।

''खत्म हो गये मुन्ने भाई'' ...न जाने किसने कहा।

और आज मैं उनकी किताबें देखकर कहती हूँ असम्भव। वे कभी नहीं मर सकते। उनकी जंग अब भी जारी है। मेरे लिए तो वे मरकर ही जिये और न जाने कितनों के लिए वे मरने के बाद पैदा होंगे और बराबर पैदा होते रहेंगे। उनका सन्देश था 'दुःख से लड़ो, नफ़रत से लड़ो और मरकर भी लड़ते रहो।'' यह कभी न मर सकेगा। उनकी विद्रोही आत्मा को कोई नहीं मार सकता। वे नेक नहीं थे। पारसा न होते अगर उनकी सेहत अच्छी होती। वे झूठे थे, उनकी ज़िन्दगी भी झूठी थी। सबसे बड़ा झूठ थी। उनका रोना झूठा, हँसना झूठा। लोग कहते हैं माँ-बाप को दुःख दिया, बीवी को दुःख दिया, बच्चों और सारे जग को दुःख दिया। वे एक...अफ़ारीत[1] थे जो दुनिया पर एक कष्ट बनकर नाज़िल हुए थे और दोज़ख़[2] के सिवाय उनका कहीं ठिकाना नहीं। अगर दोज़ख़ में ऐसे ही लोगों का ठिकाना है तो एक बार ज़रूर इस दोज़ख़ में जाना पड़ेगा, सिर्फ़ यह देखने के लिए कि जिस शख़्स ने दुनिया की दोज़ख़ में यूँ हँस-हँसकर तीर खाये और तीर-अन्दाज़ों को कड़वे तेल में तला वह दोज़ख़ में कष्ट देने वालों को क्या कुछ न चिढ़ा-चिढ़ाकर हँस रहा होगा। बस मैं वह कटु व्यंग्य से भरी हँसी देखना चाहती हूँ जिसे देखकर दोज़ख़ का दरोगा भी जल उठता होगा।

मुझे यक़ीन है वह अब हँस रहा होगा, कीड़े उसकी खाल को खा रहे होंगे। हड्डियाँ मिट्टी में मिल रही होंगी। मुल्लाओं के फ़तवों से उसकी गर्दन दब रही होगी। आरों से उसका जिस्म चीरा जा रहा होगा, मगर वह हँस रहा होगा। आँखें शरारत से नाच रही होंगी। नीले मुर्दा ओंठ तल्ख़ी से हिल रहे होंगे, मगर कोई उसे रुला नहीं सकता।

वह व्यक्ति जिसके फेफड़ों में नासूर, टाँगें मुद्दत से अकड़ी हुई, बाँहें इंजेक्शनों से गुदी हुई, कूल्हों में अमरूद बराबर फोड़ा, आख़िरी दम, और च्यूटियाँ जिस्म में लगना शुरू हो

1. भूत-प्रेत, 2. नरक।

गयीं, क्या हँसकर कहता है, "यह च्यूँटी साहबा भी किस क़दर बे-सब्र हैं। यानी समय से पहले ही अपना हिस्सा लेने आन पहुँचीं..." यह मरने से दो दिन पहले कहा...दिल चाहिए, पत्थर का कलेजा हो। मरते वक़्त जुमले[1] कसने के लिए।

उनका एक जुमला हो तो लिखा जाये। एक लफ़्ज़ हो तो याद आये। पूरी की पूरी किताबें ऐसे ही चुटकुलों से भरी पड़ी हैं। दिमाग़ था कि इंज़न। बिना आग-पानी के हर वक़्त चलता रहता था और ज़बान थी कि क़ैंची—इस क़दर नपे-तुले जुमले निकालती थी कि जमकर रह जाते थे।

नये लिखने वालों के आगे उनकी गाड़ी नहीं चली। दुनिया बदल गयी है, ख़यालात बदल गये हैं। हम लोग बद-ज़ुबान हैं और मुँहफट। हम दिल दुखता है तो रो देते हैं। सरमायादारी, पूँजीवाद, सोशलिज़म और बेकारी ने हम लोगों को झुलसा दिया है। हम जो कुछ लिखते हैं दाँत पीस-पीसकर लिखते हैं, अपने गुप्त दुःखों, कुचले हुए जज़्बात को ज़हर बनाकर उगलते हैं। वे भी दुखी थे। नादार बीमार और दरिद्र। पूँजीवाद से मजबूर मगर फिर भी इतनी हिम्मत थी कि ज़िन्दगी को मुँह चिढ़ा देते थे। दुःख में ठट्ठा लगा लेते थे। वे अफ़सानों ही में नहीं हँसते थे, ज़िन्दगी के मामले में हँसकर दुःख को कम कर देते थे। बातों के इस क़दर शौक़ीन कि दुनिया का कोई इनसान हो उससे दोस्ती। 'खुर्पा बहादुर' में जो शाह-ए-लकरान के हालात हैं वह एक मीरासन से मालूम हुए। उससे ऐसी दोस्ती थी कि बस बैठे हैं और घंटों बकवास हो रही है। लोग हैरान हैं कि या अल्लाह! यह बुढ़िया मीरासन से क्या बातें हो रही हैं मगर जो कुछ उन्होंने लिखा है उसी मीरासन ने उन्हें बताया है।

और तो और भंगन, बहिश्तन, राह चलतों को रोककर बातें करते थे। यहाँ तक कि कुछ दिन अस्पताल में रहे। वहाँ रात को जब ख़ामोशी हो जाती, आप चुपके से सारे मरीज़ों को समेट कर गप्पें उड़ाया करते। हज़ारों क़िस्से सुनते और सुनाते। वही क़िस्से 'सवाना की रूहें', 'महारानी का सपना', 'चमकी' और 'बरेड़े' बन गये। वह हर चीज़ ज़िन्दगी से लेते थे और ज़िन्दगी में कितने झूठ हैं यही बात है उनकी कहानियों में। बहुत-सी बातें कल्पना से दूर मालूम होती हैं, क्योंकि उनकी काव्य-कल्पना हर बात पर विश्वास करती थी।

उनकी नावलें कई जगह पर वाहियात हैं। फ़ज़ूल-सी। खासकर 'कोलतार' तो बिल्कुल रद्दी है मगर उसमें भी वास्तविकता को असली सूरत में गड़बड़ करके लिख दिया है। 'शरीर बीवी' तो बिल्कुल फ़ज़ूल है, मगर अपने ज़माने की बड़ी चलती हुई चीज़ थी।

'चमकी' एक दहकता हुआ शोला है। यक़ीन नहीं आता कि इस क़दर सूखा इनसान जिसने अपनी बीवी के अलावा किसी की तरफ़ आँख उठाकर भी नहीं देखा कल्पना में किस कदर अय्याश बन जाता है। उफ़्फोह! वे चमकी की निगाहों के पैग़ाम। वह हीरो का उसकी हरकतों से मुग्ध हो जाना। और फिर लेखक की ज़िन्दगी—किस क़दर मुकम्मल झूठ। यह अज़ीम भाई नहीं उनका भूत होता था जो उनके जिस्म से दूर होकर हुस्न-ओ-इश्क़ की अय्याशियाँ करता है।

अज़ीम भाई की लोकप्रियता यूँ भी वर्तमान साहित्य में यानी बिल्कुल नये साहित्य में

न थी कि वे खुली बातें न लिखते थे। वे औरत का सौन्दर्य देखते थे मगर उसका शरीर बहुत कम देखते थे। शरीर की बनावट की दास्तानें पुरानी मसनवियों 'गुल बकावली', 'ज़हर-ए-इश्क़' इत्यादि में बहुत प्रत्यक्ष थीं और फिर उन्हें पुरानी कह दिया गया लेकिन अब यह फ़ैशन निकला है कि वही पुराना सीना का उतार-चढ़ाव, पिंडलियों की गाऊदी, रानों का गुदाज़ 'नया अदब' बन गया है। वे उसे अश्लील समझते थे और अश्लीलता से डरते थे यद्यपि भावनाओं की अश्लीलता उनके यहाँ आम है और बहुत गन्दी बातें भी लिखने में नहीं झिझकते थे। वे औरत की भावनाओं में तो अश्लीलता देखते थे मगर खुद उसे कपड़े पहने देखते थे। वे मुझसे ज़्यादा बे-तकल्लुफ़ी से बात नहीं करते थे और मुझे बहुत बच्चा ही समझते थे। कभी किसी यौन विषय पर तो वे किसी से बहस ही न करते थे। एक दोस्त से सिर्फ़ इतना कहा कि नये लेखक बड़े जोशीले हैं लेकिन भूखे हैं और ऊपर से उन पर यौन प्रभाव बहुत है, जो कुछ लिखते हैं 'अम्माँ खाना' मालूम होता है। यह भी कहा करते थे कि हिन्दुस्तानी साहित्य में हर ज़माने में यौन बहुत प्रत्यक्ष रहता है। यहाँ के लोग यौन से बहुत प्रभावित हैं। हमारी शाइरी चित्रकला प्राचीन पूजा से भी यौन-भूख का पता चलता है। अगर ज़रा देर इश्क़-ओ-मुहब्बत को भूल जायें तो सर्वप्रिय नहीं रह सकते। यही वजह है कि बहुत जल्द साहित्य में उनका रंग ग़ायब होकर 'अलिफ़ लैला' का रंग चढ़ गया।

उन्हें हिजाब इम्तियाज़ अली से खास लगाव था। मैं आदरणीय से क्षमा माँगकर कहूँगी कि मरने वाले का राज़ है। कहा करते थे—''यह औरत बहुत प्यारे झूठ बोलती है'' उन्हें शिकायत थी कि मैं बहुत उल्टे-सीधे झूठ बोलती हूँ। मेरे झूठ भूखे की पुकार हैं और उनके झूठ भूखे की मुस्कराहटें। अल्लाह जाने उनका क्या मतलब होता था।

हम उनके अफ़सानों को आम तौर पर झूठ कहा करते थे। जहाँ उन्होंने कोई बात शुरू की और स्वर्गीय वालिद साहब हँसे फिर 'क़स्र-ए-सहरा' लिखने लगे । वे उनकी गप्पों को 'क़स्र-ए-सहरा' कहते थे। अज़ीम भाई कहते—"सरकार दुनिया में झूठ बग़ैर कोई रंगीनी नहीं। बात को दिलचस्प बनाना हो तो झूठ उसमें मिला दो।"

वे यह भी कहते थे कि स्वर्ग और नरक का बयान भी तो 'क़स्र-ए-सहरा' है। इस पर मामू कहते—"अरे इस ज़िन्दा लाश को मना करो कि यह कुफ़्र है।" इस पर वे मामू के ससुराल वालों का मज़ाक़ उड़ाते थे।

उन्हें पीरी मुरीदी ढोंग मालूम होती थी लेकिन कहते थे कि दुनिया का हर ढोंग एक मज़ेदार झूठ है और झूठ ही मज़ेदार है।

कहते थे—"मेरी सेहत इजाज़त देती तो मैं अपने बाप की क़ब्र पुजवा देता। बस दो साल क़व्वाली करा देता और चादर चढ़ाता। मज़े से आमदनी होती...।"

उन्हें धोखेबाज़ और मक्कार आदमी से मिलकर बड़ी खुशी होती थी, कहते थे, "धोखा और मक्कारी मज़ाक़ नहीं। अक्ल चाहिए इन चीज़ों के लिए...।"

उन्हें नाच-गाने का बड़ा शौक़ था, मगर किस नाच से? यह जो फ़क़ीर बच्चे आते हैं

उनका। आम तौर पर पैसे देकर धूल में नाचते हुए फ़क़ीरों को इस शौक़ से देखा करते थे कि उनकी निपुणता देखकर ईर्ष्या होती थी। न जाने उन्हें इस नंगे-भूखे नाच में क्या कुछ नज़र आता था।

मैंने उन्हें कभी नमाज़ पढ़ते नहीं देखा। क़ुरान शरीफ़ लेटकर पढ़ते थे और बे-अदबी से उसके साथ-साथ सो जाते थे। लोगों ने भर्त्सना की तो उस पर काग़ज़ चढ़ाकर कह दिया करते थे—"कुछ नहीं क़ानूनी किताब है।" झूठ तो ख़ूब निभाते थे।

हदीस बहुत पढ़ते थे और लोगों से बहस करने के लिए अजीब-अजीब हदीसें ढूँढ़कर याद कर लेते थे और सुनाकर लड़ा करते थे। उनकी हदीसों से लोग बड़े परेशान थे। क़ुरान की आयतें भी याद थीं और बे-तकान हवाला देते थे। शक करो तो सिरहाने से क़ुरान निकालकर दिखा देते थे।

यज़ीद के बड़े प्रशंसक थे और इमाम हुसैन की शान में बकवास किया करते थे। लोगों से घंटों बहस होती थी, कहते थे—"मैंने सपने में देखा कि हज़रत इमाम हुसैन खड़े हैं उधर से यज़ीद आया। आपके पैर पकड़ लिए, गिड़गिड़ाये हाथ जोड़े तो आपका ख़ून जोश मारने लगा और उसे उठाकर सीने से लगा लिया। बस मैंने भी उस दिन से यज़ीद की इज़्ज़त शुरू कर दी। जन्नत में उनका मिलाप भी हो गया। फिर हम क्यों लड़े?"

राजनीति से कम दिलचस्पी थी—कहते थे...बाबा हम लीडर बन नहीं सकते तो फिर क्या कहें। लोग कहेंगे तुम ही कुछ करके दिखाओ और यहाँ कमबख़्त खाँसी और दमा नहीं छोड़ता। बहुत साल हुए कुछ मज़मून 'रियासत' में राजनीति और अर्थशास्त्र पर लिखे थे, वे न जाने क्या हुए। मज़हब का जुनून-सा था मगर आख़िर में आकर बहस कम कर दी थी और कहते थे—"भई तुम लोग तो हट्टेकट्टे हो और मैं मरने वाला हूँ और जो कहीं स्वर्ग-नरक सब निकल आये तो क्या करूँगा...अतः चुप ही रहो...।" पर्दा के ख़िलाफ़ तो कभी से थे मगर आख़िर में कहते थे—"यह पुरानी बात हो गयी। अब पर्दा रोके से नहीं रुक सकता। इस मामले पर हम तौबा कर चुके...अब तो नयी परेशानियाँ हैं।" लोग कहते थे नरक में जाओगे तो फ़र्माते—"यहाँ कौन-सा अल्लाह मियाँ ने स्वर्ग दे दिया है जो वहाँ दोज़ख़ की धमकियाँ हैं, कुछ परवाह नहीं हम तो आदी हैं। अल्लाह मियाँ अगर हमें दोज़ख़ में जलायेंगे तो उनकी लकड़ी और कोयला बेकार जायेगा क्योंकि हम तो हर कष्ट के आदी हैं..." कभी कहते—"अगर दोज़ख़ में रहें तो हमारे कीटाणु तो मर जायेंगे। जन्नत में तो हम सारे मौलवियों को दिक में लपेट लेंगे।"

यही वजह है कि सब उन्हें बाग़ी और दोज़ख़ी कहते हैं। वे कहीं पर भी जायें। मैं देखना चाहती हूँ कि वहाँ भी उनकी वही क़ैंची जैसी ज़ुबान चल रही है? क्या वे वहाँ हूरों से इश्क़ लड़ा रहे हैं या दोज़ख़ के फ़रिश्तों को जलाकर मुस्करा रहे हैं, मौलवियों से उलझ रहे हैं। दोज़ख़ के शोलों में उनकी खाँसी गूँज रही है। फेफड़े फूल रहे हैं, और फ़रिश्ते उन्हें इंजेक्शन घोप रहे हैं। फ़र्क़ ही क्या है एक दोज़ख़ से दूसरी दोज़ख़ में? दोज़ख़ी का क्या ठिकाना?

बम्बई से भोपाल तक

मजरूह एक तो तरक़्क़ीपसन्द शायरों के नुमाइन्दा बन कर जा रहे थे, क्योंकि अल्लाह के दिए एक वही बाक़ी बच रहे थे। क्यूँकि भोपाल से उन्हें सीधा अपनी बारात में शिरकत करने के लिए जाना था। दूसरे वह दूल्हा बन कर भी जा रहे थे। लेकिन वो निहायत खुर्रेपन से झेंप रहे थे। जैसे वह दूल्हा बन गये, तो इन्क़लाब न ला सकेंगे। शादी बारात खुद एक रजतपसन्द फेल[1] है। खासतौर पर ऐसी हालत में कि फ़रीक़े मुख़ालिफ़ गाँव की एक नाखौन्दा अल्हड़ दुल्हन हो, जैसी कि मजरूह के पल्ले बाँधी जा रही थी। "अरे भाई तो क्या ज़ोर ज़बरदस्ती है? क्यों कर रहे हो तुम ऐसी शादी?" महेन्द्रनाथ झल्लाये।

"इसलिए कि मैं नहीं चाहता कि मेरी गृहस्थी ज़िन्दगी चिकनी हमबाद सड़क पर तेल दिये हुए पहिये की तरह फिसलती चली जाये। मुझे हिचकोलों की ज़रूरत है, मैं खानाआबाद हो, बीवी बच्चों की मुहब्बत में ऊँघ जाऊँगा। फिर ये कसक, ये टीस, ये गोदाज मुंदमल हो जायेगा?"

और मैं सोचने लगी कि क्या बात है ये अदीब और शायर गाँव की भोली-भाली अल्हड़ दोशीज़ा को सिर्फ़ तख़य्युल की दुनिया में उछालते हैं और जो ज़िन्दगी में आमना-सामना हो जाये तो सर पकड़ कर बैठ जाते हैं। यह क्यूँ? इन मर्दों को अपने सारे कारनामों का इल्ज़ाम औरत के सर थोपने में क्या मज़ा आता है जब तक कलेजे पर बेवफ़ाई का ज़ख़्म न लगे शायरी की मदिरा नहीं छलकती और इल्हाम सादिर होने के लिए लाज़िम है कि कोई चकफेरियां देकर छोड़ दें...। ...और मैंने दुआ माँगी कि खुदा करे गाँव की नयी नवेली दुल्हन जल्दी दाँव-पेंच सीख जाये और मजरूह के दिल को दो-चार अड़ंगे लगाये कि एक बार वाक़ई ग़मेजानां फैल कर ग़मेदौरा हो जाये।

भोपाल के स्टेशन पर लोग इस्तक़बाल को मौजूद थे। मैं और शाहिद जाँनिसार अख़्तर के यहाँ पहुँचा दिये गये। ...जाँनिसार अख़्तर के घर पहुँचे तो ज़ीने पर ही मैं और सफ़िया ऐसे भोलेपन से गले मिले के नीचे लुढ़कते-लुढ़कते बचे।...

कॉन्फ्रेंस के पहले इज़लास में जाते वक़्त मेरी और सफ़िया की किसी निहायत ही मामूली बात पर खटपट हो गयी। उनका कहना था कि मेरे ख़मीर में तेज़ाबियत बहुत है।

---

1. प्रतिगामी।

और मैं कहती थी कि उसे बनाते वक़्त फ़रिश्तों ने मिट्टी के बजाय सादा पानी के शहद और दूध में गूँध डाला था। हम एक-दूसरे को अहमक समझते हुए मण्टो हॉल पहुँच गये। हाल के कोने में पर्दे का इन्तज़ाम था। मर्दाने में भीड़ कम थी, मगर जनानख़ाने में काफ़ी गहमागहमी थी। हॉल बड़ा था और माइक्रोफोन कुछ अजीब ढीठ किस्म का। कुछ समझ में नहीं आ रहा था और लड़कियाँ रुआँसी होकर इस कोने से उस कोने तक इस उम्मीद में दौड़ रही थीं कि शायद एक आध लफ़्ज़ लपक सकें। जब नाउम्मीद हो गयीं तो ख़ालिस औरतों के अन्दाज़ में बैठकर तरक्की पसन्द मुसनफीन[1] की नाकों और मूँछों पर नाकिदाना बहस मुबाहिसा करने लगीं। लेकिन न जाने क्या हुआ एकदम से माइक्रोफोन जाग उठा। ज्योंही कृष्ण चन्दर ने ख़ुत्बा-ए-सदारत शुरू किया कि उनकी आवाज़ साफ़ आने लगी। इस पर मैंने और सफ़िया ने एक बोगस किस्म का लतीफ़ा एक-दूसरे के कान में फूँका।

ख़ुत्बा-ए-सदारत पसन्द किया गया। न सिर्फ़ अपने मौजू की बुनियाद पर बल्कि कृष्ण इस शायरी के बलबूते पर जिस पर एक दफा अली सरदार जाफ़री को भी एतराज़ हुआ था। मैंने देखा के कृष्ण का तर्जेतहरीर नौखेज दिलों को बड़ा मशहूर बना देता है। कृष्ण जूता भी मार रहा है तो शायरी में लपेटकर और यही वजह है कि जर्ब[2] गहरी पड़ती है मगर निशान नहीं पड़ता। मेरा दिल बैठने लगा। मैं तो खरोंचे से मारती हूँ जिनसे खाल छिल जाती है। ख़ुत्बा-ए-सदारत का भूत दाँत निकोस कर मुझे डराने लगा है। वापिस आकर मैंने इसके कई एक काँटे जरा से तराश कर कम कर दिये।

विश्वमित्र आदिल और अली सरदार जाफ़री

कितने दिमाग़ों पर कृष्ण को गिरफ़्त हासिल है। कच्ची टहनियाँ इसकी तहरीर की आँधियों के रुख पर झुक रही हैं और कितने मासूम दिलों में तफ़क्कुर का बीज पड़ रहा है। नये इवानों की बिना[3] डाली जा रही है। अगर मेमार[4] का हाथ लग्ज़िश खा जाये तो? क़लम भी तो रहनुमाई करता है। कभी-कभी भटका भी देता है। यह कोई मामूली ज़िम्मेदारी नहीं—दूसरे दिन शाहिद लतीफ़ ने जलसे की सदारत की। ज़फ़र साहब ने अपना एक ड्रामा पढ़ा लेकिन माइक्रोफोन का दिमाग़ आज फिर सातवें आसमान पर था। दूसरे ड्रामा ज़रा तवील था, तीसरे मौसूफ ने इसे मुकर्रर वक़्त में ख़त्म करने की गरज़ से बेहद सरपट पढ़ा। मैंने भी कहानी पढ़ी सिर्फ़ ट्रायल के ख़याल से कि कहीं ख़ुत्बा-ए-सदारत पढ़ते वक़्त टाँगें लर्ज-लर्ज घिग्गी न बन जाये। मगर इस किस्म का कोई हादसा पेश न आया न ही घिग्गी बँधी, न ही टाँगें लरजीं। कितने ही हाजी मलंग शरीफ हमने अपनी पीठ पर सवार कर रखे हैं। इन्हें कब पटक चुकेंगे अभी कितने मरहलों से हमें और गुज़रना है। मैं जो बड़ी

---

1. रचनाकारों, 2. चोट, 3. भवनों की बुनियाद, 4. निर्माण-कर्त्ता।

आज़ाद और तरक़्क़ीपसन्द बनती हूँ इन वाहिमों के चंगुल में फँसी बैठी हूँ तो फिर वो जो पर्दे के पीछे दुबकी बैठी हैं, उनसे मैं क्या कह सकती हूँ? बस...

एक इजलास से दूसरे इजलास का दरम्यानी वक्फ़ा मैंने अमूमन जनानखाने में गुज़ारा। तीन साल पहले मैंने हैदराबाद के तालीबात[1] के दरम्यान भी थोड़ा सा वक़्त गुज़ारा था। मुझे यह देखकर खुशी हुई कि हैदराबाद की लड़कियों से भोपाल की लड़कियाँ एक क़दम आगे बढ़ आयी हैं। मसलन हैदराबाद की लड़कियों ने पूछा, 'मुहब्बत के बारे में आपकी राय क्या है?' और मैंने जवाब दिया कि मैं मुहब्बत के बारे में एक्सपर्ट होने का दावा क़तई नहीं करती हूँ। मुझे मौजूदा तरीका भी अगर इसमें देवासियत हो तो कतई पसन्द नहीं। मुहब्बत एक किस्म की ज़रूरत है जैसे भूख और प्यास। अगर वो सिर्फ़ जिन्सी ज़रूरत है तो कुएँ में कूदना हिमाकत है न। बहती गंगा में भी होंठ तर किये जा सकते हैं। रहा दोस्ती और हमख़्याली की बिना पर सोहबत का दारोमदार, तो इस मुल्क की आबोहवा इसके लिए साज़गार नहीं। भोपाल की लड़कियों ने मुझसे ज़्यादातर पाकिस्तान में मुस्तकबिल के बारे में सवाल किये। हिन्दोस्तान के मुसलमानों के मुतालिक़ कोई हल मालूम करना चाहा। दो-चार ने इश्तराकीयत के मुतालिक़ भी छोटे-छोटे सवाल किये। ऐसा मालूम होता था कि इनकी ज़िन्दगियों में रोमान तो है लेकिन सीठा-फीका। और वो अब बेबाकी से रोमान लड़ाने के बजाय कुछ और भी करना चाहती हैं। वह क्या? यह इन्हें नहीं सूझता।

दूसरे इजलास में ड्रामा था। ख़ाक पल्ले नहीं पड़ा, किसी को अपना पार्ट याद नहीं था। प्रॉम्पटर की आवाज़ सब पर ग़ालिब थी। सितमज़रीफी देखिए वो लड़के साहब जो लड़की का रोल कर रहे थे शेव करना भूल गये थे। चोटी किसी अहमक ने इतनी ढीली लटकाई थी कि मालूम होता था कि अब टपकी जब टपकी। लड़कियाँ तो बेचारी इसी हौल में मरी जा रही थीं कि ड्रापसीन होने से पहले चोटी ज़रूर टपक जायेगी। लेकिन जब ड्रामा चोटी समेत खूबी अंजाम पा गया तो सबने इत्मीनान की साँस ली।

दूसरा लड़का जिसने लड़की बनने की कोशिश की थी सीने पर इतना गूदड़ ठूँस लिया था कि लड़कियाँ शर्म और ग़ुस्से के मारे भिन्नाई जा रही थीं। दो एक ने आकर मुझसे शिकायत की—"देखिए तो कैसा औरत का हुलिया बनाकर मज़ाक़ उड़ाया जा रहा है।"

मैं पहले ही जली बैठी थी कि जी चाहा मुँह नोच लूँ कम्बख़्तों का। मैंने कहा, "यही सज़ा है तुम लोगों की। तुम पर्दे में बैठो और जी भर के बैठो। और तुम्हारे भूत बनाकर लोग एक-दूसरे को डराने के काम में लायें। जानती हो तुम्हारी इस पर्दादारी ने कितने दिमाग़ों को तोड़ मरोड़ कर उलट दिया है और तुम्हें तो मज़लूम बनने की आदत पड़ गयी है। मुझे इस किस्म की लड़कियों से कोई हमदर्दी नहीं जो ख़ुद अपनी मदद आप न करना जानती हों।" मैंने उज़्रेगुनाह में जवाब दिया।

लड़कियों के मुँह उतर गये और मुझे याद आ गया सफ़िया सच कहती है मेरे ख़मीर

---

1. विद्यार्थियों।

में तेज़ाबियत बहुत ज़्यादा है। जो सिर्फ़ दुख पहुँचा सकती है। जो नर्मोनाजुक सतह को खरोंच डालती है। मैंने इरादा कर लिया कि आज तो ज़रूर सफ़िया के क़ौल को झुठला दूँगी और मैंने अपने लहजे में थोड़ा-सा शहद मिलाना शुरू कर दिया।

आप ही सोचिये मर्द आपके क्या-क्या कर सकते हैं। हाथ नहीं बँटा सकें तो कम से कम अपना भार ही उनके शानों से उठा लीजिए। इस लेक्चरबाजी में मेरा दिल कतई न लगा। एक बात देखी मैंने इन पर्दानशीं लड़कियों की आँखों में। लाचारी और बेकसी के साथ-साथ अब एक हल्की-सी चमक झल्लाहट और ग़ुस्से की कभी-कभी झलक पड़ती है। मैंने सोचा कि ज़्यादा दिन यहाँ न रुक सकेंगी। कुछ इनमें ऐसी ही हैं जो मुन्तजिर हैं कि कोई रौशन ख़याल अल्लाह का बन्दा उन्हें ब्याह कर ले जाये। और चौथी के जोड़ों के साथ मुँह दिखाई में उन्हें आज़ादी भी नज़र कर दे। और फिर इस आज़ादी को लेकर मज़े से सिनेमाओं, पार्टियों में घूम सकेंगी। यह मुझे बाहर घूमते देखकर रश्क कर रही हैं। कुछ लड़कियों की आँखों में हद से ज़्यादा बेसब्री देखी। वो अपनी मौजूदा फ़िज़ा से इतनी घबरा गयी हैं कि उसे हर क़ीमत पर छोड़ने को तैयार हैं और वह उस पहले शख़्स के साथ निकल भागेंगी जो उन्हें यह सब देने का वादा कर दे।

"बताइए न हम क्या करें?" उन्होंने मुझे ख़ामोश देखकर कहा। मैं अगर आप से कहूँ आप पर्दा छोड़ दीजिए, तालीम हासिल कीजिए, नौकरियाँ कीजिए, तालीमे-बलिगान में हिस्सा लीजिए वग़ैरह-वग़ैरह तो मुझे मालूम है कि इसमें कुछ नहीं धरा है। आप पर्दे की क़ैद में गिरफ्तार हैं। आपकी बहनें जाहिल हैं, आपके मुल्क के बच्चे भूखे हैं, नंगे हैं, नौजवान बेरोजगार हैं, बीमार हैं। यह पर्दा, यह जहालत, यह भूख और यह इफ्लास, यह सब एक ही पेड़ के फूल-पत्तों को एक बार नोच भी डालें तो इनमें फिर नये पत्ते फूट आयेंगे जिनमें इससे ज़्यादा घिनावने फलफूल खिलेंगे। इसलिए हमें जड़ों के खिलाफ़ जंग करनी चाहिए।

"हमें इन जड़ों को उखाड़ने के लिए क्या करना चाहिए?" उन्होंने सवाल किया और फिर मैं सिटपिटाई। यह लड़कियाँ मेरा इम्तहान ले रही हैं और मुझे थर्ड नम्बरों से भी पास होने के रोने पड़ रहे हैं और इनके इस छोटे से सवाल का जवाब भी न दे सकी और मेरा सर नदामत से झुक गया। हमारे पास कोई भी ऐसा प्रोग्राम नहीं जिसे हम अपने नौजवानों के सामने पेश कर सकें। कोई रास्ता ऐसा नहीं जिसकी तरफ़ इशारा करके कह दें इधर सीधे चले जाओ।

"आप लिट्रेचर पढ़िए", मैंने चाहा इस वक़्त उन्हें आसान सा नुस्खा पकड़ा दूँ जिसे यह इस्तेमाल करें। दूसरी कोई पेटेंट दवा तैयार हो ही जायेगी हालाँकि मुझे अच्छी तरह मालूम था कि ये लड़कियाँ भला क्या पढ़ सकेंगी? यह उम्र, यह फिज़ा, यह माहौल यहाँ तो बस क़िस्से, कहानी और नॉवेलों की ही खपत हो सकती है और फिर मेरे ख़मीर ने ज़ोर मारा। कल ही तो किसी लड़की ने मुझसे कहा था ज़्यादातर लड़कियाँ रईस और खाते-पीते लोगों की हैं। लाहौल विला कुव्वत। मैंने स्त्री सुधार का प्रचार क्यूँ कर दिया? सुधार मेरा मक़सद ही नहीं। इस खँडहर की मरम्मत में जान खपाना हिमाकत है। इसे तो ढाह कर नये

एवान बनाना होंगे। बहुत दिन मरहमपट्टी कर ली अब नश्तर की ज़रूरत है जो तेज़ भी हो और फुर्तीला भी। मगर मेरे पास लड़कियों की बात का कुछ तो जवाब होना चाहिए। मैंने सोचा इस वक़्त बाहर भागना चाहिए। बाहर मर्दाने में बड़े-बड़े सूरमा बैठे हैं। शायद इन लड़कियों को चित करने का कोई दाँव बता दें। कृष्ण चन्दर से पूछूँगी। वो ज़रूर बता देंगे। जब बाहर आयी तो कृष्ण चन्दर तलबा के नरघे में फँसे बता रहे थे, "बात दरअसल यह है कि हमारे सामने कोई तामीरी काम नहीं हैं। ये तो हम जानते हैं कि हमें क्या करना है। लेकिन वो ही मिसाल है कि बिल्ली के गले में घंटी कौन बाँधे और कैसे बाँधे।" मैंने कहा—"लो भई मसीहा ख़ुद गिरफ़्तार-ए-बला है।"

जिगर, इस्मत और सरदार जाफ़री

तीसरे दिन महेन्द्रनाथ ने सदारत की। उनका ख़ुत्बा-ए-सदारत जनानख़ाने में बड़े ही इनहीमाक[1] से सुना गया क्योंकि वहाँ ज़्यादातर नौजवान लड़कियाँ थीं जो महेन्द्रनाथ ने कहा उनसे बहुत क़रीब थीं और कृष्ण चन्दर और शाहिद लतीफ़ के ख़ुत्बा-ए-सदारत से ज़्यादा समझ रही थीं।

जाँनिसार ने दूसरे कमरे में जोश साहब को ठहरा दिया। उनके साथ कोई साहब भी थे। सफ़िया ने अपने और जाँनिसार के पलँग उठा कर इन दोनों के लिए दूसरे कमरे में लगवा दिये और ख़ुद बच्चों को लेकर फ़र्श पर सोने का इन्तज़ाम कर लिया। उसका बस चलता तो

1. तल्लीनता।

अपने शौहर के गुरुदेव जोश साहब के लिए अपनी खाल भी उतार कर बिछा देती। आज वो बेइंतहा ख़ुश थी। उसके घर में हिन्दुस्तान का सबसे बड़ा शायर जलवा अफ़रोज था।.....

सुबह सवेरे हम लोग सो रहे थे कि पास के कमरे से जोश साहब की रूबाइयाँ पढ़ने की आवाज़ आयी। सफ़िया ने हमें झिंझोड़कर उठाया और मुँह पर थपका मार कर हम उनकी खिदमत पर पहुँच गये। जोश साहब नहाए-धोए साफ सुथरे कपड़ों में शेरे मजस्सम मालूम हो रहे थे।

यह शायर भी अजीब मालूम होते हैं। खास तौर पर यह नये शायर। मजरूह कतई शायर नहीं लगता। फर्स्ट इयर का तालिब-इल्म मालूम होता है। जाफ़री का नाक-नक़्शा उन अरबी और फारसी के अल्फ़ाज से कितना दूर नज़र आता है जो उसकी शायरी की खुसूसियत है। कैफ़ी को देखकर शुबहा होता है कि उसे अभी कठघरे में से निकालकर खड़ा कर दिया है और कोई दम में ऊँघकर गिर जायेगा। लेकिन जब वो अपने अशआर पढ़ता है तो ऐसा मालूम पड़ता है कि उसका वजूद एक दबे हुए स्प्रिंग की तरह उछलकर ऊपर आ रहा है। मजाज़ को देखकर यह शुबहा भी नहीं कि यह ख़ून की आँधियाँ चला सकता है। लेकिन जोश साहब ज़िन्दगी में भी वैसे ही चाको चौबन्द और गरजदार नज़र आते हैं जैसे शायरी में। और उस वक़्त कुछ मूड में भी थे। गुजस्ता शब[1] के मुशायरा से कबीदाख़ातिर नज़र आ रहे थे।...

रात को करीब के कमरे में जोश साहब की सदारत में मनक्किद[2] होने वाले घरेलू मुशायरे

भोपाल, सन् 1949 के एक कार्यक्रम में इस्मत चुग़ताई और अन्य

---

1. पिछली रात, 2. आयोजित।

ने हम लोगों को भी खेंच बुलाया। जोश साहब बड़े मूड में थे और डाँट-डाँट कर सबसे दाद ले रहे थे। मैंने पहली दफा जोश साहब को उनके अपने असली रंगो रूप में देखा।...

अगले दिने हमने सौची स्तूप तक की यात्रा की कोशिश की। हम किसी मामूली गाड़ी में नहीं जा रहे थे बल्कि अस्पताल की एक खटारा ऐम्बुलेंस ली गयी थी। कमबख़्त इस कदर गुल मचाती, खड़खड़ाती चलती थी कि मुर्दे भी जाग पड़ते होंगे। ...गाड़ी रुक गयी। ड्राइवर कुछ अटर-पटर करने लगा। सबने उतर-उतर कर अपनी कमर सीधी की। एक झटके में कमबख़्त जोड़-जोड़ हिल गये हैं।

सफ़िया ने कहा, "आज अहसन अली को क्या हो गया है?" और हम दोनों ने देखा कि वो कुछ अजीब रोमांटिक अन्दाज़ में खड़े एक पेड़ की बुलन्दी नाप रहे थे। ...गाड़ी फिर रुक गयी...सफ़िया ने मुझे कोहनी का टहोका देकर कहा, "वो देखो।" और मैंने देखा कि असहन अली फिर पेड़ों की बुलन्दियाँ नाप रहे थे। "मालूम होता है कि इस शख़्स को किसी से इश्क़ हो गया है।" सफ़िया ने नब्ज़बाजों की तरह कहा। अहसन अली की आवाज़ में ललकार है और अल्फाज़ जीदार होते हैं। बोलता है तो न जाने क्यों अली सरदार जाफ़री याद आ जाता है। सफ़िया और मैं सोचने लगीं कि क्या बात है कि इश्क़ करते वक़्त सब मर्द यकसाँ हो जाते हैं। इस वक़्त उन्हें अपने मस्तक और इसके तौर तरीके बिल्कुल याद नहीं होते। एक शायर, एक अदीब, एक कम्युनिस्ट भी इश्क़ करता है तो आसमाँ ही की तरफ़ तकता है। लेकिन मज़दूर और किसान जब इश्क़ करता है तो तारे गिनता है और फूल सूँघकर आहें भरता है।...

"जोश साहब बहुत खूबसूरत हैं।" मैंने चुपके से सफ़िया के कान में कहा। "श श ...चुप। क्या गजब करती हो। जोश साहब सुन लें तो?"

"मेरी बला से सुन लें। क्यों जी जोश साहब और उनकी बिरादरी के लोग तो खूबसूरत औरत के हुस्न की तारीफ़ में ज़मीन और आसमाँ के कुलाबे मिला दें और हमारे माथे पर शिकन भी न पड़े। और अगर मेरे मुँह से जोश साहब के हुस्न से मग़लूब होकर दो बोल निकल जायें तो वो बुरा मानने की धमकी दें।"

"उफ ओह क्या मुसीबत है। तुमसे बात करूँ तो झाड़ का काँटा अपनी जान को लगा लूँ। भई यह कुछ क़ाबिले तारीफ़ बात नहीं समझी जाती के औरतें मर्द के हुस्न पर लट्टू होती फिरें।"

"तो फिर तुम्हारी राय में औरतों को हाथी-घोड़े के हुस्न पर लट्टू हो जाना चाहिए। मुझे कतई तुम्हारी बात से इत्तफाक़ नहीं। औरत को मर्द के हुस्न की तारीफ़ करने का पूरा-पूरा हक़ है।

और अब तो मुझसे कृष्ण चन्दर ने भी कहा है कि एक अफ़साना या मुकाला मर्दों के हुस्न पर लिखूँ और देख लेना इसे पहली फुर्सत में लिखूँगी। मैं इसमें मर्द की नाक के बालों का लतीफ़ ज़िक्र छेड़ूँगी। इसकी मूँछ को नोक की खंजरे आबदार से ज्यादा हिलाकत आफ़रीन साबित कर दूँगी और इसकी दाढ़ी को साँवली सलोनी शामों में उमड़ती हुई घटाओं

से तशबीह दूँगी जिसकी पिन्हाइयों में जंगली कबूतर की तरह फड़फड़ाता है।

और जैसे हज़ारों अशआर औरतों की चोली और उसके बन्द के शान में कहेंगे, इस तरह मैं मर्द के लँगोट और...”

“हाय-हाय। कमबख़्त मर जाओ। मौत आये तुम्हें।” सफ़िया ने ज़ोर से मेरा मुँह मल दिया और सर से पैर तक लरज़ उठी। जब ही तो लोग तुम्हें नुमाइशी का इल्जाम देते हैं। ऐम्बुलेंस ने फिर हिचकियाँ लीं और हम मर्दों के हुस्न के तख्ते से फिसलकर मुँह के बल गिरते-गिरते बचे।...

कॉन्फ्रेंस ख़त्म होने के बाद आज पहले ज़रा सफ़िया से गपशप का मौक़ा मिला। पर न जाने बाजू के कमरे में लोग क्या सरगोशियाँ कर रहे थे के हमारा जी न लगा। अजीब पुरअसरार[1] किस्म की आवाज़ें आ रही थीं। खुसर-फुसर और फिर एक तवील[2] क़हक़हा। मैंने और सफ़िया ने फैसला किया कि गैलरी में चुपके से जाकर सुना जाये। ...गैलरी में पहुँच कर जो कुछ सुना तो हम पर चौदह तबक रौशन हो गये। तरक़्क़ीपसन्द मुसनफीन[3] की कॉन्फ्रेंस के चन्द रुकन सरजोड़े उसी मौजू[4] पर अशआर सुना रहे थे जिस पर हमारे घर की पकी उम्र की बहू-बेटियाँ छटोजान से लतीफ़ा सुना करती थीं। यह छटोजान दिल्ली की तवाइफ थी। ...इस अल्लाह की बन्दी को ऐसे-ऐसे प्राइवेट लतीफ़े याद थे औरत और मर्द के पोशीदा ताल्लुकात पर मुख्तलिफ मनगढ़ंत क़िस्से जिन्सी दरिन्दगियों के मुतल्लिक सनसनीखेज लतीफ़े। ऊँचे घराने की भली बेजान वह लड़कियों के सर से अगर दुपट्टा ढलक जाये तो सात सौ तूफ़ान जोड़ने लगें। इन्हें सुन-सुनकर किलकारियाँ मारती और लोटपोट हो जातीं।

न जाने क्यूँ इन बातों को सुनकर मुझे पंजाब के नंगे जुलूस याद आ गये, वो सड़कों पर ज़िना और औरत की भयानक तख़रीब की तस्वीर आँखों में फिर गयी जैसे दोनों एक ही जज़्बे के लिए तख़्लीक़ किये गये हैं। फिर सफ़िया ने मुझे बताया कि क़रीब-क़रीब तमाम चोटी के शो'रा का इस क़िस्म का कलाम प्राइवेट और बेतकल्लुफ़ मौक़ों पर लुत्फ़ अन्दोज़ होने का बेहतरीन नुस्ख़ा है। मेरा ख़याल था कि ये मश्ग़ला घर में बैठने वाली नाकारा औरतों ही तक महदूद है। मर्द तो सियासत, इक़्तसादियात और मुआशियात पर बहस-ओ-मुबाहिसा करते होंगे। लोग मण्टो पर फ़हाशी का इल्ज़ाम लगाते हैं। अगर कहीं वो ये सब कुछ लिख दे तो उसे तोप दम कर दिया जाए। और अगर मैं वो सब कुछ लिख दूँ जो...चटख़ारे ले-ले कर सुनती और सुनाती हैं तो न जाने लोग मेरा क्या हाल करें। मगर ये सब बातें ख़ल्वत में होती हैं तो उन्हें अदब की एक पुर लुत्फ़ शाख़ समझा जाता है लेकिन अगर कोई उनका भांडा फोड़ने के लिए मंज़रे-आम पर ले आये तो लोग पारसा बीवियाँ बन कर नाक सिकोड़ने लगते हैं। मुझे ये भी मालूम हुआ कि इस क़िस्म के अशआर का एक बहुत जख़ीम ख़ज़ाना मौजूद है जो बिल्कुल शाही नुस्ख़ों की तरह

---

1. रहस्यमयी, 2. लम्बा, 3. रचनाकार, 4. विषय।

सीना-ब-सीना चला आता है। बेचारे चिरकीन का हश्र देखने के बाद लोगों ने फ़ैसला कर लिया कि अगर शा'या किया गया तो लोग उसे चौराहे पर डाल कर जूतों से पीट कर ख़त्म कर डालेंगे। लिहाज़ा बेहतर है कि उसे ज़हनियत की परवरिश के लिए दिमाग़ों तक ही महदूद रखा जाए।

सवाल ये है कि फ़न क्यूँ ज़हूर में आया। ये तो मैं किसी हालत में भी मानने को तैयार नहीं। ग़मो-ग़ुस्सा, नफ़रत और मोहब्बत की तरह जिन्सी दरिन्दगी भी इनसानी जिबल्लत है। यक़ीनन ये शाही निज़ाम के तोहफ़े हैं। अमरार और रूसार जब जिस्मानी अय्याशी से हब्स की आख़िर को एक हद मुक़र्रर है और तमाम तलाएँ और गोलियाँ आजिज़ आ जाती थीं तो वो ज़हनी बदकारी ही कर इक्तिफ़ा करते थे। अशआर और लतीफ़ों की सूरत फ़राहम किये जाते थे तो उकताई हुई ज़िन्दगी में थोड़ी-सी जान पड़ जाती थी।

पुराने कपड़ों और चिंचोड़ी हुई हड्डियों के साथ-साथ ये ने'मत मुसाहिबीन के घर तक आयी और वहाँ से उनके मुसाहिबों में रेंग गयी और अब उनके थूके हुए निवाले हमारा नक़्क़ाल तबक़ा चबाता चला आ रहा है। लेकिन अब वो लोग जो इंक़लाब के अलम्बरदार बनते हैं। इस ज़ेहनियत से किस तरह समझौता करते हैं? ये बात मेरी समझ में नहीं आयी और मेरा दिल बेतरह उदास हो गया। उँह छोड़ो इन बातों को जब सब कुछ बदल जायेगा तो ज़ेहनियतें ख़ुद-ब-ख़ुद बदल जाएँगी। जड़ बदलने की बजाय पत्तों की काट-छाँट में वक़्त गुज़ारना हिमाक़त है। इस तबक़े के कीड़े मारना फ़ज़ूल है, जड़ बदल गयी तो फिर नयी टहनियों में नये पत्ते और नये फूल खिलेंगे ।

मुम्बई आकर मालूम हुआ कि अली सरदार जाफ़री रिहा हो गये, मालूम होता है महकमा-ए-बाला से कुछ घपला हो गया था या शायद भूलचूक होगी। ...के तरक़्क़ी पसन्द मुसन्नकफ़ीन को मेरा पैग़ाम है कि आपके कहने के मुताबिक़ हमने मैदान रजतपसन्दों के क़ब्ज़े में न जाने दिया। बात ये थी कि वहाँ कोई सामने आया ही नहीं, लिहाज़ा मैदान जीत आये हैं।

तरक़्क़ीपसन्द तहरीर और मैं

'तरक़्क़ीपसन्द' शब्द इतना घिसा हुआ और मामूली लगता है कि इसका ज़िक्र ही अजीब है। कोई भी तरक़्क़ीपसन्दों द्वारा पैदा किये गये विवादों और गर्मा-गर्म बहसों को सुन ले तो चक्कर खा जाये। निजी तौर पर कह रही हूँ कि तरक़्क़ीपसन्द आन्दोलन मेरे लिए बहुत ही मुनाफेदार रहा—मुनाफा भौतिक प्राप्ति के अर्थ में नहीं—क्योंकि अदब कभी मेरा ज़रिया-ए-माश[1] नहीं रहा, ये फ़िल्में थीं जिन्होंने हमेशा मेरे खाने और रहने का ख़याल रखा। जब मैं मुनाफा कहती हूँ, मेरा मतलब है मेरे अदबी ज़ेहन के लिए मुनाफा जिसने मुझे लिखने के लिए उकसाया।

तरक़्क़ीपसन्दों के जिस समूह से मैं जुड़ी थी वह स्वच्छन्द इंक़लाबियों का समूह था। लापरवाह, खुशमिज़ाज, और बेहद दिलचस्प लोग। मुझे याद हैं वे रोमांचक पल जो मैंने बातूनी, निष्कपट, पागल, लेकिन बुद्धिमान लोगों की सोहबत में बिताये। मैंने समाज को सुधारने और मानवता की समस्या को दूर करने को कभी गम्भीर उद्देश्य के रूप में नहीं अपनाया लेकिन मैं साम्यवादी दल के नारों के असर में थी क्योंकि ये मेरे सोचने के तरीकों की तरह ही स्वतन्त्र, बेलगाम और इंक़लाबी थे।

क्या कमाल का जमावड़ा होता, तर्क, और ज़ुबानी लड़ाइयाँ हम करते! दिमाग़ में जो भी आता उसी समय कह डालते—ज़ुबान पर लगाम लगाने की कोई ज़रूरत नहीं थी।

कम्युनिस्ट पार्टी का प्रभाव फैला। जहाँ तक मेरा सवाल है मैंने कम्युनिस्ट पार्टी के कार्यक्रमों से अपना सम्बन्ध गहराई से सींचा। विश्व में कम्युनिस्ट पार्टी का प्रत्येक क़दम मुझे प्रभावित करता और अभी जब अफ़ग़ानिस्तान के निज़ाम का पतन हुआ है मैं छुपा कर ही सही रोमांचित हुई हूँ।

अन्ततः तरक़्क़ीपसन्द आन्दोलन ठंडा पड़ने लगा इसके सभी जांबाज़ नायक शादी करने लगे, बेटे-बेटियों के ज़िम्मेदार अभिभावक बनने लगे। अधिकतर ने अपने को फ़िल्मी दुनिया में डुबा लिया। उनमें से अधिकतर जाल में फँस गये और घरेलू बना दिये गये। ब्रह्मचर्य के उनके रोमांचक दिन ख़तम हो चुके थे। जो फ़िल्मों में सफल नहीं हुए, इधर उधर भटकने लगे। दूसरे शब्दों में व्यवस्था टुकड़े-टुकड़े हो गयी। कुछ लोगों ने ऐलान किया कि तरक़्क़ीपसन्द आन्दोलन का इन्तक़ाल हो गया और तरक़्क़ीपसन्द अब नहीं रहे।

---

1. आजीविका का साधन।

तरक़्क़ीपसन्द रिसाले भी ग़ायब होने लगे। तब मैंने शमा और बीसवीं सदी के लिए लिखना शुरू किया। आन्दोलन मर गया। 'इन्ना लिल्लाही व इन्ना इल्लाही राजौन'। कुछ लोग हम पर हँसते। मैं धुआँ हो जाती, मेरा दिल जलने लगता उनके अल्पवयस्क व्यवहार पर। किसी समूह के ख़तम होने पर हँसना कितनी क्षुद्रता का चिह्न था।

पाकिस्तान में एक बड़े जलसे में किसी ने मुझसे पूछा, "क्या तरक़्क़ीपसन्द आन्दोलन मर गया?"

"इससे पहले मैं आपके सवाल का जवाब दूँ, मैं चाहूँगी कि आप मेरे सवाल का जवाब दें", मैंने कहा।

"हाँ पूछिये।"

"क्या आप मुझे तरक़्क़ीपसन्द मानते हैं?"

"हाँ।"

"आज आपने यह जलसा किया है, मेरे सम्मान में किया है और मेरा स्वागत करने आये हैं?"

"बिल्कुल।"

"और पहली जिज्ञासा आपने की : कृष्ण चन्दर, बेदी, सरदार जाफ़री, कैफ़ी आज़मी, ख़्वाजा अहमद अब्बास कैसे हैं और इन दिनों क्या कर रहे हैं?"

"हाँ।"

"अगर तरक़्क़ीपसन्द अदब मर गया होता, मैं भी मर गयी होती और वे सभी जिनके

शिवाजी पार्क, बम्बई, सन् 1946 में इस्मत चुग़ताई और अन्य

अच्छे रहने में आपने दिलचस्पी दिखाई, तो आप उनके प्रेतों के बारे में सवाल क्यों पूछ रहे हैं?"

मुद्दा ठहाकों के बीच सुलझ गया।

यह इस तरह नहीं था कि 1935 और 1940 में तरक़्क़ीपसन्द अदब की पैदाइश हुई और कुछ लोगों के समूहों के जाने से इसका इन्तक़ाल हो गया। तरक़्क़ीपसन्द आन्दोलन की नींव तभी पड़ गयी जब मानवता के इतिहास में पहला मनुष्य अन्याय, अधिकारों के अपहरण, शोषण, ग़ैर-बराबरी, निरंकुशता से उपजे दमन की पीड़ा से कराह रहा था।

इस ग्रह पर जब तक तरक़्क़ी की सम्भावना रहेगी तरक़्क़ीपसन्दियत ज़िन्दा रहेगी। उस समय तक जब तक बड़ी मछली छोटी मछलियों को निगलती रहेगी तरक़्क़ीपसन्दियत ज़िन्दा रहेगी।

जब अकेली और पतिव्रता पत्नी जिसका पति विदेश चला गया हो, विरह के गीत गाती है, अपने पति को कोसती हुई कि वह दूसरी औरत के साथ मज़े कर रहा है जबकि उसी समय उसने अपने आपको नैतिकता की ज़ंजीर से बाँधा हुआ है, अपने दिल को उसके लिए जलाती हुई। तरक़्क़ीपसन्द आन्दोलन फिर से जवान हो जाता था। औरत के लिए पति भगवान था। लेकिन ये मीराँ थी जिसने पैर बाहर निकालने का साहस किया और गौरवमयी और कृपालु भगवान, परमेश्वर को गले लगाया। मीराँ एक तरक़्क़ीपसन्द थीं। उसने ज़माने की परवाह नहीं की और अपने प्रिय तक सीधी पहुँच बनायी। भगवान तो इजारेदारों की गिरफ्त में थे, और औरत से अपेक्षा की जाती कि वह अपने पति को ही भगवान की तरह पूजे। मीराँ ने समाज से अपने अधिकार छीने और अमर हो गयी।

तब से जबसे मैं लिख रही हूँ, मैंने अपने बुजुर्गों को अपना असल दुश्मन माना है। मैंने तय किया कि मैं अपने आपको उनके पंजे से छुड़ाऊँगी। मैंने सभी अवरोधों को तोड़ने की कोशिश की जिससे मैं अपने घर की चारदीवारी के भीतर घुटती थी। मैंने अपनी कहानियों में ऐसे स्त्री चरित्रों को पेश किया जिसने समाज के पुराने मूल्यों को ख़ारिज किया, जो थे, शर्म और प्रतिष्ठा का नकली विचार। ऐसी जो महज 'खानदान' के तथाकथित सम्मान के प्रदर्शन के नाम पर अपना जीवन कुर्बान करने के लिए तैयार नहीं थी।

मैं तरक़्क़ीपसन्द लेखकों की पहली बैठक में 1935[1] में शामिल हुई थी। मुझे याद है कि मैंने मुंशी प्रेमचन्द और 'अंगारे' के लेखकों को एक फ़ासले से देखा। उस समय मैं लखनऊ में बी.ए. की छात्रा थी। और रशीद जहाँ हम कुछ लड़कियों को वहाँ लेकर गयी थी। मैंने उस वक़्त तक लिखना शुरू नहीं किया था, और ना ही ऐसी कोई योजना मेरे मन में थी। मैं बैठक की कार्यवाहियों को बमुश्किल समझ पायी। राजनीति मेरे विषयों में से एक था और मैंने रूस के शासन के बारे में बढ़ा था। मैंने कुछ फ्रांसीसी लेखकों को भी पढ़ा था। मैं चार्ल्स डिकेन्स, मोपासां, और हेनरी बाल्जाक से बहुत प्रभावित थी। मैंने एमिली जोला को विस्तार से पढ़ा और बर्नार्ड शॉ से गहरी प्रभावित हुई।

---

1. सम्भवतः 1936 के बारे में बात की जा रही है क्योंकि प्रगतिशील लेखक संघ का पहला सम्मेलन 1936 में हुआ था।

मुझे आश्चर्य होता है कि मैंने 1938 में ही एक नाटक लिखने का जोख़िम उठाया, जिसे मैंने साक़ी में शाया[1] करवाया। उसके बाद मैंने अफ़साना लिखा 'गैंदा' जो मेरे सीमित अवलोकन का नतीजा था। इसके बाद, जो भी अफ़साने मैंने लिखे तुरन्त ही छपे। और अखबार में मेरे लिखे के ख़िलाफ़ लेख छपने लगे। अपने विद्रोही और ज़िद्दी तेवर बनाये रखते हुए मैं निराश होने की बजाये और उत्साहित हो गयी और मैंने अपने कलम की लगाम ढीली छोड़ दी। जब बुजुर्ग मेरी कहानियों से व्यथित होते मैं और प्रेरित होती और इन सबका बहुत आनन्द उठाती।

तभी बम्बई में मुल्क राज आनन्द ने मुझे 'सिल्वर फिश' में तरक़्क़ीपसन्द लेखकों की बैठक में आने के लिए कहा। मैंने शिक्षा विभाग को विदा कहा और फ़िल्मों के लिए कहानी लिखना शुरू किया जिसे शाहिद लतीफ़ ने निर्देशित किया। हम दोनों 'सिल्वर फिश', जो एक आलीशान रेस्तराँ था, में बैठकों में शामिल होते। सच बताऊँ, मैं बहस और तर्कों का बहुत सारा हिस्सा नहीं समझ पाती थी जो वहाँ होती थीं।

1945 में, तरक़्क़ीपसन्द लेखकों के संगठन कम्युनिस्ट पार्टी के बहुत निकट आ गयी। बैठकें अक्सर होतीं और बहुत जोश के साथ। उनमें अधिकांश या तो मेरे या अहमद अब्बास के फ्लैट पर होतीं। इप्टा भी मज़बूत होती जा रही थी और ये बैठकें बहुत दिलचस्प और उत्तेजक होने लगी। कमरा हमेशा पूरा भरा होता। क्रान्तिकारी योजनाएँ लगातार बनतीं। फ़िल्मी दुनिया में, मैं केवल अपने काम से मतलब रखती थी। इस दुनिया में सब कुछ का फोकस केन्द्र पैसा था। हर योजना पैसे को ध्यान में रखकर बनायी जाती थी, बतौर कहानी लेखक, मैं बहुत अजनबीपन महसूस करती। फ़िल्मी बीवियों के ताश खेलने का सत्र मुझे बोर करता। मेरे लिए क्लब का जीवन कभी मनोरंजक नहीं था, तो तरक़्क़ीपसन्दों की बैठकों में हिस्सा लेना ही मेरा पेशा बन गया था।

सच कह रही हूँ, मेरी दिलचस्पी उन जीवन्त और खुशमिज़ाज लोगों में अधिक थी क्रान्ति में कम। उनमें से प्रत्येक एक ऐसे रास्ते पर चले थे नयी राह खोजने के लिए जो पारम्परिक राह से दूर थी। उनकी सोच ने जीवन की ज़मीनी सच्चाई को प्रस्तुत किया। कृष्ण, बेदी, मण्टो, सरदार, कैफ़ी, मजरूह, साहिर, जाँनिसार, हबीब तनवीर, अहमद अब्बास, अख़्तर-उल-इमान, मजाज़ और मुल्क राज आनन्द, उस हैसियत में तब तक नहीं पहुँचे थे जहाँ वे अब हैं। मैंने उनकी संगत में बहुत सी चमकीली झलक पायी। मैंने लेखन का कोई ख़ास मक़सद नहीं रखा था। लेकिन तरक़्क़ीपसन्द आन्दोलन की अभिव्यक्ति में उद्देश्य सामने आ गया, जिसे मेरे जेहन ने दिल से क़बूल किया। कम्युनिस्ट पार्टी से मेरी निकटता ने मुझे वर्ग विभाजन और फ़िरक़ापरस्ती की जानकारी दी, और मैंने स्वीकार किया कि मेरी खुशी की दुश्मन मेरी दादी नहीं बल्कि व्यवस्था है। इस मुकाम पर मैंने साम्यवाद के बारे में और पढ़ा और मैं आश्वस्त हुई कि मेरी और विश्व की शान्ति और खुशी, केवल समाजवाद के जरिये सम्भव थी, यह विश्वास अब तक नहीं डिगा।

---

1. प्रकाशित।

तरक़्क़ीपसन्द आन्दोलन और तरक़्क़ीपसन्द लेखकों, शायर, और कलाकारों से मेरा राब्ता केवल जेहनी नहीं रहा, मैं उनके लिए जज़्बाती तौर पर भी जुड़ी थी। 1947 में जब विभाजन हुआ और मेरे परिवार के सदस्य विस्थापित हुए, इन दोस्तों और कॉमरेडों की मौजूदगी ने मुझे बहुत नैतिक समर्थन दिया।

मेरी कहानियों पर अश्लीलता का ठप्पा लगाया गया और मेरे अपने दोस्तों ने कहा कि मण्टो और मैं यौन सम्बन्धी अश्लील अफ़साना निगारी में लगे हैं। मैंने इन टिप्पणियों के चलते अपने अफ़सानों को फिर फिर पढ़ा और इन निष्कर्षों को झूठा पाया। लेकिन इस सम्बन्ध में मेरी कहानियों को किसी सफाई की आवश्यकता है ऐसा मैंने कभी महसूस नहीं किया। ना ही लेखकों से नाराज़ हुई जिन्होंने मेरी कहानियों पर ऐतराज़ किया। मेरा मानना है कि आलोचकों को अपनी राय रखने का हक़ है। मैंने तरक़्क़ीपसन्द आन्दोलन से वह सब लिया जिसने मेरे दिल को छुआ लेकिन मेरा अपनी धारणाओं में हमेशा भरोसा रहा। जैसे कि जब पार्टी ने हठपूर्वक यह निष्कर्ष निकाला कि तरक़्क़ीपसन्द अदब वही है जो केवल किसानों और मज़दूरों के बारे में लिखा गया हो, मैं असहमत हुई। मैं मज़दूर वर्ग के समान अनुभूति नहीं रख सकती ना ही उतने क़रीब से जान सकती थी जितने से मध्य और निम्न मध्य वर्ग को। और मैंने कभी धारणाओं पर नहीं लिखा, ना ही किसी तय रीति-नियम पर और ना ही मैंने पार्टी और अंजुमन के आदेशों का अनुसरण किया। स्वतन्त्र सोच हमेशा मेरी प्रकृति में था और अब भी है। जो सब मैंने लिखा है उसे अपने हृदय की गहराई से महसूस किया है। मैं कभी सचेत रूप से नारे लगाने में शामिल नहीं हुई। मैंने एक बार अपने लिख चुके को कभी ख़ारिज नहीं किया। ना ही मैंने किसी नीति से बँध कर लिखा। ताकि जो भी मैं लिखूँ उसे नीति के बदल जाने के बाद बदलना न पड़े। अपनी अभिव्यक्ति और सोचने की आवाजाही के बावजूद मैंने साम्यवाद के असर को हमेशा महसूस किया और करती रहूँगी।

तभी तरक़्क़ीपसन्द आन्दोलन बिखरने लगा। कुछ ही समय में अंजुमन का अंग भी ग़ायब हो गया। बैठकें समाप्त होने लगीं। वहाँ ऐसे लोगों का समूह बचा जो आपस में एक अनजाने सम्बन्ध में बँधे थे। हम एक-दूसरे से मिलते रहे। और ये मुलाक़ात गर्म और मुखर होतीं। लगता था तरक़्क़ीपसन्द आन्दोलन का शरीर ग़ायब हो गया है लेकिन उसकी आत्मा जीवित रही।

मेरी कलम कभी मेरा रोज़ी का ज़रिया नहीं रही। मेरा लेखन प्रभावित नहीं हुआ जब मैंने तरक़्क़ीपसन्द आन्दोलन के मरने की ख़बर सुनी। जब अदबी रिसाले अपनी अन्तिम साँस लेने लगे, मैं 'शमा' और 'बीसवीं सदी' के लिए लिखने लगी और किसी तरह प्रभावित महसूस नहीं किया। दरअसल मैंने महसूस किया कि मेरी कहानियाँ अब उस वर्ग तक पहुँच रही हैं जिसके बारे में मैंने लिखा था।

अदबी रिसालों के सच के बारे में सभी जानते हैं कि वे केवल सीमित बौद्धिक वर्ग तक पहुँचते हैं जबकि मैं हमेशा आम आदमी के लिए लिखती थी, ना कि सम्भ्रान्त बुद्धिजीवी के लिए। मैं तरक़्क़ीपसन्द आन्दोलन के बिखरने पर कभी भयग्रस्त नहीं हुई।

कोई यह नहीं कह सकता कि आन्दोलन ख़त्म हो गया क्योंकि उन्होंने बैठकें करनी बन्द कर दीं। आन्दोलन हज़ारों साल से ज़िन्दा है और तब तक ज़िन्दा रहेगा जब तक मनुष्य की तरक़्क़ी की चाह ज़िन्दा है। तरक़्क़ीपसन्द आन्दोलन को चन्द लोगों के नाम से नहीं पहचाना जाना चाहिए। तरक़्क़ीपसन्दीयत जीवन के उस ख़्वाब का नाम है जो संवेदनशील मनुष्य की चेतना से पोषित होता है।

इस्मत चुग़ताई

जब मैं मानव मस्तिष्क की बात करती हूँ तो मैं उस आदमी के बारे में नहीं कहती जिसने अपने जीवन को अलमारी में बन्द किया है। वास्तव में वह मानव मात्र भी नहीं है वह किसी व्यवस्था का सुनहरा यन्त्र है। मानव की मेरी परिभाषा का सम्बन्ध उस वर्ग से है जो यथास्थिति से टकराता है, जो अपने को ज़िन्दा रखने के लिए जीवन की बुनियादी ज़रूरतों के लिए संघर्ष कर रहा है। वंचना, बेरोज़गारी का तूफ़ान और असफलता जिनकी नियति बन गयी है और वे फिर भी जीवित हैं। विडम्बना यह है कि लोगों का ऐसा वर्ग बहुसंख्या में है।

हाल ही में, जवान लेखकों और उनके आलोचकों का समूह जोर से कह रहा है कि तरक़्क़ीपसन्द आन्दोलन मर गयी है और इसकी ज़रूरत अब नहीं रही। जो भी वो कह रहे हैं मैं उनसे प्रभावित नहीं, लोग ऐतराज़ कर सकते हैं और मेरा विरोध भी। यदि मैं कहूँ कि आधुनिक साहित्य भी तरक़्क़ीपसन्दीयत के खाँचे में आता है। नये लेखकों की पीढ़ी मानसिक खालीपन, असहायता, और निराशा के दौर से गुज़र रही है। वे समकालीन जीवन की सच्ची तस्वीर को प्रतिबिम्बित करते हैं जब वे व्यवस्था के खालीपन और विकृति के बारे में लिखते हैं। एक अर्थ में ये नये लेखक आधुनिक दौर का इतिहास वर्णित कर रहे हैं। इस आधुनिक साहित्य के जरिये, भावी पीढ़ी अजनबीपन और भयंकरता की यन्त्रणा जो आधुनिक दौर का शाप बन गयी है से जुड़ाव महसूस करेंगे। जब एक संवेदनशील मानव केवल अपनी मानसिक क़ब्र में आश्रय पाता है।

शायद, इस आधुनिकतावादी साहित्य के बाद, एक अति-आधुनिकतावादी साहित्य अस्तित्व में आयेगा और शायद, उस समय, अति-आधुनिक लेखक अपनी ही सीमाओं से बाहर छलाँग लगायेंगे और अपने को बहुसंख्या में देखेंगे। और तब वे उस घुटन और अँधेरे को बेधते उस प्रकाश बिन्दु की तरफ़ देखेंगे जो उनका आत्मविश्वास बढ़ायेगा।

मेरा यक़ीन है कि सभी तरह का साहित्य प्रचार है—क़ुरान, बाइबिल, तौरियात और वेद। मीराँ, ग़ालिब, ज़ौक़, हाली और शिबली और हसरत मोहानी एक प्रचार हैं। महात्मा और बुद्ध का सन्देश प्रचार है। तुलसीदास, कबीर और खुसरो के छन्द प्रचार हैं। प्रत्येक जाना गया साहित्य प्रचार है किसी विचार या अन्य का। यह मानवता के विरुद्ध प्रचार

भी हो सकता है। हम ऐसा कुछ उदाहरण साहित्य में देख सकते हैं जो यथार्थ से पलायन की तरफ़ ले जाता है, जो गरीबी और वंचना को नियति के रूप में पहचानता है और अन्धविश्वास को विश्वास का दर्जा देता है।

मैं यह समझने में असमर्थ हूँ कि यह कितनी दूर तक सही है कि तरक़्क़ीपसन्द अदब साम्यवाद का हथियार हो सकता है; मैंने इस साहित्य का मुकम्मल अध्ययन नहीं किया है ना ही मैं इस तथ्य पर विचार करना चाहती हूँ। अगर साम्यवाद के असर में उच्च कोटि का साहित्य निकलता है तब किसी एक दिन ये अपने लिए जगह बना लेगा। या वक़्त इसे खुद छोड़ देगा। मैं सोचती हूँ कि लिखते हुए एक लेखक को सचेत रूप से कभी नहीं सोचना चाहिए कि वह एक अमर साहित्य में अपना योगदान दे रहा है। उसे केवल प्रामाणिक ढंग से लिखना चाहिए।

लिखते हुए मैं कभी नहीं मानती कि मैं एक कर्तव्य कर रही हूँ। मेरे लिए साहित्य एक लगाव है न कि कार्य। फ़िल्मों को छोड़कर, मैंने कभी माँग पर नहीं लिखा। जब भी मेरे दिल ने महसूस किया या दबाव लगा मैंने अपने को कलम से उन्मुक्त किया। मैंने तरक़्क़ीपसन्दों की जड़ नीतियों से कभी समझौता नहीं किया। मैंने अपने फ़ैसलों को तरजीह दी।

अगर मेरा लेखन तरक़्क़ीपसन्द के तय प्रतिमानों पर नहीं मापा जाता, मैं नहीं घबराऊँगी। मैंने स्वमताभिमान को त्याग दिया है और प्रचलन और तरीकों के विचार से बँधना मेरे लिए अप्रिय है। कुछ प्रख्यात तरक़्क़ीपसन्द लेखकों ने अक्सर घोषणा की है कि मैं तरक़्क़ीपसन्दीयत के तय और निर्धारित रास्ते से दूर चली गयी हूँ। पता नहीं वे सही है या ग़लत, मैंने उन्हें संजीदगी से नहीं लिया शायद, क्योंकि स्वभाव से ही मैं बहुत ज़िद्दी हूँ।

तरक़्क़ीपसन्दीयत क्या है और क्या नहीं है पर इतनी बहस की गयी है कि यह विषय ही मुझे किसी हद तक व्याकुल कर देता है। मैंने चारदीवारी से घृणा की है और लेबल या ठप्पे के विचार से भी तंग हो गयी हूँ। कलम को स्वतन्त्र होना चाहिए। यही वह कारण है कि मैं कभी आलोचकों के साथ नहीं रही, चाहे वह तरक़्क़ीपसन्द हो या आधुनिक। मेरे लिए वो सर्जन रहे जिनकी एक मात्र दिलचस्पी शरीर चीरने में रही है। सिद्धान्ततः कोई भी लेख जो मेरे लिखे पर हो मैं नहीं पढ़ती। मुझे किसी की राय से प्रभावित होने की आदत नहीं है। केवल एक बार मुझे याद है पितरस साहब की राय पढ़ते हुए जिन्होंने कहा था कि मैं नाटक लिखने का फ़न नहीं जानती मैंने नाटक लिखना तुरत बन्द कर दिया यह सोचते हुए कि पतरस साहब ऐसा कह रहे हैं तो वह ठीक ही होंगे, उसके बाद, मैं एक नाटक लिखने की तरफ़ उन्मुख हुई जिसकी सबने तारीफ़ की और इसने एक इनाम भी जीता, नतीजतन मैंने आलोचकों में भरोसा खो दिया। लेखक को लिखना चाहिए आलोचकों की राय के पीछे नहीं बल्कि इनसानी नब्ज़ की लय के साथ।

(यह लेख मूल उर्दू में उपलब्ध नहीं हुआ तो इसके महत्त्व को देखते हुए इसे अंग्रेजी से अनूदित किया गया है।)

बक़लम ख़ुद

ग़ुबारे-कारवाँ
उन ब्याहताओं के नाम कुछ टुकड़े...

ग़ुबारे-कारवाँ

मैं फूट-फूटकर रो रही थी।

कोई किसी को बड़ी बेदर्दी से मार रहा था। मारने वाला बहुत दानव था और पिटनेवाला मरियल-सा काला-कलूटा बच्चा था। कौन मार रहा था, किसे और क्यों मार रहा था, यह क़तई याद नहीं, क्योंकि मैं उस वक़्त बहुत छोटी थी। मगर मोटा बेंत जब पिटने वाले की हड्डियों पर बजता था तो बड़ी ख़ौफ़नाक चटाख़ेदार आवाज़ निकलती थी जो अब तक मेरे कान में सुरक्षित है और अक़सर सुनाई देती है।

शायद जब ही से मुझे मालूम हो गया कि बड़ा छोटे को मारता है, और ताक़तवर कमज़ोर को मारता है। ताक़तवर एक खम्भे की तरह मेरे अवचेतन में खड़ा हो गया, जिसके पैरों तले कमज़ोर कूड़े की तरह फैला हुआ था। तब मेरा सर ताक़तवर के हुज़ूर में झुक गया और कमज़ोर से घिन आने लगी।

फिर भी दिल में एक चोर था, जो ख़ुद मुझसे छिपकर बैठ गया। जब कभी मैं किसी आलीशान महल को देखती जिस पर काई जम जाती और घास बेरहमी से छा जाती तो दिल में दुबका चोर चुपके-चुपके मुस्करा उठता और घासफूस की तुच्छ ताक़त का रोब मेरे दिल पर बैठ जाता।

हम इतने सारे बच्चे थे कि हमारी माँ को हमारी सूरत से क़ै आती थी। एक के बाद एक हम उनकी कोख़ को रौंदते-कुचलते चले आये थे। उलटियाँ और दर्द सह-सहकर वह हमें एक सज़ा से ज़्यादा अहमियत नहीं देती थीं। कमउम्री में ही फैलकर चबूतरा हो गयी थीं। पैंतीस बरस की उम्र में वह नानी भी बन गयीं और सज़ा-दर-सज़ा झेलने लगीं। हम बच्चे नौकरों के रहमो-करम पर पलते थे और उनसे हिले-मिले हुए थे।

नौकरों के दो रुख़ होते हैं। एक आक़ा के सामने, दूसरा आक़ा के पीछे। सामने वो हाथ-पैर चूमते हैं, पीठ पीछे गालियाँ देकर दिल की भड़ास निकालते हैं। घरेलू नौकर से ज़्यादा कोई बदक़िस्मत और मजबूर तबक़ा नहीं। ख़ास तौर पर हिन्दुस्तान में, जहाँ बेकारी और ग़ुरबत ने एक बड़ी संख्या को एक सीमित तबक़े के अधीन और ग़ुलाम बना रखा है। हमारे यहाँ चंद ऐसे नौकर थे जो पुश्त-हा-पुश्त से हमारे ही ख़ानदान की ख़िदमत करते आये थे; जिस्म के साथ उनका ज़ेहन भी ग़ुलाम बन चुका था। ये नौकर निहायत निकम्मे, कमअक़्ल और मक्कार थे। तंग आकर निकाल दिये जाते तो इधर-उधर धक्के खाकर

फिर खूँटे पर लौट आते। बिल्कुल पालतू कुत्तों की तरह से। अब तो मुल्क़ तरक़्क़ी कर गया है और कुछ बेकारी कम हो गयी है, इसलिए अब ऐसे ग़ुलामाना ज़ेहनियत के नौकर नहीं मिलते। अपने बचपन में मैंने नौकरों की ऐसी दुर्गत देखी कि मुझे आक़ा और नौकर की व्यवस्था से ही नफ़रत हो गयी। मेरी बहुत-सी कहानियों में नौकर पात्र नज़र आते हैं। कमज़ोर, लाचार नौकर, झूठे, मक्कार और चालबाज़ नौकर; मेरी कहानियाँ नौकरों से भरी पड़ी हैं। मेरी महदूद दुनिया में वर्गभेद नौकर और आक़ा के रिश्ते में नज़र आया। इसने मुझे प्रभावित किया। जब बाक़ी की लम्बी-चौड़ी दुनिया से साबक़ा पड़ा तो पता चला ऊँच-नीच, जात-पाँत, सिर्फ़ ढोंग है। असल चीज़ अमीरी और ग़रीबी है; यह एक रवैया है। अमीर ख़्वाह कितना भी अल्लाहवाला हो और क़ौमपरस्त हो, नौकरों से सीखी हुई सीख ही उपयोगी साबित हुई। जब किसी चीज़ की ज़रूरत महसूस की, इधर-उधर हाथ मारकर हासिल की।

रोने और गला फाड़कर चिल्लाने में हम सब बहन-भाइयों को ख़ासी महारत हासिल थी। हमारी अम्माँ बौखलाकर हमारा कहना मानने पर मजबूर हो जातीं, हमें अपनी इस ताक़त का तीव्रता से एहसास था। बच्चे रो-पीटकर ही अपनी नापसन्दीदगी का इज़हार कर सकते हैं।

एक दिन एक मुहर्रम की शोकसभा में पहली बार मर्सियों और नौहों का मतलब समझ में आया। और जब अली असग़र के हलक़ में तीर पैवस्त होने का जिक्र आया तो ख़ौफ़ से मेरी घिग्घी बँध गयी। मैंने बुरी तरह दहाड़ें मारकर रोना शुरू किया, मातम करने वाली बीबियाँ एकदम चुप हो गयीं और बड़ी हैरत से मुझे देखने लगीं। समझीं, शायद प्रसाद के इन्तज़ार की ज़हमतें नाक़ाबिले-बरदाश्त हो गयी हैं, या कहीं चोट-चपेट आ गयी, या किसी कीड़े-मकोड़े ने डस लिया।

''क्यों मारा? हलक़ में तीर क्यों मारा?'' मैंने आदतवश मचल-मचलकर पूछा। किसी ने मेरे सवाल का जवाब न दिया। मुझे पागल और ज़िद्दी समझकर मजलिस से भगा दिया गया। घर वापस आकर फ़ौरन भाइयों ने मेरी शिकायत की कि मैंने मजलिस में हंगामा

मचाया, बदतमीज़ी की और सबको शर्मिन्दा करवाया। सख़्त ज़िल्लत से निकाली गयी।

"तीर क्यों मारा? हाथ में मार दिया होता, बेचारे के हलक़ में क्यों मारा?" मैं अपनी बात पर अड़ी रही।

"अच्छा अब बकबक बन्द करो और सो जाओ।" डाँट पड़ी।

मगर मेरे हिस्से की नींद कहाँ! जैसे ही आँख बन्द करती, सामने बच्चे के मुँह में चुभा हुआ तीर नज़र आता।

"अबे ग़ारत हो बदनसीब, सो जा चुड़ैल नहीं तो गला घोंट दूँगी।" बारी-बारी सब बुजुर्गों ने मुझे क़त्ल करके मुझसे निजात पाने की धमकियाँ दीं, मगर मेरी सिसकियाँ न रुकीं। तब डर के मारे मैं शेख़ानी बुआ के पास घुस गयी क्योंकि अकेले पलँग पर मुझे डर लग रहा था।

"क्यों मारा तीर?" मैंने शेख़ानी बुआ की बग़ल में सिसककर पूछा।

"ऊ अजीद हरामी रहे!" उन्होंने समझाया।

"तो उसके पास बच्चे को क्यों ले गये?"

"बच्चा पियासा रहे।"

"तो उसे दूध दिया होता?"

"दूध माँ का खुसक होई गवा रहे।"

"तो पानी ही दे दिया होता।"

"पानी कहाँ रहे? नहर पे तो ओकी फ़ौज का पहरा रहे।"

"क्यों?"

"अब ई हम का जानें। रहे कुछ गड़बड़।"

"फिर?"

"बच्चा का पानी पीयाए ख़ातिर नहर प लै के गये। तो उतार दिहिस तीर।"

"हलक़ में?"

"हाँ।"

और मेरे हलक़ में बड़े-बड़े काँटेदार गोले फँसने लगे।

"तीर की बच्ची न सोती है, न सोने देती है।" मेरी अम्माँ ने ऐसे कस-कस के थप्पड़ और घूँसे लगाये कि सचमुच मेरी कर्बला कर दी।

बरसों घर में मेरा इस वाक़िया पर मज़ाक़ उड़ता रहा। जब कोई मेहमान आता तो भाई मुझे ज़लील करने के लिए कहते—

"यह मजलिस में भों-भों रोई थी। निकाली गयी। फिर अम्माँ ने उसकी खूब ठुकाई की।" मैं शर्म से पानी-पानी हो जाती। ये मेरी ज़िन्दगी की पहली अहम त्रासदी थी और बरसों असर रहा। मजलिसों में जाते मेरा दम निकलता था। फिर हलक़ में तीर मारने का ज़िक्र होगा और काँटेदार गोले मेरे गले में अटकेंगे। मजलिस की पवित्रता भंग होगी।

अभी चन्द साल हुए, हिटलर के कारनामों के बारे में एक फ़िल्म देखी। लाखों गली-सड़ी

लाशों को देखकर मेरे ज़मीर में अली असग़र के हलक़ में अटका हुआ तीर खटकने लगा। वियतनाम में बारह साल से ख़ून की होली खेली जा रही है। सब कहाँ हैं, कोई रोकता क्यों नहीं! इनसानियत कब तक यूँ ही बेबस तमाशा देखती रहेगी। इनसान ने इनसान का बज़ाहिर गोश्त खाना बन्द कर दिया है, लेकिन उसकी ममी बनाकर अब भी हज़्म कर रहा है। मुझे ऐसी दुनिया से प्यार नहीं, इसके उसूलों से घिन आती है।

एक और वाक़िया मेरे बचपन का है जिसने मुझे बहुत मुतास्सिर किया। वालिद काफ़ी रौशनख़याल थे। बहुत-से हिन्दू ख़ानदानों से मेलजोल था, यानी एक ख़ास तबक़े के हिन्दू-मुसलमान निहायत सलीक़े से घुले-मिले रहते थे। एक-दूसरे के जज़्बात का ख़याल रखते। हम काफ़ी छोटे थे जब ही एहसास होने लगा था कि हिन्दू-मुसलमान एक-दूसरे से कुछ न कुछ भिन्न ज़रूर हैं। ज़बानी भाईचारे के प्रचार के साथ-साथ एक तरह की एहतियात का एहसास होता था। अगर कोई हिन्दू आये तो गोश्त-वोश्त का नाम न लिया जाए, साथ बैठकर एक मेज़ पर खाते वक़्त भी ख़याल रखा जाए कि उनकी कोई चीज़ न छू जाये। सारा खाना दूसरे नौकर लगाएँ, उनका खाना पड़ोस का महाराज लगाये। बर्तन भी वहीं से मँगा दिये जाएँ। अजब घुटन सी तारी हो जाती थी। बेहद ऊँची-ऊँची रौशनख़याली की बातें हो रही हैं। एक-दूसरे की मुहब्बत और जान देने के क़िस्से दुहराए जा रहे हैं। अंग्रेज़ों को मुजरिम ठहराया जा रहा है। साथ-साथ सब बुज़ुर्ग काँप रहे हैं कि कहीं बच्चे छूटे बैल हैं, कोई ऐसी हरकत न कर बैठें कि धरम भ्रष्ट हो जाए।

''क्या हिन्दू आ रहे हैं?'' पाबन्दियाँ लगते देखकर हम लोग बोर होकर पूछते।

''ख़बरदार! चाचाजी और चाचीजी आ रहे हैं। बदतमीज़ी की तो खाल खींचकर भूसा भर दिया जायेगा।''

और हम फ़ौरन समझ जाते कि चाचाजान और चचीजान नहीं आ रहे हैं। जब वो आते हैं तो सीख़कबाब और मुर्ग़-मुसल्लम पकता है, लौकी का रायता और दही-बड़े नहीं बनते। ये पकने और बनने का फ़र्क़ भी बड़ा दिलचस्प है।

हमारे पड़ोस में एक लालाजी रहते थे। उनकी बेटी से मेरी दाँत-काटी रोटी थी। एक उम्र तक बच्चों पर छूत की पाबन्दी लाज़मी नहीं समझी जाती। सूशी हमारे यहाँ खाना भी खा लेती थी। फल, दालमोट, बिस्कुट में इतनी छूत नहीं होती, लेकिन चूँकि हमें मालूम था कि सूशी गोश्त नहीं खाती, इसलिए उसे धोखे से किसी तरह गोश्त खिलाके बड़ा इतमीनान होता था। हालाँकि उसे पता नहीं चलता था, मगर हमारा न जाने कौन-सा जज़्बा तसल्ली पा जाता था। वैसे दिन-भर एक-दूसरे के घर में घुसे रहते थे मगर बक़रीद के दिन सूशी ताले में बन्द कर दी जाती थी। बकरे अहाते के पीछे टट्टी खड़ी करके काटे जाते। कई दिन तक गोश्त बँटता रहता। उन दिनों हमारे घर से लालाजी का नाता टूट जाता। उनके यहाँ भी जब कोई तेहवार होता तो हम पर पहरा बिठा दिया जाता।

लालाजी के यहाँ बड़ी धूमधाम से जश्न मनाया जा रहा था। जन्माष्टमी थी। एक तरफ़ कड़ाह चढ़ रहे थे और धड़ाधड़ पकवान तले जा रहे थे। बाहर हम फ़क़ीरों की तरह खड़े हसरत से तक रहे थे। मिठाइयों की होश उड़ानेवाली ख़ुशबू अपनी तरफ़ खींच रही

थी। सूशी ऐसे मौक़ों पर बड़ी मज़हबी बन जाया करती थी। वैसे तो हम दोनों अनेको बार एक ही अमरूद बारी-बारी दाँत से काटकर खा चुके थे, मगर सबसे छिपकर।

"भागो यहाँ से," आते-जाते लोग हमें दुतकार जाते। हम फिर खिसक आते। फूले पेट की पूरियाँ तलते देखने का किस बच्चे को शौक़ नहीं होता है।

"अन्दर क्या है?" मैंने शोख़ी से पूछा। सामने का कमरा फूल-पत्तों से दुल्हन की तरह सजा हुआ था। अन्दर से घंटियाँ बजने की आवाज़ें आ रही थीं। जी में खुदबुद हो रही थी—हाय अल्ला, अन्दर कौन है!

"वहाँ भगवान विराजे हैं।" सूशी ने ग़ुरूर से गरदन अकड़ाई।

"भगवान!" मुझे बेइंतिहा हीनभाव सताने लगा। उनके भगवान क्या मज़े से आते-जाते हैं। एक हमारे अल्ला मियाँ हैं, न जाने कहाँ छिपकर बैठे हैं। न जाने कौन-सी रग फड़की कि फ़क़ीरों की सफ़ से खिसक के मैं बरामदे में पहुँच गयी। घर के किसी व्यक्ति की नज़र न पड़ी। मेरे मुँह पर मेरा मज़हब तो लिखा नहीं था। उधर से एक देवीजी आरती की थाली लिए सबके माथे पर चन्दन-चावल चिपकाती आयीं। मेरे माथे पर भी लगाती गुज़र गयीं। मैंने फ़ौरन हथेली से टीका छुटाना चाहा, फिर मेरी बदज़ाती आड़े आ गयी। सुनते थे, जहाँ टीका लगे उतना गोश्त जहन्नम में जाता है। ख़ैर मेरे पास गोश्त की बहुतायत थी, इतना सा गोश्त चला गया जहन्नम में तो कौन टोटा आ जाएगा। नौकरों की सोहबत में बड़ी होशियारियाँ आ जाती हैं। माथे पर सर्टिफ़िकेट लिए, मैं मज़े से उस कमरे में घुस गयी जहाँ भगवान विराज रहे थे।

बचपन की आँखें कैसे सुहाने ख़्वाबों का जाल बुन लेती हैं। घी और लोबान की ख़ुशबू से कमरा महक रहा था। बीच कमरे में एक चाँदी का पलना लटक रहा था। रेशम और गोटे के तकियों और गद्दों पर एक रुपहली बच्चा लेटा झूल रहा था। क्या सुन्दर और बारीक काम था! बाल-बाल खूबसूरती से तराशा गया था। गले में माला, सर पर मोरपंखी का मुकुट।

और सूरत इस ग़ज़ब की भोली! आँखें जैसे लहकते हुए दिये! ज़िद कर रहा है, मुझे गोदी में ले लो। हौले से मैंने बच्चे का नरम-गरम गाल छुआ। मेरा रोआँ-रोआँ मुस्कुरा दिया। मैंने बे-इख़्तियार उसे उठाकर सीने से लगा लिया।

एकदम जैसे तूफ़ान फट पड़ा और बच्चा चीख़ मारकर मेरी गोद से उछलकर गिर पड़ा। सूशी की नानी माँ का मुँह फटा हुआ था। प्रलाप की हालत छाई हुई थी जैसे मैंने रुपहली बच्चे को चूमकर उसके हलक़ में तीर पैवस्त कर दिया हो।

चाचीजी ने झपटकर मेरा हाथ पकड़ा, भगाती हुई लायीं और दरवाज़े से बाहर मुझे मरी हुई छिपकली की तरह फेंक दिया। फ़ौरन मेरे घर शिकायत पहुँची कि मैं चाँदी के भगवान की मूर्ति चुरा रही थी। अम्माँ ने सर पीट लिया और फिर मुझे भी पीटा। वह तो कहो, अपने लालाजी से ऐसे भाईचारे वाले मेलमिलाप थे; इससे भी मामूली हादिसों पर आजकल आये-दिन ख़ूनख़राबे होते रहते हैं। मुझे समझाया गया कि मूर्तिपूजा गुनाह है। महमूद

ग़ज़नवी मूर्तिभंजक था। मेरी ख़ाक समझ में न आया। मेरे दिल में उस वक़्त पूजा का एहसास भी पैदा न हुआ था। मैं पूजा नहीं कर रही थी, एक बच्चे को प्यार कर रही थी।

इसी सिलसिले में लोगों को मेरा परलोक सँवारने का ख़याल आ गया। मेरे दिल में इस्लाम की बरतरी कूट-कूटकर भरी गयी—इस्लाम, जो दुनिया के हर मज़हब से ऊपर और श्रेष्ठ है। यह भाई-भाई का नारा अपनी जगह है, मगर हक़ीक़त यह है कि मुसलमान फिर मुसलमान है। बग़दादी क़ायदा भी शुरू करवाया गया, और अलिफ़ दो ज़बर अन, अलफ़ाज दो ज़ेरइन, अलिफ़ दो पेश उन, रटते वक़्त बड़ी शिद्दत से नींद आने लगती। अलफ़ाज के तरन्नुम में लोरी का प्रभाव है और जब मुल्लानीजी की क़मची पड़ती तो सारी नींद रफ़ू-चक्कर हो जाती। मुल्लानीजी बहरी और बला की बद-दिमाग़ थीं। सुना है उनके मरहूम शौहर उन्हें चारपाई से बाँधकर भीगी हुई रस्सी से उनकी चमड़ी उधेड़ा करते थे। बुढ़िया फ़ी लफ़्ज़ एक-दो थप्पड़ रसीद करती थी। कोई बीस या बाईस बच्चों को पढ़ाती थी और सबको मुस्तक़िल चाँटे, थप्पड़, घूँसे मारती थी। सूखी-सूखी उँगलियों से मेरी मोटी-मोटी रानों में ऐसी चुटकियाँ लेती थी और हाथ नहीं टूटते थे। हम आयतें पढ़-पढ़कर उसके मरने की दुआएँ माँगा करते थे। मैंने कभी किसी इनसान से ऐसी तीव्र नफ़रत नहीं की जैसी उस बुढ़िया से की। साथ-साथ उसने जो कुछ पढ़ाया, वह भी मुझे दैवी प्रकोप मालूम हुआ।

बचपन जैसे-तैसे बीता। यह कभी पता न चला कि लोग बचपन के बारे में ऐसे सुहाने राग क्यों अलापते हैं। बचपन नाम है बहुत-सी मजबूरियों का, महरूमियों का। बड़े होकर एक पोज़ीशन बनती है जो नाइंसाफ़ियों का मुक़ाबला करने की ताक़त बख़्शती है। आठ बड़े भाई-बहनों की वात्सल्य झेलने के बाद बड़े होने का बेचैनी से इन्तज़ार था। जब घर में छोटे भांजे, भतीजे पैदा होने लगे तो अपनी बुजुर्गी का एहसास निहायत तसल्लीबख़्श साबित हुआ। समानता का अभाव अमीर-ग़रीब के मामले में ही नहीं, औरत और मर्द के मुक़ाबले में तो और भी ज़्यादा है। मेरे वालिद तो रौशनख़याल थे, उसूलन भी लड़कों से लड़कियों के अधिकारों का ज़्यादा ख़याल रखते थे, मगर वही बात थी जैसे हिन्दू-मुस्लिम भाई-भाई। लड़का-लड़की बराबर। चन्द नारे थे जिनकी लेप-पोत निहायत ज़रूरी समझी जाती थी।

यह मेरी ख़ुशनसीबी थी कि होश आया तो बाक़ी की तीन बहनों की शादी हो चुकी थी। कई भाइयों में अकेली लड़की घाटे में नहीं रहती, और फिर ज़रा भी मेरा अधिकारहनन होने का अन्देशा पैदा होता तो फ़ौरन अब्बा के हुज़ूर में मुक़द्दमा पेश कर दिया जाता। मेरी बहनें निहायत सुघड़ थीं। उर्दू-फ़ारसी, क़ुरान-शरीफ़ के अलावा कशीदाकारी, बुनाई-सिलाई और खाने-पकाने में सिद्धहस्त। मैं निहायत फूहड़। पित्ता मारने की आदत, न दिलचस्पी। भाइयों की नक़ल में पेड़ों पर चढ़ना, साइकिल दौड़ाना, हर जगह मुझे अपनी शिकस्त का एहसास होता। भाइयों के मुक़ाबले में निहायत फिसड्डी। उन्हें भी मुझ पर तरस क्यों आता! मैं अब्बा की शह पर उनकी बराबरी पर तुली हुई थी। बारी-बारी सबको घोड़े की सवारी का मौक़ा मिलता था, जहाँ मैं घोड़े पे बैठी और भाइयों ने बड़बड़ाया। गुल्ली-डंडा खेलती तो पिदते-पिदते भूसा निकल जाता। फुटबाल खेलने की ज़िद करती तो सारे किक मेरी चाँद

पर ही पड़ते। भाई मेरी इस ढिठाई से शिकायत से भरे थे। मेरी बड़ी बहनों की शादी से पहले घर पर हुकूमत चलती थी। गोदाम की कुंजी क़ब्ज़े में रहती थी। कपड़े सीती थीं। इसलिए भाई उनके अधीन रहते थे। मैं तो दर्द-सर ही थी।

अज़ीम बेग़ चुग़ताई, प्रसिद्ध उर्दू व्यंग्यकार हमेशा के बीमार ही थे, मैं लड़की होने की वजह से भाइयों के साथ न निभा सकती थी और वह बीमारी की वजह से मजबूर थे। उन्हें कुछ मुझ पर तरस आ गया। उन्होंने मुझे बताया कि लड़के तो बैल हैं, तुम बैल क्यों बनो! पढ़ाई में तुम उनसे टक्कर लो, वहाँ तुम उन्हें मार लोगी।

फिर उन्होंने मुझे बड़ी मेहनत से पढ़ाना शुरू किया। दो बार मुझे डबल प्रोमोशन दिलवाया और एक बार मुझसे बड़े भाई फ़ेल हुए। वह मुझसे डेढ़ साल बड़े थे, मगर तीन दर्जे आगे थे। फिर एक दिन हम दोनों जब एक क्लास में आ गये और मैंने उनका होमवर्क करके उनकी मदद करनी शुरू की, तब मैं उनसे बड़ी हो गयी। अज़ीम बेग़ चुग़ताई की शह पाकर मैंने क़ुरान का तरजुमा, हदीसें और मुस्लिम हिस्ट्री पढ़ी और अपने अब्बा के बुजुर्ग दोस्तों के बीच में बैठकर अपनी ताज़ा-ताज़ा मालूमात का इज़हार करना शुरू किया। मेरी अम्माँ धक से रह गयीं और हस्बे-आदत जूती सँभाली, मगर अब्बा की शह पाकर मैंने अपने वालिद के वयप्राप्त दोस्तों की सोहबत में बहुत-कुछ सीखा।

मेरी अम्माँ को मेरी हरकतें एक आँख न भाती थीं। मेरे अंजाम की उन्हें सख़्त फ़िक्र थी। ये मर्दमार बातें औरतों को शोभा नहीं देतीं। वह इतनी गहराई से न इन बातों को समझती थीं और न समझा सकती थीं; मगर मुझे मालूम हुआ कि मेरी अम्माँ क्यों डरती थीं। यह मर्द की दुनिया है, मर्द ने बनाई और बिगाड़ी है। औरत एक टुकड़ा है उसकी दुनिया का जिसे उसने अपनी मुहब्बत और नफ़रत के इज़हार का ज़रिया बना रखा है। वह उसे मूड के मुताबिक़ पूजता भी है और ठुकराता भी है। औरत को दुनिया में अपना मुक़ाम पैदा करने के लिए निस्वानी स्त्रैण साधनों से काम लेना पड़ता है। सब्र, होशियारी, बुद्धिमानी, सलीक़ा जो मर्द को उसका मुहताज बना दे। शुरू ही से लड़के को मुहताज बनाना कि वह अपना बटन टाँकते शरमाए। रोटी ठोकते डूब मरे। आसान-आसान छोटे-छोटे काम जो नौकर कर सकते हैं, अपने हाथ से करना, उसकी ज़्यादतियों को सर झुकाकर सहना कि वह शरमिन्दा होकर क़दमों पर गिर पड़े।

मगर मैंने तो भाइयों के हलक़े में ज़िन्दगी गुज़ारी थी। उनका मुक़ाबला किया था और उनसे श्रेष्ठ होने की क़सम खायी थी। ये स्त्रीत्व मुझे ढोंग लगती थीं। मस्लहत मुझे झूठ मालूम होती थीं, सब्र, बुज़दिली और शकर-मक्कारी। मैंने हाथ घुमाकर कभी नाक नहीं पकड़ी। यहाँ तक कि बनना, सँवरना, सिंगार करना और भड़कीले कपड़े पहनना भी मुझे ऐसा लगता था जैसे मैं अपनी देह को छिपाकर धोखा दे रही हूँ।

"कोई लड़का ऐसी लड़की पर जान नहीं देगा," मेरी होशियार सहेलियों ने समझाया। सहमकर मैंने थोड़ा बहुत समझने की कोशिश की और मेरे भाइयों की बन आयी। तकल्लुफ़ तो रहा नहीं था जो उलटी-सीधी बात न कहते। मैं स्पष्टवादी तो वो चार हाथ साफ़गो।

मेरे पीछे घेरी लग गयी। लड़के फाँसने को फटकनियाँ लगा रही हूँ। भला फिर मेरी क्या मजाल थी जो सोलह सिंगार कर जाती। और तजरबे से मुझे मालूम हुआ कि सोलह या बत्तीस सिंगार कत्तई ज़रूरी नहीं। मुझे दोस्तों की कभी कमी महसूस न हुई। यही दोस्तियाँ अक़सर इश्क़ की हदों को छू गयीं। रूस में मैं जब ऐसी लड़कियों से मिली जो कृत्रिमताओं में क़त्तई दिलचस्पी नहीं लेतीं और निहायत सीधे-सादे कामचलाऊ कपड़े पहनती हैं तो मैंने उनसे पूछा, वो सिंगार क्यों नहीं करतीं।

''ज़रूरत महसूस नहीं की। क्यों, क्या मैं बुरी लगती हूँ?'' उसने मुझसे पूछा।

''नहीं, मगर और ज़्यादा अच्छी लगोगी।''

''मैं खरा माल पेश करने की क़ायल हूँ। मेरी अपनी जिल्द, अपने होंठ, मेरी निस्वानियत[1] ही काफ़ी है।'' उसने बड़े विश्वास से जवाब दिया।

यूरोप में भी नौजवान तबक़ा मसनूआत[2] से बोर हो चुका है। औरत और मर्द के शाश्वत रिश्ते को क़ायम रखने के लिए मर्द का मर्द और औरत का औरत होना काफ़ी है। मुझे रूसी लड़कियों ने बहुत मुतास्सिर किया। मैंने अपनी कहानियों में औरत की आर्थिक महकूमी और मजबूरी का हमेशा रोना रोया है। एक लड़की अगर अपने वारिसों का सिर्फ़ इसलिए हुक्म मानती है कि इक़्तसादी[3] तौर पर मजबूर है तो फ़रमाँबरदार नहीं, धोखेबाज़ ज़रूर हो सकती है। एक बीवी शौहर से सिर्फ़ इसलिए चिपकी रहती है कि रोटी-कपड़े का सहारा है तो वह तवायफ़ से कम मजबूर नहीं। ऐसी मजबूर औरत की कोख से मजबूर और महकूम-ज़ेहनियत इनसान ही जन्म ले सकेंगे। हमेशा दूसरी तरक़्क़ीयाफ्ता क़ौमों के रहमो-करम पर सन्तोष करेंगे। जब तक हमारे मुल्क की औरत मजबूर, लाचार, जुल्म सहती रहेगी, हम इक़्तसादी और सियासी मैदान में एहसासे-कमतरी[4] का शिकार बने रहेंगे।

रशीद जहाँ ने मुझे कमसिनी ही में बहुत मुतास्सिर किया था। मैंने उनसे साफ़गोई और ख़ुद्दारी सीखने की कोशिश की।

बचपन में मेरी एक और बड़ी प्यारी सहेली थी। हमारे कोचवान की बेटी मंगू। थोड़ी-सी मुझसे बड़ी थी और बड़ा रोब गाँठा करती थी। तेरह-चौदह बरस की थी कि शादी होकर लखनऊ चली गयी। जब अपनी पहली बेटी लेकर आयी तो बड़ी बुझी-बुझी सी हो गयी थी। सारा खिलंदड़ापन ग़ायब, हँसी गुम। लड़की जनने के जुर्म में उसकी सास उसे बहुत मारती थी और उसके मियाँ से भी पिटवाती थी।

जब वह तीसरी बेटी लेकर आयी तो अब्बा पेंशन लेकर आगरा आ गये थे। आगरे के घुटे वातावरण में मुझे औरत की बेकसी का तजरबा हुआ। पास-पड़ोस की सभी औरतें क्षयरोगी, मुरझाई और शौहरों और सास-ननदों की सताई हुई थीं। ताबीज़, गंडों और जानतोड़ ख़िदमत के बलबूते पर टिकी हुई थीं। मुझे अपने औरतपने से और भी घिन आ गयी।

मंगू भी क्षयरोग की मरीज़ा मालूम होती थी। सास दूसरी बहू लाने के प्लान बना

---

1. स्त्रीत्व, 2. कृत्रिमता, 3. आर्थिक, 4. हीन-भावना।

रही थी जो बेटा जन सके। मंगू के माँ-बाप रो-पीट रहे थे। मंगू और उसकी तीन बेटियों के बोझ के ख़याल से काँप रहे थे। मंगू की तीन रोती-बिलखती लड़कियाँ औरत ज़ात की तुच्छता का खुला इश्तहार थीं। मुझे ख़ुदा की इस नाइनसाफ़ी पर ग़ुस्सा आता था कि उसने मुझे भी लड़की बनाया था। मैं गिड़गिड़ाकर दुआएँ माँगा करती थी कि अल्लाह-पाक किसी तरह मुझे लड़का बना दे।

अब्बा ने लखनऊ में पुलिस सुपरिंटेंडेंट के ज़रिये मंगू के मियाँ पर ज़ोर डलवाया कि वह उसे बुला ले और अगर उस पर सौत लाया तो, हथकड़ियाँ डलवा दी जाएँगी। साल भर बाद जो मंगू आयी तो पहचान न पड़ती थी। लड़का भी नहीं जना था, फिर भी चिकनी-चुपड़ी हो रही थी। मालूम हुआ, मंगू पर भूतों का साया हो गया था। निहायत ख़तरनाक क़िस्म के मरखने भूत, जो मंगू के जिस्म में समाकर उसे बरग़लाते थे और वह अपनी सास की ठुकाई करती। मियाँ तक कि पिंडली में एक दिन काट खाया। सब पर उसकी दहशत बैठ गयी। भूत उतारने वाले आये, उन्होंने कहा कि सास मनहूस है। अगर बहू इसके साथ रही तो सात बेटियाँ जनेगी और सारे कुटुम का नास हो जाएगा। सास बेचारी का पटरा हो गया। मंगू का मियाँ उसे अपनी नयी नौकरी पर डालीगंज ले गया। वहाँ वह साहब लोगों के घोड़ों पर लग गया था। तब मुझे मालूम हुआ कि मंगू जाहिल और अनपढ़ थी, बिल्कुल अहमक़ न थी। अपनी बिसात भर जो कुछ कर सकती थी, कर डाला। औरत कमज़ोर हो सकती है, बुद्धिहीन होना ज़रूरी नहीं, लड़कों जैसी अक़्ल और सूझ-बूझ चाहिए। फिर तो मैंने सीना-पिरोना और सुघरापा धरा ताक़ पर और पढ़ने की तरफ़ आकर्षित हो गयी।

मज़हब हमारी जानों पर कभी सिर्फ़ जन्नत की लालच और जहन्नम का ख़ौफ़ बनकर लागू नहीं किया गया। अब्बा के दोस्त हर ख़याल और आस्था के थे। उनकी बातें सुनकर बहुत से वहम और वसवसे दिल से दूर हो गये। हर इनसान अपनी क़ब्र में जाएगा, अपने किये ख़ुद भुगतेगा। दुनिया का भी कोई ख़ास ख़ौफ़ न था। मुग़ल वैसे ही सरफिरे और झक्की होते हैं और हमारा ख़ानदान इतना लम्बा-चौड़ा था कि कहीं सारी दुनिया सिमटी नज़र आती थी। हर शख़्स अपनी चमड़ी में मगन और ख़ुदमुख़्तार।

लड़कों के लिए यह आम रवैया मुनासिब समझा जाता है, मैं लड़की थी। अम्माँ, ख़ालाएँ, फूफियाँ, चचियाँ भयभीत थीं। औरत ज़ात को ये मुँहज़ोरियाँ शोभा नहीं देतीं। ससुराल में कैसे गुज़र होगी? समाज ने औरत का एक ठिकाना मुक़र्रर कर दिया है। उससे बाहर क़दम रखा तो पैर छाँट दिये जाएँगे। ज़्यादा तालीम भी बलाए-जान होती है। हमारे यहाँ वचन और कर्म पर पाबन्दी नहीं थी। मगर यह शर्त सिर्फ़ मर्दों तक थी। मुझे इन हरकतों पर डाँट खानी पड़ती थी। पता नहीं अज़ीम भाई को क्या मज़ा आता था, वह मुझे और शह देते थे। शाम दफ़्तर से आकर अब भी वह मुझसे घंटा दो घंटा इधर-उधर की बातें किया करते थे। बक़ौल क़िस्से, मुझे भड़काया करते थे। उन्होंने संजीदा और ख़ुश्क मज़ामीन छोड़कर कहानियाँ लिखना शुरू कर दी थीं। जो काम यह संजीदा मज़ामीन से

न कर पाये, इन कहानियों ने कर दिखाया। उनकी हीरोइन एक निहायत शरारती और दिलचस्प लड़की की मिसाली सूरत इख़्तियार कर गयी। उनसे मैंने सीखा कि अगर कुछ कहना है तो कहानियों, क़िस्सों में लपेट कर कहो, कम गालियाँ मिलेंगी। ज़्यादा लोग पढ़ेंगे और मुतास्सिर होंगे। कहानियाँ लिखने से पहले मैंने कई मज़ामीन लिखे जो छपे भी, मगर किसी ने तवज्जोह न दी। दो-चार कहानियाँ लिखी थीं कि ले-दे शुरू हो गयी। जैसे टेलीफ़ोन पर आप जो चाहें कह दीजिए, कोई थप्पड़ नहीं मार सकता। वैसे ही कहानियों में कुछ भी लिख मारिये, कोई हाथ आपके गले तक नहीं पहुँचेगा। दूसरे, मुझे शुरू में लोगों की प्रतिक्रिया का पता भी न था। सिर्फ़ *साक़ी* में लिखती थी। उनके पास जो ख़त मेरे नाम आते थे, वह उन्हें ज़ाया करते थे। बदक़िस्मती से 'लिहाफ़' वो पहली कहानी थी जो ऐन शादी के बाद छपी और शाहिद अहमद साहब ने अब मुझे ज़िम्मेदार समझकर सारे ख़ुतूत हिफ़ाज़त से मेरे सुपुर्द कर दिये। इन ख़तों का लहजा इतना भयानक था कि पहले तो मेरे पसीने छूट गये। मैंने सहमकर अपने क़लम की लगाम खींची और अपनी दानिस्त में तो मैंने उसके बाद ढील नहीं छोड़ी, लेकिन बुरा हो उस माहौल का, जहाँ मैंने परवरिश पायी। धड़ल्ले से बात कहने की आदत नहीं छूटी, और लोग झल्लाकर गालियों पर उतारू हो जाते हैं तो मुझे उनसे कोई व्यक्तिगत शत्रुता नहीं होती। बहुत-सी मारपीट, नोच-खसोट के बाद फिर मिल बैठने की आदत रही। कभी चुटकी लेने में मज़ा आता है, अगर कोई पलटकर पत्थर दे मारे तो उससे नफ़रत नहीं पैदा होता।

ज़िन्दगी में सबसे ज़्यादा मुझे किताबों ने मुतास्सिर किया है। मुझे हर किताब से कुछ न कुछ होता है, अपनी ज़्यादातर उलझनों का जवाब उनमें ही ढूँढ़ा और पाया है। किताबें क़रीबतरीन दोस्त और ग़मगुसार साबित हुई हैं। हज़ारों महरूमियाँ, अँधेरे इन्हीं दोस्तों के सहारे झेली हैं। हर किताब के लेखक को मैंने एक क़िस्म का रिश्तेदार महसूस किया है। नाम कहाँ तक गिनाऊँ। हार्डी, ब्रांटी सिस्टर्ज़ से शुरू करके बर्नार्ड शा तक पहुँची। मगर रूसी अदीबों ने ज़्यादा मुतास्सिर किया कि जब अक़्ल और होश को किसी रहबर की तलाश थी तब इन किताबों से मुठभेड़ हुई। पोलिटिकल फ़िलासफ़ी ख़ुश्क़ मज़मून रही और रूसी अदब ज़ेहन के कोने-कोने में जज़्ब हो गया। चेख़व को तो मैं आज भी बरकत के लिए सीखे हुए के तौर पर पढ़ती हूँ। जब कोई कहानी क़ाबू में नहीं आती, पता नहीं चलता कहाँ से शुरू करूँ, कहाँ ख़त्म करूँ, तो मैं दिमाग़ी वर्ज़िश के लिए चन्द कहानियाँ चेख़व की पढ़ डा्लती हूँ। एकदम ज़ेहन पर धार सी रख जाती हैं, और क़लम चल निकलता है।

पढ़ने के बाद बातों का नम्बर आता है। हमारा ख़ानदान निहायत बक्कू है। जब दो-चार मिल बैठते हैं तो बस होश ही नहीं रहता। चलते-फिरते, खाते-पीते बस बके जा रहे हैं। एक साहब मजबूरन गुस्ल करते जा रहे हैं, बहसबाज़ी में हिस्सा लेते जा रहे हैं। थोड़ी-थोड़ी देर बाद खिड़की से सर निकालते हैं, साबुन मलते जाते हैं और बातों का सिलसिला चलाए हुए हैं। मुझे हर इनसान से बात करने में मज़ा आता है—दुकानदारों से, सौदा-सुलफ़वालों से, टैक्सीवालों से, यहाँ तक कि भीख माँगने वालों से। बुढ़ियों-बुड्ढों को छेड़कर उनकी मलामतें, गालियाँ सुनने में भी अजीब लुत्फ़ आता है। तालीमयाफ़्ता

आलिम-फ़ाज़िल होने की कोई शर्त नहीं, निहायत जाहिल और सीधे-सादे इनसानों से बात करके कभी-कभी दिमाग़ में खिड़कियाँ खुल जाती हैं। इनसान को पहचानने के लिए उससे बात करना बहुत ज़रूरी है। बात करने की इतनी प्रेक्टिस हो गयी है कि पाँच मिनट में पूरी ज़िन्दगी का ख़ुलासा हाथ आ जाता है। बस चन्द निहायत सीधे, मुख़्तसर से सवाल पूछ लीजिए, मुलाक़ात भरपूर तरीक़े पर हो जायेगी।

बातें करना दिलचस्पतरीन मशग़ला है। सफ़िया जाँनिसार अख़्तर की पत्नी, मजाज़ की बहन और जावेद अख़्तर की माँ से तो उसकी मुख़्तसर सी ज़िन्दगी में इतनी बातें हुई हैं कि औरों से बरसों मिलकर भी न हो पायीं। मण्टो से बातें करके एहसासात पर धार आ जाती थी। छह-छह, सात-सात घंटे मिनटों में गुज़र जाते थे। उसकी बीवी सफ़िया भी एक बातूनी औरत है। सुल्ताना जाफ़री से तो बस गप्पें होती हैं। सरदार जाफ़री से वितंडा और जुम्लाबाज़ी में मज़ा आता है। जिन लोगों ने सरदार से बात की है कि उन्हें अन्दाज़ा होगा कि जितनी कड़वाहट, तीखापन और काट उस शख़्स की ज़बान में है, उतनी ही गर्मी और मिठास भी है। जलाने पर आये तो भूनके रख दे। एक ज़माना था जब महफ़िलों में जिसकी शामत आ जाती, सरदार उसको रुला के ही दम लेते। बस चौमुखी चोटों पर चोटें, जब से बीमार हुए हैं, महफ़िलें कुछ बुझी-बुझी, मोहतात-सी हो गयी हैं। क़ुद्सिया ज़ैदी से बातें करके जी ही नहीं भरता था। अब उनकी बेटी शमा बातें करती है तो उनकी याद ताज़ा हो जाती है। सलमा सिद्दीक़ी (प्रसिद्ध लेखिका और कृष्ण चन्दर की पत्नी) से बस दो बातें कर लो, मुँह आदि सुगन्धित हो जाएगा। कुर्रतुलएन हैदर इंतिहाई बक्की वाक़ा हुई हैं। निहायत सरपट बोलती हैं जैसे बोलने को बहुत है और वक़्त भागा जा रहा है।

मगर साहब, बातों के मामले में मेरी मामूज़ाद बहनों अख़्तर और जमीला का कोई जवाब नहीं। उनके मुक़ाबले में आमतौर पर लोग गूँगे मालूम होते हैं। उनसे घंटों बातें करने के बाद ऐसा मालूम होता है, मेरी अपनी ज़बान पर से सारा रंग खुरच गया। आप ही आप जुमले होंठों पर से फिसलने लगते हैं। टूटे, अधूरे, कटे-कटे जुमले मगर मानी से भरपूर। उनकी ज़बान में अपनी ननिहाल के नाते दिल्ली की बेगमात की मीठी बोली का अजीब लटका है। मेरी कहानियों में संवाद उन्हीं की ज़बानों से निकलते हुए हैं। पढ़ने, बकवास करने के बाद लिखने की बारी आती है। फ़ारसी हमारे ख़ानदान की मादरी ज़बान समझी जाती थी। हमारे ताया ने फ़ारसी की हिमायत में अकेले तालीम क़त्तई नहीं दी। फरफर फ़ारसी बोलते, पढ़ते और लिखते थे मगर किसी नौकरी में नहीं खपे। क़ल्लाश मरे, फिर भी उन्हें ज़िद थी कि सब भतीजों को भी फ़ारसी ही पढ़ाई जाए। हमारे अब्बा जो उनकी हर बात पर हाँ कर देते थे, इस बात पर अड़ गये। लड़कों को नहीं, हाँ लड़कियों को फ़ारसी पढ़ाइए, कोई हानि नहीं। यह उस वक़्त की बात है जब बड़ी तीन बहनें फ़ा.रसी पढ़कर ब्याही जा चुकी थीं। अभ्यास की तख़्ती बनने के लिए ख़ाकसार हाथ आयी। भाइयों ने इस फ़ैसले पर अपनी बरतरी और मुझे फ़ालतू मद क़रार देकर इतना चिढ़ाया कि फ़ारसी से मेरी चिढ़ हो गयी, मगर ताया अब्बा को सिवाय नमाज़ पढ़ने के और मुझे फ़ारसी पढ़ाने के कोई काम न था। लिहाज़ा वह जीते और मैं हारी। 'पढ़ो फ़ारसी बेचो

तेल!' भाई जले पर तेल छिड़कते और मैं आँसू बहाती जाती, फ़ारसी रटती जाती। जूँ ही मेरा बस चला, मैंने फ़ारसी से बग़ावत कर दी, मगर जब तक ताया अब्बा इतनी पढ़ा चुके थे कि बाद में अपने शौक़ से जब प्राचीन और अर्वाचीन फ़ारसी अदब पर तायराना विहंगम दृष्टि डालने का मौक़ा मिला तो ज़बान सुपरिचित मालूम हुई। उस वक़्त ताया अब्बा का इन्तक़ाल हो चुका था और मैं उनका शुक्रिया भी अदा न कर सकती थी। फिर भी अनजाने तौर पर मुझे फ़ारसी अलफाज़ के इस्तेमाल में तकल्लुफ़ होता था। दूसरे, जो ज़बान घर में बोली जाती थी, इतनी सरपट थी कि कहानियाँ लिखते वक़्त कभी रुककर सोचने की उलझन नहीं हुई। इनसान अपने हर ख़याल का इज़हार रोज़मर्रा की बोली में कर सकता है। तब मेरी ज़बान हिन्दी से ज़्यादा क़रीब थी क्योंकि हिन्दी जब इतनी गाढ़ी नहीं हुई थी। निहायत प्रवाहमय और मीठी ज़बान थी जो अब दिल्ली-आगरा की औरतों के लबों पर ज़िन्दा रह गयी है।

लिखने से मैंने हमेशा पढ़ने जैसा लुत्फ़ महसूस किया। मैंने अपनी ज़िन्दगी के निहायत दिलचस्प और निहायत ही कठिन लम्हे लिखने के सहारे झेले हैं। कितने बोझ उतारे हैं और कितने चढ़ाए हैं। यह क़लम मेरी रोज़ी देने वाली भी है और हमदम भी; तनहाई का बोलता-चलता दोस्त भी। उसकी मौजूदगी में मैंने कभी अकेलापन महसूस नहीं किया; मैं जब चाहूँ, इस उड़नखटोले के ज़रिए से जिसे चाहूँ, बुला लूँ। और जब जो आ जाएँ तो जो जी चाहे उनसे कहूँ, हँसाऊँ, रुलाऊँ या जी जलाकर खाक़ कर दूँ, फिर मूड आ जाए तो पुर्ज़ा-पुर्ज़ा करके नष्ट कर दूँ। कठपुतलियों की तरह पुतले बनाकर जैसे चाहूँ, नचाऊँ। उस वक़्त मुझे एक स्रष्टा की सी शक्ति महसूस होती है। अगर यह बताने लगूँ कि मुझे किसने मुतास्सिर नहीं किया तो आसान होगा। ज़िन्दगी में जिससे भी वास्ता पड़ा उसने अपना नक़्श दिमाग़ पर छोड़ा। अज़ीम भाई के बाद मेरे दोस्त, सहेलियाँ, उस्ताद और राह चलते मिलने वाले। डॉक्टर अशरफ़ ने कितने ही सवालों को सुलझाया। डॉक्टर रामविलास शर्मा ने बिखरे हुए तारों को जोड़कर एक सिलसिला क़ायम करने में सहारा दिया। कृष्ण चन्दर की कहानियों में अजीब-अजीब नाज़ुक पत्थरों से मुलाक़ात हुई।

फ़ज़लुर्रहमान, प्रोफ़ेसर-वाइस चांसलर अलीगढ़ मुस्लिम यूनिवर्सिटी, से तो जब भी मिलती हूँ उन्हें डिक्शनरी की तरह इस्तेमाल करती हूँ। किसी भी ड्रामा या शे'र का हवाला दीजिए, फिर वह सुनाते चले जाएँगे। उन्होंने अपने तौर पर मुझे बहुत पढ़ाया है। शाहिद लतीफ़ से शौहर के अलावा एक और रिश्ता था; जब दोस्ती के मूड में आ जाते थे तो बहुत घुटती थी। गो शादी दोस्ती की मौत है मगर हमारी दोस्ती ने बड़ी ढिठाई से साथ दिया। मेरी तमाम नाविलों और कहानियों पर वह पुनर्दृष्टि किया करते थे। कभी उन्हें बताने की हिम्मत नहीं हुई। मगर उनसे छिपाकर मैं उनकी राय को बहुत अहमियत देती थी। पकड़ लेते थे तो बहुत रोब गाँठते थे।

बच्चों की नाविल *तीन अनाड़ी* में मैंने अपने तीन भतीजों को सशरीर उठाकर रख दिया है। अगर उसे जीवनी कहा जाए तो बेजा न होगा।

अलीगढ़ में हमारे खानदानी धोबी नत्थाराम मेरे ख़ासे गहरे दोस्त हैं। जब जाती हूँ ख़ुद

कपड़े लेने आते हैं, घंटों उकड़ूँ बैठे गप्पें मारा करते हैं। मैंने उनकी ज़बान से वो कहानियाँ सुनी हैं जो किताबों में नहीं मिलतीं। ज़्यादातर अपनी काँपती हुई बूढ़ी आवाज़ में कथाएँ गाकर सुनाते हैं। चाँदी की अँगूठीवाली उँगली से चौखट पर ताल देते जाते हैं। मिंकारे से म्यूज़िक पीस भी लगाते जाते हैं उनके गुरु एक भिश्ती हैं जो बहुत ज्ञानी हैं। बीच-बीच में गुरु के वचन दुहराते जाते हैं। आल्हा-ऊदल बड़ी धूम से सुनाते हैं। पाँच रुपया फ़ीस और एक रुपया आने-जाने का रिक्शे का किराया वसूल करके चार-पाँच घंटे सुना जाते हैं। पूछो तो ठेठ ब्रज भाषा में व्याख्या भी कर देते हैं। मैंने उनके वर्ग की ज़बान उन्हीं से सीखी है।

कालेज में मुख़्तलिफ़ धर्मों के बारे में डॉक्टर ठक्कर की क्लास में लेक्चर सुनने के बाद उनकी रहनुमाई में बहुत-कुछ पढ़ने का मौक़ा मिला। मज़हब के बारे में जो कुछ जाले दिमाग़ में तन गये थे, साफ़ हो गये। बौद्ध मज़हब ने बेहद मुतास्सिर किया। बी.ए. करने के बाद जायदाद के सिलसिले में अपने पैतृक वतन आगरा जाने का इत्तफ़ाक़ हुआ। मालूम हुआ, दूसरे दिन सूशी, मेरी बचपन की गुइयाँ, की शादी है। सारे घर का बुलावा आया है। मुझे ताज्जुब हुआ कि लालाजी जैसे तंगख़याल, कट्टर इनसान से मेरे भाई का लेनदेन कैसे क़ायम है। मैं ख़ुद तो तमाम बन्धन तोड़कर एक ऐसे मुक़ाम पर पहुँच चुकी थी जहाँ इनसानियत ही एकमात्र ख़ुदा रह जाता है, मेरा और सूशी का क्या जोड़! सूशी फ्रॉड है, जिससे माँ-बाप ने पल्ले बाँधने का फ़ैसला कर लिया उसी को लौकिक ईश्वर बनाने को तैयार हो गयी। मुझे वह जन्माष्टमी दिन याद था गो उसके बाद आगरा छूट चुका था और हम लोग अलीगढ़ चले आये थे। लालाजी को पता चला तो झट से छोटे बेटे सुरेश को भेजा। मैंने टालना चाहा।

''शाम को आऊँगी।''

''दीदी कहती है, बस दो घड़ी को आ जाओ। फिर रस्में शुरू हो जाएँगी तो बात न हो सकेगी।'' सुरेश पीछे पड़ गया।

मैं गयी तो सूशी हल्दी लगाये उसी कमरे में बैठी थी जहाँ एक दिन भगवान कृष्ण का झूला सजाया गया था। जहाँ से मुझे बेयकबीनी और बेइज़्ज़त करके निकाला गया था। जी चाहा उलटे क़दम वापस चली आऊँ, मगर मुझे देखकर वह लपकी।

''कैसी है री चुन्नी,'' उसने मेरा प्यार का नाम लेकर पुकारा। बचपन के साथ यह नाम भी कहीं दूर छोड़ आयी थी। अजीब सा लगा, जैसे वह मुझसे नहीं किसी और से मुख़ातिब हो रही थी। उसने हाथ पकड़कर मुझे अन्दर घसीटा ओर कुंडी चढ़ा दी। बाहर नानी-माँ बड़बड़ा रही थी–

''ऐसे समय हर कोई का आना-जाना ठीक नहीं।''

वह देर तक भरी-भरी आँखों से मुझे देखती रही। मेरी झूठी पुरतकल्लुफ़ मुस्कुराहट से उसने धोखा नहीं खाया। उसने शरारत से मुस्कुराहट दबाकर देखा, जैसे रूठे हुए बच्चे को देखते हैं।

''हाय राम, कितनी लम्बी ताड़ की ताड़ हो गयी।'' फिर भी दीवार में कोई दरार न मिला तो उसने अलमारी खोली और मिठाई की थाली निकाली। मैं लड्डू हाथ में लेने

लगी कि बाहर जाकर कूड़े पर फेंक दूँगी। जो हमसे छूत करे, हम उसका छुआ क्यों खाएँ!

''ऊँहुक, मुँह खोल।''

मैंने मजबूरन ज़रा-सा लड्डू कतर लिया। बाक़ी का बचा हुआ लड्डू सूशी ने मुँह में डाल लिया। तो वह भी नहीं भूली थी!

दीवार ने बाँहें खोल दीं। देर तक हम सर जोड़े बचपन की सुहावनी हिमाक़तों को याद करके हँसते रहे। चलते समय सूशी ने एक नन्हा-सा पीतल का घुटनों चलता भगवान कृष्ण की मूर्ति मेरी हथेली पर रख दी।

''ले चुड़ैल! अब तो तेरे कलेजे में ठंडक पड़ी।''

मैं मुसलमान हूँ, अल्लाह की ज़ात में किसी को शरीक करना जो पाप है। मगर पुराण मेरे वतन की धरोहर है। इसमें सदियों का कल्चर और फ़लसफ़ा समाया हुआ है। ईमान अलैहदा है, वतन की तहज़ीब अलैहदा है। इसमें मेरा बराबर का हिस्सा है जैसे उसकी मिट्टी, धूप और पानी में मेरा हिस्सा है। मैं होली पर रंग खेलूँ, दीवाली पर दिये जलाऊँ तो क्या मेरा ईमान कंपायमान हो जाएगा? मेरा यक़ीन और चेतना क्या इतना बोदा है, इतना अधूरा है कि टुकड़े-टुकड़े हो जाएगा?

और मैंने तो परस्तिश की हदें पार कर लीं।

ग़रज़ कोई कहाँ तक लिखे! खुली आँखें, खुले कान क्या-क्या देखते सुनते हैं। दिमाग़ में एक नुक़्ता सा लग जाता है। ये नुक़्ते जुड़कर अलफ़ाज़ की शक़्ल में ढल जाते हैं। अलफ़ाज़ से इबारत की लड़ी बनती है।

कभी ऐसा भी होता है कि नुक़्ते के मोती की जगह ज़ख़्म लगता है। ज़ख़्म से ज़ख़्म जुड़कर लफ़्ज़ नहीं बनता, इबारत की लड़ी नहीं सँवरती, एक शून्य सा पैदा हो जाता है। जब हिन्दू-मुस्लिम फ़साद की मुल्क के किसी हिस्से से ख़बरें आती हैं तो मेरा क़लम मुझे मुँह चिढ़ाता है। और सूशी का खिलाया हुआ लड्डू हलक़ में ज़हरीला काँटोंवाला गोला बनकर फटने लगता है। तब मैं अलमारी में रखे हुए बालकृष्ण से पूछती हूँ—

''क्या तुम वाक़ई किसी मनचले शायर का ख़्वाब हो? क्या तुमने मेरी जन्मभूमि पर ही जन्म नहीं लिया? बस एक वह्म, एक आरजू से ज़्यादा तुम्हारी हक़ीक़त नहीं। किसी मजबूर और बन्धनों में जकड़ी हुई अबला के कल्पना की उड़ान हो कि तुम्हें रचने के बाद उसने ज़िन्दगी का ज़हर हँस-हँसके पी लिया?

''क्या तुम इस धरती के हलक़ में अटका हुआ तीर नहीं निकाल सकते?''

मगर पीतल का भगवान मेरी हिमाक़त पर हँस भी नहीं सकता कि वह धातु के ख़ोल में जड़ हो चुका है। सियासत दुनिया का सबसे मुनाफ़ाबख़्श पेशा है, दुनिया का ख़ुदा है। सियासत के मैदान में खाई हुई मात के स्याह धब्बे मासूमों के खून से धोए जाते हैं। एक-दूसरे की नाआह्ली साबित करने के लिए इनसानों को कुत्तों की तरह लड़ाया जाता है।

क्या एक दिन पीतल का यह खोल तोड़कर ख़ुदा बाहर निकल आयेगा?

उन ब्याहताओं के नाम

शाम के चार बजे होंगे या शायद साढ़े चार कि बड़े ज़ोर से घंटी बजी, नौकर ने दरवाज़ा खोला और आतंकित होकर पीछे हट गया।

"कौन है?"

"पुलिस!" शाहिद हड़बड़ाकर उठ बैठे।

"जी हाँ, नौकर थर-थर काँप रहा था। मगर साब मैंने कुछ नहीं किया, कसम से साब।"

"क्या क़िस्सा है?" शाहिद ने दरवाज़े के पास जाकर पूछा।

"सम्मन है"

"सम्मन? मगर...खैर लाइये!"

"सॉरी...आपको नहीं दे सकते।"

"मगर...किसका सम्मन...और कैसा सम्मन?"

"इस्मत चुग़ताई के नाम! उन्हें बुलाइये।" नौकर की जान में जान आयी।

"मगर यह तो बताइये..."

"आप उन्हीं को बुलाइये, लाहौर से सम्मन आया है।"

"मैं सीमा (अपनी दो महीने की बच्ची) के लिए दूध बनाकर बोतल ठंडा कर रही थी।" "लाहौर से सम्मन?" मैंने बोतल ठंडे पानी में हिलाते हुए पूछा।

"हाँ भई, लाहौर से आया है" शाहिद झुँझला गये।

मैं हाथ में बोतल लिए नंगे पैर बाहर निकल आयी।

"अरे भई कैसा सम्मन है?" और सम्मन का शीर्षक पढ़कर मेरी हँसी छूट गयी, लिखा था...'इस्मत चुग़ताई' वी एस 'द क्राउन'।

"अरे यह बादशाह सलामत को मुझसे क्या शिकायत हो गयी, जो मुक़दमा ठोंक दिया।"

"मज़ाक़ न कीजिए" इंस्पेक्टर साहब सख्ती से बोले, बढ़कर दस्तख़त दीजिए। मैंने सम्मन आगे पढ़ा। बड़ी मुश्किल से समझ में आया, मेरी कहानी 'लिहाफ़' पर अश्लीलता के आरोप में सरकार ने मुक़दमा चला दिया है और मुझे जनवरी में लाहौर हाईकोर्ट में हाज़िर होना है, दूसरी हालत यानी मेरी ग़ैर हाज़िरी पर सख्त कार्रवाई की जायेगी।

"भई, मैं नहीं लेती सम्मन" मैंने काग़ज़ वापस करते हुए कहा और दूध की बोतल हिलाने लगी, "मेहरबानी करके वापस ले जाइये।"

"आपको लेना पड़ेगा।"

"क्यों?" मैं आदतन बहस करने लगी।

"अरे भई क्या क़िस्सा है?" मोहसिन अब्दुल्लाह ने जल्दी-जल्दी सीढ़ियाँ चढ़ते हुए पूछा। वह धूल में अंटे हुए न जाने कहाँ से ख़ाक छानकर आ रहे थे।

"देखो ये लोग मुझे ज़बरदस्ती सम्मन दे रहे हैं, मैं क्यों लूँ," मोहसिन ने वकालत पढ़ी थी और अव्वल दर्जे से पास हुए थे।

"हूँ" उन्होंने सम्मन पढ़कर कहा। "कौन-सी कहानी है?"

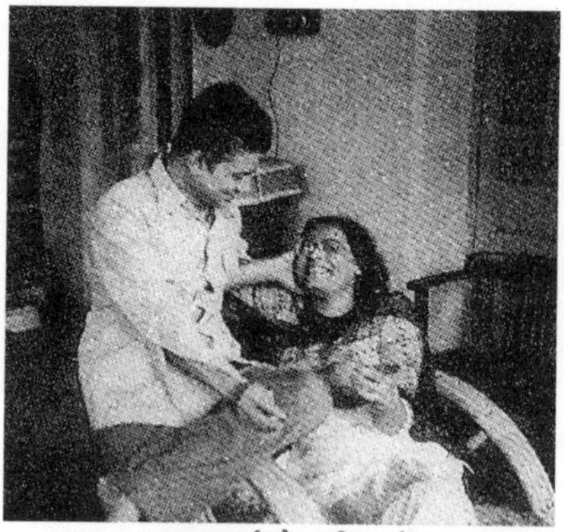

इस्मत चुग़ताई और शाहिद लतीफ़

"भई है एक कमबख़्त कहानी, जान की मुसीबत हो गयी है।"

"सम्मन तुम्हें लेना पड़ेगा।"

"क्यों?"

"फिर वही ज़िद" शाहिद भड़क उठे।

"मैं हरगिज़ नहीं लूँगी।"

"नहीं लोगी तो तुम्हें गिरफ़्तार कर लिया जायेगा।" मोहसिन गुर्राये।

"कर लेने दो गिरफ़्तार, मगर मैं सम्मन नहीं लूँगी।"

"जेल में बन्द कर दी जाओगी।"

"जेल में? अरे मुझे जेल देखने का बहुत शौक़ है। कितनी बार यूसुफ़ से कह चुकी हूँ, मुझे जेल ले चलो, मगर हँसता है कमबख़्त और टाल जाता है। इंस्पेक्टर साहब मुझे जेल ले चलिए, आप हथकड़ियाँ लाये हैं?" मैंने बड़े प्यार से पूछा। इंस्पेक्टर साहब का पारा चढ़ गया, गुस्सा दबाकर बोले, "मज़ाक़ मत कीजिए, दस्तख़त कर दीजिए।" शाहिद और मोहसिन फट पड़े। मैं बिल्कुल मज़ाक़ के मूड में हँस-हँस कर बके जा रही थी। अब्बा मियाँ जब सूरत में जज थे तो कचहरी बिल्कुल घर के मर्दानखाने[1] में लगती थी। हम लोग खिड़की से चोर-डाकुओं को हथकड़ियों-बेड़ियों में जकड़ा हुआ देखा करते थे। एक बार बड़े ख़तरनाक डाकू पकड़े गये। उनके साथ एक बहुत ख़ूबसूरत नौजवान औरत भी थी। बाक़ायदा बिरजिस और कोट पहने शकरे जैसी आँखें, चीते जैसी कमर और लम्बे काले बाल, मेरे ऊपर इसका बड़ा रोब पड़ा।

शाहिद और मोहसिन ने बौखला दिया, मैंने बोतल इंस्पेक्टर साहब को पकड़ानी चाही ताकि दस्तख़त कर सकूँ। मगर वह ऐसे बिदके जैसे मैंने उनकी तरफ पिस्तौल की नाल बढ़ा दी हो। जल्दी से मोहसिन ने बोतल मुझसे छीन ली और मैंने दस्तख़त कर दिया।

"आप थाना चलकर ज़मानत दीजिए, पाँच सौ रुपये की ज़मानत।"

1. पुरुषों की बैठक।

"मेरे पास तो इस वक़्त पाँच सौ नहीं हैं।"

"आपको नहीं, किसी और साहब को आपकी ज़मानत देनी पड़ेगी।"

"मैं किसी को फँसाना नहीं चाहती। अगर मैं नहीं गयी तो ज़मानत ज़ब्त हो जायेगी।" मैंने अपनी जानकारी की धौंस जमाई।

"आप मुझे गिरफ़्तार कर लीजिए।"

इस बार इंस्पेक्टर साहब को गुस्सा नहीं आया। उन्होंने मुस्कुरा कर शाहिद की तरफ़ देखा, जो सोफे पर सिर पकड़े बैठे थे और मुझसे बड़ी नरमी से कहा।

"चलिए भी, ज़रा-सी देर की बात है।"

"मगर ज़मानत?" मैंने नरम होकर कहा, अपने मूर्खतापूर्ण मज़ाक़ पर शर्मिन्दा हुई।

"मैं दूँगा" मोहसिन बोले।

"मगर मेरी बच्ची भूखी है, उसकी आया बिल्कुल नयी है और एकदम छोटी है।"

"आप बच्ची को दूध पिला दीजिए।" इंस्पेक्टर साहब बोले।

"तो आप अन्दर बैठिये" मोहसिन ने पुलिसवालों को बैठाया। इंस्पेक्टर साहब शाहिद के फैन निकले। और ऐसी मीठी-मीठी बातें कीं कि उनका भी मूड ठीक होने लगा।

मैं, शाहिद, और मोहसिन पुलिस स्टेशन माहिम गये।

खानापूरी करके मैंने पूछा—

"क़ैदी कहाँ हैं?"

"देखेंगी?"

"ज़रूर!"

एक जंगले के पीछे छोटी-सी जगह में दस-पन्द्रह आदमी आड़े-तिरछे लेटे थे। "ये अभियुक्त हैं, कैदी नहीं, इन्हें कल कोर्ट में पेश किया जायेगा।" इंस्पेक्टर साहब बोले।

"इनका जुर्म?"

"दंगा, फ़साद, पॉकेटमारी, दारू पीकर दंगा करना।"

"इन्हें क्या सज़ा मिलेगी?"

"जुर्माना या थोड़े दिनों की जेल।" मुझे बड़ा अफ़सोस हुआ कि इतने फुसफुस से क़ैदी देखने को मिलेंगे। दो-चार क़ातिल और डाकू होते तो एक बात थी।

"आप मुझे कहाँ रखते?"

"औरतों का इन्तज़ाम यहाँ नहीं, उन्हें ग्रांड रोड या मटुंगा ले जाते हैं।"

वापस आकर शाहिद और मोहसिन मुझसे खूब लड़े, और शाहिद तो सारी रात लड़ते रहे। तलाक़ तक की नौबत आ गयी। मोहसिन को तो मैंने यह कहकर चुप कर दिया कि अगर ज्यादा जान खायी तो अंडरग्राउंड हो जाऊँगी। पाँच सौ का फटका बैठ जायेगा। मगर शाहिद किसी तरह मुक़दमेबाजी की बेइज़्ज़ती और बदनामी बर्दाश्त नहीं कर सकते थे। उनके माँ-बाप और बड़े भाई सुनेंगे तो क्या सोचेंगे। फिर अख़बारों में ख़बर मिली तो मेरे ससुर साहब का बड़ा दर्दभरा ख़त आया..."दुल्हन को समझाओ, कुछ अल्लाह-रसूल

की बातें लिखे कि आक़बत[1] दुरुस्त हो, मुक़दमा, वह भी अश्लीलता पर! हम लोग बहुत परेशान हैं, अल्लाह रहम करे!"

मण्टो से फ़ोन पर मालूम हुआ, उन पर मुक़दमा चला है, उसी कोर्ट में, उसी रोज़ उसकी भी पेशी है। फिर सफ़िया और मण्टो दौड़े आये। मण्टो एकदम खुश-खुश जैसे किसी ने विक्टोरिया-क्रास दे दिया हो। मैं दिल में बहुत शर्मिन्दा थी और ऊपर-ऊपर बहादुरी जता रही थी। मगर मण्टो से मिलकर शाहिद का भी ढाढस बँध गया और मुझे भी बड़ी तसल्ली हुई। दिल में तो धड़धड़ी हो रही थी। मगर मण्टो ने तो ऐसी हिम्मत बढ़ाई कि मेरा भी डर निकल गया।

"अरे एक ही तो मारके की चीज़ लिखी है आपने, अमाँ शाहिद, तुम भी यार क्या आदमी हो? यार, तुम भी चलना। तुमने जाड़ों का लाहौर नहीं देखा। खुदा की क़सम हम तुम्हें अपना लाहौर दिखायेंगे। क्या तीखी सर्दी पड़ती है। तली हुई मछली, अहहह! व्हिस्की के साथ! आतिशदान में दहकती हुई आग, जैसे प्यार करने वालों के दिल जल रहे हों, और ब्लड रेड माल्टे, अहा, जैसे महबूबा का चुम्बन!"

"अरे चुप करें मण्टो साहब" सफ़िया नरवस होने लगीं।

और फिर गाली-गलौज से भरे ख़तों का ताँता लग गया। ऐसी अनोखी पेंचदार और भारी-भरकम गालियाँ कि मुर्दे के सामने बक दी जायें तो उठकर भाग जाये। मुझे ही नहीं, मेरे पूरे खानदान को, शाहिद को और मेरी दो महीने की बच्ची को भी, क्योंकि उसके जन्म की ख़बर कहीं छप गयी थी। मुझे फिसलन कीचड़, छिपकिली और गिरगिट से बड़ा डर लगता है। बहुत से लोग बड़ी बहादुरी से बातें बना लेते हैं लेकिन मरी हुई चुहिया से डरते हैं। डाक से डर लगता था जैसे लिफाफों में साँप, बिच्छो और अजगर बन्द हों, डरते-डरते खोलती। अगर साँप, बिच्छो दिखाई पड़ते तो दो-चार शब्द पढ़कर जला देती। मगर शाहिद के हाथ पड़ जाता तो फिर तलाक़ की नौबत आ जाती। उन ख़तों के अलावा अख़बारों में जो लेख छप रहे थे, गोष्ठियों में जो बहसें होतीं, उन्हें तुझ जैसी सख़्त जान ही झेल सकती थी। मैंने कभी किसी का जवाब नहीं दिया। कभी अपनी गलती मानने से इंकार नहीं किया। हाँ, मुझसे गलती हो गयी थी, मुझे अपना अपराध स्वीकार था। सिर्फ़ मण्टो ऐसा था जो इस रवैये पर भड़क उठता था। मैं खुद अपने ख़िलाफ़ थी, और वह मेरा समर्थन करता था और शाहिद के जितने दोस्त थे इसे कोई अहमियत नहीं देते थे। ठीक-ठीक याद नहीं मगर शायद अब्बास (ख्वाजा-अहमद अब्बास) ने तो 'लिहाफ़' का अंग्रेजी अनुवाद भी कहीं छपवा दिया था, प्रगतिशीलों ने न मुझे फटकारा, न मेरी तारीफ़ की और मुझे इस रवैये से सन्तुष्टि मिलती थी।

जब मैंने ये कहानी लिखी तो मैं अपने भाई के साथ रहती थी। रात को मैंने कहानी लिखी सुबह अपनी भावज को सुनायी। उन्होंने यह तो नहीं कहा कि यह कहानी गन्दी है, लेकिन पहचान गयी कि किसकी कहानी है। फिर मैंने अपनी खालाज़ाद बहन[2] को जो

1. परलोक; 2. मौसेरी।

चौदह बरस की थी, कहानी पढ़कर सुनायी। वह कहने लगी, क्या लिखा है, हमारी तो कुछ समझ में नहीं आया। मैंने कहानी 'अदब-ए-लतीफ़' को भेजी, उन्होंने कुछ न कहा और फ़ौरन छाप दी। शाहिद अहमद देहलवी मेरी कहानियों का संकलन छाप रहे थे, उन्होंने इसमें छाप दी।

यह कहानी सन् 42 में छपी थी। मेरी और शाहिद की दोस्ती शादी के इरादे तक पहुँच चुकी थी। शाहिद ने कहानी नापसन्द की और हमारी चिखचिख भी हुई, मगर उस वक़्त 'लिहाफ़' पर जो व्यंग्य के तीर बरस रहे थे, वह बम्बई तक नहीं पहुँचे थे। मेरे पास सिर्फ़ 'साक़ी' और 'अदब-ए-लतीफ़' आते थे। शाहिद ज़्यादा बदज़ुबान नहीं हुए थे और हमारी शादी हो गयी थी।

'साक़ी'

सन् 44 दिसम्बर के महीने में सम्मन मिला कि हमें जनवरी में कोर्ट में हाज़िर होना है। सब कह रहे थे। जेल-वेल नहीं बस जुर्माना हो जायेगा। और हम बड़ी खुशी से लाहौर के लिए गर्म कपड़े बनवाने लगे। सीमा बहुत छोटी और कमज़ोर थी। और बड़ी ऊँची आवाज़ में रोती थी। चाइल्ड स्पेशलिस्ट को दिखाया तो उसने कहा बिल्कुल तन्दुरुस्त है, यूँ ही शोर मचाती है, उसे लाहौर की सर्दी में ले जाना ठीक नहीं। एकदम से इतनी सर्दी झेल न सकेगी, तो हम ने बच्ची को अलीगढ़ सुल्ताना जाफ़री की अम्मा के पास छोड़ा और लाहौर रवाना हो गये। वहीं से शाहिद अहमद देहलवी और वह कातिब[1] जिन्होंने किताबत की थी, साथ हो गये थे क्योंकि बादशाह सलामत ने उन्हें भी मुजरिम क़रार दे दिया था। यह मुक़दमा 'अदब-ए-लतीफ़' पर नहीं

1. हस्त सुलेख लिखने वाला।

बल्कि उस किताब पर चला था जो शाहिद अहमद देहलवी ने छापी थी।

हमें सुल्ताना लेने आ गयीं। वह उन दिनों लाहौर रेडियो स्टेशन पर काम करती थीं। लुकमान साहब के यहाँ रहती थीं। उनकी बड़ी शानदार कोठी थी, बीवी बच्चे मायके गये हुए थे इसलिए बस अपना ही राज था। मण्टो भी पहुँच गये थे और पहुँचते ही हमारी ख़ूब दावतें हुईं। ज्यादातर मण्टो के दोस्त थे मगर मुझे भी अजूबा जानवर समझकर देखने आ जाते थे, हमारी एक दिन पेशी हुई, कुछ भी न हुआ। बस जज ने नाम पूछा और ये कि मैंने यह कहानी लिखी है या नहीं। मैंने अपराध स्वीकार किया कि लिखी है, बस! बड़ी निराशा हुई। सारे वक़्त कुछ हमारे वकील साहब बोलते रहे, हम चूँकि आपस में खुसर-फुसर कर रहे थे, कुछ पल्ले नहीं पड़ा। इसके बाद दूसरी पेशी पड़ी और हम आज़ाद होकर गुलछर्रे उड़ाने लगे। मैं, मण्टो, शाहिद, ताँगे में बैठकर ख़ूब शॉपिंग करते फिरे। कश्मीरी शॉल और जूते खरीदे। जूतों की दुकान पर मण्टो के नाजुक सफेद पैर देखकर मुझे इतनी ईर्ष्या हुई और अपने भद्दे पैरों को देखकर मोर की तरह शोक मनाने को जी चाहा।

"मुझे अपने पैरों से घिन आती है।" मण्टो ने कहा।

"क्यों इतने खूबसूरत हैं" मैंने बहस की।

"मेरे पैर बिल्कुल जनाने हैं।"

"मगर जनानियों[1] से तो इतनी दिलचस्पी है आपकी।"

"आप तो उल्टी बहस करती हैं, मैं औरत को मर्द की हैसियत से प्यार करता हूँ। इसका मतलब ये तो नहीं कि खुद औरत बन जाऊँ।"

"हटाइए भी 'जनाने और मर्दाने की बहस' को, इनसानों की बात कीजिए। पता है नाजुक पैरों वाले मर्द बड़े भावुक और तेज़ दिमाग़ होते हैं, मेरे भाई अज़ीम बेग़ चुग़ताई के पैर भी बड़े ख़ूबसूरत हुआ करते थे। मगर...?" और मुझे अपने भाई के मरने से पहले सूजन से घिनावने हो जाने वाले पैर याद आ गये।

सेब और आलूबुखारे से भरा दुल्हन की तरह सज़ा लाहौर-जोधपुर का वह चटियल रेतीला क़ब्रिस्तान बन गया। जहाँ मेरा भाई मनों मिट्टी के नीचे सो रहा है जिसकी ताज़ा क़ब्र पर काँटे लगा दिये गये थे ताकि जानवर न खोद डालें। वह काँटे मेरी रगों में तैर गये और मैंने तोस की नर्म शॉल काउंटर पर डाल दी।

लाहौर कितना ख़ूबसूरत था, आज भी वैसा ही हरा-भरा, क़हक़हे लगाता हुआ, बाँहें फैलाकर आने वालों को समेट लेने वाला, टूटकर चाहने वाले बेतकल्लुफ़ ज़िन्दादिलों का शहर...पंजाब का दिल! शहर भर में खूब घूमे जेबों में चिलग़ोज़े भरे सड़कों पर खाते बातों में डूबे चले जा रहे हैं। गली में खड़े तली हुई मछली पर हाथ साफ़ कर रहे हैं। भूख इतनी लगती, खाते जाओ, चलते जाओ सब हज़म। एक होटल में घुस गये। हैमबर्गर और हॉट-डॉग देखकर मुँह में पानी भर आया। "हैमबर्गर में हैम यानी सूअर का गोश्त होता है, हॉट-डॉग खा सकते हैं", शाहिद ने राय दी। और हमने शरीफ मुसलमानों की तरह मज़हब

---

1. औरतों।

का पूरा ध्यान रखते हुए डट कर हॉट-डॉग खाये। और कन्धारी अनार का रस पिया। बाद में मालूम हुआ। ये गोरी जाति बड़ी चालबाज है। हैमबर्गर में मीट होता है और हॉट-डॉग में सूअर की सॉसेज! हालाँकि हॉट-डॉग खाये दो दिन बीत चुके थे मगर शाहिद का जी मतलाने लगा। फिर एक मौलवी साहब ने फतवा दिया कि भूल-चूक में खा जाओ तो माफ़ी है तब कहीं जाकर शाहिद की मतली रुकी।

मगर शाम को जब मण्टो और शाहिद खूब खा-पी चुके तो फिर दोनों की यह राय हुई की हैमबर्गर एकदम मज़हब को दकियानूसी हद तक सलामत रखता है इसलिए हॉट-डॉग खाकर ही हम जैसों की खैरियत रह सकती है। बहस ख़तरनाक शक्ल लेने लगी तो फैसला हुआ कि बतौर एहितयात उन दोनों से परहेज़ किया जाये कि उनकी जन्मपत्री का कोई भरोसा नहीं, कौन हराम है कौन हलाल! इसलिए चिकेन-तोस खाये जायें। अनारकली में चक्कर लगाये, शालीमार में घूमे, नूरजहाँ का मक़बरा देखा और फिर दावतें, मुशायरे और गुलगपाड़े, तब मेरे दिल से अपने आप शाहंशाहे बरतानिया[1] के हक़ में दुआएँ निकलने लगीं कि उन्होंने हम पर मुक़दमा चलाकर लाहौर में ऐश करने का सुनहरा मौक़ा दिया।

हम दूसरी पेशी का बड़ी बेक़रारी से इन्तज़ार करने लगे चाहे फाँसी भी हो तो कोई परवाह नहीं, अगर लाहौर में हुई तो शहादत का गौरव मिलेगा। और लाहौर वाले बड़ी धूम से हमारी अर्थियाँ उठायेंगे। दूसरी पेशी नवम्बर के गुलाबी मौसम में पड़ी। यानी सन् 46 में। शाहिद अपनी फ़िल्म में उलझे हुए थे। सीमा की आया बहुत होशियार थी, और अब सीमा भी ख़ूब मोटी-ताज़ी हो गयी थी। इसलिए मैंने उसे बम्बई में छोड़ा और खुद हवाई जहाज़ से दिल्ली और वहाँ से शाहिद देहलवी और उनके कातिब के साथ रेल में गयी। कातिब साहब से बड़ी शर्मिन्दगी होती थी। वह बेचारे मुफ्त में घसीट लिए गये। बड़े चुप-चुप से, तरस आ जाने वाली सूरत बनाये रहते, हमेशा आँखें झुकी, चेहरे पर उकताहट, उन्हें देखकर अपराध-बोध एकदम उभर आता था। मेरी किताब की किताबत में फँस गये। मैंने उनसे पूछा... "आपकी क्या राय है, क्या हम मुक़दमा हार जायेंगे?"

"मैं कुछ कह नहीं सकता, मैंने कहानी नहीं पढ़ी।"

"मगर कातिब साहब आपने किताबत की है।"

"मैं शब्दों को अलग-अलग देखता हूँ और लिख देता हूँ। इनके अर्थों पर ध्यान नहीं देता।"

"कमाल है! छपने के बाद भी नहीं पढ़ते।"

"पढ़ता हूँ, कहीं गलती तो नहीं रह गयी।"

"अलग-अलग शब्द!"

"जी हाँ", उन्होंने पछतावे में सिर झुका लिया। थोड़ी देर बाद बोले, "एक बात कहूँ, बुरा तो नहीं मानेंगी।"

"नहीं।"

1. ब्रिटेन सरकार।

"आपके यहाँ वर्तनी की बहुत गलतियाँ होती हैं।"

"हाँ, वह तो होती हैं। असल में सीन, से, और साद में गड़बड़ा जाती हूँ। जो, ज़ाद, ज़े, ज़ाल में भी बहुत कन्फ्यूजन होता है। यही हाल छोटी हे, बड़ी हे, दो चश्मी हे का है।"

"आपने तख़्तियाँ नहीं लिखीं?"

"बहुत लिखीं, और लगातार उन्हीं ग़लतियों पर बहुत मार खायी है मगर..."

"दरअसल जैसे मैं शब्दों पर ध्यान देता हूँ, अर्थ की तरफ़ ध्यान नहीं देता, इसी तरह आप अपनी बात कहने में ऐसी उतावली होती हैं कि वर्ण पर ध्यान नहीं देतीं।"

"ऊँह! अल्लाह कातिबों को जीता रखे, वह मेरी आबरू रख लेंगे।" मैंने सोचा और टाल दिया।

शाहिद लतीफ़

शाहिद साहब के साथ मैं भी एम. असलम साहब के यहाँ ठहर गयी। सलाम व दुआ भी ठीक से नहीं हुई थी कि उन्होंने झाड़ना शुरू कर दिया। मेरे अश्लील लेखन पर बरसने लगे। मुझ पर भी भूत सवार हो गया। शाहिद साहब ने बहुत रोका, मगर मैं उलझ पड़ी।

"और आपने जो 'गुनाह की रातें' में इतनी गन्दी-गन्दी पंक्तियाँ लिखी हैं। सेक्स एक्ट का वर्णन किया है, सिर्फ़ चटखारे के लिए।"

"मेरी और बात है, मैं मर्द हूँ।"

"तो इसमें मेरा क्या कुसूर है।"

"क्या मतलब?" वह ग़ुस्से से लाल हो गये।

"मतलब ये कि आपको खुदा ने मर्द बनाया है इसमें मेरा कोई दख़ल नहीं और मुझे औरत बनाया है इसमें आपका कोई दख़ल नहीं। मुझसे आप जो चाहते हैं, वह सब लिखने का हक़ आपसे नहीं माँगा, न मैं आज़ादी से लिखने का हक़ आपसे माँगने की ज़रूरत समझती हूँ।"

"आप एक शरीफ मुसलमान खानदान की पढ़ी-लिखी लड़की हैं।"

"और आप भी पढ़े-लिखे और शरीफ खानदान से हैं।"

"आप मर्दों की बराबरी करना चाहती हैं?"

"हरगिज़ नहीं, क्लास में ज़्यादा नम्बर पाने की कोशिश करती थी और अक्सर लड़कों से ज़्यादा नम्बर ले जाती थी।" मैं जानती थी कि मैं कठदलीली की अपनी खानदानी आदत पर उतारू हूँ मगर असलम साहब का चेहरा तमतमा उठा और मुझे डर हुआ कि या तो

वह मुझे थप्पड़ मार देंगे या उनकी दिमाग़ी नस फट जायेगी।

शाहिद साहब की रूह फना[1] बस वह रोने ही वाले थे। मैंने बड़ी नर्म आवाज़ में हौले से कहा..."असल में असलम साहब मुझे कभी किसी ने नहीं बताया कि 'लिहाफ़' वाले सब्जेक्ट पर लिखना गुनाह है, न मैंने किसी किताब में पढ़ा कि इस...बीमारी...या...लत...के बारे में नहीं लिखना चाहिए, शायद मेरा दिमाग़ अब्दुर्रहमान चुग़ताई का ब्रश नहीं, एक सस्ता कैमरा है जो कुछ देखता है, खट से बटन दब जाता है। मेरी कलम मेरे हाथ में बेबस होती है, मेरा दिमाग़ उसे बहका देता है। दिमाग़ और कलम के क़िस्से में हस्तक्षेप नहीं हो पाया।"

"आपको मज़हबी तालीम नहीं मिली।"

"अरे असलम साहब! मैंने 'बहुश्ती जेवर' पढ़ा। उसमें ऐसी खुली-खुली बातें हैं" मैंने बहुत मासूम सूरत बना कर कहा! असलम साहब कुछ परेशान-से हो गये। मैंने कहा "जब बचपन में मैंने वो बातें पढ़ीं तो मेरे दिल को धक्का-सा लगा। वो बातें गन्दी फिर मैंने बी.एस. के बाद पढ़ीं तो मालूम हुआ कि वो बातें गन्दी नहीं हैं, बड़ी समझ-बूझ की बातें हैं जो हर आदमी को मालूम होनी चाहिए। वैसे लोग चाहें तो मनोविज्ञान और मेडिकल की किताबें हैं, उन्हें भी गन्दी कह दें।" दनादन ख़त्म होकर बातें नर्म लहजे में होने लगीं। असलम साहब काफ़ी ठंडे हो गये। इतने में नाश्ता आ गया। और हम चार आदमियों के लिए इतना लम्बा-चौड़ा दस्तरख्वान सजा कि जिस पर पन्द्रह आदमी आसानी से खा सकते थे। तीन-चार तरह के अंडे, सादे तले हुए, खागीना, उबले हुए, शामी कबाब और क़ीमा, पराँठे भी और पूरियाँ भी, तोस[2], सफेद और पीला मक्खन, दही और दूध, शहद और सूखे-ताज़े मेवे, अंडे का हलवा, गाजर का हलवा और हलवा सोहन।

"या अल्लाह क्या क़त्ल करने का इरादा है।" मैंने बहुत जलाया था। इसलिए उनके लेखन की तारीफ़ शुरू कर दी। मैंने उनकी 'नरगिस' और 'गुनाह की रातें' पढ़ी थीं। बस उनको ही ख़ूब आसमान पर चढ़ाया। आख़िर में वह कुछ क़ायल से हुए कि कभी-कभी नंगापन साफ़गोई का काम करती है और अच्छी तालीम देता है। फिर उन्होंने खुद अपनी एक-एक किताब की खूबियाँ गिनानी शुरू कीं और मूड बहुत ख़ुशगवार हो गया। बड़ी नरमी से बोले।

"तुम जज से माफ़ी माँग लो।"

"क्यों? हमारे वकील तो कहते हैं, हम मुक़द्दमा जीत जायेंगे।"

"नहीं, वह साला बकता है, तुम और मण्टो माफ़ी माँग लो तो वह मुक़दमा ख़त्म हो सकता है। पाँच मिनट की बात है।"

"यहाँ के इज़्ज़तदार लोगों ने सरकार पर ज़ोर डालकर हम पर यह मुक़दमा चलवाया है।"

"बकवास" असलम साहब बोले, मगर आँख नहीं उठा सके।

---

1. एक उर्दू मुहावरा है, तंग तंग आना अर्थ में, 2. टोस्ट।

“तो फिर क्या सरकार ने या शायद बरतानिया के बादशाह ने यह कहानियाँ पढ़ीं जो उन्हें मुक़दमा चलाने की सूझी।”

“असलम साहब ये तो सच है कि कुछ साहित्यकारों, आलोचकों और भद्रजनों ने सरकार का ध्यान इस तरफ़ खींचा कि यह किताबें अनैतिकता फैलाने वाली हैं, उन्हें जब्त कर लिया जाये।” शाहिद साहब धीरे-से बोले।

“अगर अश्लील लेखन पर प्रतिबन्ध न लगाया गया तो क्या इनको सिर पर रखा जाये। असलम साहब फट पड़े।” शाहिद साहब कुछ अचकचा गये।

“तब तो हम सज़ा के ही हक़दार हैं।” मैंने कहा।

“फिर वही कठबहसी!”

“नहीं असलम साहब। यह भी कोई बात हुई कि जुर्म किया, शरीफ इनसान गुमराह हुए और माफी माँग के साफ निकल गये। मैंने अगर जुर्म किया है और वह साबित हो जाता है तो सिर्फ़ सज़ा ही मेरे ज़मीर[1] को शान्ति दे सकती है।” मैंने व्यंग्य से नहीं, सच्चे दिल से कहा।

“हठधर्मी न करो, माफी माँग लो।”

“सज़ा हुई तो क्या होगा, जुर्माना।”

“साथ में बदनामी होगी।”

“अरे बदनामी तो हो चुकी। अब क्या कसर बाकी है। यह मुक़दमा तो कुछ भी नहीं। जुर्माना कितना होगा?” मैंने पूछा।

“अरे यही कोई दो-तीन सौ!” शाहिद साहब बोले।

“पाँच सौ भी हो सकता।” असलम साहब ने डराया।

“ब...स?”

“बहुत रुपया आ गया है?” असलम साहब चिढ़ गये।

“आपकी दुआ है और अगर न भी होता तो क्या आप मुझे जेल जाने से बचाने के लिए पाँच सौ न देंगे। आपकी गिनती तो लाहौर के रईसों में होती है।”

“ज़ुबान बहुत चलती है।”

“मेरी अम्मा को भी यही शिकायत थी। कहती थीं...बस जेब चलैयूयु, रोटी खैयूयु”, बात हँसी में टल गयी। मगर थोड़ी देर बाद फिर वही बात कि माफ़ी माँग लो। जी चाहा अपना और उनका सिर फोड़ लूँ। मगर दम घोटे बैठी रही।

फिर एकदम बात बदलकर बोले, “तुमने ‘दोज़ख़ी’ क्यों लिखा।”

मेरे दिमाग़ में एक धमाका-सा हुआ।

“तुम कैसी बहन हो कि तुमने अपने सगे भाई को दोज़ख़ी[2] लिखा।”

“वह दोज़ख़ी थे या जन्नती[3], मेरा जो जी चाहा, मैंने लिखा। आप कौन होते हैं।”

“वह मेरा दोस्त था।”

---

1. अन्तरात्मा, 2. नारकीय दंड भोगने वाला, 3. स्वर्ग में जाने वाला।

"वह मेरा भाई था।"

"लानत है ऐसी बहन पर!"

मैंने आज तक नहीं बताया कि मैंने 'दोज़ख़ी' लिखा था तो मेरे ऊपर क्या बीती थी। मैं खुद किस 'दोज़ख़ी' के शोलों से गुज़री थी। मेरा क्या कुछ नहीं जलकर राख हुआ था। रात के दो बजे थे जब मैंने यह लेख ख़त्म किया था। कैसी डरावनी रात थी। समुन्दर घर की सीढ़ियों तक चढ़ आया था। जब तक अहाते की दीवार नहीं बनी थी। मुझ पर अजीब पागलपन-सा छाया रहा था। जो कुछ मैंने लिखा था, वह चारों तरफ सिनेमा की रील की तरह चल रहा था। मैंने लैम्प बुझाया तो दम घुटने लगा। जल्दी से फिर जला दिया। अँधेरे में डर लग रहा था। मुझे वह क़ब्र याद आ रही थी जिसे देखकर आने के बाद मैं महीनों अकेले कमरे में नहीं सो पाती थी। अकेले पलँग पर मुझे डर लगता था। मैं अपने साथ अपनी छोटी-सी खालाज़ाद बहन को सुलाने लगी थी। जोधपुर से मुझे डर लगने लगा था। इसलिए बम्बई भाग आयी। दस मीनारों में से एक ढह गया था। इस शून्य को कौन नाप सकता था।

मैंने कोई जवाब नहीं दिया। कमरे में जाकर अपना बक्स बन्द किया और सुल्ताना को फ़ोन किया कि फ़ौरन आ जाओ और मुझे ज़बरदस्ती ले जाओ। अगर असलम साहब रोकें तो बुरा मानकर ख़ूब बिगड़ना। सुल्ताना ने पूछा, "क्या बात है, मैं पाँच बजे छुट्टी होते ही पहुँचूँगी।"

"तब तक एकाध ख़ून हो जायेगा। तुम फ़ौरन आओ।"

सुल्ताना आ गयी। मगर असलम साहब ने कह दिया कि मैं नहीं जा सकती। सुल्ताना ज़िद करती जाती थी। और मैं इस ड्रामे पर हँस-हँस कर बेहाल हुई जा रही थी। मैं सुल्ताना के साथ भागी।

पेशी के दिन हम कोर्ट में हाज़िर हुए। और वो गवाह पेश हुए जिन्हें ये साबित करना था कि मण्टो की कहानी 'बू' और मेरी कहानी 'लिहाफ़' अश्लील हैं। मेरे वकील ने मुझे समझा दिया था कि जब तक मुझसे सीधे न सवाल किये जायें मैं मुँह न खोलूँ। वकील जो मुनासिब समझेगा, कहेगा, पहले 'बू' का नम्बर आया।

"यह कहानी अश्लील है?" मण्टो के वकील ने पूछा।

"जी हाँ।" गवाह बोला।

"किस शब्द में आपको मालूम हुआ कि अश्लील है?"

गवाह : शब्द "छाती!"

वकील : माई लार्ड, शब्द "छाती" अश्लील नहीं है।

जज : दुरुस्त!

वकील : शब्द "छाती" अश्लील नहीं।

गवाह : नहीं, मगर यहाँ लेखक ने औरत के सीने को छाती कहा है। मण्टो एकदम से खड़ा हो गया, और बोला, "औरत के सीने को छाती न कहूँ तो मूँगफली कहूँ।" कोर्ट

में क़हक़हा लगा और मण्टो हँसने लगा। "अगर अभियुक्त ने फिर इस तरह का छिछोरा मज़ाक़ किया तो कंटेम्पट ऑफ कोर्ट के जुर्म में बाहर निकाल दिया जायेगा। या फिर सज़ा दी जायेगी।" मण्टो को उसके वकील ने चुपके-चुपके समझाया और वह समझ गया। बहस चलती रही और घूम-फिरकर गवाहों को बस एक "छाती" मिलता था जो अश्लील साबित हो पाता था।

"शब्द "छाती" अश्लील है, घुटना या कोहुनी क्यों अश्लील नहीं है?" मैंने मण्टो से पूछा।

"बकवास" मण्टो फिर भड़क उठा।

बहस चलती रही। हमलोग उठकर बरामदे में डगर-मगर करती बेंचों पर जा बैठे। अहमद नदीम क़ासमी एक टोकरा माल्टे लाये थे। उन्होंने माल्टे खाने की अद्‌भुत तरकीब बताई। माल्टे को आम की तरह पुलपुला कर छोटा-सा सूराख कर लो और मजे से चूसो। टोकरा भर माल्टे हम बैठे-बैठे चूस गये। माल्टों से पेट भरने के बजाय और तेज़ भूख जाग उठी। लम्बे ब्रेक में किसी होटल पर धावा बोल दिया। सीमा की पैदाइश के सिलसिले में मैं बहुत बीमार रही थी। सारी चर्बी छँट गयी थी। इसलिए रोग़न वाले खाने से परहेज़ नहीं रहा। मुर्गी इतनी हृष्ट-पुष्ट थी कि बिल्कुल गिद्ध या चील के टुकड़े लग रहे थे। मोटी-मोटी कालीमिर्च छिड़क कर गर्म-गर्म कुचलों के साथ और पानी की जगह कन्धारी अनार का रस। बेअख्तियारी से मुक़दमा चलाने वालों के लिए दुआएँ निकल रही थीं। शाम को लुकमान ने कुछ साहित्यकारों और कवियों को दावत दी थी। वहाँ पहली बार मेरी मुलाक़ात मिसेज हिजाब इम्तेयाज़ अली से हुई। खूब मेकअप, आँखों में ढेरों काजल।

"फ्रॉड है" मण्टो ने बड़ी-बड़ी आँखें और फैलाकर मेरे कान में कहा।

"नहीं वह इस फ़िज़ा में खोई हुई है जो उसकी कलम से सपनीले धुएँ की तरह निकली है और उसके चारों तरफ़ एक सतरंगा खोल बना रही है।" हिजाब इम्तेयाज़ अली शून्य में घूरती रही और मैं इम्तेयाज़ अली को ढूँढ़कर उनसे बातें करने लगी। कितना फ़र्क़ था मियाँ-बीवी के मिज़ाज में। इम्तेयाज़ साहब एकदम बातूनी, क़हक़हेबाज़ और खुले दिल के मालिक थे। महफिल गुलज़ार होती थी। ऐसा लगा, बरसों की मुलाक़ात है। उनकी बातें उनके लेखन से भी ज़्यादा खुशियों से झुमा देने वाली थीं। हाल ही में जब पाकिस्तान गयी तो लाहौर में हिजाब इम्तेयाज़ अली से फिर मिलना हुआ। हल्का-सा मेकअप। पहले से बहुत कमसिन और खिली हुई। बहुत बेतकल्लुफ़ और बातूनी। जैसे दूसरा ही जन्म लिया हो।

मुझे आर्गन देखने का बड़ा शौक था जिसका हिजाब की कहानियों में बेहद ज़िक्र होता है। मैंने कभी आर्गन नहीं देखा था। हिजाब के यहाँ गयी तो उनसे पूछा, "क्या आपके पास वाकई आर्गन है।"

"हाँ देखेंगी?"

"ज़रूर, वह शब्द जिसे आपकी कहानियाँ में पढ़कर नशा छाने लगता था। आँखों

में, बे-बात आँसू छलक उठते थे।" मैंने उन्हें यह भी बताया कि किसी ज़माने में आपकी नक़ल में मैंने भी गद्य-कविता लिखी थी। जो बाद में जला दी। आर्गन देखकर मेरे सारे जोश और रूमानियत पर ओस पड़ गयी। "अरे ये तो वही बचकाना-सा पियानो का चूज़ा है जो फ़िल्मी गानों की रिकार्डिंग में डिमैलो बजाया करता है। और रिकार्डिस्ट उसे अक्सर डांटा करता है। कभी इधर खिसकवाता है कभी उधर...और बैकग्राउंड म्यूज़िक में...जब हीरोइन बहुत बेचैन होती है तो इसी के सुर उसके दिमाग़ी भूचाल को गीत की शक्ल में पेश करते हैं। आर्गन कितना भोंडा नाम है और ग़ैन[1] के मिला देने से कितना नाजुक, कितना गुनगुनाता हुआ, आसावरी का सुर बन जाता है।

कोर्ट में बड़ी भीड़ थी। कई लोग हमें राय दे चुके थे कि हम माफ़ी माँग लें। वह जुर्माना हमारी तरफ़ से अदा करने को तैयार थे। मुक़दमा कुछ ठंडा पड़ता जा रहा था। 'लिहाफ़' को अश्लील साबित करने वाले गवाह हमारे वकील की ज़िरह से कुछ बौखला से रहे थे। कहानी में कोई शब्द पकड़ के लायक नहीं मिल रहा था। बड़े सोच-विचार के बाद एक साहब ने बताया कि वाक्य "आशिक़ जमा कर रही थीं" अश्लील है।

"कौन-सा शब्द अश्लील है...जमा या आशिक़?" वकील ने पूछा। शब्द "आशिक़" गवाह ने कुछ हिचकते हुए कहा।

"माई लार्ड, शब्द "आशिक़" बड़े-बड़े शायरों ने प्रयोग किया है और नातों[2] में भी यह शब्द प्रयुक्त हुआ है। इस शब्द को अल्लाह वालों ने बड़ा पवित्र स्थान दिया है।"

"मगर लड़कियों का आशिक़ जमा करना बड़ी घटिया बात है" गवाह बोला।

"क्यों?"

"इसलिए....क्योंकि...यह शरीफ लड़कियों के लिए शर्मनाक है।"

"जो लड़कियाँ शरीफ़ नहीं, उनके लिए शर्मनाक नहीं।"

"...नहीं।"

"मेरी मुवक्किल ने उन लड़कियों का ज़िक्र किया है जो शरीफ नहीं होंगी, क्यों साहिब, आपके ख़याल से ग़ैर शरीफ लड़कियाँ "आशिक़" जमा करती हैं?"

"जी हाँ।"

"उनका ज़िक्र करना अश्लीलता नहीं, मगर एक शरीफ़ खानदान की पढ़ी-लिखी औरत का उनके बारे में लिखना शर्मनाक है।" गवाह साहब ज़ोर से गरजे।

"तो शौक़ से शर्मसारी दिखाइये, मगर यह क़ानून की पकड़ के क़ाबिल नहीं" मामला बिल्कुल फुसफुसा हो गया।

"अगर आप लोग माफ़ी माँग लें तो हम आपका सारा खर्चा भी देंगे और..." एक साहब, न जाने कौन थे, चुपके से मेरे पास आकर बोले।

"क्यों मण्टो साहब माफी माँग लें, जो रुपये मिलेंगे मजे से चीज़ें खरीदेंगे।" मैंने मण्टो से पूछा।

1. उर्दू अक्षर, 2. मुहम्मद साहब की तारीफ़ में लिखी कविता।

"बकवास" मण्टो ने अपनी मोरपंखी आँखें फैलाकर कहा।

"मुझे अफ़सोस है, यह सिरफिरा मण्टो राज़ी नहीं।"

"मगर आप, अगर आप ही..."

"नहीं, आप नहीं जानते, यह आदमी बड़ा बदमाश है। बम्बई में मेरा रहना दूभर कर देगा। इसके ग़ुस्से से वह सज़ा हर हाल में बेहतर होगी जो मुझे मिलने वाली है। वह साहब उदास हो गये क्योंकि हमें सज़ा नहीं मिली। जज साहब ने मुझे कोर्ट पीछे के एक कमरे में बुलाया और बड़े तपाक से बोले, "मैंने आपकी अक्सर कहानियाँ पढ़ी हैं, वह अश्लील नहीं और न ही 'लिहाफ़' अश्लील है। मगर मण्टो के लेखन में बड़ी गन्दगी भरी है।"

"दुनिया में भी गन्दगी है" मैं कुनमुनी आवाज़ में बोली।

"तो क्या ज़रूरी है कि उसे उछाला जाये।"

"उछालने से वह नज़र आती है और सफ़ाई की तरफ़ ध्यान जा सकता है।" जज साहब हँस दिये।

न मुक़दमा चलने से परेशानी हुई थी, न जीतने की खुशी हुई बल्कि ग़म ही हुआ कि अब फिर लाहौर की सैर खुदा जाने कब नसीब होगी।

लाहौर कितना सलोना शब्द है...लाहौरी नमक—जैसे नगीने, गुलाबी और सफेद! जी चाहता है कि तराशकर चन्दनहार में जड़ लूँ और किसी मुटियार की हंस जैसी गर्दन में डाल दूँ।

"निम्मी-निम्मी तारियाँ दी लौ" सुरिन्दर कौर के गले में लाहौरी नमक के नगीने पिघलकर सुर बन गये हैं। साथ में उसके मियाँ सोढ़ी की आवाज़ में रेशमी कपड़ों की सरसराहट अजीब रस घोल देती है। लाहौर को देखकर सुरेन्द्र और सोढ़ी के सुर दिल में जाकर एक मूक-सी हलचल मचा देते हैं। आप ही आप जी भर आता है। अन्जाने, अदृश्य प्रेमी की याद हूक बनकर उठती है। लाहौर की हवा में नूर घुला हुआ है, खामोश घुँघरू जैसे बजते हैं और श्रीमती हिजाब इम्तेयाज़ अली की कहानियों की नारंगी कलियाँ महकने लगती हैं और उम्र का वो ज़माना याद आ जाता है जब उनके रस में डूबे क्षितिज के स्वप्निल दृश्यों में खो जाते थे फिर जाने क्या हुआ?

चार्ल्स डिकेन्स को पढ़ा, डेविड कॉपरफील्ड, ओलिवर ट्विस्ट, टोनू बंगे! और गोर्की की 'माँ' ने आसमान से उठाकर धरती पर पटक दिया। चेखोव, एमली ज़ोला, गोगोल, टॉल्सटॉय, दोस्तोयेव्सकी, मोपासां, ख़्वाबों के सारे क़िले अड़-ड-ड़ा-ड धम्म। और मैं फिसलकर उस फूस के बँगले में आन गिरी, जहाँ हम अलीगढ़ में लालडंगी के किनारे रहते थे। यह बँगले कच्ची ईंटों के थे और कील ठोंको तो भुरभुर करके कच्ची मिट्टी बहने लगती थी। और कमरों के फ़र्श कच्चे थे। आँधी चलती थी तो घर में बगूले नाचने लगते। न बिजली थी, न नल, भिश्ती सिर पर लाल झाड़न डालकर पानी भरने आता था। बान के पलँगों पर दरी और मैली खद्दर की चादरें और चीकट तकिये। अम्मा ने बारह गज का फर्शी पायजामा छोड़कर पाँच गज की धोती पहननी शुरू कर दी थी। एक ज़माना

था जब घर में बीस नौकर थे। जो भी गरीब भूखा-नंगा आता, अम्मा उसे पनाह दे देतीं। फिर पेंशन के बाद अब्बा मियाँ ने किफ़ायत की कैंची चलाई और सिर्फ़ अलीबख़्श, उसकी बीवी, शेखनी बुआ जो खाना पकाती थी और कोचवान और उसकी बीवी रह गये क्योंकि अब भी दो घोड़े, एक भैंस थी।

शायद मिसेज इम्तेयाज़ अली के शायराना माहौल से मुझे जलन पैदा हो गयी। अपने खानदान में रूमानी माहौल वैसे भी फल-फूल नहीं सकता है और मैंने सोच-विचार के बाद अपनी पहली कहानी 'बचपन' लिखी। घर में सिर्फ़ 'तहज़ीबे-निसवाँ' आता था। मैंने वह कहानी भेज दी। कहानी वापस आ गयी और साथ में इम्तेयाज़ अली ताज के पिता और 'तहज़ीबे-निसवाँ' के सम्पादक मुमताज़ अली साह का डाँट-फटकार भरा पत्र। उस कहानी में मैंने अपने और श्रीमती इम्तेयाज़ अली के बचपन की तुलना की थी। विरोध का बिन्दु यह था कि मुझे क़िरत में[1] कुर्आन शरीफ पढ़ाने के लिए मौलवी साहब की मार पड़ी थी, कंठ से "ऐन"[2] साफ नहीं निकलता था। ज्यादा कोशिश करने पर उल्टी हो जाती थी। उन्होंने लिखा कि मैंने क़िरत का मज़ाक उड़ाकर अपनी अधार्मिकता का सबूत दिया था।

यह लेख, बाद में मेरी कहानियाँ छपने लगीं, तब 'साफी' में छपा और पसन्द किया गया। मुझे अज़ीम भाई की रोमांटिक छेड़-छाड़ से भरी कहानियों से भी चिढ़ लगने लगी। वह झूठी थीं, उनमें उनकी व्यक्तिगत ज़िन्दगी की पीड़ा का अक्स भी न था। वह दूसरे भाइयों की शोखी, शरारत और ज़िन्दादिली को अपना बना कर लिखते थे। मेरी ये हालत थी कि खिसियानी बिल्ली खम्भा-खसोटे। सच बोलने पर हमेशा मेरी मिट्टी-पलीद की जाती थी। लेकिन जब बात अब्बा मियाँ तक जाती तो वह फैसला मेरे हक़ में करते, बड़ी आपा जो उन्नीस बरस की उम्र में विधवा हो गयी थीं। अलीगढ़ के उच्च वर्ग में खासतौर पर ख्वाजा परिवार से बहुत प्रभावित थीं। और ख्वाजा परिवार की औरतों से मेरी पलभर भी न पटी। मैं सिरफिरी, बड़बोली, मुँहफट, बदतमीज़ थी। मुझ पर पर्दा लागू हो चुका था। मगर ज़ुबान नंगी तलवार, किसी के बस में नहीं।

मेरे इर्द-गिर्द धोखा रचा हुआ नज़र आता था। देखने में शर्मीली और इज़्ज़तदार बेटियाँ छुपकर गुसलखानों[3] और अँधेरे कोनों में रिश्तेदार नौजवानों से छीन-झपट और चूमा-चाटी करती थीं और बड़ी शरीफ कहलाती थीं। मुझ जैसे बे-नथे बैल में कौन लड़का दिलचस्पी लेता। मैंने इतना कुछ पढ़ा था कि अगर बहस छिड़ जाती तो मैं इन नौजवानों को धोंसा लेती, जो किताब की सूरत से भी काँपते थे और सिर्फ़ मर्द होने के नाते खुद को ऊँचा आँकते थे।

फिर मैंने चोरी-छिपे 'अंगारे' पढ़ी रशीद आपा[4] ही मुझे एक ऐसा व्यक्तित्व नज़र आया, जिन्होंने मुझमें आत्मविश्वास जगाया। मैंने उन्हें अपना गुरु मान लिया। अलीगढ़ की छोटी ज़हर घुली फ़िज़ा में वह बड़ी बदनाम थी। मेरी साफ़गोई को उन्होंने सराहा और फिर

---

1. लयबद्ध, 2. उर्दू वर्ण, 3. नहान घर, 4. प्रख्यात प्रगतिशील लेखिका डॉ. रशीद जहाँ।

मैंने उनकी बतायी हुई किताबें चाट डालीं। फिर मैंने लिखना शुरू किया और मेरा ड्रामा 'फ़सादी' में छपा। उनके बाद और कहानियाँ लिख लीं और कहानी रद्द नहीं हुई। एकदम मुझ पर ऐतराज़ होने लगे। लेकिन पत्रिकाओं से मेरी कहानियों की माँग बढ़ने लगी। मैंने विरोध की कोई परवाह नहीं की मगर मैंने जब 'लिहाफ़' कहानी लिखी तो बम फूट पड़ा। साहित्यिक अखाड़े में मेरे पुर्जे उड़े। मेरे समर्थन में भी क़लम उठाई गयी।

उस दिन से मुझे अश्लील लेखिका का नाम दे दिया गया। 'लिहाफ़' से पहले और 'लिहाफ़' के बाद मैंने जो कुछ लिखा किसी ने उस पर ध्यान नहीं दिया। मैं सेक्स पर लिखने वाली अश्लील लेखिका मान ली गयी। ये तो अभी कुछ वर्षों से युवा पाठकों ने मुझे बताया कि मैंने अश्लील साहित्य नहीं, यथार्थ साहित्य दिया है। मैं खुश हूँ कि जीते-जी मुझे समझने वाले पैदा हो गये। मण्टो को तो पागल बना दिया गया। प्रगतिशीलों ने भी उस का साथ न दिया। मुझे प्रगतिशीलों ने ठुकराया नहीं और न ही सिर चढ़ाया। मण्टो ख़ाक में मिल गया क्योंकि पाकिस्तान में वह कंगाल था। मैं बहुत खुश और सन्तुष्ट थी, फ़िल्मों से हमारी बहुत अच्छी आमदनी थी और साहित्यिक मौत या ज़िन्दगी की परवाह नहीं थी। और वैसे में प्रगतिशीलों की चमची बनी हुई थी, बड़े ज़ोर-शोर से क्रान्ति ला रही थी।

'लिहाफ़' का लेबल अब भी मेरी हस्ती पर चिपका हुआ है जिसे लोग प्रसिद्धि कहते हैं, वह बदनामी के रूप में इस कहानी पर इतनी मिली कि उल्टी आने लगी। 'लिहाफ़' मेरी चिढ़ बन गया। जब मैंने 'टेढ़ी लकीर' लिखी और शाहिद अहमद देहलवी को भेजी, तो उन्होंने मुहम्मद हसन असकरी को पढ़ने को दी। उन्होंने मुझे राय दी कि मैं अपने उपन्यास की हीरोइन को 'लिहाफ़' ट्रेड का बना दूँ। मारे गुस्से के मेरा ख़ून खौल उठा। मैंने वह उपन्यास वापस मँगवा लिया। हालाँकि किताबत शुरू हो गयी थी। यह उपन्यास मैंने नजीर अहमद को दे दिया। जब लाहौर हिन्दुस्तान का एक शहर था।

'लिहाफ़' ने मुझे बहुत जूते खिलाये थे। इस कहानी पर मेरी और शाहिद की इतनी लड़ाइयाँ हुईं कि ज़िन्दगी युद्धभूमि बन गयी। मगर मुझे 'लिहाफ़' की बड़ी क़ीमत मिली। सारी कोफ्त मिट गयीं। बहुत दिन बाद अलीगढ़ गयी, वह बेगम जिन पर मैंने कहानी लिखी थी, उनके ख़याल से मेरे रोंगटे खड़े होने लगे। लोगों ने उन्हें बता दिया था कि 'लिहाफ़' उन पर लिखी गयी है। एक दावत में उनसे सामना हो गया। मेरे पैरों तले से ज़मीन खिसक गयी, उन्होंने अपनी बड़ी-बड़ी आँखों से मेरी तरफ़ देखा और फूल की तरह खिल उठीं। भीड़ चीरती हुई लपकीं और मुझे गले लगाया। मुझे एक तरफ़ ले गयीं। और बोलीं..."पता है, मैंने तलाक़ लेकर दूसरी शादी कर ली है। माशा अल्लाह मेरा चाँद-सा बेटा है।" और मेरा जी चाहा किसी से लिपट कर ज़ोर-ज़ोर से रोऊँ। आँसू रोके न रुके, मगर वे क़हक़हे लगा रही थीं। उन्होंने मेरी शानदार दावत की। मैं मालामाल हो गयी। उनका फूल-सा बच्चा देखकर मुझे ऐसा लगा, वह मेरा भी कोई है, मेरे दिमाग़ का टुकड़ा, मेरे मस्तिष्क की जीती जागती सन्तान, मेरी कलम का बच्चा! और मैंने जान लिया कि चट्टान में भी फूल खिल सकते हैं। दिल के खून से सींचने की शर्त है, चलते-चलते बस

एक बात और एक साहब से मैंने पूछा।

"लिहाफ़ अनैतिकता फैलाने वाला है?"

"एकदम!" वह साहब बोले।

"वह क्या है?" मैंने पूछा।

"इस कहानी को पढ़कर काम-भावना पैदा होती है।"

"अय हय, क्या लिहाफ़ ओढ़ने को जी चाहता है?"

"नहीं, असल में बेगम बहुत सेक्सी हैं ज़ालिम बला की सुन्दर है, ख़ुशबू में डूबी हुई, साँचे में ढला बदन, गर्म-गर्म होंठ, नशीली आँखें बस दहकता शोला, छलकता जाम है।"

"तो फिर?"

"शैतान उकसाता है।"

"क्या कहता है शैतान?"

"कि...कि उसके साथ..."

"शैतान बड़ा अक्लमन्द है। यही तो मैं चाहती थी कि कोई माई का लाल उसे रब्बू चुड़ैल के जंगल में आज़ाद करके अपने धड़कते हुए सीने से लगाकर, उस बदनसीब हसीना के जन्म-जन्म की प्यास बुझा दे। प्यासी चिड़िया को पानी पिलाना बहुत बड़ा शवाब है।"

"बेगम का पता क्या है?" वह साहब मुस्कुराये।

"आप बड़ी देर से पैदा हुए। वह तो अब अल्लाह की मेहरबानी से दादी बन गयी हैं। बरसों हुए एक शहज़ादा उन्हें काले देव के जादुई महल से आज़ाद करके ज़िन्दगी की बहारों से भरी फुलवारी में ले उड़ा।"

दूर किसी फ़्लैट में नैयरा नूर 'फ़ैज़' की नज़्म गा रही थी...

उन ब्याहताओं के नाम
जिन के बदन
बे-मुहब्बत, रियाकार[1] सेजों पर सज-सजकर
उक्ता गये हैं।

और मैं सोचने लगी। कहाँ है भारत की वह महान नारी, वह पवित्रता की देवी सीता, जिसके कमल जैसे नाजुक पैरों ने आग के शोलों को ठंडा कर दिया और मीराँबाई जिसने बढ़कर भगवान के गले में बाँहें डाल दीं, वह सती सावित्री जिसने यमदूत से अपने सत्यवान की जीवन-ज्योत छीन ली, रज़िया सुल्ताना जिसने बड़े-बड़े शहंशाहों को ठुकराकर एक हब्शी गुलाम को अपने मन-मन्दिर का देवता बनाया, वह आज लिहाफ़ में दुबकी पड़ी है या फोर्स रोड पर धूल और ख़ून की होली खेल रही थी।

---

1. फरेबी।

कुछ टुकड़े...

पर्दा

मुझे पहली बार बुर्क़ा ओढ़ना पड़ा था और बता नहीं सकती कि अपमान की भावना ने कई बार मुझे रेल की पटरी पर कट जाने की सलाह दी। मैं सख़्त कुढ़न में पड़ी थी। अज़ीम भाई उन दिनों 'कुरआन व पर्दा', 'हदीस व पर्दा' लिखकर काफ़ी हंगामे खड़े कर चुके थे। पर्दे के विरोध और पक्ष में ज़ोरो-शोरो की बहसें चल रही थीं। बेगम अतिया फ़ैज़ी, जोहरा फ़ैज़ी, बेगम हुमायूँ मिर्ज़ा और कुछ मनचली औरतों ने बम्बई कॉन्फ्रेंस में जहाँ औरतों का जाना एकदम मना था, हल्ला बोल कर एक तूफ़ान खड़ा कर दिया था। हालाँकि वह बुर्क़े पहने हुए थीं मगर फिर भी मुसलमानों ने हतक महसूस की थी। अगर वे औरतें ऊँचे घराने की पढ़ी-लिखी और दौलतमंद औरतें न होती तो उनकी मिट्टी पलीद कर दी गयी होती। इन औरतों ने न जाने कितने कच्चे दिमाग़ों से पर्दे की कल्पना जलाकर राख कर दी होगी। अज़ीम भाई पर्दे के सख़्त ख़िलाफ़ थे। अपनी पत्नी को बुर्क़ा ओढ़ने से मना करते थे। मगर सारा घर उनके ख़िलाफ़ हो जाता और वह चुप हो जाते।

...

"क्यों भई तुमने पर्दा क्यों तुड़वाया?"

"किसका?"

"दुल्हन का?"

"दुल्हन मेरी बीवी है और मुझे हक़ है चाहे पर्दा रखवाऊँ या तुड़वाऊँ।"

...

क्योंकि दुल्हन भाभी के भाइयों ने कहा था, अगर हमारी बहन बेपर्दा की गयी और उसे बाज़ार में नचाया गया तो वह बहन और बहनोई की गर्दन उड़ा देंगे। अज़ीम भाई इस हंगामे से कुछ दब गये।

मुझे थर्ड क्लास डिब्बे में ग़ुस्से और लाचारी से बेहाल देखकर समझ गये कि सब बुर्क़े की वजह से हुआ है। क्योंकि जब मैंने बुर्क़ा ओढ़ा तो मेरे बदज़ात भाइयों ने खूब ठहाके लगाये। और मैं उनसे भिड़ गयी तो अम्मा ने उन्हें कुछ न कहा उल्टे मुझे ही धौल जड़ दी। बड़ी हथछुट थीं मेरी अम्मा। उन्होंने मेरी खिड़की के पास आकर चुपके-चुपके मुझे समझाना

शुरू किया और मैं समझ गयी। जोधपुर का स्टेशन आने लगा तो नौकरों को बुलाकर बिस्तर बँधवाये जाने लगे। सब बिस्तर एक हाथीनुमा पुलिन्दे में जमा करके ऊपर से रस्सी का जाल बाँध दिया गया। इस तरह बहुत आराम हो जाता है। दस बिस्तरों के दो बना दिये गये। जाड़ों का मौसम था। लिहाफ़-तोशक भी थे। अलग-अलग बिस्तर होते तो कुलियों को बहुत पैसा देना पड़ता।

अब स्टेशन आया और सब बुर्क़े पहनने लगीं तो मेरे बुर्क़े की कैप ग़ायब! नीचे का कोट रह गया था, जो मैंने बड़ी आज्ञाकारी बालिकाओं-सा पहन लिया था और जल्दी-जल्दी ऊपर का हिस्सा ढूँढ़ रही थी। जब न मिला तो और सब लोग भी मदद करने लगे।

"शायद बड़े बिस्तर में भूल से बँध गया हो" मैंने दबी ज़ुबान में कहा।

"कमीनी, कमबख़्त!" चारों तरफ़ से धमोके पड़ने लगे, "तूने जान-बूझकर ठूँसा होगा। मैंने वह घूँसे लड्डुओं की तरह निगल लिए। मुझे मालूम था, आधे घंटे में रस्सी के जाल से बँधा हुआ बिस्तर खोलने का सवाल ही नहीं था। मुझे एक चादर ओढ़ा दी गयी और मैं एक बहादुर और विजयी सैनिक की तरह प्लेटफ़ार्म पर उतर गयी। अज़ीम भाई से आँखें मिलीं। वह इतनी ज़ोर से हँसे कि खाँसी का दौरा पड़ गया। मैंने भी अपनी हँसी, बनावटी खाँसी में घोंट दी। चादर बार-बार फिसली जाती। और मेरे ऊपर घूँसों और चुटकियों की बौछार होने लगती।

लेकिन फ़तह का नशा जिसने चखा है, वही वह क्षण जी सकता है जो मैं उस दिन प्लेटफ़ार्म पर खुले मुँह जी रही थी। जल्दी ही लोगों को ये महसूस होने लगा कि हठधर्मी की चिंगारी को अज़ीम भाई ने हवा दी है बल्कि उन्होंने ही माचिस लगायी थी। क्योंकि वह सन्देश जो बेतार मेरी-उनकी निगाहों के बीच चल रहा था। जल्दी ही सामने आ गया। स्टेशन पर मामू, दोस्तों और रिश्तेदारों के साथ हमारे स्वागत के लिए मौजूद थे।

जुगनू

जुगनू हम सबको बहुत पसन्द थे। मगर जब उनसे मेरी शादी का ज़िक्र चला और शौकत आपा की ज़ुबानी मुझे बुज़ुर्गों की राय का पता चला तो मैं एकदम लगाम तुड़ाने लगी।

"जानती हो जुगनू से तुम्हारी शादी के मंसूबे बन रहे हैं। मगर हरगिज़ शादी नहीं होने दूँगी। खुदा न करे जो तुम जैसी घमंडी बदज़ुबान से मेरे भाई की क़िस्मत फूटे।"

"हूँ उस गधे से मैं कब शादी करना चाहती हूँ। लानत है, कबरबज्जू मुझे घिन आती है कमबख़्त से।" मैंने अपने पक्ष में वह कुछ कह डाला जो मैं बिल्कुल नहीं सोचती थी, जुगनू मुझे बेहद पसन्द थे। शादी का तो ख़याल भी नहीं आया था, मगर सिर्फ़ जुगनू से न मैंने कभी ज़ुबान चलायी, न बदतमीज़ी की, बहुत रोब था हालाँकि वह कुछ साल ही बड़े थे। मगर मुझे अच्छी तरह पढ़ाते थे। जब मुझे मालूम भी न था कि वह सगे भाई नहीं और जब मैं सोचती थी, सब लड़के भाई ही होते हैं। दूसरे किसी रिश्ते का पता ही मुझे नहीं था। जुगनू भूतों, प्रेतों की दिलचस्प कहानियाँ बड़े नाटकीय अन्दाज़ में सुनाया करते थे। मुझे कभी नहीं छेड़ा, न कभी मेरी गुड़िया चीरी। अल्लाह मियाँ के बारे में उन्होंने पहली बार मुझे बताया। उन्होंने बड़ी तेज़ी से वक़्त से पहले कुरआन शरीफ़ पढ़ ली थी। उन्हें वसीम भाई बड़े सताते और मारते थे। मगर मैंने उनसे कभी शिकायत नहीं सुनी, मज़ाक़ में उड़ा देते थे कि रास्ते में हर घड़ी धक्के देते चलते हैं।

मुझे जुगनू हमेशा बहुत प्यारे लगते थे। अगर उनसे मेरी शादी हो जाती तो मैं एकदम पतिव्रता बन जाती। मुझे ऊँचे क़द के लोग पसन्द थे और वह घर में सबसे ऊँचे निकलते थे। आज मैं अपनी कहानियाँ के हीरो को परखती हूँ तो उन्हें बिल्कुल जुगनू पाती हूँ। जुगनू के दिल का हाल मैं यक़ीन से नहीं बता सकती हूँ। मगर मैंने हमेशा उन्हें इस लोक से इतर का प्रेमी माना। उफ़! अगर जुगनू ने यह शब्द पढ़ लिए तो क्या प्रतिक्रिया होगी मगर अब मैं और वह दोनों प्रतिक्रियाओं के जाल से दूर हो चुके हैं वह एक कामयाब डॉक्टर, अच्छे पति, अच्छे बाप और अब तो माशाअल्लाह अच्छे नाना-दादा भी बन गये हैं। अगर मेरी शादी हो जाती तो वह मुझे मिट्टी का माधव बना देते और सारी प्रतिभा और मेरे सारे आयाम ख़त्म हो जाते। मेरी समझबूझ पर एक भारी-सा ताला बनकर जम जाते। उस दिन से मेरे और जुगनू के बीच एक दीवार-सी खिंच गयी।

...

अम्मा ने अनजान बनकर एक ख़त मुझे दिया कि अब्बा मियाँ की मेज़ पर रख आऊँ। इस ख़त में मेरे रिश्ते का पैग़ाम था। और लड़के की तस्वीर छोटी-छोटी मूँछों वाला एक ख़ूबसूरत नौजवान घुटनों पर हाथ रखे कैमरे के लेंस को घूर रहा था। मैंने मुन्ने भाई को उसी दम ख़त लिखा कि मैं शादी नहीं करूँगी। आप रुकवाइये। जवाब आया, लड़का मेरे दोस्त का छोटा भाई है। डिप्टी-कलेक्टर है। मुरादाबाद के लोग हैं, बड़ा खानदान है, तुम्हें बचपन में देख चुके हैं। मैंने ही रिश्ता तय किया है। तुम चाहो तो प्राइवेट इम्तेहान भी दे लेना।

हिम्मत टूटने के बजाय ख़ून सवार हो गया। फिर मैंने तुरुप का इक्का मारा। जुगनू

को लिखा, खुदा कसम तुमसे शादी के लिए ज़बरदस्ती नहीं करूँगी। मेरी शादी सिर्फ़ तुम रुकवा सकते हो, मामू को लिखो कि तुम मुझसे शादी करना चाहते हो, फ़ौरन सांभर पहुँच कर शादी रुकवाओ। अगर तुमने मेरी मदद न की तो अफ़सोस होगा तुम्हें। और मैं आत्महत्या का प्रोग्राम बनाने लगी। मौत से डर भी था, पर ज़िन्दगी से तो घिग्घी बँध रही थी। पढ़ने के शौक़ से ज़्यादा मेरे दिल में शादी का आतंक था। बचपन में मेरे कान में डाला गया था कि मैं किसी गुण की नहीं जिसके घर जाऊँगी, मुँहफट, बदज़ुबान! दो दिन में ख़सम तलाक़ देकर मैके फेंकवा देगा। हीन भावना मेरी नस-नस में समा चुकी थी। न सूरत न शक्ल मुझ पर कौन बेवकूफ़ जान देगा। जो चीज़ मेरे नसीब में नहीं, उसके लिए तरसने के बजाय क्यों न उसे खुद ही ठुकरा दूँ। शादी ही नहीं करें तो कौन मूर्ख मुझे तलाक़ देगा। मैं पढ़-लिख कर अपने पैरों पर खड़ी होऊँगी। मियाँ के ठुकराने के बाद भावजों के बच्चे पालकर ज़िन्दगी नहीं गुज़ारूँगी।

कुछ दिनों के अन्दर बड़े मामू सांभर पहुँच गये। अम्मा और अब्बा से बातें हुईं। मुझे मालूम था। जुगनू सोने का लड्डू है। सारे खानदान की बेटियों वाले उस पर दाँत लगाये बैठे हैं। मेरे तुरुप के इक्के को कोई नहीं काट सकता। बता नहीं सकती कि इतनी आसानी से इतने बड़े मामले से साफ़ निकल आने से मेरी हिम्मत कितनी बढ़ गयी। मैंने तय कर लिया कि आज से अपनी नाव की मल्लाह मैं खुद हूँ। सारा खानदान मगन और मैंने किसी को भी न दुख दिया, बेइज़्ज़ती का सवाल उठाया। आज तक सिवा मेरे और जुगनू के किसी को भी नहीं मालूम कि मैंने क्या चाल चली थी। मुझे पढ़ने के लिए अलीगढ़ जाना था। लोहे के चने तो अब चबाने का वक़्त आ रहा था और मेरे दाँतों में खुजली हो रही थी।

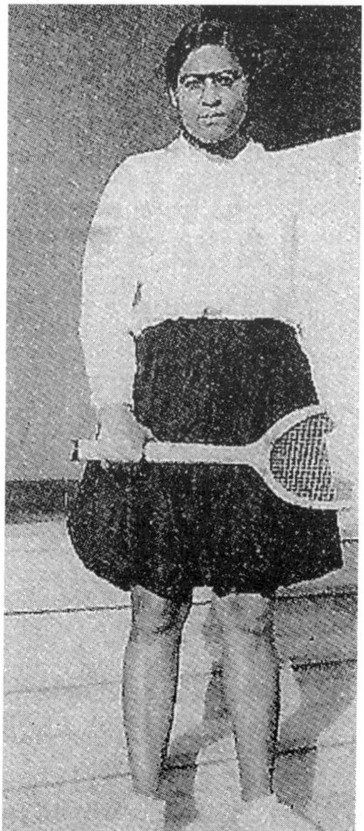

मुस्लिम लड़कियों के लिए

“यह तो मैं जानती हूँ कि आपने यह स्कूल खोला और चला रहे हैं, आपके अलावा पापा मियाँ यानी अलीगढ़ गर्ल्स कॉलेज के संस्थापक, उनके अनुभव से भी अन्दाज़ हुआ। गर्ल्स स्कूल वह भी मुसलमानों के लिए खोलना बैठे बिठाये जान पर आफ़त लेना है, लेकिन जो लड़कियाँ यहाँ से तालीम पाकर जायेंगी वह आपकी कुर्बानियों को याद रखेंगी। ज़रा सोचिए

कितने घरों में उसका यह नन्हा-सा दीया रोशनी पहुँचायेगा।

हिन्दुस्तान में सदियों से कम उम्र की लड़कियों को बहका-फुसला कर गुमराह करने का दस्तूर चल रहा है। समाज सुधार की कोई स्कीम कामयाब होती नज़र नहीं आती। बाज़ार की रौनक़ के लिए कम उम्र की लड़कियाँ और ज़बरदस्त राज क़ायम करने के लिए कारिन्दों की ज़रूरत। यह अग़वा किये जाने वाले मासूम बच्चे ही पूरी कर सकते हैं। छोटे शहरों में छोटे पैमाने, बड़े शहरों में शानदार पैमाने पर हर गैरक़ानूनी क़ानून फलफूल रहा है। पश्चिम से हथियार मशीन ही नहीं सौदागरी के उसूल भी इम्पोर्ट होते हैं। और बड़े शहरों में कमसिन बच्चों के इस्तेमाल में पश्चिमी हथकंडे बड़े उपयोगी साबित हो रहे हैं।

आज जब मैं अतीत के गली-कूचों में भटक रही हूँ, वर्तमान मेरे सामने है। बम्बई, दिल्ली, लखनऊ और कलकत्ता में किशोर बच्चों की बदहाली का अध्ययन किया, तीन साल हुए मैंने गाँव का दौरा भी किया, उन माँ-बाप से भी मुलाकात हुई जिनके बच्चे शहरों में गुम हो गये हैं, फिर उन बड़े शहरों में हुस्न के बाज़ार के सिलसिले में जानकारी हासिल की, दलालों से मुलाकात हुई, बड़ी मुश्किल से उन्होंने मुझे अपना दोस्त समझकर मुझे इज़्ज़त दी और मुझे यह जानकारी दी जिसकी मुझे उम्मीद न थी। मेरे यहाँ कितने ही लड़के-लड़कियाँ आते हैं। मैं उन्हें दुखी और परेशान कलाकार कहकर लोगों से मिलाती हूँ। मैं उन्हें नीचा नहीं समझती बल्कि इस समाज पर लानत भेजती हूँ जो उन्हें इस तरह इस्तेमाल कर रहा है।

घरदारी

तालियों का शोर कम हुआ तो ख़ातून आपा बोलीं, "पापा की राय है कि बोर्डिंग की चार ज़िम्मेदार लड़कियाँ एक-एक माह खाने का इन्तज़ाम अपने हाथ में लें। दूसरे महीने दूसरी चार लड़कियों का ग्रुप ज़िम्मेदारी ले।"

"हम तैयार हैं" बहुत-सी लड़कियाँ चिल्लाईं। मैं चुप रही। मगर सबकी नज़रें मुझ पर गड़ गयीं। महीने के शुरू होने के पहले तुम्हें तमाम चीज़ें गेहूँ, दालें, घी, तेल, मिट्टी का तेल वग़ैरह का बजट तैयार करके...। कुछ मिस जरमी के कान में कहा, "हाँ सुबह और शाम की चाय पर बिस्कुट।"

"मर गये" मैंने घुटी हुई आवाज़ में कहा। वह और ब्योरा देती रही। मगर मेरा दिमाग़ न जाने कहाँ कुलांचे भर रहा था।

"क्यों? आपकी क्या राय है" मुमताज आपा ने व्यंग से पूछा।

"मेरी?" मैं चौंक पड़ी।

"हाँ मेरे ख़याल में पहले बैच में इस्मत को ही ज़िम्मेदारी सौंपनी चाहिए।"

"ज़िम्मेदारी और मैं।" मैंने सोचा।

"इस तरह लड़कियों को घरदारी का सलीक़ा आयेगा।"

"घरदारी।" मुझे चक्कर आ गया।

"ग़रीब हुआ तो खिचड़ी पका लेंगे, अमीर हुआ तो बावर्ची रखेगा" मुझे अपने ही अलफ़ाज़ याद आ गये।

"इस्मत, प्लीज़ स्टैंडप एंड आन्सर।" खानून आपा नरमी से बोलीं, मैं खड़ी हो गयी।

"मैं तो बहुत फूहड़ हूँ", मैंने जैसे गर्व से कहा।

"तब तो तुम दूसरे-तीसरे बैच में भी शामिल रहना। पहले बैच में नसीर..."

"प्लीज़ मेरा फाइनल इयर है।" नसीर कुनमुनायी।

"तो महमूदा, इस्मत और सुल्ताना..."

"प्लीज़ इस्मत को हमारे बैच में मत रखिये, यह बड़ी गड़बड़ मचायेगी, कुछ न करेगी, न करने देगी।"

अंगारे

उन्हीं दिनों एक तूफ़ान फट गया। लखनऊ के कुछ मनचले नौजवानों ने एक किताब 'अंगारे' छाप डाली। अंगारे और वह भी उर्दू यानी मुसलमानों की जागीरी भाषा में, एक हंगामा मच गया। और एक मुल्ला, शाहिद अहरारवी उसका नाम था। गर्ल्स कॉलेज पर पिल पड़ा। उसने एक चीथड़ा-सा अख़बार निकाला और अब्दुल्लाह फैमिली की धज्जियाँ उड़ाने लगा। उसने कहा गर्ल्स कॉलेज रंडीख़ाना है, उसे फ़ौरन बन्द कर दिया जाये। रशीद

आपा और दूसरे लिखने वालों के गन्दे-गन्दे कार्टून निकाले। मैंने वह किताब नहीं पढ़ी थी, लेकिन अहरारवी ने दिल में उस किताब को पढ़ने की लगन पैदा कर दी। न जाने कहाँ से वह किताब बोर्डिंग में किसी 'डे-स्कॉलर' ने ला दी। और रातोंरात लालटेन जलाकर रोशनी

न दिखाई दे इसलिए शीशों पर रजाइयाँ लगाकर हमने वह किताब पढ़ी, और हिल गये।

मगर पढ़कर सोच में पड़ गये। अश्लीलता और गन्दगी बहुत खोजी मगर पल्ले न पड़ी। मगर किसी को यह कहने की हिम्मत न हुई कि 'अंगारे' गन्दी नहीं। यह बिल्कुल बेशर्मी का सबूत होता कि कोई शरीफ़ लड़की 'अंगारे' को गन्दा न कहे। सब मेरी तरफ़ देखने लगीं। वह सब भी मेरे ही विचार की पोशाक थीं लेकिन मेरी तरह बेलगाम न थीं। अब मुझे मालूम हो चला था कि बहुत-सी बातें जो ये दिल में तो मानती हैं, खुद बोल नहीं पातीं तो चाहती हैं कि मेरे मुँह से सुनें "किताब तो बेहद गन्दी है। मेरे तो हाथ सड़ गये। दिल सड़ गया, दिमाग़ सड़ गया, चलो नमाज़ के कमरे में तौबा करें। अल्लाह से माफ़ी माँगें। अल्लाह को यह किताब अच्छी नहीं लगी होगी।"

"ऐसी बातों का मज़ाक़ नहीं बनाना चाहिए।"

"मज़ाक़ कौन नामालूम बना रहा है। शरीफ़ लोग कहते हैं गन्दी है तो झूठ तो नहीं बोलते होंगे।"

"नॉन्सेंस" जमीला हामिद बोली। वह ऊँचे घराने की कॉन्वेंट की पढ़ी-लिखी लड़की थी। बेहद मुँहफट धड़ से बात कह डाली। तय है कि मेरी उसकी खूब पटती थी।

"तौबा जमीला" लड़कियाँ चिल्लाईं।

"तुमने 'लेडी चैटर्लीज लवर' पढ़ी है।"

"लाइब्रेरी में होगी यूनिवर्सिटी में।"

"हरगिज़ नहीं, वह किताब बैन हो चुकी है।"

"फिर तुमने कहाँ पढ़ी।"

"मेरी एक क्लासमेट लॉरटूयू कॉन्वेंट में थी, उसने दी थी।"

हम सब जल के खाक हो गये। देसी स्कूलों की पढ़ी लड़कियाँ, कॉन्वेंट की लड़कियों के सामने चित हो जाती हैं। सआदत कितनी तेज़ थी। यूनिवर्सिटी में अव्वल आयी थी। थोड़े दिन कॉन्वेंट में पढ़ी थी लेकिन महमूदा उमर, जमीला हामिद, अजरा हैदर क्या फटाफट अंग्रेज़ी बोलती थीं कि हम सबकी सिट्टी गुम कर देती थीं। जमीला हामिद की उर्दू इसी से कमज़ोर थी जो एक खुशनसीब समझी जाती थी। बस जमीला का एक इलाज था कि ख़ूब सरपट फ़ारसी मिली उर्दू बोलो, चिढ़ जायेगी। बड़े ऊँचे मचान से कहेगी।

"नॉन्सेंस, भई ज़रा हौले-हौले बोलो", और काफ़ी लड़कियों ने डरते-डरते फ़ैसला किया कि किताब गन्दी सही, प्रभावित करती है, और सच्चाई से भरी है।

मैंने अब तक ऐसी गन्दी किताब नहीं पढ़ी थी, कॉलेजों-यूनिवर्सिटियों में ऐसी चीज़ें नहीं मिलतीं। मगर ज़ुबानी उससे भी गन्दी बातें पलँग के नीचे छुपकर बड़ी-बूढ़ियों से सुनी थीं। समलैंगिक प्रेम कुछ होता है, क्या होता है यह भेद नहीं खुला था। कुछ लड़कियों के बारे में लड़कियाँ फ़ब्तियाँ कसा करती थीं कि किस तरह वह एक-दूसरे की दीवानी थीं। अगर एक किसी और से बात भी करती तो तूफ़ान खड़ा हो जाता था। मगर उन दोस्तों को नज़रअन्दाज़ कर देना और टाल देना ही गम्भीरता और संस्कारी लड़की होने

की निशानी समझी जाती थी।

'अंगारे' पढ़कर मुल्ला अहरारवी का चीथड़ा पढ़ा तो जी खूब जला। और मैंने एक लेख लिखा, कुछ इस तरह का "मुसलमान लड़कियाँ पहले ही उपेक्षित और पिछड़ी हुई हैं। ऊपर से कट्टर मुल्ला अहरारवी जान का दुश्मन हो रहा है। कॉलेज बन्द कर दिया जाये अगर, हम सारी लड़कियों की यहाँ से बस लाशें ही जायेंगी। कौन बन्द करने आयेगा, हम उससे निपट लेंगी। और यूनिवर्सिटी में हमारे छह हज़ार भाई हैं। क्या वो चुपचाप हमारी लाशों को कुचलता देखेंगे। जब भी हमें मुल्ला अहरारवी का ख़याल आता है। हम अपने छह हज़ार भाइयों, बुजुर्ग, प्रोफ़ेसरों, टीचरों को याद कर लेते हैं। तब हमारी हिम्मत बढ़ जाती है। जब तक वो सलामत हैं, कोई माई का लाल हमारा बाल-बाँका नहीं कर सकता। झाँसी की रानी ने शहंशाह हुमायूँ को राखी भेजी थी। हम कॉलेज की सभी लड़कियाँ अपने हज़ारों भाइयों की शुभकामनाओं के साथ श्रद्धा और प्रेम की राखी भेजते हैं। हमें आशा है कि वह हमारी रखवाली के लिए कोई कदम ज़रूर उठायेंगे।"

मैंने लेख जो बेहद जोशीला था, लड़कियों को सुनाया एक हुल्लड़ मच गया, पापा मियाँ को ख़बर पहुँची, वह आये और सुना। उसी वक़्त लिफ़ाफ़ा मँगवाकर अलीगढ़ ग़ज़ट को भेज दिया। दूसरे दिन लेख छप गया। लड़कों ने वह लेख पढ़ा और उसी रात जाकर मुल्ला अहरारवी की खूब ठुकाई की। दफ्तर तोड़फोड़ डाला। किसी को मुल्ला के समर्थन की हिम्मत न पड़ी। उन लड़कों की रिश्तेदार लड़कियाँ कॉलेज में पढ़ती थीं। उनके ज़रिए लड़कियों का धन्यवाद पहुँचा दिया गया। उसके बाद मुल्ला ग़ायब हो गया। अपनी इस कामयाबी पर बोर्डिंग में ख़ूब जश्न मनाया गया। ख़ूब गाने गाये गये। और टेनिस कोर्ट पर खुर्शीद ओबेदुल्लाह ने डांस किया। कॉलेज से शेरवानियाँ मँगवाकर मशहूर शायरों का भेष बदलकर उनके शेर पढ़े गये। खुर्शीद जमाल जो भारी-भरकम और गोरी थी, जोश मलीहाबादी बनी, मत्ता जो खूब साँवली थी, चमकदार सफेद दाँत थे, दाढ़ी लगाकर जिगर मुरादाबादी बनी। सफ़िया, सेराज, मजाज़ की बहन तो अपने भाई के कपड़े ले आयीं। वह जब मजाज़ बनी तो सबकी चीखें निकल गयी। फाखरा, सागर निज़ामी बनी। बेहद दिलचस्प मुशायरा हुआ। खातून आपा ने दूसरे दिन की छुट्टी का ऐलान कर दिया।

टेनिस कोर्ट नाचने-गाने का मंच बन गया। मुल्ला अहरारवी की अर्थी पूरे बोर्डिंग में घुमाई गयी। बीच सहन में अर्थी जलाई गयी, जिसकी आग में मूँगफलियाँ भून-भूनकर खाई गयीं, महीनों इस जीत का नशा सवार रहा। रशीदा आपा ने बेहद पीठ ठोंकी। यह हमारी अपनी जीत थी। यह पहला मौक़ा था कि कॉलेज के लड़कों ने एक पाक रिश्ता बनाया। कॉलेज के लड़के उस वक़्त पाबन्दी से काली शेरवानी पहनते थे। कभी हम किसी मुशायरे में स्ट्राची हॉल जाते या प्रदर्शनी में लड़कों के झुंड लड़कियों के पीछे लगते तो उल्टा लड़कियों पर डाँट पड़ती थी। हालाँकि हाली अचकन और सफेद पायजामों के बढ़ते हुए झुंड से हमारी पहचान कोई खास न थी, लड़कियाँ कॉलेज के लड़कों को 'कोड़याले' कहा करती थीं। कोड़याला साँप बेहद ख़तरनाक होता है, उसका डसा लहरा नहीं लेता। यह नाम कुछ

रोमांटिक भी लगता था। लड़कियों के दिल में छुपा डर और धुँधला-सा रुझान इस शब्द से जुड़ा था। उन दिनों काले, दुबले सूखे लड़के भी दूर से बड़े बाँके लगते थे। जब पास से देखा तो दिल बैठ गया। उनमें ज़्यादातर काले-कलूटे और बदसूरत थे। अब तो कॉलेज के किसी प्रोग्राम में आज़ादी से आते हैं। ख़ास मौक़ों पर लड़कियाँ उनकी ख़ातिरदारी करती हैं। बिल्कुल कोड़याले नहीं, अच्छे-भले इनसान लगते हैं। पुरानी लड़कियाँ तो अब प्रोफ़ेसर, लेक्चरर और टीचर बन गयी हैं। बड़ी हसरत से कहती हैं, "हमारे ज़माने के लड़के बड़े हैंडसम हुआ करते थे, अब तो कूड़ा आ गया है, दरअसल जो पर्दा बीच में खिंचा था, अपने अन्दर न जाने कितने सपने समेटे हुए था जो ग़ायब हो गया। अब लड़कियाँ लड़कों को देखकर बौखलाती नहीं। उन्हें अपने जैसा ही समझती हैं। इसका मतलब यह नहीं कि पर्दा हटा तो रूमान ख़त्म हो गया। अब भी इश्क़ चलते होंगे। ब्याह रचते होंगे।"

ससुराल चौथा नरक

लेकिन जुगनू ने बताया कि जय-जयकार नहीं करना चाहिए। मरने के बाद मेरी जुबान दोज़ख़[1] में जलेगी। मुझे दोज़ख़ से बहुत डर लगता था। मेरी सिट्टी गुम हो गयी। दोज़ख़ की इतनी भयानक तस्वीर जुगनू ने खींची थी और मैंने कल्पना में खून-पीव के प्याले पीते, आरों से चीरते, अंगारों पर कबाब होते साँप मुँह में घुसते देख कर सोते में चीख मारी थी। मैं किसी शर्त पर दोज़ख़ में जाने को तैयार न थी उधर कोचवान कहता था श्रीरामचन्द्र जी की जय न बोलो तो नरक में जाओगी। नरक कमबख़्त भी बेहद ख़ौफ़नाक जगह है वहाँ भी साँप, बिच्छो, अंगारे और जिस्म को चीरने के औज़ार हैं। जिनके ख़याल ही से रूह काँप जाती है। इन्दिरा कहती है अगर मैंने जीसस क्राइस्ट के सामने घुटने टेक कर गुनाहों से तौबा नहीं की तो हेल में जाऊँगी। मैं उन ख़ौफ़नाक जगहों पर जाने को राज़ी नहीं मगर जुगनू कहते हैं—मार-मार कर मुझे ले जाया जायेगा।

"मैं कहीं भाग जाऊँगी।"

"अरे फ़रिश्तों से कहाँ बच कर जाओगी!"

जब बाजी थीं तो कोई मारने की धमकी देता तो बाजी की गोद में छिप जाती थी। मगर बाजी कहाँ होंगी, वह तो अपने लम्बे बाँस दूल्हा के साथ ससुराल गयी और मैं दुनिया भर की ससुरालों का मातम करने लगी। उफ! नफ़रत थी मुझे इन नामाकूल ससुरालों से। यह भी कोई चौथी जगह होगी, दोज़ख़, नरक, और हेल की रिश्तेदार, ससुराल।

---

1. नरक।

इस्मत और सिनेमा

सिने निर्माता और पटकथा लेखक

सिने निर्माता और पटकथा लेखक

मेरे वालिद की उदार ख़्याली के बावजूद हमें सिनेमा देखने की इजाज़त नहीं थी। मुझे याद है एक अंग्रेज़ी मूवी की जो मैंने देखी थी अलीगढ़ में। तब मैं लगभग छह साल की थी—मैं नहीं जानती थी इसे क्या कहते हैं—इसमें डगलस फेयरबैंक्स और मेरी पिकफोर्ड थे। मेरे ऊपर सबसे अधिक असर जिस दृश्य ने डाला था वो था चूमने का दृश्य, क्योंकि मैंने ऐसा होते कहीं नहीं देखा था ना पर्दे पर ना कहीं और।

अगली मूवी मैंने देखी शांताराम की *दुनिया ना माने।* मैं इसके इंक़लाबी, तरक़्क़ीपसन्द मौज़ू से बहुत प्रभावित थी, एक बुज़ुर्ग आदमी से ब्याही हुई एक कम उम्र की लड़की अपनी सुहाग रात को उसके सामने ही अपना दरवाज़ा बन्द कर लेती है और झुकने से इनकार कर देती है। आख़िरकार वह झुकता है और उसे जाने देता है। इस तरह की फ़िल्मों ने ही मुझे इस माध्यम से अटकाये रखा।

फिर 1930 में मुझे बम्बई महानगरपालिका के स्कूलों में इंस्पेक्टर बनने का मौक़ा मिला और इस मौक़े को मैंने इस शहर में आने के लिए लपका। यहाँ मैं शाहिद से मिली जो बॉम्बे टॉकीज में काम करते थे। मैं उनसे पहले अलीगढ़ में मिल चुकी थी। मैंने उनसे आग्रह किया कि वो मुझे कुछ शूटिंग दिखाने ले चलें। तब मैं उनके साथ सेट पर गयी। उस समय अशोक कुमार उस जगह को चलाने में मदद कर रहे थे।

मुझे याद है कि देव आनन्द उधर ही घूम रहे थे तब वे स्टार नहीं थे। कितना प्यारा था वो कितनी प्यारी शक्ल थी उसकी। वह इतना छोटा था कि कोई खींचाई करता तो उसकी आँखें भर जाती थीं। जब बड़े सितारे भीतर काम करते, वह बाहर एक जामुन के पेड़ के नीचे बैठा करता था, अपनी बारी का धैर्य से इन्तज़ार करता हुआ।

मैं तब अट्ठाईस या उनतीस साल की थी। तब तक मैंने कुछ कहानियाँ छपवा ली थीं और लोग जानने लगे थे। अदालती मुक़द्दमे से जो किसी ने मेरी कहानी 'लिहाफ़' के लिए किया था, जो लेस्बियन सम्बन्धों के बारे में था, मैंने कुछ संदिग्ध प्रसिद्धि भी अर्जित की थी। उस ज़माने में ऐसा करना बहुत इंक़लाबी था। बहरहाल, अशोक कुमार ने बॉम्बे टॉकीज के लिए मेरी कहानी 'ज़िद्दी' खरीद ली।

मुझे बीस हज़ार रुपये दिये गये। उस ज़माने में यह सौभाग्य ही था। मैं सीधे बैंक गयी अपना खाता खुलवाने के लिए और दूसरे दिन इनकम टैक्स के लोग मेरे दरवाज़े पर थे!

कामिनी कौशल को तीस हज़ार रुपये पर साइन किया गया था। हम लोग निर्माण शुरू करने के लिए तैयार हो गये थे। तभी कमाल अमरोही अपनी *'महल'* के साथ आये। वो स्थापित निर्देशक थे और बॉम्बे टॉकीज में प्रत्येक ने अपनी तवज्जो उधर कर दी।

ऐसा लगा कि मेरी फ़िल्म को कुछ समय के लिए टाल दिया गया है, मैंने अशोक कुमार को कहा, कामिनी कौशल को भी पैसा दिया जा चुका है और आपने मेरी कहानी पसन्द की है तो आप मेरी मूवी के साथ आगे क्यों नहीं बढ़ने देते? मैं सब कुछ खुद देख लूँगी, वो तैयार हो गये और एक नाम मात्र का निर्देशक मुझे दिया।

मैंने पटकथा लिखी और इंडोर सेट का सब कुछ खुद से प्लान किया, उधर ही पड़े छोड़े गये सेटों के टुकड़े से, मैंने एक खिड़की यहाँ से ली तो दूसरी खिड़की वहाँ से, मैं कहा करती कि तुम इन्तज़ार करो और देखो मैं इनका मिलान कर लूँगी। मैं फ़िल्म बनाने पर किताबें पढ़ा करती थी तो मुझे कुछ तरीका मालूम था। एक खुशनुमा और प्रतिभावान कैमरा मैन था स्टूडियो में, हम अच्छे दोस्त बन गये थे और वो साथ काम करने को तैयार हो गया।

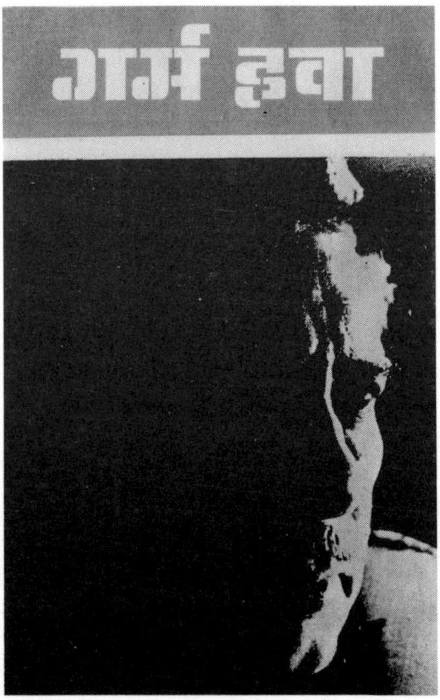

छह हज़ार रुपयों पर हमने देवानन्द को बतौर नायक लिया। लगभग सात महीनों में मैंने फ़िल्म पूरी कर ली। यह बड़ी हिट थी और कुछ 'खिड़की तोड़' हफ्तों तक चली। *'महल'* ने पूरा होने में कुछ साल लिए बावजूद इसके जब आख़िरकार यह सामने आयी निःसन्देह क्लासिक थी।

मेरी दूसरी फ़िल्म थी *'आरज़ू'* दूसरी हिट। एक बार फिर मैंने कामिनी कौशल को लिया दिलीप कुमार के साथ। फ़िल्म बनने के दौरान उनके बीच रोमांस सच में खिलने

लगा। इसके बाद, हाँ बिल्कुल!, उसने अपने पति और परिवार की वजह से छोड़ दिया। *'सोने की चिड़िया'* मेरी सफल फ़िल्मों में एक और हिट थी। कुल मिला जुला कर मैंने पाँच फ़िल्में कीं, उसके बाद मैंने लिखने पर ध्यान केन्द्र करने के लिए इंडस्ट्री को छोड़ दिया।

मैंने ठीक ही किया—जितनी गाली मिली उतनी ही तारीफ़ भी मिली। फ़िल्म उद्योग में

देवानन्द और मीना कुमारी : फ़िल्म किनारे-किनारे का एक दृश्य

थे। मेरे नशीले दिन थे। मैंने उस तरह की फ़िल्में बनायीं जैसा मैं चाहती थी और इसका मैंने पूरा आनन्द लिया।

शम्स कंवल

आरज़ू, शीशा, बुज़दिल, फ़रेब, दरवाज़ा, लाल रुख़, सोसाइटी, और *सोने की चिड़िया* उनके पति शाहिद लतीफ़ द्वारा निर्मित और निर्देशित थीं। जबकि *दरवाज़ा, फ़रेब, लाल रुख़, शीशा और सोसाइटी* फ्लाप थीं, *आरज़ू, बुज़दिल* और *सोने की चिड़िया* न केवल सफल थीं बल्कि इन्हें आदर्श फ़िल्म भी माना गया। *आरज़ू* एक भावुक और रोमानी फ़िल्म थी जिसने दिलीप कुमार को शोहरत दिलाई और दिलीप कुमार को शहंशाह-ए-जज़्बात के रूप में स्थापित किया। *बुज़दिल* के नायक को उसमें मनोवैज्ञानिक यथार्थ में दिखाया गया था

जबकि *सोने की चिड़िया* में फ़िल्म अभिनेत्री के निजी जीवन का यथार्थवादी चित्रण किया गया था। उनकी शुरुआती फ़िल्में छेड़-छाड़ और शिकायत औसत थीं जबकि कहानी अज़ीम बेग़ चुग़ताई की थी और संवाद लेखक इस्मत थीं। कुछ भी हो बॉम्बे टॉकीज द्वारा प्रस्तुत की गयी 'ज़िद्दी' की सफलता ने फ़िल्मी बाज़ार में इस्मत का दर्जा बढ़ा दिया था। लेकिन सेल्यूलाइड पर उनकी मास्टरपीस थी *गरम हवा*। उन्होंने श्याम बेनेगल की *जुनून* में एक छोटी भूमिका भी की थी।

छेड़-छाड़	*नाजिर, सितारा*	*1943*
शिकायत	*श्याम स्नेह प्रभा*	*1948*
ज़िद्दी	*देव आनन्द, कामिनी कौशल*	*1948*
आरज़ू	*दिलीप कुमार, कामिनी कौशल*	*1950*
बुज़दिल	*किशोर साहू, निम्मी*	*1951*
शीशा	*सज्जन, नर्गिस*	*1951*
फरेब	*किशोर कुमार, शकुन्तला*	*1953*
दरवाज़ा	*शेखर, श्यामा*	*1954*
सोसाइटी	*नासिर ख़ान, निम्मी*	*1955*
लाल रुख़	*तलत महमूद, श्यामा*	*1958*
सोने की चिड़ीया	*तलत महमूद, नूतन*	*1958*
गरम हवा	*बलराज साहनी, गीता सिद्धार्थ*	*1973*
जुनून	*शशि कपूर, नफ़ीसा अली*	*1979*

तनक़ीदी निगाहें

इस्मत चुग़ताई—मिर्ज़ा अदीब
इस्मत चुग़ताई—सआदत हसन मण्टो
पेश लफ़्ज़—कृष्ण चन्दर
इस्मत चुग़ताई के बारे में कुछ—पितरस बुख़ारी
इस्मत चुग़ताई के निस्वानी किरदार—वज़ीर आग़ा
इस्मत का फ़न—वारिस अलवी
इस्मत के अफ़सानों की औरत—मुहाफ़िज़ हैदर
इस्मत चुग़ताई का अफ़सानवी फ़न—मोहम्मद सादिक़
इस्मत चुग़ताई (असेंबलाज़)—शम्सुल हक़ उस्मानी

इस्मत चुग़ताई

मिर्ज़ा अदीब

मौजूदा सदी की शायद छठी दहाई का ज़िक्र है, अरबी-फ़ारसी के आलिम और मशहूर इतिहासकार डॉ. ताराचन्द ने हिन्दो-पाक के कल्चरल रिश्तों की तलाश के लिए दिल्ली में हिन्दो-पाक के मशहूर लेखकों और फ़नकारों की एक कॉन्फ्रेंस की थी। इत्तेफ़ाक से कॉन्फ्रेंस में मुझे भी बुलाया गया था। कॉन्फ्रेंस के बाद 'शमा' मैगज़ीन के मालिक हाफ़िज़ मुहम्मद यूसुफ़ ने अपनी कोठी में चाय पर बुलाया जिसमें बम्बई तक की कुछ नामवर हस्तियाँ मौजूद थीं।

इस मौक़े पर मैंने देखा कि एक बहुत प्यारी सी बच्ची अपनी शरारतों से मेहमानों को परेशान कर रही है। सरदार जाफ़री चाय की प्याली सामने रखे ख़्वाजा अहमद अब्बास से बातें कर रहे थे कि इस बच्ची ने बड़ी हुनरमन्दी से वह प्याली उठाकर उपेन्द्रनाथ अश्क के आगे टिका दी और एक सेब उठाकर प्याली की जगह सरदार जाफ़री के आगे रख दिया। मैं उससे कुछ दूर मेज़ के आख़िरी कोने पर खड़ा था और इस बात पर खुश था कि उस बच्ची की शरारतों से महफ़ूज़ हूँ। मगर यकायक मैंने महसूस किया कि वह शोख़ बच्ची मेरे पास भी पहुँच गयी है। इससे पहले कि मैं कोई एहतियाती क़दम उठाता उसने आमलेट का एक बड़ा-सा टुकड़ा मय चम्मच मेरे मुँह में ठोंकने की कोशिश की। मैं घबरा गया। ये कार्रवाई हो ही रही थी कि एक तरफ़ से आवाज़ आयी—

''माफ़ कीजिए मिर्ज़ा साहब! मेरी बच्ची बड़ी शरीर[1] है।'' ये अल्फ़ाज़ एक नाटे क़द की ऐनक पहने हुए औरत ने कहे थे, ज़ाहिर है कि यह उस शरीर बच्ची की माँ थी। लुत्फ़ की बात यह है कि बच्ची तो वाक़ई शरीर थी लेकिन मैं समझता हूँ कि उसकी माँ अपने ज़माने में उससे ज़्यादा नहीं बल्कि बहुत ज़्यादा शरीर थी। सिर्फ़ मैं ही नहीं, बड़े-बड़े मुग़ादरी अदीबों ने इसे शरीर कहा है।

मिर्ज़ा फ़हीम बेग़ ग्वालियरी कहते थे, ''इस लड़की ने तो अपनी शरारतों से हमारी

---

1. शरारती।

बोलती बन्द कर रखी है। ऐसी शरीर लड़की हमारे सारे ख़ानदान में नहीं है।''

मिर्ज़ा अज़ीम बेग़ ने अपने ख़त में लिखा है, ''हाँ ठीक है, मेरी बहन है ही बड़ी शरीर।''

और अहमद शाह पितरस बुख़ारी ने एक मज़मून लिखा जिसमें इसे उर्दू अदब की शरीर लड़की का ख़िताब दे दिया।

पितरस ने बिल्कुल दुरुस्त कहा था। अरे साहब! जो औरत 'लिहाफ़' के अन्दरूनी राज़ इस बेतकल्लुफ़ी से बयान कर दे कि बुज़ुर्ग लोग सर पीट कर रह जायें, वह शरीर नहीं होगी तो और क्या होगी?

ख़ाने-आज़म चंगेज़ खाँ जहाँ कहीं भी जाता था एक तूफ़ान बरपा कर देता था और यह शरीर औरत उसी चंगेज़ खाँ की सच्ची पोती है। क्योंकि जब यह अदब की दुनिया में दाखिल हुई तो हर तरफ़ एक तूफ़ान बरपा हो गया।

देखने वालों ने देखा कि अदब की फ़िज़ाओं में यह तूफ़ान बरपा करने वाली अलीगढ़ से तालीम याफ़्ता एक लड़की है मगर वह जो अदबी भविष्यवाणियाँ करते रहते हैं उन्होंने ख़बर दी कि मौजूदा तूफ़ान तो बहुत मामूली है, यह लड़की तो ऐसे-ऐसे तूफ़ान बरपा कर देगी कि हमारी हयादार, इज़्ज़तवाली परम्परायें अपना मुँह पर्दे से ढाँप लेंगी। अभी क्या है, आगे-आगे देखिये होता है क्या! और यह भविष्यवाणी सही साबित हुई। इस औरत ने मिडिल क्लास मुसलमानों के घरों के अन्दर दुबकी रहने वाली नौजवान लड़कियों की वो बातें साफ़-साफ़ बयान कर दीं जिन्हें वह खुद से भी छिपाकर दिल की तन्हाइयों में रखती थीं। इन पर्दापोश लड़कियों के माँ-बाप तिलमिला उठे और उन्होंने उन पत्रिकाओं पर सख़्त पाबन्दियाँ लगा दीं जिनमें उनके ख़याल में गन्दी कहानियाँ छपती थीं। लेकिन इस पाबन्दी का असर उल्टा पड़ा। लड़कियाँ इन पत्रिकाओं को तकिये के नीचे छिपा-छिपाकर पढ़ने लगीं और उनकी अनपढ़ माँयें अपनी लाडलियों को इस अन्दाज़ से पढ़ते हुए देखकर खुदा का शुक्र अदा करती थीं कि फ़र्ज़-शिनास बेटियाँ कितनी मेहनत से इम्तहान की तैयारी कर रही हैं।

ऐसे में एक लड़की अपनी सहेली से राज़दाराना अन्दाज़ में पूछती, ''इस्मत का कोई नया अफ़साना आया है!''

उसकी सहेली उसी अन्दाज़ में जवाब देती, ''हाँ, आया है 'अदबी दुनिया' के नये अंक में, नाम है 'दिल'।''

जब यह कहानी 'अदबी दुनिया' में छपी थी तो उसके एडिटर सलाहुद्दीन अहमद ने लिखा था—'इस्मत चुग़ताई की नज़र कितनी बारीकबीं है, वह एक ऐसा तिल भी देख लेती है, जिसे दूसरों की नज़रें बिल्कुल नहीं देख सकतीं।'

इस्मत का 'तिल'—एक तिल ही तो था लेकिन बुज़ुर्ग निगाहें उसे एक ऐसे धब्बे के रूप में देखने लगीं जो हमारी सभ्यता के माथे पर एक दाग़ बनकर फैलता जा रहा था।

लेकिन इस वक़्त मुझे न तो उस दाग़ का ज़िक्र करना है जो इस्मत चुग़ताई ने अपनी

फ़ैज़ और इस्मत

शरीर मगर सच्ची तहरीरों से हमारी तहज़ीब के माथे पर लगाया था, और न मिर्ज़ा ग़ालिब की तरह 'दाग़े-हसरते-दिल' का शुमार करना है। इस अच्छे वक़्त में तो मुझे उस इस्मत चुग़ताई की कुछ बातें करनी हैं जिससे मैं ज़िन्दगी में सिर्फ़ दो-तीन बार मिला हूँ। जिसकी चन्द कहानियाँ 'अदबे-लतीफ़' में मैंने छापी थीं, जिसका पहला नॉवेल 'टेढ़ी लकीर' मक्तबा उर्दू से मेरी निगरानी में प्रकाशित हुआ था और जिसके बारे में मालूमात इकट्ठा करना एक ज़माने में मेरा पसन्दीदा मशग़ला था।

आल इंडिया रेडियो के दिनों में मेरे साथ सुल्ताना काम करती थीं। हमारा काम औरतों और बच्चों के प्रोग्रामों से था। यह सुल्ताना बाद में सरदार जाफ़री से ब्याह करके सुल्ताना जाफ़री बन गयीं। मुझे मालूम नहीं कि अब उनके मोटापे का क्या आलम है। पिछले दिनों तो यह हालत थी कि जब वह अपने कमरे की तरफ़ आती थीं तो कोई न कोई मनचला ज़रूर कह देता था—

"किस शेर की आमद है कि रन काँप रहा है।"

तो यह सुल्ताना मेरे और मेरे साथ राजा फ़ारुक़ अली ख़ाँ और अमीनुर्रहमान को

इस्मत चुग़ताई के बारे में बताया करती थीं। जब हम लोगों को रेडियो के प्रोग्राम बनाने और बिगाड़ने से फ़ुर्सत मिलती तो सुल्ताना से कहते—

''अच्छा तो सुल्ताना बेग़म! इस्मत चुग़ताई ऐसी हैं, जैसी आपने कल बतायी थीं।''

''कल मैंने क्या बताया था, उसके बारे में?'' वह पूछतीं।

''कुछ शरारतें बताई थीं—बड़ी हाज़िर-जवाब हैं, मुँहफट हैं, वग़ैरा-वग़ैरा।''

सुल्ताना बिगड़ जातीं—''मैंने मुँहफट नहीं कहा था, इस्मत मुँहफट नहीं हैं।''

''तो फिर क्या है?'' राजा फ़ारुक़ जो सुल्ताना को नाराज़ करके लुत्फ़ लेता था, झट पूछ बैठता।

''अच्छी-ख़ासी माक़ूल ख़ातून हैं।''

और अपनी राय सही साबित करने के लिए सुल्ताना कोई न कोई क़िस्सा सुनाने लगतीं। एक बार उन्होंने बताया कि औरतों में यह बात हो रही थी कि अगर पाँव की ऐड़ी में कपड़े सीने वाली सुई चली जाये तो क्या होता है। इसका जवाब एक तजर्बेकार औरत ने दिया कि सुई एक जगह रुकती नहीं आगे बढ़ जाती है—जो सुई ऐड़ी के रास्ते अन्दर चली जाती है वह पाँव की किसी उँगली से बाहर निकल जाती है। इस्मत कहने लगी और अगर सुई दायें-बायें जाने के बजाय ऊपर चढ़ने लगे तो सर से निकल जायेगी।

यह वाक़या सुनाकर सुल्ताना पूछतीं—यह तो एक मज़े का जुमला है, इससे कहाँ ज़ाहिर होता है कि इस्मत मुँहफट है।

एक दिन मैंने पूछा, ''सुल्ताना! यह तो बताइये कि इस्मत की शादी शाहिद लतीफ़ से हो चुकी है। वह तो पूरे दिन कहानियाँ लिखती रहती होंगी, खाना कौन पकाता है?''

सुल्ताना बोलीं—''अरे यह क्या कहते हो, इस्मत तो एक वक़्त में सत्रह-सत्रह खाने पका लेती है।''

''सत्रह खाने एक वक़्त में पकाती हैं!'' किसी ने हैरत से पूछा और सुल्ताना हाँ में सर हिलाने लगीं।

एक सवाल किया गया—

''सुल्ताना कहा जाता है कि इस्मत गन्दे अफ़साने लिखती हैं उन्हें टीचर कैसे रखा गया है।''

जवाब मिला—

''इस्मत अपनी तमाम शागिर्दों में पापुलर हैं। अगर उन्हें मुलाज़िमत से बर्ख़ास्त किया जाये तो लड़कियाँ स्ट्राइक कर देंगी।''

एक साहब की माँ टीचर थीं। उन्होंने एक दिन सुल्ताना से पूछा, ''टीचर अपनी शागिर्दों को नसीहतें भी किया करती हैं, इस्मत क्या करती हैं।"

सुल्ताना तंग आकर बोलीं—''इस्मत क्या करती हैं, पढ़ाती हैं और क्या करती हैं। नसीहत-वसीहत वह नहीं करतीं। इससे उसे नफ़रत है।''

सुल्ताना ने यह बिल्कुल दुरुस्त कहा था। इस्मत को नसीहत देने और सुनने से नफ़रत

है। जिस वक़्त लाहौर की एक अदालत में उन पर फ़हाशी का मुक़दमा चला तो वह मियाँ असलम के यहाँ ठहरीं—मियाँ साहब ने शायद पहली बार बुजुर्गाना नसीहत ही की थी कि इस्मत बोरिया-बिस्तर बाँधकर, मियाँ साहब का दिली शुक्रिया अदा करते हुए उनके घर से रुख़सत हो गयीं। मैंने कहा था कि इस्मत चुग़ताई की कहानियों का ज़िक्र इस वक़्त मैं नहीं करूँगा मगर उनकी शरारतों का बार-बार ज़िक्र करके मैंने अपने लिए भी एक उलझन पैदा कर ली है। इसलिए एक-आध बात कहनी ज़रूरी है।

शरारतों का भी एक दौर होता है। यह दौर हर सूरत में बीत जाता है। 'आतश' की जवानी की बातें अपने मौक़े और महल के एतबार से ठीक होती हैं। इनसान की ज़िन्दगी मुख़्तलिफ़ दौर से गुज़रती है और आगे ही आगे बढ़कर नये-नये तजरबों को सीने से लगाती रहती है। स्ट्रैट फोर्ड अपॉन एवन का वासी एक दौर में 'ट्वेल्फ्थ नाइट' और 'मच एडो एबाउट नथिंग' लिखता है लेकिन जब ज़िन्दगी अपने पूरे ज़हर के साथ उस पर झपट पड़ती है तो वह 'हैमलेट', 'मैकबेथ', 'ओथेलो' और 'किंगलीयर' के सपने दुनिया को देता है। इस्मत चुग़ताई का भी एक दौर था जिसमें उसने 'लिहाफ़' जैसा अफ़साना लिखा था और जब यह दौर ख़त्म होकर अतीत के अँधेरों में डूब गया तो उसने 'चौथी का जोड़ा' लिखा जो मैं समझता हूँ उर्दू के दर्दनाक तरीन अफ़सानों में शामिल होता है।

इस्मत ने बहुत दिन पहले मज़दूरों के एक जलसे में कहा था—''आज हज़ारों आँखें मेरे सामने चमक रही हैं। इस चमक में ज़िन्दगी की ख़ुशी है। ज़िन्दगी की आरज़ू है और आज जब वह हमारे शहर में आयी हैं तो उनके इर्दगिर्द हज़ारों-लाखों आँखें चमक रही हैं, इनमें वह आँखें भी हैं जो उनके सामने हैं—वह भी जो अभी तक उन्हें देख नहीं सकीं और वह भी जो उन्हें देख नहीं सकेंगी।''

ये सब आँखें रोशन हैं—ख़ुशी से, ज़िन्दगी की आरज़ू से, और इस ख़याल से कि इस्मत का क़लम थका नहीं—अभी तक रवाँ-दवाँ है। इस्मत चुग़ताई—कल की अदब की शरीर लड़की, वक़्त के मरहले तय करके बुढ़ापे की मंज़िल पर पहुँच गयी है। उसके सर पर किरनों का ताज सजा हुआ है—मगर उसका क़लम बूढ़ा नहीं हुआ और यही वजह है कि मेरा लाहौर जो पाकिस्तान का सबसे बड़ा तहज़ीबी शहर है—मुहब्बत से अपने दोनों हाथ फैलाकर उसका स्वागत कर रहा है।

इस्मत चुग़ताई

सआदत हसन मण्टो

आज से तक़रीबन डेढ़ बरस (इस्मत के दिफ़ा में लिखा गया यह दोस्त-नवाज़ मज़मून 1947 के आसपास की तहरीर है।) पहले जब मैं बम्बई में था, हैदराबाद से एक साहब (यह 'एक साहब' मोहम्मद असदउल्लाह हैं, जो इन दिनों बर्लिन में मुलाज़िम हैं। असदउल्लाह ने, 1955 में, मण्टो के आख़िरी दिनों के बारे में एक किताब लिखी थी) का पोस्ट कार्ड मौसूल[1] हुआ। मज़मून कुछ इस किस्म का था :

''यह क्या बात है कि इस्मत चुग़ताई ने आपसे शादी न की? मण्टो और इस्मत, अगर यह दो हस्तियाँ मिल जातीं तो कितना अच्छा होता। मगर अफ़सोस कि इस्मत ने शाहिद से शादी कर ली और मण्टो...''

उन्हीं दिनों हैदराबाद में तरक़्क़ीपसन्द मुसन्निफ़ों[2] की एक कॉन्फ्रेंस हुई। मैं उसमें शरीक नहीं था—मैंने हैदराबाद के एक पर्चे में उसकी रूदाद[3] देखी, जिसमें यह लिखा था कि वहाँ बहुत-सी लड़कियों ने इस्मत को घेरकर यह सवाल किया : ''आपने मण्टो से शादी क्यों नहीं की?''

मुझे मालूम नहीं कि यह बात दुरुस्त है या ग़लत, लेकिन जब इस्मत बम्बई वापस आयी तो उसने मेरी बीवी से कहा कि हैदराबाद में जब एक लड़की ने उससे सवाल किया, क्या मण्टो कुँवारा है, तो उसने ज़रा तंज़ के साथ जवाब दिया, जी नहीं, इस पर वह मोहतरमा इस्मत के बयान के मुताबिक़ कुछ खिसियानी-सी होकर ख़ामोश हो गयीं।

वाक़िआत कुछ भी हों, लेकिन यह बात ग़ैर-मामूली तौर पर दिलचस्प है कि सारे हिन्दुस्तान में एक सिर्फ़ हैदराबाद ही ऐसी जगह है, जहाँ मर्द और औरतें मेरी और इस्मत की शादी के मुताल्लिक़ फ़िक्रमन्द रहे हैं।

उस वक़्त तो मैंने ग़ौर नहीं किया था, लेकिन अब सोचता हूँ। अगर मैं और इस्मत वाक़ई मियाँ-बीवी बन जाते तो क्या होता? यह 'अगर' भी कुछ उसी क़िस्म की अगर है, यानी अगर कहा जाए कि अगर क्लियोपैट्रा की नाक एक इंच का अट्ठारहवाँ हिस्सा बड़ी

---

1. प्राप्त, 2. लेखकों, 3. विश्लेषण।

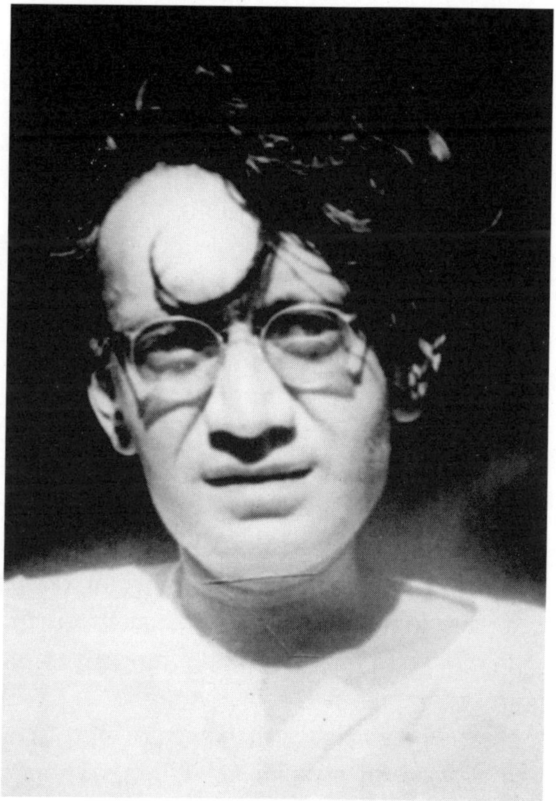
सआदत हसन मण्टो

होती तो उसका असर वादी-ए-नील की तारीख़ पर क्या पड़ता—लेकिन यहाँ न इस्मत क्लियोपैट्रा है और न मण्टो, एंटनी। इतना ज़रूर है कि अगर मण्टो और इस्मत की शादी हो जाती तो इस हादिसे का असर अहदे-हाज़िर के अफ़सानवी अदब की तारीख़ पर एटमी हैसियत रखता। अफ़साने, अफ़साने बन जाते, कहानियाँ मुड़-तुड़ कर पहेलियाँ हो जातीं। इंशा की छातियों में सारा दूध ख़ुश्क होकर या तो एक नादिर सफ़ूफ़ की शक्ल इख़्तियार कर लेता या भस्म होकर राख बन जाता और यहं भी मुमकिन है कि निकाह-नामे पर उनके दस्तख़त उनके क़लम की आख़िरी तहरीर होते। लेकिन सीने पर हाथ रखकर यह भी कौन कह सकता है कि निकाह-नामा होता। ज़्यादा क़रीने-क़ियास तो यही मालूम होता है कि निकाह-नामे पर दोनों अफ़साने लिखते और काज़ी साहब की पेशानी पर दस्तख़त कर देते ताकि सनद रहे—निकाह के दौरान में कुछ ऐसी बातें भी हो सकती थीं :

"इस्मत, क़ाजी साहब की पेशानी, ऐसा लगता है, तख़्ती है।"

"क्या कहा?"

"तुम्हारे कानों को क्या हो गया है।"

"मेरे कानों को तो कुछ नहीं हुआ...तुम्हारी अपनी आवाज़ हलक़ से बाहर नहीं निकलती।"

"हद हो गयी...लो अब सुनो। मैं यह कह रहा था, क़ाज़ी साहब की पेशानी बिल्कुल तख़्ती से मिलती-जुलती है।"

"तख़्ती तो बिल्कुल सपाट होती है।"

"यह पेशानी सपाट नहीं?"

"तुम सपाट का मतलब भी समझते हो?"

"जी नहीं।"

"सपाट माथा तुम्हारा है....क़ाज़ी जी का माथा तो..."

"बड़ा ख़ूबसूरत है।"

"ख़ूबसूरत तो है।"

"तुम महज़ चिढ़ा रही हो मुझे।"

"चिढ़ा तो तुम रहे हो मुझे।"

"मैं कहता हूँ, तुम चिढ़ा रही हो मुझे।"

"मैं कहती हूँ, तुम चिढ़ा रहे हो मुझे।"

"अजी वाह, तुम तो अभी से शौहर बन बैठे।"

"क़ाज़ी साहब, मैं इस औरत से शादी नहीं करूँगा...अगर आपकी बेटी का माथा आपके माथे की तरह है तो मेरा निकाह उससे पढ़वा दीजिए।"

"क़ाजी साहब मैं इस मर्दुए से शादी नहीं करूँगी...अगर आपकी चार बीवियाँ नहीं हैं तो मुझसे शादी कर लीजिए। मुझे आपका माथा बहुत पसन्द है।"

कृष्ण चन्दर 'चोटें' (इस्मत की एक क़िताब) की भूमिका में लिखता है :

"सम्मत को छुपाने में, पढ़ने वाले को हैरतो इज़्तिराब[1] में गुम कर देने में, और फिर यकायक आख़िर में उस इज़्तिराबो-हैरत को मसर्रत[2] में मुबद्‌दल कर देने की सिफ़्त[3] में इस्मत और मण्टो एक-दूसरे के बहुत क़रीब हैं और इस फ़न में उर्दू के बहुत कम अफ़साना निगार उनके हरीफ़[4] हैं।"

अगर हम दोनों की शादी का ख़याल आता तो दूसरों को हैरतो-इज़्तिराब में गुम करने के बजाय हम ख़ुद उसमें ग़र्क़ हो जाते, और जब एकदम चौंकते तो यह हैरत और इज़्तिराब, जहाँ तक मैं समझता हूँ, मसर्रत के बजाय एक बहुत ही बड़े फ़काहिए में तब्दील हो जाता—इस्मत और मण्टो, निकाह और शादी। कितनी मज़्हका-ख़ेज़[5] चीज़ है।

इस्मत लिखती है : एक ज़रा-सी मुहब्बत की दुनिया में कितने शौकत, कितने महमूद, अब्बास, असकरी, यूनुस और न जाने कौन-कौन ताश की गड्डी की तरह फेंट कर बिखेर दिये गये हैं। कोई बताओ, उनमें से चार पत्ता कौन-सा है? शौकत की भूखी-भूखी कहानियों से लबरेज़ आँखें, महमूद के साँपों की तरह रेंगते हुए आज़ा, असक़री के बेरहम हाथ, यूनुस के निचले होंठ का स्याह तिल, अब्बास की खोई-खोई मुस्कराहटें और हज़ारों चौड़े-चकले सीने, कुशादा पेशानियाँ, घने-घने बाल, सुडौल पिंडलियाँ, मज़बूत बाज़ू, सब एक साथ मिलकर पक्के सूत के डोरों की तरह उलझ कर रह गये हैं। परेशान हो होकर उस ढेर को देखती हूँ, मगर समझ में नहीं आता कि कौन-सा सिरा पकड़कर खींचूँ कि खिंचता ही चला आये और मैं उसके सहारे दूर उफ़ुक़ से भी ऊपर एक पतंग की तरह तन जाऊँ।

---

1. रोमांच, 2. ख़ुशी, 3. ख़ूबी, 4. प्रतिद्वन्द्वी, 5. हास्यास्पद।

मण्टो लिखता है : मैं सिर्फ़ इतना समझता हूँ कि औरत से इश्क़ करना और ज़मीनें ख़रीदना तुम्हारे लिए एक ही बात है। सो तुम मुहब्बत करने के बजाय एक-दो बीघे ज़मीन ख़रीद लो और उस पर सारी उम्र क़ाबिज़ रहो...ज़िन्दगी में सिर्फ़ एक औरत...और यह दुनिया इस क़द्र भरी हुई क्यों है? क्यों इसमें इतने तमाशे जमा हैं? सिर्फ़ गन्दुम पैदा करके ही अल्लाह मियाँ ने अपना हाथ क्यों न रोक लिया? मेरी सुनो और इस ज़िन्दगी को जो कि तुम्हें दी गयी है, अच्छी तरह इस्तेमाल करो...तुम ऐसे ग्राहक हो जो औरत हासिल करने के लिए सारी उम्र सरमाया जमा करते रहोगे, मगर उसे नाकाफ़ी समझोगे। मैं ऐसा ख़रीदार हूँ, जो ज़िन्दगी में कई औरतों से सौदे करेगा...तुम ऐसा इश्क़ करना चाहते हो कि उसकी नाकामी पर कोई अदना दर्जे का मुसन्निफ़ एक किताब लिखे, जिसे नारायण दत्त सहगल पीले काग़ज़ों पर छापे और डब्बी बाज़ार में उसे रद्दी के भाव बेचे...मैं अपनी किताबे-हयात[1] के तमाम औराक़ दीमक बनकर चाट जाना चाहता हूँ, ताकि उसका कोई निशान बाक़ी न रहे। तुम मुहब्बत में ज़िन्दगी चाहते हो, मैं ज़िन्दगी में मुहब्बत चाहता हूँ।

इस्मत को अगर उलझे हुए सूत के ढेर में ऐसा सिरा मिल जाता, खींचने पर जो खिंचता ही चला आता और वह उसके सहारे दूर उफ़ुक़[2] से ऊपर एक पतंग की तरह तन जाती और मण्टो अगर अपनी किताबे-हयात के आधे औराक़ भी दीमक़ बनकर चाटने में कामयाब हो जाता तो आज अदब की लोह[3] पर उनके फ़न के नुक़ूश इतने गहरे भी न होते। वह दूर उफ़ुक से भी ऊपर हवा में तनी रहती और मण्टो के पेट में उसकी किताबे-हयात के बाक़ी औराक़ भुस भरके उसके हमदर्द उसे शीशे की अलमारी में बन्द कर देते।

'चोटें' की भूमिका में कृष्ण चन्दर लिखते हैं : इस्मत का नाम आते ही मर्द अफ़साना-निगारों को दौरे पड़ने लगते हैं। शर्मिन्दा हो रहे हैं। आप ही आप ख़फ़ीफ़ हुए जा रहे हैं। यह भूमिका भी उसी ख़िफ़्फ़त को मिटाने का एक नतीजा है।

इस्मत के मुताल्लिक़ जो कुछ मैं लिख रहा हूँ, किसी भी क़िस्म की खिफ़्फ़त को मिटाने का नतीजा नहीं। एक कर्ज़ था, जो सूद की बहुत ही हल्की शरह के साथ अदा कर रहा हूँ।

सबसे पहले मैंने इस्मत का कौन-सा अफ़साना पढ़ा था, मुझे बिल्कुल याद नहीं। यह सुतूर लिखने से पहले मैंने हाफ़िज़े को बहुत खुर्चा, लेकिन उसने मेरी रहबरी नहीं की। ऐसा महसूस होता है कि मैं इस्मत के अफ़साने काग़ज़ पर मुंतक़िल[4] होने से पहले ही पढ़ चुका था। यही वजह है कि मुझ पर कोई दौरा नहीं पड़ा, लेकिन जब मैंने उसको पहली बार देखा तो मुझे सख़्त नाउम्मीदी हुई।

एडलफी चैंबर्स, क्लीयर रोड बम्बई के, सत्रह नम्बर फ़्लैट में, जहाँ 'मुसव्विर' हफ़्तावार का दफ़्तर था, शाहिद लतीफ़ अपनी बीवी के साथ दाख़िल हुआ। यही अगस्त 1942 ई. की बात है। तमाम कांग्रेसी लीडर, महात्मा गाँधी समेत गिरफ़्तार हो चुके थे और शहर में काफ़ी गड़बड़ थी। फ़ज़ा सियासियात में बसी हुई थी। इसलिए कुछ देर गुफ़्तगू का मौज़ू

---

1. जीवनरूपी पुस्तक, 2. क्षितिज, 3. शिला, 4. स्थानान्तरित।

तहरीके-आज़ादी रहा। उसके बाद रुख़ बदला और अफ़सानों की बातें शुरू हुईं।

एक महीना पहले जबकि मैं ऑल इंडिया रेडियो, देहली में मुलाज़िम था, 'अदबे-लतीफ़' में इस्मत का 'लिहाफ़' शाया हुआ था। उसे पढ़कर, मुझे याद है, मैंने कृष्ण चन्दर से कहा था : "अफ़साना बहुत अच्छा है, लेकिन आख़िरी जुमला बहुत ग़ैर-सना आया है।" अहमद नदीम क़ासमी की जगह अगर मैं एडिटर होता तो उसे यक़ीनन हज़्फ़ कर देता। इसीलिए जब अफ़सानों पर बातें शुरू हुईं तो मैंने इस्मत से कहा : "आपका अफ़साना 'लिहाफ़' मुझे बहुत पसन्द आया। बयान में अल्फाज़ को बकद्रे-किफ़ायत[1] इस्तेमाल करना आपकी नुमायाँ ख़ुसूसियत[2] रही है, लेकिन मुझे ताज्जुब है कि उस अफ़साने के आख़िर में आपने बेकार-सा जुमला लिख दिया कि एक इंच उठे लिहाफ़ में मैंने क्या देखा, कोई मुझे लाख रुपये भी दे, तो भी मैं नहीं बताऊँगी।"

इस्मत ने कहा, "क्या ऐब है इस जुमले में?"

मैं जवाब में कुछ कहने ही वाला था कि मुझे इस्मत के चेहरे पर वही सिमटा हुआ हिजाब नज़र आया जो आम घरेलू लड़कियों के चेहरे पर नागुफ़तनी शै का नाम सुनकर नुमूदार[3] हुआ करता है। मुझे सख़्त नाउम्मीदी हुई, इसलिए कि मैं 'लिहाफ़' के तमाम जुज़ियात[4] के मुताल्लिक़ उससे बातें करना चाहता था। जब इस्मत चली गयी तो मैंने दिल में कहा : "यह तो कमबख़्त बिल्कुल औरत निकली।"

मुझे याद है, इस मुलाक़ात के दूसरे ही रोज़ मैंने अपनी बीवी को देहली ख़त लिखा : "इस्मत से मिला। तुम्हें यह सुनकर हैरत होगी कि वह बिल्कुल ऐसी ही औरत है, जैसी मैंने जब उससे एक इंच उठे हुए लिहाफ़ का ज़िक्र किया तो नालाइक़ उसका तसव्वुर करते ही झेंप गयी।"

एक अर्से के बाद मैंने अपने इस पहले रद्दे-अमल पर संजीदगी से ग़ौर किया और मुझे इस अम्र का शदीद अहसास हुआ कि अपने फ़न की बक़ा के लिए इनसान को अपनी फ़ितरत की हुदूद[5] में रहना अज़बस लाज़िम है। डॉक्टर रशीद जहाँ का फ़न आज कहाँ है? कुछ तो गेसुओं के साथ कटकर अलाहिदा हो गया और कुछ पतलून की जेबों में ठुस होकर रह गया। फ्रांस में जार्ज साँ ने निस्वानियत का हसीन मलबूस उतार कर तसन्नो की ज़िन्दगी इख़्तियार की। पोलिस्तानी मौसीक़ार शोपेन से लहू थुकवा-थुकवा कर उसने लालो-गौहर ज़रूर पैदा कराये, लेकिन उसका अपना जौहर उसके वतन में दम घुट के मर गया।

मैंने सोचा, औरत जंग के मैदानों में मर्दों के दोश-बदोश लड़े, पहाड़ काटे, अफ़साना-. निगारी करते-करते इस्मत चुग़ताई बन जाये, लेकिन इसके हाथों में कभी-कभी मेहँदी रचनी ही चाहिए। उसकी बाँहों से चूड़ी की खनक आनी ही चाहिए। मुझे अफ़सोस है, जो मैंने उस वक़्त अपने दिल में कहा : "यह तो कमबख़्त बिल्कुल औरत निकली।"

इस्मत अगर बिल्कुल औरत न होती तो उसके मज्मूओं में 'भूलभुलैया', 'तिल', लिहाफ़'

---

1. आवश्यकतानुसार, 2. विशेषता, 3. प्रकट, 4. तत्त्वों, 5. सीमाओं।

और 'गेंदा' जैसे नाज़ुक और मुलायम अफ़साने कभी नज़र न आते। यह अफ़साने औरत की मुख़्तलिफ़ अदाएँ हैं, साफ़, शफ़्फ़ाक़, हर क़िस्म के तसन्नो से पाक। यह अदाएँ वह गश्वे वह ग़मजे नहीं जिनके तीर बनाकर मर्दों के दिल और कलेजे छलनी किये जाते हैं। जिस्म की भोंडी हरकतों से इन अदाओं का कोई ताल्लुक़ नहीं। इन रूहानी इशारों की मंज़िले-मक़सूद इनसान का ज़मीर है, जिसके साथ वह औरत ही की अनजानी, अनबूझी मगर मख़मली फ़ितरत लिए बग़लगीर हो जाता है।

उनकी रंगत बदली : "बेचारा बच्चा... मर गया इसका बाप शायद।"

"ख़ाक तुम्हारे मुँह में...ख़ुदा न करे।" मैंने नन्हे को कलेजे से लगा लिया।

"ठाएँ।" नन्हे ने मौक़ा पाकर बन्दूक़ चलाई।

"हाएँ पाजी...अब्बा को मारता है।" मैंने बन्दूक़ छीन ली।

और लोग कहते हैं, इस्मत नाशुदनी है, चुड़ैल है—गधे कहीं के। इन चार सतूरों में इस्मत ने औरत की रूह निचोड़ कर रख दी है और यह लोग उसे अख़लाक़ की इम्तिहानी नलियों में बैठे हिला-हिला कर देख रहे हैं। तोपदम कर देना चाहिए, ऐसी औंधी खोपड़ियों को।

'साक़ी' में 'दोज़ख़ी' छपा। मेरी बहन ने पढ़ा और मुझसे कहा : "सआदत, यह इस्मत कितनी बेहूदा है। अपने मूए भाई को भी नहीं छोड़ा कमबख़्त ने। कैसी-कैसी फ़ुज़ूल बातें लिखी हैं।"

मैंने कहा : "इक़बाल, अगर मेरी मौत पर तुम ऐसा ही मज़मून लिखने का वादा करो तो ख़ुदा की क़सम, मैं आज मरने के लिए तैयार हूँ।"

शाहजहाँ ने अपनी महबूबा की याद क़ायम रखने के लिए ताजमहल बनवाया। इस्मत ने अपने महबूब भाई की याद में 'दोज़ख़ी' लिखा। शाहजहाँ ने दूसरों से पत्थर उठवाये। उन्हें तरशवाया और अपनी महबूबा की लाश पर अज़ीमुश्शान इमारत तामीर कराई। इस्मत ने ख़ुद अपने हाथों से अपने ख़ाहराना ज़ज्बात चुन-चुनकर एक ऊँचा मचान तैयार किया और उस पर नर्म-नर्म हाथों से अपने भाई की लाश रख दी—ताज शाहजहाँ की मुहब्बत का बरहना[1] मरमरीं इश्तिहार मालूम होता है। लेकिन 'दोज़ख़ी' इस्मत की मुहब्बत का निहायत ही लतीफ़ और हसीन इशारा है, वह जन्नत जो उस मज़मून में आबाद है, उन्वान का उसका इश्तिहार नहीं देता।

मेरी बीवी ने यह मज़मून पढ़ा तो इस्मत से कहा : "यह तुमने क्या ख़ुराफ़ात लिखी है?"

"बको नहीं। लाओ, वह बर्फ़ कहाँ है?"

इस्मत को बर्फ़ खाने का बहुत शौक़ है। बिल्कुल बच्चों की तरह डली हाथ में लिए दाँतों से कटाकट काटती रहती है। उसने अपने बाज़ अफ़साने भी बर्फ़ खा-खाकर लिखे हैं। चारपाई पर कोहनियों के बल औंधी लेटी है। सामने तकिए पर कापी खुली है। एक हाथ में उसका क़लम और मुँह दोनों खटाखट चल रहे हैं।

---

1. नग्न।

इस्मत पर लिखने के दौरे पड़ते हैं। न लिखे तो महीनों गुज़र जाते हैं, पर जब दौरा पड़े तो सैकड़ों सफ़े उसके क़लम के नीचे से निकल जाते हैं। खाने-पीने, नहाने-धोने का कोई होश नहीं रहता। बस हर वक़्त चारपाई पर कोहनियों के बल औंधी लेटी अपने टेढ़े-मेढ़े आराब और इमला से बेनियाज़ ख़त में काग़ज़ों पर अपने ख़यालात मुंतकिल करती रहती है।

'टेढ़ी लकीर' जैसा तूल-तवील नाविल, मेरा ख़याल है, इस्मत ने सात-आठ निशस्तों में ख़त्म किया था।

कृष्ण चन्दर, इस्मत के बयान की रफ़्तार के मुताल्लिक़ लिखता है : अफ़सानों के मुताले[1] से एक और बात जो ज़हन में आती है, वह है घुड़दौड़। यानी रफ़्तार, हरकत, सुबुक ख़रामी (मेरा ख़याल है, इससे कृष्ण चन्दर की मुराद बर्फ़ की रफ़्तारी थी) और तेज़ गामी। न सिर्फ़ अफ़साना दौड़ता हुआ मालूम होता है, बल्कि फ़िक़्रे, किनाए और इशारे की आवाज़ें और किरदार और जज़्बात और अहसासात, एक तूफ़ान की सी बलाख़ेज़ी के साथ चलते और आगे बढ़ते नज़र आते हैं।

इस्मत का क़लम और उसकी ज़बान, दोनों बहुत तेज़ हैं। लिखना शुरू करेगी तो कई मर्तबा उसका दिमाग़ आगे निकल जाएगा और अल्फ़ाज़ बहुत पीछे हाँफते रह जाएँगे। बातें करेगी तो लफ़्ज़ एक-दूसरे पर चढ़ते जाएँगे। शेख़ी बघारने की ख़ातिर अगर कभी बावर्चीख़ाने में चली जाएगी तो मामला बिल्कुल चौपट हो जाएगा। तबीयत में चूँकि बहुत ही उजलत[2] है, इसलिए आटे का पेड़ा बनाते ही सिंकी सिंकाई रोटी की शक्ल देखना शुरू कर देती है। आलू अभी छीले नहीं गये लेकिन उनका सालन उसके दिमाग़ में पहले ही तैयार हो जाता है। और मेरा ख़याल है, बाज़ औक़ात[3] वह बावर्चीख़ाने में क़दम रखकर ख़याल-ख़याल में शिकम-सैर होकर लौट आती होगी—लेकिन इस हद से बढ़ी हुई उजलत के मुक़ाबले में उसको मैंने बड़े ठंडे इत्मीनान और सुकून के साथ अपनी बच्ची के फ्राक सीते देखा है। उसका क़लम लिखते वक़्त इमला की ग़लतियाँ कर जाता है, लेकिन नन्ही के फ्राक सीते वक़्त उसकी सुई से हल्की-सी लग्ज़िश भी नहीं होती। नपे-तुले टाँके होते हैं और मजाल है जो कहीं झोल हो।

'उफ़ रे बच्चे' में इस्मत लिखती है : घर क्या है, मुहल्ले का मुहल्ला है। मर्ज़ फैले, बला आये, दुनिया के बच्चे पटापट मरें, मगर क्या मजाल जो यहाँ भी टस से मस हो जाए। हर साल माशाल्लाह घर अस्पताल बन जाता है। सुनते हैं दुनिया में बच्चे भी मरा करते हैं। मरते होंगे। क्या खबर?

और पिछले दिनों बम्बई में, जब उसकी बच्ची सीमा को काली खाँसी हुई तो वह रातें जागती थी। हर वक़्त खोई-खोई रहती थी। ममता, माँ बनने के साथ ही कोख से बाहर निकलती है।

इस्मत परले दर्जे की हठधर्म है। तबीयत में ज़िद है, बिल्कुल बच्चों की सी। ज़िन्दगी

1. अध्ययन, 2. जल्दबाज़ी, 3. अक़सर।

के किसी नज़रिए को, फ़ितरत के किसी क़ानून को पहले ही साबिक़े में कभी कुबूल नहीं करेगी। पहले शादी से इनकार करती रही। जब आमादा हुई तो बीवी बनने से इनकार कर दिया। बीवी बनने पर जूँ-तूँ रज़ामन्द हुई तो माँ बनने से मुन्किर हो गयी। तकलीफ़ें उठाएगी, सउबतें बरदाश्त करेगी मगर जिद् से कभी बाज़ नहीं आएगी। मैं समझता हूँ, यह भी उसका एक तरीक़ा है जिसके ज़रिए से वह ज़िन्दगी के हक़ाइक़[1] से दो-चार होकर, बल्कि टकराकर उनको समझने की कोशिश करती है।–उसकी हर बात निराली है।

इस्मत के ज़नाना और मर्दाना किर्दारों में भी यह अजीबोग़रीब ज़िद या इन्कार आम पाया जाता है। मुहब्बत में बुरी तरह मुब्तला है, लेकिन नफ़रत का इज़हार किये चले जा रहे हैं। जी गाल चूमने को चाहता है, लेकिन उसमें सुई खूबो देंगे। हौले से थपकना होगा तो ऐसी धोल जमाएँगे कि दूसरा बिलबिला उठे। यह जारेहाना क़िस्म की मन्फ़ी मुहब्बत, जो महज़ एक खेल की सूरत में शुरू होती है, आमतौर पर इस्मत के अफ़सानों में एक निहायत रहम-अंगेज़ सूरत में अंजाम पज़ीर[2] होती है।

इस्मत का अपना अंजाम भी अगर कुछ इसी तौर पर हुआ और मैं उसे देखने के लिए ज़िन्दा रहा तो मुझे कोई ताज्जुब न होगा।

इस्मत से मिलते-जुलते मुझे पाँच-छह बरस हो गये हैं। दोनों की आतिशगीर और भक से उड़ जाने वाली तबीयत के पेशे-नज़र एहतिमाल तो इसी बात का था कि सैकड़ों लड़ाइयाँ होतीं, मगर ताज्जुब है कि इस दौरान में सिर्फ़ एक बार चख़ हुई, और वह भी हल्की-सी।

शाहिद और इस्मत के मदऊ करने पर मैं और मेरी बीवी सफ़िया, दोनों मलाड (बम्बई के मुज़ाफात में एक जगह जहाँ शाहिद बॉम्बे टॉकीज की मुलाज़मत के दौरान मैं मुक़ीम था।) गये हुए थे। रात का खाना खाने के बाद बातों-बातों में शाहिद ने कहा, ''मण्टो, तुमसे अब भी ज़बान की ग़लतियाँ हो जाती हैं।''

डेढ़ बजे तक मैंने तस्लीम न किया कि मेरी तहरीर में ज़बान की ग़लतियाँ होती हैं। शाहिद थक गया। दो बजे तक इस्मत ने अपने शौहर की पैरवी की। मैं फिर भी न माना। अचानक कोई बात कहते हुए इस्मत ने लफ़्ज़ 'दस्त-दराज़ी' इस्तेमाल किया। मैंने झट से कहा : ''सही लफ़्ज़ दराज़-दस्ती है''–तीन बज गये। इस्मत ने अपनी ग़लती तस्लीम न की। मेरी बीवी सो गयी। शाहिद क़िस्सा ख़त्म करने के लिए दूसरे कमरे में लुग़त उठा लाया, 'द' की दख़्ती में लफ़्ज़ दस्त-दराज़ी मौजूद ही नहीं था। अलबत्ता दराज़-दस्ती और उसके मानी दर्ज थे। शाहिद ने कहा : ''इस्मत, अब तुम्हें मानना पड़ेगा''–अब मियाँ-बीवी में चख़ शुरू हो गयी। मुर्ग़ अज़ानें देने लगा। इस्मत ने लुग़त उठाकर एक तरफ़ फेंकी और कहा : ''जब मैं लुगत् बनाऊँगी तो उसमें सही लफ़्ज़ दस्त-दराज़ी होगा। यह क्या हुआ दराज़-दस्ती...दराज़-दस्ती।''

कज-बहसी का यह सिलसिला-ए-दराज़ बहरहाल ख़त्म हुआ। इसके बाद हम एक-

---

1. वास्तविकताएँ, 2. फलीभूत।

दूसरे से कभी नहीं लड़े, बल्कि यूँ कहिए कि हमने इसका कभी मौक़ा ही नहीं आने दिया। गुफ़्तगू करते-करते जब भी कोई ख़तरनाक मोड़ आया, या तो इस्मत ने रुख़ बदल लिया या मैं रास्ता काट के एक तरफ़ हो गया।

इस्मत को मैं पसन्द करता हूँ, वह मुझे पसन्द करती है, लेकिन अगर कोई अचानक पूछ बैठे : ''तुम दोनों एक-दूसरे की क्या चीज़ पसन्द करते हो।'' तो मेरा ख़याल है कि मैं और इस्मत, दोनों कुछ अर्से के लिए बिल्कुल ख़ाली-सफ्फ़ाद हो जाएँगे।

इस्मत की शक्लो-सूरत दिलफ़रेब नहीं, दिलनशीन ज़रूर है। उससे पहली मुलाक़ात के नक़्श अब भी मेरे दिलो-दिमाग़ में महफूज़ हैं। बहुत ही सादा लिबास में थी। छोटी कन्नी की सफ़ेद धोती, सफ़ेद ज़मीन का काली खड़ी लकीरों वाला चुस्त ब्लाउज़, हाथ में छोटा पर्स, पाँव में बग़ैर एड़ी का ब्राउन चप्पल, छोटी-छोटी मगर तेज़ और मुत्जस्सुस आँखों पर मोटे-मोटे शीशों वाली ऐनक, छोटे मगर घुँघराले बाल, टेढ़ी माँग। ज़रा-सा मुस्कराने पर भी गालों में गड्ढे पड़-पड़ जाते थे।

मैं इस्मत पर आशिक़ न हुआ लेकिन मेरी बीवी उसकी मुहब्बत में गिरफ़्तार हो गयी। इस्मत से अगर सफ़िया उस मुहब्बत का ज़िक्र करे तो वह ज़रूर कुछ यूँ कहेगी : ''बड़ी आयी हो मेरी मुहब्बत में गिरफ़्तार होने वाली...तुम्हारी उम्र की लड़कियों के बाप तक क़ैद होते रहे हैं मेरी मुहब्बत में।''

एक बुजुर्गवार अहले-क़लम को तो मैं भी जानता हूँ, जो बहुत देर तक इस्मत के प्रेम पुजारी रहे। ख़तो-किताबत के ज़रिए से आपने इश्क़ फ़र्माना शुरू किया। इस्मत शह देती रही, लेकिन आख़िर में ऐसा अड़ंगा दिया कि सुरैया ही दिखा दी ग़रीब को। यह सच्ची कहानी, मेरा ख़याल है, वह कभी क़लम-बन्द नहीं करेंगे।

बाहम मुतसादिम[1] हो जाने के ख़ौफ़ से मेरे और इस्मत के दरमियान बहुत ही कम बातें होती थीं। मेरा अफ़साना कभी शाया हो तो पढ़कर दे दिया करती थी। 'नीलम' (जब यह कहानी मैगज़ीन में शाया हुई तो उसका उन्वान 'नीलम' था। बाद में मण्टो ने इसी कहानी में 'मेरा नाम राधा है' के उन्वान से अपनी किताब 'चुग़द' में शामिल किया) की इशाअत[2] पर उसने ग़ैर मामूली जोशो-ख़रोश से अपनी पसन्दीदगी का इज़हार किया: वाक़ई यह बहन बनाना क्या है...आपने बिल्कुल ठीक कहा है। किसी औरत को बहन कहना उसकी तौहीन है।''

और मैं सोचता रह गया—वह मुझे मण्टो भाई कहती है और मैं उसे इस्मत बहन कहता हूँ—दोनों को ख़ुदा समझे।

हमारी पाँच-छह बरस की दोस्ती के ज़माने में ऐसा कोई वाक़िआ नहीं जो क़ाबिले-ज़िक्र हो। फ़हाशी के इल्ज़ाम में एक बार हम दोनों गिरफ़्तार हुए। मुझे तो पहले दो दफ़ा तज़ुर्बा हो चुका था, लेकिन इस्मत का पहला मौक़ा था। इसलिए बहुत भन्नाई। इत्तिफ़ाक़ से गिरफ्तारी ग़ैरक़ानूनी निकली, क्योंकि पंजाब पुलिस ने हमें बग़ैर वारंट पकड़ लिया था। इस्मत बहुत खुश हुई, लेकिन बकरे

1. परस्पर टकराव, 2. प्रकाशन।

सआदत हसन मण्टो

की माँ कब तक ख़ैर मनाती। आख़िर उसे लाहौर की अदालत में हाज़िर होना ही पड़ा।

बम्बई से लाहौर तक काफ़ी लम्बा सफ़र है, लेकिन शाहिद और मेरी बीवी साथ थे। सारा वक़्त ख़ूब हंगामा रहा। सफ़िया और शाहिद एक तरफ़ हो गये और चिढ़ाने की ख़ातिर हम दोनों की फ़ुहश-निगारी पर हमले करते रहे। क़ैद की सऊबतों[1] का नक़्शा खींचा। जेल की ज़िन्दगी की झलकियाँ दिखाईं। इस्मत ने आख़िर झल्लाकर कहा : ''सूली पर भी चढ़ा दें, लेकिन यहाँ हलक़ से अनहलक़ ही निकलेगा।''

उस मुक़दमे के सिलसिले में हम दो दफ़ा लाहौर गये। दोनों मर्तबा कालिजों के तमाशाई तालिबे-इल्म मुझे और इस्मत को देखने के लिए टोलियाँ बाँध-बाँध कर अदालत में आते रहे। इस्मत ने मुझे कहा : ''मण्टो भाई, चौधरी नजीर (लाहौर का एक मशहूर प्रकाशक) से कहिए कि टिकिट लगा दे कि यहाँ आने-जाने का किराया ही निकल आये।''

हम दो दफ़ा लाहौर गये और दो ही दफ़ा हम दोनों ने कर्नाल शॉप से अलग डिज़ाइनों के दस-दस बारह-बारह जोड़े सैंडिलों और जूतियों के ख़रीदे।

बम्बई में किसी ने इस्मत से पूछा : ''लाहौर आप क्या मुक़दमे के सिलसिले में गये थे?''

इस्मत ने जवाब दिया : ''जी नहीं, जूते खरीदने गये थे।''

ग़ालिबन साढ़े तीन बरस पहले की बात है। होली का त्योहार था। मलाड में शाहिद और मैं बालकनी में बैठे पी रहे थे। इस्मत मेरी बीवी को उकसा रही थी : ''सफ़िया, यह लोग इतना रुपया उड़ाएँ...हम क्यों न इस ऐश में शरीक हों।'' दोनों एक घंटे तक दिल कड़ा करती रहीं। इतने में एकदम हुल्लड़-सा मचा और फ़िल्मिस्तान से प्रोड्यूसर मुखर्जी, उनकी भारी भरकम बीवी और दूसरे लोग हम पर हमलावर हो गये। चन्द मिनटों ही में

1. यातनाओं।

हम सबका हुलिया पहचानने लायक नहीं था। इस्मत की तवज्जो व्हिस्की से हटी और रंग पर मर्कूज हो गयी : ''आओ सफ़िया, हम भी उन पर रंग लगाएँ।''

हम सब बाज़ार में निकल आये। इसीलिए घोड़बन्दर रोड पर बाक़ायदा होली शुरू हो गयी। नीले-पीले सब्ज़ और काले रंगों का छिड़काव-सा शुरू हो गया। इस्मत पेश-पेश थी। एक मोटी बंगालन के चेहरे पर तो उसने तारकोल का लेप कर दिया। उस वक़्त मुझे उसके भाई अज़ीम बेग़ चुग़ताई का ख़याल आया। एकदम इस्मत ने जनरलों के से अन्दाज़ में कहा, "रंगों से परीचेहरा के घर पर धावा बोलें।''

उन दिनों नसीम बानो हमारी फ़िल्म 'चल-चल रे नौजवान' में काम कर रही थी। उसका बँगला पास ही घोड़बन्दर रोड पर था। इस्मत की तजवीज़ सबको पसन्द आयी। इसीलिए चन्द मिनटों में हम सब बँगले के अन्दर थे। नसीम हस्बे-आदत पूरे मेकअप में थी और निहायत नफ़ीस रेशमी जार्जेट की साड़ी में मलबूस थी। वह और उसका ख़ाविंद अहसान हमारा शोर सुनकर बाहर निकले। इस्मत ने, जो रंगों में लिथड़ी हुई भूतनी-सी लगती थी, मेरी बीवी से जिस पर मज़ीद रंग लगाने से मेरा ख़याल है कोई फ़र्क़ न पड़ता, नसीम की तारीफ़ करते हुए कहा : ''सफ़िया, नसीम वाक़ई हसीन औरत है।''

मैंने नसीम की तरफ़ देखा और कहा : ''हुस्न है लेकिन बहुत ठंडा।''

ऐनक के रंग-आलूद शीशों के पीछे इस्मत की छोटी-छोटी आँखें घूमीं और उसने आहिस्ता से कहा : ''सफ़रावी तबीयतों के लिए ठंडी चीज़ें मुफ़ीद होती हैं।'' यह कहकर वह आगे बढ़ी और एक सेकेंड के बाद ही परीचेहरा नसीम सर्कस का मसख़रा बन गयी।

इस्मत और मैं बाज़ औक़ात अजीब-अजीब बातें सोचा करते : ''मण्टो भाई, जी चाहता है, अब मुर्ग और मुर्गियों के रोमांस के मुताल्लिक़ कुछ लिखूँ।'' या फिर कहती : ''मैं तो फ़ौज में भर्ती हो जाऊँगी और हवाई जहाज़ उड़ाना सीखूँगी।''

चन्द महीनों की बात है, मैं और इस्मत बॉम्बे टॉकिज से वापस इलैक्ट्रॉनिक ट्रेन में घर जा रहे थे। मैंने बातों-बातों में उससे कहा : ''कृष्ण चन्दर के अफ़सानों में मैंने दो चीज़ें आम देखी हैं...ज़िना-बिलजब्र और क़ौसे-क़ज़ाह, जिसे वह क़ौसो-कज़ाह लिखता है।''

इस्मत ने दिलचस्पी लेते हुए कहा : ''यह तो है।''

''सोचता हूँ, एक मज़मून लिखूँ जिसका उन्वान कृष्ण चन्दर, क़ौसे-क़ज़ाह और ज़िना-बिलजब्र हो। मैं साथ ही साथ सोच रहा हूँ कि ज़िना-बिलजब्र से क़ौसे-क़ज़ाह का नफ़्सीयाती रिश्ता क्या हो सकता है?''

इस्मत ने कुछ देर ग़ौर करने के बाद कहा : ''जमालियाती नुक़्ता-ए-नज़र[1] से क़ौसे-क़ज़ाह के रंगों में इंतिहाई जाज़िबयत और कशिश है, लेकिन आप तो किसी और ज़ाविए से सोच रहे थे।''

मैंने कहा : ''सुर्ख़ रंग, आग और ख़ून का रंग है। सनमयात में इस रंग को मरीख़ यानी जल्लाद फ़लक के मन्सूब किया जाता है...हो सकता है कि ज़िना-बिलजब्र से क़ौसे-क़ज़ाह[2] के सिर्फ़ इसी रंग का दामन बँधा हो।''

---

1. सौन्दर्यपरक दृष्टिकोण, इन्द्रधनुष।

"हो सकता है...आप यह मज़मून ज़रूर लिखिए।"

"लेकिन रसोइयों के फ़ने-मुसव्विरी में सुर्ख़ रंग, इश्के-इलाही का मज़हर है...नहीं... नहीं..." मेरे दिमाग़ में अचानक एक ख़लिया फूटा : "सलीब पर चढ़ने के शदीद जज़्बे को भी इसी रंग में मानून किया गया है, और कुँवारी मरियम का लिबास सुर्ख़ होता है...यह इस्मत की निशानी है!" यह कहते-कहते मैंने अचानक इस्मत के सफ़ेद लिबास की तरफ़ देखा।

वह मुस्करा दी। "मण्टो भाई, आप यह मज़मून ज़रूर लिखिए। मज़ा आ जाएगा... लेकिन उन्वान में से बिलजब्र उड़ा दीजिए।"

"कृष्ण को एतराज़ होगा, क्योंकि वह जब्रिया फ़ेल समझकर ही तो रोता है।"

"बेकार रोता है। क्या मालूम कि यह ज़ुल्म ही उसकी मज़लूम हीरोइनों को अच्छा लगा हो।"

"अल्लाह बेहतर जानता है।"

इस्मत की अफ़साना-निगारी पर काफ़ी मज़मून लिखे गये हैं। हक़ में कम, ख़िलाफ़त में ज़्यादा। कुछ तो बिल्कुल मज़्ज़ूब की बड़ हैं। चंद ऐसे हैं जिनमें ज़मीन-आसमान के क़ुलाबे मिलाये गये हैं।

पितरस साहब ने भी, जिनको लाहौर के अदबी ठेकेदारों ने डिबिया में बन्द कर रखा था, अपना हाथ बाहर निकाला और क़लम पकड़कर इस्मत पर एक मज़मून लिख दिया। आदमी ज़हीन है, तबीयत में शोख़ी और मिज़ाह है, इसलिए मज़मून काफ़ी दिलचस्प और सुलझा हुआ है। आप औरत के लेबिल का ज़िक्र करते हुए लिखते हैं : एक मुक़्तदिर (आपकी मुराद सलाहउद्दीन साहब से है) व पुख़्ताकार दीबाचा-नवीस ने भी, मालूम होता है, इंशापरदाज़ों की रेवड़ में, नर और मादा अलग-अलग कर रखे हैं। इस्मत के मुताल्लिक़ फ़र्माते हैं कि जिन्स के एतिबार से उर्दू में कमोबेश उन्हें भी वही रुत्बा हासिल है जो एक ज़माने में अंग्रेज़ी अदब में जार्ज इलियट को नसीब हुआ। गोया अदब कोई टेनिस टूर्नामेंट है जिसमें औरतों और मर्दों के मैच अलाहिदा होते हैं।

जार्ज इलियट का रुतबा मुसल्लम, लेकिन इसका नाम ले देने से तुक बस यूँ ही मिला। अब यह अम्र एक अलाहिदा बहस का मोहताज है कि क्या कोई माबिल इम्तियाज़ ऐसा है, जो ख़ारिजी और हंगामी-इत्तिफ़ाक़ी नहीं—बल्कि दाख़िली और जिबिल्लि और बुनियादी—जो इंशापरदाज़ औरतों के अदब से इंशापरदाज़ मर्दों के अदब से मुमैयज़ करता है। और अगर है तो क्या है? इन सवालों का जवाब कुछ हो, बहरदाल इस नौअ का हरगिज़ नहीं कि उसकी बुनियाद पर मुसन्निफ़ीन को जिन्स के एतिबार से अलग-अलग दो क़तारों में खड़ा कर दिया जाए।

इन सवालों का जवाब, बहुत मुमकिन है, ऐसा न हो जिसकी बुनियाद पर मुसन्निफ़ीन को जिन्स के एतिबार से दो क़तारों में खड़ा कर दिया जाए। लेकिन जवाब देते वक़्त लोग यह ज़रूर सोचेंगे कि सवाल करने वाला कौन है। मर्द या औरत? क्योंकि सिन्फ़ मालूम होने पर सवाल करने वाले का जिबिल्लि और बुनियादी ज़ावियाए-निगाह बहुत हद तक वाज़े हो जाएगा।

पितरस साहब का यह कहना कि "गोया अदब कोई टेनिस टूर्नामेंट है जिसमें औरतों और मर्दों के मैच अलाहिदा होते हैं" ठेठ पितरसी फ़िक्रेबाज़ी है। टेनिस टूर्नामेंट, अदब नहीं। लेकिन औरतों और मर्दों के मैच अलाहिदा होना बेअदबी भी नहीं।

पितरस साहब क्लास में लेक्चर देते हैं तो तलबा और तालिबात से उनका ख़िताब जुदागाना नहीं होता, लेकिन जब उन्हें किसी लड़के या शागिर्द लड़की से दिमाग़ी नशो-नुमा पर ग़ौर करना पड़ेगा तो माहिरे-तालीम होने की हैसियत में वह उनकी जिन्स से ग़ाफ़िल नहीं हो जाएँगे।

औरत अगर जार्ज इलियट या इस्मत चुग़ताई बन जाए तो इसका यह मतलब नहीं कि उसके अदब पर उसके औरत होने के असर की तरफ़ ग़ौर न किया जाए। हिजड़े के अदब के मुताल्लिक़ भी क्या पितरस साहब यही इस्तिफ़सार फ़र्माएँगे, कि क्या कोई माबिल-इम्तियाज़ ऐसा है, दाख़िली और जिबिल्लि और बुनियादी, जो इंशापदराज़ हिजड़ों के अदब को इंशापरदाज़ मर्दों और औरतों के अदब से सुमैयज़ करता है।

मैं औरत पर औरत और मर्द पर मर्द के नाम का लेबल लगाना भोंड़ेपन की दलील समझता हूँ। मस्जिदों और मन्दिरों पर यह बोर्ड लगाना कि यह इबादत और बन्दगी की जगहें हैं, बहुत ही मुज़्हका ख़ेज़[1] है। लेकिन जब किसी मस्जिद और मन्दिर के मुक़ाबले में किसी आम रिहाइशगाह को रखकर हम फ़ने-तामीर का जाइज़ा लेंगे तो उस पर मन्दिर और मस्जिद की तक़दीस का असर अपने ज़हन से मह्व नहीं कर देंगे।

इस्मत के औरत होने का असर उसके अदब के हर-हर नुक्ते में मौजूद है, जो उसको समझने में हर-हर क़दम पर हमारी रहबरी करता है। उसके अदब की ख़ूबियों और कमियों से, जिनको पितरस साहब ने अपने मज़मून में ग़ैर-जानिबदारी से बयान किया है, हम मुसन्निफ़ की जिन्स से अलाहिदा नहीं कर सकते और न ऐसा करने के लिए कोई तन्क़ीदी, अदबी या कीमयाई तरीक़ा ही मौजूद है।

अज़ीज़ अहमद साहब 'नया दौर' में इस्मत की 'टेढ़ी लकीर' पर तनक़ीद करते हुए लिखते हैं : जिस्म के एहतिसाब का इस्मत के पास एक ही ज़रिया है और वह है मसास[2]। इसीलिए रशीद से लेकर टेलर तक, बीसियों मर्द जो इस नाविल में आते हैं, सबका अन्दाज़ा जिस्मी या ज़हनी मसास से किया गया है। ज़्यादातर मसास की कैफ़ियत इन्फ़िआली-सी होती है। मसास ही इस्मत के यहाँ एहतिसाबे-मर्द, एहतिसाबे-इनसान, एहतिसाबे-ज़िन्दगी, एहतिसाबे-कायनात का वाहिद ज़रिया है—रज़ाइयों के बादलों में अब्बास के हाथ बिजलियों की तरह कोंदते हैं और लड़कियों के गिरोह में नन्ही-नन्ही लर्ज़िशें मचल-मचल कर बिखर जाती हैं...। रसूल फ़ातिमा के चूहे जैसे हाथ मसास का तारीक रुख़ हैं। नीम-तारीक रुख़ मैटरन का वह मुनाफिरा या मुआश्का है, जिसमें मेटरन को ताज्जुब था कि ज़हन में लड़कियाँ उन गुंडों की आँखें अपनी रानों पर रेंगती हुई महसूस नहीं करतीं। मसास के सिलसिले में शम्मन का निस्वानी[3] अहसास रान की उँगलियों की सरसराहट महसूस करता है।

---

1. हास्यास्पद, 2. मैथुन के समय स्त्री के शरीर का मर्दन, 3. स्त्रीय।

अज़ीज़ अहमद साहब का यह नज़रिया ग़लत है कि इस्मत के यहाँ एहतिसाब का ज़रिया एक फ़क़त मसास ही है। अव्वल तो मसास कहना ही ग़लत है, इसलिए कि यह एक ऐसा अमल या फ़ेल है जो कुछ देर जारी रहता है। इस्मत तो ग़ायत दर्जे की ज़कि—उलहिस है। हल्का-सा लम्स ही उसके लिए काफ़ी है। इस्मत के यहाँ आपको दूसरी जिस्मानी हिसें[1] भी मह्‌वे-अमल नज़र आती हैं। मिसाल के तौर पर सूँघने और सुनने की हिस। सौत का तो जहाँ तक मैं समझता हूँ, इस्मत के अदब से बहुत ही गहरा ताल्लुक़ है :

"घर-घर। फट शूँ। फ़िश।" बाहर बरामदे में मोटर भन्ना रही थी।

"रेडियो को मरोड़ते रहे। खड़-खड़, शटर-शटर, घर-घर।" मेरे आँसू निकल आये।

टनन-टनन। साइकिल की घंटी बजी। मैं समझ गयी, एडना आ गयी।

और जो ज़रा ऊँघने की कोशिश की तो धमाधम ठट्टों की आवाज़ छत पर आयी।

और धम-धम छम-छम करती बहू सीढ़ियों पर से उतरी।

"ग़ुन-ग़ुन, ग़ुन-ग़ुन।" बहू मिनमिनाई।

मक्खी, तनन तनन करके रह गयी।

बच्चा कूँ-कूँ करके चपड़-चपड़ मुँह मारने लगता।

बिल्ली की तरह सपड़-सपड़ रकाबी चाटने जैसी आवाज़ें आने लगीं।

टक-टक, टक-टक। घड़ी की तरह उसका दिल हिलने लगा।

मोटे-मोटे क़हक़हे लगाते हुए मच्छर।

एक पुर-असरार क़ब्रिस्तानी हवा में लरजती है।

घुँघरुओं की झनकार और तालियों की आवाज़ें एकबारगी मेरे ज़िस्म में रेंगकर हज़ारों नब्ज़ों की तरह फड़फड़ाने लगीं।

इसी तरह सूँघने की हिस भी जगह-जगह मस्रूफ़े-अमल है :

और बू तो देखो, हुक़्क़े की सड़ाँध है। तौबा, थू।

क़िवाम की बू ऐसी बह गयी थी कि उसे नींद न आयी।

सरसों का तेल आठवें दिन की खट्‌टी-खट्‌टी बू देने लगता।

और जिस्म से अजीब घबराने वाली बू के शरारे निकलते थे।

गर्म-गर्म ख़ुशबुओं के इत्र ने और भी उन्हें अंगारा बना दिया।

मैंने नथने फुलाकर 'सूँ-सूँ' हवा को सूँघा। सिवाय इत्र, संदल और हिना की गर्म-गर्म खुशबू के और कुछ महसूस न हुआ।

सर्द आहों, और भीनी-भीनी ख़ुशबू तक को रंग में समोकर दिखा दिया था।

पसीने से गल चुके थे और उनमें मरघट जैसी चिरांध आने लगी थी।

मर्दाना क़मीस, सिगरेट की बू में गर्क़ मलगजी-सी।

नीचे क्यारियों में से धनिए की नन्ही-नन्ही पत्तियाँ तोड़कर सूँघने लगी।

इस्मत की सब हिसें वक़्त पड़ने पर अपनी-अपनी जगह काम करती हैं और ठीक तौर

---

1. इन्द्रियाँ।

से करती हैं। अज़ीज़ अहमद साहब का यह कहना कि जीन्स एक मर्ज़ की तरह इस्मत के आसाब पर छाई हुई है, मुमकिन है, उनकी तश्ख़ीस के मुताबिक़ दुरुस्त हो, मगर वह इस मर्ज़ के लिए नुस्ख़े तज्वीज़ न फ़र्माएँ। यूँ तो लिखना भी एक मर्ज़ है। कामिल तौर पर सेहतमन्द आदमी, जिसका दर्जा-ए-हरारत हमेशा साढ़े अट्ठानवे ही रहे, सारी उम्र अपनी ज़िन्दगी की ठंडी स्लेट हाथ में लिए बैठा रहेगा।

अज़ीज़ अहमद साहब लिखते हैं : इस्मत की हीरोइन की सबसे बड़ी ट्रेजिडी यह है कि दिल से न उसे किसी मर्द ने चाहा और न उसने किसी मर्द को। इश्क़ एक ऐसी चीज़ है, जिसका जिस्म से वही ताल्लुक़ है जो बिजली का तार से है। खटका दबा दो तो यही इश्क़ हज़ारों कन्दीलों के बराबर रौशनी करता है। दोपहर की झुलसती लू में पंखा झलता है। हज़ारों देवों की ताक़त से ज़िन्दगी की अज़ीमुश्शान मशीनों के पहिये घुमाता है और कभी-कभी ज़ुल्फ़ों को सँवारता और कपड़ों पर इस्त्री करता है। ऐसे इश्क़ से इस्मत चुग़ताई बहैसियते-लेखिका वाक़िफ़ नहीं।

ज़ाहिर है कि अज़ीज़ अहमद साहब को इसका अफ़सोस है—मगर यह इश्क़, जिससे अज़ीज़ अहमद साहब वाक़िफ़ मालूम होते हैं, ऐसा लगता है कि उन्होंने पंचवर्षीय योजनाओं के मातहत तैयार किया है और अब वह उसे हर इनसान पर लागू कर देना चाहते हैं—अज़ीज़ अहमद साहब को ख़ुश करने के लिए मैं फ़र्ज़ कर लेता हूँ कि इस्मत की हीरोइन उस इश्क़ के ए सी और डी सी, दोनों करंटों से वाक़िफ़ थी। फिर यह ट्रेजिडी कैसे वक़ू-पज़ीर[1] हुई कि दिल से न उसे किसी मर्द ने चाहा और न उसने किसी मर्द को।

इस्मत वाक़ई अज़ीज़ अहमद साहब के तस्नीफ़-कर्दा इश्क़ से नाआशना है और उसकी यह ना-आशनाई ही उसके अदब का बाइस[2] है। अगर आज उसकी ज़िन्दगी के तारों के साथ उस इश्क़ की बिजली जोड़ दी जाए और खटका दबा दिया जाए तो बहुत मुमकिन है, एक और अज़ीज़ अहमद पैदा हो जाए, लेकिन 'तिल', 'गेंदा', 'भूलभुलैया' और 'जाल' तस्नीफ़ करने वाली इस्मत यक़ीनन मर जाएगी।

इस्मत के ड्रामे कमज़ोर हैं। जगह-जगह उनमें झोल है। इस्मत प्लाट को मनाज़िर[3] में तक़सीम करती है तो नापकर कैंची से नहीं कतरती, यूँ ही दाँतों से चीर-फाड़कर चीथड़े बना डालती है। पार्टियों की दुनिया इस्मत की दुनिया नहीं। उसमें वह बिल्कुल अजनबी रहती है। जिन्स, इस्मत के आसाब पर एक मर्ज़ की तरह सवार है। इस्मत का बचपन बड़ा ग़ैर सेहत बख़्श रहा है। पर्दे के उस पार की तफ़्सीलात बयान करने में इस्मत को यदे-तूला हासिल है। इस्मत को समाज से नहीं, शख़्सीयतों से शग़फ़ है। शख़्सीयतों से नहीं, अशख़ास से है। इस्मत के पास जिस्म के एहतिसाब का एक ही ज़रिया है और वह है मसास-इस्मत के अफ़सानों की कोई सम्त ही नहीं—इस्मत की ग़ैर मामूली क़ुव्वते-मुशाहिदा हैरत में ग़र्क़ कर देती है—इस्मत फ़ुहश-निगार है—हलका-हलका तन्ज़ और मिज़ाह, इस्मत के इस्टाइल की मुमताज़ ख़ूबियाँ हैं—इस्मत तलवार की धार पर चलती है।

---

1. घटित, 2. कारण, 3. दृश्यों।

इस्मत पर बहुत कुछ कहा गया है और कहा जाता रहेगा। कोई उसे पसन्द करेगा, कोई नापसन्द। लेकिन लोगों की पसन्दीदगी और नापसन्दीदगी से ज़्यादा अहम चीज़ इस्मत की तख़्लीकी क़ुव्वत[1] है। बुरी, भली, उरियाँ, मस्तूर, जैसी भी है, क़ाइम रहनी चाहिए। अदब का कोई जुग़राफ़िया नहीं। उसे नक़्शों और ख़ाकों की क़ैद से, जहाँ तक मुमकिन हो, बचाना चाहिए।

अर्सा हुआ, देहली के एक ज़ाते-शरीफ़ दरवेश ने अजीबो-ग़रीब हरकत की। आपने 'औरों की कहानी, सुन मेरी ज़बानी' ''इसके पढ़ने से बहुतों का भला होगा।'' जैसे उन्वान से शाया की। उसमें मेरा, इस्मत, मुफ़्ती, प्रेमचन्द, ख़्वाजा मोहम्मद शफ़ी और अज़ीम बेग़ चुग़ताई का एक-एक अफ़साना शामिल था। भूमिका में तरक़्क़ीपसन्द अदब पर एक तनक़ीदी चोट, मारूँ घुटना फूटे आँख के बमिस्दाक़, फ़र्माई गयी थी, और उस कारनामे को अपने दो नन्हे-नन्हे बच्चों के नाम से मानून किया गया था। उसकी एक कापी आपने इस्मत को और मुझे रवाना की। इस्मत को दरवेश की यह नाशाइस्ता और भोंडी हरकत सख़्त नापसन्द आयी। इसीलिए बहुत भन्नाकर मुझे एक ख़त लिखा : मण्टो भाई, आपने वह किताब, जो दरवेश ने छापी है, देखी? ज़रा उसे फटकारिए और एक नोटिस दीजिए निजी तौर पर कि हर मज़मून का जुर्माना दो सौ रुपये दो, वर्ना दावा ठोंक देंगे। कुछ होना चाहिए। आप बताइए, क्या किया जाए। यह ख़ूब है कि जिसका दिल चाहे उठाकर हमें कीचड़ में लथेड़ देता है और हम कुछ नहीं कहते। ज़रा मज़ा रहेगा। इस शख़्स को ख़ूब रगड़िए। डाँटिए कि उलटा अलमबर्दार क्यों बन रहा है उरियाँ अदब का। उसने हमारे अफ़साने सिर्फ़ किताब फरोख़्त करने के लिए छापे हैं। हमारी तहक है कि हमें हर ऐरे ग़ैरे नत्थू ख़ैरे, कमअक़्लों की डाँटें सुनना पड़ें। जो कुछ मैंने लिखा है, उसको सामने रखकर एक मज़मून लिखिए। आप कहेंगे, मैं क्यों नहीं लिखती तो जवाब है कि आप पहले हैं।

जब इस्मत से मुलाक़ात हुई तो उस ख़त का जवाब देते हुए मैंने कहा : ''सबसे पहले लाहौर के चौधरी मोहम्मद हुसैन (प्रैस ब्रांच, हुकूमते-पंजाब का इंचाजे) साहब हैं। उनसे हम दर्ख़्वास्त करें तो वह ज़रूर मिस्टर दरवेश पर मुक़दमा चलवा देंगे।

इस्मत मुस्कराई : ''तज़वीज़ तो ठीक है, लेकिन मुसीबत यह है कि हम भी साथ ही धर लिए जाएँगे।''

मैंने कहा, ''क्या हुआ...अदालत ख़ुश्क जगह सही लेकिन कर्नाल शॉप तो काफ़ी दिलचस्प जगह है...मिस्टर दरवेश को वहाँ ले जाएँगे और...''

इस्मत के गालों के गड्ढे गहरे हो गये।

---

1. रचना-शीलता।

पेश लफ़्ज़

कृष्ण चन्दर

मैं जब इस्मत चुग़ताई के अफ़सानों का तजज़िया[1] करने बैठता हूँ तो एक अजीब दुश्वारी पेश आती है। इनके अफ़साने आम शाहराह[2] से हटकर एक और ही नहज[3] इख़्तियार कर चुके हैं। इनकी हैसियत इस कदर मुख़्तलिफ़ नज़र आती है कि इन पर आम अदबी अक़दाम का अतलाक़ करते हुए कुछ दिक़्क़त सी महसूस होती है। इस्मत के अफ़साने गोया औरत के दिल की तरह पुर पेच और दुश्वार गुजार नज़र आते हैं। मैं शायरी नहीं कर रहा और अगर इस बात में कोई शायरी है तो इसी हद तक जहाँ तक शायरी का सच्ची बात में दखल होता है। मुझे यह अफ़साने इस जौहर से मुताशाबे[4] मालूम होते हैं जो औरत में है, इसकी रूह में है, इसके दिल में है, इसके जाहिर में है, इसके बातिन[5] में है। यह अफ़साने शायद 'तिल' की हीरोइन 'रानी' के जिस्म की तरह हैं। और जब कभी इस अदबी जौहर को परखने से आम अदबी अकदार में ढालने और कलियों में फाँसने की कोशिश की जाती है तो यह जौहर एक नज़र न आने वाले गैरमरई हयोले की तरह क़ाबू में नहीं आता, और तिल के होरा 'चौधरी' के अलफ़ाज में :

कृष्ण चन्दर और सरदार जाफ़री

"सबसे बड़ी मुसीबत तो यह थी कि वह हज़ारों रंग लथेड़ने पर भी इसके रंग जैसा मसाला तैयार न कर सका। उसने स्याही सन्दली घोलकर इसमें ज़रा-सा नीला रंग मिला दिया फिर भी इसके रंग की चमक आबनूसी, सन्दली, नीली और कुछ बादाम लहर लिए हुए थी। एक मुसीबत होती तो ख़ैर थी। आज उसका रंग सुरमई होता तो दूसरे दिन उसमें शफ़क़ की सी सुर्खी फूटने लगती और फिर कभी बिल्कुल अचानक उसका जिस्म ख़त्म होती हुई रात की तरह कुछ उड़ी-उड़ी घटाओं से मिलने लगता और

1. विश्लेषण, 2. राजमार्ग, 3. पथ, 4. समतुल्य, 5. अन्तर्मन।

कभी न जाने कहाँ से इसमें साँप के जहर की सी पीलाहट झलकने लगती...और आँखें भी गिरगिट की तरह रंग बदलतीं। उसने पहले दिन निहायत इतमीनान से कोलतारी सा स्याह रंग घोल कर तैयार किया। लेकिन फिर उस पुतली के गिर्द लाल-लाल डोरे नज़र आये। ख़ैर वह भी हुई। फिर इन डोरों के आस-पास की ज़मीन बादलों की तरह नीली मालूम होने लगी। वो झुँझला गया और ढेर सा रंग बेकार किया। लेकिन उसके ग़ुस्से की तो इन्तहा ही न रही जब उसने देखा कि ज़रा सी देर में वो स्याह कोलतार जैसी पुतलियाँ सब्ज़ होने लगीं। पुतलियों के आस-पास का मैदान दूधिया सफेद हो गया और डोरे कुर्मुजी हो गये।"

यही गूनागूं बूक़ल्मों रंगा-रंगी, इनकी मतलून मिज़ाजी, पुरपेच तवातुर और सहर-अंगेज़ मश्शतगी जिसे महसूस तो किया जा सकता है लेकिन शायद इतनी शिद्दत से बयान नहीं किया जा सकता, इन अफ़सानों का जौहर अज़ीम है।

पहले-पहल जब मैंने इस्मत चुग़ताई के अफ़साने पढ़े तो मुझे यूँ मालूम हुआ गोया मेरे ज़हन की चारदीवारी में एक नया दरीचा खुल गया है। यह दरीचा जो मेरे ज़हन, शऊर[1] और इदराक की दुनिया में एक नये मन्ज़र में इज़ाफा करता है, मैंने इस मन्ज़र की जुज़ियात[2] को गहे-गहे देखा था, इसके किरदारों का भी फराई मुताला किया था। उनकी खुशियों और ग़मों को इक उड़ती छिछलती हुई नज़र से देखा भी था। लेकिन कभी इस सारे मन्ज़र को, इसकी आम जुज़ियात को, इन तमाम किरदारों को उनकी तमाम खुशियों और ग़मों के साथ इस क़दर मुतानासिब और मुकम्मल न पाया था। जो चीज़ कभी क़ाशों में, टुकड़ों में, छोटी-छोटी झलकियों में देखी थी, वो आज एक मुकम्मल तस्वीर की सूरत में नज़र आयी। यह तस्वीर ख़ूबसूरत भी थी, बदसूरत भी। इसमें आँसू भी थे, क़हक़हे भी। ज़िन्दगी की गहराई भी और इसका छिछोरापन भी। नफ़रत भी और मिट जाने के आसार भी जो किसी औरत ही को नसीब हो सकती है। और फिर ममेरे, चचेरे, खलेरे भाई-बहन, उनकी चाहतें, उनकी रुसवाइयाँ, लगावटें, हलावतें। इस तस्वीर में एक मुस्लिम घराने, एक मुतवस्सित तबके के शहरी मुस्लिम घराने की रूह खिंच आयी है। (इस कदर वाज़ह के नक़्श अव्वलीन ही नक़्शे आख़िर मालूम होता है) नये अफ़सानानिगारों में दो एक और ने भी इस तस्वीर को पेश किया है और हक़ तो यह है कि निहायत उम्दा तरीके से पेश किया है, और इस्मत चुग़ताई से पहले पेश किया है। लेकिन उन्होंने इसे एक मर्द के जाविया-ए-निगाह[3] से जाँचा है। इसलिए चन्द जुज़ियात ग़ैरमुतानासिब हैं, चन्द ख़ुतूत गैर-मुतावाजी हैं क्योंकि मर्द अक्सर घर की चहारदीवारी से बाहर रहता है और मुतवस्सित तबके[4] के मुस्लिम शहरी घराने की बहू-बेटी अक्सर घर की चहारदीवारी ही में ज़िन्दगी बसर करती है। यह घर इसकी रूह की मल्जा-व-मावा है। इसकी फ़िक्री, रूहानी, जिस्मानी ज़िन्दगी का मरकज़ है। इसीलिए तो इस्मत के अफ़सानों में इस घराने का हाल इस कदर शिद्दते-तास्सुर के साथ मरकूम है कि पढ़ने वाले को अफ़साने के माहौल और इसके किरदारों से एक रूहानी कराबत का एहसास होता है और वो इनके दुखों, तकलीफ़ों और

1. संस्कार, 2. तमाम पहलू, 3. दृष्टिकोण, 4. मध्यम वर्ग।

मुसर्रतों की इन्हीं खुशियों और सऊबतों से इस कदर हम-आहंग कर लेती है कि कोई हद्दे फ़ासिल नहीं रहती। यहाँ के किरदारों का माहौल और इनकी ज़िन्दगी इसकी ज़िन्दगी से मालूम होते हैं और वो मुतवस्सित तबक़े का मुस्लिम घराना, और इसका अपना घर। इस लिहाज़ से इस्मत चुग़ताई के अफ़साने बहुत कामयाब हैं।

इन अफ़सानों के मुताले से एक बात जो ज़हन में आती है वो है घुड़-दौड़, यानी रफ़्तार, हरकत, सुबुक ख़रामी और तेज़-गामी। न सिर्फ़ अफ़साना दौड़ता हुआ मालूम होता है बल्कि फ़िक्रें, कनाए और इशारे और आवाज़ें और किरदार और जज़्बात और अहसासात एक तूफ़ान की सी बला ख़ेजी के साथ चलते और आगे बढ़ते नज़र आते हैं और कभी-कभी पढ़ने वाले का ज़हन इस कदर पीछे रह जाता है कि दिल ही दिल में वो अफ़सानानिगार को कोसता रह जाता है यानी औरत को भी इस क़दर सायम-दौड़ क्यों। हमें यह अच्छा नहीं मालूम होता। सच है यह अहसासे-शिकस्त और वो भी औरत के हाथों से किसे अच्छा लगता है। लेकिन यह बला खेज़ी तन्दुरुस्त और तवानाइ इनसान के लिए सदाए जर्स से कम नहीं। उठो, काम करो, जागो, भागो। हिन्दोस्तान की औरत अपनी रूह में बेदारी[1] और बेदारी के साथ नसीमे सुबह-गाही ताजगी और तवानाई महसूस कर रही है। वो एहदे-कुहन[2] की तमाम कुल्फतों को मिटा कर एक नयी हरकती ज़िन्दगी का आग़ाज़ करना चाहती है। इन अफ़सानों के ज़हनी तसलसुल की तेज़-रफ्तारी इस नयी ज़िन्दगी के ख़ारजी पहलू की आईनेदार है। 'बीमार' में :

"और फिर दनदना कर बुख़ार चढ़ता और कटकटी बँध जाती। मालूम होता हड्डियाँ चटख रही हैं और खाल झुलसने लगती। गले में जैसे रहट चलने लगता चूं-चर। शड़्-र। खड़। और फिर खाँसी के फंदे पड़ने लगते।

बच्चे आराम से किलकारियाँ मारते और ऐसा मालूम होता कि गोया उसके कलेजे पर घन बरस रहे हैं। बस वो एक-दूसरे के पीछे दौड़ते, दरवाज़े धड़धड़ाते निकल जाते और इनकी ज़िन्दा लाश सर से पैर तक लरज जाती और फिर दूसरी आवाज़ें, भयानक भोंपू वाली लारियाँ, कूकती हुई मोटरें, खड़खड़ाते तारों और मिनमिनाती हुई साइकिलें, सब गोया उसके सीने पर से दनदनाती हुई गुज़रतीं 'राम नाम सत्य है।' उसका सीना मसल जाता।"

टिनन-टिनन कोई कॉलेज की लड़की साइकिल उड़ाती आ रही थी। ख़्वाब फिर बदले। क्या अजीब साइकिलें टकराईं, जैसे सितारे टकराते हैं और फिर तूफ़ान...गरज और चमक, बेहोश हसीना...मगर...वो ब्रेक...ब्रेक लगा ही नहीं। एक सितारे का वह देकर निकल गया। और एक गिरा धम से, घुटनों से पाजामा मसक गया, गट्टे छिल गये। दूसरे सितारे की सारी छूट मोड़ पर हवा में लहराई और गुम।" (उसके ख़्वाब)

मेरे ख़याल में कोई हादसा भी इस बर्क-रफ़्तारी से वुक़ू में नहीं आता कि जिस तरह इस्मत चुग़ताई ने इसे बयान किया है। सुरअत, हरकत, रफ़्तार, मुख़्तसर, अफ़साने का एक अहम जुज़्ब है और इस लिहाज़ से मुझे अपने कई अफ़साने ठस मालूम होते हैं। ठहरे हुए

---

1. जागृति, 2. प्राचीनता।

पानी की तरह रुके हुए।

"काश इसका बस चलता तो वो बताता। मनहूस लड़की। बड़ी इल्म हासिल कर रही हैं। कुछ नहीं। कुछ पढ़ने-बढ़ने की ज़रूरत नहीं। जंगली...इनसे साधु की लड़की हज़ार बल्कि करोड़ दर्जे अच्छी थी। दूध ताज़ा चमकती हुई पीतल की लुटिया में बाँछो में बह रहा है। इससे तो वो सड़क कूटने वाली ही अच्छी, गो उसकी खाल झुलस कर साइकिल की गद्दी से मिलने लगी है और पिंडलियाँ फोड़ों से लदी हुई हैं और दो मिनट पास बैठ जाओ तो जुँएँ बिलबिलाने लगें। मगर जरा आँख झपकाओ मुस्कुराहट की बिजलियाँ तैयार।" (उसके ख़्वाब)

"एक अलमारी के बालाई[1] तख़्ते पर एक घड़ी रखी है। चौड़ी सी मोटी औरत के चेहरे के मानिन्द कुड़क मुर्गी की तरह कटाक-कटाक करती रहती है। यह घड़ी इस घर में बिल्कुल मालका-मकान की हैसियत रखती है। ज्यों ही दस बजते हैं, गाय सींग बदलती है। निजाम फल्की में तबदीली होती है। कुर्सी का पतलून एक सपाटे से ग़ायब हो जाता है। पाय पर रखी हुई पसीनेदार भूरी ऐड़ी भद से ज़मीन पर आ रहती है। कपड़ों की झटक-फटक सुनाई देती है, गोया फरिश्ते फड़फड़ा रहे हों। फिर ज़मीन पर जूतियाँ रेंगनी शुरू होती हैं। मालूम होता है पूरी बाटा कम्पनी के जूते पड़े मचल रहे हैं। जूतों की खिस-खिस से आपके दाँत खिसखिसा उठते हैं जैसे इनके दर्मियान कोई रेत की चुटकियाँ छिड़क रहा हो।" (झिरि में से)

और यह राहत की शान में :

"राहत! आपने चन्द मोम की पुतलियों को तो देखा होगा। नन्ही-मुन्नी, खेल-कूद की शौक़ीन, जिनका मकसदे-ज़िन्दगी खेलना है। गुड़ियों से खेलना, किताबों से खेलना, अम्मा-अब्बा से खेलना और फिर आशिक़ों की पूरी-पूरी टीम से कबड्डी खेलना। अभी मेरे बदनसीब भाई के साथ हँस-खेल कर आ रही थी।" (जनाज़े)

"मक्खियों की चहलों से दुखी होकर बुढ़िया फड़-फड़ा उठी। यह मक्खी ज़ात जी के साथ लगी थी। पैदा होते ही घुट्टी की चिपचिपाहट सूँघ कर जो मक्खियाँ मुँह पर बैठना शुरू हुईं, तो क्या सोते क्या जागते बस आँख, नाक और होठों की तरह यह भी जिस्म का एक अजू बनकर साथ ही रहती थीं और एक मक्खी तो न जाने सालहासाल से उसकी दुश्मन हो गयी थी। जब लखनऊ में थी जब काटा। फिर जब उन्नाव गयी तो बरसात में फिर काटा, और तो और सन्दीले में भी पीछा न छोड़ा। अगर बुढ़िया को मालूम होता कि उसके जिस्म का कौन से मखसूस हिस्से से उन्स है तो वो ज़हर वो हिस्सा काट कर मक्खी को दे देती। वही चितले पर टेढ़ी टाँगें और मट्का सर। वो बड़े ताक कर पंखे का छपाका मारती। मक्खी तनन-तनन करके वो गयी।'' (सास)

इन टुकड़ों को बुलन्द आवाज़ से पढ़िये और फिर इनकी सोता रफ़्तार का भी अन्दाज़ा लगाइये। लेकिन अफ़साने में अगर रफ़्तार ही रफ़्तार हो, सिम्त न हो, नहज मुताआय्यिन न हो तो अफ़साना एक वहशी हिरणी की चौकड़ी बनकर रह जाता है। 'क्यों रे कुत्ते' की

---

1. ऊपरी।

पड़ोसन बिरजू की तरह जो अल्हड़ और लाउबाली है और जो ज़िन्दगी के धारे पर आप ही आप बहे जा रही है और जिसे न उसकी रफ़्तार का अन्दाज़ा है न सिम्त का।

"पलँग की अदवानों और बानों के छींकों का ज़िक्र अधसुना ही छोड़कर वो बरामदे में आ गयी। बाहर पड़ोसन के दो बच्चे खड्डियों पर बैठे किसी निहायत दिलचस्प मसले पर लड़ रहे थे। दूर एक गाय खड़ी कूड़ा खा रही थी। बिरजू उलझ कर बरामदे में रखे हुए गमलों को देखने लगी। दो-एक खुशरंग फूल तोड़कर उसने अपनी लम्बी चोटी के बालाई सर में उड़स लिए और नीचे क्यारियों में से धनिये की नन्ही-नन्ही पत्तियाँ तोड़ कर सूँघने लगी। बड़े सुघड़ापे में आकर उसने मुँडेर पर उगी हुई बेकार घास को नोच कर अलग कर दिया।" (क्यों रे कुत्ते)

यहाँ बिरजू के दाख़ली[1] और ख़ार्जी[2] अफाल की कोई सिम्त[3] नहीं। वो यूँ ही उकताई हुई सी घूम रही है और अगर इस तरह अफ़साना भी किसी सिम्त के बग़ैर घूमने लगे तो अफ़साने के सब अजजाये तरकीबी परेशान हो जाते हैं और नतीजा एक अच्छे अफ़साने की सूरत में नहीं बल्कि एक ज़हनी इन्तेशार[4] की सूरत में नमूदार होता है। बज़ाहिर जब इस्मत चुग़ताई का कोई अफ़साना शुरू किया जाये तो यही अन्दाज़ा होता है कि इस कमबख़्त अफ़साने की कोई सिम्त नहीं। उसके महवर का कोई पाया सीधा नहीं लेकिन ज्यों-ज्यों अफ़साना पढ़ते जाइये इस पर चौकड़ियाँ भरती हुई वहशी हिरनी की सिम्त वाज़ह हो जाती है। वो आम अफ़सानी रह-गुज़र से हट कर एक नये जंगल में जा रही है। एक नये मुर्गजार में, नये अरजार, नये तेवर, नये उफक़ कि आदमी यकायक ठिठक कर रह जाता है। कभी-कभी तो अफ़साने के करीबे-इखतेताम होने तक उसकी सिम्त का पता नहीं चलता। फिर यकायक सारा अफ़साना इस तेज़ी से घूमकर हर्फ़े-मतलब पर वापस आता है कि यकायक पढ़ने वाले की हैरत मसर्रत में मुबद्दिल हो जाती है। सारी जुजियात सही, रौशन, मुतानासिब और बरमहल मालूम होती है। जज़्बात किरदार से और किरदार माहौल से हमआहंग मालूम होते हैं। इस किस्म की फन्नी सन्नाई की बहतरीन मिसाल 'भूलभुलैया' है। भूलभुलैया के इस जंगल में पढ़ने वाला फ़िक्री ऐतबार से बार-बार भटकता है। इसके दरख़्तों और झाड़ियों से बार-बार उलझता है। चीखता है, चिल्लाता है, कोसने देता है। न सिर्फ़ फ़िक्री[5] ऐतबार से बल्कि खारिजी नुक़्तये-निगाह से भी इस्मत चुग़ताई ने इस अफ़साने की इंशा में, इसके फ़िक्रों की नशिस्तो-बरखास्त में, इसके मुख़्तलिफ नस्री टुकड़ों की तदरीजी इरतका में इस सन्नाई को मलहजे-खातिर रखा है और सब से आखरी अफ़साने के आखरी चन्द फ़िक्रों में जब हर्फ़े-मतलब एक बिजली की लपक की तरह कौंधता है, अफ़साने की नहज मुकम्मल तौर पर रौशन हो जाती है। सिम्त को छुपाने में पढ़ने वाले को हैरत-व-इज़तराब में गुम कर देने में और फिर यकायक आख़िर में इज़तराब और हैरत को मुसर्रत में मुबद्दल कर देने की सनत में इस्मत और मण्टो एक-दूसरे के बहुत करीब हैं और इस फ़न में उर्दू के बहुत कम अफ़साना-निगार इनके हरीफ़ हैं।

---

1. आन्तरिक, 2. बाहरी, 3. दिशा, 4. मानसिक बिखराव, 5. वैचारिक।

फिर यह सिम्त क्या है? क्या यह सिम्त माकूस तो नहीं? आगे बढ़ने के बजाय 'माज़ी की तरफ लौटो' की पैग़ामी अलामत तो नहीं? क्या इस्मत और दूसरे कई एक अफ़साना-निगारों की तरह रूमान के मरमरीं क़ब्र में महबूस हो जाना पसन्द करती हैं। जहाँ माज़ी की हर चीज़ उजली, निखरी और सोने की तरह खूबसूरत और शफ़क की तरह गुलगूं नज़र आती है। लेकिन इस्मत चुग़ताई के यहाँ अहदे-कुहन की वो धुँधली मीठी-मीठी याद नहीं जो क़दामत परस्तों की आँखों को डुबडुबा देती है। वो एक सिसकी लेकर नमनाक आवाज़ में कह उठते हैं। आह! वो क्या ज़माना था। वो काफ़िर शामें, वो चिल्मन की ओट, वो मीनाए-नाज़, वो साक़ी ब-जल्व दुश्मने-इमानो, आराही, या रूमान परस्तों की वो तख़य्युल आफ़रीनियाँ, जिन पर बकौल मौलाना सलाहुद्दीन हकीकमत खन्दा-जनी करे और मशाहदा अपना सर पीटे। इस्मत चुग़ताई के यहाँ इस किस्म की पैग़ामियत और जज़्बातियत नहीं। वो पुराने क़ब्रों की परस्तिश नहीं करतीं, जीते-जागते इनसानों की कहानियाँ सुनाती हैं। वो अमीन के तख़य्युली हयोले तैयार नहीं करतीं बल्कि हक़ीक़त को अपने तख़य्युल की शफ़्फ़ा आग में पिघला कर अपनी जवाब के तुन्दो-तेज़ और तल्ख तेज़ाब में उतार कर ऐसे जानदार मुरक्के तैयार करती हैं जहाँ पढ़ने वाला अफ़साना-निगार को चाबुक-दस्ती और फ़नकारी की दाद देता है वहाँ अपनी और अपने समाज की शक्ल पर बिसूरता रह जाता है। इसलिए मुझे बेहद खुशी होती है जब लोग इस्मत चुग़ताई को गालियाँ देते हैं क्योंकि वो लोग दरअसल इस वक़्त अपने-आप को गालियाँ दे रहे होते हैं। अपनी इस मकरूह अफूनत को जिसे वो रूहानियत की खुशबू में लगा कर छुपाना चाहते हैं। इस जिन्सी भूख को जिसे इस्मत ने जगह-जगह अपने अफ़सानों में उरयाँ किया है और जिसे यह समाज एक झूठी शराफत और मज़हबियत की तहों के नीचे छुपा कर रखना चाहता है। इस्मत ने जगह-जगह समाज की इस मक्कारी और अबलाफरेबी को बेनकाब किया है। और एक ऐसी बेपनाह तंजिया अन्दाज़े निगारिश से काम लिया है जो बर्र की तरह छेदती चली जाती है। दोज़ख़ी में खुद इस्मत ने इस तर्जे-निगारिश के असबाब पर रोशनी डाली है।

"दुनिया बदल गयी है। ख़यालात बदल गये हैं। हम लोग बदज़बान हैं और मुँह-फट। हम दिल दुखता है तो रो देते हैं। सरमायादारी, सोशलिज्म और बेकारी ने हम लोगों को झुलसा दिया है। हम जो कुछ लिखते हैं दाँत पीस-पीस कर लिखते हैं। अपने पोशीदा दुखों, कुचले हुए जज़्बात को ज़हर बनाकर उगलते हैं।" (दोज़ख़ी)

"जी हाँ, पंक्चर हो गया शायद" मैंने मासूमियत से कहा।

"वाक़ई!" वो बहगम सा लम्बा इनसान मज़ाक़ उड़ाने के लहजे में बोला।

"जी हाँ, कोई काँटा चुभ गया शायद" मैं ने मासूमियत की दाल न गलते देख कर ऊँची और खुर्री आवाज़ में कहा।

"वाक़ई!" फिर वही कमीना, तमसख़ाना गुफ़्तुगू। काश कोई इस खब़सीन से गुफ़्तगू करने का सलीका सिखाता। (काश कभी हिन्दोस्तानी नौजवान ख्वातीन से इस ग़ैररूमानी अन्दाज़ में गुफ़्तगू कर सकते।)

"इससे आपका मतलब।"

"यही कि शौक़—आप लोगों को ज़रा शौक़ होता है कि जहाँ से रोमांटिक जगह देख ली और कोई हादसा ले बैठी। पंक्चर हो रहे हैं, दरिया में डूबी जा रही है, बदमाश लिए जाते हैं, जहाँ देखो।" (पंक्चर)

और एक कुँवारे स्कूल मास्टर के जिन्सी ख़्वाब जिनमें शायद सैकड़ों अफ़सानों के आग़ाज़ और अंजाम करवटें ले रहे हैं।

ख़्वाह वो जंगल कितना ही हसीन और सुरीला क्यों न हो, यह लाज़मी है कि वहाँ एक हसीन लड़की हो, बेहद हसीन, भला साधु की लड़की जंगल में दरिया के किनारे कंवल तोड़ रही हो और स्याह खुतरीं और दूसरी तरफ़ चपटी हो तो बेइख़्तियार यह जी चाहेगा कि चुड़ैल को पानी में डुबो दो।

ख़ैर तो इसके जंगल के साधु की लड़की भी हसीन होती। अब या तो वो घोड़े पर से गिर पड़ता और वो लड़की उसका सर ज़ानो पर रख कर होश में लाती या फिर वो प्यासा होता और कुटी में जाता और साधु अपनी हसीन मनोरमा, आशा, या रूपा जो कुछ भी हो उसे पुकारता और वो बिजलियाँ गिराती, आँचल के शाईदे दिखाती। और लुटिया गिलास में ताज़ा बकरियों का दूध दुह कर लाती। शरमाना इसके लिए ज़रूरी होता और इसके जिस्म में बिजली कोंदाने को उसकी पतली उँगलियाँ शर्तिया तौर पर छू जातीं और जब यह मामला होता अंजाम मालूम ही है।"

इस्मत के यह मौजूआत की कमी नहीं 'क्यों रे कुत्ते' और 'बिन बुलाया मेहमान' हिन्दू-मुस्लिम मनाक्शात पर रौशनी डालते हैं। 'एक शौहर की ख़ातिर' और 'सफ़र में' रेल के डिब्बों से मुतल्लिक़ तन्जिया ख़ाके हैं। 'बीमार' में सिल के एक कराबुल-मर्ग मरीज और उसकी नौजवान बीवी का नफ़ासियाती मवाजना है। 'तिल' एक अधेड़ उम्र के मुसब्बिर और उसकी मॉडल भिखारी रानी के दो मुताजाद और मुख़्तलिफ़ किरदार पेश किये गये हैं जिसमें 'आर्ट' और 'जिन्स' के तास्सुरात लशडर की लहरों पर मुतासादिम और 'दस्त-व-गरेबान' नज़र आते हैं, और 'पंक्चर' और 'भूलभुलैया' मुहब्बत और माशरी शादी से मुख़्तलिफ़ हैं। और इन दो अफ़सानों में इस्मत चुग़ताई की पैग़ामियत रवायती शादी पर मुहब्बत को रस्मी इजाब-व-कुबूल पर दिल रिफाकत को तरजीह देती नज़र आती है। लिहाफ़ में यह बताया गया है कि अगर एक नौजवान और शरीफ औरत एक हिजड़े ख़ाविन्द के पल्ले बाँध दी जाये तो वो अपनी ज़िन्दगी किस तरह गुज़ारती है। (यह अफ़साना पढ़कर अक़सर लोग चौंक पड़ते हैं। पता नहीं क्यों!)

'सास' में वही अजली, अबदी, दवामी सास है जो हिन्दोस्तान के हर घर में मौजूद है और जिसकी शफ़क़त और जिस का गुस्सा और जिसकी खाँओ-खाँओ हर ज़माने में शब-व-रोज गूँजती है। 'दोज़ख़ी' शख़्सियत से कता-नज़र एक हायमुल-मरीज हस्ती के किरदार का मुताला है और इतना सच्चा, इतना झूठा, इतना बेरहम, इतना नर्म-व-नाजुक, इतना प्यारा, इतना बुरा, इतना खूबसूरत स्केच उर्दू में और लिखी ही नहीं गयी। लेकिन मौजूआत की इस फ़रावानी के बावजूद यह कहना पड़ेगा कि इस्मत चुग़ताई के अफ़सानवी जौहर का मुरज्जा एक मुतवस्सित तबके का घर है। यहाँ मज़दूर और किसान नहीं बसते। न

ही सेठ और सर खान बहादुर। इसमें मज़हब भी है और बेबाकी भी। कालेज की लड़कियों की चुहलें हैं और बरादारान-ए-निसबती, सास-बहू, ननद-भावज की आवेज़िश और सारा तजादुम और वह सारी ख़ूबसूरती और बदसूरती (ख़ूबसूरती कम और बदसूरती ज़्यादा) जिनसे एक मुतवस्सित तबके का घर बनता है, इन अफ़सानों में मौजूद हैं। यह दुनिया झूठी नहीं, आपके घर की दुनिया है। एक औरत की दुनिया, मुदीत में समन्दर की सी वुसत हो न हो, समन्दर की सी पायाबी ज़रूर मौजूद है। इन अफ़सानों को मुसन्निफा[1] ने एक औरत के से हुस्ने इन्तेज़ाम और सलीके से सजाया है। सीधी-सादी ज़बान जो कमोबेश शुमाली-हिन्द के हर घर में समझी जाती है। छोटी-छोटी निस्वानी तशबीहें और मुहावरे और इसतआरे, शोखियाँ और चुटकियाँ जो आप ही आप इस निगारख़ाने में ख़ूबसूरत गुल-बूटे बनाती जाती हैं। हर चीज़ अपनी जगह पर ख़ूबसूरत मालूम होती है। और फिर अफ़साने के कुल्ली-तास्सुर में भी मोतहिया इज़ाफ़ा करती है। इसकी जीनत को दोबाला करती है। इसके आब-व-ताब को जला देती है, इस तरह कि हर अफ़साना एक तराशे हुए हीरे की तरह दरख्शां नज़र आता है।

पहले पहल जब इस्मत के अफ़साने उर्दू रसायल में शाए हुए तो यार लोगों ने कहा :

"अजी कोई मर्द लिख रहा है इन अफ़सानों को। हमारी शरीफ़ बहू-बेटियाँ क्या जानें अफ़साने कैसे लिखे जाते हैं।"

लेकिन जब इस्मत बराबर अफ़साने लिखती रहीं, और अफ़साने लिखने पर मुसिर रहीं तो इर्शाद हुआ :

"अजी, हटाओ भी, वो क्या लिखेंगी सिडन कहीं की, बस जब देखो जली-कटी सुनाती हैं। लाहौल-विला-कुव्वत, ऐसी भी क्या उर्यानी[2]...।"

फिर वो दौर आया "हाँ अच्छी हैं। ख्वातीन अफ़साना-निगारी को सफ़े-अव्वल में शुमार की जा सकती है। (यह अब उर्दू में सफ़े-अव्वल की नयी विदत पैदा हुई है। अफ़साना निगारों से लेकर फास्फोरस के तेल तक हर चीज़ इन दिनों सफ़े अव्वल में शुमार की जाती है, तोली जाती है, बेची जाती है) औरत की नफ़सियात को खूब समझती है।" (यह औरत की नफ़सियात ख़ूब रही।) वग़ैरा वग़ैरा।

और अब! जब यह हाल है कि इस्मत का नाम आते ही मर्द अफ़साना-निगारों को दौरे पड़ने लगते हैं। शर्मिन्दा हो रहे हैं। आप ही आप ख़फ़ीफ़[3] हुए जा रहे हैं। यह दीबाचा भी इसी ख़िफ़्फ़त को मिटाने का एक नतीजा है।

लखनऊ
नवम्बर 1942

---

1. लेखिका, 2. नग्नता, 3. रुष्ट।

इस्मत चुग़ताई के बारे में कुछ

पितरस बुख़ारी

इस्मत चुग़ताई के अफ़साने में एक लड़की दूसरी लड़की के मुतअल्लिक़ कहती है कि "सईदा मोटी थी तो क्या, कमज़ोर तो हद से ज़्यादा थी बेचारी। लोग जिस्म देखते हैं, ये नहीं देखते कि जी कैसा हर वक़्त ख़राब रहता है।" जब मैंने इस्मत के 'कलियाँ' और 'चोटें' दोनों मजमूए ख़त्म कर लिए और चन्द दीबाचे और मज़ामीन उनके मद्दाहीन[1] और मुआनिदीन[2] ने उन पर अज़रहे तनक़ीदो-तर्अरुफ़[3] लिखे हैं, उनसे बहरयाब[4] हो चुका तो इस्तिआरे[5] के रंग में ये फ़िकरा फिर याद हो आया, "लोग जिस्म देखते हैं। ये नहीं देखते कि जी कैसा हर वक़्त ख़राब रहता है।"

इस फ़िकरे के मानी को खेंचतान कर फैला लीजिए और इस पर थोड़ा फ़ल्सफ़ियाना रंग फेर लीजिए तो इस्मत के कई कमालात और नक़्क़ादों की कई कोताहियों को बयान करने का अच्छा-ख़ासा बहाना हाथ आ जाता है। जो हाल फ़िर्बिही[6] का है वही हाल कई और मारूफ़ और मुतदाविल[7] लेबलों का है जो मुसत्तेमल अल्फ़ाज़[8] और आदाते-मुस्तमिर्राह[9] की शक्ल में क़िस्म-क़िस्म की अश्या[10] पर चिपके नज़र आते हैं। ज़हनी थकावट और ख़ौफ़ और बुज़दिली के मारे हम अक़सर फ़ैसले लेबलों को ही देखकर सादिर कर देते हैं। उससे आगे निकलकर असल चीज़ को जाँचने और तौलने की हिम्मत अपने आप में नहीं जुटा पाते। मामता[11] और इश्क़ पर दिल-गुदाज़ी[12] का लेबल मुद्दत से लगा हुआ है, इसलिए जहाँ इनका ज़िक्र आये, कहने और सुनने वाले दोनों एक उलुव[13] और एक पाकीज़ा रिक़्क़त[14] के लिए पहले ही से तैयार हो चुके होते हैं। जिन्सी मशाग़िल तहक़ीक़[15] को पस्ती की तरफ़ ले जाते हैं। चुनांचे उनका बयान बग़ैर कराहत[16] या बग़ैर इख़्तिलाक़ी ग़ैज़[17] के हो तो लोग बरहम[18] हो जाते हैं। बहन-भाइयों का सा प्यार जानना चाहिए कि पाक मुहब्बत

---

1. प्रशंसकों, 2. विरोधियों, 3. परिचय व समीक्षा के रूप में, 4. लाभान्वित, 5. सहायक, 6. स्थूल-दर्शियों, 7. प्रसिद्ध व मान्य, 8. प्रचलित शब्दावली, 9. स्त्रियों के सम्बन्ध में पारम्परिक सोच, 10. चीज़ों मान्यताओं, 11. आत्मीयता, 12. मार्मिकता, 13. उच्च, 14. पवित्र संवेदना, 15. समीक्षा, 16. घृणा, 17. अत्यधिक शिष्टता, 18. परेशान-परेशान से।

का सबसे ऊँचा दरजा है। लिहाज़ा बहन-भाई के दरम्यान सिवाय इस जज़्बा-ए-आलिया[1] के किसी और तअल्लुक़ की गुंज़ाइश नामुमकिन या कम से कम नामुनासिब[2] ज़रूर समझी जाती है। इस्मत चुग़ताई के रहनुमा भी अगर अन्धाधुन्ध ऐसे ही कुल्लिए होते तो अदब उनकी बेहतरीन इंशा[3] से महरूम रह जाता। लेकिन उनकी बसीरत[4] इससे कहीं ज़्यादा दूर-रस[5] है। वो लेबलों के फ़रेब में नहीं आतीं। और जिस्म और दिल और दिमाग़ की कई कैफ़ियतें ऐसी हैं जिनसे वो अकेले में रूबरू होते नहीं घबरातीं। ऐसे इंशापरदाज़[6] का बग़ैर हौसला-ए-मुशाहिदा[7] बग़ैर रिक़्क़ते-नज़र[8] व बग़ैर जुर्रते-बयान के गुज़ारा नहीं और ये अदब की ख़ुशनसीबी है कि इस्मत को ये तीनों चीज़ें मयस्सर हैं।

बर-ख़िलाफ़ इसके अहसासे-महरूमी के साथ कहना पड़ता है कि इस ज़ुर्रत और रिक़्क़ते-नज़र[9] में से इस्मत के नक़्क़ादों को हिस्सा वाफ़र[10] नहीं मिला। फ़िलहाल उनका ज़िक्र जाने दीजिए जिनको इस्मत की तहरीरों में अपने अख़्लाक़ और अदब दोनों की तबाही नज़र आती है। वो तो उन लोगों में से हैं जिनके लेबल गोंद से चिपके हुए नहीं, मेखों[11] से जड़े हुए हैं। जिन्होंने ज़हनों में एक मोटी-मोटी लकीरों वाली जदवल[12] बना रखी है कि फ़लाँ चीज़ों का ज़िक्र पहले भी कर चुके हैं कि फ़ुहश है। महरम का ज़िक्र मामला-बन्दी यानी जायज़ है। हराम का बच्चा फ़ितरत को मंज़ूर है तो हुआ करे, हमारे अदब को मंज़ूर नहीं। और ये फ़ितरत का मुताला...महज़ एक ढोंग! आवारा-मिज़ाजों का उज़्रे-आवारगी[13] हमें बचपन में मुताले पर कोई मजबूर न कर सका तो अब किसी की क्या मजाल है? हम तब भी खिलौनों से जी बहलाते थे अब भी खिलौनों से ही जी बहलायेंगे...ऐसे लोगों से इस वक़्त बहस नहीं क्योंकि...

''वो वहाँ हैं जहाँ से उनको भी
कोई उनकी ख़बर नहीं आती''

शिकायत उनसे है और अपनों की शिकायत है बेगानों की सी नहीं। जो इस्मत चुग़ताई के क़द्रदान और मद्दाह[14] हैं, उनके मज़ामीन को पढ़ कर रूह में एक बालीदगी[15] महसूस करते हैं जिससे दिल में उमंगें पैदा होती हैं और नयी-नयी राहें खुलती हैं। गिला है कि वो भी हिर-फिर कर लेबलों ही के चक्कर में फँस जाते हैं। अफ़सोस कि इस्मत मर्द नहीं और अफ़सोस कि लेबलों में से सबसे बड़ा और गुमराह करने वाला लेबल 'औरत' है। औरत दिल-फ़रेब है, मक्कार है, सिन्फ़े-नाज़ुक है, एक पहेली है, कमज़ोर है, कमअक़्ल है...जहाँ आपने औरत का नाम लिया, इनमें से दो चार गढ़े-गढ़ाये मानी ज़हन उगल कर सामने रख देता है। चुनांचे इसी फ़रेब में आकर एक होनहार और ज़हीन दीबाचा-नवीस फ़रमाते हैं...''इस्मत के अफ़साने गोया औरत के दिल की तरह पुरपेच[16] और दुश्वार-गुज़ार नज़र आते हैं। मैं शायरी नहीं कर रहा और अगर इस बात में शायरी है तो उसी हद तक जहाँ

---

1. उच्च भाव-बोध, 2. अनुचित, 3. गद्य-लेखन, 4. समझ, 5. दूरगामी, 6. गद्यकार, 7. तटस्थ निरीक्षण का हौसला, 8. दृष्टिकोण की उच्चता, 9. दृष्टिकोण की उच्चता, 10. पर्याप्त, 11. कीलों, 12. सारिणी, 13. आवारगी का एक बहाना मात्र, 14. प्रशंसक, 15. विकास, 16. उलझे हुए।

तक शायरी को सच्ची बात में दख़ल होता है। मुझे ये अफ़साने इस जौहर से मुत्तशाबा[1] मालूम होते हैं जो औरत में है, उसकी रूह में है, उसके दिल में है, उसके ज़ाहिर में है, उसके बातिन[2] में है।''

अब न मालूम इस नौजवान नक़्क़ाद ने औरत का लेबल किस क़िस्म की चीज़ों पर लगा रखा है। मालूम होता तो वो जौहर भी खुलता जो बक़ौल उनके इस्मत के अफ़सानों में है लेकिन उनके रंगीन तसव्वुरात व मफ़रूज़ात[3] के ख़ल्वत-कदों[4] में हमें कैसे बारयाबी हो सकती है और कोई ऐसी डिक्शनरी भी नहीं जिसमें औरत के वो मानी मिल जायें जो इस तनक़ीद की तह में काम कर रहे हैं। दीबाचे का मक़्ता है...''इस्मत का नाम आते ही मर्द अफ़साना-निगारों को दौरे पड़ने लगते हैं। शरमिन्दा हो रहे हैं, आप ही आप खफ़ीफ़[5] होते जा रहे हैं। ये दीबाचा भी इसी ख़िफ़्फ़त को मिटाने का एक नतीजा है।''

लीजिए, औरत के एक दूसरे तसव्वुर से फिर मेरे अज़ीज़ की नाक़िदाना नज़र बहक गयी। दिखाने तो चले थे इस्मत के अफ़सानों का जौहर लेकिन आख़िर में कह ही गये कि ये औरत मन्द-बुद्धि जानवर है, डॉक्टर जॉनसन के कुत्ते की तरह कि दो टाँगों के बल खड़ा हो जाये तो तअज्जुब व तहसीन[6] ही का नहीं बल्कि हम इनसानों के लिए शर्म व नदामत[7] का मूजिब[8] है।

एक और पुख़्ताकार दीबाचा नवीस ने भी मालूम होता है इंशापरदाज़ों के रेवड़ में नर और मादा अलग-अलग कर रखे हैं। इस्मत के मुतल्लिक़ फ़रमाते हैं कि ''अपनी जिन्स के ऐतिबार से उर्दू में कमोबेश इन्हें वही मर्तबा हासिल है जो एक ज़माने में उर्दू-अदब में जार्ज इलियट को नसीब हुआ।'' गोया अदब भी कोई टेनिस का टूर्नामेंट है जिसमें औरतों और मर्दों के मैच अलग-अलग हुआ करते हैं। जार्ज इलियट का रुतबा सर आँखों पर लेकिन यूँ उसका नाम ले देने से न तो कोई तुक ही मिला और बोझों तो कोई क्या मरेगा। अब ये अमर[9] एक अलग ही बहस का मोहताज है कि माबिहिल इम्तियाज़[10] ऐसा है...ख़ारिजी और हंगामी और इत्तिफ़ाक़ी नहीं बल्कि दाख़िली और बुनियादी...जो इंशापरदाज़ औरतों के अदब को इंशापरदाज़ मर्दों के अदब से मुमय्यज़[11] होता है और अगर है तो वो क्या है? इन सवालों का जवाब कुछ भी हो, बहरहाल इस नौअ[12] का हरगिज़ नहीं कि उसकी बिना पर मुसन्निफ़ीन[13] को जिन्स[14] के ऐतिबार से अलग-अलग दो क़तारों में खड़ा कर दिया जाए।

इसी तरह जहाँ किसी अफ़साने में खानदान घर-बार, आजा-ओ-अक़रबा[15] का ज़िक्र आ गया या किसी मुतमव्विल[16] लड़के ने किसी ग़रीब लड़की पर हाथ डाला, जोशीले और दर्दमन्द दिल रखने वाले नक़्क़ादों ने मुसर्रत का नारा लगाया और बग़ले बजाईं कि समाज की ख़बर ली जा रही है। अब ग़ौर से देखिए तो मालूम होगा कि इस्मत के अच्छे अफ़सानों

---

1. समतुल्य, 2. अन्तर्मन, 3. कल्पनाओं, 4. एकान्त कक्षों, 5. लज्जित, 6. हैरानी और तारीफ़, 7. शर्मिन्दगी, 8. कारण, 9. क़दम, 10. स्पष्ट अन्तर बताने वाला यन्त्र, 11. अलग, 12. जाति, 13. रचनाकारों, 14. लिंग, 15. परिजन व क़रीबी लोग, 16. धनी।

में माहौल महज़ इसलिए शामिल फ़साना है कि इसके बग़ैर चारा नहीं। किरदार कहीं तो रहेंगे, किसी से तो मिलेंगे, अफ़साने का जो ढाँचा है उसका कोई गोश्त-पोश्त[1] तो होगा, फिर इसके बग़ैर भी चारा नहीं कि वो माहौल एक न एक मारूफ़ तबक़े का माहौल हो। बूदो-बाश[2] का कोई न कोई ढंग तो पेशे-नज़र रखना ही पड़ेगा। लेकिन इसका ये मतलब तो नहीं कि माहौल जिन मुआशी[3] असूलों की वजह से पैदा हुआ खुद वो असूल जाँचे और परखे जा रहे हैं।

इस्मत के कई मज़ामीन ऐसे भी हैं जिन पर शुब्हा होता है कि समाज को सामने रख कर लिखे गये हैं। लेकिन उन्होंने जहाँ भी समाज को अपना निशाना बनाने की कोशिश की है उनका हाथ झूठा ही पड़ा है। सच तो ये है कि समाज की जिन बातों से इस्मत का जी बुरा होता है उन पर इस्मत ने ग़ौर ज़रूर किया होगा। लेकिन तल्ख़ी-ए-कामो-दहन[4] अभी उनके रगों-पै तक नहीं पहुँची और जब तक ये नसीब न हो समाजी कमज़ोरियों पर अख़बारों में मज़मून लिख लेने चाहिए। उनको फ़न की प्लेट में लाने का ख़याल छोड़ देना चाहिए। इस्मत को असल शग़फ़[5] समाज से नहीं, शख़्सियतों बल्कि अशख़ास[6] से है, उनके जोश और हवस से, उनकी थरथराहट और कंपकंपी से, उनकी बाहमी[7] कशमकश और अदावत और फरेबकारी से...ग़रज़ उन तमाम कैफ़ियतों से जो इनसान पर जब तारी होती हैं जो जिस्म फड़कने लगता है और ख़ून का दौरा तेज़ हो जाता है या आसाब[8] में उलझाव और तबीयत में तनाव पैदा हो जाता है। अगर इस्मत और समाज का बाहम ज़िक्र इस नुक़्ता-ए-नज़र से किया जाये कि उनकी सी इंशा, उनका सा रुझान, और उनका उसलूबे-इंतिख़ाब[9] एक ख़ास ज़माने और ख़ास समाजी कशमकश की पैदावार हैं तो ये बहस मुनासिब ही नहीं बल्कि नतीजा-ख़ेज़[10] भी होगी। ये कौन नहीं जानता कि उर्दू में इस्मत जैसे अदीब इस सदी के अवाइल[11] में भी मक़सूद थे। और उससे पहले का तो ज़िक्र ही क्या। ये एक अम्र[12] वाक़िआ है और इसमें कई दिलचस्प नुक़्ते मुज़म्मिर[13] हैं, जिनकी तौसीअ[14] यक़ीनन ख़याल-अंगेज़ होगी लेकिन हालात से असर-पज़ीर[15] होना और हालात का मुफ़स्सिर[16] होना दो अलग चीज़ें हैं। इस बात का मुताला करना हो कि कई समाजी हालात ने कैसे इस्मत जैसी इंशापरदाज़ को पैदा किया, तो शौक़ से कीजिए। इस शौक़ में ख़्वाह-म-ख़्वाह समाज की हर ख़ामी इस्मत के सर न मढ़ दीजिए। सेब दरख़्त से गिरा तो यक़ीनन कशिशे-सिक़्ल[17] ही की वजह से गिरा लेकिन इस कारगुज़ारी के सिले में सेब का नाम न्यूटन नहीं रखा जा सकता और न ही सेब को सेब समझने में कुछ उसकी बेइज़्ज़ती होती है।

इस्मत के दोनों मज्मूओं[18] में ड्रामे, अफ़साने और स्कैच तीनों क़िस्म की चीज़ें शामिल

---

1. रूपाकार, 2. अतीत या भविष्य, 3. सामाजिक, 4. ऊपरी कड़वाहट, 5. सरोकार, 6. विभिन्न व्यक्तियों, 7. परस्पर, 8. स्नायु-मण्डल, 9. चयन-पद्धति, 10. परिणाम-दायक, 11. प्रारम्भ, 12. गम्भीर, 13. निहित, 14. बढ़ोतरी, 15. प्रभावित, 16. व्याख्याकार, 17. गुरुत्वाकर्षण, 18. संग्रहों।

हैं। इनमें ड्रामे सबसे कमज़ोर हैं और इसकी कई वजहें हैं। अव्वल तो ये कि ड्रामे की तकनीक इस्मत के क़ाबू में नहीं आयी या यूँ कहिए अभी तक इनको उस पर क़ुदरत हासिल नहीं हुई। प्लॉट को मनाज़िर[1] में तक़सीम करती हैं तो नाप कर क़ैंची से नहीं कतरतीं, यूँ ही दाँतों से चीर-फाड़कर चीथड़े बना डालती हैं। कोई सीन जब फैलता है तो सिमटे बग़ैर ही ख़त्म हो जाता है। जैसे गाड़ी दो स्टेशनों के दरम्यान कहीं भी रुक जाए, ख़ैर इस क़दर नाज़ुक-मिज़ाजी से क्या हासिल? खीर न सही, दलिया ही सही, पेट भर जाए तो क्या बुरा है। ड्रामे को ड्रामा न समझिए, कहानी समझ कर पढ़िए और कल्पना कीजिए कि कहानी ने ड्रामे का लिबास किसी ज़रूरत से नहीं बल्कि महज़ तनव्वो[2] की ख़ातिर पहन रखा है। लेकिन अफ़सोस कि रवादारी[3] से भी मुश्किल हल नहीं होती। कहानी को ड्रामे की शक्ल दी जाए तो एक सितम अपने ऊपर ज़रूर करना पड़ता है और वो ये कि क़िस्सा अव्वल से आख़िर तक, मए अपने नशेबो-फ़राज़[4] के तमामतर अफ़राद क़िस्सा ही के अक़्वालो-अफ़आल[5] के ज़रिए बयान करना पड़ता है। मुसन्निफ़ से ये आज़ादी फिर छिन जाती है कि साथ किरदारों के जज़्बात व ख़यालात को अपनी ज़बान से वाज़ेह करता जाए। साफ़ ज़ाहिर होता है कि ये पाबन्दी इस्मत के बस का रोग नहीं। अफ़साना हो तो इस्मत को किसी प्लॉट या किसी तेवर के वाज़ेअ[6] करने में दिक़्क़त पेश नहीं आती। इन्हें अफ़साना-नवीस के इस हक़ से फ़ायदा उठाना ख़ूब आता है कि जब चाहा करेक्टर से कुछ कहलवा लिया, जब चाहा ख़ुद कुछ कह लिया। लेकिन जब अपनी ज़बान बन्द हो और सब खेल किरदारों को ही खेलना हो तो इस्मत क़ासिर[7] रह जाती हैं और इन मजबूरियों में घिर कर इनका मतलब अक़सर फ़ौत[8] हो जाता है, यही नहीं बल्कि मकाल्मे[9] भी फुसफुसे हो जाते हैं और उनमें से करारेपन का नामोनिशान तक नज़र नहीं आता, जो उनके अफ़सानों के मुकाल्मों में अकसर पाया जाता है। कई बार तो मकाल्मा कुछ ऐसा बेजोड़ हो जाता है कि ये भी समझ में नहीं आता कि वाक़ेआ क्या पेश आया। चुनांचे उनके ड्रामे 'इन्तिख़ाब' के वाक़ेआत[10] पेशतर इसके कि समझ आ सकें, बहुत कुछ वज़ाहत[11] के मोहताज हैं। ये नुक़्स उनके अफ़साने 'तारीकी' में भी रह गया है। ड्रामा-नवीस[12] को तो इज़ाजत नहीं कि वो सीधे मुँह हमसे बात करे। बाक़ी रहे करेक्टर सो वो आपस में उलझी-सुलझी गुफ़्तगू करते रहते हैं (ड्रामा जो ठहरा) मगर हमारे पल्ले कुछ नहीं पड़ने देते। ड्रामा नवीस अदम-तआवुन[13] पर मजबूर है। और करेक्टरों को तआवुन का सलीक़ा नहीं। इन हालात में ड्रामा कामयाब कैसे हो? फिर इन ड्रामों में, जहाँ तक मेरी समझ में आये हैं इस्मत की कोशिश ये मालूम होती है कि वो चंद अश्ख़ास नहीं, चंद टाइप पेश करें, यानी हर शख़्स किसी तबक़े का नुमाइन्दा बनकर सामने आये, मगर इसके लिए अश्ख़ास का

---

1. दृश्यों, 2. नवीनता, 3. उदारता, 4. उतार-चढ़ाव, 5. क्रिया-कलाप, 6. अभिव्यक्त, 7. बेबस, 8. मृत, 9. संवाद, 10. घटना-क्रम, 11. स्पष्टीकरण, 12. नाटककार, 13. अदृश्य सहयोग।

इद्राक[1] नहीं, गिरोह का अहसास चाहिए और इस्मत और गिरोह में वो इन्हिमाक[2] नहीं जो अश्ख़ास में है, तो फिर न मालूम उन्होंने ये मुसीबत क्यों मोल ली?

अलावा इन सब बातों के इन ड्रामों की कमज़ोरी की सबसे बड़ी वजह ये है कि इनमें इस्मत ने जिस क़िस्म के लोगों का नक़्शा खींचना चाहा है, उनसे वो तबअन[3] घुल-मिल नहीं सकतीं। यानी ऐसे लोग जो कहलाते तो तालीम-याफ़्ता हैं लेकिन जिनकी तरकीब में तालीम कम और याफ़्त[4] ज़्यादा होती है। जो ख़ुशहाली, बेहिसी, इन्हितात[5] और अपने रंगरोग़न के बल पर अपने मशाग़िल और अपनी गुफ़्तगू में बेफ़िक्रापन और चमक पैदा कर लेते हैं, जिनकी बदौलत वो 'स्मार्ट' कहलाते हैं और कम नसीब वाले कुछ उनसे नफ़रत, कुछ उन पर रश्क करते हैं। मालूम होता है जिस तबक़े की हिमाक़तों और ख़ुद-फ़रेबियों पर इस्मत को ग़ुस्सा आता है, जिसको बयान करना चाहती हैं और उसकी इस्रतों[6] पर थोड़ा-सा रश्क जिसको वो ख़ुद भी नहीं जानतीं लेकिन ये भी साफ़ ज़ाहिर होता है कि उस चमकीले तबक़े को उन्होंने दूर ही से देखा है, क़रीब आने का मौक़ा नहीं मिला कि उसके नक़ूश[7] और ख़दो-ख़ाल[8] वाज़ेह दिखाई देते और उसके ख़ूबो-ज़िश्त[9] और ज़ाहिरो-बातिन[10] को अच्छी तरह मुवाज़ना[11] कर सकतीं। चुनांचे जब इस्मत इस क़िस्म के करेक्टरों या उनके माहौल की तस्वीर खींचती हैं तो नोक-पलक कभी दुरुस्त नहीं होती। छुरी, काँटे, टेनिस, ड्राइंग-रूम, डिनर-सेट, अल्लम-ग़ल्लम इस क़िस्म की असली और ख़याली चीज़ें जमा करके एक कबाड़-ख़ाना सा बना लेती हैं। जैसे कि उनका मक़सद यही होता है कि उस साज़ो-सामान से एक अमीराना ठाठ बाँधा जाए और कुछ इस यक़ीन के साथ असबाब चुनती जाती हैं कि उनकी सादगी पर रश्क आता है।

करेक्टरों की गुफ़्तगू और हरकतें भी इस क़िस्म की होती हैं कि जब मुसन्निफ़ हँसाए तो रोना आता है और रुलाए तो हँसी आती है। एक तसन्नो[12] तो उनमें वो है जिसका मुसन्निफ़ को इल्म है लेकिन एक तसन्नो उनमें ऐसा भी आ जाता है जिससे मुसन्निफ़ ख़ुद बेख़बर है, और जो दरअस्ल उसके अपने तसन्नो का अक्स है यानी करेक्टरों की सतहियत को तो बेनक़ाब करना ही था अपनी सतहियत भी साथ ही बेनक़ाब हो रही है, एक्टरों से पहले करेक्टर खुद एक्ट करते हैं, बात-बात पर अपनी ज़िन्दगी में थियेटर की सी सिचुएशन पैदा कर लेते हैं और कुछ इस तरह बनते हैं कि उनके तो ख़ैर ड्रामा-नवीस ख़ुद के हुस्ने-मज़ाक़[13] पर शुब्हा होने लगता है। 'साँप' में इस्मत ने चन्द ऐसी औरतें दिखाने की कोशिश की है जो 'शिकारी औरतें' हैं यानी वो रंगीन त्रिया-चरित्तर से मर्दों के जज़्बात के साथ खेलती हैं, जैसे बिल्ली चूहे से खेलती है। लेकिन उनकी थकी हुई बातें सुनिए, और उनकी उकता देने वाली ख़ुश-फ़हमियों का तमाशा कीजिए, तो इस नतीजे पर पहुँचिएगा कि किसी चूहे का शिकार तो ये शायद कर लें लेकिन इससे ज़्यादा की उम्मीद बेचारियों

1. सोच-समझ, 2. तन्मयता, जुड़ाव, 3. स्वभावतः, 4. बनावट, 5. पतन, 6. भोग-विलास, 7. नैन-नक़्श, 8. अंग-प्रत्यंग, 9. भले-बुरे, 10. अन्दर-बाहर, 11. निरीक्षण, 12. कृत्रिमता, 13. सहृदयता।

से ग़लत होगी। मालूम होता है चन्द कमअक़्ल छोकरियाँ हैं, जिन्होंने कोई अरज़ाँ[1] क़िस्म की कोई ख़ुशपोश अमरीकी फ़िल्म देख ली हो। और घर में दो-एक जगह सोफ़े, कुर्सियाँ बिछाकर उसकी नक़ल उतारने की कोशिश कर रही हैं। क़यास इस इम्कान[2] को भी रद्द नहीं करता कि वो फ़िल्म ख़ुद मुसन्निफ़[3] ने ही देखी हो और उसकी अरज़ानी[4] का अहसास ख़ुद उसको न हुआ हो। एक मकाल्मा[5] तो इस ड्रामे में ऐसा है कि अपने बेसाख़्ता मैलोड्रामेटिक असलूब[6] की वजह से किश्ते-जाफ़रान[7] से कम नहीं। रज़िया की मँगनी ग़फ़्फ़ार से हो चुकी है लेकिन अब वो उससे नहीं ज़फ़र से शादी करेगी। गफ़्फ़ार को इस जानलेवा सदमे का इल्म कुछ इस तरह से होता है—

रज़िया : नहीं मैं तुम्हारी ज़िन्दगी बर्बाद नहीं करूँगी।

ग़फ़्फ़ार : (जोश से) बर्बाद नहीं, तुम मेरी ज़िन्दगी आबाद करोगी।

रज़िया : नहीं मैं तुम्हें निगल जाऊँगी। साँप जो ठहरी।

ग़फ़्फ़ार : (शिद्दते-जोश से काँपते हुए) कैसी बातें करती हो, तुम मुझे निगल भी जाओ तो मेरे लिए ये राहत होगी।

ख़ालिदा : (रज़िया की सहेली) मगर अब तो रज़िया ने फ़ैसला कर लिया।

ग़फ़्फ़ार : (चौंक कर) क्या फ़ैसला कर लिया?

ख़ालिदा : यही कि वो तुम्हें न निगलेगी।

रज़िया : हाँ, अब तो मैं ज़फ़र को निगलूँगी।

(ज़फ़र परेशान होकर मुस्कराता है)

ग़फ़्फ़ार : (कुछ समझकर) तुम्हारा ये मतलब है कि तुम मुझे ठुकरा रही हो!

रज़िया : ओहो, अब तुमने भी घटिया शायरी शुरू कर दी।

ज़फ़र : ग़फ़्फ़ार, बच्चा न बनो। ये फ़ितना[8] तुम्हारे बस का न था, शुकर करो कि मेरे ही ऊपर बीती और तुम बच गये। तुम देखना, मेरी वो गत बनाएगी कि तौबा ही भली।

ग़फ़्फ़ार : काश मेरी ही वो दुरगत बन जाती।

ख़ालिदा : मगर ग़फ़्फ़ार सोचो तो...

ग़फ़्फ़ार : एक अरसा-ए-दराज़ से बुज़ुर्गों ने ये बात तय कर दी थी।

ख़ालिदा : ये ठीक है कि आबाई[9] हक़ तो तुम्हारा है, पर यहाँ तो रज़िया का मामला आन पड़ा है, वो एक बला की ज़िद्दी है।

ग़फ़्फ़ार : (दुखी होकर) मैं जा रहा हूँ (निहायत उदासी से) रज़िया! ख़ुदा करे, तुम ख़ुश रहो।

इस्मत इस सीन को कॉमिक सीन समझ कर लिखतीं तो शायद ड्रामा-नवीसों में उनका नाम रह जाता, लेकिन अफ़सोस कि उनके होंठों पर मुझे मुस्कुराहट नज़र नहीं आयी। और

---

1. सस्ती, 2. सम्भावना, 3. लेखिका, 4. हल्केपन, 5. संवाद, 6. शैली, 7. केसर के खेत, 8. हंगामा, 9. पुश्तैनी।

जब मुसन्निफ़ हँसाने वाली बातें लिखे और ख़ुद उसे हँसी की कोई बात नज़र न आये तो अफ़सोस होता है।

कुछ ऐसा ही बेतुकापन ड्रामों के अलावा उन अफ़सानों में भी पाया जाता है जिनमें इस्मत ने इन ज़दीद[1] नुमा नुकीले लोगों को अपनाने की कोशिश की है। ऐसे अफ़सानों में न प्लॉट की चूलें ही ठीक बैठी हैं और न करेक्टर का नाक-नक़्शा ही दुरुस्त हुआ है। मालूम होता है कि अंग्रेज़ी मैगज़ीनों में से कहानियों के टुकड़े काट-काट कर जोड़ लिए हैं और पेशेवराना अफ़साना नवीसों की तरह रस्मी रूमान का रंग देकर झूठ-मूठ एक बात बना ली है। 'पंक्चर' और 'शादी' पढ़ कर दिल पर यही असर होता है और 'मेरा बच्चा' में तो बर्नाड शॉ के 'आर्म्ज़ एण्ड दि मैन' के पहले सीन पर कुछ इस तरह से हाथ साफ़ किया है कि शुबहा कि कोई गुंज़ाइश ही नहीं।

ये सीलिया और नेली और आर्गन और पार्टियों की दुनिया इस्मत की दुनिया नहीं, इसमें वो अजनबी रहती हैं, इसकी तह में जब वो पहुँचेंगी, तब देखा जाएगा। फ़िलहाल तो इनकी दुनिया वही है, जो उनके बेहतर अफ़सानों यानी 'जवानी', 'डायन', 'नीरा', 'भूल-भुलैया', 'सास', 'बीमार' और 'तिल' में पायी जाती है। ये वो दुनिया है जिसमें औरतें परदे के पीछे से फ़िकरे कसती हैं, जिसमें ज़मीनों पर और दीवारों की आड़ में आँखमिचौली खेली जाती है, जिसमें निवाड़ की पलंगड़ियों पर पिटारियाँ रखी हैं, मेहतरानियों की जवान बहुएँ कमर लचकाकर चलती हैं, अल्हड़ लड़कियाँ गोबर बीनती फिरती हैं और तलैया में डुबकियाँ लगाती हैं जिससे गुलगुले बच्चे माँ के पेट से छिपकली की तरह चिपके हुए चपड़-चपड़ मुँह मारते हैं...इसके इर्द-गिर्द में इस्मत बड़ी बेतकल्लुफ़ी और अहसासे-हमआहंगी[2] के साथ घूमती फिरती हैं कि इसी का एक हिस्सा मालूम होती हैं। चुनांचे वो किसी सहूलियत के साथ दो ही चार लकीरें खेंच कर इस दुनिया को कागज़ पर ले आती हैं। इस्मत के बेहतरीन अफ़सानों में आपको फ़िज़ा और माहौल के लम्बे-लम्बे पुर-तकल्लुफ़[3] डिस्क्रिप्शन कहीं न मिलेंगे। लेकिन जो बात है वो ऐसे पते की है कि इख़्तिसार[4] से अधूरापन या ख़ालीपन की शिकायत पैदा नहीं होती। 'सास' के शुरू के फ़िकरे हैं...

> ''सूरज कुछ ऐसे ज़ाविये[5] पर पहुँच गया कि मालूम होता था छह-सात सूरज हैं जो ताक-ताक कर बुढ़िया के घर में ही रौशनी पहुँचाने पर तुले हुए हैं। तीन दफ़ा खटोली धूप के रुख़ से घसीटी और ऐ लो फिर पैरों पर धूप और ज़रा ऊँघने की कोशिश की तो धमाधम ठट्ठों की आवाज़ छत पर से आयी। 'ख़ुदा ग़ारत करे प्यारी बेटियों को' सास ने बेहया बहू को कोसा जो मुहल्ले के छोकरों के संग छत पर आँखमिचौली और कबड्डी खेल रही थी। दुनिया में ऐसी बहुएँ हों तो कोई काहे को जिए। ऐ लो दोपहर हुई और लाडो चढ़ गयी कोठे पर। ज़रा-ज़रा से छोकरे और छोकरियों का दल आ पहुँचा। फिर क्या मजाल है जो कोई आँख झपका सके।''

---

1. आधुनिक, 2. आत्मीयता, 3. औपचारिक, 4. संक्षिप्तीकरण, 5. कोण।

इतने थोड़े से अल्फ़ाज़ में इससे ज्यादा कोई क्या रंग भरेगा और रंग भी ऐसे कि न ज़रूरत से ज़्यादा शोख़, न ज़रूरत से ज़्यादा मद्धम। यही हाल 'नीरा' के एक टुकड़े का देखिए...

> "छोटे ताल से गुज़र कर पुलिया पर से होते हुए दोनों नन्हे-मुन्ने व्यापारी शहर की सड़क पर चलने लगे। ये कमबख़्त जाड़ा तो अब के ऐसा दाँत पीस कर पीछे पड़ा था कि नर्म होने का नाम ही न लेता था। गर्मी तो जैसे-तैसे कट जाती है चाहो जितना बहाओ, प्याऊ पर से ठण्डा पानी जितना चाहो पी लो, न कपड़ों की ज़रूरत न कुछ। रम्मू को तो धोती का भी मरहूने-मिन्नत[1] न होना पड़ता था। सियाह सूत का डोरा जो उसके कचरी जैसे पेट पर से फैल कर कूल्हे की हड्डियों पर मज़े से टिक जाता था। ज़रूरत से ज़्यादा था। मज़े से तलैया में डुबकी लगाई, किनारों पर उकड़ूँ बैठ गये और लू के छपाकों से सूख गये।"

और इससे भी मुख़्तसर ये कि...

> "अँधेरी सुनसान रातें जैसे-तैसे कटने लगीं। बेझड़ बाजरे की रोटियाँ और लोटा भर मट्ठा हासिल करने के लिए सारे घर को दिन भर तेरे-मेरे में जुते-जुते गुज़र जाती। नीरा घास छील लाती, भैंसों को भी दिन लगे और दूध चराना शुरू कर दिया। कौन देखता-भालता। काँजी हाउस में ही एक दो ज़ब्त हो गयी, दूसरी ब्याहने का नाम ही न लेती थी। भैंस जब बूढ़ी हो जाती है तो पता भी नहीं चलता। न उसकी कमर झुके है न उसके बाल खिचड़ी हों।"

इस इक़्तिसाबात[2] में पाँच-पाँच छह-छह फ़िक़रे एक साथ पाये जाते हैं। इसलिए इनको यहाँ नक़ल भी कर लिया, वरना इसी क़िस्म के एक-एक दो-दो फ़िक़रों के किनाये[3] तो कई जगह हैं।

ये दुनिया बेशतर मुफ़लिसों और पाखंडों की दुनिया है। बहरहाल अमीरों, नफ़ासत-पसन्दों और तराशीदा[4] लोगों की दुनिया नहीं। इसमें फ़ाक़े हैं, ग़लाज़तें हैं (और ग़लाज़तों का हाल इस्मत कितनी बरहम[5] होकर और बरहमी के मज़े ले लेकर बयान करती हैं), जहालतें हैं, बद-ज़बानियाँ हैं, हाथापाइयाँ हैं, बीमारियाँ हैं, ढेरों बच्चे हैं लेकिन फिर भी उनमें ज़िन्दगी का एक हज़[6] है जो दबाये नहीं दबता, उमँगें उभरती हैं, जवानी अपने करिश्मे दिखाती है, ज़हन में शरारतें चुटकियाँ लेती हैं और नफ़से-इनसानी[7] का पहलवान ज़ोर-आज़माई करता है। जिन अफ़सानों को मैंने बहस के लिए मुन्तख़िब[8] किया है उनमें आपको बहुत बड़ी बुलन्दी या बहुत पुर मानी गहराई नज़र न आएगी। अमीक़े-अम्न[9], ख़ामोश आसूदग़ी[10] या मसर्रते-आलिया[11] कहीं न मिलेगी। न वो हज़नो-मलाल[12] ही मिलेगा जो हमेशा के लिए दिल पर जम जाता है, इसमें ट्रेजडी की कोशिश है न कॉमेडी की, लेकिन इनसानी ख़ून आपको

1. अहसानमन्द, 2. पैराग्राफ़्स, 3. उदाहरण, 4. काल्पनिक, 5. उद्विग्न, 6. आनन्द, 7. मानवीय कमज़ोरियाँ, 8. चयन, 9. सूक्ष्मानुभूति, 10. मौन तृप्ति, 11. उच्च स्तरीय आनन्दानुभूति, 12. दुख और पछतावा।

रगों में दौड़ता नज़र आएगा। इस तरह दौड़ता हुआ जैसे पहाड़ी नदी का पानी दौड़ता है, लबालब और उबलता हुआ और टकराता हुआ, रास्ता चीरता हुआ।

इन अफ़सानों का मौज़ू क्या है। अगले वक़्तों के लोग इन अफ़सानों को (अगर ऐसे अफ़साने उनके हाथ आते तो) ''इश्क़िया अफ़साने ही समझो'' कहते। लेकिन इश्क़ के मानी इस क़दर फैल चुके हैं कि इश्क़िया से यहाँ काम नहीं चलेगा। लैला-मजनूँ का इश्क़, सूफ़ियों का इश्क़, ग़ज़लों का इश्क़, फ़िल्मों का इश्क़, अम्रद-परस्तों[1] का इश्क़, सभी तरह के इश्क़ हमारे यहाँ पाये जाते हैं और हर एक का मिज़ाज जुदा है। इसलिए इश्क़ के लफ़्ज से न जाने कहने वालों का मफ़हूम[2] क्या हो और सुनने वाला न जाने क्या समझ बैठे। 'जिन्सी भूख' पर मुझे कोई ख़ास ऐतिराज़ नहीं, लेकिन महज़ इससे भी बात नहीं बनती क्योंकि जिन्सी भूख तो दाँते से लेकर कुत्ते-कुतिया तक सभी को लगती है। इस्मत के अफ़सानों में जो जज़्बा मर्द-औरत को एक-दूसरे की तरफ़ खींचता है उसकी क़द्र और तख़्सीस[3] करनी चाहिए। एक बात तो ज़ाहिर है और वो ये कि इस जज़्बे में शायराना लताफ़तों की रंगीनी नहीं पाई जाती, इसका रूमान से कोई तअल्लुक़ नहीं। इस्मत के किसी अफ़साने में मर्द या औरत के हुस्न का कभी ज़िक्र नहीं आता क्योंकि जो जज़्बा उनके पेशे-नज़र है उसकी तहरीक के लिए हुस्न की ज़रूरत नहीं, ये महज़ ख़ून की तारीक हरारत और जिस्म की झुलसा देने वाली गर्मी से पैदा होता है और जब इनसान के जिस्म में ये आग लगती है तो वो कभी उसको समझने की ज़रूरत महसूस नहीं करता, क्योंकि इस आग से कोई पेचीदा नफ़सियाती मुअम्मे[4] पैदा नहीं होते। सिर्फ़ तुन्दो-तेज़[5] शराब का सा नशा रोएँ-रोएँ में सरायत कर जाता है। दिल की कैफ़ियतें जिस्म ही से रंग पकड़ती हैं और जो कर्ब या तस्कीन[6] भी नसीब होती है उसका मज़्हर[7] अव्वल से आख़िर तक जिस्म ही रहता है। इस्मत के फ़िकरे में कि ''घर के तन्दुरुस्त लोगों का ज़ायक़ा सड़ी-बासी बीवियों से उजड़ जाता है।'' और ''जब तक बदन चुस्त है और गाल चिकने हैं, सब कुछ है, और फिर कुछ भी नहीं।'' और फिर ''वो बीमार था तो क्या, दिल तो मुर्दा न हुआ था, फिर इसमें बीवी का क्या क़सूर, वो नौजवान थी और रगों में गर्म ख़ून दौड़ रहा था। मगर वो कभी झूठमूठ को ही उससे कुछ कहता तो वो ऐंठ जाती।'' मतलब ये कि जिस्म मुर्दा हो तो यहाँ दिल की ज़िन्दगी से काम नहीं चलता। जिस्म का शऊर इस्मत के अफ़सानों में इस क़द्र नुमायाँ है कि पढ़ने वाला जिस्म के लगातार ज़िक्र से ख़ुद मुसन्निफ की तरह हैबत-ज़दा[8] और मसहूर[9] हो जाता है। सल्लू दुबला-पतला आये दिन का मरीज़ था और जब जवानी आयी तो ख़ून की गर्मी से उसका चेहरा साँवला हो गया और पतले सूखे ज़र्द हाथ सख़्त गुठलीदार मज़बूत शाख़ों की तरह झूलते हुए बालों से ढक गये...बेगम जान के ऊपर के होंठ पर हल्की-हल्की मूँछें थीं, और पिंडलियाँ सफ़ेद और चिकनी...रब्बू का गठा

---

1. समलैंगिकों, 2. अर्थ, 3. परिभाषित, 4. पहेलियाँ, 5. अत्यधिक तीव्र, 6. दर्द या राहत, 7. उद्गम-स्थल, 8. त्रस्त, आन्दोलित, 9. मन्त्र-मुग्ध।

हुआ ठोस जिस्म और कसी हुई छोटी-सी तोंद और बड़े-बड़े फूले हुए होंठ जो हमेशा नमी में डूबे रहते हैं...बीमार का मोटा पड़ोसी सुर्ख़ चुकन्दर बड़ी-बड़ी मूँछों वाला जिसके ज़िस्म से मूढ़ा भर जाता है और जिसके जबड़े चक्की की तरह चलते हैं। रानी के चिकने-चिकने सियाह गाल और वो वैसी जगह का तिल...शबराती के सीने पर कितने बाल थे, घने पसीने में डूबे हुए और उसके कसे हुए डोलों और जाँघों की मछलियाँ कैसे उछलती थीं। और वो उसकी छोटी-छोटी मूँछें और फुकनी जैसी मोटी उँगलियाँ...बहादुर के बड़े-बड़े बालोंदार हाथ और उसका काफ़ूरी सीना...जन्नू की खूँटे जैसी नाक...ग़रज़ ज़िस्म से कहीं छुटकारा नहीं। और ये भी ज़रूरी नहीं कि दिल लुभाने वाला ज़िस्म या आरास्ता[1] जिस्म अपने तनासुब[2] में रानाइयाँ[3] लिए हुए या पाकीज़गी और नफ़ासत के लिए दाद-तलब हो। नहीं, बल्कि महज़ जिस्म...अपनी गर्मी से पुर नम और मक़नातीसी[4] ख़ून की हरारत से सनसनाता हुआ ये ज़िस्म भी एक आफ़त है। ये ज़िस्म फिर अपनी ख़्वाहिशों के साथ अन्धे मुश्टंडे की तरह या बक़ौल इस्मत के 'जवान जाटनी' की तरह सवार है। जब ख़्वाहिशें फुंकारती हैं और जिस्म जिस्म को पुकारता है तो इन अफ़सानों के करेक्टर आहें नहीं भरते, ग़ज़लें नहीं गाते, शे'र नहीं लिखते, बल्कि बग़ैर चूनो-चरा के उस पुर-असरार आवाज़ के पीछे हो लेते हैं और वो जिधर ले जाए, बग़ैर सोचे-विचारे उसी तरफ़ चल देते हैं। माँएँ घुड़कती हैं, साँसें उलझती हैं, बेपरवाह लोग ग़च्चा दे जाते हैं। इफ़लास[5] की सड़ाँध से दम घुटता है, लेकिन उसके क़दम नहीं रुकते या इस्मत के अल्फाज़ में यूँ कहिए कि "जवानी ग़रीबी को नहीं देखती, बिन बुलाये टूट पड़ती है और बिन कहे चल देती है, पेट भर रोटी न मिली तो क्या सुहावने ख़्वाब तो कोई रोक नहीं सका। जम्पर और शलवार नहीं जुड़े तो क्या जिस्म ने अपने पैर रोक लिए, वो तो बढ़ता ही गया।"

और जब इस जिस्म में तूफ़ान आता है "और पीठ पर कन-खजूरे रेंगने लगते हैं" और दिलो-दिमाग़ पर अन्धी कैफ़ियतें हावी हो जाती हैं तो ये अजीब-अजीब बैर बाँध लेता है। लेकिन जिस्म अपना बदला जिस्म ही से लेता है। चुनांचे इस कशमकश के ज़ेरे-असर हिल्म[6] तथा गुदाज़ और मुलाअमत[7] के रेशम में लिपट कर ग़ुनूदा[8] नहीं हो जाते बल्कि उनमें करख़्त[9] क़िस्म का अक्खड़पन और दुरुश्त[10] क़िस्म की शरारतें बेदार हो जाती हैं। वो एक-दूसरे को छेड़ते हैं, तंग करते हैं, पकड़कर खटौलियों पर पटक देते हैं, नंगे जिस्म पर बद्धिया डाल देते हैं, होंठों को चुटकियों से मसल देते हैं, पैर से पैर दबाते हैं, थप्पड़ रसीद कर देते हैं, बाल पकड़कर झटके देते हैं, लातें मारते हैं, झापड़ कस कसकर लगाते हैं, घसीटते हैं, झिंझजोड़ते हैं...यानी दिल पर कुछ भी गुज़रे, जिस्म की गिरफ़्त कभी ढीली नहीं होने पाती। और ये जज़्बा शुरू से आख़िर तक अपने खुरदुरेपन और बदनीयती की शान को नहीं छोड़ता।

---

1. सजा-सँवरा, 2. परस्पर तादात्म्य, 3. सौन्दर्य, 4. चुम्बकीय, 5. ग़रीबी, 6. संयम, 7. कोमलता, 8. तन्द्रालु, नींद में लिप्त, 9. कठोर, 10. निष्ठुर।

तो फिर इस्मत के अफ़सानों का मौज़ू जिस्म है? नहीं, ये कहना तो दुरुस्त नहीं होगा, क्योंकि ये अफ़साने बिला शुब्हा अदब के दायरे में शामिल हैं और अदब[1] का मौज़ू जिस्म नहीं हो सकता यानी वो जिस्म जो इल्मुल-आज़ा[2] की किताबों में पाया जाता है। न जिस्म, न चाँद-तारे, न फूल, न सहरा...आर्ट को तो ज़हनी कैफ़ियात से सरोकार है क्योंकि आर्ट का मन्सब[3] ज़हनी इरादात का बयान और आख़िरकार उन कैफ़ियात की तरबियत[4] है, ये सब चीज़ें तो महज़ मुहर्रिकात[5] हैं। इनमें न सही, दूसरी सही। इससे गुज़र जाइए कि किस चीज़ का नाम लिया है, ये देखिए कि ज़िक्र क्या हो रहा है। अगर ज़हनी कैफ़ियात का दख़्ल न हो तो मुसव्विर[6] मुसव्विर नहीं बल्कि एक कैमरा है। अदीब अदीब नहीं बल्कि एक नक़ल-नवीस है और जिस्म का वक़ा-ए-निगार[7] इल्मुल-आज़ा[8] का माहिर और शारेह[9] तो बन सकता है, अदब पैदा नहीं कर सकता।

जो कुछ मैं ऊपर बयान कर चुका हूँ, उसका मक़सद सिर्फ़ ये था कि इस्मत की जिन्सी कशिश की बात वाज़ेह[10] कर दी जाए और ये समझ लिया जाए कि इसके मुहर्रिकात और मज़ाहिर क्या हैं। लेकिन ब-हैसियत आर्टिस्ट के इस्मत को परखने के लिए बिल-आख़िर[11] ये देखना पड़ेगा कि जिन्सी भूख से पैदा होने वाले जज़्बात व अहसास को उन्होंने किस सतह पर उभारा है। अपनी मख़्लूक़[12] को उनसे जो रंगीनी बख़्शी है वो किस रुतबे की है और रूह के लिए लैलो-निहार[13] में उनका क्या मुक़ाम है, इन सवालों का जवाब मैं ऊपर एक-दो जगह दे चुका हूँ। इससे ज़्यादा तफ़सील शायद सूदमन्द[14] न हो। ऐसी बातों को जहाँ तक हो सके बहस से मख़्लसी[15] दिलाकर मज़ाक़[16] के सुपुर्द कर देना ज़्यादा मुनासिब मालूम होता है।

लेकिन एक बात ज़ाहिर है कि जो आर्टिस्ट इस्मत की तरह अपनी मख़्लूक़ को यूँ हैवानियत के किनारे तक ले जाता है वो तलवार की धार पर चलता है। चुनांचे उनके मशहूर अफ़साने 'लिहाफ़' में उन्होंने कई सामाजिक ममनूआत[17] का ज़िक्र किया है। समाज और अदब की शरीअतें कब एक-दूसरे के मुतवाज़ी[18] हुई हैं। मैले के ढेर से लेकर कहकशाँ तक सभी चीज़ें अहसासों की मुहर्रिक[19] हो सकती हैं, और जो चीज़ मुहर्रिक हो सकती है वो अदब के इम्लाक[20] में शामिल है। आप जिस ज़मीन से चाहें शेर कह लें, इससे क्या ग़रज़ कि ज़मीन कौन-सी है ग़रज़ तो इससे है कि शेर कैसा है। इसलिए इस पर मोतरिज़[21] होने की ज़रूरत नहीं कि उन्होंने वैसी बातों का ज़िक्र क्यों किया। लेकिन इस कहानी की क़ीमत घट यूँ जाती है कि इसका मर्कज़े-सिक़्ल[22] या असकरी साहब की इस्तेलाह में इसका 'ताकीदी नुक़्ता' कोई दिल का मामला नहीं बल्कि एक जिस्मानी हरकत है। शुरू में ये ख़याल होता है कि बेगम

---

1. आर्ट, 2. शरीर-विज्ञान, 3. कर्तव्य, 4. पोषण, 5. पोषक तत्त्व, 6. चित्रकार, 7. वर्णन करने वाला, 8. शरीर-विज्ञान, 9. व्याख्याकार, 10. स्पष्ट, 11. अन्ततः, 12. रचनात्मक दुनिया, 13. दिन-रात, 14. लाभकारी, 15. छुटकारा, 16. सहृदयता, 17. पाबन्दियों, 18. पोषक, 19. प्रेरक, 20. स्थायी तत्त्व, 21. आपत्तिकर्त्ता, 22. गुरुत्वा केन्द्र।

जान की नफ़सियात को बेनक़ाब करेंगी, फिर उम्मीद बँधती है कि जिस लड़की की ज़बानी ये कहानी सुनाई जा रही है उसके जज़्बात में दिलचस्पी होगी। लेकिन इन दोनों से हटकर कहानी आख़िर में एक और ही सिम्त अख़्तियार कर लेती है और अपनी नज़रें उमड़ते हुए लिहाफ़ पर गाड़ देती है। चुनांचे पढ़ने वाला बेचारा अपने आप को इस क़िस्म के लोगों में शामिल पाता है जो मसलन जानवरों के तमाशे को देखने के लिए सड़क के किनारे उकड़ूँ बैठ जाते हैं।

इस्मत ने कुछ थोड़े से स्केच भी लिखे हैं जिनमें से कोई भी दिलचस्पी, रिक़्क़ते-नज़र और इस्मत की मख़्सूस[1] किनाया-बाज़ी से ख़ाली नहीं। लेकिन फिर भी इनमें कोई 'दोज़ख़ी' के रुतबे को नहीं पहुँचता। और सच तो ये है कि उर्दू अदब में इस अस्लूबे-नज़र की मिसाल नहीं मिलती जो इस्मत ने इस स्केच में अख़्तियार किया है। उन चन्द सफ़हात में इस्मत कुछ इस तरह अपने परों को फैला कर उड़ती हैं कि देखते ही देखते अपने बुलन्द-तरीन मुक़ाम पर पहुँच जाती हैं। "मैं एक बहन की हैसियत से नहीं, औरत बन कर...मैं बहन होकर नहीं इनसान बनकर रहती हूँ।" उन्हें इस उज़्र-ख़्वाही[2] की ज़रूरत भी यूँ पेश आयी कि अपनी दियानत पर तो ईमान था, पढ़ने वालों की दियानत[3] पर ईमान न था लेकिन चन्द ही फ़िक़रों में वो अपने ख़ुलूस और अपनी जुर्रत से पढ़ने वालों की हिम्मत बुलन्द कर देती हैं। आर्टिस्ट किसी का भाई नहीं होता, किसी की बहन नहीं होती। अहसासात और अक़दार[4] की दुनिया में ऐसे रिश्ते तो महज़ इत्तिफ़ाक़ात का नाम हैं। चन्द लेबल जो न मालूम किन चीज़ों पर लगे हुए हैं। लेबल हटाकर देखिए तो नीयतों और वहमों का इम्तिहान होगा और ज़हन जिला[5] पाएगा। इस्मत ने किस ख़ुद-एतिमादी[6] के साथ लेबलों को हटाकर फेंक दिया है और जो ज़िन्दगी में भी लाश था, उसकी लाश को ज़िन्दा कर दिखाया है।

मज़्मून ख़त्म करने से पहले दो-एक बातें इस्मत की ज़बान के बारे में भी कहना चाहता हूँ क्योंकि उनकी लुग़वी मज़ाक़[7] भी हमारे लिए एक हिदायत है। इस्मत की इंशा पर फ़ारसी और अरबी का असर ब-निस्बत[8] और अदीबों के बहुत कम बल्कि न होने के बराबर है और ये बेनियाज़ी[9] अल्फ़ाज़ तक ही महदूद नहीं है बल्कि तरकीबों और फ़िक़रों की सख़्त में भी पाई जाती है। इसी तरह उनकी तहरीर बजुज़[10] एक-आध लाहासिल[11] सी नक़्क़ाली के अंग्रेजी तराकीब[12] और अंग्रेज़ी असालीबे-ख़याल[13] से भी पाक है। इस ज़माने के अक्सर इंशापरदाज़ों को ब-वजह अपनी तालीम या माहौल के, इससे इनकार नहीं कि उनके कलाम में वक़्तन-फ़वक़्तन अंग्रेज़ी के सुर भी सुनाई दे जाएँ। उर्दू में मग़रिबी[14] तलमीहात[15] रोज-बरोज़ बढ़ती जाती है। चुनांचे आम मुसन्निफ़ों में भी और कुछ नहीं तो तर्जुमाशुदा[16] तरकीबों की गुठलियाँ तो मिल ही जाती हैं। इस्मत अंग्रेज़ी के ख़ैरो-शर[17] दोनों से मुबर्रा[18] हैं। ये तो बताना नामुमकिन है कि वो क्या लफ़्ज़ है जो इनकी तहरीर में पैदा

1. विशेष, 2. बहानेबाज़ी, 3. समझ, 4. मूल्य, 5. मुक्ति, 6. आत्म-विश्वास, 7. शाब्दिक अनुभव, 8. अपेक्षाकृत, 9. उदासीनता, 10. सिवाय, 11. व्यर्थ, 12. भाषिक-नियम, 13. सोच की पद्धतियाँ, 14. यूरोपीय, 15. सम्मिश्रण, 16. अनुवादित, 17. भला-बुरा, 18. बरी।

हो जाता और इस पाक-दामनी की वजह से पैदा न हुआ। लेकिन इतना ज़रूर है कि इसकी बदौलत वो ठेठ उर्दू के बहुत से ऐसे अलफ़ाज़ काम में ले आयी हैं जो आज तक परदे से बाहर न निकले थे और जिनको अब उन्होंने नये-नये मतलबों के इज़हार के क़ाबिल बना दिया है। गोया इधर उर्दू इंशा को एक नयी जवानी नसीब हुई, उधर ख़ाना-नशीन अल्फ़ाज़ को ताज़ा हवा में साँस लेने का मौक़ा मिला। इस्मत के फ़िक़रों में बोलचाल की सी लताफ़त और रवानी है और जुमलों का ज़ेरो-बम[1] रोज़मर्रा का सा फ़ुर्तीला ज़ेरो-बम है। इसलिए उनके फ़िक़रों का साँस कभी नहीं फूलता और इनमें मुंशियाना सक़ालत[2] और तकल्लुफ़ नहीं आने पाते। मुख़्तसर ये कि अल्फ़ाज़ के इन्तख़ाब[3] और फ़िक़रों की साख़्त इन दोनों रस्तों से वो इंशा की ज़बान को ज़िन्दगी के क़रीबतर ले आयी हैं जिसके लिए हमें उनका ममनून होना चाहिए। इस नेक काम में इस्मत के अलावा चन्द और क़ाबिले-क़द्र अहले-ज़बान इंशापरदाज़ भी शरीक हैं। और सच तो ये है कि ये काम अहले-ज़बान[4] के सिवा किसी दूसरे के लिए कुछ ऐसा आसान भी नहीं, लेकिन इस्मत के अहसान का बोझ कुछ इस वजह से हल्का नहीं हो जाता।

इस्मत कोई क़द्दावर अदीब नहीं। उर्दू अदब में जो इम्तियाज़[5] इनको हासिल है, उससे मुन्किर[6] होना, कज बीनी (केवल कमियाँ देखने की प्रवृत्ति) और बुख़्ल[7] से कम न होगा। और ये मज़्मून बज़ाते-ख़ुद इस इम्तियाज़ का एतराफ़ है। लेकिन भूल न जाना चाहिए कि हमारा अफ़साना अभी सिने रुश्द या सिने-बुलूग़[8] को नहीं पहुँचा। आजकल जबकि नस्लों को वुसअत[9] नसीब हो रही है और दुनिया भर का अदब किताब की तरह हमारे सामने खुला पड़ा है। उर्दू अदब के क़द्रदानों में ये हौसला पैदा होना चाहिए कि वो अपने अदब का दुनिया के बेहतरीन अदब से मुक़ाबला करते रहें। ताकि तनासुब[10] का अहसास कुन्द न होने पाये, मुक़ामी तअसुबात[11] की हक़ीक़त वाज़ेह होती रहें और दिल में उमंग पैदा हो। हमारे अदबे-ज़दीद के पात ज़रूर चिकने-चिकने हैं लेकिन इसमें अभी बड़े-बड़े फूल नहीं लगे। इतनी हद-बन्दी कर लेने के बाद हमें इस बात को तस्लीम[12] करने में ज़रा भी ताम्मुल[13] न होना चाहिए कि इस्मत की शख़्सियत उर्दू अदब के लिए बाइसे-फ़ख़्र[14] है। इन्होंने कई ऐसी पुरानी फ़सीलों[15] में रख़्ने[16] डाल दिये हैं कि जब तक वो खड़ी थीं कई रस्ते आँखों से ओझल थे। इस कारनामे के लिए उर्दू-ख़्वानों[17] को ही नहीं बल्कि उर्दू के अदीबों को भी इनका ममनून होना चाहिए।

---

1. उतार-चढ़ाव, 2. भारीपन, 3. चुनाव, 4. साहित्यकारों, 5. सम्मान, 6. असहमत, 7. कंजूसी, 8. प्रौढ़ावस्था, 9. व्यापकता, 10. परस्पर तुलनात्मक अध्ययन, 11. स्थानीय पक्षपात, 12. स्वीकार, 13. संकोच, 14. ग़र्व करने की वजह, 15. दीवारों, 16. छेद, 17. उर्दू बोलने वालों।

इस्मत चुग़ताई के निस्वानी किरदार

वज़ीर आग़ा

इस्मत चुग़ताई के बेशतर निस्वानी[1] किरदारों के पस-मंज़र[2] में एक ऐसी औरत मौजूद है जो घर की मशीन में महज़ एक बेनाम-सा पुर्ज़ा बनकर नहीं रह गयी बल्कि जिसने अपने अलग वजूद का ऐलान करते हुए माहौल की सिक्के-बन्द क़दरों[3] और रिवाजों को अगर ध्वस्त नहीं किया तो कम-अज़-कम कमज़ोर ज़रूर कर दिया है। इस तरह कि मकान की जुड़ी हुई ईंटों में जगह-जगह झुर्रियाँ-सी प्रकट हो गयी हैं। इसका ये मतलब हरगिज़ नहीं कि इस्मत के निस्वानी किरदार एक ही नकारात्मक समझ वाले और एक-से प्रतिकार के प्रतीक हैं, बल्कि सिर्फ़ ये कि वो जिस नक़्शे-अव्वल प्रोटोटाइप की बुनियाद पर स्थापित हैं, वो अपना एक बुनियादी पैटर्न रखता है। अफ़साने के किरदारों के हवाले से सामान्य टाइप और किरदार के फ़र्क़ को रेखांकित किया जाता है। मसलन ये कि टाइप वो सामाजिक क़ैद हो जाता है। इस हद तक कि विशिष्टता धूमिल और विशेष-हीनता प्रकट हो जाती है। जिस तरह प्याज़ की परतें होती हैं, उसी तरह समाज की भी परतें जो विभिन्न तबक़ों और पेशों की सूरत तह-दर-तह नज़र आते हैं। और जिनमें दुनिया अनजाने में दर्ज़ा-ब-दर्ज़ा ढलती चली जाती है। मसलन, दुकानदारी, पढ़ाई-लिखाई, साहूकारी, चुंगी-मुहर्री, क्लर्की, कारख़ाना-दारी वग़ैरा...पेशा-मिस्ल इस विभाजन के हैं जो व्यक्ति के उभरे हुए जुम्ला-ए-नोकदार किनारों को काट करके उसे उसकी असल आकृति के मुताबिक़ कर देता है और वो पेशे की शक्ल में मौजूद हज़ारों दूसरे परतों में मिलकर अपनी विशिष्टता को तज देता है। कई टाइप आरज़ी नौइयत[4] के भी होते हैं। मसलन, कोई शख़्स जब सफ़र का आग़ाज़ करता है तो गाड़ी में सवार होते ही 'मुसाफ़िर' कहलाता है, दुकान में दाख़िल हो तो 'ख़रीदार' के नाम से पुकारा जाता है और खेल के मैदान में उतरे तो 'खिलाड़ी' बन जाता है। दूसरी तरफ़ किरदार वो शख़्स है जिसके पंख या तो काटे ही ना जा सकें या काटे जाने के बाद दोबारा उग आएँ। इसीलिए वो अपने साँचे के तौर पर नज़र आये जो विशेष-हीनता की बेरंगी के बजाय विशिष्टता

---

1. नारी, 2. परिप्रेक्ष्य, 3. परम्पराओं, 4. सन्दर्भ पर आधारित।

की रंगारंगी से इबारत थी। नार्थपे फ्राई ने एक जगह लिखा है कि जुम्ला-ए-किरदार स्टॉक-टाइप या प्रोटोटाइप की बुनियाद पर आधारित होते हैं। गोया प्रोटोटाइप की वही हैसियत है, जो इनसानी जिस्म में पिंजर की है। ये वो 'नक़्शा' है जिसके मुताबिक़ जिस्म के अंग-प्रत्यंग नुमायाँ होते हैं, मगर पिंजर की बुनियादी यकसानियत के बावजूद हर जिस्म अपने ख़दो-खाल की बिना पर दूसरों से अलग नज़र आता है। अफ़साने में उभरने वाले किरदार का मामला ये है कि हालाँकि वो भी प्रोटोटाइप की असास पर ही आधारित होता है, फिर भी वो अपने अन्दर की उस इन्द्रिय परिवर्तन के कारण जो अक़सर बाहर के वाक़िआत और नफ़्सीयाती घटना-क्रम में वजूद में आती है, ऐसी विशिष्ट व्यक्तित्व के तौर पर उभर आता है, जो अपनी टाइप के दूसरे लोगों से बिल्कुल अलग होती है और अपनी इन्फ़िरादियत[1] के कारण काल्पनिक पात्र होने लगती है। इस्मत के निस्वानी किरदारों का भी यही हाल है। उनके पृष्ठभूमि में भी एक ऐसी 'औरत' मौजूद है जो इकट्ठा करने की बजाय तोड़ने और बिखराने में ज़्यादा दिलचस्पी रखती है। देवमाला में इसके कई नमूने नज़र आते हैं। मसलन, हिन्दू देवमाला की 'काली' जिसका काम संयोजित व संगठित सृष्टि को टुकड़े-टुकड़े करना है या समीरिया की तियामत जिसकी ताक़तवर हस्ती हर शय को घास-फूस की तरह बहा ले जाती है। भारत वर्ष के सामाजिक माहौल पर अगर एक नज़र डालें, जिसमें औरत हज़ारों बरस से इस क़दर अर्थहीन हस्ती रही है कि उसकी मामूली सी समाजी अवज्ञा को भी कलंक का टीका माना गया। ऐसे माहौल में इस्मत चुग़ताई के निस्वानी किरदारों की बग़ावत अपने दौर की मान्यताओं के ऐतिबार से काली या तियामत की कारगुज़ारी ही से समानता दिखाई देगी। यद्यपि यूँ लगता है जैसे सामाजिक साँचे में बन्द औरत का प्रोटोटाइप अपने अन्दर के समुन्दरी तूफ़ान की शह पाकर साँचे से छलक नया नक़्श उभर आया है। साँचे को अगर 'घर' का पर्याय क़रार दे दिया जाए तो फिर इस्मत के निस्वानी किरदार घर की चादर और चारदीवारी में खिड़की बनाते हुए नज़र आयेंगे। इस अमल में अगर घर की ईंटें अपनी जगह से सरक जाएँ और जगह-जगह छेद प्रकट होने लगें तो इसका मतलब होगा कि प्रोटोटाइप अपनी क़िलेबन्द दुनिया से बाहर आकर मुख़्तलिफ़ किरदारों में ढलने लगा है।

इस्मत के यहाँ बाग़ी औरत के प्रोटोटाइप का मुख़्तलिफ़ किरदारों में उभार पहली ही झलक में महसूस होने लगता है, मगर जब ज़रा ग़ौर करें तो ये भी महसूस होता है कि इस्मत के निस्वानी किरदार किरदारों के पुरानी धारणा से उद्दण्डता का दर्जा रखते हैं। फ़िक्शन के प्राचीन किरदारों का मामला ये है कि वो अपने जिस्मानी या नफ़्सीयाती गुणों की बिना पर ख़ल्के-ख़ुदा से अलग नज़र आते हैं। मसलन, खोजी का बौनापन, डान कोटे का बेढंगापन, नौटरे के कुबड़ेपन की बदसूरती, लोंगजान सिल्वर का लँगड़ापन, हातिमताई की सख़ावत[2] वग़ैरा...ये सब वैविध्य ग़ैर-मामूली किरदारों में सामने आते हैं। गोया फ़िक्शन के पुराने किरदार अपने वाज़ेह जिस्मानी या नफ़्सीयाती ख़दो-ख़ाल रखते हैं। जिनकी वजह

1. विशिष्टता, 2. दानशीलता।

से वो आम इनसानों से अलग और ख़ास हैं। हालाँकि ये किरदार एक तरह के बन्द निज़ाम भी हैं। परिकल्पना के हवाले से ये कहना ग़लत न होगा कि फ़िक्शन के किरदार पोर्ट्रेट से मुशाबा[1] हैं, जो ख़दो-ख़ाल के गाढ़ेपन का नमूना होती है। साख़्तियाती तनक़ीद[2] ने किरदार के इस तसव्वुर को क़बूल करने से इनकार किया है। बिल्कुल वैसे ही जैसे इसने 'नयी तनक़ीद' की इस धारणा को नहीं माना कि नज़्म एक ऐसी खुद-मुख़्तार या ख़ुद-कफ़ील[3] इकाई है जो बाहर के ज्वार-भाटे से निरपेक्ष होकर अपने वजूद को क़ायम रखती है। साख़्तियाती तनक़ीद के मुताबिक ये क़दीम किरदार एक तरह की खुदकार इकाइयाँ हैं जो अपने मख़सूस जिस्मानी और नफ़्सीयाती तत्त्वों की बिना पर पहचानी जाती हैं। दूसरी तरफ़ वर्जिनिया से मिज़ाजन मुख़्तलिफ़ नौइयत[4] के हैं और इन्हें किरदार के क़दीम तसव्वुर के मीज़ान[5] पर तौलना ग़लत है। ताहम[6] वो यक़ीनन किरदार का दर्जा रखते हैं, टाइप का नहीं।

साख़्तियाती तनक़ीद के मुताबिक़ किरदार महज़ चन्द अनोखे ख़दो-ख़ाल का बखान नहीं होता जो उसके विशेष लक्षण करार पायें। मुराद ये है कि किरदार महज़ एक पोर्ट्रेट नहीं है बल्कि उसमें किसी ख़ास सिम्त में आन्दोलित होने का अन्दाज़ भी मिलता है। हालाँकि वो जैसे-जैसे आगे को बढ़ता है वाक़िआत और सानिहात[7] की छूट पड़ने से उसके मुतअय्यिन[8] ख़दो-ख़ाल धुँधलाने लगते हैं। मगर वो बे-शबाहत[9] नहीं हो जाता। दूसरे शब्दों में हीरो एन्टी-हीरो में तब्दील नहीं हो जाता। मेरे नज़दीक एन्टी-हीरो की नमूद[10] हीरो के तसव्वुर में वुसअत[11] पैदा करने के बजाय उसे मादूम[12] करने के मुतरादिक़[13] है। लिहाज़ा मैं एन्टी-हीरो की नमूद को किरदार-निगारी के अमल की ज़िद तसव्वुर करता हूँ। ख़ुश-क़िस्मती कि साख़्तियाती तनक़ीद ने हीरो के क़दीम तसव्वुर के अली-उर-ग़म[14] एक ऐसे किरदार के तसव्वुर को राइज[15] किया है जो अपने मौरूसी औसाफ़[16] या जौहर की बिना पर पहचाना नहीं जाता बल्कि जो कहानी में एक शरीके-कार यानी पार्टिसिपेंट का रोल अदा करके और स्ट्रक्चरिंग के अमल से गुज़र के अपनी एक इम्तियाज़ी[17] हैसियत को उजागर करता है। दूसरे लफ़्ज़ों में वो अपने वजूद को अम्बोह[18] के बेनाम और बेचेहरा वजूद में गुम होने नहीं देता बल्कि अपनी तमामतर लचक के बावजूद ख़ुद को बतौर एक मुनफ़र्द वजूद बाक़ी रखता है। फ़िक्शन के क़दीम किरदार हीरो या हीरोनुमा हस्तियाँ हैं जिनके आमाल[19] मुक़र्रर और अंजाम ज़ाहिर हैं, मगर ज़दीद किरदार एक मुतअय्यिन[20] और मुरत्तब[21] वजूद के साथ अपने सफ़र के दौरान मुख़्तलिफ़ तजुरबों[22] से गुज़रते हुए उनके अन्दर के बुनियादी औसाफ़[23] ब-तदरीज[24] नमू-पज़ीर[25] होकर आख़िरकार एक मुनफ़र्द[26] सूरत अख़्तियार कर लेते हैं। लेकिन अगर वो मुतअय्यिन और मुक़र्रर शबाहत[27] के साथ सफ़र का आग़ाज करें तो भी जैसे-जैसे वो आगे को बढ़ते हैं, उनके मुतअय्यिन औसाफ़

1. तुलनीय, 2. समीक्षा, 3. अस्तित्व-सम्पन्न, 4. अलग स्वभाव, 5. तराज़ू, 6. हालाँकि, 7. घटनाक्रम, 8. पूर्व निर्धारित, 9. अस्तित्व-हीन, 10. उत्पत्ति, 11. व्यापकता, 12. धूमिल, 13. बराबर, 14. समानार्थक, 15. प्रचलित, 16. गुणों, 17. विशेष, 18. भीड़, 19. कर्म, 20. निर्धारित, 21. पूर्वनियोजित, 22. अनुभवों, 23. लक्षण, 24. खुद-बखुद, 25. अभिव्यक्त, 26. विशेष, 27. विश्वास।

महज़ नक़ाब नज़र आने लगते हैं। इसकी एक नुमायाँ[1] मिसाल मण्टो के निस्वानी किरदार हैं। जो इस तरह के नक़ाब-पोश किरदार कहलाएँगे कि वो आग़ाजे-कार[2] में अपने असल रूप में ज़ाहिर नहीं होते लेकिन कहानी के आख़िर तक पहुँचते-पहुँचते अपने नक़ाब उलट देते हैं और कारी[3] को एक ऐसा किरदार नज़र आ जाता है जो अपने नक़ाब-पोशी हुलिए से मुख़्तलिफ़ बल्कि उसका उलट है। मसलन मण्टो बड़े इल्तिज़ाम[4] के साथ तवाइफ़ के अन्दर औरत दिखाता है (गोया किरदार का पहला रूप महज़ एक नक़ाब टाइप होता है) वैसे मण्टो का ये तरीक़ा उसके वसी-तर अक़दाम[5] का शाख़साना[6] भी है। वो यूँ कि मण्टो ने मोपासाँ और ओ हेनरी से मुतासिर[7] होकर अकसरो-बेशतर[8] कहानी के आख़िर में एक ऐसा मोड़ लाने की कोशिश की है जिससे कहानी का महवर[9] ही तब्दील हो गया है। यही अम्ल उसने किरदार पर भी आज़माया है। दूसरी तरफ़ इस्मत चुग़ताई के निस्वानी किरदार इस क़िस्म की क़लाबाज़ियों के मरहूने-मिन्नत[10] नहीं हैं। वो जिन औसाफ़ के हामिल[11] बनकर नमूदार[12] होते हैं, आख़िर तक उन औसाफ़ ही के हामिल रहते हैं। हालाँकि कहानी के बहाव के साथ-साथ ये औसाफ़ ब-तदरीज अपने मरूफ़ी अबूआद को मुन्कशिफ़[13] करते चले जाते हैं और इसी तरह आख़िर में हमें एक ऐसे भरपूर किरदार का अहसास होता है जो किरदार के क़दीम तसव्वुर[14] की तरह मुक़र्रर और बेलचक नहीं है। जिसका मतलब ये है कि इस्मत चुग़ताई के निस्वानी किरदार दो इन्तिहाओं[15] के बैन-बैन[16] नहीं हैं।

कुछ लोगों का ख़याल है कि कहानी का मुताला ऐसे करना चाहिए जैसे माहिरे-लिसानियात[17] 'जुम्ले' का करता है।

माहिरे-लिसानियात जुम्ले के मवाद[18] को ज़ेरे-बहस लाने के बजाय उन लिसानी[19] रिश्तों[20] को मौज़ू बनाता है, जिनसे जुम्ला इबारत[21] होता है। मस्लन इस्म[22] और फ़ेल[23] के रबाता बाहम[24] को...गोया माहिरे-लिसानियात जुम्ले का मुताला करते हुए दरअसल जुम्ले में मुज़्मर[25] 'ग्रामर' के सिस्टम को उजागर करता है। वो उस उफ़क़ी (Syntagmatic) और उमूदी (Paradigmatic) अबूआद को निशान-ज़द[26] करता है और यूँ जुम्ले को एक ऐसे पैटर्न के तौर पर पेश कर देता है जो अपने उफ़क़ी (Syntagmatic) और उमूदी (Paradigmatic) तहरूक[27] की बिना पर Process कहलाए जाने का मुस्तहक़[28] है। ख़ुद-तबइआत[29] ने अब ऐटम को एक जामिद[30] इकाई क़रार देना छोड़ दिया है। वो अब इसे रिश्तों की इकाई क़रार देने लगी है। इस अम्ल से जुम्ले के मानी का इन्शिराह[31] होता है। साख़्तियाती नक़्क़ाद जब किसी कहानी को मौज़ू बनाता है तो वो भी उसको लिसानी तजज़िए का हदफ़[32] बनाता है जिससे कहानी की सतह पर एक और कहानी उभर आती है, एक ऐसी

---

1. ख़ास, 2. प्रारम्भ, 3. पाठक, 4. सतर्क होकर, 5. व्यापक सोच-समझ, 6. अड़चन, 7. प्रभावित, 8. अधिकांश, 9. केन्द्र-बिन्दु, 10. खुशामदी, 11. ख़ूबियों के वाहक, 12. प्रकट, 13. गुप्त लक्ष्य को ज़ाहिर, 14. रूप, 15. सीमाओं, 16. बीच में भटके हुए, 17. भाषा-विज्ञान का मर्मज्ञ, 18. विषय, 19. भाषिक, 20. बिन्दुओं, 21. निर्मित, 22. संज्ञा, 23. क्रिया, 24. परस्पर सम्पर्क, 25. निहित, 26. रेखांकित, 27. प्रक्रिया, 28. अधिकारी, 29. स्वान्तः सुखाय टाइप लोग, 30. ठोस, 31. विस्तार, 32. निशाना।

कहानी जो निशानात (Signs) का मुरक़्क़ा[1] है। इसकी मिसाल यूँ है कि जब आप पियानो बजाते हैं, जिसकी हर कुंजी की अपनी एक ख़ास आवाज़ है तो उन आवाज़ों के मिलाप से एक ऐसा नग़मा वजूद में आ जाता है जो पियानो की मुख़्तलिफ़ कुंजियों की आवाज़ों की हासिले-जमा से 'कुछ ज़्यादा' होने के बाइस इन आवाज़ों की ऊपरी सतह पर गोया तैर रहा होता है जिसका मतलब ये है कि पियानो बजाने वाला पियानो से 'खेलते' हुए आवाज़ों को मुतक़ल्लिब[2] करता और नये नग़माती मानी के इन्शिराह का सबब बनता है। यही काम साख़्तियाती नक़्क़ाद का भी है जो वो कहानी का मुताला करते हुए मौतदद[3] नयी मानवी[4] सतहों को तज़बीज़ करने में कामयाब होता है। ये भी इस बात का सबूत है कि वो कहानी का मुबस्सिर[5] नहीं बल्कि उसमें शिरकत कर रहा है।

इस्मत चुग़ताई के निस्वानी किरदारों का मुताला करें तो उनमें एक ख़ास पैटर्न का अहसास होगा। मस्लन, इस्म की सतह पर उनके किरदार जैसे 'तिल' की रानी, 'अम. रबेल' की रुख़साना, 'दो हाथ' की गौरी, 'पेशा' की सेठानी, 'काफ़िर' की मैं, 'चिड़ी की दुक्की' की आलिमा, 'लिहाफ़' की बेगम जान, 'नन्ही की नानी' की नानी, 'जड़ें' की अम्मा, और 'डायन' की अम्मा जान...बज़ाहिर[6] नॉर्मल क़िस्म की हस्तियाँ हैं जो किसी जिस्मानी या नफ़्सीयाती नाहमवारी[7] की मिसाल नहीं है। फ़िक्शन के क़दीम किरदारों की तरह इनकी क़ुव्वत ग़ैर-मामूली या सूरत अनोखी या रवैया एब्नॉर्मल नहीं है। वो कहानी में पियानो की कुंजी की तरह हैं, जिसकी आवाज़ मुतअय्यन और मुक़र्रर है। मसलन 'तिल' की रानी एक ऐसी नातराशीदा[8] अक्खड़-सी लड़की के रूप में सामने आती है जो जवानी के लहू की गरमी के बाइस[9] मुआशती[10] क़ायदों और ज़ाब्तों का एहतिराम करने से क़ासिर[11] है। 'अमर बेल' की रुख़साना एक ख़ूबसूरत दोशीज़ा[12] के रूप में चालीस साल के शुजाअत की दुल्हन बनकर सामने आती है। वो एक नॉर्मल घर-गृहस्थी में मुब्तला[13] औरत की हैसियत से कहानी का हिस्सा बनती है और वज़ाहिर इसमें किरदार का कोई अनोखापन नज़र नहीं आता। 'दो हाथ की गौरी' एक ऐसे निचले तबक़े की नुमाइंदा है, जहाँ सबसे बड़ी इख़्लाक़ियात[14] दो वक़्त की रोटी का जुगाड़ है, जहाँ बाकी सारी क़दरें[15] 'भूख' के नंगेपन का शिकार हो जाती हैं। 'पेशा' की सेठानी एक ऐसी तवायफ़ की सूरत में सामने आती है जो दो सतहों पर मुक़ीम[16] है यानी दिन की रौशनी में एक शरीफ़ औरत के लबादे में और रात को एक तवायफ़ के अन्दाज़ में। 'काफ़िर' की मैं एक पढ़ी-लिखी बाशऊर लड़की है जो अपने हर अक़दाम का तजज़िया करने पर क़ादिर[17] है। 'चिड़ी की दुक्की' की आलिमा उस बद-क़िस्मत लड़की की मिसाल है जो सिर्फ़ इसलिए मुस्तर्द[18] हो जाती है कि उसकी शक्लो-सूरत मुक़ाबला-ए-हुस्न में नाकाम है। 'लिहाफ़' की बेगम जान

---

1. चित्र, 2. रूपाकार होना, 3. असंख्य, 4. सार्थक, 5. पारखी, 6. देखने में, 7. भेदभाव, 8. अनपढ़, 9. कारण, 10. सामाजिक, 11. परे, 12. हसीना, 13. व्यस्त, 14. ज़रूरत, 15. मूल्य, 16. विराजमान, 17. समर्थ, 18. अस्वीकृत।

बज़ाहिर एक नफ़सियाती केस होने के बायस रविशे-आम[1] से हटे हुए एक किरदार का रूप है मगर ग़ौर करें तो वो भी अव्वल-अव्वल अपनी जिन्स के एक नमूने के तौर पर ही अफ़साने में दाख़िल होती है। 'नन्ही की नानी' भी एक आम सा नाम है जो हर मुहल्ले में कहीं न कहीं नज़र आ सकता है। वो आम इनसानों से अलग होने के बावजूद अपनी क़िस्म के अफ़राद[2] से मुख़्तलिफ़ नहीं है। इसी तरह 'डायन' की अम्मा जान भी एक बिल्कुल नॉर्मल हस्ती है जो दूसरों की उम्रों को ख़ुद बसर करने की कोशिश करती है।

इस्मत के ये सारे निस्वानी किरदार ऐसे नाम हैं जिनके साथ कुछ बुनियादी सिफ़ात[3] मुंसलिक[4] हैं। ऐसी सिफ़ात जिनसे इन किरदारों का मुक़ाम मुतय्ययन हो सकता है। पढ़ी- लिखी लड़की, निचले तबक़े की लड़की, तवायफ़ घर से जुड़ी हुई औरत, बदसूरत लड़की, लेस्बियन 'अमर-बेल' जैसा निस्वानी किरदार, सुघड़ औरत वग़ैरा ऐसे किरदार हैं जो अपने ख़ास औसाफ़[5] की बिना पर बख़ूबी पहचाने जा सकते हैं। कहानी के मामले में 'सिफ़्त' को मुख़्तलिफ़ साख़्तियाती नक़्क़ादों ने मुख़्तलिफ़ नाम दिये हैं। मसलन ग्रेमास ने इसे क्वालिफिकेशन कहा है, क्रिस्टेवा ने क्वालिफाइंग एडजेक्टिव जबकि ताढारोफ ने इसे इस्मे-सिफ़्त ही कहकर पुकारा है और इसे मुख़्तलिफ़ रवैयों मसलन नेकी/बदी और मुख़्तलिफ़ जिस्मानी, समाजी और मज़हबी इम्तियाज़ात पर मसलन नर/मादा, ईसाई/यहूदी, आली/नीच में तक़सीम किया है। किरदार से सिफ़्त का इन्सिलाक[6] उसे मुआशरती, नफ़्सीयाती या मज़हबी सतह की एक ख़ास मद कैटेगरी तज़बीज़ करता है। इस्मत के निस्वानी किरदारों के साथ इस्मा-ए-सिफ़्त वाज़ेह[7] तौर पर मुंसलिक है, लिहाज़ा ये किरदार बेचेहरा तज्रीदी अफ़साने में आमतौर से दिखाई देते हैं। तज्रीदी अफ़साने का क़िस्सा ये है कि इसमें किरदार अपने ख़दो-ख़ाल से ही महरूम[8] नहीं होता बल्कि अपनी सिफ़ात से भी मुंक़तूअ[9] हो जाता है। इसीलिए वो कहानी की ग्रामर ऑफ नैरेटिव की बनत में महज़ एक धोके के तौर पर शामिल दिखाई देता है मगर इस्मत के किरदार इस्मे-मुअर्रफ़ा[10] और इस्मे-सिफ़्त से लैस हैं। कह लीजिए कि इस ऐतिबार से वो किरदार के क़दीम तसव्वुर[11] से एक बड़ी हद तक हम-आहंग[12] हैं। तशख़्ख़ुस[13] की सतह किरदार के वजूद के लिए ज़रूरी है और इस्मत के किरदार अपने समाजी, नफ़्सीयाती और ज़हनी इम्तियाज़ात की बिना पर अपना एक अलग वजूद रखते हैं। मसलन 'तिल' की रानी या 'दो हाथ' की गौरी निचले तबक़े से तअल्लुक़ रखती है जहाँ ज़ब्तो-इम्तिनाअ[14] का मीलान नापैद[15] होता है, नतीजा ये है कि किरदार चहकते-बोलते लहू की ज़द पर आये-आये नज़र आते हैं जबकि 'काफ़िर' की 'मैं' मुआशरे के तक़ाजों से आगाह होने के बायस कोई इन्क़िलाबी क़दम उठाने से पहले तज़बज़ुब[16] का शिकार होती है और 'लिहाफ़' की बेगम जान अपनी फ़ितरी[17] ज़िन्दगी को लिहाफ़ ओढ़ाने की मुर्तकिब[18] दिखाई देती है।

---

1. सामान्य बात, 2. लोगों, 3. लक्षण, 4. संलग्न, 5. विशिष्ट मानवीय गुण, 6. जुड़ाव, 7. स्पष्ट, 8. वंचित, 9. दूर, 10. सुसज्जित, 11. पुरानी सोच, 12. जुड़े हुए, 13. व्यक्तिवाद, 14. पाबन्दियों, 15. न के बराबर, 16. असमंजस, 17. स्वाभाविक, 18. दोषी।

कहानी में इस्म-ए-सिफ़्त[1] का इस्तेमाल अक्सर किरदार के बारे में कहानीकार के रवैये को शुरू ही में पेश कर देता है। मसलन उसके साथ नेकी और शराफ़त या ख़बासत और बदी को मुंसलिक करके कहानीकार क़ारी के जज़्बात को किरदारे-मज़्कूर[2] की हिमायत या मुख़ालफ़त में बरअंगेख़्त[3] करता है। इसीलिए क़दीम तर्ज़ की कहानियों में इस्म-ए-सिफ़्त की बुनियाद पर हीरो और उसके मुक़ाबले में विलेन का तसव्वुर मिलता है। दोनों अपनी-अपनी जगह मुकम्मल हस्तियाँ हैं, जिनके किरदार मुतअय्यिन और मुक़र्रर हैं और कहानीकार उनका फ़ायदा उठाकर क़ारी के जज़्बात से खेलने में कामयाब होता है यानी उसके दिल में हीरो के लिए मुहब्बत और विलेन के लिए नफ़रत पैदा करता है। ज़दीद अफ़साने ने किरदारों के साथ इस तरह के इस्म-ए-सिफ़्त मुंसलिक करना बन्द कर दिया है जिससे किरदार में लचक का इम्कान[4] ही बाक़ी न रहे। ज़दीद अफ़साने के किरदार पिघली हुई हालत में दिखाई देते हैं, दूसरे लफ़्ज़ों में ज़दीदी अफ़साने के किरदारों की सिफ़ात उनकी पेशानियों पर Labels की सूरत में चस्पां[5] नहीं हैं बल्कि एक बीज की तरह फूटती और बर्गो-बार[6] लाती नज़र आती है। इस्मत चुग़ताई के ज़्यादातर निस्वानी इस ज़दीद रवैये के गम्माज़[7] हैं। जो जब अफ़साने में दाख़िल होते हैं तो क़ारी कह नहीं सकता कि वो क्या रूप अख़्तियार करेंगे मगर अफ़साने के मुताले[8] के बाद क़ारी को ये किरदार अपने असल रूप में नज़र आ जाते हैं।

इस्म-ए-मुअर्रफ़ा और इस्म-ए-सिफ़्त के रब्ते-बाहम[9] ने इस्मत के किरदारों को एक बन्द निज़ाम का दर्जा अता किया है। इस अमल से इसके किरदार तज्रीदी[10] अफ़सानों के बेनाम किरदारों से मुख़्तलिफ़ हो गये हैं। हालाँकि ज़दीद उर्दू अफ़साने के तनाज़ुर[11] को मलहूज़[12] रखें तो इस्मत का ये अक़्दाम[13] अनोखा नज़र नहीं आएगा क्योंकि ज़दीद उर्दू अफ़साना-निगारों[14] में से ज़्यादातर सभी ने अपने किरदारों को बन्द निजाम के तौर पर ही पेश किया है। फ़र्क़ वहाँ पड़ा है जहाँ जुम्ले में फ़ेल[15] की कारकर्दगी[16] का आग़ाज़ हआ हो। क्योंकि फ़ेल के अमले-दख़ल के दौरान एक अच्छा अफ़साना-निगार महज़ क़िस्सागो के मुक़ाम पर रुक नहीं जाता बल्कि जज़्बाती तौर पर अफ़साने की वारदात में शामिल भी हो जाता है।

दरअसल साख़्सियात ने इस हीरोनुमा किरदार को क़बूल नहीं किया जो मुक़र्रर और मुतअय्यिन सिफ़ात का नुमाइन्दा है। उसके मुताबिक़ फ़र्द[17] रिश्तों की एक ऐसी इकाई है जो बुर्हानी[18] सूरते-हाल में अन्दर से ख़ाली हो जाती है यानी उसके अन्दर एक ऐसी स्पेस उभर जाती है जिसमें वाक़िआत और क़ुव्वतें जमा होने लगती हैं और एक तरह की महाभ. ारत का आग़ाज हो जाता है। इस अमल से फ़र्द की बुनियादी सिफ़ात नमू-पज़ीर[19] होकर सतह पर आ जाती है बल्कि ये कहना चाहिए कि बुनियाद सिफ़ात हालात व वाक़िआत से

---

1. भाववाचक संज्ञा, 2. वर्णित चरित्र, 3. तैयार, 4. सम्भावना, 5. अंकित, 6. हरियाली, 7. वाहक, 8. अध्ययन, 9. परस्पर सम्बन्ध, 10. इतिवृत्तात्मक, 11. परिप्रेक्ष्य, 12. लिहाज़ में, 13. प्रयोग, 14. कथाकारों, 15. क्रिया, 16. महारत, 17. व्यक्ति, 18. तार्किक, 19. उजागर।

टकरा कर मुतक़ल्लिब[1] हो जाती हैं और किरदार के नुक़ूश वाज़ेह होने लगते हैं। लिहाज़ा ज़्यादा ज़ोर स्ट्रक्चरिंग के अमल पर है। मुतक़ल्लिब होने का मतलब महज़ ये नहीं कि सिफ़ात के धागे नये-नये पैटर्न बनाने पर क़ादिर हो जाएँ बल्कि ये भी कि वो एक ख़ास सिम्त में मुतहर्रिक[2] हों। तोदोरूफ़ ने इसी बात को Direct and Telelogical Set का नाम दिया था। आप कह लें कि फ़र्द जब रिश्तों की गिरह[3] बनकर एक ख़ास सिम्त में मुतहर्रिक होता है तो वो किरदार के दर्ज़े तक पहुँच जाता है।

इस्मत की किरदार-निगारी में ख़ुद कहानीकार की शिरकत ने एक ऐसी सूरत पैदा कर दी है कि न सिर्फ़ उसके किरदार दूसरे अफ़साना-निगारों के किरदारों से अलग नज़र आने लगते हैं बल्कि उनमें (यानी इस्मत के किरदारों में) एक क़र्दे-मुश्तर्क[4] भी दिखाई देती है जो किरदार में इस्मत की शिरकत का बदीही[5] नतीजा है। वैसे ये ज़रूरी भी था क्योंकि अगर अफ़साना-निगार किरदार की बनत में शामिल होकर उसे वो सिम्त[6] अता नहीं करेगा जो उसकी अपनी ज़ात (Personality) में मुज़म्मिर[7] है तो उसका किरदार दूसरे कहानीकारों के किरदारों से अपने जज़्बाती और नफ़्सीयाती इम्तियाज़ात की बिना पर अलग दिखाई नहीं दे सकेगा। इसका ये मतलब हरगिज़ नहीं कि किरदार ख़ुद अफ़साना-निगार की महज़ एक नक़ल या Replica होता है बल्कि सिर्फ़ ये कि अफ़साना-निगार की शिरकत के बायस उसकी बुनियादी अहसासी-जिहत[8] उस किरदार को अता हो जाती है और ये सब कुछ बिल्कुल ग़ैर-इरादी तौर पर होता है। मसलन इस्मत के किरदारों की बुनियादी-जिहत[9] को लीजिए जो एक तरह की बग़ावत, तोड़-फोड़ या कम-अज़-कम एक मुन्ज़ब्त[10] समाजी या नफ़्सीयाती पैटर्न से इन्हिराफ़[11] की सूरत है। अपनी कहानी लिखते हुए इस्मत चुग़ताई कहती हैं...''मैं भी रोज़ सफ़ेद घोड़ी पर बैठने लगी। घोड़ी पर बैठकर मुझे फ़तेह-मंदी[12] का बेपनाह अहसास हुआ। बाग़ी इस्मत की ये पहली फ़तेह थी।''

''मैं अपने भाइयों के साथ वो सभी खेल खेलती जो लड़के खेला करते थे। गुल्ली-डंडा, पतंग और फ़ुटबाल खेलते-खेलते मैं बारह बरस की हो गयी।''

''बचपन में मुझे सोते में चलने की आदत थी। दस बरस की उम्र तक ये आदत रही। सोते में उठकर कहीं भी निकल जाती। एक बार कुण्डी खोल कर बाग़ में चली गयी। जब होश आया तो पेड़ के नीचे खड़ी थी।''

''कॉलेज पहुँचने तक तो मैं बुरक़ा बिल्कुल छोड़ चुकी थी।''

''मैंने शाहिद को शादी से पहले खूब समझाया था कि मैं गड़बड़ क़िस्म की औरत हूँ। बाद में पछताओगे। मैंने सारी उम्र जंज़ीरें काटी हैं। अब किसी जंज़ीर में जकड़ी न रह सकूँगी। फ़रमाँबरदार[13], पाकीज़ा औरत होना मुझ पर सजता ही नहीं है। लेकिन शाहिद न माने।''

''मर्द औरत को पूज कर देवी बनाने को तैयार है। वो उसे मुहब्बत दे सकता है,

---

1. संगठित, 2. अग्रसर, 3. संग्रहित इकाई, 4. साधारणीकरण, 5. स्पष्ट, 6. दृष्य, 7. निहित, 8. संवेदनशीलता, 9. संवेदनशीलता, 10. कुंठित, 11. विरोध, 12. विजयी भाव, आज्ञाकारी, 13. पंक्तियों।

इज़्ज़त दे सकता है सिर्फ़ बराबरी का दर्ज़ा नहीं दे सकता। शाहिद ने मुझे बराबरी का दर्ज़ा दिया। इसीलिए हम दोनों ने एक अच्छी घरेलू ज़िन्दगी गुज़ारी।''

इन इक़्तिबासात् से महसूस होता है कि इस्मत खुद को एक 'बाग़ी औरत' समझती है और इस पर उसे फ़ख़्र भी है। लेकिन क्या वो वाक़ई अपनी बग़ावत की नौइय्यत को पूरी तरह समझ पायी है?...मेरा अन्दाज़ा है कि इस्मत ने जब ख़ुद को बतौर एक किरदार देखा है तो उसे ''बग़ावत'' तो बालाई[1] सतह पर बतौर एक Label नज़र आयी है मगर वो इस बग़ावत के छुपे हुए पहलुओं से पूरी तरह आगाह[2] नहीं हुई। ये मख़्फ़ी[3] पहलू बिल्कुल ग़ैर-शऊरी[4] तौर पर उसके तख़्लीक़ कर्दा[5] निस्वानी किरदारों में शामिल होते चले गये हैं। इसीलिए जब हम इन किरदारों के आमाल व वाक़िआत का इस्मत की ज़िन्दगी और उसके 'बाग़ी रवैयो' से मवाज़ना[6] करते हैं तो महसूस होता है कि इस्मत ख़ुद से पूरी तरह आगाह नहीं है और ये अच्छी बात भी है क्योंकि अगर इनसान ख़ुद को एक खुली किताब की तरह पढ़ डाले तो ज़िन्दगी की सारी पुर-असरारियत[7] ही ख़त्म हो जाए। ख़ुश-क़िस्मती से ख़ुद को तमाम व कमाल[8] पढ़ सकना मुमकिन भी नहीं है। दिल-दरिया समन्दर से ज़्यादा ऊँचा गहरा तसव्वुर होता है और इसमें भी कोई शक नहीं कि इस्मत ने अपनी शख़्सियत के ग़ालिब रुज्हान का एक हद तक इद्राक[9] ज़रूर किया है।

इस्मत के निस्वानी किरदारों में बग़ावत का ये मीलान एक क़द्रे-मुश्तर्क[10] के तौर पर मौजूद है। मगर ये बग़ावत इंटैलैक्चुअल क़िस्म की बग़ावत नहीं है। जैसा कि ख़ुद इस्मत की आपबीती से ज़ाहिर है। मर्दानापन को अपनाने का रवैया, मसलन लड़कों के खेलों में शिरकत या खाना पकाने और सीने-पिरोने के निस्वानी मीलान से इन्हिराफ़[11] या हाउस-वाइफ़ बनने से परहेज़ या परदा न करने का रवैया या मुलाज़मत[12] अख़्तियार करने की रविश[13]...ये सब बातें आज के समाज में 'बग़ावत' के तहत शुमार नहीं होतीं बल्कि आज़ादी-ए-निस्वाँ की तहरीक का हिस्सा मानी जाती है। मगर इस्मत के ज़माने में ये समाजी सतह की बग़ावत ही क़रार पायी थीं। हालाँकि इस्मत की असल बग़ावत उन छोटी-छोटी बग़ावतों से इबारत नहीं थी। उसकी असल बग़ावत इस बात में थी कि उसके निस्वानी किरदारों में एक ऐसी औरत उभर आती है जो कि प्रोटोटाइप के तौर पर इस्मत की साइकी में मौजूद थी। शुरू शुरू में ये औरत एक नॉर्मल हस्ती की तरह कहानी में दाख़िल हुई मगर जैसे-जैसे वो दूसरे किरदारों में मुतसादिम[14] हुई और हालात व वाक़िआत से गुज़रती गयी, ख़ुद उसके अन्दर की चट्टान या डायन या अमरबेल या तवायफ़ या लेस्बियन मज़बूत से मज़बूत-तर होती चली गयी। कह लीजिए कि चूँकि ये औरत बाग़ी थी, लिहाज़ा इसके रास्ते में जो किरदार, रिवायात या समाजी मज़ाहिर आते वो 'हिफ़ाजे-ख़ुद-अख़्तियारी[15] के तहत ख़ुद भी उस औरत से मुत्तसादिम[16] हो जाते। दोनों सूरतों में औरत तो क़दम-ब-क़दम फ़आल[17] होती

---

1. ऊपरी, 2. परिचित, 3. गुप्त, 4. अनजाने, 5. रचनात्मक, 6. तुलनात्मक अध्ययन, 7. रहस्य-रोमांच, 8. पूरी तरह, 9. बोध, 10. संवेदना, 11. विरोध, 12. नौकरी, 13. प्रक्रिया, 14. रू-ब-रू, 15. आत्मरक्षा, 16. टकराव की स्थिति में, 17. मुखर।

गयी मगर उसके रास्ते में आने वाले किरदार और मज़ाहिर उघड़ते चले गये। इस सिलसिले में इस्मत के कई निस्वानी किरदारों का ज़िक्र किया जा सकता है। मसलन 'चिड़ी की दुक्की' की आलिमा जो अपनी बदसूरती की वजह से शादी-ब्याह की मार्किट में सस्ते दामों बिकने वाली चीज़ है मगर जिसके अन्दर एक तवाना[1] औरत छुपी बैठी है। इसीलिए जब वो अब्दुलहयी की ज़िन्दगी में दाख़िल होती है तो उसके दिल में अपने लिए नफ़रत पैदा करके आख़िरकार उसे उसी हथियार से काट भी डालती है। मर्द को फ़तेह करने के लिए औरत ने हमेशा अपनी ख़ूबसूरती को बतौर आला-ए-ज़र्ब[2] इस्तेमाल किया है मगर आलिमा ख़ूबसूरत नहीं है। तलाफ़ी[3] के तौर पर उसके अन्दर की औरत फ़आल[4] हो जाती है और पहले ही वार में अब्दुलहयी की शख़्सियत तोड़-मरोड़ देती है। हालाँकि बज़ाहिर अब्दुलहयी थू-थू करता मगर अन्दर से टूटता चला जाता है और आलिमा की मक़्नातीसी[5] शख़्सियत उसे इस हद तक बेदस्तो-पा[6] कर देती है कि वो उसे अपनाने पर मजबूर हो जाता है। अफ़साने के आख़िर में जब अब्दुलहयी की अम्मा कहती है :

"हाए, तुझे तो चिड़ी की दुक्की से घिन आती थी?"

अब्दुलहयी जवाब देता है, "वो तो आती है और आती रहेगी।"

"फिर तुम्हें क्या हो गया है, मेरे लाल, क्यों अपनी ज़िन्दगी मिट्टी में मिला दी?"

"काली माई ने जादू कर दिया है।" हयी ने बेचारी-सी सूरत बनाकर कहा और बड़ी धूमधाम से अपनी ज़िन्दगी मिट्टी में मिला दी।

हयी का आलिमा को कालीमाई कहना एक मानी-ख़ेज़ ख़िताब है क्योंकि इससे ज़हन एकाएक काली Decouring Mother की तरफ़ राग़िब[7] होता है जो औरत का तख़रीबी[8] रुख़ है और हर निस्वानी किरदार में छुपा होता है। हालाँकि जब ज़रूरत पड़े तो बाहर भी निकल आता है शायद इसीलिए औरत के बारे में कहा गया है कि There is a Jungle in the heart of every women.

कुछ यही सूरत इस्मत के अफ़साने 'तिल' के किरदार रानी की है। रानी समाज के निचले दर्ज़े से तअल्लुक़ रखती है लिहाज़ा उन इम्तिनाआत[9] से महफ़ूज़ है जो समाज के ऊपर वाले तबक़ों में राइज हैं। मगर रानी उनके अलावा जिन्सी[10] तौर पर एक मुश्तअल[11] औरत का रूप भी है और इस एतिबार से वो भी काली के मुशाबा[12] है। तिल ख़ुद बज़ाहिर एक छोटा-सा दाग़ है लेकिन अफ़साने के अन्दर वो न सिर्फ़ रानी के वजूद की अलामत[13] बन जाता है बल्कि बढ़ और फैल कर समाज की इख़्लाक़िआत[14] के सामने एक मुतवाज़ी क़ुव्वत[15] के तौर पर भी उभर आता है। ये मुतवाज़ी क़ुव्वत एक तूफ़ान है जो गणेशचन्द चौधरी की साबित व सालिम[16] शख़्सियत के सारे पतवारों को तोड़ता और तख़्तों को

---

1. मज़बूत, 2. हथियार, 3. क्षति-पूर्ति, 4. हिंसक, 5. चुम्बकीय, 6. मज़बूर, 7. ध्यान केन्द्रित, 8. विध्वंसक, 9. पाबन्दियों, 10. मानव के, 11. जागरूक, 12. समान, 13. पहचान, 14. सभ्यता, 15. समानान्तर शक्ति, 16. मज़बूत।

टुकड़े-टुकड़े कर देता है। इस हद तक कि चौधरी की शख़्सियत Deconstruct हो जाती है। अफ़साने के आख़िर में सूरते-हाल कुछ यूँ उभरती है...

"चौधरी का नहीं था" उसने भरी कचहरी में हल्फ़ उठाकर कह दिया।

"चौधरी तो हिजड़ा है।" उसने लापरवाही से कहा, "वो रीना से पूछो या चमन से अब मुझे क्या मालूम वाह" वो अपनी पुरानी अदा से इठलाई। एक ख़ामोश गरज और चमक के साथ सियाह पहाड़ चौधरी की हस्ती पर फटा और दूर सियाही में और भी गोल उभरा हुआ नुक़्ता फिरकनी की तरह घूमने लगा।

चौधरी अब सड़क के किनारे कोयले से लकीरें काढ़ता रहता है—लम्बी, तिकोनी, गोल, जैसे जला हुआ दाग़।"

गोया तिल जो रानी के तहवील[1] में एक ख़ूनी गुर्ज़[2] का दर्जा रखता था अब चौधरी के दिल में उतर गया है और वो एक बेजान सैयारे[3] की तरह उस मक़नातीसी[4] सियाह गोले के चारों तरफ़ घूमता चला गया था।

इस्मत के ज़्यादातर निस्वानी किरदार अपनी मनफ़ी क़ुव्वत[5] के बल पर ही उभरते और कोहराम बरपा करते हैं। मसलन, 'दो हाथ' में बज़ाहिर मआशी[6] मसले को मरकज़ी[7] अहमियत तज़वीज़ की गयी है और इख़्लाक़िआत[8] को मआशी ज़रूरत के ताबे[9] तसव्वुर किया गया है। किसी हद तक ये रवैया तरक़्क़ी-पसन्द नज़रिये का ग़म्माज[10] भी है। लेकिन अफ़साने का मुरकज़ा[11] दरअसल गौरी है जो रानी ही की तरह समाज के निचले तबक़े से तअल्लुक रखने के कारण समाजी इम्तिनाआत[12] का अहतिराम करने से क़ासिर है। फ़र्क़ ये है कि रानी जिन्सी तौर पर मुश्तअल[13] औरत के रूप में उभरी थी जब कि समाजी इख़्लाक़िआत[14] से इन्हिराफ़[15] की एक मिसाल है। वो समाज में रहते हुए भी जंगल के उस क़ानून के ताबे है। जो नस्ल के सिलसिले को सबसे ज़्यादा अहमियत देता है चाहे ये अमल समाजी क़ानूनों के मुताबिक़ हो या नहीं। गौरी जंगल की मख़लूक़[16] है लेकिन अफ़साने में उसका वजूद अपनी फ़ितरी बेबाकी और उरयानी[18] के साथ इस तौर उभरा है कि उसके चारों तरफ़ मौजूद बहुत से समाजी मज्मूए तार-तार और पगड़ियों के बल खुल-खुल गये हैं और उसके मुहल्ले की सारी बीवियों के सरों पर शौहरों के 'ग़लाज़ात'[18] में धँस जाने का ख़तरा मँडराने लगा है। सूरते-हाल कुछ यूँ नज़र आती है...

"गौरी क्या थी बस एक मरखना लम्बे-लम्बे सींगों वाला साँड़ था कि छूटा फिरता था। लोग अपने काँच के बर्तन-भांडे दोनों हाथों से समेटकर कलेजे से लगाते और जब हालात ने नाज़ुक सूरत पकड़ ली तो शागिर्द पेशे की महिलाओं का एक बाक़ायदा वफ़्द[19] अम्मा के दरबार में हाज़िर हुआ। बड़े ज़ोरशोर से ख़तरा और उसके नतीजों पर बहस हुई। पति-रक्षा की एक कमेटी बनायी गयी।"

---

1. राशिफल, 2. हथियार, 3. उपग्रह, 4. चुम्बकीय, 5. विरोधात्मक शक्ति, 6. रोज़ी-रोटी से जुड़े, 7. मुख्य, 8. सभ्यता, 9. अन्तर्गत, 10. पोशाक, 11. केन्द्रीय पात्र, 12. पाबन्दियों, 13. मुखर, 14. सभ्यताओं, 15. विरोध, 16. जनता, 17. बेशरमी, 18. गन्दगी, 19. प्रतिनिधिमंडल।

गोया रानी की तरह गौरी ने भी तोड़-मरोड़ का ही मुज़ाहिरा किया है। फ़र्क़ ये है कि रानी ने एक शख़्स चौधरी के किरदार को पाश-पाश किया था जबकि गौरी ने पूरे मुहल्ले की इख़्लाक़िआत[1] को मुँह चिढ़ाया है और मुआशरे को समाजी क़ानूनों के छत्र तले से निकाल कर जंगल के हवाले कर दिया है।

जहाँ 'दो हाथ' की गौरी फ़ितरत का शाहकार है वहाँ लिहाफ़ की बेगम जान फ़ितरत के निज़ाम से इन्हिराफ़ की एक मिसाल है। बज़ाहिर उसका अमल एक इन्तिक़ामी कार्रवाई करार पायेगा क्योंकि वो अपने शौहर नवाब साहब से उसकी बेएतिनाई[2] का इन्तिक़ाम लेती है। मगर असल में उसकी शख़्सियत का मुतशद्दिद[3] रुख़ है जो फ़ितरत के मुतवाज़ी[4] आ खड़ा हुआ है। बेगम जान को खुजली का मर्ज़ है जो मर्ज़ कम और नफ़्सीयाती सतह की 'बेक़रारी' ज़्यादा है। वो अपनी बग़ावत का आग़ाज़ अपने ही जिस्म को तख़्ता-ए-मश्क[5] बनाकर करती है और फिर वायरस को फैलाने की मुर्तकिब[6] बनती है। मसलन अफ़साने की 'मैं' एक नौख़ेज़[7] लड़की, एक कली जिसे फूल बनना और फिर नस्ल के तसलसुल को जारी रखना है। मगर बेगम जान बिल्कुल ग़ैर-शऊरी[8] तौर पर उस लड़की को भी उसके फ़ितरी[9] मनसब[10] से हटाकर अपनी बाँझ दुनिया में दाख़िल करने की कोशिश करती है जो फ़ितरत के क़ानून के ख़िलाफ़ है। बेगम जान ने अपनी ग़ैर-फ़ितरी[11] ज़िन्दगी को 'लिहाफ़' ओढ़ा रखा है ताकि वो समाज की तेज़ निगाहों से ओझल रहे मगर समाज एक ऐसी क़ुव्वत है जो दीवारों तक को पार कर जाती है। वो जो कहा गया है कि इनसान जिस शय से अपने आमाल[12] को छुपाने की कोशिश करता है वो ख़ुद ही उसके आमाल की मुख़बिर बन जाती है। 'लिहाफ़' में बेगम जान ने लिहाफ़ को परदा बनाया है मगर लिहाफ़ ने आसेबी[13] शक्लों में ढलकर जा-ब-जा[14] रूज़न[15] बनाकर अपने अन्दर के वजूद को मुन्कशिफ़[16] कर दिया है। जिसके नतीजे में अफ़साने की 'मैं' लिहाफ़ में दाख़िल होने के बजाय लिहाफ़ से मुतनफ़्फ़िर[17] हो गयी। एक तरह से ये मसजा की फ़तेह भी है कि उसने वायरस को फैलने से रोक दिया है। मगर बेगम जान का अक़दाम[18] भी अपनी जगह 'कामयाब' है कि उसमें 'मैं' को नफ़्सीयाती कर्ब[19] में मुब्तला[20] कर दिया। मण्टो के 'खोल दो' पर फ़हाशी[21] का इल्ज़ाम लगा लेकिन उस पर असल इल्ज़ाम ये लगना चाहिए था कि उसने अज़्हान[22] को जिन्स से मुतनफ़्फ़िर करके एक नफ़्सीयाती उलझन में मुब्तला कर दिया। 'लिहाफ़' की 'मैं' पर लिहाफ़ के असरात इस इमकान[23] ही का सबूत हैं। गोया वो जो काम जिस्मानी सतह पर न कर सकी उसे नफ़्सीयाती सतह पर करने में कामयाब हुई। दोनों सतहों का मक़सद दूसरे किरदार को उसके फ़ितरी वज़ाइफ़[24] से बरगश्ता करना[25] था। सो उसने ऐसा करने में कामयाबी हासिल कर ली।

मगर इस्मत के अफ़सानों में ऐसे किरदार भी उभरे हैं जो अपने अन्दर की मुतशद्दिद[26],

1. शराफ़त, 2. उपेक्षा, 3. हिंसक, 4. सामने, 5. अभ्यास की तख़्ती, 6. दोषी, 7. किशोरी, 8. अनजाने, 9. प्राकृतिक, 10. आचरण, 11. अप्राकृतिक, 12. कर्मों, 13. प्रेतात्मक, 14. जगह-जगह, 15. छेद, 16. प्रदर्शित, 17. नफ़रत करने वाली, 18. कृत्य, 19. पीड़ा, 20. ग्रसित, 21. अश्लीलता, 22. दिमाग़ों, 23. सम्भावना, 24. प्राकृतिक तक़ाज़ों, 25. भटकना, 26. तीव्रतर।

मुश्तअल[1] या मुन्तक़िम-मिज़ाज[2] औरत का रूप नहीं है बल्कि औरत के अन्नपूर्णा या मुसब्बित[3] रूप को सामने लाते हैं। हालाँकि नतीजों के एतिबार से दोनों में ज़्यादा फ़र्क़ नहीं है। क्योंकि दोनों मौजूद फ़िज़ा और उसके किरदारों को उथल-पुथल करते हैं, एक लोहे की तलवार से दूसरा सोने की तलवार से। मसलन 'जड़ें' की अम्मा जो बक़ौल-इस्मत ''अपनी जगह पर ऐसे जमी रहीं जैसे बड़ के पेड़ की जड़ आँधी तूफ़ान में खड़ी रहती है'' एक ऐसा निस्वानी किरदार है जिसने अपने ख़ानदान की नक़्ल-मकानी[4] में शिरकत करने से इनकार कर दिया है। महज़ इसलिए कि वो धरती से उखड़ने को अपने लिए मौत का पैग़ाम समझती है। सूरत यूँ उभरती है कि ज़माने की हवा पहले मुतहर्रिक[5] होती रहे फिर तूफ़ानी हो जाती है और अम्मा के सारे फूल और फल (उसके जिगर के टुकड़े) ज़माने की तेज़ आँधी के साथ उड़ जाते हैं मगर ख़ुद अम्मा एक जड़ है जिसकी जिहते-अमूदी[6] है, न कि ज़माने की हवा की तरह उफ़ुक़ी[7] लिहाज़ा वो अपनी धरती के साथ जुड़ी रहती है। हालाँकि अम्मा अपने ख़ानदान का 'मरकज़ा' है। लिहाज़ा जब ख़ानदान उसके बग़ैर सफ़र करता है तो बिखर जाता है। अम्मा के इस अक़दाम[8] को 'ज़िद' क़रार नहीं दिया जा सकता। ये उसकी मजबूरी है क्योंकि जड़ ज़मीन से ग़िज़ा[9] हासिल करती है, हवा से नहीं।

मुसब्बित[10] रूप से हामिल सोलह साल की रुख़साना बेग़म, जो अफ़साना 'अमरबेल' में उभरी है। इसी तरह का एक और निस्वानी किरदार है। रुख़साना बेगम किसी क़िस्म के बाग़ी रवैये का मुज़ाहिरा नहीं करती बल्कि हर सूरते-हाल से समझौता करती चलती है। मसलन जब उसकी शादी चालीस साल के शुजाअत से होती है और अपने दिलो-जान से उसे क़बूल कर लेती है और फिर आख़िर तक उसके साथ वफ़ादार रहने के अलावा उसकी ख़िदमत एक अच्छी बीवी की तरह भी करती है। मगर ख़ुद उसकी जवानी उसके शौहर को 'मुन्हदिम'[11] कर देती है। ऊपरी सतह पर रुख़साना बेगम की जवानी उसके शौहर के लिए एक लिबास-फ़ाख़िरा[12] है लेकिन दर-परदा यही जवानी अमरबेल की तरह शुजाअत का लहू पीती है। बिल्कुल जिस तरह दास्तानों की डायन किया करती थी। 'तिल' की रानी और 'अमरबेल' की रुख़साना बेगम असल में एक ही जैसे किरदार हैं जो कि फ़रीक़े-मुख़ालिफ़[13] की सारी शख़्सियत को तार-तार कर देते हैं। हालाँकि ऊपर की सतह पर दोनों में ज़मीन-आसमान का फ़र्क़ है। रानी समाज के निचले तबक़े से तअल्लुक़ रखती है लिहा. ज़ा निचले तबक़े की 'इख़्लाक़ियत' उस पर हावी है जबकि रुख़साना मुतवस्त[14] तबक़े की औरत है और मुतवस्त तबक़े की उस इख़्लाक़ियत[15] के ताबे है जो जिन्सी ख़्वाहिशात को कुचलने पर ज़ोर देती है। इसी तरह रानी एक बेसिम्त ग़ैर शादी-शुदा और जिन्सी तौर पर मुश्तहल (आज़ाद-ख़याल) औरत है, जबकि रुख़साना शादी-शुदा, बा-अख़्लाक़ और ख़ूब-रू

---

1. प्रखर, 2. इन्तक़ाम की आग में जल रही, 3. परिपक्व, 4. स्थानान्तरण, 5. आन्दोलित, 6. जड़ स्थिति, 7. चलायमान, 8. कार्य, 9. भोजन, 10. परिपक्व, 11. ध्वस्त, 12. अच्छी बात, 13. प्रतिस्पर्धी, 14. मध्यम वर्ग, 15. रहन-सहन।

है। हालाँकि जिस तरह रानी के तिल ने चौधरी को बेदस्तो-पा[1] कर दिया था, उस तरह रुख़साना की ख़ूबसूरती और जवानी ने उसके शौहर को हिला कर रख दिया। बक़ौल-इस्मत 'अमरबेल' फैलती रही, बरगद का पेड़ सूखता रहा। आख़िर में जब शुजाअत की मैयत आँगन में बनी-सँवरी रखी हुई थी तो रुख़साना बेगम गुमसुम बैठी थी जैसे क़ुदरत के सबसे संजीदा फ़नकार ने अपने बेमिसाल क़लम से कोई शाहकार बना कर सजा दिया है।

कुछ ऐसी ही सूरते-हाल अफ़साना 'डायन' में भी उभरती है। 'डायन' की अम्मा जान हामिद की सास है जो अमरबेल की तरह सारे घर पर साया कुनाँ[2] है और रज़िया और हामिद की उम्रों को ख़ुद बसर करना चाहती है। इससे हामिद की इज़्दिवाजी[3] ज़िन्दगी टूट-फूट का शिकार हो जाती है और उसे यूँ लगता है जैसे उसके घर के अन्दर कोई डायन घुस आयी है जिसने उससे उसकी बीवी रज़िया छीन ली है। आख़िर में जब हामिद अपनी सास को बर्दाश्त नहीं कर सकता और शदीद रद्दे-अमल[4] का मुज़ाहिरा करता है तो अम्मा जान उसके ग़ैर-मामूली रद्दे-अमल को किसी फ़र्ज़ी मुआश्क़ाना[5] कारण क़रार देते हुए कहती है :

"ख़ुदा ग़ारत करे उस डायन को जो मेरी बच्ची का घर बिगाड़ रही है" और नहीं जानती कि वो डायन तो वो ख़ुद है जिसने अपनी बच्ची के घर को बरबाद कर दिया है।

मज्मूई[6] ऐतिबार से देखा जाए तो इस्मत चुग़ताई के निस्वानी किरदारों की अपनी एक ज़ुबान है और वो ज़ुबान ही की तरह इस्म-ए-सिफ़्त और फ़ेल से मुरत्तब हुए हैं। इस्म की सतह पर इस्मत के किरदारों, मस्लन 'तिल' की रानी, 'दो हाथ' की गौरी, 'काफ़िर' की मैं, 'पेशा' की सेठानी, 'अमरबेल' की रुख़साना, 'चिड़ी की दुक्की' की आलिमा, 'लिहाफ़' की बेगम जान, 'डायन' की अम्मा वग़ैरा के रूप में औरत के मुख़्तलिफ़ किरदार हमारे सामने साफ़ नज़र आते हैं। मगर ये औरत महज़ इन तमाम निस्वानी किरदारों तक महदूद[7] नहीं हैं बल्कि इससे कुछ ज़्यादा है और ये कुछ ज़्यादा का उन्सुर[8] ख़ुद इस्मत की शख़्सियत ने मुहैया किया है। अगर ऐसी बात न होती तो फिर ये किरदार हूबहू उसी सूरत में दीगर अफ़साना-निगारों के यहाँ भी नज़र आ जाते और ख़ुद इस्मत के निस्वानी किरदार भी एक-दूसरे के चर्बे[9] दिखाई देते हैं मगर ऐसा नहीं हुआ। उनमें से इस्मत का हर किरदार अपना एक मुनफ़र्द वजूद रखता है जो ख़ुद इस्मत की शख़्सियत की छींट पड़ने से 'चीज़े-दीगर' बन गया है। सिफ़्त की सतह पर इस्मत के ये जुमला-किरदार समाज की मुख़्तलिफ़ सतहों पर माख़ूज़[10] होने के बायस अपने मख़्सूस ख़दो-ख़ाल के साथ नमूदार हुए हैं। हालाँकि वो 'टाइप' नहीं हैं। यानी अगरचे उनकी असास[11] प्रोटोटाइप की सतह पर किरदार ही के

1. अस्त-व्यस्त, 2. आच्छादित, 3. वैवाहिक, 4. प्रतिकार, 5. काल्पनिक, 6. कुल मिलाकर, 7. सीमित, 8. तत्त्व, 9. प्रतिरूप, 10. आधारित, 11. बुनियाद।

नक़्श उभारे हैं। यूँ कह लीजिए कि प्रोटोटाइप जब अपने पैमाने से छलका है तो नयी सिफ़ात का हामिल बनकर किरदार में नुमायाँ हो गया है। रहा फेल का मामला तो इस सतह पर इस्मत के जुमला-निस्वानी किरदार मुख़्तलिफ़ वाक़िआत और सानिहात से गुज़र कर नामियाती तौर पर नश्वो-नुमा पाते और क़दीम किरदारों की तरह शुरू से आख़िर तक एक मुक़र्रर और मुतअय्यिन सूरत में क़ायम रहने की बजाय हमा-वक़्त अपने मुतहर्रिक बातिन को मुन्कशिफ़ करते हुए दिखाई देते हैं। हक़ीक़त ये है कि फेल की सतह पर इस्मत ने इन किरदारों की इनफ़रादियत को पूरी तरह उजागर किया है क्योंकि बुहरानी सूरते-हाल ही में किरदार की मनफ़ी क़ुव्वतें मुतहर्रिक होकर अपना भरपूर इज़हार करती हैं। इस्मत के ये किरदार उमूदी और उफ़क़ी दोनों सतहों पर फ़आल दिखाई देते हैं। उमूदी सतह पर ज़ुबान अपने इज्तिमाई बुनियादी रुख़ से मदद तलब करती है और इन्तिख़ाब और इर्तिबात[1] के ज़रिए इस्तिआराती रवैये को मुतहर्रिक करके बात में अमूंदी गहराई पैदा करने में कामयाब होता है। इस्मत के निस्वानी किरदारों में औरत के बुनियादी रूप की मौजूदगी उसके यहाँ Paradigmatic रवैये ही की ग़म्माज़[2] है। रहा उफ़ुक़ी सतह का क़िस्सा तो इस मामले में भी इस्मत ने वाक़िआत और सानिहात की एक फ़ितरी-रू को जनम दिया है, यानी एक ऐसी सूरत को जिसमें वाक़िआत और सानिहात जुमले की लिसानी तरतीब की तरह अपने सही मुक़ाम पर फ़ाइज़ हैं इसीलिए उनसे 'शोर' पैदा नहीं होता बल्कि वो सब एक ख़ास मानी पर मुनतज होते दिखाई देते हैं।

अफ़सानों और उसके क़ारी या नक़्क़ाद का रिश्ता नाक़ाबिले- शिकस्त है। मगर क़ारी अफ़साने के सामने झोली पसारे बैठा नहीं होता जिसमें अफ़साना-निगार कहानी या किरदार की भीख उड़ेल दे। इसके बरअक्स वो अफ़साने के Text के साथ खेलते हुए मानी की नयी सतहों को ख़ल्क़[3] करने में कामयाब होता है जिसका मतलब ये है कि वो अफ़साने को अज़-सरे-नो[4] 'लिखता' है मगर ख़ुद कारी का भी अपनी जगह एक मसला है। वो ऐसे कि हर क़ारी के आमाक़[5] में कुछ नमूने (Paradigms) वहबी[6] तौर पर मौजूद होते हैं जिनके मुताबिक़ वो अफ़साने के प्लॉट और किरदार को देखने का मुतमन्नी[7] होता है। इस सिलसिले में नार्थपे फ़्राई ने चार Mythos का ज़िक्र किया है यानी बहार, गर्मी, ख़िज़ाँ और सर्दी, जो ज़िन्दगी की बनी-बनाई Categories हैं। 'बहार' के तहत ऐसे प्लॉट और किरदार क़ाबिले-ज़िक्र क़रार पाते हैं जिनमें मुहब्बत कामगार होती है और ज़ालिम समाज जो मुहब्बत करने वालों का अज़ली-ओ-अबदी[8] दुश्मन होने के बायस हमेशा उनके रास्ते में रुकावट बनता है, नाकाम व नामुराद हो जाता है। 'गर्मी' के तहत किरदार मुहिम-जोई[9]

---

1. मेल-मिलाप, 2. वाहक, 3. निर्मित, 4. नये सिरे से, 5. अन्तर्मन, 6. ईश्वर-प्रदत्त, 7. इच्छुक, 8. पहला और आख़िरी, 9. आन्दोलनों।

में मुब्तला होते हैं। सफ़्रा के ख़तरनाक मरहलों से गुज़रते और आख़िरकार दुश्मन को तहे-तेग़[1] करके दम लेते हैं। 'ख़िज़ाँ' का मुआमला ये है कि इसके ज़ेरे-असर किरदार का अलमिया[2] नमूदार होता है यानी वो अपने इनसानी या ग़ैर-इनसानी दुश्मनों के हाथों मात खा जाता है। 'सर्दी' के तहत किरदार की मुहिम नाकाम हो जाती है और किरदार या तो मर जाता है या फिर दीवानगी में मुब्तला नज़र आता है। एक आम क़ारी अफ़साना-निगार से ऐसी कहानी सुनने का मुतमन्नी[3] होगा जो इन मदों के ऐन मुताबिक़ हो। मगर एक साहिबे-नज़र[4] क़ारी कहानी सुनने की फ़ितरी तलब में जमालियाती तस्कीन[5] की तलब को भी शामिल करेगा जो प्लॉट की मुक़र्रर और मुतअय्यिन खाइयों से बाहर निकलने की एक सूरत है। रूसी फ़ार्मुलइज़्म वालों ने इसी अमल को Foregrounding का नाम दिया था, जिसका मफ़हूम[6] ये था कि तख़लीक़-कार[7] तख़लीक़ के मत्न[8] को अनोखा बनाकर पेश करता है जिससे क़ारी को हैरत के वो लम्हात मिलते हैं जो जमालियाती[9] तहसील पर मुन्तज हो जाते हैं। साख़्तियात वालों का कहना है कि अनोखा बनाने का अमल क़ुर्रात के अमल में मुज़्मिर[10] है मगर ये पूरी सच्चाई नहीं है क्योंकि अगर ऐसा हो तो एक आम कहानी और एक आला पाये के अफ़साने में कोई फ़र्क़ ही बाक़ी न रह जाए। वजह ये है कि क़ारी अपनी मानी-आफ़रीनी[11] को मुतहर्रिक करके एक आम सी कहानी में भी कई सारी नफ़्सीयाती सतहें रच सकता है। शेर के बाब में भी साख़्तियात वालों का कहना है कि आम सी अख़बारी नस्र को भी अगर बतौर शेरी Text लिखा जाए तो उस से शेरी कैफ़ियत का इन्शिराह[12] होने लगता है, सही नहीं है। मैं ज़ाती तौर पर इस बात का क़ायल हूँ लेकिन सूरत में जब ख़ुद Text फ़न के आला दर्ज़ों पर फ़ायज़ हो यानी अनोखा बनाने और हैरत को जगाने पर क़ादिर हो। अफ़साने के किरदार की पेश-कशी[13] के सिलसिले में अफ़साना-निगार की तख़्लीक़ात[14] को कम अहमियत तज़बीज़ करने की कोशिश नाक़ाबिले-फ़हम है क्योंकि अफ़साना-निगार अपने तख़्लीकी अमल के ज़रीये किरदार को प्रोटोटाइप के साँचे में छलकाने में कामयाब होता है। उसके बाद क़ारी उस किरदार की बहुत सी दीगर परतों को रौशनी में लाकर उसे असंख्य ऐसी नयी सतहें तज़वीज़ करता है जिन से 'अनोखा बनाने का' अमल मज़ीद तेज़ और कँटीला हो जाता है। इस्मत चुग़ताई के निस्वानी किरदारों की अहमियत इस बात में है कि वो टाइप के साँचे से छलकने का मंज़र दिखाते हैं और अपने इस अमल में किरदारों को मुकम्मल करने पर भी उकसाते हैं। जिस तरह मुसव्विरी का कोई शाहकार देखने पर नाज़िर के यहाँ अजीब-सी कैफ़ियत तारी

---

1. पराजित, 2. त्रासदी, 3. इच्छुक, 4. जागरूक, 5. सौन्दर्य-समरसता, 6. अर्थ, 7. रचयिता, 8. मूल विषय, 9. सौन्दर्यपरक, 10. निहित, 11. समझ, 12. काव्यानुभूति का रसास्वादन, 13. प्रस्तुतीकरण, 14. रचनाओं।

हो जाती है और वो तसव्वुर में मौजूद Gaps और Spaces को अपने देखने के अमल से पुर करता है और उसे मज़ीद हैरत-अंगेज़ और अनोखा बना देता है, बिल्कुल इसी तरह 'किरदार' का क़ारी भी किरदार में मौजूद बहुत से Gaps को पूरा करके उसमें गहराई और वुसअत पैदा करता है। यूँ भी फ़नकार का काम ऐसी फ़न्नी चीज़ों का मुज़ाहिरा करना नहीं है जिससे क़ारी का तख़लीक़ी अमल रुक जाए। उसका काम तो तख़लीक़ की एक ऐसी फ़न्नी तकमील का मुज़ाहिरा करना है जिसमें नातमामी का उन्सुर मौजूद रहे यानी जिसकी अतराफ़[1] खुली हों ताकि क़ारी की तख़लीकी कार-कर्दगी जारी रह सके। इस्मत चुग़ताई के निस्वानी किरदार कारीगरी के नमूने हैं जिनमें कोई ख़ला मौजूद ही नहीं होता। वो तो एक ऐसा पैटर्न हैं जिनमें किरदार के धागे सदा बनते और टूटते रहते हैं। क़ारी जब खुद भी इस पैटर्न में दाख़िल होकर बनाने और बिगाड़ने के अमल में शरीक होता है और उसे इन किरदारों के बेपनाह इम्कानात का फ़िल-फ़ौर अहसास होता है।

---

1. दिशाएँ।

इस्मत का फ़न

वारिस अलवी

इस्मत चुग़ताई की मौत के साथ उर्दू कहानी का चौथा और आख़िरी स्तम्भ भी गिर गया। मण्टो, बेदी, कृष्ण चन्दर और इस्मत चारों ने मालामाल कर दिया था उर्दू कहानी को। उनके समय में जीने का मतलब था हर घड़ी अच्छी कहानियों के चमकते सितारों से आँख-मिचौली खेलना। इस्मत का भी क्या ज़माना था, क्या रोब-दाब था, क्या तन्तना था। असकरी साहब जैसा मग़रूर आदमी टें बोल जाता था बीवी के सामने। बात यह थी कि जिसने भी इस्मत की कहानियों को पढ़ा फिर वह वैसा रहा ही नहीं जैसा कि पढ़ने से पहले था। यह बात हम दूसरे लिखने वालों के बारे में भी कह सकते हैं, लेकिन इस्मत के बारे में इसलिए ज़्यादा सही है कि यह तब्दीली हम में और दूसरों में फ़ौरन महसूस की जा सकती थी। मण्टो, बेदी और कृष्ण चन्दर हमारे जज़्बात और एहसासात में जो बदलाव लाये वह धीमा, ख़ामोश और दूरगामी था। जिन चीज़ों के बारे में हम में हमदर्दियाँ पैदा कीं वह ज़रा दूरी पर थीं। मज़दूर, किसान, क्लर्क, कोचवान, खोंमचे वाला, तवायफ़, यह सब जवानी के दिनों में हमसे दूर हमारी घरेलू फ़िज़ा से दूरी पर थे। लेकिन इस्मत तो ख़ुद घर का भेदी साबित हुई। जिन लड़कियों, औरतों, नौकरानियों और मर्दों के बारे में लिखती, वह सब तो हमारे घर ही का हिस्सा थे। जो कुछ हमारी नज़रों के सामने था उससे हम इतना परिचित थे कि एक पुरानी तस्वीर की तरह उसे हम देखते ही नहीं थे। जिसे मैंने इस्मत का रोब-दाब और तन्तना कहा है वह यही है कि हमें एक गाउदी की तरह गर्दन पकड़कर तस्वीर के सामने ले जाती है, तस्वीर को झटकती है और तस्वीर में हमारी नाक घुसेड़ कर कहती है कि ज़रा देखो ये हैं तुम्हारी बहनें जो चीथड़ों में अपनी जवानी छिपाये झेंपती फिरती हैं। यह है नन्ही की नानी, यह है बिच्छो फूफ़ी, यह है कल्लू की माँ, ये हैं तुम्हारी भाभियाँ जिन्हें जब देखो बच्चों को दूध पिलाती नज़र आती हैं। ये हैं घर की चमरख़ औरतें जिन्होंने मुसल्ला पकड़ लिया है। ये हैं जायदाद हड़प कर जाने वाले मर्द, नौकरानियों को भंभोड़ने वाले और बच्चों पर बच्चे पैदा करने वाले। ये हैं बच्चों से खुदबुदाते घर जहाँ बच्चों को प्यार और बचपन नसीब नहीं होता। जवान लड़कियों को खुली हवा, आज़ादी और तालीम नसीब नहीं होती। औरतें एक-दूसरे को जली-कटी

सुनाती हैं और जलन की आग में जलती हैं। इसके बावजूद ये लोग एक-दूसरे के दुख-दर्द में शरीक हैं। मुहब्बत के रिश्ते में बँधे हुए हैं। ये हैं मुस्लिम मिडिल क्लास के द्वन्द्व और महरूमियाँ, उसकी घुटन, उसके सुख और उसका रख-रखाव। यह है उसका पराक्रम और उसकी क़ुरबानी। उसकी अय्यारियाँ और उसका ख़ुलूस, उसका दुख-दर्द और सुख, उसकी ट्रेजिडी-कॉमेडी, आँसू और क़हक़हे।

इस्मत हमें ये तस्वीरें हँस-हँस कर दिखाती हैं, लोट-पोट होकर ज़हर में बुझे तीर चलाकर। बड़ी हमदर्दी और दर्दमंदी से, बड़ी सफ़्फ़ाकी, नफ़रत और हिक़ारत से। भावनाओं के कितने तूफ़ान हैं। चेतना की कितनी नर्म, मद्धिम और तेज़ लहरें हैं इस ठहरी हुई मिडिल क्लास की द्वन्द्व से भरी हुई ज़िन्दगी में। कैसी रस्म-परस्ती और खोखली धार्मिकता है, अन्धविश्वास का कारख़ाना है। ख़ानदानी इज़्ज़त और शराफ़त का झूठा नशा है। बेचारगी, बेबसी और कलेजे को मसोस कर रख देने वाली घुटन है। शादी की बलि पर जवान लड़कियों की आहुति है। मर्दों का वह लोभ और लालच कि दहेज के बिना कुँवारी का हाथ नहीं थामते। औरत की वह मजबूरी कि मर्द की गुलामी के बिना ज़िन्दगी को पूरा नहीं कर पाती। ज़िन्दगी में रूह फूँकने वाली ताक़तों का इनकार, जिस्म की नाक़द्री, बदन के तक़ाज़ों की ज़िल्लत। सौन्दर्य और खुशियों से ज़िन्दगी की महरूमी, फूहड़पन, बदसूरती के अंबार। इस्मत की बग़ावत पूर्ण थी, बुनियादी थी। यानी मध्यमवर्ग की सच्ची तस्वीर, उसकी ओर दर्दमन्दाना रुख़ और उसके ख़िलाफ़ मुकम्मल बग़ावत—इन तीन तत्त्वों से इस्मत की फ़नकाराना शख़्सियत का ख़मीर उठा था। अपनी प्रभावी कहानियों के ज़रिये उस शख़्सियत के बहुत गहरे प्रभाव मेरी नस्ल के पाठकों पर पड़े। मिडिल क्लास की डाँवाडोल ज़हनियत के बारे में तरक़्क़ीपसन्द लोग बड़ी-बड़ी बातें करते हैं। उसका कुछ असर नहीं हुआ। किसी नौजवान ने खुद को डी-क्लास नहीं किया, बल्कि तरक़्क़ीपसन्द नौजवान तरक्की की सीढ़ियाँ चढ़ते ही गये। फ़िल्मों में उनकी कामयाबी, उनके लिए सियासी फ़ायदों से छोटे शहरों और क़स्बों के नौजवानों को कोई जलन नहीं हुई बल्कि उनकी तरक़्क़ी पर उन्हें खुशी हुई क्योंकि उनके साथ कोई दुश्मनी नहीं थी। इन नौजवानों की लड़ाई का मैदान खुद उनका घर था और उनके घर और क़स्बे का दकियानूसी समाज था। जो लोग अपना गाँव या शहर छोड़कर दिल्ली, बम्बई या कलकत्ता चले गये उनके मनोवैज्ञानिक व्यक्तित्व में भूतपूर्व देशभक्त का भावनात्मक कम्पन नॉस्टैलजिया के रंग बिखेरता जैसा कि सरदार जाफ़री की ख़ूबसूरत नज़्म 'अवध की ख़ाके-हसीं' से ज़ाहिर है। गाँव की सादगी और शहर के बनावटी द्वन्द्व को पेश करतीं, जिसकी अभिव्यक्ति अख़्तरुल ईमान की नज़्म 'एक लड़का' में हुई है, प्रकृति के रूमान के रंग बिखेरतीं जिनसे कृष्ण चन्दर की कहानियाँ रंगीन हैं। या सीधे-सादे ग़रीब लोगों के सुख-दुख की धूप-छाँव को भीगे-भीगे भावनात्मक अन्दाज़ में पेश करतीं जो उस समय के अधिकांश लिखने वालों का आम तरीक़ा था। इस अन्दाज़ से अगर कोई पूरी तरह बचा हुआ था तो वह मण्टो था। उसके यहाँ न गाँव, न छोटे शहरों, कस्बों का नॉस्टैलजिया था, न प्रकृति की ओर लौट चलो का अभियान। लाहौर,

अमृतसर, दिल्ली और ख़ासतौर पर बम्बई उसके शहर थे। उसकी शख़्सियत, उसके वजूद और उसकी चेतना ने इन शहरों की फ़िज़ाओं को अपने रोम-रोम में बसा लिया था। उसे कभी भी किसी शहर में अजनबी, अकेला और अपनी ज़मीन से कटे हुए का एहसास नहीं हुआ। हर शहर उसका स्वाभाविक घर था। चूँकि उसका सरोकार इनसानी फ़ितरत, आदमी की नफ़्सीयात और यौन सम्बन्ध थे, (तवायफ़ लाहौर की हो या दिल्ली की, दलाल अमृतसर का हो या दिल्ली का, कुली कोचवान, मूँगफली वाला कहीं का भी हो, उसकी हक़ीक़त में नज़रें उसके वजूद की गहराइयों में उतर जाती थीं।) इसलिए किसी विशेष तबक़े या कस्बे की तहज़ीबी फ़िज़ाओं की उसे ज़रूरत नहीं पड़ती थी। इसमें प्रकृति और गाँव का नॉस्टैलजिया या देहात की सादगी की भावनात्मक यादें कोई एहसास नहीं जगातीं। इसी कारण वह अपनी कहानी को ज़्यादा से ज़्यादा नंगा करता गया, बनाव-सिंगार, तहज़ीबी रंग, भावनात्मक और नज़ाकत के एहसास से साफ़ करता गया।

दूसरा पूरा फ़नकार बेदी था। उसके यहाँ गाँव हैं लेकिन गाँव का नॉस्टैलजिया और गाँव का रूमान नहीं, गाँव की ख़ूबसूरती है लेकिन गाँव की रूह नहीं, गाँव की सादगी है लेकिन पत्तों के नीचे साँप की सरसराहट भी है। बूढ़ी, क़ुरबानी देने वाली औरतें हैं लेकिन वह आदर्श नहीं। आर्किटाइप हैं और एक टाइप की सच्ची तस्वीर कशी में आर्किटाइप की गहराई भर देना आर्ट का कमाल है।

तीसरी पूरी फ़नकार इस्मत है। इसमें नॉस्टैलजिया नहीं लेकिन भावुकता है। लिजलिजी भावुकता नहीं बल्कि बेरहम भावुकता जो 'चौथी के जोड़े' की जगह आँसू पीकर कफ़न फाड़ती है। यही बेरहम भावुकता जो बिच्छो फूफ़ी की रचना करती है, 'नन्ही की नानी' की तस्वीर बनाती है, 'दोज़ख़ी' लिखती है। मध्यमवर्ग के वह तमाम किरदार पैदा करती है जिन्हें तबक़ाती हालात ने मोहताज और बेचारा बनाया, उनके स्वाभाविक तक़ाज़ों को रौंदा और कुचला, उनकी भावनाओं और भावुकता में ज़हर घोला, उन्हें एक हरी-भरी, भरी-पूरी इनसानी ज़िन्दगी से महरूम रखा। उनकी शख़्सियत को तोड़-मरोड़ कर उन्हें हास्यास्पद, कड़वे-कसैले किरदारों में बदल दिया लेकिन उनकी मुहब्बत को, उनकी बची-खुची इनसानियत को ख़ानदान के दूसरे लोगों से उनके लाग-लगाव को, उनकी मुहब्बत और नफ़रत के रिश्तों को पूरी तरह से तबाह नहीं कर सका।

इन किरदारों को इस्मत ने कुछ ऐसे कलात्मक करिश्मे से जीती-जागती तस्वीरों के तौर पर हमारी कल्पना का हिस्सा बना दिया कि हम तो यह देखकर हैरान रह गये कि वह तो पहले से हमारे ख़ानदानों में बूढ़ी नानियों-दादियों, ख़ालाओं-फूफियों, चाचाओं-फूफाओं और बहनों-भाइयों के तौर पर मौजूद हैं। इस्मत ने हमें सबसे बड़ा धक्का दिया जो सिर्फ़ आर्टिस्ट ही दे सकता है। पहचान का धक्का, मानूसियत ने जिन लोगों को बेचेहरा कर दिया था, इस्मत ने अपने नाख़ूनों को फिर से उभारा। जैसे ही ग़ैर को देखा, नज़र अपने आप पर पड़ी। हम यूँ हैं और इस माहौल में क्या कर रहे हैं। ख़ुद की पहचान तो नहीं क्योंकि यह बहुत अर्थपूर्ण है और इसकी तहदारी 'जानने' की हदों को छूती है। ख़ुद को

जानने की इस्मत ने न सिर्फ़ भुस भरे हुए बिजूकाओं में चिनगारी रोशन की है बल्कि अपनी कहानियों और नावेलों से उस चिनगारी को लगातार हवा देती रही। वरना चिनगारियाँ धार्मिक दर्शनों, सियासी आदर्शों और खानदानी मेल-जोल में ठंडी पड़ जाती हैं, आदमी बिजूका का बिजूका ही रहता है, खानदानी इज़्ज़त का रखवाला, समाज का सुकून, अतीत की बड़ाई बयान करने वाला, अच्छे दिनों के ख़्वाब देखने वाला वह बिजूका जो अपने ही घर और समाज में बच्चों, औरतों और बूढ़ों पर ख़ामोश ज़ुल्म, नज़र न आने वाली नाइन्साफ़ी, अन्दर से खोखला करती हुई दीमक और ऊपर से ज़िन्दगी का गला घोंटती हुई रस्म-रिवाज की ज़ालिम उँगलियों को देख नहीं पाता। इस्मत गुद्दी पकड़कर धक्का देती है—देखो! वरना तुम भी रेंगते हुए कीड़े ही रहोगे। इसीलिए कहता हूँ, बहुत दबदबा था बीवी का, जो एक बार उसके असर में आ गया, ज़िन्दगी भर न निकल सका। उसे अन्दरूनी कोशिश और बाहरी जतन, इनकार और बग़ावत की जंग का असीर कर दिया। मैं नहीं कहता कि अच्छा आर्ट अपने ऐक्शन में पैदा होता है या होना चाहिए लेकिन बड़ा आर्ट हमें डिस्टर्ब करता है, ख़लल पैदा करता है। भीतरी जंग और कोशिशों को आरम्भ करता है और इसे जारी रखता है। और किसी भी सतह पर धर्म और दर्शन की तसल्लियों से नहीं बहलता। आदमी को कभी आराम का शिकार नहीं होने देता। नॉस्टैलजिया, नज़ाकत और भावुकता की भारी बोझिल और भीगी रुतों से हड्डियों में कमज़ोरी और आँखों में नींद की लहर पैदा नहीं होने देता। इसका नशा तेज़ शराब की तरह होता है, जो आग बनकर पूरे बदन में दौड़ जाता है और आदमी तजर्बे की चिलचिलाती धूप में सच्चाई से आँखें चार करने, उसे समझने और फिर उसे बदलने को तैयार हो जाता है। इस जंग में उसे कामियाबी भी हासिल हो जाती है और नहीं भी होती। लेकिन वह ख़ुद अन्दर से बदल जाता है और यही उसकी ज़िन्दगी का हासिल होता है। उन नौजवानों ने ख़ुद को डी-क्लास नहीं किया लेकिन अपनी क्लास के ख़िलाफ़ लड़ते रहे। उन्होंने घर नहीं छोड़ा क्योंकि उन्हें जेल को घर में बदलना था, पाँव की बेड़ियाँ काटनी थीं और बेज़बानों की ज़बान पर लगे तालों को तोड़ना था। इस्मत, बेदी, मण्टो और कृष्ण चन्दर, फ़ैज़, राशिद और अख़्तरुल ईमान के क़रीब जो लोग आये उनका एक ज़हन बना जो क़ौमी, वतनी, इलाक़ाई और ख़ानदानी शॉविनिज़्म से दूर था, पुराने अक़ीदों और अन्धविश्वासों के फन्दों से आज़ाद था। अतीत की महानता और अतीत-मोह दोनों का इनकारी था। समय, इतिहास तक़दीर के ज़ुल्म से इनकार करता था। मौत की अन्धेरी शक्तियों के ख़िलाफ़ और ज़िन्दगी की रचनात्मक ताक़तों का परस्तार था। पारम्परिक विचार चाहे वह धार्मिक हों या राजनैतिक, उसकी गुलामी से इनकार करने वाला और विचारों की आज़ादी का गीत गाने वाला था। यह वह दौलत थी जिसके लिए मेरी नस्ल के नौजवान हमेशा इन फ़नकारों के एहसासमन्द रहे। उनके गहरे और मुक़द्दस प्रभाव से हम उम्र भर निकल न पाये। जब हम देखते हैं कि हमारे ज़हनों को ढालने में इन लोगों का असर इक़बाल से भी ज़्यादा है तो फ़न की दर्शन पर जीत का अन्दाज़ा होता है। इसीलिए एक इमेज, एक किरदार और एक तजर्बे की रचना

वह काम कर जाती है जो एक पूरा व्यवस्थित चिन्तन नहीं कर पाता।

यह कोई ताअज्जुब की बात नहीं कि अदब में इस्मत का जितना दबदबा रहा उतना शोर भी रहा। उनकी कहानियाँ बदनाम हुईं, उनपर मुक़दमे भी चले लेकिन कहानियों के चर्चों से ऐवाने-अदब गूँजता रहा। हैरत की बात यह है कि इस्मत पर सबसे ज़्यादा पेशेवर आलोचकों ने नहीं बल्कि रचनाकारों ने लिखा। इसलिए इस्मत पर बहुत कम लिखा गया। ऐसा लगता है कि आलोचक डर गये थे, सहम गये थे। नग्नता और यौन के अलावा बात को कहाँ से बढ़ावा दें, उनकी समझ में नहीं आता था। इस्मत के सामने सब आलोचक बौने बने 'लिहाफ़' और 'तिल' का ज़िक्र करके खी-खी करते नज़र आते हैं। मण्टो पर लिखते समय खी-खी नहीं करते, आँखें निकालते हैं। कृष्ण चन्दर ने ग़लत नहीं कहा कि इस्मत का नाम आते ही मर्द कहानीकारों पर दौरे पड़ने लगते हैं। इस्मत पर कृष्ण चन्दर, मण्टो और पितरस ने लिखा। मजनूँ गोरखपुरी और मौलाना सलाहुद्दीन अहमद ने लिखा, ज़ोए अंसारी ने लिखा, सफ़िया अख़्तर और ख़लीलुर्रहमान आज़मी ने लिखा। इन लोगों की हैसियत तारीफ़ी है, आलोचना नहीं। नये आलोचकों ने इस्मत की ओर कम ध्यान दिया। आमतौर पर यह कहकर टाल जाते हैं कि उनका बौद्धिक विकास रुक गया है। इस्मत इस बात का अफ़सोसनाक सुबूत है कि तरक़्क़ीपसन्द फ़नकारों को तरक़्क़ीपसन्द आलोचकों की ओर से कोई इनसाफ़ नहीं मिला। वजह यह है कि फ़न हमेशा नज़रिये से बड़ा होता है और मार्क्सीय आलोचना की कसौटी पर मार्क्सीय फ़नकार भी पूरा नहीं उतरता और नयी आलोचना तो हक़ीक़त पसन्द आर्ट की डाइनामिक्स समझने की सलाहियत भी गँवा बैठी।

यह बात तो सभी मानते हैं कि इस्मत की रचनात्मक शक्ति का राज़ उसकी ज़बान और उसकी शैली में है। हक़ीक़त यह है कि इस्मत का अन्दाज़ उसी पर समाप्त हो जाता है। इस्मत से पहले यह अन्दाज़ न किसी के पास था और न उसके बाद किसी को नसीब हुआ, और न आइन्दा कोई फ़नकार इसे पैदा कर सकेगा। इस्मत की शैली प्रकृति का एक फिनॉमेना था, एक अजूबा था जो धूमकेतु की तरह सदियों में कभी नज़र आता है। इस्मत का रंग बिल्कुल आँख के रंग की तरह है लेकिन इसमें अगर क़बाइली ख़ूबियाँ देखना चाहें तो ये ख़ूबियाँ एक ख़ास कबीले यानी दोआबे के इर्द-गिर्द रहने वालों की उर्दू ज़बान की भाषाई ख़ूबियों से बना है। औरतों और मर्दों की अलाहिदगी की वजह से उर्दू में 'बेगमाती ज़बान' ने अपने मुहावरों और लोकोक्तियों, क्रियाओं, विशेषणों और एक ख़ास तरह के ठस्से की वजह से एक अलग बोली की तरह तरक़्क़ी पायी और हमारी औरत-कहानीकार स्वाभाविक रूप से इसी 'ज़बान' का प्रयोग करती रही हैं। लेकिन इस्मत ने इस 'ज़बान' का प्रयोग निष्क्रिय रूप में करने के बजाय क़ुदरती तौर पर किया है। निष्क्रिय ज़बान का अर्थ है कि जैसी भाषा मिली, वैसी ही प्रयोग करना और भाषा की ऐसी पाबन्दी करना कि केवल भाषा और मुहावरों के जौहर दिखाने के अलावा फ़नकार का कोई दूसरा काम नहीं है। 'क़ुदरती' तौर पर भाषा के प्रयोग का मतलब है भाषा की बुनियाद औरतों की बोली न रहकर उर्दू ही रहे ताकि भाषा की अपनी शान क़ायम रहे, और इसमें वह ज़नानापन

न पैदा हो जो औरतों के मुहावरों की पायलों की झंकार का परिणाम होता है। इस्मत के यहाँ एक जुमला भी ऐसा नज़र नहीं आता जो 'बेगमाती' मुहावरों के कड़े से कड़ा बजाकर उठता हो। फिर इस्मत को न केवल 'बेग़माती' उर्दू बल्कि आम तबक़े की बोली-ठोली, उनके लाने-ताने से, गालियों और कोसनों पर ग़ैरमामूली क़ुदरत हासिल थी। यही नहीं बल्कि बोली-ठोली बम्बई की हो, फ़िल्मी दुनिया की हो, हैदराबाद की हो, इस्मत उस पर क़ुदरत हासिल कर लेती हैं और दोआबे की करख़न्दारी उर्दू के साथ मिलाकर बेगमाती उर्दू की पाजेब पर उसका ऐसा रंग चढ़ा देती हैं कि पता ही नहीं चलता कि यह रंग इस्मत के यहाँ कौन-सा अन्दाज़ पैदा कर रहा है।

इस्मत की विशेष शैली के पीछे एक बहुत ही ख़ास ताक़त और सृजनात्मक ज़हन काम कर रहा है। उस ज़हन का बुनियादी काम औरत की मिथक को तोड़ना-फोड़ना, औरत के बारे में बड़े और रूमानी विचारों को तोड़ना—डी मेथोलोजाइज़ेशन, डी रोमेन्टीसाइज़ेशन और डी ग्लोरीफ़िकेशन—यह काम इस्मत ने इतने बड़े पैमाने पर किया है कि इस तरह की औरत ख़ुद यूरोप में नज़र नहीं आती। इस्मत को यौन सम्बन्धित कहानीकार कहते हैं लेकिन इस्मत के यहाँ यौन का कोई ऐसा मिथक नहीं है जो लॉरेन्स ने बनाया। मण्टो के यहाँ भी नहीं है। इससे ये दोनों लॉरेन्स से कम नहीं हो जाते, भिन्न ज़रूर दिखाई देते हैं। वीमेन्स लिब मूमेंट वालों को औरत के बारे में लॉरेन्स में जो क़ाबिले-एतराज़ बातें नज़र आयीं वह इस्मत और मण्टो में नज़र नहीं आयेंगी, क्योंकि मण्टो और इस्मत का बुनियादी सरोकार औरत को यौन-वस्तु से अलग एक इनसानी रूप देना है। इस मक़सद के लिए ज़रूरी था कि मर्द के बनाये समाज में औरत के बारे में मर्द के बनाये हुए दृष्टिकोण पर चारों ओर से हमला किया जाये। और हक़ीक़त भी यही है कि जानवरों की तरह जैविक सतह पर आबादी बढ़ाने की ख़ातिर सम्भोग करने के अलावा हमारे सभी यौन-पाखण्ड बनाये हुए और समाज पर थोपे हुए हैं, स्वाभाविक नहीं—चाहे वह इज़्ज़त और पाकीज़गी और शर्म-हया का विचार हो, मर्द की मर्दानगी और औरतपन की समस्या हो, औरत की पिंडलियों की तराश और सीने का गुदाज़ हो, सब में एक विशेष समाज के बनाये हुए यौन-पाखंड का अमल-दख़ल ज़्यादा है, स्वाभाविक कम। हम उन्हें स्वाभाविक समझते हैं, यही इस बात की दलील है कि आदमी की यौन-सरगर्मियाँ नस्ल को आगे बढ़ाने तक सीमित नहीं बल्कि यौन अपनी दूसरी सरगर्मियों में भी ज्यादा व्यवहारी हो सकती है। उदाहरण स्वरूप आनन्द के लिए यौन जिसका कोई ओर-छोर नहीं इसलिए इसकी निगरानी और समझ ज़रूरी हो जाती है ताकि औरत केवल एक काम की वस्तु बन कर न रह जाये, जिनसे हज़ारों साल से मर्दाना अहम की तुष्टि और औरत की ज़िल्लत हो रही थी—इन्हें नयी रोशनी में परखा जाता—इस्मत बस यही काम करती है। इसीलिए आप देखेंगे कि इस्मत के यहाँ बच्चे, नौजवान लड़कियाँ, ग़रीब नौकरानियाँ, अधेड़ बेवायें, बूढ़ी नानियाँ, हर साल बच्चे जनने वाली भाभियाँ, मोटी होती हुई किसी समय की हसीनायें, पेशा करातीं शरीफ़ घरों की औरतें, कोने-खुदरे में पड़ी बेसहारा औरतें, गर्म-आवारा मुलाज़मायें, शादी की ज़ंजीरें, बच्चों

की बेड़ियाँ, औरतों की आपस में जलन और ज़ुल्म यह सब ज़्यादा है और डांस का रूमान, बदन का नग़मा, भावुकता की उड़ान, आलिंगन के पल के बयान न होने के बराबर है। अगर यौन है भी तो ख़ाक-ख़ून में, गन्दगी में, अय्याशी में। इसलिए इस्मत को यौन ग्रसित समझना ग़लत है। दरअसल वह औरत के वजूद के आस-पास चिमटी हुई यौन-परतों को एक-एक करके उखाड़ती है ताकि उसकी इनसानियत बाहर आ सके। यही चीज़ उसकी शैली को एक करारापन, बेबाकी और बाग़ियाना सलाहियत देती है।

इसका अर्थ यह बिल्कुल नहीं हुआ कि इस्मत के यहाँ यौन सम्बन्धित कोई तत्त्व ही नहीं है। बेशक है और बहुत गहरा है लेकिन इसका मक़सद यौन-कहानियाँ लिखना, यौन सम्बन्धित गुत्थियाँ सुलझाना या समाज के ख़िलाफ़ बग़ावत के लिए इसे एक हथियार के तौर पर प्रयोग करना या लज़्ज़त हासिल करके अपनी बेबाकी और आज़ाद ख़याली का शोर करना नहीं है। इसलिए इस्मत की कहानियाँ उन अर्थों में यौन-कहानियाँ नहीं हैं जिन अर्थों में लॉरेन्स, फिलिप रॉथ और एरिका जांग नोबाकोव के नावेल हैं। यानी जो मर्द-औरत की यौन-अवस्थाओं, अतृप्ति और उनके परवर्जन को पेश करते हैं। इस्मत की कहानियों में जिंस के अलावा दूसरे मनोवैज्ञानिक, सामाजिक, आर्थिक और सांस्कृतिक पहलू होते हैं, जिनकी वजह से उनके किरदार अध्ययन के दूसरे पहलू भी रखते हैं। अज़ीज़ अहमद 'टेढ़ी लकीर' पर लिखते हैं–

"जिस्म की जाँच-पड़ताल का इस्मत के पास एक ही ज़रिया है और वह है उसको छूना। इसलिए रशीद से लेकर टेलर तक बीसियों मर्द इस नावेल में आये हैं, सबका अन्दाज़ जिस्मी या ज़हनी स्पर्श है, स्पर्श की कैफ़ियत ज्यादातर निष्क्रिय ही होती है। इस्मत के यहाँ स्पर्श ही मर्द, इनसान, ज़िन्दगी और दुनिया की जाँच-पड़ताल का एक ज़रिया है। रजाइयों के बादलों में अब्बास के हाथ बिजलियों की तरह कौंधते हैं और लड़कियों के गिरोह में हल्का कम्पन बिखेर जाती है। रसूल फ़ातिम के चूहे जैसे हाथ स्पर्श का अँधेरा पहलू है। धुँधला पहलू वह इश्क़ है जिसमें उसे ताज्जुब था कि लड़कियाँ इन गुंडों की आँखें अपनी रानों पर रेंगती हुई महसूस नहीं करतीं। स्पर्श के सिलसिले में 'समन' का एहसास रान पर सरसराहट महसूस करता है।"

अजीज़ अहमद के इस एतराज़ का जवाब मण्टो ने दिया है। इस्मत और मण्टो पर अज़ीज़ अहमद का रवैया कभी हमदर्दाना नहीं रहा। मण्टो ने बिल्कुल सही कहा कि यह कहना कि इस्मत के यहाँ जाँच-पड़ताल का जरिया 'स्पर्श' है, मुझे भी मण्टो की तरह 'स्पर्श' पर एतराज़ है। मण्टो लिखता है कि "अव्वल तो मसास[1] कहना ही ग़लत है। इसलिए कि यह एक ऐसी क्रिया है जो कुछ देर जारी रहती है। इस्मत तो बहुत हस्सास है, हल्का-सा स्पर्श ही उसके लिए काफ़ी है।"

मण्टो ने अपनी ज़हानत से मसास 'स्पर्श' और लम्स में बहुत अच्छा फ़र्क़ किया है।

---

1. स्पर्श।

जिस समाज में जिंस पर बहुत पाबन्दियाँ होती हैं वहाँ चाय की प्याली पर उँगलियों का छुआ जाना ही बदन में बिजली की लहर पैदा कर देता है। इसलिए रूमानी प्यार खुले समाज में होने के बजाय बन्द समाज में ज़्यादा खिलता है। जिसमें लड़के-लड़कियों के मेल-जोल पर पाबन्दियाँ हों। मिलन में जितनी समाजी पाबन्दियों की दीवार होगी मुहब्बत में उतनी ही शिद्दत होगी। अंग्रेज़ी में एक दिलचस्प ड्रामा है जिसमें लड़के और लड़की को क़रीब लाने के लिए दोनों के मालदार बाप जो गहरे दोस्त हैं, दोनों पर गहरी पाबन्दियाँ लगाते हैं। बुजुर्गों की पाबन्दियों के ख़िलाफ़ दोनों बग़ावत करते हैं और जितने पहरे बिठाये जाते हैं, उतने ही वह इश्क़ में डूबते जाते हैं। चोरी का चुम्बन ज़िन्दगी का सबसे क़ीमती चुम्बन होता है। खुले समाज में सबसे पहले हाथ रान पर ही पड़ता है या उस समाज में जहाँ जिन्सी घुटन ज़्यादा है, भूखी निगाहें, तरसे हुए हाथ जिन्स का खेल ही खेलते हैं। इस्मत यही बताना चाहती है कि वह समाज जो जिन्सी नज़र नहीं आता उसके अन्दर ही अन्दर यह खेल जारी रहता है। समाज में तो हर युग में जिन्सी सरगर्मियाँ बराबर रहती हैं। ऐसा नहीं पहले लोग कम यौन ग्रसित थे और हम पर यौन जुनून की तरह सवार हो गया है। हाँ, ऐसा ज़रूर होता है कि कभी-कभी अदब और आर्ट में यौन की अभिव्यक्ति ज़्यादा होती है, कभी कम। यौन साहित्य की काट खुद उसकी अधिकता में होती है। अति पर पहुँच कर आदमी जैसे थक जाता है। नंगी-फ़िल्मों वाले सिनेमाघरों और इस तरह की मैगज़ीन का भी दिवाला निकलता है। वह भी घटती हुई तादाद का रोना रोते हैं।

लेकिन अजीज़ अहमद का एतराज़ एक हद तक ठीक है। 'टेढ़ी लकीर' में जिस्मानी लम्स की तकरार ज़्यादा है। क्योंकि 'समन' की जिन्सी बेदारी का अनुभव एक ही ढर्रे पर चलता रहता है। अप्राकृतिक यौन सम्बन्धों की वारदातें भी कसरत से हैं, जिससे इकहरेपन का एहसास होता है?

बहरहाल मण्टो ने अज़ीज़ अहमद का जवाब देते हुए इस्मत की शैली की कुछ विशेषताओं की तरफ़ ऐसे इशारे किये हैं जिन्हें हम स्टाइलिस्टिक आलोचना का पहला क़दम कह सकते हैं। वह लिखता है कि इस्मत के यहाँ दूसरे जिस्मानी सेंस भी काम करते नज़र आते हैं, मिसाल के तौर पर सुनने और सूँघने का सेंस। आवाज़ का तो जहाँ तक मैं समझता हूँ इस्मत के अदब से बहुत गहरा सम्बन्ध है।

"घिर-घिर, फट शों, ख़श, बाहर बरामदे में मोटर भिन्ना रही थी।"

"रेडियो को मरोड़ते रहे, खड़-खड़, शर-शर, घिर-घिर, मेरे आँसू निकल आये।"

"टन-टन साइकिल की घंटी बजी, मैं समझ गयी एडिना आ गयी।"

"और धम-धम, छन-छन करती बहू सीढ़ियों पर से उतरी।" इसी तरह सूँघने के सेंस की मण्टो ने बहुत-सी मिसालें दी हैं, कुछ देखें–

"और बू तो देखो, हुक्के की सड़ाँध है, तोबा, उठो। सरसों का तेल आठवें दिन ही कठी-कठी जू देने लगता।"

शब्दों के बिम्ब कलात्मक कल्पना की वह पहचान है जिससे आम लिखने वाले महरूम

हैं। इस्मत के लेखन की एक और ख़ूबी है फ़िज़ा बनाना है जिससे आमतौर पर हक़ीक़त पसन्द फ़नकार दूर ही रहते हैं क्योंकि इससे रूमानियत पैदा होने का ख़तरा रहता है। इस मामले में इस्मत, मण्टो और बेदी का एहतियात देखने के क़ाबिल है।

''यह यहाँ की आबो-हवा क्या अजीब है। जैसे बड़े-गीले तौलिये में फ़िज़ा लिपटी ऊँघ रही है। थकी-थकी नींद, अंग भारी और फिसलने जैसी किसी ने सरेस लगा कर हल्का सा सुखा दिया हो।''

इस्मत की एक विशेषता यह है कि वह झल्लाहट जो उसके किरदार महसूस करते हैं, उसे वह अपने स्टाइल में बदल देती है जिससे न सिर्फ़ यह कि झल्लाहट हम तक पहुँच जाती है। बल्कि शब्दों के ज़रिये तस्वीर बनाने के साथ शब्दों की लय और जुमलों की गति सभी मिलकर उस कैफ़ियत को आपस में बाँट लेते हैं।

''कितना-कितना वह चिल्लाती, पछाड़ें खाती पर ज़ालिम अम्माँ ऐसे ऐंठकर बाल गूँथती कि बालों की जड़ें तक हिल जातीं। उसका सर दोनों घुटनों में दबोचकर चोटी ऐसी मज़बूती से गाँठती गोया कोई गठरी कसकर बाँध रही हो। हर बल पर दाँत भींचकर कोहनियाँ हवा में तानकर, थूक-थूककर झटके मारती कि क्या मजाल एक रोंगटा भी बाहर रह जाये। आठवें दिन दो-चार मिसकीन सी लटें ज़रा साँस लेने को बाहर रेंग आतीं और डाइन तेल की कुप्पी और कंघी लेकर पिल पड़ती।''

यह नैरेशन सिर्फ़ उर्दू भाषा में मुमकिन है, वह भी इस्मत की शैली में, उस भौगोलिक और सांस्कृतिक माहौल में जहाँ निचले तबक़े में कंघी-चोटी के अर्थ पहलवानी हाथ दिखाना हो।

इस नैरेशन में आप यह भी देखेंगे कि जो चीज़ छोटी बच्ची के लिए तकलीफ़ देह है, माँ के लिए झल्लाहट है, वह हमारे लिए इस्मत की शैली के कारण व्यंग्य की वजह बनती है। क़िस्से में तकलीफ़ और व्यंग्य के तत्त्व मौजूद हैं। इस्मत किसी तत्त्व को काटने या कम किये बिना एक ऐसा अन्दाज़ तलाश कर लेती है कि दोनों में बैलेंस बना रहता है।

इस्मत की एक बेहतरीन कहानी 'नींद' है। इसमें लगभग बीस तरह से इस्मत ने नींद और जागने की कैफ़ियतों का अलग-अलग जगह आँखें बोझल कर देने और नींद उचाट कर देने वाला बयान किया है।

इस्मत की भाषा में वही शिद्दत, वही नोकीलापन, तेज़तर्रारी, शोख़ी, अधम शोर, भगदड़ और रफ़्तार नज़र आती है जो ज़िन्दगी और उसकी हरारत से भरी रचना की विशेषता होती है। जुमले एक-दूसरे का पीछा करते हैं। शब्द एक-दूसरे पर गिरे पड़ते हैं। फिर जुमले साँप की तरह सरसराने, फुंकारने, बलखाने और पलटकर डंक मारने लगते हैं। इस्मत की भाषा किसी जगह ठहरती नहीं, बयान धुन्ध में लिपटी हुई झील का ठहरा हुआ पानी नहीं बनता। अँधेरे का बयान भी जगर-मगर करता है। ख़ामोशी का बयान भी बोलता है। मौत के ज़िक्र में भी कफ़न फाड़ने की किल-ख़राश आवाज़ है। इसीलिए घुटन, ठहराव और मुरझाती हुई कलियों के बयान के बावजूद इस्मत की कहानियाँ बीमार दिल को बिठाने वाले, उदास करने और दिमाग़ पर फ़ालिज गिराने वाले अनुभव नहीं बनते। ऐसे अनुभवों

को आदमी भुला देता है। दोबारा गुज़रते हुए भी उसे हौल आता है। दुख के चित्र बनाने वालों की तस्वीरों में हो, या पीप बहते हुए नासूरों का ज़िक्र, आदमी इशारे और आवाज़ें, किरदार और जज़्बात-एहसासात एक तूफ़ान की तरह चलते और आगे बढ़ते नज़र आते हैं।

ख़ुद इस्मत का बयान काफ़ी दिलचस्प है।

''तन्हाई में लिखने की आदत नहीं, क्योंकि कभी नसीब ही नहीं हुई। शोर मचता होता है। रेडियो बजता होता है और बच्चे कुश्तियाँ लड़ते जाते हैं और मैं लिखती हूँ। यही वजह है कि मेरे लेखों में दौड़-सी आ जाती है। लस्तम-पस्तम, भागम-भाग मची रहती है।''

इस्मत की इन स्टाइलिस्टिक ख़ूबियों पर ज़ोर देने से यह गुमान पैदा हो सकता है कि उनकी इस ख़ूबी में मैनरिज्म का ऐब भी पैदा हो गया हो। क्योंकि उनकी कहानियों के किरदारों का परिवेश और झगड़ा चाहे बदल जाये शैली यही रहेगी। इस्मत के साथ ऐसा नहीं हुआ। इसीलिए मैंने उसकी भाषा को दोआबे की भाषा कहा है और औरतों की बोली को उसका एक हिस्सा। इस्मत पर यह आरोप ग़लत है कि वह अपनी कहानियों में अलीगढ़ और उसके आस-पास के मुस्लिम मध्यवर्ग में क़ैद हैं। जी नहीं, वह वहाँ से बाहर निकलकर जब बम्बई गयीं तो उनकी कहानियों का थीम और बैक ग्राउण्ड बदला और उसकी वजह से उनके नैरेशन, भाषा और शैली में भी तब्दीली आयी। आप कह सकते हैं कि यह तब्दीली बहुत मामूली सी थी। मैं कहूँगा बहुत नाज़ुक थी। कारण यह है कि इस्मत की लगभग सभी कहानियाँ, फ़र्स्ट पर्सन में लिखी गयी हैं, इसलिए ज़ाती लहज़ा और आपबीती का नज़रिया उनकी शैली और हास्य-व्यंग्य को हर कहानी में साथ लाता है। बेशक हर कहानी पर इस्मत की शैली की मुहर लगी होती है लेकिन हर कहानी में नाज़ुकता फ़र्क़ भी होता है लिहाज़ा 'गेंदा' और 'नीरा' के अन्दाज़ में बिल्कुल निचले तबक़े की मुनासिब सी चीज़ें, धूल, बुरादा, गन्दगी, खपरैल, मैले-कुचैले बच्चे, मैले-चीकट कपड़े, उनके खुरदरे स्पर्श, बिसांध, मुनमुनाहटों और मुनमुनाहटों की आवाज़ें, जिन्सी इशारे, गालियाँ, मारपीट, बोली-ठोली और इस तबक़े के विशेष मुहावरे और इस तरह की बीसियों चीज़ों के कारण यह वह शैली नहीं रहती जो ख़ालिस मुस्लिम मिडिल क्लास की है जिसमें सहमी-शरमाई, बदन चुराती लड़कियाँ, कॉलेज में पढ़ने वाले यौन ग्रसित लड़के, अन्धविश्वास, रस्मो-रिवाज और शर्म-हया का ख़याल रखने वाली नानी-दादियाँ, खूसट नौकरानियाँ और बच्चे पैदा करके उन्हें प्यार न दे सकने वाले सरकारी नौकर जो घर में कम और बाहर ज़्यादा इज़्ज़तदार हैं, बच्चे पैदा करने वाली भावजें, इधर-उधर हाथ मारने वाले चचेरे-ममेरे भाई, उनकी चमरख माँएँ और क़ाबिले-नफ़रत बाप जो पूरे कुनबे से इस उम्मीद पर कि लड़की को ब्याह ले जायेंगे और पूरे मुल्क को उम्मीद और वहम में छोड़कर दुनिया से चले जाते हैं। इन कहानियों की तर्ज़ गेंदा से बिल्कुल अलग है। यहाँ भाषा-शैली की रगों में व्यंग्य का ऐसा ज़हर फैला हुआ है, ग़म और ग़ुस्से के ज्वालामुखी को इस तरह क़ाबू में रखा गया है और आँसुओं के सैलाब के आगे ऐसा बाँध बाँधा गया है कि कहानी पढ़ते हुए आदमी महसूस करता है कि वह सान पर रखी हुई शैली की धार पर चल रहा है। यह 'चौथी

का जोड़ा' का अन्दाज़ है, जो इश्क़ पर ज़ोर नहीं कि इसी तबक़े की हास्यात्मक अक्कासी करने वाली कहानी से अलग है, जो इसी तबक़े की घुटन का शिकार नौजवान लड़कियों के जिन्सी जंजाल के 'जाल' से अलग है। इस तरह का काम नन्ही की नानी, बिच्छो फूफ़ी और कल्लो की माँ जो इसी तबक़े की कहानियाँ हैं की शैली जो कहीं आयरनी लिए हुए है और कहीं मनोवैज्ञानिक शैली, तो कहीं व्यंग्यात्मक अन्दाज़ है।

'शादी' में उच्च वर्ग, 'चट्टान' में नवदौलतिया तबका, 'बेकार' में शहरी मिडिल क्लास, 'लिहाफ़' में लुटा हुआ जागीरदार तबक़ा, यार में 'ग्लैमर' की दुनिया, प्रीत और नींद में वह ऊपरी मिडिल क्लास जो उच्च वर्ग की रियायतों से मिडिल क्लास के बन्द समाज से निकल कर ऊपरी समाज के खुले माहौल में आ तो जाता है जिसका मूल्य बीवियों को पहले रखैल और फिर तवायफ़ बनकर चुकाना पड़ता है। इन सभी कहानियों की शैली इस्मत की दूसरी कहानियों से बिल्कुल अलग है क्योंकि इन कहानियों की मनोवैज्ञानिक और भावात्मक तहदारी एक अर्थ में चाहे फर्स्ट पर्सन में हो, एक ऐसे अन्दाज़ का तक़ाज़ा करती हैं जो ज़्यादा से ज़्यादा ऑबजेक्टिव हो और हर सिचुएशन में व्यंग्य, ड्रामा और पैराडाक्स को हर क़िस्से के भावात्मक कम्पन और हर किरदार की गहरी ट्रेजिडी को गिरफ़्त में लेने की सलाहियत रखता हो।

इस्मत न सिर्फ़ अपनी सभी कहानियों बल्कि एक ही कहानी के विभिन्न टुकड़ों में और कभी-कभी केवल दो-चार शब्दों में एक नयी कैफ़ियत, नयी लय, भाव, हास्य और व्यंग्य का अनोखा ज़ायक़ा कुछ इस तरह भर देती हैं कि उनके किसी वाक्य पर उदासी के रंग का आभास नहीं होता। उनके हर वाक्य और संवाद की एक नयी आन-बान है। और पढ़ने वाले को कभी उकताहट नहीं होती। यही कारण है कि डिकेन्स की प्रोज़ और ग़ालिब के शेरों की तरह इस्मत की कहानी बार-बार पढ़ी जाती है और मज़ा देती है चाहे उसमें मण्टो और बेदी की कहानी की तरह तहदारी न हो। लेकिन स्टाइलिस्टिक्स के माहिरों का ध्यान अगर इस्मत की ओर होता तो वह देखते कि इस्मत की बेमिसाल शैली में अध्ययन के लिए एक दुनिया मौजूद है। दुर्भाग्य से इस्मत ने यह शैली ऐसे लोगों के दरमियान पेश की जिनके पास सिरे से कोई शैली ही नहीं थी। हज़ारों में किसी के पास अपनी शैली होती है, बाक़ी तो पारम्परिक भाषा में ही अपना रंग भरकर काम निकालते हैं। ज़रूरी नहीं कि अपनी विशेष शैली वाला कहानीकार ही सबसे बड़ा कहानीकार हो—इसलिए जेन आस्टिन या वर्जीनिया वुल्फ़, जार्ज इलियट, हार्डी या डिकेन्स से बड़ी नहीं हैं या इस्मत और कुर्तुलएन हैदर, बेदी और मण्टो से बड़ी नहीं हैं। कहानी लिखने के लिए और भी बहुत चीज़ों की ज़रूरत पड़ती है।

इस्मत का हास्य बोध

इस्मत की कहानियों का पहला संग्रह 'कलियाँ' है। इसमें दस कहानियाँ और छह ड्रामे हैं। कहानियों में भी 'बचपन' और 'उफ़ ये बच्चे' निबन्ध जैसे हैं। इन आठ कहानियों में

'पर्दे के पीछे से' लड़कियों की ताक-झाँक और नोक-झोंक की मामूली कहानी है, संवाद के अन्दाज़ में लिखी गयी है। पता नहीं क्यों यह कहानी और संग्रह 'चोटें' की कहानी 'झिरी में से' जब मैंने सोलह-सत्तरह बरस की आयु में पढ़ी थी तब से अब तक इस्मत को कई बार पढ़ने के बावजूद अब भी सबसे पहले शुरू करता हूँ, लेकिन दोनों को कभी पूरा नहीं पढ़ पाता। कहीं न कहीं, कोई न कोई वाक्य फलाँग ही जाता हूँ। वैसे अगर मैं एक आलोचक के तौर पर अपनी नुमाइश करना चाहूँ तो यह कह सकता हूँ कि 'झिरी में से' पर एली रॉब ग्रे के नोवलों का असर है। लेकिन, पाठकों को ऐसी बातें बताने का मुझे कोई शौक़ नहीं। सीधी-सी बात यह है कि दोनों कहानियों में मुझे कोई दिलचस्पी पैदा न हो सकी। पहली कहानी तकनीक के कारण और दूसरी कंटेंट की वजह से। कहानी नैरेशन होने की वजह से अगर संवादों में लिखी जाये तो उसमें ठहराव पैदा होने का ख़तरा बढ़ जाता है, जैसा इस कहानी में हुआ है। कहानी 'झिरी में से' में इस्मत दिलचस्पी, आश्चर्य, व्यंग्य और ख़ूबसूरती के तत्त्व पैदा न कर सकीं।

'बचपन' और 'उफ़ ये बच्चे' का ज़िक्र मैं शुरू में ही कर देना चाहता हूँ और साथ ही 'हीरोइन' और 'बावर्ची' का भी। ये इस्मत के लेख हैं। मुमकिन है कि उन्होंने कुछ और भी लिखे हों ये चारों बहुत दिलचस्प हैं। 'बचपन' तो सेंस ऑफ़ ह्यूमर की बेहतरीन मिसाल है और रशीद अहमद सिद्दीक़ी, पितरस और मुश्ताक़ यूसुफी के लिए नमूना भी बन सकता है। बल्कि मैं तो यहाँ तक कहूँगा कि उर्दू के अब तक के इंशाइयों में यह बेमिसाल है। आमतौर पर जो बाक़ायदा हास्य लेखक हैं उनमें यह रवानी हमेशा नहीं रहती। इस लेख की ख़ूबी यह है कि वह हक़ीक़त निगारी की सतह को नहीं छोड़ता, इसमें हास्य लेखन के सभी तत्त्व मौजूद हैं। सामने की हक़ीक़तें जैसे मंजन घिसना, मुँह धोना, तौलिये से मुँह पोंछना, नाश्ता करना, मास्टर साहब का पढ़ाने आना, इमला लिखवाना, खुला पाकर बच्चों को दोपहर में एक कमरे में लिटा देना, गुड़िया खेलना, मौलवी साहब का क़ुरान पढ़ाने आना, पूरे दिन बड़ी आपा की ये न करो, वह न करो की रट और रात को सब बिस्तरों में क़ैद, आवाज़ लगाने पर पाबन्दी लेकिन हँसी है कि आये ही चली जाती है—बस यही क़िस्से और यही बातें हैं जिससे इस लेख का ख़मीर उठता है। न बात बढ़ाने की गुंजाइश न लतीफ़ागोई का मौक़ा। इस छोटे से दायरे में आदमी लेखों के तोता-मैना क्या उड़ायेगा। मामूलीपन और सामने की बातों का यह हाल कि एक क़िस्सा या एक बात ऐसी नहीं जो मुस्लिम मिडिल क्लास के हर बच्चे को पेश न आयी हो। यहाँ कल्पना की उड़ान भी नहीं जिसके ज़रिये वह कहानी में जानी-पहचानी चीज़ों को अजनबी बनाकर पेश करता है। सादगी ऐसी कि वह ख़ुद कहती है कि भई यह था हमारा बचपना। सुबह उठे मंजन घिसा, मुँह धोया, मास्टर साहब के पास सबक़ पढ़ा और भूख लगी, आपा से खाना माँगा तो हथेली पर अंगारा रखने की धमकी मिली। हक़ीक़त यह है कि 'बचपन' उन लेखों में एक है जिनका बनाव-सिंगार क़ुदरत ख़ुद करती है। यहाँ क़ुदरत का मतलब इनसानी आदतों और व्यवहार से है जो एक ख़ानदान के लोग एक-दूसरे के साथ करते हैं।

'बावर्ची' दूसरा लेख है जिसे उर्दू के हास्य लेखों में अलग स्थान दिया जा सकता है। बावर्ची का आर्ट 'बचपन' से बिल्कुल भिन्न है। इसमें सादगी नहीं, गहराई है। माहौल भी अपर मिडिल क्लास का है। इसीलिए 'बावर्ची' पी.बी. वुड हाउस के बावर्ची की तरह कम बोलता है। और रखरखाव वाला है जिसकी वजह से ऊँची सोसाइटी का यह जोड़ा अपने ही घर में फूँक-फूँककर नेवाला चबाता है और मेहमानों की तरह रहता है। 'बचपन' में शोर-शराबा, जूतम-पैज़ार और डाँट-डपट है लेकिन बावर्ची में ख़ामोशी और वह हास्य है जो बावर्ची के पकवानों की तरह तहदार, पेचीदा और चकरा देने वाला है। इसीलिए इसमें मसालों का वह मिश्रण और धीमी आँच है जिनसे बावर्ची के वह खाने तैयार होते हैं जिन्होंने एक सभ्य घर को मध्ययुगीन दुखों का क़ैदखाना बना दिया है। इन दुखों को घरवाला और उसकी बीवी जो इस लेख का नैरेटर हैं, सब्र से बर्दाश्त करते हैं। हद यह है कि खाने-पीने की लज्ज़त के लिए जो बावर्ची रखा गया है उसी के कारण त्याग की भावना, मशीनों का ज़ुल्म और दुनिया के मिटने का एहसास उस व्यंग्य को अन्धकार मुक्त सौन्दर्य बनाता है।

इस्मत का तीसरा बेमिसाल लेख 'हीरोइन' है। ऐसे लेख अंग्रेजी में हेज़ल्ट, चार्ल्स लैम्ब और वर्जीनिया वुल्फ़ ने लिखे हैं। लेखन की क्रिया में इन तीनों की रूह इस्मत में आ गयी है। इस लेख में अदबी समझ, समाजी चेतना और आलोचनात्मक सोच-समझ का ऐसा मिश्रण है कि उर्दू इंशापरदाज़ों और आलोचकों के लिए आज भी जलने के लिए काफ़ी है। वह जिनकी ज़िन्दगी अदब और समाज के बख़िये टाँकते गुज़री इस लेख को देखते हैं तो समाज के लट्ठे के बड़े-बड़े पायजामों में उनकी आलोचना की खपच्चियों जैसी सूजी-मारी टाँगें काँपने लगती हैं।

हीरोइन में इस्मत ने उर्दू अदब की हीरोइन के ज़रिये सामाजिक परिदृश्य, औरत-मर्द के बदलते हुए रिश्तों और उनके अदब पर पड़ते प्रभाव को समझने की कोशिश की है। 'फ़सान-ए-आज़ाद' की औरत को देखकर उस समय का अन्दाज़ा लगाया जा सकता है कि वह यह है उस समय की चर्चित औरत, जो सभ्य, पढ़ी-लिखी और दिलचस्प तवायफ़ थी। 'गर्दिशे-रंगे-चमन' में कुर्रतुलएन हैदर ने इस्मत के इस जुमले का दस्तावेज़ी सुबूत दिया है कि सभ्य पढ़ी-लिखी औरत का बाइज़्ज़त ज़िन्दगी गुज़ारने का एक रास्ता इसी आयरनी में है।

फ़नकारों के लिखे हुए लेखों की तरह इस लेख में भी विचारों की अभिव्यक्ति सूक्ष्म रूप में हुई है। प्रतीकों और बिम्ब बनाने की सतह पर भी। 'फ़सान-ए-आज़ाद' की तवायफ़ को शिकस्त देकर प्रेमचन्द की गृहस्थन दबे पाँव, घूँघट काढ़े, क़दम-क़दम पर पैर चूमती, माथे टेकती अदब में रेंगने लगी। चौराहे के नल को गन्दा कर लोगों ने अपने घरों में कुएँ खोदना शुरू किये, 'घर में नल लग गया तो मीठे पानी की कुइयों को ऐसा भुलाया कि अन्धी होकर साँपों और कनखजूरों का स्थान बन गयी और अब वक़्त पड़ा तो उसी के किनारे प्यासी ज़बानें लटकाये हाँफ रहे हैं। यही नहीं बल्कि म्यूनिसपलिटी से कहकर सफ़ाई कराने पर तुले हुए हैं। मगर यह अन्धा कुआँ दोबारा कारआमद होने से पहले ही बड़ी मेहनत चाहता था। इसलिए बाग़ियों की हिमाकत में बोल पड़ा। पुकार-पुकार कर उसने

दुनिया के उस ज़ख़्म को दिखाया जो नासूर बनकर सज उठा था।'

लेख का सबसे दिलचस्प हिस्सा वह है जहाँ इस्मत औरत और उसके पेशे का ज़िक्र करती है। इस पैराग्राफ़ में कितने नावेल और कहानियों की आवाज़ें सुनायी देती हैं। अज़ीम बेग़ की 'शरीर बीवी' प्रेमचन्द की 'गृहस्थन' और ख़ुद इस्मत की कहानी 'बेकार' की डाइन, सब का निचोड़ इन लाइनों में आ गया है–

''तो यह कमाऊ हीरोइन जिस्मानी और दिमाग़ी ऐतबार से चाक़-चौबन्द बिल्कुल लुटेरों की तरह चारों तरफ़ हाथ मारने लगी। अब तो मज़ाक़ की हद हो गयी। ख़ैर कोनैन खिलाती थी, थप्पड़ लगाती थी तो कोई बात न थी। ये तो औरत के नख़रे हुए, चौकीदारी करती थी। ज़रा-सी बात पर टेसुए बहाने लगती थी। हर वक़्त सवार रहती थी, तो क्या था, थी तो अपनी मोहताज। अपनी बिल्ली भी कभी पंजा मार बैठती है मगर ख़र-ख़र करके फिर अपना नर्म-नर्म जिस्म पैरों से रगड़ कर मना भी लेती है। ख़राब है तो क्या, है तो अपनी, हमीं से तो माँगकर इतराती है। हमारी ही जेबों से इठला-इठला कर पैसे निकालती है। लेकिन यह बिल्कुल मर्दानावार, आर्थिक दुनिया में ख़म ठोंककर जो खुद अपनी कमाई कर खसोट ले जाती है। यह तो सरासर डाका है। नतीजा यह कि बड़ी जल्दी यह हीरोइन 'डाइन' बन गयी।''

ये तो इस्मत के लेख हुए लेकिन इस्मत ने जिस वक़्त लिखना शुरू किया उस समय कहानी में रंगा-रंगी बहुत थी। समाजी ज़िम्मेदारी का एहसास तो लेखकों में शुरू से ही था, नज़ीर अहमद और राशिदुल ख़ैरी के समय से लेकिन वह इतना मुखर नहीं था, जितना कि पाँचवीं और छठी दहाई में हुआ। दूसरे विश्वयुद्ध, बंगाल का अकाल, आज़ादी की लड़ाई, बँटवारा और दंगों की वजह से कहानीकार का चेहरा स्वाभाविक तौर पर संज़ीदा हो गया था और होंठों से हँसी ग़ायब हो चुकी थी। एक समय की पत्रिकाओं में हास्य-व्यंग्य के अंक प्रकाशित होते थे। उर्दू का यह सुनहरा दौर समाप्त हो चुका था। हास्य से ज़्यादा व्यंग्यकार नज़र आते थे जिनमें चिड़चिड़ापन नुमायाँ था। नार्मल हालत में अदब का मिज़ाज रंगारंग होता है। फ़नकार बहुत-सी चीज़ें हल्के-फुलके मूड में भी लिखता है जिसका मकसद हँसने-हँसाने और गुदगुदाने का जादू जगाना था या अपनी कला का प्रदर्शन होता है। कहानी की बहुत-सी क़िस्में ऐसी हैं जिनमें वह कहानी लिखता है। मिसाल के तौर पर शिकार की कहानी, सफ़र की कहानी, रूमानी कहानी और साइंसी कहानी। बहुत-सी तकनीक ऐसी हैं जिनके प्रयोग में उसे आनन्द आता है जैसे आश्चर्य वाला अन्त, स्टीम आफ़ कांशसनेस की तकनीक, पत्र और डायरी की तकनीक, कैमरे की आँख की तकनीक, चीज़ों के ज़रिये कैफ़ियात बयान करने की तकनीक, कभी पुरानी शैली या उसकी पैरोडी लिखने की तकनीक और इसके अलावा बहुत से तरीक़े हैं। बेशक फ़नकार की बड़ाई उसकी रचनाओं में निहित है लेकिन एक बड़े फ़नकार के यहाँ ख़ालिस आर्ट भी ऐसा जादू जगाता है कि चिन्तन और कल्पना की जगह कल्पना के जादू से ही हमें आश्चर्यचकित कर देता है। इसीलिए इब्सन का प्रशंसक होने के बावजूद बर्नाड शॉ की ख़्वाहिश यही थी कि वह शेक्सपियर के ड्रामे

जैसी कोई चीज़ लिखे, जो निरी जादूगरी है। मोपासां की हौलनाक कहानी आर्ट का ऐसा ही नमूना है, फ़ैज़ की नज़्म जादूगरी की ऐसी ही मिसाल है। मण्टो की कहानी 'फुँदने' भी शैली के इसी जादू की अभिव्यक्ति है। सुरेन्द्र प्रकाश की कहानी 'दूसरे आदमी का ड्राइंग रूम' भी घुलते-मिलते लफ़्ज़ी बिम्बों का नमूना है।

इन बातों की तरफ़ ध्यान दिलाने का मतलब यह है कि आमतौर पर हम अपनी आलोचना में गम्भीर हो जाते हैं और हमें अदब में दर्शन की ऐसी चाट पड़ गयी है कि जब तक लिखने वाले की कोई चीज़ खुद हमारे ज़हन के कबाड़खाने में धूल खाते ट्रेड यूनियन-दर्शन की तरह दर-दर की भीख की पैग़म्बरी को नहीं जगाती, हम उस पर नज़र नहीं करते। इस्मत पर लोगों ने इस कारण भी नहीं लिखा कि साम्राज्य के ख़िलाफ़ बग़ावत हो तो सोशियोलॉजी, कल्चर, मज़हब वगैरा में सर खपाना पड़ता है और उर्दू का आलोचक ऐसी खपत के लिए काँधों पर सर रखकर नहीं फिरता कि सरफ़रोशी की तमन्ना बड़ी बात है, उसे क़लम की तलवार को बरहना करने और लेखन की सरहदों की पहरेदारी पर उकसाता है। इसीलिए हमारे फ़नकारों की छोटी रचनाएँ हमेशा नज़रअन्दाज़ की जाती रही हैं चाहे वह आला दर्ज़े की ही क्यों न हों।

इस्मत की इन छोटी चीज़ों में 'उफ़ ये बच्चे', 'सफ़र में', 'शौहर की ख़ातिर' और 'नन्ही सी जान' शामिल हैं। 'नन्ही सी जान' तकनीक की जादूगरी और संवाद लेखन का बेमिसाल नमूना है। उर्दू में इस तरह की दूसरी कहानी नज़र नहीं आती। एक कहानी बलवन्त सिंह ने लिखी थी जो 'आजकल' में प्रकाशित हुई थी। नाम याद नहीं रहा लेकिन संवाद ज़ाहिरा तौर पर सम्भोग करते हुए जोड़े के मालूम होते थे लेकिन हक़ीक़त में औरत के कान में दर्द था जिसकी तीमारदारी शौहर कर रहा था। 'नन्ही सी जान' में लगता यह है कि कमसिन नौकरानी ने बच्चा जना और उसे मारकर, जिस नौकर से उसका पेट था, की क़मीज़ में लपेटकर बाग़ में गड्ढा खोदकर चुपके से गाड़ दिया। इस क़िस्से का पूरे घर में शोर है। घर की बीवियाँ, जवान लड़कियाँ, नौकर-चाकर सभी हैरान हैं कि देखें अब्बाजान आते हैं तो क्या होता है। वह बहुत सख़्त आदमी हैं। बहरहाल अब्बाजान आये तो राज़ खुला कि मुर्ग़ी का बच्चा था जो रसूलन के हाथों दड़बा बन्द करते हुए दरवाज़े में दबकर मर गया। इस कहानी की एक और ख़ूबी यह है कि एक बार पढ़ने और अंजाम का पता चल जाने के बावजूद, उसे दूसरी बार पढ़ने में इसलिए आनन्द आता है कि घर की औरतों की डाँट-डपट, नौजवान लड़कियों की ढकी-छिपी दिलचस्पी, नौकरों के आपस में ताने और जूतम-पैज़ार इस्मत की विशेष शैली में अपना अलग सौन्दर्य रखते हैं। हैरत में डालने वाले अंजाम के माहिर कहानीकार मोपासां और ओ. हेनरी, सब के सब आकर्षक शैली के मालिक थे। यह चीज़ उनकी आश्चर्य भरी कहानी को साहित्यिक सौन्दर्य प्रदान करती है।

कहानी 'उफ़ ये बच्चे', 'बचपन' जितनी ही ख़ूबसूरत है। फ़र्क़ सिर्फ़ यह है कि उसकी बुनावट में कहानी का तत्त्व अधिक है। व्यंग्य बच्चों की वह शरारत है जो भुगतने वाले के लिए परेशानी का कारण और तमाशबीन के लिए आनन्द और आश्चर्य। तन्हाई और

सुकून की आरज़ूमन्द औरत जो इस कहानी की नैरेटर है, के सामने एक पत्रिका में उन पाँच जुड़वाँ बच्चों के चित्र हैं जो डिब्बों की तरह एक पंक्ति में सजे हैं–

" 'पाँच' मैंने चपटी नाकों को छंगुलिया से गिनते हुए सोचा, एकदम दूसरा ख़याल आया। शाबाश है बच्ची तेरे जीवड़े पर, तेरा ही बूता था। कोई और दाल की होती तो साँस भी न लेती। पाँच! पूरे पाँच मोजज़ा है।"

'एकदम' और 'साँस भी न लेती' की दाद दीजिए। फिर चुन्नू की कुतिया ने भी बच्चे दिये थे। घर के हर कोने में मोटे-मोटे पिल्ले कूँ-कूँ करते फिरते थे। और फिर वह थी मीनू शैतान की खाला। लिपिस्टिक, पाउडर, क्रीम सब लतपट कर दे, क़लम तोड़े, ग़ुस्सा तो बहुत आये। इस्मत की यही ख़ूबी है कि ग़ुस्सा आता है तो आने देती है। हर भाव को ऊपर तक पहुँचाती है। ज़ालिम इतनी है कि जो भाव भी आतंक मचाता है उसका तमाशा मज़े से करती है, न अदब न लिहाज़। समझ में ही नहीं आता कि किस टाइप की थी ये औरत। यह पैराग्राफ़ देखिए–

"ऐ है, कैसी बेदर्दी से मारती है। ऐ–अपना ख़ून है, अपना ख़ून! ख़ूब! दस बच्चों की माँ की औलाद होने की यही सज़ा है। घर क्या है, मोहल्ले का मोहल्ला है। मरज़ फैले, वबा आये, दुनिया के बच्चे पटापट मरें मगर क्या मजाल कि यहाँ एक भी टस से मस हो जाये। हर साल घर माशा अल्लाह अस्पताल बन जाये। पतीलियों साबूदाना पक रहा है। सेरों कुनेन आ रही है। फोड़े-फुंसी के ज़माने में मरहम का ख़र्च दाल-रोटी से ज़्यादा। जिस कमरे में देखो पुड़े, मचाये और मरहम की डिबियाँ। टाँगें सड़ रही हैं, बुखार चढ़ रहे हैं, लेने के देने पड़े हैं और यह लीजिए बीमारी गयी और वह चचेड़ियों की तरह फुरहरी लेकर खड़े हो गये। फिर ऐसा पलीह-पलीह कर खाया कि चार दिन में फिर हमारे सीने पर कोदों दलने के लिए वही कसी हुई तोंद में और मुगदर जैसी टाँगें मौजूद! सुनते हैं दुनिया में बच्चे भी मरा करते हैं! मरते होंगे, क्या ख़बर!"

पता नहीं इस पैराग्राफ़ में खौलते हुए सफ़्फ़ाक जज़्बे को एहसास या शैली का कौन-सा केमिकल एक्शन इतना खूबसूरत बनाये हुए है। हास्य का यह रंग उर्दू के तमाम हास्य लेखकों से अलग है क्योंकि हास्य के पास अगर व्यंग्य का डंक न हो तो इतनी ज़हरनाकी और तेज़ाबियत वह बरदाश्त नहीं कर सकता। लेकिन इस पैराग्राफ़ में व्यंग्य का डंक नहीं है। व्यंग्य वहाँ होता है जहाँ सुधार की इच्छा हो या सुधार मुमकिन हो। दस बच्चों का कुनबा न रहे तो यह हास्य कहाँ से पैदा होगा। गोया जो कुछ है उसकी हक़ीक़त में ही हास्य है। ज़हर में ही अमृत है। जलाने वाले तेज़ाब में ठंडा मरहम है। रचना का यह वही केमिकल तत्त्व है जो आलोचना की गिरफ़्त में कभी नहीं आता। यहीं फ़नकार एक कीमियागर, एक जादूगर, एक बहुत बड़ा करिश्मा साज़ नज़र आता है। फ़नकाराना कलाकारी का विश्लेषण करने की पेशेवराना मजबूरी से आलोचक एक पल के लिए ग़ाफ़िल हुआ कि करिश्मा मोजज़े में बदल जाता है।

इस्मत के यहाँ हास्य-व्यंग्य लेखों के रंगारंग रूप हैं। जैसे 'ढीठ' आठ पृष्ठों का एक

संवाद है। 'वह' और 'मैं' के बीच जिसमें 'मैं' उसकी मंगेतर है। यह ड्रामा नहीं क्योंकि इसमें कोई ऐक्शन नहीं। बहस है, तकरार है, झगड़ा है, बात बनती-बिगड़ती और सिमटती है। यह संवाद नुकीलेपन और धारदार कँटीले वार्तालाप की जगमगाती रचना है। इसमें मर्द की औरत पर बरतरी के सभी रूप औरत की ग़ैरमामूली ज़हानत, व्यंग्य और चर्ब-ज़बानी के निशाने पर है। मर्द का हर वार ख़ाली जाता है और औरत के लफ़्ज़ी दाँव-पेंच से वह खुद को हमेशा असहाय पाता है। 'ढीठ' भी इस्मत की बेहतरीन रचनाओं में है।

'शौहर की ख़ातिर' और 'सफ़र में' दो लेख ऐसे हैं जो दूसरे लेखों की सतह के नहीं हैं लेकिन अपना अलग लुत्फ़ रखते हैं। इस्मत के हास्य का नाम आते ही अज़ीम बेग़ चुग़ताई का ख़याल आता है। बहरहाल वह अपने समय के प्रसिद्ध हास्य लेखक और इस्मत के भाई थे। यानी हास्य उनका ख़ानदानी विरसा था, ख़ून में रचा-बसा था। यह बात बस यहीं तक सीमित है, बाकी इस्मत ही इस्मत है। इस्मत ने कोई भी लेख ख़ालिस हास्य के नज़रिये से नहीं लिखा। उनके समय के लेखकों ने भी लेख लिखे हैं। कृष्ण चन्दर के हास्य लेखों के अलग से संग्रह प्रकाशित हुए। मण्टो के हास्य-व्यंग्य लेख जर्नलिस्टिक हैं जो अख़बार की तरह ही जल्दी बासी हो जाते हैं। कृष्ण चन्दर बातों में हँसाते हैं, उन पर पहले हँसी आती थी अब नहीं आती। यह हास्य की ट्रेजिडी है कि ज़िन्दगी के आदाब बदलते ही उनका रंग फीका पड़ जाता है। इस्मत का हास्य उसके व्यक्तित्व का लाज़िमी हिस्सा है। उसकी शख़्सियत इतनी तेज़ाबी, ज़हर-नाक और बाग़ियाना थी कि हास्य ही उसे लिखने के लायक बना सकता है। 'टेढ़ी लकीर' उर्दू का बड़ा नावेल है लेकिन बड़ा कारनामा इसलिए नहीं बन सका क्योंकि इसमें तेज़ाबियत का तत्त्व इतना अधिक है कि हास्य का तत्त्व उसे कम नहीं कर पाता। इस्मत उर्दू की सबसे अधिक ग़ुस्से से भरी कहानीकार है और उसका गुस्सा, गुस्सा ही रहता है। एक बेबस, कमज़ोर अपनी जिंस में क़ैद, एक कुचली हुई औरत का यह गुस्सा कभी ट्रेजिडी के हीरो की शान में नहीं बदल पाता, जो मशीनों की कलाई मरोड़े, इनसानी ताक़तों को ललकारे और दुनिया में एक शोर मचा दे। औरत फिर मर्द के मुक़ाबले में कमज़ोर ही रह जाती है। वैसे भी हार्डी कीज्मे के अलावा विश्व के फ़िक्शन में औरत का और कोई किरदार ट्रेजिडी की हीरोइन न बन सका। औरत के बहुत से दर्दनाक रूप हैं लेकिन उनमें दर्द का तत्त्व बहुत ज़्यादा है। बेदी औरत के और मण्टो आम इनसान के ग़म की गहरी खाइयों को पथरीली निगाहों से देखने में कामियाब हुए हैं। उर्दू का एक ही शायर ग़ुस्से में इस्मत के बराबर है और वह है राशिद। दोनों गुस्सावर और बाग़ी हैं। 'ईरान में अजनबी' की प्रस्तावना में पितरस ने यह बात कही थी कि राशिद ग़ुस्से में सिर्फ़ अपनी ही क्यारी के गुलाबों को उखाड़ फेंकता है। 'टेढ़ी लकीर' की 'समन' और इस्मत का बचपन बल्कि जवानी भी इसी गुस्से और झुँझलाहट की ओर इशारा करता है। ऐसी भावुकता जो पत्थर को भी ख़ून के आँसू रुलाये और ऐसा हास्य जो हौलनाकी की इन्तहा को पहुँचकर जब हास्यास्पद बन जाती है, तब जन्म लेती है। इस फुंकारती हुई, अपनी ही आग में जलती हुई शख़्सियत के आख़िरी जज़्बाती सहारे हैं। ऐसे सहारे जो उसकी

शख़्सियत को रचनात्मक काम करने के लायक़ बनाते हैं। काग़ज़ आँसुओं से भीगा और क़हक़हों से भरा हो तो क़लम की आग से जल जायें। 'नन्ही की नानी' का पूरा आर्ट इन्हीं दोनों के फ़्यूज़न का परिणाम है। मरने के बाद नन्ही की नानी जब ख़ुदा के सामने जाती है तो एक औरत की ज़िन्दगी की ऐसी ज़िल्लत देखकर ख़ुद ख़ुदा की आँखों से ख़ून के आँसू बहने लगते हैं। लेकिन नन्ही की नानी की ज़िन्दगी में कैसी हौलनाकी छिपी है और यह कितनी हास्यास्पद बन गयी है कि पूरी कहानी क़हक़हों से भर जाती है। हमें पता भी नहीं चलता कि हमारी हँसी की हर लहर अपने पीछे ख़ून की लकीर छोड़ती जा रही है। क्लोरोफार्म में बसे हुए उस ख़ंजर की तरह जिससे दंगाई राह चलते आदमी का पेट चाक कर देता है और उसे ख़बर भी नहीं होती और वह चलता रहता है। इस्मत के आर्ट का यही कमाल है। क्लोरोफार्म में बसा हुआ नश्तर।

इस अर्थ में इस्मत के हास्य का रंग तबक़ाती हक़ीक़त पसन्दाना है। बेबाक़ और झूठी शराफ़त, शर्मो-हया और बुज़ुर्गी के प्लास्टर में दरारें पैदा कर देने वाला है। इसमें नफ़ासत, शराफ़त और मुस्कराहट की वह ख़ूबी नहीं है जो सुरक्षित और सभ्य माहौल में तबीयत की नज़ाकतों को सँवारने से पैदा होती है। यहाँ तो भरी महफ़िल में कुर्ता ऊँचा करके बड़े-बड़े सीने के नाश्तेदान पर बच्चों को चिपकाने वाली औरतें हैं। सूरज की आड़ में झरझरी लुंगी पहने खड़े हुए वह बूढ़े मर्द हैं जिन्हें आर-पार देखकर खूसट बुढ़ियाओं के वज़ू टूटते हैं। ट्रेन में सोया हुआ वह आदमी है जिसकी काली रानों पर से धोती ख़तरनाक हद तक खिसक रही है। उन बड़ी-बूढ़ियों की नसीहतों के मुहावरों और कहावतों से भरे दफ़्तर के दफ़्तर हैं जो जवान होती हुई लड़कियों के सीनों को बर्दाश्त नहीं कर सकतीं। उन बदन चुराती हुई लड़कियों का अनादर जिनके मैले महरमों को उनके भाई नौकरों के गन्दे जाँघिये समझते हैं। हगते-मूतते दिन-रात पेट का तन्दूर भरते हुए उन यतीम बच्चों की फ़ौज है जिनके माँ-बाप ज़िन्दा हैं। उन औरतों के कोसने और गालियाँ हैं जिनकी कुँवारी बेटियों के पेट रह गया है और वह मर्द हैं जो चारों तरफ़ मुँह मारते रहते हैं लेकिन हर साल बच्चा घर में ही पैदा करते हैं। इस्मत के यहाँ हास्य ज़िन्दगी की ऐसी ही कड़ुवाहटों को आर्ट में बदल देने का रसायनिक तत्त्व है। यह रसायनिक तत्त्व उसके फ़न की रगों में दौड़ते हुए ख़ून का हिस्सा है। उसकी भाषा-शैली एक-एक शब्द के चयन और लय, क्रिया और गति की हास्य-व्यंग्यात्मक तहदारी 'लहजे के उतार-चढ़ाव' वाक्यों के तोड़-मरोड़ में ऐसी पैवस्त है कि उसकी अलग से पहचान भी मुमकिन नहीं है। उर्दू के कहानीकारों के यहाँ इस मिज़ाज और उसके फ़न का कोई ऐसा लाज़िमी हिस्सा नहीं जैसा कि इस्मत के यहाँ है। इसीलिए इस्मत की ग़मनाक कहानियों को भी हम ट्रेजिडी के बजाय ज़्यादा से ज़्यादा अँधेरी कॉमेडी ही कह सकते हैं। फ़न की यही विशेषता इस्मत को सबसे अलग करती है।

इस्मत के नान फ़िक्शनल लेखों में कृष्ण चन्दर, मण्टो और अज़ीम बेग़ चुग़ताई पर उसके ख़ाके भी शामिल हैं। मण्टो और कृष्ण चन्दर पर मामूली रेखाचित्र हैं क्योंकि उनमें ज़हर की कड़वाहट नहीं जो केवल इस्मत के क़लम का डंक दे सकता है। यह ज़हर

'दोज़ख़ी' में इस्मत ने अपने भाई अज़ीम बेग़ चुग़ताई के ख़ाके में उतार दिया है। यह उर्दू का अजीबो-ग़रीब ख़ाका है जिसे आप जितनी बार पढ़ेंगे उतनी बार बौखलाकर-हड़बड़ाकर रह जायेंगे। इसका कारण यह कि इस ख़ाके का पेचीदा और जज़्बाती सिस्टम ख़ुद को हमारे जज़्बाती सिस्टम में पेचीदगी पैदा कर हमें उलझन में डाल देता है। आदमी जब किसी जानलेवा बीमारी में होता है तो जो कुछ वह था, नहीं रहता। एक अर्थ में वह उसका ग़ैर हो जाता है। अपना होने के बावजूद वह ग़ैर बन जाता है। बीमारी से नफ़रत ख़ुद बीमार से बेज़ारी में बदल जाती है। मरीज़ की तीमारदारी करते-करते घर वाले थक जाते हैं। आदमी जब ज़िन्दा लाश बन जाये तो ज़िन्दा लोगों से उसके सरोकार नहीं रहते। अपनी तरफ़ इसी बेपरवाही को समाप्त करने के लिए बीमार के तक़ाज़े बढ़ जाते हैं। इन तक़ाज़ों से ख़ानदान के लोगों में झुँझलाहट पैदा हो जाती है। इस झुँझलाहट से लड़ने का बीमार के पास कोई हथियार नहीं होता। इसीलिए वह अन्दर ही अन्दर खौलता रहता है और जहाँ भी उससे किसी ने भी थोड़ी नरमी दिखायी तो उसी नर्म गोशे से अन्दर का ज्वालामुखी फट पड़ता है। बाहर से संगीन दीवार में दरार पड़ जाती है। ख़ानदान के लोगों की व्यस्तता के दायरों में दरारें पैदा करने का यह मनोवैज्ञानिक हर्बा उसके बहुत काम का लगता है। बीमारी ने लोगों को उससे दूर कर दिया था। फ़सादी बनकर वह लोगों के बीच पहुँच गया। बिना डंक के कीड़े को कोई देखता भी नहीं। लेकिन जब बिच्छो दालान में नज़र आ जाये तो चारों ओर भगदड़ मच जाती है। बीमार से लगाव न सही, लाग तो है। एक सम्बन्ध तो क़ायम है। बीमार नफ़रत बर्दाश्त कर सकता है मगर उपेक्षा नहीं क्योंकि यह उसके लाश होने का एहसास दिलाती है। वह समझता है कि वह उपेक्षित है तो वह है ही नहीं। न होने के एहसास से बचने के लिए और ख़ुद के होने का सुबूत देने के लिए वह हिंसा का सहारा लेता है। चीख़ता, चिल्लाता है, चीज़ें पटकता है। वह इतना नाक़ाबिले-बर्दाश्त हो जाता है कि लोग उसकी मौत की आरज़ू करने लगते हैं। बीमार दूसरों के लिए रोग बन जाता है जिससे नजात की ख़्वाहिश ऐलानिया होने लगती है। और जब वह मर जाता है तो वह एक तकलीफ़देह रोग की तरह भुला दिया जाता है और बीमारी से पहले जैसा वह था उसी सूरत में लोग उसे याद कर रोने लगते हैं।

यह भिन्न, पेचीदा और उलझे हुए जज़्बात का वह ताना-बाना है जिससे इस्मत ने 'दोज़ख़ी' लिखा है। इस्मत का तजरबा कितना गहरा और नज़र कितनी पैनी थी कि वह समझे और लिखे न जाने के योग्य सिचुएशन का चैलेंज क़ुबूल करती थी। इसका अन्दाज़ा 'दोज़ख़ी' से होता है और ऐसा लगता है कि कुछ कारणों से बड़े कुनबे में लम्बी बीमारी के भावुक और मनोवैज्ञानिक सम्बन्ध ख़ास तौर पर उसे आकर्षित करते थे। इसीलिए संग्रह 'चोटें' में एक कहानी 'बीमार' है जो 'दोज़ख़ी' से कमतर दर्ज़े की है लेकिन इससे गहरी समानता रखती है। 'दोज़ख़ी' की एक ख़राबी यह है कि उसमें उन क़िस्सों की कमी लगती है जो इस्मत के बयानों के लिए उदाहरण का काम करते। जैसे फ़सादी के रूप में अज़ीम बेग़ ने क्या खेल खेले या उन्होंने जब दुखदायी रूप अख़्तियार किया तो उसके दृश्य क्या

थे? इसका विस्तार ख़ाक़े में नहीं है लेकिन 'दोज़ख़ी' का यह केन्द्रीय ख़याल उस ज़िन्दादिल हास्य लेखक को बीमारी ने तोड़ दिया लेकिन उसे तोड़ न सकी, बड़ी होशियारी से उभर कर सामने आता है जबकि 'बीमार' रेखाचित्र न होने के बावजूद इसके थीम को ख़ाके से ज़्यादा खुला होना चाहिए लेकिन उसका केन्द्रीय थीम उभर कर सामने नहीं आता। पता नहीं चलता कि कौन-सी बात बताने के लिए इस्मत ने यह कहानी लिखी है। शायद लेखिका की यही दिलचस्पी रही हो कि बीमारी में आदमी ग़ैर बन जाता है और उसके सम्बन्ध बदल जाते हैं।

इस्मत के अफ़सानों की औरत

मुहाफिज़ हैदर

एक मशहूर अंग्रेज़ी आलोचक ने कहा था कि अगर कोई रचना कम-से-कम दस साल के बाद भी अपनी ताक़त बनाये रखे तो यक़ीनन वह अहम रचना है। इस मेयार पर अगर हम उन कहानीकारों को परखें जो चालीस-पैंतालीस साल पहले प्रगतिशील आन्दोलन के उद्भव और विकास में सहायक थे तो कम-से-कम तीन नाम ऐसे मिलते हैं जिनकी रचनाओं की चमक-दमक में अभी तक कोई कमी नहीं आयी जो एक सुनहरा कारनामा है। ये तीन नाम ऐसे हैं—सआदत हसन मण्टो, राजेन्द्र सिंह बेदी और इस्मत चुग़ताई।

इस्मत चुग़ताई की अहमियत इनमें इसलिए ज़्यादा है कि जिन्सी मामलों में मक्कारी, अख़लाक़ी मूल्यों में दोग़लेपन और समाजी बराबरी के लिए हिन्दोस्तानी औरत की आमतौर पर और विशेषकर मुस्लिम मिडिल क्लास औरत की जद्दोजहद को किसी मर्द अफ़सानानिगार ने तो क्या, किसी औरत कहानीकार ने भी उनकी तरह अपने ख़ून की रोशनाई से लिखने की हिम्मत नहीं की। आज जबकि जिन्सी बेराहरवी आम हो गयी है और अख़लाक़ी मूल्य ढह चुके हैं और औरत ने समाजी बराबरी बड़ी हद तक हासिल कर ली है, शायद ये विषय नयी नस्ल वालों को मामूली लगें। लेकिन मेरी और मुझसे बड़ी उम्र वालों की नस्ल को जिन्होंने बँटवारे से पहले के पारम्परिक समाज में परवरिश पायी, अब भी याद है कि इस्मत की कहानियों के विषयों ने सारे हिन्दोस्तान में तहलका मचा दिया था। एक तरफ़ तो नये और प्रगतिशील ज़हनों और उस नस्ल की इस्मत की ख़ूब तारीफ़ हुई तो दूसरी तरफ़ परम्परावादी तबक़े की ख़ूब बुराई।

औरत के विभिन्न रूपों और उनके किरदारों की किरदार निगारी, मर्द कहानीकारों से बेहतर तौर पर इस्मत शायद इसलिए कर पायीं कि वह ख़ुद औरत हैं। कृष्ण चन्दर ने बहुत सही कहा था कि "इस्मत की कहानियाँ गोया औरत के दिल की तरह पेचदार और हंगामा पैदा करने वाली हैं।" इस बात की सच्चाई और इस दुश्वारी का एहसास मुझे 'इस्मत के अफ़सानों की औरत' पर क़लम उठाते हुए हो रहा है।

इस्मत की नुमायाँ कोशिश रही है कि वह औरत को उसके फ़ितरी रूप में पेश करें यानी

जो समाज की अच्छी और बुरी औरत के ख़ाने में बँटी हुई नहीं है। 'गेंदा' की गेंदा, 'तिल' की रानी, 'टेढ़ी लकीर' की समन, 'भूलभुलैया' की रफ़्फ़ो बाजी या 'लिहाफ़' की बेगम जान सिर्फ़ औरत है जो अपने सरापा में तमाम इनसानी ख़्वाहिशात और स्वाभाविक तक़ाज़ों से भरपूर है। जो मर्द को भी हासिल है बल्कि मर्द से एक क़दम बढ़कर वह फ़ितरी चीज़ भी है जिससे मर्द पैदा होता है। लेकिन फिर भी वह औरत के फ़ितरी हक़ को नहीं मानता।

नाम नेहाद जायज़ बच्चे के पैदा होने पर इस्मत ने एक अलग पहलू से लिखा है और सीधे तौर पर औरत को फ़ितरी और क़ुदरती कर्ज़ की अदायगी के ख़िलाफ़ मर्दों के बनाये हुए ग़ैर फ़ितरी उसूल पर प्रोटेस्ट किया है। 'गेंदा' में दो कमसिन लड़कियाँ हैं, जिनकी उम्र चौदह-पन्द्रह साल के लगभग है। धोबन की लड़की गेंदा, जो छोटपन की पारम्परिक शादी के बाद विधवा हो गयी थी, यह भी नहीं जानती कि विधवा होता क्या है और उन दोनों को यौन-सम्बन्धों और उसके परिणाम का भी इल्म नहीं। नैरेटर 'मालिक' की लड़की का ख़याल है कि चौदह-पन्द्रह बरस की गेंदा ख़ुद भी बहुत-सी बातें नहीं समझती थी, मुझे कैसे बताती। हम दोनों क्या, कैसे और अरे पर जाकर रुक जाते। मैं नहीं समझता कि इससे ज़्यादा फ़नकाराना अन्दाज़ में बहुत कम शब्दों के साथ दो जवान और नाबालिग़ लड़कियों का जिन्सी मामलात में भोलापन पेश किया जा सकता है। याद रहे कि ऐसा भोलापन उस ज़माने की देहाती लड़कियों में आमतौर पर हुआ करता था। तब टूरिंग सिनेमा, सस्ते रूमानी और जिन्सी नावेलों और पश्चिमी कल्चर की हवा देहातों को लगी ही नहीं थी। ये दोनों सहेलियाँ जिन्सी-अमल से नावाक़िफ़ होने पर भी दुल्हन बनने के खेल की बड़ी शौक़ीन थीं। ये खेल उनके अवचेतन पर अपने फ़ितरी तक़ाज़े पूरा करने की तरफ़ इशारा है। 'गेंदा' अपने भोलेपन के लपेट में आ जाती है, समाजी उसूलों और सिक्का बन्द पाबन्दियों को समझे बिना गर्भ धारण कर लेती है। क्लाइमेक्स में जब यह सहेली 'गेंदा' को उसका रोता हुआ बच्चा हवाले करते हुए कहती है कि भूखा है, तो गेंदा शरमाकर हँसती हुई घूँघट निकालकर बच्चे को दूध पिलाने लगती है। इतने दुख उठाने पर भी गेंदा को अपने बच्चे पर हँसा देना, घूँघट को फ़ितरी दुल्हन की अलामत के तौर पर इस्तेमाल करना, चाहे उसकी शादी न हुई हो, और यह दूध पिलाने के फ़ितरी फ़र्ज़ पर लगा देना, इस कहानी का कभी न भुला देने वाला अन्त है।

गेंदा तो ख़ैर देहाती, जाहिल और भोली लड़की है। लेकिन 'भूलभुलैया' की हीरोइन रफ़्फ़ो बाजी शहरी, तालीम याफ़्ता और ज़हीन लड़की है। गेंदा का मुकम्मल काउंटरपार्ट लेकिन औरत होने की हैसियत से दोनों एक हैं। दोनों में कोई फ़र्क़ नहीं, दोनों एक से फ़ितरी फ़र्ज से मजबूर। यह भी कहानी का नैरेटर है। रज़ाई में अपने प्रेमी के साथ फँसने के बाद, ''फिर वही आँख-मिचौली, वही भूलभुलैया और आक़बत[1], एक बार आक़बत भी

1. अंजाम।

खिलखिला पड़ी।'' इस आख़िरी वाक्य के संक्षेप में कोई विस्तार नहीं। यह उस औरत की नफ़्सीयात है जिसकी शादी नहीं हुई, लेकिन अपने प्रेमी से अपनी फ़ितरी जिन्सी ख़्वाहिश पूरी करने में किसी उसूल, किसी क़ानून और अंजाम की परवा किये बिना समाज का सामना करने की हिम्मत रखती है, और अपने किये पर शर्मिन्दा नहीं है।

'ख़ाला बी' का किरदार बहुत दिलचस्प, नफ़्सियाती और हमदर्दी के लायक़ है। ख़ाला बी चालीस-पैंतालीस साल की बेऔलाद, सेहतमन्द, ख़ूबसूरत मालदार बेवा हैं। उनकी भांजी का प्रेमी उनका हाथ देखते-देखते जब मज़ाक़-मज़ाक़ में भविष्यवाणी करता है कि ख़ाला बी की फिर शादी होने वाली है तो वह उसी से आस लगा बैठती हैं। यह बात बिल्कुल स्वाभाविक है, क्योंकि ख़ाला बी की ज़िन्दगी में सिर्फ़ जज़्बाती सिक्योरिटी की कमी है। क्लाइमेक्स में हीरो आलम को जब यह मालूम होता है तो वह ग़ुस्से से निकल जाता है और अपनी टोपी भूल जाता है। यहाँ इस्मत लिखती हैं—''ख़ाला बी टोपी को आहिस्ता-आहिस्ता ऐसे सहलाती हैं जैसे दिल टूटी माँ अपने बच्चे को टटोलती है।''

'नीरा' की नीरा भी ममता और मुहब्बत से भरपूर है। वह वेश्या बन चुकी है और उसकी घरवाली, ''जब किसी ऐसे-वैसे ग्राहक को निकाल देती है तो नीरा का दिल बेचैन हो जाता है। अगर वह रूपा से डरती न होती तो उस मुर्दा-दिल दुखी को पकड़कर वापस ले आती और उसका थका-माँदा सर अपने खुशबूदार सीने से लगा कर उसे सन्तुष्ट कर देती। वह तो फिर भी दुखी थी, वह कोई औरत हो, इस्मत उसमें से इनसान का जीता-जागता जौहर निकालकर हमारी आँखों के सामने रख देती हैं। 'डाइन' में सास का किरदार जो अपने दामाद की बदमिज़ाजी को किसी और औरत से सम्बन्ध होना समझती है और 'सास' में वह मुख्य किरदार जो बहू से पारम्परिक तौर पर नाख़ुश रहती है, लेकिन बेटे के महज़ यह धमकी देने कि वह उसकी ख़िदमत के लिए दूसरी बहू ले आयेगा, पर बेटे को कोसने लगती है। ये ऐसे यादगार किरदार हैं जो कभी मर नहीं सकते, जिनके सीनों में धड़कते दिल हैं, और दिलों में ममता, प्यार और इनसानियत का समन्दर ठाठें मारता है।''

औरत-मर्द की बराबरी को इस्मत ने अपनी कहानी 'ख़िदमतगार' में एक और ही नज़रिये से देखा है। यह कहानी किसी जिन्सी लज़्ज़त की हामिल नहीं और न ही किसी फ़िल्मी मैगज़ीन में छपने वाली सतही कहानी है। कहानी की हीरोइन नैरेटर है, कॉलेज में पढ़ती है और अपने ज़िन्दादिल शोफ़र से, जो उसे रोज़ कॉलेज छोड़ आता है और कॉलेज से लाता है, से शारीरिक सम्बन्ध बना लेती है। ''मालिक और नौकर का रिश्ता कब का ख़त्म हो चुका है,'' इस जुमले में इस्मत ने बड़ी फ़नकाराना महारत से तबक़ाती फ़र्क़ दूर करके इनसानी रिश्ता क़ायम कर दिया। लड़की को कॉलेज की छात्रा दिखाकर इस्मत ने उसकी रोशन ख़याली की तरफ़ इशारा किया है, जिसके सबब उसने शोफ़र को एक क़ाबिले-एतबार नौकर के रूप में नहीं बल्कि एक इनसान और आम मर्द के रूप में देखा और 'ढीट' की हीरोइन तो ख़म ठोंककर अपनी बराबरी के लिए लड़ती है।

इस छोटे से मज़मून और सीमित समय में इस्मत की कहानियों की औरत के सभी रूप पेश करना मुमकिन नहीं। इस पर एक किताब लिखी जा सकती है। यह औरत अपनी तमाम पेचीदगियों के साथ एक मुकम्मल औरत है, और मर्द की तरह एक इनसान, लेकिन जिसे माने बिना मर्द ने एक जिन्सी खिलौना एक तफ़रीह का ज़रिया और बच्चे पैदा करने वाली एक मशीन की तरह इस्तेमाल किया और इसे इसी हालत में ज़िन्दा रखने के लिए उसूल और क़ायदे भी बनाये। इस्मत ने अपनी कहानियों में औरत को खुलकर सामने आने और मर्द को ज़लील करने का मौक़ा दिया। उनका यह कारनामा हमेशा याद किया जायेगा।

इस्मत चुग़ताई का अफ़सानवी फ़न

मोहम्मद सादिक़

अगर हम उर्दू अदब की तारीख़ पर नज़र डालें तो ये हक़ीक़त बड़ी शिद्दत के साथ अपने वजूद का अहसास दिलाती है कि 19वीं सदी के अन्त तक हमारी ज़ुबान में खवातीन का कोई क़ाबिले ज़िक्र अदबी कारनामा मौजूद नहीं है। सैकड़ों बरसों पर मुहीत उर्दू के शेरी अदब की तारीख़ में खवातीन के नाम बस बराये नाम ही नज़र आते हैं। 20वीं सदी के अवायल[1] तक भी उर्दू अदब में कुछ ऐसी ही सूरतेहाल से दो चार होना पड़ता है। इसकी सबसे बड़ी वजह मज़हबी सख़्तगीरी और तंग नज़री है जो मज़हब के नाम पर हमारे समाज ने औरत पर आयद कर रखी है। इस्लाम में औरत मर्द को बराबरी का दर्जा दिया गया है लेकिन समाज ने रस्मोरिवाज के नाम पर औरत के हुकूक़ पर कड़ी पाबन्दी आयद कर दी है। मसलन मज़हब ने पाकबाज़ शर्म और हया और नफ़सानी ख़्वाहिशों के ग़लत इज़हार से बचने पर ज़ोर दिया तो इसके नतीजे में औरतों के लिए सख़्त पर्दे की रस्म आम हो गयी और उन्हें घर की चारदीवारी में बन्द कर दिया गया। उनकी तालीम की तरफ़ तवज्जो नहीं दी गयी और जब दी गयी तो उन्हें सिर्फ़ पढ़ना सिखाया गया लिखना सिखाने की ज़रूरत ही नहीं समझी गयी। पर्दे की पाबन्दियों ने घर से बाहर की दुनिया से उनका राब्ता तक़रीबन काट दिया।

ये पाबन्दियाँ एक ऐसी ग़ुलाम गर्दिश के मुमासिल थीं कि चारदीवारी से बाहर की तमाम दुनिया उनके लिए वर्जित फल बन गयीं। ताहम नयी तहज़ीब की रहनुमाई में चन्द बीबियों ने हरम से बाहर निकल कर मग़रिबी तालीम हासिल की, अपने इर्दगिर्द की दुनिया को देखा और इसके बारे में ग़ौरो फ़िक्र भी की। उन बीबियों में हिजाब इस्माइल (हिजाब इम्तियाज़ अली) भी थीं जो अफ़साना निगारी के मैदान में दाख़िल हुईं और रोमान की पुरस्सार दुनिया में खो गयी। बिल्कीस जमाल थीं जो रूमान और हक़ीक़त के दोराहे पर आकर रुक गयीं। और रशीद जहाँ भी थीं जिन्होंने न सिर्फ़ अपने इर्दगिर्द की दुनिया का मुशाहिदा किया बल्कि अपने अहद की हक़ीक़तों को दरियाफ़्त करके उनकी इफहामों तफहीम का काम भी अंजाम दिया। उनके अफ़सानों में मुतःवस्सित तबक़े के मुसलमान

1. आगमन

घरानों की ज़िन्दगी जल्वागर हुई है। इस्मत चुग़ताई इस लिहाज़ से रशीद जहाँ की पैरोकार कही जा सकती हैं कि उन्होंने भी इस तब्क़े की ज़िन्दगी को अपने अफ़सानों का मौज़ू बनाया है। पुराने रस्मो-रिवाज और अख़्लाक़ी क़द्रों की खुलकर मुख़ालफ़त की बेहतरीन अक्कासी की है।

इस्मत चुग़ताई उर्दू की खातून अफ़साना-निगारों में अव्वलियत का दर्जा तो नहीं रखतीं ताहम सिन्फे नाज़ुक की ज़िन्दगी और इसके जिन्सी और मनोवैज्ञानिक मसलों को अपनी तख़्लीक़ात में निहायत जुर्रतमंदी और बेबाकी के साथ पेश करने के मामले में वो सबसे आगे रही हैं। उन्होंने उर्दू अफ़साने को एक नयी ज़हन से रू शनाश कराया है। वैसे उनसे पहले भी ये मौजूआत उर्दू अफ़साने में पेश किये जा चुके थे लेकिन इस्मत चुग़ताई का कारनामा ये है कि उन्होंने उन मसलों को एक औरत की हैसियत से देखने-समझने और पेश करने की रिवायत क़ायम की नतीजतन उनके इब्तदाई दौर के अफ़साने जहानत ओ बेबाकी और ताज़गी पुरकारी की वजह से उर्दू अदब के कारीन बनके नाक़दीन को भी मुतवज्जे करने में कामयाब हुए लेकिन जाहिर है कि मुसव्विरे गम अल्लामा राशिदुल ख़ैरी के ज़ावियाए निगाह से औरत के मसलों को देखने-समझने वालों के लिए इस्मत का ये ज़ावियाए निगाह बिल्कुल मुख़्तलिफ़ था बल्कि ये ज़ावियाए निगाह तो अदबे लतीफ़ के उन हुस्नपरस्तों से भी बेहद मुख़्तलिफ़ था जो औरत से ज्यादा इसके तसव्वुर के आशिक़ थे, इसलिए उन अफ़सानों की मुख़ालफ़त भी खूब हुई। धर्म और संस्कृति के तथाकथित रद्दे अमल तो खैर जाने ही दीजिए खुद अदब के आलोचकों ने इस्मत के अफ़सानों पर उरयानियत और फहाशी के लेबल लगा कर उन्हें एक गलत मीलान के आईनादार करार दिया। यहाँ तक के अज़ीज़ अहमद जैसे जीरक आलोचक ने उनके अफ़सानों पर इज़हारे ख़याल करते हुए लिखा है :

"उनका रुझान सआदत हसन मण्टो से भी ज़्यादा रजतपसन्द और मरीजाना है। उनका ये दावा कि औरत और मर्द बराबर है बिल्कुल सही है। लेकिन इस आज़ादी के सुबूत और इज़हार के लिए वो जो मज़ामीन इन्तख़ाब फरमाती हैं वो शाज ओर नादिर ही किसी कोने से तरक़्क़ीपसन्द मालूम होते हैं। एक तरह की ग़ैरकानूनी नफ़्सीयाती जिन्स परस्ती ने उनके ज़ाती नफ़्सी अहसास को इतना उभारा है कि वो सारी दुनिया में अपने आप ही को देखती हैं या सारी दुनिया में ऐसी ही चीज़ें उन्हें नज़र आती हैं जिनकी सबसे बड़ी क़द्र जिन्स की बेराह रवी, गुमराही, गलत है। इसलिए बजाय इसके कि वो अपने हम जिन्स लड़कियों की पूरी ज़िन्दगी के हर पहलू का मुआयना करतीं उन्हें हर तरफ़ जिन्स ही जिन्स के इमकानात उनकी नज़र पर हावी है। 'लिहाफ़', 'भूलभुलैया', 'जाल' और इसी किस्म के दूसरे अफ़सानों की वाकईयत से इन्कार करना तो महज़ हिमाक़त होगी लेकिन सवाल ये है कि ज़िन्दगी की इन ग़लत कारियों को इन अफ़सानों में किस तरह पेश किया गया। इस तरह पेश किया है कि तरगीब पहलू .ज्यादा उभर कर आ गया है। मज़ा ले लेकर क़िस्से लिखे गये हैं। उनका अंजाम और ज़्यादा गुमराही

के सिवा और क्या हो सकता है? अगर इस्मत चुग़ताई को उन्हीं हक़ायक़ से ज़्यादा वाक़िफ़यत थी तो उन्हें कम से कम उन वाक़यों को इस तरह पेश करना चाहिए था कि तरगींब पर ग़ालिब आ जाये। हक़ीक़त निगारी का असली मक़सद ज़िन्दगी के नित नये इम्कानात पैदा करना है न कि पुराने ज़ख़्मों को कुरेद-कुरेद कर उन्हें और ज़्यादा सड़ाना। ...अगर उनकी जिन्स परस्ती में ज़रा रोक और ठहराव पैदा हो, ज़रा और तवाज्जुन हो और ज़िन्दगी के दूसरे पहलुओं के वो उनकी असली जगह पर देखने और समझने की कोशिश करें तो यक़ीन है कि अपने नवाचारी तहरीर, अपनी कुव्वते मुशाहदा, अपनी बेझिझक जुर्रत की वजह से वो दर हक़ीक़त अपने लिए उर्दू अदब में जगह पैदा कर सकेंगी।''

अज़ीज़ अहमद की किताब तरक़्क़ीपसन्द अदब जिससे ऊपर लिखित बातें नक़ल की गयी हैं। 1945 में मंज़रे आम पर आयी थी। इस पर पाँच बरस बाद 1950 में जब सरदार जाफ़री ने इसी नाम से अपनी किताब शाया की तो अज़ीज अहमद के हवालये वाला अक्तबास की आख़िरी सतरें, नकल करने के बाद उन्होंने अपनी तरफ़ से ये नोट शाद किया कि इस्मत में ये तब्दीली आ गयी है। 1957 में जब इस किताब का तरमीमा इजाफ़ा शुदा दूसरा एडीशन शाया हुआ तो इसमें भी इस्मत के बारे में वही बातें दोहरा दी गयी हैं। ज़ाहिर है कि इस्मत चुग़ताई के 1945 तक के अफ़सानों के बारे में सरदार जाफ़री बिल्कुल इसके मुताबिक वही राय रखते हैं जिसका इज़हार अज़ीज अहमद ने अपनी किताब में किया है। फ़र्क़ सिर्फ़ इतना है कि अज़ीज अहमद इस्मत चुग़ताई के अफ़सानों में जिस तब्दीली के ख़्वाहिशमन्द थे वो इस्मत चुग़ताई के यहाँ बाद के अफ़सानों में आ गयी और इसी की इतिला देकर सरदार जाफ़री मुतमइन हो गये। हालाँकि इसी तब्दीली के बायस 'माहेनौ' (कराची) के अंड में इस्मत चुग़ताई के मुत्तलिक़ ये इज़हार किया गया कि उनका सलूब कभी इतना अप्रभावी नहीं होता। जितना इस वक़्त जब वो हंगामी सियासत या ज़िन्दगी के उन पहलुओं का ज़िक्र ले बैठती हैं जिनका न तो उन्हें कोई मख़्सूस इल्म होता है और न ज़ाती तजुर्बा। ऐसे में उनके खुलूसे नियत पर कोई शुबह न करते हुए भी हम उनकी तहरीर को अदबी हैसियत न दे सकने पर मजबूर हो जाते हैं।

हक़ीक़त ये है कि इस्मत चुग़ताई को तरक़्क़ीपसन्दों में शुमार करना न तो तरक़्क़ी-पसन्दों की महज़ ख़ातून परस्ती है और न इस्मत का फ़न रजतपसन्द मरीजाना रुझान से इबारत है। इस्मत के बारे में दोनों मोहतरिम आलोचकों की राय ख़ुद उनकी तनक़ीदी सलाहियतों के कमज़ोर पहलू की ओर इशारा करती है। अगर ज़हनी तासबात की सतह से उठकर के अफ़सानों की गहराई से मुताल्या किया जाये तो ये बात वाजेह हो जाती है कि उन अफ़सानों में इस्मत का फ़न अपने उरूज पर है उनका मुशाहिदा गहरा है जिसपर उनकी बेहतरीन जुज़ियात निगारी की बुनियादें इस्तबार हैं। वो अपने माशरे की नाहमवारियों और इस माशरे के पर्वदा लोगों के नफ़्स की गहराइयों पर भी नज़र रखती हैं और अपने अफ़सानों में निहायत फ़नकाराना अन्दाज़ में उनका इज़हार करती हैं। उनके बेशतर अफ़साने समाजी, जिन्सी और नफ़सियाती हक़ीक़त निगारी की बेहतरीन मिसाल

क़रार दिये जा सकते हैं।

शुमाली हिन्दुस्तान के मुसलमानों का निचला और फैला हुआ तबका इसमें साँस लेते हुए बूढ़े बच्चे और लड़कियाँ जिन्हें उनके मासूम ओ शरीर बचपन ने अचानक जवानी की हदों में धकेल दिया है और वो इस नयी उम्र की नयी हदों में आकर बिल्कुल ही नये हालात और कैफ़ियत और नयी ज़िन्दगी से दो-चार हैं। इस ज़िन्दगी के तर्जबात में अजीब क़िस्म की कैफ ओ मस्ती, अजीब तरह की लज़्ज़त है, हैरत है और कभी-कभी अनजाना ख़ौफ़ भी। इस्मत ने इस ज़िन्दगी का गहरा मुशाहिदा किया है और इसलिए वो इसके किसी पहलू को विश्ना नहीं छोड़ती। उनकी दृष्टि और दर्शकी इस ज़िन्दगी को फ़न्नी शक्ल अता करने में उनकी मदद करती है लेकिन इस्मत का फ़न इशारियत का फ़न है। जो ज़िन्दगी के छोटे-छोटे वक़ियात से अपने अफ़सानों का ख़मीर तैयार कर लेती हैं लेकिन बज़ाहिर छोटे नज़र आने वाले ये वाक़यात ग़ैर अहम करार नहीं दिये जा सकते क्योंकि यही तो हैं जो ला शऊरी तौर पर किसी किरदार की तश्कील और तामीर करते हैं।

'लिहाफ़', 'गेंदा', 'परदे के पीछे', 'खिदमतगार', 'उफ, ये बच्चे' और 'झरीसे' जैसे अफ़सानों की नफ्सियाती यथार्थ किसी मामूली फनकार के बस की चीज़ नहीं है। इसे गिरफ़्त में लाने के लिए जिस फन्नी वसीरत, खुलूस और जुर्रते रिंदाना[1] की ज़रूरत होती है वो इस्मत चुग़ताई के यहाँ मौजूद है।

इस्मत के अफ़साने जिस ज़िन्दगी की फसल हैं वो जागीरदारी और ज़मीनदारी के ज़वाल के बाद शुमाली हिन्द के मुस्लिम घरानों की ज़िन्दगी है जो इक्तसादी पसमान्दगी के सबब अख़लाक़ी ज़वाल से दो-चार है। जिससे सब कुछ बिखरता, बदलता चला जा रहा है। इस माशरे में सबसे ज़्यादा काबले रहम हालत औरत की है जो मर्द के हाथों तश्कील किये गये नर्म ओ नाजुक और ख़ूबसूरत खिलौने से ज़्यादा अहमियत नहीं रखती। जहाँ इसे तालीम से महरूम रखकर जहालत और औहाम परस्ती के अँधेरों में भटकने का खोखला तसव्वुर इसके ज़हन में भरकर इसे शौहर परस्ती इफ्फ्तशारी, कनाअत और पाक़बाजी की तलकीन की जाती है जहाँ इसके लिए फरायज़ ही फरायज़ और ईसार ही ईसार होते हैं जिसके लिए वो अपनी तमामतर ज़िन्दगी दाँव पर लगा देती है लेकिन इस शौहरपरस्ती, वफाशारी, सब्रो कनात ईसारो कुर्बानी के बाद भी इसके साथ जो सुलूक रवा रखा जाता है वो तहकीर आमेज[2] और शर्मनाक है।

अफ़साना 'बेकार' की हाजिरा बी अपने जहेज का सारा सामान, गहने पाते सभी कुछ फ़रोख्त होते हुए ख़ामोश और बेबसी के साथ देखती है कि जब बाकर मियाँ के दिन फिरेंगे तो सब चीज़ें दोबारा खरीद ली जायेंगी लेकिन जब बाकर मियाँ अपनी आरजी मुलाज़मत से भी हाथ धो बैठते हैं तो वो ना गुफ्ता बे हालात से मुक़ाबला करने के लिए खुद मुलाज़मत कर लेती है। वो सोचती थी के इसकी उस कुर्बानी को सराहा जायेगा।

---

1. शराब पीने वालों की हिम्मत, 2. अपमानजनक।

सास की बदसलूकी कम होगी। शौहर की मुहब्बत में इजाफ़ा होगा लेकिन घर और शौहर के लिए अपनी हस्ती को मिटा कर भी जब वो ये नहीं पाती तो वो ऐसा महसूस करती है जैसे वो मियाँ की ज़िन्दगी में ही बेवा हो गयी है।

'चट्टान' की भाभी भी औरत की इसी मज़लूमियत और बेचारगी की एक मिसाल है। कन्वेंट की आज़ाद फ़िज़ाओं की परवरदा रौशन ख़याल भाभी अपने शौहर और ससुराल वालों की ख़्वाहिश के मुताबिक़ खुद को एक पक्की गृहस्थन के रूप में ढाल लेती है। यहाँ तक कि बनाव सिंगार और फ़ैशन परस्ती छोड़कर मैली-कुचैली रहने लगती है और तीन बच्चों की माँ बन जाने के बाद भद्दी और रूस हो जाती है। इसके बावजूद इसकी ज़िन्दगी में भी वह दिन आता है जब : "एक चीख मार कर भाभी भैया पर झपटीं मगर उन्हें खसोटने की हिम्मत न पड़ी। सहम कर ठिठक गयी और फिर भाभी ने अपने निस्वानियत की पूरी तरह बेआबरूई कर डाली। वो भैया के पैरों पर लोट गयी नाक रगड़ डाली।

"तुम इससे शादी कर लो मैं कुछ न कहूँगी मगर ख़ुदा के लिए मुझे तलाक़ न दो। मैं यूँ ही ज़िन्दगी गुजार लूँगी मुझे कोई शिकायत न होगी। मगर भैया ने नफ़रत से भाभी के थुल-थुल करते हुए जिस्म को देखा और मुँह मोड़ लिया।"

समाज के पिदरी निज़ाम ने औरत के इर्दगिर्द एक ऐसा हिसार खेंच दिया है जिसमें महसूर होकर वो हज़ार ज़ुल्मों सितम और ज़िल्लतें सहकर भी समझौते की ख़्वाहा है। इस्मत ने अपने अफ़सानों के ज़रिये इस हिसार को तोड़ने की सई की है। वो मर्द की झूठी आन बान पर हँसने और इसकी अय्यारी और मक्कारी पर तंज करने और इसकी खुदपरस्त अना पर कचोंडे लगाने का हुनर जानती है। खुद औरत की कोराना[1] जज़्बातियत और कमज़ोरियों पर भी वो बड़ी बेदर्दी से ज़रब लगाती हैं। औरत को इसकी हक़ीक़ी शक्ल में इतनी जुर्रत मन्दी और बेबाकी के साथ सिर्फ़ इस्मत ही पेश कर सकती हैं।

'लिहाफ़' इस्मत का वो बदनाम तरीन अफ़साना है जिसे सबसे ज्यादा तन्जों तजहीक का निशाना बनाया गया है और इसके हवाले से इस्मत पर भी सख्त ऐतराज़ात किये गये ख़लीलुर रहमान आज़मी का भी यही ख़याल है कि इस अफ़साने में इस्मत अपने फ़न से ओहदा बरआ नहीं हो सकी हैं। अपने इस ख़याल की ताईद में उन्होंने पितरस बुखारी की राय भी पेश की है जिनके नजदीक इस अफ़साने[2] की कीमत यूँ घट जाती है कि इसका मरकजे सक्ल कोई दिल का मामला नहीं बल्कि एक जिस्मानी हरकत है।

हैरत की बात है कि पितरस जैसे दीदावर ने 'लिहाफ़' के बारे में ऐसी राय का इज़हार किया है। 'लिहाफ़' में दरअसल एक ऐसे अलामिये को पेश किया गया है जो बेमेल शादी का नतीजा है। पुख्ता उमर के नवाब साहब जिन्सी लिहाज से बिल्कुल नाकारा तो नहीं लेकिन वो जिन्सी तसकीन के लिए गैर फितरी तरीक़े के आदी हैं और इसलिए वो अपनी बीबी के बजाय नौजवान लड़कों के साथ ज़्यादा ख़ुश रहते हैं। मजबूरन बेगम जान को भी अपने जिन्सी तसकीन के लिए एक गैर फितरी तरीक़ा अख़्तियार करना पड़ता है। वो

1. अन्धी, 2. लिहाफ़।

अपनी घरेलू ख़ादिमा रब्बो के साथ हम जिन्स परस्ती की लानत में मुब्तिला नज़र आती है। इस्मत चुग़ताई ने इस अफ़साने में नवाब साहब के किरदार के जरिये इस हक़ीक़त को बेनक़ाब किया है के एक मर्द का ग़ैर फ़ितरी जिन्सी तरीका सीधी-सादी घरेलू औरत को कैसी ग़लत और ग़ैर फ़ितरी राह पर ले जा सकता है। इस अफ़साने की क़द्रो क़ीमत इसलिए बढ़ जाती है कि इस्मत ने पूरा अफ़साना अपनी या बेगम जान की नहीं बल्कि एक कमसिन और मासूम बच्ची की ज़बानी बयान किया है। इसमें एक शोख़ और मासूम तजस्सुस भी मिलता है लेकिन इस तजस्सुस को 'तलज्जुज' का नाम हरगिज़ नहीं दिया जा सकता।

इस्मत के अफ़सानों में जिन्स मक़सूद बिज्जात नहीं बल्कि 'ज़रिया' बन कर आती है। उनके दो-तीन अफ़सानों को छोड़कर कहीं भी जिन्स को मरकज़ी हैसियत हासिल नहीं। वह खुद एक औरत होने की वजह से औरतों के मसायल और मामलात बिलखुसूस उनके नफ़्सीयाती और जिन्सियाती कैफ़ और कम से कुछ ज्यादा वाक़फ़ियत रखती है और उनका बेबाकाना इज़हार भी कर देती है लेकिन इसके पसेपुश्त उनकी दर्दमन्दी और सिन्फ़े नाजुक के साथ गहरी हमदर्दी के जज्बात वाजे तौर पर उभर आते हैं। 'लिहाफ़' पढ़ने के बाद क्या कोई बशऊरकारी इससे हम जिन्स परस्ती की तरगीब हासिल कर सकता है? क्या वो नवाब साहब से मोहब्बत या बेगम जान से नफरत कर सकता है? ज़ाहिर है कि ऐसा नहीं होता। 'गेंदा', 'चट्टान' और 'नींद' जैसे अफ़सानों में भी मर्द के हाथों औरत के इस्तेहसाल की जो तस्वीरें मिलती हैं उन्हें 'जिन्सी चटखारा' या लज़्ज़त परस्ती से ताबीर नहीं किया जा सकता। 'नींद' में हम औरत की ज़िन्दगी के जिस अलामिये से दो-चार होते हैं वो बढ़ती हुई उम्र और ढलते हुए शबाब के शदीद अहसास से मामूर है। और 'चट्टान' तो औरत का एक ऐसा अलामियाँ है जिससे नज़रें तो फेरी जा सकती हैं लेकिन इसकी सच्चाई से इंकार नहीं किया जा सकता। इस्मत चुग़ताई के बारे में सलाहुद्दीन अहमद की यह राय आज भी अपना वज़न रखती है :

"ये हमारे अदब की ख़ुशकिस्मती है कि इसे सिन्फे नाजुक में से एक ही लिखने वाली मयसर आयी जिसने न सिर्फ़ इस रिवायती बनावट, तकल्लुफ़ और ख़ौफ़ के असर दूर कर दिया जिसने इस तबक़े की रूह को दबा रखा था बल्कि अपनी जर्फ़ निगाही व हक़परस्ती से हमें इनसानी फ़ितरत की उन नाजुक और लतीफ़ तरीन कैफ़ियतों से आश्ना होने में मदद दी जिन तक तेज़ से तेज़ मर्द साहिबे क़लम की रसाई मुहाल नज़र आती है।"

इस्मत चुग़ताई के अफ़सानों में एक अहम चीज़ इनसानी रिश्तों का अहसास है जो उनके बेशतर अफ़सानों में कार फर्मा है। उनके यहाँ भरे-भरे घर नज़र आते हैं जिनके मकीन एक-दूसरे के साथ किसी न किसी रिश्ते में बँधे हुए हैं। इन रिश्तों से परे खारजी हालात और माहौल के तगयीयुरात व असरात के साथ-साथ उनकी खुशियों और ग़मों, मोहब्बतों और नफ़रतों के दर्मियान इनसानी रिश्तों की दरियाफ़्त वो बेहद फ़ितरी अन्दाज़ में करती हैं? 'बिच्छो फूफ़ी' और 'सास' में छोंटी-छोटी बातों, पसन्द व नापसन्द और

मुहब्बत और नफ़रत के दरमियान इन्हीं मज़बूत रिश्तों की पहचान मुनाक्कस होती है। 'मेरा बच्चा' में आज़ादी से पहले की फ़िरक़ावाराना हिन्दू व मुस्लिम नफ़रतों की सतही परतों को तोड़ कर इनसानी रिश्तों को ही पेश किया गया है। ('जड़ें' में भी तक़सीमे वतन के पसे मंज़र में इसी रिश्ते का शदीद तरीन अहसास जागता है) रिश्तों का यही मोह है जो इस्मत को उनके अफ़सानों में बज़ाते खुद मौजूद रहने पर मजबूर कर देता है और वो खुद एक किरदार की हैसियत से अपने तख़लीक़करदा किरदारों में घुलमिल कर उनमें से एक बन जाती हैं लेकिन वो अक़सर कृष्ण चन्दर और राजेन्द्र सिंह बेदी की तरह अपने किरदारों के दुख-दर्द में शरीक होकर उनसे हमदर्दी का रवैया नहीं अपनाती, बल्कि बड़ी हद तक बेदर्दी से पेश आती है।

ताहम इन अफ़सानों की रूह में उनकी जज़्बाती शिरकत से इंकार नहीं किया जा सकता।

इस्मत चुग़ताई के उसलूब में इकहरापन है वो बड़ी सफ़ाई, बारीकी और चाबुकदस्ती से अफ़सानों के ताने-बाने बुनती हैं, कोई नफ़्सीयाती कशमकश, कोई तहज़ीबी अलमिया, कोई जज़्बाती तसादुम या माशरती तज़ाकुन होता है जिसकी बुनियाद पर उनका अफ़साना अपनी सिम्त का ताय्युन करता है। उनके अफ़सानों का ज़माना आम तौर पर 'हाल' ही होता है। वो जिन किरदारों को पेश करती हैं उनके पसेमंजर और माहौल को भी बेहद कताइयत के साथ उजागर करती जाती हैं। यही माहौल और एक मरक्सूस निजाम उनके किरदारों को अपने शिकंजे में जकड़ कर बेबस बना देता है लेकिन इस बेबसी के बारे में इस्मत अपनी तरफ़ से कोई बयान नहीं देतीं। वो इस बेबसी का तजज़िया करने की कोशिश भी नहीं करतीं और न कोई फ़ैसला ही सादिर करती हैं। बल्कि उन किरदारों को आहिस्ता-आहिस्ता ख़ामोश अहतजाज के पैकरों में तब्दील कर देती हैं।

तरक़्क़ीपसन्द अफ़साना निगारों में तक़रीबन हरेक ने किसी न किसी मसले को अपना मौज़ू बनाया है। इस्मत चुग़ताई ने जज़्बाती महरूमियों, मायूसियों और नफ़्सीयाती घुटन को अहमियत दी है। मगर उन सबके पसेपुश्त इक्तसादी गतिशीलता ही कार फरमा नज़र आते हैं या फिर एक ऐसा मख़्सूस निजाम जो फर्सूदा रस्मो रिवाज के बोझ तले दबा हुआ है, उन अफ़सानों की अलमनाकियों को शदीद कर देता है। 'कल्लू की माँ', 'बेकार' और 'चौथी का जोड़ा' वग़ैरह अफ़सानों में ज़िन्दगी की यही अलमनाकियाँ तहनशीन नज़र आती हैं। ओ बिलखुसूस मुअखरूज ज़िक्र अफ़साने में कुबरा की बेबसी और मज़लूमियत दीदनी है : "कुबरा जवान थी। कौन कहता था जवान थी? वो तो बिसमिल्लाह के दिन से ही अपनी जवानी की आमद की सुनौनी सुनकर झटक कर रह गयी थी। ना जाने कैसी जवानी आयी थी के ना तो इसकी आँखों में परियाँ नाचीं न इसके रुखसारों पर जुल्फें परेशान हुईं ना इसके सीने में तूफ़ान उठे, ना इसने कभी सावन भादो की घटाओं से मचल कर प्रीतम या साजन माँगे। वो झुकी-झुकी, सहमी-सहमी जवानी जो न जाने कब दबे पाँव इसपर रेंग

आयी वैसे ही चुपचाप न जाने किधर चल दी है।" (चौथी का जोड़ा)

कुबरी के लिए 'मर्द' का तसव्वुर कोई उमंग बनकर नहीं उभरा बल्कि रोटी कपड़े का सवाल बनकर उभरा के वो एक बेवा की छाती का बोझ थी। इस अफ़साााने का अलमियाँ कुबरा से ज़्यादा इसकी माँ का अलमियाँ मालूम होता है जो अपनी बेटी के कफ़न में आख़िरी टाँका मारने के बाद एक अजीब क़िस्म का इत्मीनान महसूस करती है। इस अफ़साने की शायराना उदासी ज़हन ओ दिल पर गहरे नक़्श छोड़ती है।

इस्मत चुग़ताई का अन्दाज़े बयान इन्तहाई असरकारी और सादा है। इसमें फ़न्नी पेचीदगियों का गुंजर कम से कम होता है। 'नन्ही की नानी', 'चौथी का जोड़ा', या 'दो हाथ' में ज़ुबान की लज्ज़त है, बयान का ज़ोर है, मुकालमों की बरजस्त और तीख़ापन है और इन सब से ज़्यादा एक पूरी मुआशरत है। ये तमाम अफ़साने ज़हरनाक तज़र्बे और कड़वी सदाक़तें हैं। इस्मत के बेशतर अफ़साने आपबीती का सा तअस्सुर देते हैं। मगर ये आपबीती महज़ ज़ात के इज़हार तक महदूद नहीं कही जा सकती। ना ही इस्मत चुग़ताई एक किरदार के तौर पर अफ़साने पर हावी होती हैं, जैसा कि कुर्रतुलएन हैदर के अफ़सानों में आपबीती अपनी हदों से तजाबुज करके सवानेह बन जाती है या सवानेह के गुमान को शदीद करती है। इस्मत का किरदार ऐसा किरदार है जो अफ़साने में शामिल होकर भी उसमें मौजूद नहीं रहता। 'नन्ही की नानी', 'चट्टान', 'बिच्छो फूफ़ी', 'पेशा', 'डायन', 'जड़े' और 'साँस' वग़ैरह अफ़सानों में इस्मत ने अपने ज़ाती तजर्बों को उमूमी अन्दाज़ में पेश किया है। आपबीती के अन्दाज़ में ख्वाही न ख्वाही दाखली कलामी और कभी-कभी खुद कलामी का उन्सुर दर आता है लेकिन इस्मत कभी पर्दापोशी या वाशिगाफ़ हकायक से पहलू अख़्तियार नहीं करतीं। उनके यहाँ जबाज की पेशकश और तावील का उन्सुर भी कम से कम है। इन मानी में उनके उसलूब को आपबीती का उसलूब करार नहीं दिया जा सकता।

इस्मत चुग़ताई जुज़ियात निगारी का फ़न भी ख़ूब जानती हैं। कम से कम लफ़्जों में बहुत सी जुज़ियात पेश कर देने का हुनर उन्हें आता है। बेहतरीन जुज़ियात निगारी ने उनके अफ़सानों में हक़ीक़त निगारी को तकवीयत बख़्शी है। इसी जुज़ियातनिगारी के बल पर वो अपने किरदारों को उनके हक़ीक़ी माहौल में दिखाने और दिखाने की सई करती हैं और उसी के बल पर उनके अफ़सानों में वो हरकत और रफ़्तार पैदा होती है जो ज़िन्दगी को उसके सही सियाको सबाक में निहायत कामयाबी के साथ पेश कर देती है। इस्मत के बेशतर अफ़सानों की इब्तदा ही इन्तहाई मानूस तरीके तहररुक और तज़ुर्बे से होती है। एक-एक जुज़ के तहररुक और इल्मी निजबतों को वो तशबीहाती अन्दाज़ में उजागर करती जाती है ऐसा महसूस होता है जैसे वो अफ़साने नहीं लिख रही हैं बल्कि सुना रही हैं और इस सुनाने में भी तकल्लुफ शामिल नहीं है बल्कि एक बेतकल्लुफ़ी और बेसाख़्तगी है जो हर सानिये पर उनके उसलूब में ड्रामाई हरकत के लिए गुंज़ाइश मुहैया करती है।

"एकदम रात इन्तिहिया से ज़्यादा सुनसान और थकी हुई मालूम होने लगी। वही रात जो चन्द घंटे पहले नशे में चूर चौथी की दुल्हन की तरह जगर मगर कर रही थी। यकायक बूढ़ी और मरीज़ा बन गयी। उन्होंने अपने बाजू पर सोये नौ उम्र जवान के भारी सर का बोझ जरा खिसका कर और क़रीब कर लिया। वो बेसुध सो रहा था। उसकी लम्बी-लम्बी सुडौल टाँगें महसरी से बाहर निकली हुई थीं। एक हाथ पहलू के नीचे मुड़ा हुआ था। दूसरा भारी शहतीर की तरह उनके सीने पर पड़ा हुआ था।" (नींद)

"अम्मा का चेहरा फक था और वो अन्दर कमरे में सहमी बैठी थीं। जैसे बिच्छो फूफ़ी की आवाज़ उन पर बिजली बनकर टूट पड़ेगी। छठे छमाहे इसी तरह बादशाही खानम रहमान भाई की खिड़की में बैठ कर हुनकारती। अब्बा मियाँ उनसे ज़रा सी आड़ लेकर मज़े से आरामकुर्सी पर दराज अख़बार पढ़ते रहते और मौक़ा महल पर किसी लड़के वाले के जरिये कोई ऐसी बात जवाब में कह देते कि फूफ़ी बादशाही फिर शताबियाँ छोड़ने लगती। हम लोग सब खेलकूद पढ़ना-लिखना छोड़ कर सहन में गुच्छा बना कर खड़े हो जाते और पटर-पटर अपनी प्यारी फूफ़ी के कोसने सुना करते। जिस खिड़की में वो बैठी थी वो उनके तूल तवील जिस्म से लबालब भरी हुई थी।" (बिच्छो फूफ़ी)

इस्मत चुग़ताई की नस्र उनकी बेपनाह तख़्लीक़ी कुव्वतों की मज़हर है। इसमें बेसाख़्तगी भी है और सादगी भी, दिलकशी भी है और दिलरुबाई भी, मासूमियत भी है और फ़ितनागरी भी। खलीलुर रहमान आज़मी के बकौल इस्मत के अफ़सानों से उर्दू की लुग़त में बेशुमार नये अल्फ़ाज़, नये मुहावरों और नयी तश्बीहात व अलामात का इज़ाफ़ा हुआ है जो महज़ औरतों की मुआशिरत से ताल्लुक़ रखते हैं। ये अल्फ़ाज़ बारहा सुने हुए हैं लेकिन इन्हें पहली बार उर्दू अफ़साने में देखकर उनमें छुपी हुई तख़्लीक़ी कुव्वतों का अहसास होता है। ये इस्मत का ऐसा कारनामा है जो उर्दू के अफ़साना निगारों में उनकी इफ़िरादियत की मुताइय्यन करता है।

इस्मत चुग़ताई

(असेंबलाज़)

शम्सुल हक़ उस्मानी

जीते जी लीजेंड बन जाने वाले और (एक तरह का धोखा देने वाले) पृथक और बड़ी हद तक अनुकरण न करने के योग्य शैली के रचनाकारों के साथ यह समस्या आती है कि आम प्रशंसकों की नज़र उसकी कथनी और करनी और रचना के आर-पार सफ़र नहीं कर पाती। क्योंकि आम प्रशंसक उस व्यक्तित्व और शैली से जुड़ी तय-शुदा धारणाओं को हाथ लगाने के विचार से ही झिझकता है। वह तयशुदा धारणाएँ उस प्रशंसक को (और कभी रचनाकार को भी) कितनी ही महान महसूस हों, दरअसल उनकी हैसियत इनकार से ज़्यादा नहीं होती क्योंकि वह अपनी अटल हक़ीक़त पर ज़ोर देने के कारण रचनाओं के अर्थ को ठोस बना लेते हैं, दोनों ही एक तरह के गुल मुहम्मद ख़ाँ।

इस्मत चुग़ताई जीते जी लीजेंड बन गयी थीं और अदबी ज़िन्दगी के शुरू में ही उनकी लेखन-शैली को स्वीकार कर लिया गया। उनके व्यक्तित्व और कृतित्व के विषय में अगर कोई एक शब्द कहा जाये तो वह 'इनकार' ही हो सकता है। हर सीधी लकीर के मुक़ाबले पर इनकार की टेढ़ी लकीर जो ज़िन्दगी के सीधे-सपाट अनुभवों और सिद्धान्तों के बीच से यूँ गुज़रती है जैसे कार्डियोग्राफ़ स्क्रीन पर आड़ी-तिरछी दौड़ती लकीर। सीधी-सादी लकीरों को काटती-छाँटती और उन्हें एक नये वजूद में ढालती हुई। इस्मत का शारीरिक और साहित्यिक जीवन पूर्णता को पहुँचा और यह प्रश्न पैदा कर गया कि वह लकीर सचमुच टेढ़ी थी? या दूसरी लकीरों के मुक़ाबले पर टेढ़ी महसूस होती थी? या उसका टेढ़ापन इसलिए था कि ख़ुद को टेढ़ा साबित करने का फ़ख्र हासिल कर लिया जाये? या उस ऐलानिया टेढ़ के पीछे कुछ ऐसा सीधा भी छिपा था जो सादा लोगों की गिरफ़्त में न आ सका?

इस्मत के नाविल 'टेढ़ी लकीर' पर विचार व्यक्त करने वालों ने आम तौर पर यह बात कही कि यह उनकी 'आप बीती' है। यह विचार क्यों पैदा हुआ? क्या इस कारण कि इसकी लेखिका एक पारम्परिक व्यक्तित्व की मालिक नहीं है? और पाठकों की बड़ी तादाद उनकी इन ख़ूबियों से वाक़िफ़ थी? तो क्या किसी रचनाकार के व्यक्तिगत और कलात्मक जीवन

में समानता से तात्पर्य यह है कि उसकी रचनाएँ केवल उसकी ज़िन्दगी का झरोखा-दर्शन होती हैं? इस सवाल का जवाब अगर हाँ में है तो मतलब यह हुआ कि इस्मत का कोई साहित्यिक डिक्शन नहीं था और उनकी सभी रचनाएँ अभिप्राय के एतबार से इकहरी हैं क्योंकि इस्मत अपनी रोज़मर्रा ज़िन्दगी में जैसी दिखाई देती थीं और जिस तरह लोगों के साथ पेश आती थीं वह अन्दर से भी वैसी ही थीं, बेबाक, बेलाग़ और ग़ैर-पारम्परिक—यानी इस्मत की रचनाओं में जो कहानियाँ और किरदार नज़र आते हैं उनके अन्दर-बाहर में कोई अन्तर नहीं? वह अन्दर भी बिल्कुल वैसे ही हैं जैसे बाहर? कोई किरदार हँस रहा है तो वह खुश ही है? और अगर रो रहा है तो दुखी?

इस असेंबलाज़ का पहला उद्देश्य है कि हमारी साहित्य की दुनिया, इस्मत चुग़ताई की रचनाओं (और इनके व्यक्तित्व और कृतित्व पर लिखे गये लेख वग़ैरा) के बारे में नये सिरे से विचार किया जा सके। असेंबलाज़ के दरमियान किसी भी तरह की राय से परहेज़ का मतलब है कि फ़ैसले खुद पाठक को करने हैं। क्या हमारी आलोचना इस्मत के डिक्शन के आर-पार सफ़र करने में कामयाब हो सकी? अगर हाँ तो इस्मत की रचनाओं के औचित्य को किस हद तक समझा गया? क्या हर आलोचक ने पूरे खुलूस के साथ और किसी तरफ़दारी के बिना इस्मत की रचनाओं को समझना चाहा है? या कुछ आलोचक उस राय को दोहराकर ही सन्तुष्ट हो गये जो इस्मत के बारे में शुरू से ही आम हो गयी थी? और क्या अब तक आलोचना ऐसे कुछ नुक़्ते बयान करती है जिसके ज़रिये इस्मत के फ़न की पहचान की जा सके आदि-आदि।

असेंबलाज़ में शामिल अंशों के सन्दर्भ अन्त में दर्ज़ हैं।

1. वह पैदा ही बहुत बेमौक़ा हुई...
2. ...एक दिन जब मिंझो नहा रही थी तो वह अन्दर घुसी चली गयी, "अरे आपा, इसे पकड़ो" मिंझो लरज़कर चिल्लाई।

   "उर्दू वो क्या समझे, इतनी ज़रा सी तो है, मगर उसने मिंझो को ऐसी बुरी तरह घूरा कि वह शरमा गयी। वह चुम्बकीय शक्ति से उसकी ओर खिंचे चली गयी; मिंझो ने ख़ौफ़ज़दा होकर उसे फिर धुतकारा और जब वह चमकती हुई आँखों से मुस्करा-मुस्करा कर उसे अर्थपूर्ण नज़रों से ताकती बढ़े ही चली गयी तो उसने चुल्लू भर पानी लेकर उसके मुँह पर छींटा मारा।"
3. 'समन' की सबसे बड़ी बदनसीबी यह है कि कोई उसे समझ नहीं पाता। वह प्यार-मुहब्बत की भूखी है और इन्हीं नेमतों की तलाश में भयानक जंगलों की ख़ाक छानती है। उसका दूसरा ऐब है—ज़िद, या शायद यही उसकी ख़ूबी है।
4. ...इस्मत का सबसे बड़ा कारनामा उनका नावेल 'टेढ़ी लकीर' है, इसमें न सिर्फ़ यह कि लेखिका का अपना मुशाहिदा और ज़ाती तजरबा झलकता है, बल्कि इसमें 'समन' का जीता-जागता किरदार बहुत कुछ उनकी अपनी शख़्सियत की चुग़ली खाता है।

5. इस्मत के क़िस्से अगरचे एक ही उम्र और एक ही जज़्बे से सम्बन्ध रखते हैं जो पन्द्रह से पचीस बरस तक सब से तेज़ होता है। मगर उनकी तस्वीरों में एक हक़ीक़त बल्कि बेझपक सच्चाई होती है। कभी-कभी हम इस हक़ीक़त और सच्चाई से जुड़ जाते हैं। कम्बख़्त किसी पवित्र और फ़रिश्तों जैसे जज़्बे को तो वैसा ही रहने देती। मगर तौबा कीजिए इस ज़हीन, ज़िद्दी और दूर तक देखने वाली औरत से, यह मिठास में कड़वाहट मिला देती है और हर ख़ूबसूरत ख़्वाब को तोड़कर रख देती है, और इस पर अफ़सोस होता है कि तोड़-फोड़ का हासिल कुछ नहीं होता। जिस तरह मैगनीफ़ाइंग ग्लास से आग भी लगाई जा सकती है मगर उसे लेकर कोई मैदान में नहीं निकला, इसी तरह इस्मत का आर्ट छेड़-छाड़ और आँख-मिचौली का आर्ट है। रोग का विशेषता होना अच्छी बात है मगर कुछ रोग डाक्टर को मरीज़ भी बना सकते हैं।
6. इस्मत चुग़ताई को तरक़्क़ीपसन्दों में शामिल करना तरक़्क़ीपसन्दों की केवल सरपरस्ती और औरत परस्ती है। उनका रुझान सआदत हसन मण्टो से भी ज़्यादा हठधर्मी और मरीज़ाना है। उनका यह दावा कि औरत और मर्द बराबर हैं बिल्कुल ठीक है लेकिन इस आज़ादी की अभिव्यक्ति और सुबूत के लिए वह जो विषय चुनती हैं वह शायद ही तरक़्क़ीपसन्द मालूम होते हैं। वैसे इस्मत चुग़ताई में बड़ी सलाहियत है, उनकी लेखन-शैली में स्त्री-विमर्श है यानी वह इस तरह लिखती हैं जैसे कोई औरत अपने नज़रिये से लिख रही हो, बौद्धिक रूप से मर्द बनकर न लिख रही हो। डिक्शन में औरतों की ज़बान जैसा बहाव है और इस पर अंग्रेज़ी की आधुनिकता का असर है।

   अगर उसका नज़रिया स्वस्थ है तो यह डिक्शन मध्यमवर्गीय लड़की की मनोदशा के वास्तविक अध्ययन का उन्हें और अधिक मौक़ा देता लेकिन एक तरह की ग़ैर-मामूली मनोवैज्ञानिक यौन-परस्ती ने उनके ज़ाती एहसास को इतना उभारा है कि वह सारी दुनिया में अपने आपको ही देखती हैं या सारी दुनिया में ऐसी ही चीज़ें उन्हें नज़र आती हैं जिनके सबसे बड़े मूल्य यौन सम्बन्धों में बेराहरवी, गुमराही और ग़लतरवी है। इसलिए बजाय इसके कि वह अपनी यौन सम्बन्धों में सहभागी लड़कियों की पूरी ज़िन्दगी के हर पहलू का मुआइना करतीं, उन्हें हर तरफ़ यौन सम्बन्ध ही दिखाई देते हैं। यौन सम्बन्धों के बारे में तरह-तरह की सम्भावनाएँ उनकी निगाह पर हावी हैं। लिहाफ़, भूलभुलैया, जाल और इस तरह की दूसरी कहानियों की सच्चाई से इनकार करना तो हिमाक़त होगी लेकिन सवाल यह है कि ज़िन्दगी की इन बुराइयों को कहानियों में किस तरह पेश किया गया है, इस तरह पेश किया गया है कि इसके शौक़ और लालच का पहलू ज़्यादा नुमायाँ है। मज़े ले लेकर ये क़िस्से लिखे गये हैं। इसका अंजाम और ज़्यादा गुमराही के अलावा और क्या हो सकता है...।

7. 'लिहाफ़' में यह बताया गया है कि एक नौजवान और शरीफ़ औरत एक हिज़ड़े पति के साथ बाँध दी जाये तो वह अपनी ज़िन्दगी किस तरह गुज़ारती है। (यह कहानी पढ़कर लोग अक़सर चौंक पड़ते हैं, पता नहीं क्यों?)
8. सआदत हसन मण्टो और इस्मत चुग़ताई का ध्यान समाज के यौन सम्बन्धों से जुड़े पहलुओं पर ज़्यादा है। समाज में छिपी हुई यौन सम्बन्धित गन्दगी और उलझनों को इन दोनों कहानीकारों ने अपने-अपने नज़रिये के मुताबिक़ पेश किया है। दोनों के यहाँ कला और विषय को पेश करने में फ़र्क़ है मगर दोनों ने इनसान के यौन भावों पर बहस की है। दोनों एक तरह से सच कहते हैं और बेरहम हैं। दोनों की लेखन-शैली में तेज़ी-तर्रारी है। दोनों कहानी के कला पक्ष की अनदेखी नहीं करते और उसके तक़ाज़ों को पूरा करते हैं।

    इस बाहरी समानताओं के साथ-साथ दोनों के यहाँ एक अन्दरूनी समानता भी पायी जाती है। दोनों के यहाँ आदमी को बनाने और बिगाड़ने में यौन की कारगुज़ारी समान है।
9. इस्मत चुग़ताई के यहाँ अतीत की वह धुँधली-धुँधली, मीठी-मीठी याद नहीं जो अतीत परस्तों की आँखों को डबडबा देती है और वह एक सिसकी लेकर भर्रायी आवाज़ में कह उठते हैं—आह! वह क्या ज़माना था, वो काफ़ूरी चिराग़, वो चिलमन की ओट, वो नाज़ुक सुराही, वो जान, ईमान और ज्ञान का दुश्मन साक़ी, या रूमान परस्तों की वो कल्पनाएँ जिन पर मौलाना सलाहुद्दीन के अनुसार हक़ीक़त मुस्कराये और मुशाहिदा अपना सर पीटे। इस्मत चुग़ताई के यहाँ इस तरह के सन्देश और भावुकता नहीं। वह पुरानी क़ब्रों की पूजा नहीं करतीं, जीते-जागते इनसानों की कहानियाँ सुनाती हैं। वह अरमानों के काल्पनिक साये नहीं बनातीं बल्कि हक़ीक़त को अपनी कल्पना की पारदर्शी आग में पिघलाकर अपनी भाषा के सख़्त, तेज़ और कड़वे तेज़ाब में उतारकर ऐसी जानदार तस्वीरें बनाती हैं कि जहाँ पढ़ने वाला कहानीकार की चाबुक दस्ती और कलात्मकता की दाद देता है, वहाँ अपनी और अपने समाज की सूरत पर मुँह बिसोरता रह जाता है। इसलिए मुझे बेहद खुशी होती है कि जब लोग इस्मत चुग़ताई को गालियाँ देते हैं, अपनी उस मकरूह गन्दगी को जिसे वह आध्यात्मिकता की खुशबूएँ लगाकर छिपाना चाहते हैं, उस भूख को जिसे इस्मत ने अपनी कहानियों में जगह-जगह नंगा किया है और जिसे यह समाज एक झूठी शराफ़त की तहों के नीचे छिपाकर रखना चाहता है। इस्मत ने जगह-जगह समाज की उस मक्कारी और फ़रेब को बेनक़ाब किया है, और एक ऐसे बेपनाह व्यंगात्मक लेखन से काम लिया है जो बर्मे की तरह छेदता चला जाता है।
10. इस्मत चुग़ताई ने यौन सम्बन्धित घुटन, यौन सम्बन्धों, उसकी मनोवैज्ञानिक उलझनों और ज़हनी आवारगी को बेमिसाल अन्दाज़ में पेश किया है।

11. जब नावेल 'टेढ़ी लकीर' प्रकाशित हुआ तो कुछ लोगों ने कहा कि मैंने एक यौन-स्वभाव और बीमार ज़हनियत वाली लड़की की आपबीती लिखी है। मनोविज्ञान को पढ़िये तो यह कहना मुश्किल हो जाता है कि कौन बीमार है और कौन स्वस्थ। एक पवित्र हस्ती यौन बीमार हो सकती है और एक आवारा और बदचलन इनसान स्वस्थ हो सकता है। यौन बीमार और तन्दुरुस्त में इतना बारीक फ़र्क़ होता है कि फ़ैसला करना कठिन है। मगर जहाँ तक मेरे अध्ययन का सम्बन्ध है 'टेढ़ी लकीर' की हीरोइन न तो ज़हनी बीमार है और न जिन्सी। जैसे हर ज़िन्दा इनसान को गन्दे माहौल और आस-पास की गन्दगी से हैज़ा-ताऊन हो सकता है, उसी तरह एक बिल्कुल स्वस्थ ज़हनियत वाला बच्चा भी ग़लत माहौल में फँस जाये तो बीमार हो जाता है और उसकी मौत भी हो सकती है।
12. इस्मत को समाज से नहीं, शख़्सियतों बल्कि लोगों से दिलचस्पी है। उनके जोश-होश, उनकी थरथराहट और कँपकँपी से, उनकी कशमकश से, अदावत और मक्कारी से जो इनसान पर जब प्रभाव डालती है, तो जिस्म भड़कने लगता है। उसकी कला में शान्त सुख या कोई बहुत बड़ा सुख नहीं मिलेगा बल्कि इनसानी ख़ून रगों में दौड़ता नज़र आयेगा, जैसे पहाड़ी नदी का पानी दौड़ता है। लबालब और उबलता हुआ, टकराता हुआ और रास्ता चीरता हुआ।
13. मुझे एक तूफ़ानी हस्ती से मिलने का मौक़ा मिला जिसके वजूद ने मुझको हिलाकर रख दिया। रौशन आँखों और मुस्कराते-खिले हुए चेहरे वाली रशीदा आपा से कौन ऐसा था जो एक बार मिलकर भन्ना न जाये।

पहली बार मैंने उन्हें न जाने किस जलसे में देखा था। बेगम भोपाल अध्यक्ष की कुर्सी पर बैठी थीं। कड़कड़ाते जाड़े में औरतें मोटे-मोटे दोशाले और कोट पहने पंडाल के अन्दर सूँ-सूँ कर रही थीं और रशीदा आपा बिना आस्तीन का ब्लाउज़ पहने धुआँधार कुछ कह रही थीं। उनके घुँघराले बाल हवा में उड़ रहे थे क्योंकि भाषण शुरू करने से पहले उन्होंने सामने की खिड़की खोल दी थी। बेगमात बड़बड़ा रही थीं, उनके कटे हुए बालों पर, बिना आस्तीन के ब्लाउज़ पर और खुली हुई खिड़की से आती हुई बर्फ़ीली हवा पर। मगर उनकी तकरीर भी कुछ कम काँटेदार नहीं थी, क्योंकि तकरीर के बाद उन्हें बेगम भोपाल ने ख़ूब डाँटा। उस दिन उसकी बेहयाई और बेबाकी का तहलका मच गया था और मैंने बेसमझे-बूझे उनके हर लफ़्ज़ को मोती समझ कर पहन लिया था।

सन् 1938 ई. में रशीदा आपा 'अंगारों' वाली रशीदा आपा बन चुकी थीं। अब उनकी सुलगती हुई बातें पल्ले भी पड़ने लगी थीं।

और फिर मेरा हसीन डाक्टर हीरो, मोंगिया उँगलियाँ, नारंगी के शिगूफ़े और लाल लबादे छू हो गये। मिट्टी से बनी रशीदा आपा ने संगमरमर के सारे बुत तोड़ दिये।

ज़िन्दगी चमनंगी सामने आकर खड़ी हो गयी। उनसे बातें करके भी जी नहीं भरता था। जी चाहता उन्हें खा जाऊँ, क्या करूँ। जो रशीदा आपा से मिल चुके हैं, उन्हें अच्छी तरह जानते हैं, अगर वह मेरी कहानियों की हीरोइन से मिलें तो दोनों जुड़वाँ बहनें नज़र आयें, क्योंकि अनजाने तौर पर मैंने रशीदा आपा ही को उठाकर कहानी के ताक़ में बिठा दिया क्योंकि मेरी कल्पना की दुनिया की हीरोइन सिर्फ़ वही हो सकती थीं मगर जब ग़ौर से अपनी कहानियों के बारे में सोचती हूँ तो मालूम होता है कि मैंने सिर्फ़ उनकी बेबाकी और साफ़गोई को गिरफ़्त में लिया। उनकी भरपूर बेचैन शख़्सियत मेरे क़ाबू में न आयी।

14. औरत की ज़िन्दगी और उसकी यौन समस्याएँ यूँ तो पहले भी बहुत से कहानीकारों ने बरती हैं लेकिन उन कहानियों और इस्मत की कहानियों में बुनियादी फ़र्क़ है। इस्मत ने इन समस्याओं को औरत ही के नज़रिये से देखा है और उन्हें सिर्फ़ बयान करने या आमियाना अन्दाज़ में उकसाने और छेड़ने के बजाय उन्हें महसूस किया है।

15. कुछ लोगों ने यह भी कहा है कि 'टेढ़ी लकीर' मेरी आपबीती है—मुझे ख़ुद आपबीती ही लगती है। मैंने इस नावेल के लिखते वक़्त बहुत कुछ महसूस किया है। मैंने 'समन' के दिल में उतरने की कोशिश की है, उसके साथ आँसू बहाये हैं और क़हक़हे लगाये हैं। उसकी कमज़ोरियों से जल भी उठी हूँ। उसकी हिम्मत की दाद भी दी है। उसकी नादानियों पर रहम भी आया है और शरारतों पर प्यार भी आया है। उसके इश्क़-मुहब्बत के कारनामों पर चटख़ारे भी लिए हैं और हसरतों पर दुख भी हुआ है। ऐसी हालत में अगर मैं कहूँ कि यह मेरी आपबीती है तो कुछ ज़्यादा नहीं!

और जगबीती और आपबीती में भी तो बाल बराबर का फ़र्क़ है। जगबीती अगर अपने आप पर बीती महसूस न की हो तो वह इनसान ही क्या? और बिना परायी ज़िन्दगी अपनाये हुए कोई कैसे लिख सकता है।

16. जब मैं आल इंडिया रेडियो में मुलाज़िम था 'अदबे-लतीफ़' में इस्मत का 'लिहाफ़' प्रकाशित हुआ था। उसे पढ़कर मुझे याद है कि मैंने कृष्ण चन्दर से कहा था, 'कहानी बहुत अच्छी है, लेकिन आख़िरी वाक्य में कलात्मकता नहीं है।' अहमद नदीम क़ासमी की जगह अगर मैं एडिटर होता तो इसे निकाल देता। इसलिए जब कहानी पर बात हुई तो मैंने इस्मत से कहा, ''आपकी कहानी 'लिहाफ़' मुझे बहुत पसन्द आयी। बयान में अल्फ़ाज़ को किफ़ायत से इस्तेमाल करना आपकी ख़ूबी है लेकिन मुझे ताज्जुब है कि इस कहानी के आख़िर में आपने बेकार सा जुमला लिख दिया कि एक इंच उठे हुए लिहाफ़ में मैंने क्या देखा, कोई मुझे

लाख रुपये भी दे तो भी मैं कभी नहीं बताऊँगी।''[1]

इस्मत ने कहा, ''क्या है इस जुमले में।''

मैं जवाब में कुछ कहने ही वाला था कि मुझे इस्मत के चेहरे पर वही सिमटा हुआ पर्दा दिखाई दिया जो आम घरेलू लड़कियों के चेहरे पर न कहने योग्य चीज़ों के नाम सुनकर नुमायाँ हुआ करता है। मुझे नाउम्मीदी हुई, इसलिए कि मैं 'लिहाफ़' की तमाम बारीकियों के बारे में बातें करना चाहता था। जब इस्मत चली गयी तो मैंने दिल में कहा, 'यह तो कमबख़्त बिल्कुल औरत निकली।'

17. तुम इतनी बड़ी हो गयीं, अब तक झक नहीं मारी अज़ीज़ा! मुहब्बत दुनिया की सबसे बड़ी इबादत है। दो चीज़ों के लिए इनसान पैदा हुआ है—एक तो मेहनत दूसरी मुहब्बत, ऊपर-नीचे नुक़्ते का फ़र्क़ है। तो भिन्नो पहली फ़ुर्सत में मुहब्बत कर डालो; दिल-दिमाग़ के लिए बहुत मुफ़ीद है।

मैं नये लिखने वालों का विश्लेषण करने की कोशिश कर रही हूँ। हम लोग शायद ज़्यादा दिलफेंक थे। हमने तो पहले-पहले इश्क़-मुहब्बत मातम किया। बरसों यौन-उलझनें न सुलझ सकीं। क्या नये लिखने वालों की सब गुत्थियाँ सुलझ गयी हैं और सिर्फ़ रोटी-कपड़े की समस्या रह गयी है। हो सकता है कि यह एटमी युग है या कुछ ऐसी बात तो नहीं कि नये लिखने वाले समझते हैं कि सिवाय रोटी-कपड़े के और दूसरी समस्याएँ प्रगतिशील न लगती हों। उफ़ कितने दिन हो गये हैं कोई फड़कती हुई इश्क़िया नज़्म या कोई दिल को गुदगुदाने वाली कहानी नहीं पढ़ी। क्या लोगों ने प्यार करना छोड़ दिया है। हम बड़े-बूढ़ों को रोटी-कपड़ा, चूल्हा-हाँडी सताये तो एक बात भी है। मुझे रूसी साहित्य इसीलिए पसन्द नहीं कि इसमें इनसान कम, मशीनें ज़्यादा होती हैं।

तुम ज़िद करके ख़ुद ही बिगड़ती हो, ख़ुद ही लम्बे-चौड़े मुहब्बत के दावे करती हो। मुझे हँसी आ जाती है। मुझमें मुहब्बत का माद्दा बहुत ज़्यादा है। दुनिया में बहुत कम आदमी बुरे लगते हैं। जो बुरे भी लगते हैं उनमें भी कोई प्यारी-सी चीज़ नज़र आ ही जाती है।

हाँ जी, अब कहना छोड़ दो कि मैं बहुत महान हस्ती हूँ क्योंकि जब तुम मेरी अपनी महानता से धमकाती हो तो वाक़ई मैं धमक जाती हूँ। मुझे अज़ीम

---

1. यह वाक्य कहानी के पहले प्रकाशन में रहा होगा। संग्रह 'चोटें' के पहले एडीशन में कहानी का अन्त इन वाक्यों पर होता है।

''मैंने डरते-डरते पलँग के दूसरी तरफ़ पैर उतारे और टटोल कर बिजली का बटन दबाया। हाथी ने लिहाफ़ के नीचे कलाबाज़ी लगायी और पिचक गया। कलाबाज़ी लगाने में लिहाफ़ का कोना फ़ीट भर उठा। अल्लाह! मैं ग़ड़ाप से अपने बिछौने में!!!''

शायद इस्मत ने मण्टो की बात का ख़याल रखते हुए यह बदलाव किया।

हस्तियाँ बोर करती हैं। अल्लाह का वास्ता मुझे हस्ती-वस्ती न बनाओ—मैं इस्मत आपा हूँ और बहुत छिछोरी बातें कर जाती हूँ। मेरे दिल के बहुत से कोने हैं। एक सौ साल का बूढ़ा हो चुका है, दूसरा अभी बचपन से भरा है। मैं बुज़ुर्गों के साथ फलसफा बघार लेती हूँ, सियासत भून लेती हूँ और बच्चों के साथ कबड्डी खेल लेती हूँ। सो भिन्नो अपने दिल से महानता का ख़याल निकाल दो। हाँ, मेहनत मेरे सर-आँखों पर। पेंसिल से लिख रही हूँ क्योंकि क़लम बेटी ने छीन लिया है। मेरी बेटी बड़ी तेज़ तर्रार है। जैसी बेटी मेरे ख़यालों में थी बस वैसी ही है। थोड़ी मेम साहब है, बड़ी हो जाये तो ठीक कर लूँगी।

आज मेरा दिल बुरी तरह बैठा जा रहा है। आज मेरी एक बड़ी प्यारी दोस्त का तीजा है। परसों ख़्वाजा अहमद अब्बास की बीवी मुजतबाई का निमोनिया में इन्तक़ाल हो गया। दिल का आपरेशन हुआ था, वह तो कामियाब रहा। पाँच साल की बीमारी में इतनी नाजुक हो गयी थी कि आसानी से डबल निमोनिया ने दबोच लिया।

आज मुझे वह सोलह बरस पहले की मज्जी (उसे प्यार में मज्जी कहते थे) याद आ रही है। पन्द्रह-बीस दिन की ब्याही दुल्हन मुझसे मिलने-मिलाने रात के वक़्त पहुँची थी। कितनी गुड़िया सी लग रही थी। हाथों की मेहँदी भी मैली न हुई थी। मोतियों की लड़ी जैसे दाँत चमका-चमका कर मुझसे उलझा करती थी। पन्द्रह दिन हुए, उसे अस्पताल में देखने गयी थी, बिल्कुल ठीक थी, मुझसे वैसे ही उलझने लगी जैसी कि उसकी आदत थी। मैंने कहा ठहर जा, तेरी बातों का थोड़ा दम आ जाये तुझमें तब जवाब दूँगी, और मेरे जवाब मेरे दिल ही में घुट गये।

आज दिल बड़ा उदास है, वह जीना चाहती थी, बड़ी ज़िद से जीना चाहती थी।

उम्मीद है कि तुम अब पुरसुकून माहौल से गुज़र रही होगी। यह दिल इतनी गहरी चोट क्यों लेता है। इसे पत्थर बनाना चाहिए मगर पत्थर भी तो चीख़ जाते हैं।

18. मैं जब इस्मत चुग़ताई की कहानियों का विश्लेषण करने बैठता हूँ तो एक अजीब दुश्वारी पेश आती है। उनकी कहानियाँ आम डगर से हट कर एक और ही सतह अख़्तियार कर चुकी हैं। उनकी हैसियत इस क़दर अलग नज़र आती है कि उन पर आम साहित्यिक उसूल अपनाने में कुछ दिक़्क़त महसूस होती है। इस्मत की कहानियाँ गोया औरत के दिल की तरह पेंचदार नज़र आती हैं। मैं शायरी नहीं कर रहा और अगर इस बात में कोई शायरी है तो उसी हद तक जहाँ तक शायरी को सच्ची बात में दख़ल होता है। मुझे ये कहानियाँ उस जौहर की तरह मालूम होती हैं जो औरत में है, उसकी रूह में है, उसके दिल में है, उसके अन्दर

है, बाहर है। ये कहानियाँ शायद 'तिल' की हीरोइन 'रानी' के जिस्म की तरह हैं। और कभी उस जौहर को परखने, उसे आम साहित्यिक मूल्यों में ढालने और फँसाने की कोशिश की जाती है तो ये जौहर एक नज़र न आने वाले धुँधले ख़ाके की तरह क़ाबू में नहीं आता।

19. मुझे याद है उस मुलाक़ात के दूसरे ही रोज़ मैंने अपनी बीवी को दिल्ली ख़त लिखा, 'इस्मत से मिला, तुम्हें यह सुनकर हैरत होगी कि वह बिल्कुल ऐसी ही औरत है जैसी तुम हो। मेरा मज़ा तो बिल्कुल किरकिरा हो गया लेकिन तुम उसे यक़ीनन पसन्द करोगी। मैंने जब उससे एक फ़ीट उठे हुए लिहाफ़ का ज़िक्र किया तो नालायक़ उसके ख़याल से ही झेंप गयी।'

एक अर्से बाद मैंने अपनी उस पहली प्रतिक्रिया पर संजीदगी से ग़ौर किया और मुझे इस बात का शिद्दत के साथ एहसास हुआ कि अपनी कला की ज़िन्दगी के लिए इनसान को अपनी फ़ितरत की हदों में रहना ज़रूरी है। डॉ. रशीद जहाँ का फ़न आज कहाँ है? कुछ तो बालों के साथ कट कर अलग हो गया और कुछ पतलून की जेबों में ठुँसकर रह गया। फ्रांस में जार्ज शॉ ने औरतपन का हसीन लिबास उतारकर बनावटी ज़िन्दगी अपनाई, पोलिस्तानी मोसीक़ार शोपीस से लहू थुकवा-थुकवाकर पुलिस ने लालो-गोहर ज़रूर पैदा कराये लेकिन उसका अपना जौहर उसके अन्दर घुटकर मर गया।

मैंने सोचा औरत जंग के मैदानों में काँधे से काँधा मिलाकर लड़े, पहाड़ काटे, कहानी लिखते-लिखते इस्मत चुग़ताई बन जाये लेकिन उसके हाथों में कभी-कभी मेहँदी रचनी ही चाहिए, उसके हाथों से चूड़ी की खनक आनी ही चाहिए। मुझे अफ़सोस है कि जो मैंने उस वक़्त कहा, "यह तो कमबख़्त औरत निकली।"

इस्मत अगर बिल्कुल औरत न होती तो उसके कहानी संग्रहों में, 'भूलभुलैया', 'तिल', 'लिहाफ़' और 'गेंदा' जैसी नाज़ुक और मुलायम कहानियाँ नज़र न आतीं। ये कहानियाँ औरत की अलग-अलग अदायें हैं। पारदर्शी और हर तरह की बनावट से पाक। ये अदायें वह अदायें नहीं हैं जिनके तीर बनाकर मर्दों के दिल और कलेजे छलनी किये जाते हैं। जिस्म की भोंडी हरकतों से इन अदाओं का कोई सम्बन्ध नहीं। इन रूहानी इशारों की मंज़िल इनसान का ज़मीर है जिसके साथ वह औरत ही की अनजानी, अनबूझी फ़ितरत के लिए आलिंगन करते हैं।

"उनकी रंगत बदली बेचारा बच्चा—मर गया उसका बाप शायद।"

"ख़ाक तुम्हारे मुँह में, ख़ुदा न करे, मैंने नन्हे को कलेजे से लगा लिया।"

"ठाँय" नन्हे ने मौक़ा पाकर बन्दूक चलायी।

"हाँय, पाजी अब्बा को मारता है।" मैंने बन्दूक़ छीन ली (भूलभुलैया) और लोग कहते हैं इस्मत चुड़ैल है—गधे कहीं के। इन चारों सतरों में इस्मत ने औरत की रूह निचोड़ कर रख दी है। और ये लोग उसे इम्तहान की नलियों में बैठे

हिला-हिलाकर देख रहे हैं। तोप के मुँह में बाँधकर उड़ा देना चाहिए ऐसी खोपड़ियों को।

20. सब उन्हें अकेला छोड़कर पाकिस्तान जा चुके थे। मैं उनसे मिलने जोधपुर गयी। अम्माँ हमारे मकान के सामने शिफ़्ट हो गयी थीं। हमारा अपना बड़ा मकान रिफ्यूजियों के क़ब्ज़े में था।

मैं पहुँची तो ढंढाड़ उजड़े हुए कमरे में मेरी अम्मा बैठी थीं। अम्माँ को हम लोगों को चूमने-चाटने की कभी फ़ुर्सत न मिली। मुझे याद नहीं इससे पहले कभी उन्होंने मुहब्बत का इज़हार किया हो। मगर उस वक़्त मुझे देखकर वह बच्चों की तरह फूट-फूटकर रोनी लगीं। इस दौरान मैंने बार-बार देखा कि वह ख़ामोश खिड़की से अपने घर को ताक रही हैं, जहाँ भरे-पूरे ख़ानदान के साथ हम सब हँसी-ख़ुशी रहते थे। बच्चे क़ुलाँचें भरते थे। लड़ाइयाँ होती थीं, मिलाप होते थे।

मैंने उनकी उम्र की तरफ़ देखा, उनके अकेलेपन को देखा; मोटे-ताज़े दस बच्चे पैदा करके भी वह अकेली थीं।

मेरे दिल में प्यार का तूफ़ान उबल आया। ममता जाग उठी। मैंने अपनी माँ की तरफ़ देखा, फिर बच्ची की तरफ़ देखा और इन दो हस्तियों के बीच ख़ुद को जकड़ा हुआ पाया।

21. चार महीने का मकान का किराया
नौकरों की तनख़्वाह—बनिये का क़र्ज़
बिजली का बिल—धोबी की धुलाई
बच्चों की फ़ीस—पानी सर से गुज़र जाता है
मैं डूबते-डूबते उभर कर देखती हूँ
मेरी सोलह साल की जीती जागती बेटी
कम उम्र की सहेलियों के साथ रस्सी कूद रही है।

22. हल्की-सी एक चीख़ की आवाज़ सुनाई दी और अँधेरे से मासूमा निकलकर उनसे चिमट गयी।

''अम्मी, अम्मी जानी! मेरी अम्मी जानी'' उसने काँपते बदन का सारा बोझ उनके हाथों में सौंप दिया। सितारों की मलगुजी रोशनी में उन्होंने देखा मासूमा का गरेबान तार-तार था। साड़ी में छेद हो रहे थे। बाल बचे हुए थे। उसकी सफ़ेद रेशमी गर्दन पर खरोंचों के निशान थे। एक कान की लौ से ख़ून बहकर जम गया था, जैसे उसको भूखे कुत्तों ने भँभोड़ा हो। वह उसे कलेजे से लगाकर सूखी-सूखी हो गयीं। अपने सारे मंसूबे भूल गयीं। उन्होंने सोचा था, वह उसे डाँटेंगी, गालियाँ देंगी, बदमाश और लफंगी कहेंगी ताकि वह अपनी शराफ़त का भरम कायम रख सकें, अपने जुर्म पर पर्दा डाल सकें, बात हादसा बन जाये। मगर उन्हें कुछ भी न याद रहा। जब अन्दर पहुँचकर उन्हें मालूम हुआ कि मासूमा साफ़ बच निकली।

उसने अहमद भाई का भुर्ता निकाल दिया तो वह सन्नाटे में रह गयीं।

सारे फ़्लैट में ऐसा मालूम होता था घोड़े दौड़ रहे हैं।

मारे ग़ुस्से के उनकी आँखों में ख़ून उतर आया। एक ज़ोर का तमाँचा उन्होंने मासूमा के गाल पर मारा।

''चुड़ैल! कुतिया!''

''अम्मी वो बदमाश...मासूमा की समझ में कुछ नहीं आ रहा था।''

''चुप बदमाश की बच्ची, ग़ज़ब ख़ुदा का, अब तेरे बाबा मरेंगे।'' उन्होंने बटवा दोनों हाथों से कलेजे से लगा लिया। ''या परवरदिगार मुझे मौत क्यों नहीं देता? ये चार मय्यतें मेरी छाती पर धरी हैं, ऊपर से करतूत तो देखो—हरामज़ादी, छिनाल—।'' वह मासूमा पर टूट पड़ीं। वह माँ जिसने घड़ी भर पहले अपनी बच्ची की सलामती पर उसे कलेजे से लगाया था, नोटों की सरसाहट से सहम गयी—कल रुपये वापस करने होंगे।

उन्होंने नौजवान लड़के-लड़कियों, जन मुरीद मर्दों, बूढ़ी औरतों और बेवाओं का कामियाब चित्रण किया है। उनके यहाँ ड्रामाइयत, क़िस्सापन, किरदार निगारी और संवाद का सुथरापन नुमायाँ है। मगर उन्होंने जो घरेलू बामुहावरा, जानदार और रची हुई ज़बान इस्तेमाल की है उसकी नयी कहानी में कोई मिसाल नहीं मिलती। 'दोज़ख़ी' के नाम से उन्होंने अपने भाई अज़ीम बेग़ चुग़ताई पर जो लिखा है वह कुछ शरीफ़ लोगों को बेरहम और मरीज़ाना मालूम होता है, मगर उर्दू में इस रंग की यह पहली कामियाब कोशिश है।

23\. 'साक़ी' में 'दोज़ख़ी' छपा। मेरी बहन ने पढ़ा और मुझसे कहा, ''सआदत! यह इस्मत कितनी बेहूदा है, अपने मरे भाई को भी नहीं छोड़ा। कमबख़्त ने कैसी-कैसी फ़िज़ूल बातें लिखी हैं।''

मैंने कहा, ''इक़बाल! अगर मेरी मौत पर तुम ऐसा ही मज़मून लिखने का वादा करो तो ख़ुदा की कसम मैं आज ही मरने को तैयार हूँ।''

शाहजहाँ ने अपनी महबूबा की याद क़ायम रखने के लिए ताजमहल बनवाया। इस्मत ने अपने महबूब भाई की याद में 'दोज़ख़ी' लिखा। शाहजहाँ ने दूसरों से पत्थर उठवाये, उन्हें तरशवाया और अपनी महबूबा की लाश पर आलीशान इमारत बनवायी। इस्मत ने ख़ुद अपने हाथों से एक बहन के जज़्बात चुन-चुनकर एक ऊँचा मचान तैयार किया और उस पर नर्म-नर्म हाथों से अपने भाई की लाश रख दी। ताजमहल शाहजहाँ की मुहब्बत का बरहना मरमरीं इश्तेहार मालूम होता है, लेकिन 'दोज़ख़ी' इस्मत की मुहब्बत का बहुत ख़ूबसूरत इशारा है। वह जन्नत जो इस मज़मून में आबाद है उसका शीर्षक इश्तेहार नहीं देता।

मेरी बीवी ने यह मज़मून पढ़ा तो इस्मत से कहा, ''यह तुमने ख़ुराफ़ात लिखी है।''

''बको नहीं—लाओ वो बर्फ़ कहाँ है।''

इस्मत को बर्फ़ खाने का बहुत शौक़ है।

24. उनकी मौत के बाद न जाने क्यों मरने वाले की चीज़ें प्यारी हो गयीं। उनका एक-एक लफ़्ज़ चुभने लगा, और उम्र में पहली बार मैंने उनकी किताबें दिल लगाकर पढ़ीं। दिल लगाकर पढ़ने की भी ख़ूब रही। गोया दिल लगाने की भी ज़रूरत थी। दिल ख़ुद-ब-खुद खिंचने लगा। ओफ़्फ़ोह! यह कुछ लिखा है इन किताबों में। एक-एक लफ़्ज़ पर उनकी तस्वीर आँखों में खिंच जाती है और पल भर में वह ग़म और दुख में डूबी, मुस्कराने की कोशिश करती हुई आँखें। वह ग़मग़ीन काली घटाओं की तरह मुरझाये हुए चेहरों पर पड़े हुए घने बाल। वह पीली नीलाहट लिए हुए चौड़ा माथा, उदास नीले होंठ जिनके अन्दर समय से पहले टूटे हुए दाँत और वह कमज़ोर सूखे-सूखे हाथ और औरतों जैसे नाज़ुक दाँव में बसी हुई लम्बी उँगलियों वाले हाथ और फिर उन हाथों पर वरम आ गया था। पतली-पतली खपच्ची जैसी टाँगें जिनके सिरे पर वरम से सूजे हुए भद्दे पैर, जिनको देखने के डर की वजह से हम लोग उनके सिरहाने ही की ओर से जाया करते थे। और सूखे हुए पिंजरे जैसे सीने पर धौंकनी का गुमान होता था। कलेजे पर हज़ारों कपड़ों, बनियानों की तहें और उस सीने में ऐसा फड़कता हुआ चुलबुला दिल! या अल्लाह! यह शख़्स कैसे हँसता था। मालूम होता था कोई भूत है या जिन, जो हर खुदाई ताक़त से लड़ाई लड़ रहा है। नहीं मानता मुस्कराये जाता है। ज़ालिम और ज़बरदस्त ख़ुदा चढ़-चढ़ कर खाँसी और दमे के अज़ाब नाज़िल कर रहा है और दिल क़हक़हे नहीं छोड़ते। कौन-सा दुनिया का दुख था जो क़ुदरत ने बचा रखा था मगर फिर भी रुला न सका। इस दुख में, जलन में, हँसते ही नहीं, हँसाते भी रहना किसी इनसान का काम नहीं। मामूँ कहते थे, ''ज़िन्दा लाश, ख़ुदाया अगर लाशें भी इस क़दर जानदार, बेचैन और फड़कने वाली होती हैं तो फिर दुनिया एक लाश क्यों नहीं बन जाती।''

मैं एक बहन की हैसियत से नहीं, एक औरत बनकर उनकी तरफ़ नज़र उठाकर देखती तो दिल लरज़ उठता था। किस क़दर ढीठ था उनका दिल! उनमें कितनी जान थी।

25. इस्मत चुग़ताई अपने किरदारों का विश्लेषण किताबी नज़र से नहीं करतीं बल्कि वह उन्हें अपने माहौल में पूरी तरह रचे-बसे होने के रूप में करती हैं और फिर उनकी तह दर तह शख़्सियत को बेनक़ाब करती हैं जिससे उनकी नक्काशी में नयी पौध की चेतना मिलती है। इस्मत ने किरदारों को एक ख़ास समाज के परिप्रेक्ष्य में पेश किया है।

26. 'समन' की कहानी एक लड़की की कहानी नहीं है। यह हज़ारों लड़कियों की कहानी है। उस दौर की लड़कियों की कहानी है जब वह पाबन्दियों और आज़ादी

के बीच शून्य में लटक रही हैं, और मैंने ईमानदारी से उनकी तस्वीर इन पृष्ठों में उतार दी है ताकि आने वाली लड़कियाँ उससे मुलाक़ात कर सकें और समझ सकें कि 'एक लकीर' क्यों टेढ़ी होती है और क्यों सीधी हो जाती है। और अपनी बच्चियों को उलझाने के बजाय सुलझा सकें और एक नसीहत करने वाले की जगह अपनी बेटियों की दोस्त और रहनुमा बन सकें।

27. यह नावेल सही अर्थों में मनोवैज्ञानिक नावेल है और ज़िन्दगी की छोटी-छोटी समस्याओं और बारीकियों के ज़रिये जिस तरह इस्मत ने उन मनोवैज्ञानिक गिरहों को खोला है वह एक करिश्मे की हैसियत रखता है। इस्मत ने अपनी कहानियों में जिन हक़ीक़तों की अधूरी नक्काशी की थी, वह इस नावेल में एक पूरी तस्वीर बनकर सामने आ गयी है।

28. आख़िर में इस्मत की भाषा और शैली के बारे में भी कुछ कहना है। उनकी भाषा के बारे में कभी दो रायें नहीं हो सकतीं। उनको एक ख़ास तबक़े की बामुहावरा भाषा पर क़ुदरत हासिल है। ऐसी भाषा मुश्किल से ही किसी को नसीब हो सकती है। वह शब्दों और वाक्यों की ऐसी चौकड़ी भरती हैं और पढ़ने वाला कभी-कभी उनका साथ नहीं दे सकता। इस्मत की शैली ऐसी ही है जैसे कोई ख़्वाब में बेअख़्तियार बड़बड़ा रहा हो। एक ऐसा पाठक जो ख़्वाब का मनोविज्ञान नहीं जानता वह इस बड़बड़ाहट में निरन्तरता महसूस नहीं करता। मैंने इस्मत के फ़न को प्रतीकात्मक कहा है क्योंकि वह खुलकर हमें कुछ नहीं बतातीं, बल्कि बेरब्त और अचानक इशारों में बहुत कुछ समझा जाती हैं। उनका सारा फ़न 'लिहाफ़ी' है जिसको समझने के लिए समझ और महारत चाहिए।

29. व्यंग्य और तारीफ़नुमा बुराई—ये दोनों चीज़ें इस्मत के फ़न की सबसे बड़ी ख़ूबियाँ हैं। वह जो कुछ विस्तार के बाद भी नहीं कह सकतीं, वह सिर्फ़ चलते हुए मामूली से जुमले में कह जाती हैं, कुछ इस तरह जैसे यह बात कहने की नहीं थी, लेकिन कह दी। फिर भी उनके कहने का अन्दाज़ ऐसा होता है कि बहुत-सी तफ़्सीलों में यह अर्थपूर्ण नहीं होता जो एक चलते हुए छोटे से जुमले में। समाज की बहुत-सी बातों पर इस्मत ने जो चोटें की हैं वह ऐसे ही जुमलों में की हैं। इन छोटे-छोटे जुमलों में फ़िलास्फ़ी की गहराई नहीं होती और न शायरी की रूमानियत होती है। किसी गहरी बात को कहने का दावा भी नहीं होता, फिर भी सब कुछ होता है। इसका असर भी फ़िलास्फ़ी से कहीं अधिक गहरा और शायरी से ज़्यादा ख़ूबसूरत होता है। इन्हीं जुमलों से एक बड़े परिदृश्य के चित्रों में रंग भी भरा जाता है और इन्हीं से अपना एहसास दूसरों का एहसास और इसकी शिद्दत दूसरों की शिद्दत बनायी जाती है।

30. इस्मत की भाषा अपने अन्दर बेतकल्लुफ़ी और तीखेपन के अलावा रचनात्मक जौहर रखती है। इस्मत निबन्ध लेखक नहीं हैं लेकिन उनकी अपनी अलग शैली

है। उनका अन्दाज़ नावेल और कहानी के लिए बेहतरीन अन्दाज़ है और उसमें ऐसी दिलकशी है जिसका मुक़ाबला कोई दूसरा कहानीकार नहीं कर सकता। उनकी कहानियों से उर्दू कहानी की शब्दावली में अनगिनत शब्द, नये मुहावरे, नयी उपमाएँ और नये प्रतीकों की वृद्धि हुई है, जो केवल औरतों के समाज से सम्बन्ध रखते हैं। ये शब्द बार-बार सुने हुए हैं लेकिन इन्हें पहली बार उर्दू कहानी में देखकर इनमें छिपी हुई रचनात्मक शक्ति का एहसास होता है। यह इस्मत का ऐसा कारनामा है जो उर्दू के कहानीकारों में उनके स्थान को प्रदर्शित करते हैं। पितरस के अनुसार 'इस्मत के हाथों उर्दू गद्य को एक नयी जवानी नसीब हुई है।'

31. इस्मत की बेबाक ज़हानत उनकी अभिव्यक्ति से इस तरह मेल खाती थी कि शुरू से उनकी कहानियाँ अपनी ओर आकर्षित करने लगी थीं। आरम्भ में उन्होंने भी समाजी ज़िन्दगी के चन्द पहलुओं को ही लिया। ज़ख़्मों को कुरेदा, उन पर नमक छिड़का और देखने वालों को उलझन में डाल कर छोड़ दिया लेकिन जब उन्हें अपने समय की सच्चाइयों का एहसास हुआ तो उनके विषयों में वज़न पैदा हो गया।

32. अगर हम 'फ़सादी' और 'गेंदा' जैसी कहानियों से लेकर 'गुलदान' तक की कहानियों का अध्ययन करें तो अन्दाज़ा होता है कि इस्मत बुनियादी तौर पर समाजी सरोकारों की कहानीकार हैं। दौलत का ग़लत बँटवारा और उसके प्रभाव, बँटवारे से पहले के भरे-पूरे खानदानों की चहल-पहल और क़स्बाती ज़िन्दगी की तहज़ीबी ज़िन्दगी के विभिन्न पहलुओं की अक़्कासी बँटवारे के बाद उभरने वाली शहरी ज़िन्दगी और उसका बनावटी आकर्षण और मूल्यों का ह्रास, गरीबी और अमीरी के बीच ऐसी खाई जो इंसाफ़ ही नहीं हमारे सौन्दर्य-बोध को भी ज़ख़्मी कर दे, न किये हुए गुनाहों की सज़ायें, औरत को मर्द की पूँजी समझा जाना, मर्दों में मौजूद यौन दबाव और उसकी अस्वाभाविक निकासी, अच्छी तालीम की कमी, ज़ाती सतह पर मफ़ादात का जंगल और समाज में मौजूद रुकावटें वग़ैरा इस्मत की कहानियों के आम विषय हैं, जिन्हें वह कहानी की तकनीक के ज़रिये विशेष बनाती हैं। तकनीक से मेरा मतलब है, माहौल का चित्रण, नैरेटिव में मौजूद नज़रिया, शब्दों, मुहावरों और इमेजेज़ का चुनाव और उनका प्रयोग, वाक्य विन्यास, किरदार निगारी और दूसरी चीज़ें जो कहानीकार की असली दुनिया और कहानी की दुनिया में रचनात्मक सम्बन्ध पैदा करते हैं। ऐसा रिश्ता जिस पर कहानी भाव निर्भर है।

मेरे नज़दीक इस्मत की कहानियों की दुनिया का स्पेक्ट्रम तीन तत्त्वों से बनता है–(1) हक़ीक़तों का बयान (2) हक़ीक़ी दुनिया की आम सूरतों या उनसे सम्बन्धित नज़रिये को कहानी के रूप में पेश करना (3) ऐसे क़िस्सों की मदद

से कहानी बनाना जो सच्चे न हों लेकिन उससे समानता रखते हों, इन सबका बुनियादी उल्लेख। जैसा कि पहले भी कह चुका हूँ 'घर' होता है। इस तरह इस्मत की दुनिया सीमित मालूम होती है। लेकिन इस्मत की तेज़ और खुली हुई कहानी की आँख ने घर की दीवारों पर चढ़े हुए प्लास्टर को जिस तरह खुरचा है और घर के विभिन्न कोनों को जिस तरह उजागर किया है और कभी-कभी बेनक़ाब किया है, उस पर अगर आप थोड़ी दूर से नज़र डालें तो यही दुनिया बहुत बड़ी होने लगती है। उनके नज़दीक घरेलू सच्चाइयाँ दरअसल सौन्दर्य की सच्चाइयाँ होती हैं क्योंकि उनका विश्वास है कि ज़िन्दगी की सबसे दिलचस्प सिचुएशन्स घर की चारदीवारी के अन्दर ही जन्म लेती है।

33. इस्मत परले दर्ज़े की हठधर्मी है। स्वभाव में ज़िद है, बिल्कुल बच्चों की सी ज़िन्दगी के किसी भी नज़रिये, प्रकृति के किसी क़ानून को पहली नज़र में कभी स्वीकार नहीं करेगी। पहले शादी से इनकार करती रही, जब आमादा हुई तो बीवी बनने पर मुश्किल से रज़ामन्द हुई, तो माँ बनने से मुकर गयी। तकलीफ़ें उठायेगी, परेशानियाँ बरदाश्त करेगी मगर ज़िद से कभी बाज़ न आयेगी। मैं समझता हूँ कि यह भी उसका एक तरीक़ा है जिसके ज़रिये वह ज़िन्दगी की सच्चाइयों से दो-चार होकर बल्कि टकरा-टकराकर उनको समझने की कोशिश करती है। उसकी हर बात निराली है।

इस्मत के ज़नाना और मर्दाना किरदारों में भी यह अजीबोग़रीब ज़िद या इनकार आमतौर पर पायी जाती है। 'मुहब्बत में बुरी तरह नाकाम हैं मगर नफ़रत किये जा रहे हैं। जी गाल चूमने को चाहता है लेकिन उसमें सुई चुभो देंगे। हौले से थपकाना होगा तो ऐसी धौल जमायेंगे कि दूसरा बिलबिला उठे।' यह आक्रमणकारी क़िस्म की नकारात्मक मुहब्बत एक खेल के अन्दाज़ में आरम्भ होती है लेकिन इस्मत की कहानियों में यह एक रहम की सूरत में अंजाम पाता है।

इस्मत का अपना अंजाम भी अगर कुछ इसी तरह हुआ और मैं उसे देखने के लिए ज़िन्दा रहा तो कोई तअज्जुब न होगा।

सन्दर्भ

1. टेढ़ी लकीर का पहला वाक्य-2, इस्मत की टेढ़ी लकीर, पहली मंजिल-3, इस्मत पेश लफ़्ज, टेढ़ी लकीर-4, 14, 28, 31, खलीलुर्रहमान आज़मी-5, 23, आले अहमद सुरूर-6, अज़ीज़ अहमद-7, 9, 18, कृष्ण चन्दर-8, मुजतबा हुसैन-10, 26, देवेन्द्र इस्सर-11, इस्मत पेश लफ़्ज, टेढ़ी लकीर-16, 19, 24, 34, 29, मण्टो-17, वाजदा तबस्सुम के नाम इस्मत के ख़त-20, इस्मत टेढ़ी लकीर-12, पितरस-13, इस्मत-आपबीती-15, 21, इस्मत पेश लफ़्ज मासूमा-22, मासूमा दूसरा हिस्सा-25, इस्मत दोज़ख़ी-27, मजनूँ गोरखपुरी-30, वक़ार अज़ीम-32, एहतिशाम हुसैन-33।

यादें

इस्मत : उनकी आदतें और उनका व्यक्तित्व—ख़ालिद लतीफ़
इस्मत चुग़ताई—मोहम्मद हसन अस्करी
इस्मत चुग़ताई का जादू—सलमा सिद्दीक़ी
इस्मत चुग़ताई—पद्मा सचदेव

इस्मत : उनकी आदतें और उनका व्यक्तित्व

ख़ालिद लतीफ़

इस्मत के अफ़साने पढ़ने वालों की ज़ुबानी मैंने यही सुना है कि वो बड़ी मर्द-मार क़िस्म की औरत हैं, लेकिन जब पहली बार मैंने उन्हें देखा तो यूँ महसूस हुआ जैसे ख़मीरी आटे में किसी ने बहुत ही नर्म-नाज़ुक और हस्सास[1] दिल रख दिया हो।

ये तब की बात है जब मैं दसवीं जमात में पढ़ता था। दसवीं जमात का एक आम और मामूली तालिबे-इल्म ...ये बात मैंने इसलिए की कि मैं इससे ज़्यादा कुछ और न था। जब मैंने पहली बार इस्मत को देखा शाहिद लतीफ़ से उनकी शादी हो चुकी थी। बड़ी बूढ़ियों को ये शादी पसन्द नहीं थी। ऐ सुना है बहू अफ़साने लिखती है...जी हाँ, सुल्ताना बी, बड़े फ़िज़ूल, वाहियात और नंगे अफ़साने...“नंगे...अल्ला-तौबा!!! यानी कल की लड़कियों के दीदे का पानी ढल गया है।” मैं ये बातें सुनता था और सोचता था कि न जाने दीदे का पानी ढलने के बाद औरतें कैसी होती हैं। फिर अचानक मालूम हुआ कि शाहिद लतीफ़ और इस्मत आ रहे हैं। पहले वो भाई मियाँ और बी से मिलने के लिए बरेली गये। फिर बड़े भाई अज़्मतइलला ख़ान से मिलने के लिए लखनऊ आये। जिस दिन शाहिद और इस्मत लखनऊ आ रहे थे, मालूम नहीं क्यों भाई साहब बग़ैर मुझे बताये हुए उन्हें लेने के लिए स्टेशन पहुँच गये। मैं अभी सोकर उठा ही था कि ये लोग आ गये। मैंने सलाम किया और फिर डरते-डरते इस्मत को देखा। वो तो वैसी ही थीं, जैसी घर की और औरतें ...बी, ख़ाला, भाबी, आपा जान...मेरा तआर्रुफ़[2] परिचय कराया गया, शाहिद भाई बोले–

“ये है इस्मत।”

“और ये हैं ख़ालिद।”

इस्मत बड़े सरपरस्ताना मूड में मुस्कुरायीं लेकिन इस मुस्कुराहट में न तो अजनबीयत थी और न ही अहसासे-बरतरी। बल्कि बहुत सारी इनसानी मुहब्बत। हाँ, इस मुहब्बत में तंज़ ज़रूर था। ये तंज़ तो इस्मत के मिज़ाज का हिस्सा है जैसे उन्होंने अपने किरदारों में समो दिया लेकिन वो ख़ुद इससे कभी निजात न हासिल कर सकीं। मेरा सर उन दिनों घुटा हुआ था। आसान और सलीस[3] उर्दू में यूँ कह लीजिए कि बुज़ुर्गों के दिलों में ये अन्देशा

---

1. संवेदनशील, 2. परिचय, 3. सहज

जाग उठा कि आवारा हो जायेगा। और ये सब कुछ आज से बारह-तेरह बरस पहले यू. पी. में होता था। यक़ीनन इस्मत की मुस्कुराहट में मेरे घुटे हुए सर के लिए ही तंज़ था।

"ये क्या हिमाक़त है?"

"भाई ज़रा जल्दी बाल उगाओ, हमें तो तुम्हें देख कर वहशत हो रही है।"

मुझे ग़ुस्सा तो आया कि 'बाल उगाओ' जैसे कि हमारा सर न हुआ, आलुओं का खेत हो गया। मगर करते क्या...

उस ज़माने में लखनऊ में नुमाइश लगी हुई थी। हम लोग नुमाइश देखने गये। शाहिद, इस्मत, भाई साहब और एक आधा और अज़ीज़...इस्मत और शाहिद साथ-साथ चल रहे थे। न मालूम, मुझे क्यों ये महसूस हुआ जैसे इस्मत (जान-बूझ कर) एक क़दम पीछे रहने की कोशिश कर रही है। इस वक़्त मेरे दिमाग़ में ये सब बहुत धुँधला था। लेकिन अब मैं यक़ीन से कह सकता हूँ कि इस्मत शाहिद से बहुत बड़ी हैं। ये और बात है कि उन्होंने हमेशा अपने आपको छोटा बनाकर दूसरों के सामने पेश करने की कोशिश की। अपनी इस कोशिश में वो कहाँ तक कामयाब हुईं, इसके मुतअल्लिक़ मैं क्या अर्ज़ कर सकता हूँ।

हाँ, तो नुमाइश में भाई साहब के एक दोस्त भी मिल गये। शाहिद और इस्मत को देखकर कहने लगे, "क़द क़ामत के लिहाज़ से जोड़ बराबर का नहीं है।" उन्होंने महज़ ज़ाहिरन देखकर ये फ़ैसला किया था। वैसे अगर क़द-काठी शब्द हटा दिया जाये तो बात ज़्यादा सच्ची हो जायेगी। तसलसुल और बरसों की तरतीब से फ़िलहाल छुटकारा चाहते हुए एक बात और कहना ज़रूरी समझता हूँ। सन् 1946 ई. में इत्तिफ़ाक़न मेरी नज़र इस्मत की डायरी पर पड़ गयी। इस डायरी को पढ़ने के बाद उनकी फ़ितरत की छुपी हुई महानताएँ मेरे सामने कुछ इस तरह आ गयीं कि मैंने अपना सर झुका दिया...एक जगह लिखा था...

"मैंने ऊँची एड़ी की सैंडिल इसलिए पहनना छोड़ दीं कि मेरे और शाहिद लतीफ़ के क़दों का फ़र्क़ कम हो जाये और वो बड़े लगने लगें। ...मैंने लिखना कम कर दिया ताकि मेरी शोहरत से वो अहसासे-कमतरी में मुब्तला न हों। ...मैंने अच्छे लिबास पहनने छोड़ दिये ताकि लोगों की नज़रें मुझ पर कम पड़ें।"

ये है असली इस्मत चुग़ताई का एक अक्स, उसकी रूह की एक झलक। मौलाना सलाहुद्दीन ने कहीं लिखा है कि, "आने वाली नस्लों की माँ इस्मत के किरदारों को अपने पहलू में मचलता हुआ महसूस करेंगी।" ये बड़ी सच्ची बात है। इस्मत ने बेबाक अफ़साने लिखे। रिवायती अख़्लाक़ को झकझोरा, लेकिन इस (असल भलाई) की मिसाल कहीं और मुश्किल से मिलेगी।

बड़ी शख़्सियतों की क़लमी तस्वीरें बनाना इसलिए और भी मुश्किल है कि बात से बात निकलती चली आती है और तरतीब बाक़ी नहीं रहती।

तो इस्मत दस-पन्द्रह दिन लखनऊ रहकर मुम्बई वापिस चली गयीं। मैं धीरे-धीरे शायद उन्हें भूल गया और मैट्रिक के इम्तिहानों में उलझ गया। जब इम्तिहान ख़त्म हुए और सर पर बाल उग आये तो शाहिद भाई और इस्मत भाभी याद आये। वैसे भी मुम्बई

मेरे ख़्वाबों की सब्ज़-परी थी। कुछ साल पहले घर का एक नौकर अचानक भाग गया। और दो-तीन साल के बाद जब लौटा तो हुलिया ही बदल गया था। सफ़ेद पतलून, रेशमी क़मीज़, उसमें सोने के बटन, हाथ में बीड़ी की बजाय सिगरेट, हाथ में चमचमाती घड़ी...मैंने पूछा "ये सब क्या है?" कहने लगा, "भइया मुम्बई का प्रताप है।" गरज़ ये कि मुम्बई के फ़ैज़ का मैं भी इच्छुक हो गया। इस्मत भाभी और शाहिद का तो बहाना था, मक़सद तो मुम्बई जाना था। इम्तिहान से फ़ारिग़ होते ही मैंने अपने इस इरादे का ऐलान कर दिया। भाई साहब ने शुरू में मुख़ालफ़त की लेकिन फिर मान गये। इसीलिए लखनऊ से मुम्बई के लिए रवाना हो गया...। पहाड़ जैसा लम्बा और कठिन रास्ता अल्लाह-अल्लाह करके ख़त्म हुआ। विक्टोरिया टर्मिनल से दूसरी गाड़ी में बैठकर मलाड पहुँचा। एक क़ुली से पूछा, "इस्मत चुग़ताई को जानते हो?" उसने, 'आँ' कुछ इस तरह से कहा कि उसका क़तई मतलब यही था कि 'नहीं।' फिर मैंने पूछा, "शाहिद लतीफ़ को जानते हो? 'नया संसार' और 'क़िस्मत' में उसने डायलॉग लिखे हैं, बहुत मशहूर आदमी हैं। और इस्मत बहुत बड़ी अदीबा हैं।" क़ुली मुझे हैरानी से देखता रहा, फिर बोला, "नक्को जानो।" क़ुली पर बहुत ग़ुस्सा आया कि इतनी मशहूर अदीबा और जुबली मनाने वाली फ़िल्म के डायलॉग-राइटर का नाम तक नहीं मालूम। इससे आप अन्दाज़ा कर सकते हैं कि उस वक़्त 'अदीब' का क्या तसव्वुर मेरे ज़हन में पैदा हुआ होगा। बहरहाल मैंने क़ुली से कहा 'सामान उठाओ।' उस ज़माने में शाहिद और इस्मत दफ़तरी बिल्डिंग में रहते थे। शाहिद बॉम्बे टॉकीज से अलग हो चुके थे। फिल्मिस्तान की दाग़ बेल डाली जा रही थी और इस्मत उस वक़्त तक इंस्पेक्टर्स ऑफ़ स्कूल्ज थीं। लेकिन दफ़्तर नहीं जा रही थीं। कुछ दिनों के बाद उन्हें माँ बनना था। अपनी ज़िन्दगी के हर गोशे में इस्मत ने तख़लीक़ को एक अज़मत अता की है। उनकी तख़लीक़[1] के लिए कोई एक मीडियम काफ़ी नहीं था। अफ़साने, ड्रामे, नॉवेल, फ़िल्म...। इस्मत उस ज़माने में 'टेढ़ी लकीर' लिख रही थीं। उनकी लिखाई बहुत ख़राब है, अगर उन्हें ज़रा सा मौक़ा मिले तो वो ज़ालिम को 'ज' से लिख दें। इस्मत भाभी बोलती जाती और मैं लिखता जाता। इससे पहले मुझे बस यही मालूम था कि वो बहुत बड़ी लिखने वाली हैं, उनकी शौहरत से बहुत मुतास्सिर[2] था। लेकिन कभी उनकी कोई चीज़ पढ़ी न थी। 'टेढ़ी लकीर' में मुझे बहुत मज़ा आया। मज़ा मैंने इसलिए कहा कि उस वक़्त में मैं नॉवेल की असली क़ीमत को कहाँ समझ सकता था। लेकिन पहली मंज़िल में बातें ऐसी थीं कि दिमाग़ में उठने वाले तरह-तरह के सवाल-जवाब जैसे मेरे अपने ज़हन में गूँज रहे हैं। कई बातें ऐसी छूतीं कि कभी-कभी तो मेरे कानों की लवें तक सुर्ख़ हो जातीं—तौबा-तौबा। लड़कियाँ अपने होस्टल में क्या-क्या करती हैं!

इस्मत उन दिनों मुझे अच्छी लगती थीं। उनके चेहरे के नज़दीक एक घेरा सा नज़र आता जो तख़लीक़ के साथ लाज़िम व मलज़ूम वो धीमे-धीमे क़दमों से चलती थीं और

1. रचना-धर्मिता, 2. प्रेरित।

बड़ी पुर-वक़ार मालूम होतीं। वो ख़ुद जिस वक़्त लिखती हैं तो औंधी लेटकर। उनका चेहरा काग़ज़ से इतना क़रीब होता जैसे काग़ज़ और इस्मत का कोई ख़ास तअल्लुक़ है। नौकर भाग गया था। इस्मत खाना ख़ुद पकाती थीं। उन्हें खाना पकाने का बहुत शौक़ है। ये दूसरी बात है कि कभी कोई चीज़ सलीक़े से न बना सकीं। हाँ, खाना अपने से अच्छा पक जाये तो उसका करम। मैं भी (यथासम्भव) इस्मत की मदद करता था। आटा गूँधता, आटा हमेशा बहुत ढीला-ढीला गूँधता, जिससे कि रोटी मुश्किल ही से पक पाती। एक रात इस्मत भाभी का पाँव फिसल गया और उनकी तख़लीक़ मुकम्मल न हो सकी। वो शाहकार जिसे वो फ़न के निहाँ[1] में ढाल रही थीं, ख़्वाबों की तरह बिखर गया, छूट गया।

मुम्बई में कोई दो महीने रहा लेकिन ये शहर लखनऊ की तरह मेरा दोस्त न बन सका। हमेशा मुझे अपने से बड़ा मालूम हुआ। इससे मिलते हुए मुझे झिझक महसूस होती और फिर मैं लखनऊ वापिस आ गया। मुझे अपने हाईस्कूल का नतीजा मुम्बई में तार के ज़रिये मालूम हुआ, लेकिन उसका इस सबसे क्या तअल्लुक़...?

दूसरी मर्तबा मैं क़रीब तीन-चार साल बाद मुम्बई गया और इस बार मैंने इस्मत भाभी का ज़्यादा क़रीब से मुताला[2] किया। क्योंकि पहली बार मुम्बई से वापिस आने के पहले मैंने उनके अफ़सानों को पढ़ा, उनकी तख़लीक़ात ग़ौर और तवज्जो से देखी। उन तहरीरों में कहीं-कहीं उनकी झलक भी नज़र आती। मगर उनके अफ़सानों को उनकी आपबीती नहीं कहा जा सकता। उनका मुशाहिदा बहुत तेज़ है। ज़िन्दगी के न जाने कितने छोटे-छोटे वाक़िआत और न जाने कितने छोटे-बड़े किरदारों को उन्होंने अपने अफ़सानों में ढाल दिया। बहुत सी छोटी-छोटी बातें, बीते हुए वाक़िआत याद आ रहे हैं, मगर मैं उनसे दामन छुड़ा कर इस्मत भाभी की और आदतों का ज़िक्र कर रहा हूँ। अब रहा उनके ज़हन में उतरने का सवाल तो ये बात मेरे बस की नहीं। वो इतनी छोटी कहाँ कि मेरी गिरफ़्त में आ जाये। उनका हर ख़याल ज़हन की वसी[3] वादियों का मुसाफ़िर है और होंठों पर तो हमेशा सादा व पुरकार मुस्कुराहट रहती है। बहुत गुमराह कुन[4] उनके ग़मों तक किसी की पहुँच?

इस्मत भाभी तबीयत की बहुत फ़य्याज़[5] हैं। इसकी वजह ये है कि वो एक बहुत अच्छी माँ हैं। अपने बच्चों से उन्हें बेहद मुहब्बत है। शायद किसी ज़माने में मुझे उनसे गिला था, मालूम नहीं अब भी है या नहीं कि उनमें लड़का पैदा करने की सलाहियत नहीं है। शायद यही शिकवा है जो 'सोने के अण्डे' वाली कहानी में उभर आया। लड़का पैदा होता है तो यूँ रोती है 'हुआँ हुआँ' यानी दौलत वहाँ ले जाऊँगी। बच्चियाँ तो एक बोझ हैं। दहेज, दामाद, बारात, दूल्हा...लेकिन ये रद्दे-अमल इस्मत की ज़िन्दगी में नहीं है। उनके मन में कोई कड़वाहट नहीं। और उनकी मुहब्बत महदूद[6] नहीं है। वो अपनी बच्चियों से ही मुहब्बत करती हैं। अपने और शाहिद के रिश्तेदारों का भी ख़याल रखती हैं। बल्कि उनकी मदद भी करती हैं। दोस्तों और जान पहचान वालों के लिए इस्मत क्या नहीं कर

---

1. साँचों, 2. अध्ययन, 2. व्यापक, 3. उदार, 4. भटकाने वाली, 5. प्रेरित, 6. सीमित।

गुज़रीं। श्याम के पास मकान न था उसे अकबर मंज़िल का फ्लैट दे दिया। बहनोई का इन्तिक़ाल हुआ तो बहन और भांजों को साथ रख लिया। और क्या कहें...इस्मत का हाथ बहुत खुल्ला है। रुपये को वाक़ई हाथ का मैल समझती हैं। दिल के हौसले का ये आलम है कि जब कभी मैंने उनसे कुछ माँगा, उन्होंने यही कहा कि जाओ अलमारी में से ले लो। ये कहकर वो चाबी ढूँढ़ना शुरू कर देतीं। अलमारी की चाबी ढूँढ़ना जू-ए-शीर[1] लाना होता था। ढूँढ़ते पहली पर और मिलती दूसरी मंज़िल पर थी, कभी ग़ुसलख़ाने में, कभी किसी किताब के अन्दर। चाबी मेरे हवाले कर देतीं और मुझे जितने पैसों की ज़रूरत होती, मैं ले लेता। उन्होंने कभी नहीं पूछा कि तुमने कितने पैसे लिए और क्यों लिए? इस्मत पान खाने की ख़ासी शौक़ीन हैं। लेकिन उनका पानदान देखने से तअल्लुक़ रखता है। कभी कुछ ग़ायब, तो कभी कुछ ग़ायब। ये बेतरतीबी तो इस्मत भाभी का अहम हिस्सा है। तरतीब और उनका मेल कुछ अजीबो-ग़रीब सा है। घर की सफ़ाई, चीज़ों की देख-भाल के बारे में बहुत ही मूडी हैं। सफ़ाई पर आयें तो एक दिन में धुले-धुलाये घर को फिर से धोकर रख दें, पुरानी चीज़ों को उठाकर फेंक दें, ई हम रफ़्त, आँ हम रफ़्त...और फिर दस-पन्द्रह दिन में हालात (पहले जैसे) ...एक नहीं दस-पन्द्रह जोड़ी जूते...एक कमरे से जूते पहन कर दूसरे कमरे तक गयीं और वहीं उतार कर भूल गयीं। फिर गयीं और दूसरा सैंडिल पहन आयीं और उसे मेज़ के पास छोड़ दिया, तीसरा सैंडिल बावर्चीख़ाने के क़रीब छोड़ा, चौथा ग़ुसलख़ाने में। और यूँ ही सुबह से शाम तक जूते हर तरफ़ फैल जाते हैं, जिन्हें सजाकर रखते-रखते तंग आ जाते। लिबास की तरफ़ से बेपरवाह लेकिन इसका ये मतलब नहीं कि उनके पास अच्छे लिबास नहीं। अलमारी खोली जिसमें बेहतरीन से बेहतरीन साड़ियाँ हैंगर में टँगी हुई मिलेंगी मगर उनमें से शायद ही किसी पर इस्त्री हो। इस्मत को चीज़ें ख़रीदने का बहुत शौक़ है मगर चीज़ों को उनकी पसन्दीदगी उस्तुवार नहीं होती, जिस तरह एक बच्चा नया खिलौना ख़रीद कर खुश हो जाता है, दो-चार रोज़ उससे खेलता है और फिर घर के किसी कोने में फेंक देता है। बिल्कुल यही हाल उनका है। आज निकाह, कल तलाक़! 1948 ई. की बात है। शाहिद और इस्मत दोनों बेकार थे, इतने फ़ालतू पैसे नहीं थे कि हज़ार-पन्द्रह सौ की कोई चीज़ सिर्फ़ इसलिए ख़रीद ली जाये कि वो अच्छी है और ख़रीदने को दिल चाहता है। इस्मत को फ्रिज ख़रीदने का शौक़ चढ़ आया। बावजूद सबके मना करने के ख़रीद लिया गया। अब सवाल ये था कि इसमें रखा क्या जाये। इसीलिए बड़े खुलूस से उन्होंने फ्रिज को भरने की तैयारी शुरू कर दी, शहद, मक्खन, पनीर, तरकारियाँ, अण्डे, अचार और फिर गोश्त। लेकिन जगह फिर भी बची तो आलू और प्याज भर दिये। हर सुबह उठकर फ्रिज की सफ़ाई करतीं, चीज़ों को सजातीं और फिर बड़े प्यार से देखतीं। जैसे कोई नौकरानी मालकिन के खूबसूरत बच्चे को देखती है। चन्द दिन देखने के बाद उससे बिल्कुल बेनियाज़[2] हो जाती हैं। इस्मत ने भी बिल्कुल यही किया। चन्द दिनों बाद

1. दूध की नहर निकालना/मुश्किल काम, 2. उदासीन।

वो फ्रिज से इस तरह बेनियाज़ हो गयीं जैसे इस नाम की कोई चीज़ घर में है ही नहीं।

लड़ने का उन्हें कोई ख़ास शौक़ नहीं लेकिन अगर लड़ने पर आयें या बहस पर तुल जायें तो बहुत सारे हर्बे[1] इस्तेमाल कर डालती हैं। बात का वो जवाब देती हैं कि सामने वाला सोचता रह जाता है कि वो कहे तो क्या कहे। एक बार शाहिद और इस्मत की ख़ूब बहस हुई...कोई पीछे हटने को तैयार न था...मैंने इस पर इस्मत भाभी से कहा छोड़िए, दफ़ा कीजिए, बात क्यों बढ़ाती हैं? कहने लगीं कि अगर एक मरतबा ग़लती से जलते हुए कोयले पर हाथ पड़ जाये तो क्या तुम्हारे कहने के मुताबिक़ हाथ न हटाया जाये (जलते हुए कोयले से मुराद शाहिद थे)। इस बात का मेरे पास क्या जवाब था, सिवाय ख़ामोशी के...इन्तिज़ार करता रहा कि वो जलते हुए कोयले से हाथ हटायें मगर उन्होंने जब दो-तीन दिन नहीं बल्कि पूरे दो हफ़्ते तक हाथ नहीं हटाया तो मैंने यही समझा और ठीक ही समझा कि इस्मत का अमल कुछ अजीब सा होता है। ऐसा अजीब जिसके बारे में पहले से कुछ नहीं कहा जा सकता।

जिन दिनों वो अकबर मंज़िल, शिवानी पार्क में रहती थीं शाहिद लतीफ़ नवयुग पिक्चर्ज़ पूना में नौकर थे। इस्मत से उनके तअल्लुक़ उस ज़माने में कुछ ठीक नहीं थे। कशीदगी[2] का रद्दे-अमल तो कुछ और ही होना चाहिए था लेकिन अमली हमदर्दी एक-दूजे के साथ थी। उनकी ज़ुबान शाहिद से लड़ती थी और उनका क़लम शाहिद के लिए काम करता था।

दो-एक और छोटी-छोटी बातें...ताश खेलने की बहुत ही शौक़ीन हैं, लेकिन ताश के इस खेल से नफ़रत भी है, जिसमें दिमाग़ ज़ाया करना पड़ता है। रम्मी, होईप और कोर्ट पीस...इस तरह के पन्द्रह खेल हैं। शाहिद के बचपन के दोस्त यूसुफ़ आये नहीं कि ताश शुरू हो गया। खेल के दरम्यान अदब से सियासत तक, खाना पकाने की तरकीब से मछली के शिकार तक की बातें होतीं। खाने-पीने की हर चीज़ को जायज़ समझती हैं। मगर शराब से उन्हें नफ़रत है और मेरे ख़याल में उसकी वजह शरअी[3] नहीं बल्कि ज़ाती है।

उनके अफ़सानों को पढ़कर हर शख़्स यही सोचता है कि इतने अच्छे मकालमे लिखने वाली यक़ीनन गुफ़्तगू भी बड़ी शगुफ़्ता[4] करती होंगी। मगर हर वो शख़्स जो पहली बार उनसे मिलता है, उसे बड़ी मायूसी होती है। सिर्फ़ जी हाँ, हूँ, जी, हाँ, नहीं, में ही टालती रहती हैं। इस्मत दो, चार, छह मुलाक़ातों में ही खुलती हैं और फिर देखिए रफ़्तारे-गुफ़्तार...

और ये सब कुछ लिखने के बाद मैं सोच रहा हूँ कि मज्मूई तौर पर[5] ये इस्मत चुग़ताई हैं या...इस सवाल का सबसे मुकम्मल जवाब यही है कि ये इस्मत चुग़ताई ही हैं।

1. हथियार, 2. तनाव, 3. धार्मिक मनाही, 4. दिलचस्प, 5. कुल मिलाकर।

इस्मत चुग़ताई

मोहम्मद हसन अस्करी

जब से सलीम अहमद ने 'सय्यारा' की इदारत सँभाली है, मेरी मुसीबत आ गयी है। दूसरे एडिटर तो मज़मून के लिए ज़्यादा से ज़्यादा दो ख़त ही लिख सकते हैं, लेकिन उनका घर इतना क़रीब है कि रात के ग्यारह बजे भी अपने क़तआत लिखकर वापस आ रहे हो तो भी सामने से गुज़रते-गुज़रते मज़मून का तक़ाज़ा करते जाते हैं। फिर ऊपर से एक पाबन्दी उन्होंने यह लगा रखी है कि मैं अदब पर नहीं बल्कि अदीबों पर लिखूँ और मैं अदीबों को जानता ही नहीं। आम तौर से अदीब अपने तहरीरों के बराबर भी नहीं पहुँचते। उनसे मिलना बेकार है। फ़िराक़ साहब के क़िस्म के लोग अपनी तहरीरों से इतने आगे निकल जाते हैं कि उनके बारे में हर-दफ़ा नयी तरह से सोचना पड़ता है और उनका खुलासा नहीं बयान किया जा सकता। तीसरी क़िस्म के लोग वो हैं, जिनकी शख़्सियत वज़न में उनकी तहरीरों के बराबर है। न ज़्यादा न कम, पहली किस्म के लोगों के बारे में बहुत कुछ अपनी तरफ़ से बयान करना पड़ता है। जब जाके वो दिलचस्प बनते हैं। दूसरी क़िस्म के लोगों के बारे में हमेशा बहुत कुछ बयान होने से रह जाता है। तीसरी क़िस्म के लोगों के बारे में लिखना आसान है। न अपनी तरफ़ से कुछ बढ़ाने की ज़रूरत, न कुछ न रह जाने का ख़तरा। बस जो देखा है, लिख दिया। लेकिन यहाँ भी मेरी मुश्किल यह है कि मैं दूसरों से ज़्यादा बातें नहीं करता तो वह भी इन्तेकामन मुझसे ज़्यादा बातें नहीं करते। जब मेरी वाक़फ़ियत इतनी महदूद हो तो मैं क्या लिखूँ। इस पर भी सलीम अहमद का इसरार है कि मैं शख़्सियत पर लिखूँ। चूँकि मुझे अन्देशा है कि मज़मून न लिखा तो रात के बारह बजे सोते से उठकर उनका इस्तक़बाल करना पड़ेगा। इसलिए लिखूँगा तो सही, लेकिन किसी ऐसे आदमी के बारे में, जिसका एहतराम मेरे दिल में कुछ इस किस्म का हो कि मज़मून दिलचस्प न बनने पाये। इस्मत चुग़ताई का एहतराम यूँ तो मैं हमेशा से करता आया हूँ, लेकिन मुन्दरजा बाला किस्म का एहतराम उस दिन से शुरू हुआ, जब उनसे मुलाक़ात हुई। फिर वो खुद भी मेरी बुज़ुर्ग बनती है। अब से दस साल पहले मेरा एक मज़मून और एक अफ़साना 'साक़ी' में साथ-साथ शाया हुआ था। इस्मत ने पर्चे में से दोनों चीज़ें फाड़कर अपनी इसलाह समेत मुझे भेजीं और ऊपर में छह सफ़े का खत। यूँ तो उन्होंने मेरा अमला

भी दुरुस्त किया था और इंशा भी सिखाए थे और यह बताया था कि कंकर मोनिस नहीं, मजकर है। लेकिन खास शिकायत उन्हें मुझसे यह थी। पहले तो मैं सिर्फ़ मुश्किल बात ही कहता था। मगर अब तो मुश्किल अल्फ़ाज़ भी इस्तेमाल करने लगा था। इसलिए उन्होंने मुझे हुक्म दिया था कि या तो लिखना छोड़ दो या एक लुग़त खरीदकर भेजो। ज़्यादा इसरार उन्हें इस बात पर था कि साकी में लिखो क्योंकि मैं बस यही एक रिसाला पढ़ती हूँ। तीन-चार सफ़े तक मुझे डाँट लेने के बाद उनका ग़ुस्सा ठंडा पड़ा। फिर शफ़कत शुरू हुई। माफ़ी तो उन्होंने फिर भी नहीं माँगी। अपनी बुजुर्गी जताई। यानी लिखा कि बेटे तुम हम अदीब लोगों में सबसे कम उम्र हो, इसलिए मेरा हक है कि तुम्हें डाँटूँ। ख़त ख़त्म करते-करते उन्हें एक दफ़ा फिर ग़ुस्सा आ गया। कहने लगीं ज़्यादा झुँझलाहट तो मुझे इस बात पर होती है कि तुम लड़ोगे भी नहीं बस “जी हाँ” करोगे। उनकी बुजुर्गी तो मुझे पहले भी तसलीम थी लेकिन जब उन्होंने खुद अपनी ज़बान से अपने-आपको बुजुर्ग कह दिया तो अब मेरे लिए यह मुमकिन नहीं रहा कि उन्हें महज़ एक दिलचस्प अदबी शख़्सियत समझूँ। वैसे भी उनके अन्दर एक अपना वकार है कि मेरी समझ में तो आता नहीं। बाज़ लोग उनके मुताल्लिक़ ऐसे अन्दाज़ में मज़मून कैसे लिख देते हैं, जैसे उनसे बड़े बेतकल्लुफ़ हों। यूँ दिलचस्प बातें और ख़ासे ख़तरनाक मौजुआत पर उन्होंने मेरे सामने भी घंटों की हैं, लेकिन उनकी मतानत और वकार में कमी आते मैंने कभी नहीं देखी। आमतौर से अदीबों को मर्दों की तरह बातें करने का बड़ा शौक़ होता है। लेकिन इस्मत चुग़ताई अख़्लाक़ियात के बारे में बातें करते हुए भी नसवानी रख-रखाव से गाफ़िल नहीं रहती। इसलिए मैं उनकी तहरीरों के अलावा खुद उनका भी बड़ा एहतराम करता हूँ। इसी एहतराम का नतीजा है कि उनके मुताल्लिक़ लिखने के लिए मेरे पास कुछ है ही नहीं और मैं उन्हें उनकी तहरीरों से अलग करके नहीं देख सकता।

ताज्जुब की बात है कि जब उन्होंने लिखना शुरू किया तो मुझे इनसे खामखा की चिढ़ थी। उन दिनों मैं बी.ए. में पढ़ता था। मेरे एक दोस्त इस्मत के मालिकन थे और मैं मीरा जी का। वो मीरा का नाम सुनकर मुस्कुराया करते और मैं इस्मत का नाम सुन के। एक दिन मैंने सोचा कि जब इस्मत की बुराई ही करनी ठहरी तो उनका एक आध अफ़साना पढ़के देख लेना चाहिए ताकि यह तो मालूम हो जाये कि उनमें ख़ामियाँ क्या हैं। यह तो याद नहीं कि मैंने सबसे पहले उनका कौन-सा अफ़साना पढ़ा। कम से कम उनके बेहतरीन अफ़सानों में से नहीं था। लेकिन उस ज़माने तक इस्मत के मामूली अफ़सानों के मुक़ाबले के अफ़साने भी कितने लिखे गये थे। इसलिए अफ़साना मुझे एक हद तक पसन्द तो ज़रूर आया, लेकिन मैंने पहले से तय कर लिया था कि बुराई ज़रूर करूँगा। इसलिए मैंने अपने दोस्त के सामने इतना एहतराम तो किया कि इस्मत अच्छा लिखती है, लेकिन साथ-साथ मगर भी लगा दिया।

लेकिन आहिस्ता-आहिस्ता इस मगर के इस्तेमाल की ज़रूरत कम होती चली गयी। दो साल के अन्दर मेरी अक़ीदत इतनी बढ़ी कि मैं इस्मत के अफ़सानों में तरह-तरह के

मोहम्मद हसन अस्करी

नफ़्सीयाती और रूहानी मसाइल दरयाफ़्त करने लगा। ये मसाइल कौन-कौन से थे, उनके ज़िक्र से अब कोई फ़ायदा नहीं क्योंकि जिस तरह मण्टो के अलावा बाकी सब उर्दू अदीब थक-हार कर बैठ रहे, वही हाल इस्मत का हुआ। मैंने उनके अफ़सानों में जो बातें ढूँढ़ी थीं वो उस हद तक न सही, जितना मैं अपनी अक़ीदत के जोश में समझा था, लेकिन थीं ज़रूर। उन्हें इनसानी नफ़्सीयात के बाज गोशों का शऊर दूसरे अफ़साना निगारों से ज़्यादा हासिल था, लेकिन औरों की तरह उन्होंने मज़ीद तफ़्तीश ज़रूरी नहीं समझी। जिस ज़माने में उन्होंने अपना नॉवेल 'टेढ़ी लकीर' लिखा, उन दिनों यह नफ़्सीयात की कुछ ऐसी किताबें पढ़ना चाहती थीं, जिनसे अपने मौजू को समझने में मदद मिल सके, लेकिन चूँकि उर्दू में इसके बग़ैर भी काम चल सकता है, इसलिए उन्होंने महज़ अपने मशाहरात के बल पर ही नॉवेल लिख डाला। इसमें इस्मत का कोई कुसूर नहीं। उस वक़्त तक नक्कादों[1] का एक तबक़ा वजूद में आ चुका था। और खुद अफ़साना निगारों ने अपने फ़न के बारे में सोचना छोड़ दिया था। इस्मत पर ग़ालिबन फ़िल्मी माहौल का भी कोई अच्छा असर नहीं हुआ। मैंने उन्हें अपनी मजूजा अफ़सानों के मुताल्लिक़ लोगों से गुफ़्तगू करते हुए तो सुना है, लेकिन यह बहस हमेशा इस सवाल तक महदूद रही कि फलां वाक़या ज़िन्दगी में इसी तरह पेश आ सकता है या नहीं। इस वाक़यात के पीछे और क्या-क्या इनसानी हक़ीक़तें हो सकती हैं। इसकी तफ़्तीश का उन्हें ख़याल ही नहीं आया, बल्कि यूँ कहना चाहिए कि इस्मत के दिल में तो ऐसी तफ़्तीश की ख़्वाहिश ज़रूर मौजूद थी, लेकिन उन्हें कोई ऐसी ज़ेहनी फ़िज़ा न मिल सकी, जहाँ इस किस्म के रूहानात पनप सके। वरना इनसानी शऊर के नाजुक अरतवाशात को लफ़्ज़ों के जरिए गिरफ़्त में ले आने की जैसी सलाहियत इस्मत में थी, वैसी किसी और अफ़साना निगार में न थी। यूँ तो मण्टो ने भी अपनी सलाहियतों को पूरी तरह इस्तेमाल नहीं किया, लेकिन इस्मत तो अपना इज़हार इतना भी न कर सकी, जितना मण्टो ने किया। मैं उनकी पूरी तख़्लीकात में से कम से कम 25 सफ़े के इकतबासात ऐसे छाँट सकता हूँ जिसमें यह अन्दाज़ा हो कि इस्मत क्या कुछ बन सकती थी, लेकिन उन्होंने सिर्फ़ तरक़्क़ीपसन्द बनना पसन्द किया।

हाँ तो मैं कह रहा था कि एक ज़माने में मुझे यह ख़ब्त हुआ कि मैं इस्मत के अफ़सानों में यह ढूँढ़ा करता था कि उनमें इनसानी वजूद की तफ़्तीश की कौन-कौन सी नयी राहें निकलती हैं। उन दिनों हमारी क्लास में...का भी बड़ा चर्चा था। मुझे इत्तेफ़ाक़ से नफ़्सीयात के एक प्रोफ़ेसर मिल गये जो सम्मोहन भी जानते थे। चुनाँचे हम दोनों यह तमाशा किया

1. आलोचकों।

करते थे कि मेरे एक चचाजाद भाई को सम्मोहन के ज़रिए सुलाया जाता और उनसे तस्वीरें बनवाई जातीं। इसका ज़िक्र मैंने अपने ख़त में कृष्ण चन्दर से किया। वह उस ज़माने में मेरे गुरु थे। बल्कि उन्हीं की डाँट डपट का असर था, जो मैंने एम.ए. कर लिया, वरना मैं तो यूनिवर्सिटी छोड़कर भाग लिया था, मैंने उन्हें तस्वीरों का हाल सुनाया तो उन्होंने तस्वीरें देखने को मँगायीं। मैंने सबसे अच्छी तस्वीर छाँटकर भेज दी। उन्होंने तस्वीर तो फाड़ दी, तो ऊपर से मुझे एक लेक्चर भी पिलाया, लेकिन मैं कहाँ बाज आने वाला था। मैं तो एक कोशिश यह कर चुका था कि नफ़्सीयात के प्रोफ़ेसर साहब मुझे सम्मोहित करें और मैं सोते में अफ़साना लिखूँ, लेकिन वह मुझे सुन ही न सके। इसीलिए मैंने कहा कि मैं अब शऊरी तौर पर कोई किस्म की चीज़ लिखूँगा। एक दफ़ा रात को बारह बजे नींद नहीं आ रही थी, मैंने महज़ तफन्नुश तबाह के लिए एक मज़मून नीम नीम अन्दाज़ में इस्मत के मुताल्लिक़ लिख डाला। यह महज़ मज़ाक़ भी नहीं था। हमारे एक बड़े प्रोफ़ेसर साहब थे, जो मुझसे नयी नस्र के तफसरे लिखवाया करते थे। मैं उनसे कुछ सीखना चाहता था। इसलिए उन्हें छेड़ने के लिए ऐसी नर्स को मोहम्मिल बताया करता, फिर वह मुझे समझाया करते कि ज़ाहिरी बेतुकेपन के ज़रिए क्या मानी पैदा किये जा सकते हैं। इसीलिए मैंने भी अपने इस मज़मून में ऐसे तरीके बरतने की कोशिश की। यह दो सफ़े का मज़मून संजीदा भी था और ग़ैर संजीदा भी। मज़मून का नाम मैंने रखा—आग के पेड़ की कलियाँ। इरादा था कि सुबह को इसे फाड़ कर फेंक दूँगा, लेकिन शाहिद साहब मुद्दत से मज़मून माँग रहे थे। मैंने सोचा लाओ उनसे भी एक मज़ाक़ करूँ। वह इस मज़मून को छापेंगे तो क्या, मुझे यह कहने को हो जायेगा कि मैंने तो आपको मज़मून भेज दिया था, लेकिन शाहिद साहब ने वाक़ई यह मज़मून छाप दिया। एक साहब को भी दिल्लगी सूझी तो उन्होंने इस मज़मून के मुताल्लिक अदीबों की राय जमा करनी शुरू कर दी। इस्मत को इस्तकसारनामा भेजा तो उन्होंने लिखा कि यह मज़मून बिल्कुल...और बेमानी है।

और जब उनसे पहली दफ़ा मुलाक़ात हुई तो साल भर का अरसा गुज़र जाने के बावजूद उन्होंने यही पूछा कि हजरत अपने इस मज़मून के मानी को समझा दीजिए, लेकिन इसका यह मतलब नहीं कि उन्होंने छूटते ही यह सवाल कर डाला। इस पहली मुलाक़ात में एक घंटे तक तो मैं उनसे सख़्त बददिल रहा।

1943 के शुरू का ज़िक्र है। एक दिन सुना इस्मत दिल्ली आयी हैं और शाहिद साहब के यहाँ ठहरी हैं। ख़ैर यह तो हर शख़्स ही मालूम करना चाहता था कि इस्मत इसी तरह बातें करती हैं, जैसे अफ़साने लिखती हैं या नहीं। बल्कि उनसे मिलते जाते हुए इस ख़याल से तामिल हुआ कि कहीं बनती न हों लेकिन एक साहब ने बताया कि खुद इस्मत भी मेरे बारे में पूछ रही थीं। यह सुनकर मैं ख़ुश-ख़ुश शाहिद साहब के यहाँ पहुँचा। सब लोग बाहर गये हुए थे, लेकिन शाहिद साहब जाते हुए घर कह गये थे कि मैं आऊँ तो मुझे फ़ौरन जामा मस्जिद की तरफ़ रवाना कर दिया जाये। वहाँ एक किताबों की दुकान पर दिल्ली के अदीबों की बैठक जमती थी। मैंने अन्दर झाँका इस्मत हाथ पर ठोढ़ी रखे बैठी थीं। एक

साहब ने मेरे नाम का ऐलान किया तो मैंने बड़े अदब से इस्मत को सलाम किया। जवाब नदारद। मैंने अबके ज़रा बुलन्द आवाज़ से अपना सलाम दोहराया। इस्मत के कान पर जूँ तक न रेंगी। मैं हैरान तो ज़रूर हुआ, लेकिन पहले से भी ज़्यादा अदब के साथ मिज़ाज पूछा। अब के भी जवाब गोल रहा। मैंने समझा शायद ऊँचा सुनती हैं। इसीलिए और ज़ोर से कहा। मिज़ाज शरीफ़। वह इसी तरह ख़ला को घूरती रहीं। अब तो मैं बिल्कुल बेज़ार हो गया। जी चाहा उठके चल दूँ। ये कहाँ की तमीज़ है कि सलाम का भी जवाब नहीं देतीं। इतने में शाहिद लतीफ़ आ गये। इस्मत के बरख़िलाफ़ वो बड़े तपाक से मिले, बल्कि उन दोनों को बाज़ार से कुछ ख़रीदना था। ज़बरदस्ती मुझे भी तांगे में बैठा लिया। इस तरह हम लोग कई घंटे साथ रहे, लेकिन इस्मत ने मुझसे एक बात नहीं की। मैंने इरादा कर लिया कि अब उनसे कभी नहीं मिलूँगा, लेकिन शाम को शाहिद साहब ने बुला भेजा तो जाना पड़ा। इस दफ़ा उनका रंग बिल्कुल मुख़्तलिफ रहा। अब जो बातें करने पर आयीं तो दुनिया-जहाँ के मसाइल पर तफसरा कर डाला और मैं बैठा 'जी हाँ' 'जी हाँ' करता रहा। उनसे जितनी दफ़ा भी मुलाक़ात हुई, उनकी और मेरी गुफ़्तगू का नक़्शा यही रहा, लेकिन उसमें मेरी नियाजमंदी के अलावा एक बात और भी थी। अव्वल तो वह बातें ऐसी ज़हानत के साथ करती हैं कि ताज्जुब होता है एक औरत को ऐसा दिमाग़ कैसे मिल गया, फिर वो ज़बान ऐसी अच्छी बोलती हैं और अन्दाज़ इतना मासूमाना होता है कि चाहे वो बेमानी बातें ही क्यों न हों, बीच में टोकने को जी नहीं चाहता। वैसे भी उनसे बहस करना बेकार है, क्योंकि एक क़िस्सा ही क्यों न सुन लीजिए। एक दिन दोनों मियाँ-बीवी इस बात पर झगड़ रहे थे कि उर्दू के नये अदीबों में नशवो नमा क्यों नहीं हुई। शाहिद लतीफ़ अदीबों को इलज़ाम गरदान रहे थे। इस्मत कह रही थीं कि उर्दू ही क्या किसी ज़बान के अदीबों में भी कोई तब्दीली नहीं हुई। आदमी का जैसा अन्दाज़ बन गया, वैसा ही बन गया। बीच में शाहिद अहमद साहब आ गये और उन्होंने मुझे छेड़ा कि अब इन मियाँ-बीवी को लड़वाकर अलग बैठ गये। खुद क्यों नहीं बोलते। मैंने भी दबी ज़बान से कह दिया कि हाँ साहब तब्दीली हुई तो है। इस्मत को बहस करने का बड़ा शौक़ है। इसीलिए उन्होंने फौरन मुझे ललकारा कि बहस हो जाये, दलील लाइए। मैंने एक आध नये अंग्रेज़ी शायर की मिसाल दी। कहने लगीं कि साहब मैं नज़्में नहीं पढ़ती, नस्र...की बात कीजिए। बर्नार्ड शॉ का तो हर ड्रामा मैंने चार-चार बार पढ़ा है। मैंने बर्नार्ड शॉ के ड्रामों का हवाला दिया तो बोलीं कि ये ड्रामे तो मैंने पढ़े नहीं। उन्हें बहस करने में लुत्फ़ आता है और मुझे उनकी बातें सुनने में लुत्फ़ आता है, खुसूसन उस वक़्त कि जब वह रुके बगैर जो जी में आये कहती चली जायें। इसलिए वह मेरी जी हाँ से चिढ़ती हैं और मैं जानबूझ कर 'जी हाँ', 'जी हाँ' करता हूँ। हैं तो ये सब माजी की बातें, लेकिन हाल का...इसलिए इस्तेमाल किया है कि अगर उनसे कभी मुलाक़ात हो जाये तो हमारी गुफ़्तगू का नक़्शा यही रहे।

बातें तो वो मासूमियत के साथ करती हैं, लेकिन जब चुप साध लेती हैं तो बड़ी ही

ख़तरनाक बन जाती हैं। दिल्ली में एक दफा बुख़ारी साहब ने उन्हें अपने यहाँ बुलाया। पाँच-छह अदीब थे और हर एक को यही तवक्क़ो थी कि जैसी बेतकल्लुफी उनके अफ़सानों में होती है, वैसी ही बातों में भी होगी, लेकिन इस्मत जो ख़ामोश होकर बैठीं तो इस तरह कि तीन-चार घंटे तक लोगों ने सिर मारा लेकिन वो हाँ, हूँ से आगे न बढ़ीं। रस्मी गुफ़्तगू के अलावा उनकी ज़बान से बस दो जुमले निकले। फ़ैज़ साहब ने एक मज़मून ग़ालिब के मुताल्लिक़ पढ़ा, जिसमें मौत की आरज़ू का ज़िक्र था। इस्मत ने एतराज़ किया कि आरज़ू तो आजकल के शायरों में भी है। फ़ैज़ ने जवाब दिया कि हाँ, मगर फ़र्क़ यह है कि ग़ालिब तो ज़िन्दा...इस्मत ने उन्हें बात भी पूरी न करने दी और कहा कि अच्छा तो क्या आजकल के शायर मर चुके हैं?

इसके बाद दूसरी और आख़िरी मुलाक़ात उनसे साल भर बाद हुई, जिसे दरअसल मुलाक़ातों का एक सिलसिला कहना चाहिए। इस मज़मून के शुरू में मैंने बताया है कि एक दफ़ा उन्होंने मुझे छह सफ़े की लम्बी डाँट पिलाई थी। अभी मैं जवाब भी नहीं लिखने पाया था कि एक दिन शाहिद साहब के यहाँ पहुँचा तो देखा इस्मत बैठी हैं। मैंने हैरान होकर पूछा कि आप यकायक कैसे आ गयीं? हँस के कहने लगीं मैंने आपको ऐसा मोहम्मल ख़त लिख मारा था, उसकी माफ़ी माँगने आयी हूँ। बाद में शाहिद साहब से मालूम हुआ कि बम्बई में बैठे-बैठे उनका जी चाहा, दिल्ली चली आयें। मियाँ को भी नहीं बताया।

इस दफ़ा इस्मत से बड़ी बातें हुईं, यानी उन्होंने बहुत बातें कीं। हुआ यूँ कि गुलाम अब्बास साहब ने कहा, लाओ इस्मत का इम्तेहान लें, इसीलिए उन्होंने अपना एक अफ़साना इस्मत को ले जाके दिया कि इसे पढ़कर इसके मुताबिक अपनी राय लिख भेजें। अब्बास साहब का ख़याल था कि अफ़साना उनकी समझ में नहीं आयेगा। इस्मत ने बातों के दौरान में ही अफ़साना पढ़ लिया और कहा कि लाइए, अभी राय लिख दूँ। सफ़े भर की तो बात है। इसीलिए बातें करती गयीं और राय भी ऐसी लिखकर दी कि अब्बास साहब उनकी ज़हानियत देखकर दंग रह गये। इस वाक़ये के बाद अब्बास साहब के भी दिल में उनका एहतराम ऐसा पैदा हुआ कि हम दोनों रोज़ रात को खाना खाने के बाद शाहिद अहमद साहब के यहाँ जा पहुँचते थे। इस्मत से औरतें बहुत मिलने आती थीं। जिसने सुन लिया, वो आयी हैं, फौरन उन्हें देखने दौड़ी आ रही है। इस्मत इन मुलाक़ातों से किसी न किसी तरह पीछा छुड़ाकर नीचे आ बैठती थीं और फिर बातों में ग्यारह-बारह बज जाते। शाहिद साहब, अब्बास साहब और मैं तीन सुनने वाले होते। इस्मत के ज़िम्मे बोलने का काम था। यह तो याद नहीं रहा कि वह बातें क्या करती थीं, लेकिन यह ज़रूर याद है कि उनकी बातों से जी न भरता था और हम लोग बैठे उनकी ज़ेहानियत पर ताज्जुब किया करते थे।

लेकिन इसी ज़माने में इस्मत को मेरे बारे में ख़ामख़ा एक गलतफ़हमी पैदा हो गयी। वह चलते हुए शाहिद साहब को 'टेढ़ी लकीर' का मसौदा दे गयीं और यह कह गयीं कि नॉवेल में कोई ख़ामी नज़र आये तो मुझे बता दीजिएगा। मैं इसे फिर से लिखना चाहती

हूँ। शाहिद साहब ने ड्राफ्ट मुझे दे दिया और कहा कि इसकी ख़ूबियाँ तो अपनी जगह हैं जो ख़ामियाँ नज़र आयें सिर्फ़ वो लिख दो। इस नॉवेल के पहले 50 सफ़े तो ऐसे हैं कि हमारा अदब उनका जवाब पेश नहीं कर सकता, लेकिन मैंने शाहिद साहब की फ़रमाइश के बावजूद एक छोटे से पर्चे पर दो-चार बातें लिख दीं जो मुझे खटकी थीं। शाहिद साहब ने वो पर्चा इस्मत को भेज दिया। उसे पढ़कर इस्मत शाहिद साहब से भी नाराज़ हो गयीं और मुझसे भी। उन्होंने अक्सर लोगों से मेरी शिकायत की। मुझे उनसे सिर्फ़ एक शिकायत है कि अगर वो मुझसे नाराज़ हो गयी थीं तो डाँट का एक ख़त और लिख देतीं। वो मेरी बुजुर्ग हैं। मैं फिर 'जी हाँ' कह देता।

इस्मत चुग़ताई का जादू

सलमा सिद्दीक़ी

इस्मत चुग़ताई से मैं कब मिली? यह बताने के लिए मुझे बम्बई से एक हज़ार मील दूर जाना पड़ेगा। ...आप जुगराफ़िये से तो वाक़िफ़ हैं न? तो सुनिये—इस बड़े कारोबारी शहर से निकलिये और चलिए दिल्ली की तरफ कि जो इस देश की राजधानी है, बड़े-बड़े अमीर, वज़ीर, ताज़िर, व्यापारी और अपने-अपने राहल-ओ-अयाल और अपने-अपने आमाल के साथ इस शहर में रहते बसते हैं। एक तरफ़ जमुना बहती है, दूसरी तरफ़ बल्कि तीन तरफ़ इमारतों, मकबरों, समाधियों और इनसानों की रेल-पेल है। उसी जमुना के पुल पर एक पल के लिए ठहरिए और शाहदरा की राह पकड़िए—वहाँ से चल निकलिए। अलीगढ़! दरमियानी फ़ासला बहुत मुख़्तसर है। चाहे ट्रेन से जाइए, चाहे रथ या बैलगाड़ी से, और जी चाहे तो पैदल ही चलिए। अगर आपकी नाक सीधी है तो सीधी राह पकड़िए, अगर नाक टेढ़ी है तो टेढ़ी राह पकड़िए और अगर आपकी नाक ऊँची है तो भी कोई मजाइका नहीं, इसलिए कि अलीगढ़ की तालिमी बस्ती में सिर्फ़ ऊँची नाक वाले ही बसते हैं। यहाँ क़फ्ल—यानी तालों और इल्म—यानी तालीम का कारोबार बड़े पैमाने पर होता है। पहले यहाँ के क़फ़्ल दरवाज़ों, अलमारियों, सड़कों और ख़ज़ानों को सुरक्षित रखते थे। मेरे बचपन में मर्द यह ताले औरतों के ज़ेहन में भी लगाते थे—अब औरतें यही ताले मर्दों के ज़ेहन पर लगाती हैं। समझौता मुकम्मल है—मीज़ान बराबर है। इंतकाम पाया-ए-तक़मील को पहुँचा।

अलीगढ़ में सर्दी-गर्मी, खिजाँ-व-बहार के अलावा भी एक मौसम होता है जिसे इम्तेहान का मौसम कहते हैं। जब खेतों में सरसों फूलती है, आम के दरख़्तों पर बौर हैं, आसमान पे बेरंग बदलियाँ थिरकती फिरती हैं और बागों में बेनाम चिड़ियाँ चहकती हैं—आँगन की क्यारियों में स्वीट पी[1] की रंग-बिरंगी पंखुड़ियाँ मुर्झाने लगती हैं, रात ढले तक होस्टलों की खिड़कियों में रोशनियाँ जगमगाती हैं और बोगनविला की बोझल शाखें थकी हुई बाँहों की तरह गिरने लगती हैं तो समझ लीजिए कि नयी फ़िल्मों के राग और कच्चे[2] की आग पर इम्तेहान के आसेब ने अपने पर फैला दिये हैं।

---

1. एक क़िस्म का फूल, 2. इश्क़।

एक ऐसी ही आसेबी दोपहर में मुस्लिम गर्ल स्कूल की छुट्टी छठी जमाइत की बदशौक तालिबात में बैठी-बैठी बेचैनी से पाँचवें घंटे की मुंतज़िर थीं। थोड़ी देर पहले हिसाब के घंटे में शिक्षक ने यह खुश ख़बरी सुनाई थी कि पाँचवें घंटे में सब लड़कियाँ एसेम्बली हाल में जमा हो जायें, जहाँ एक जादूगर जादू दिखाने आनेवाला है। खुशी और इश्तियाक के मारे हम सबकी घिग्घी बँधी हुई थी। और वक़्त था कि रत्ती भर बढ़ता ही न था। बारे खुदा खुदा करके चौथा घंटा ख़त्म हुआ और छुट्टी की लम्बी घंटी बजी। अजीब-सी भगदड़ मचने लगी। डेस्क खटपट बन्द होने लगी, कुर्सियाँ घसीटी जाने लगीं। दवातें उलटने लगीं, लड़कियाँ एक-दूसरे से टकराने लगीं कि इसी वक़्त, करना खुदा का क्या हुआ कि एक नौजवान खातून सफेद साड़ी पहने, किनारा जिसका नीला, सफेद ब्लाउज की आस्तीन जिसकी नदारद, काली चप्पलें एड़ी जिसकी सपाट, खुलती गन्दुमी रंगत की सुर्खी जिसमें मफकूद, काले बेहद घुँघराले और घने बाल, रिबन से बेनियान, ऐनक में से झाँकती हुई शोख-ओ-शरीर आँखें, सुरमे की जो मुहताज और पतले-पतले होंठ संजीदगी से जिन्हें बैर था। हाथों में रजिस्टर लिए क्लास में दाखिल हुईं। उस तिलस्मी माहौल में जब हमारे ज़हन में जलपरियाँ तैर रही थीं, ऐसी तिलस्मी मखलोक की आमद ने हमारे जोश-ओ-ख़रोश पे ओस डाल दी। हमारे चेहरे उतर गये...वह खातून बड़ी बेतकल्लुफ़ी से मुस्कराती हुई शिक्षक की कुर्सी घसीटकर मेज़ पीछे खड़ी हो गयीं और बोलीं...

"अरे! अभी से जा रही हो?"

"जी हाँ, छुट्टी हो गयी है" महर उन्नीसा बड़े वकार से बोलीं।

"छुट्टी कहाँ, अभी तो पाँचवाँ घंटा शुरू हुआ है—"

"पाँचवाँ घंटा नहीं होगा...जादू दिखाया जायेगा..."

ताहिरा सलीम आगे बढ़ के कच्ची कैरी कतरती हुई बोली...

"जादू? क्या जादू?"

"जी हाँ जादू...वह जो जादू होता है न, जिसे जादूगर दिखाते हैं..." अजरा ने अपने तौर पर वज़ाहत की!

"कहाँ देखोगी जादू?"

"एसेम्बली हाल में", खुर्शीदा ने जल्दी से कहा और बस्ता लपेटने लगी।

वह खातून बड़ी तीखी मुस्कराहट के दौरान बोली...

"अगर मैं तुमको इसी क्लास रूम में जादू दिखाऊँ तो?..."

"क्लास में जादू?" कई लड़कियाँ एक साथ चीख पड़ी...

"अरे शोर क्यों मचाती हो? बात तो सुनो..."

"वह देखो जादूगर आ गया—" जहराह नसीम ने एसेम्बली हाल की तरफ़ इशारा करते हुए बड़े जोश-ओ-ख़रोश से कहा।

जादूगर वाकई आ गया था—वह काला चोंगा पहने हुए था जिसकी ढीलीढाली लम्बी-लम्बी आस्तीनें ज़मीन तक लटक रही थीं। मूँछे बड़ी-बड़ी, ठोड़ी से नीचे लहरा रही

थीं और उसने एक लम्बी सी सर्कस के जोकरों जैसी टोपी पहन रखी थी। बड़ा ही मुश्टंडा और रिवायती सा जादूगर था। हम सब उसके हुलिये पर तकरीबन आशिक़ हुए जा रहे थे।

नोवारिद ख़ातून ने जादूगर पे अजीब सी इस्तेहजाइया नज़र डाली और बड़े तंज़िया लहजे में बोली–

"देखो भई, मेरा नाम इस्मत चुग़ताई है–मैं बीटी कर रही हूँ। आज मेरा आख़िरी सबक़ है–फिर इम्तेहान शुरू हो जायेंगे...और मेरा सबक़ रह जायेगा...।"

चूल्हे में जाय आपका सबक...मैंने बुदबुदाते हुए सोचा।

उसी वक़्त सुपरवाइजर भी क्लास में दाखिल हो गयी और तालिबात बहुत मुँह बसोरे हुए तकरीबन रुआँसी हो के अपनी-अपनी जगह बैठने लगीं।

इस्मत चुग़ताई ने एक बोगस नक़्शा जो वह अपने साथ लायी थी, मेज़ पर फैलाना शुरू कर दिया–हो न हो यह दुनिया का नक़्शा होगा–भला दुनिया से हमें क्या लेना-देना–बर्रा-आजम और बहिररा आजम की गरदान शुरू होगी और इस तरह इस दुनिया के चक्कर में हमारा जादू का खेल धरे का धरा रह जायेगा। वह नक़्शा ब्लैक बोर्ड पर फैला दिया गया और हमारी हैरत की इन्तेहा न रही–जब हमने देखा कि नक़्शे में दुनिया नहीं, एक रंगीन इनसानी पैकर को दिखाया गया है जो कपड़ों ही से नहीं खाल से भी बेनियाज था–सारा जिस्म अजीब गोरखधन्धा मालूम हो रहा था। चेहरा देखिए तो भूत जैसा और गरदन से नीचे देखिए तो अजीब सी बेतुकी सुर्ख और नीली लकीरों का जाल

फैला हुआ था। कहीं-कहीं कुछ नलकियाँ, गढ़े, बटवे, डब्बे, लट्टू, फिरकियाँ और बीचो-बीच जैसे उलझा हुआ ऊन...अजीब-ओ मदारी का शैला था वह तो...

"यह क्या है?" बिलकिस ने पूछ ही लिया।

इस्मत चुग़ताई मुस्कराकर बोलीं–"यही तो है जादू का पिटारा..."

"जी नहीं यह जादू का पिटारा नहीं है..." इम्तियाज़ फ़ातेजा बड़े संजीदा लहजे में बोली, वह हमारी क्लास की बड़ी संजीदा हस्ती गरदानी जाती थी।

"यह तो इनसान का जिस्म है...हमें जादू दिखाइये न?"

इस्मत चुग़ताई हँसकर बोलीं–"तुम ठीक कहती हो–यह इनसान का जिस्म ही है–लेकिन इससे बड़ा जादू इस दुनिया में कोई है भी नहीं..."

सईदा झुँझलाकर बोली—"हाँ, इसमें है क्या?"

इस्मत आपा मुस्कराकर बोलीं—"यही तो तुम्हें बताना चाहती हूँ कि इसमें क्या नहीं है..." और फिर उन्होंने एक पेन्सिल की नोक नक़्शे के सिरे पर रख पूछा—

"खोपड़ी"—बहुत सारी आवाज़ें एक साथ चिल्लायीं...

"इसमें क्या होता है...?"

हम सब सोचने लगे तो खुद ही बोलीं—"तुम सब की खोपड़ी में भूसा भरा है...अरे भई इसमें दिमाग़ रहता है..."

"उहूँ...दिमाग़ रहता है...जैसे दिमाग़ में कोई किरायेदार है..." बिलकिस सरगोशी में बोली...(बिलकिस के अब्बा जान और उनके किरायेदारों के दरमियान हमेशा कोई न कोई झगड़ा चलता रहता था)

"सुन रही हो न?" इस्मत आपा ने पूछा।

"दिमाग़ का क्या काम होता है?"

"दिमाग़ का काम?" हम सब सोचने लगे...

इस्मत आपा ने बताया कि "यह जो हम सोच रहे हैं न—तो यह हम नहीं सोच रहे हैं—दरअसल दिमाग़ सोच रहा है..."

"भई वाह! कितने मज़े की बात है..." मसूदा ने चुपके से कहा जो बहुत काहिल औरत थीं—और इस बात से बहुत महरूर थीं कि सोचना भी इनसान का नहीं, दिमाग़ का काम है—और फिर तो हमने इस्मत आपा के साथ-साथ सर की बुलन्दी से इनसानी आजा की सीढ़ियों पे से आहिस्ता-आहिस्ता ज़ीना-ब-ज़ीना और सीना-ब-सीना उतरना शुरू किया। ऐसा महसूस होता था जैसे इन्तेहाई दिलचस्प भूलभुलैया में घूम रहे हैं—हर मोड़ एक नया मंजर, एक नया मुसर्रफ़ बताता था...क्या ही पुर-असरार-पुर पैच सफ़र था वह...और हम सब बेसुध और मुसहारे उस काइनात की सैर कर रहे थे जिसे इनसानी जिस्म कहा जाता है।

टन-टन-टन...छुट्टी का घंटा बज रहा था—इस्मत चुग़ताई अपना नक़्शा समेट रही थीं—जादूगर अपना थैला लपेटकर जा रहा था—और छठी जमात की तालिबान एक-दूसरे को ऐसी हैरत और दिलचस्पी से देख रही थी, जैसे वह इनसानी पैक्ट नहीं, जादू के पिटारे थीं...

इस्मत आपा बीटी के बाद अलीगढ़ से चली गयीं और फिर उनसे मुलाक़ात उनकी कहानियों के ज़रिये होने लगी। कितना अजीब ज़माना था वह भी, जब तरक़्क़ीपसन्द मुसन्निफ़ों की पूरी खेप-की-खेप कील-काँटे से लैस होके अदब के मैदान में उतरी थी—गुज़स्ता तीस-पैंतीस साल की मुद्दत में ऐसा खूबसूरत, शानदार और बा-वक़ार कारखाने-अदब देखने को नहीं मिला। नौजवान तलबाए-व-तालिबात की ज़हनी तालीम-ओ-तश्कील में तरक़्क़ीपन्सद तहरीक का जो नुमाया हिस्सा रहा है, वह किसी से पोशीदा नहीं है। मैं जिस नस्ल से ताल्लुक़ रखती हूँ उसने तरक़्क़ीपसन्द तहरीक का उरूज देखा है और आज के पुर-आशेब दौर में सियासी, समाजी और फ़िल्मी बाज़ार में भाव-ताव भी देख रही हूँ और इतना कुछ देखने के बाद मुझे यह हक़ पहुँचता है कि अपने तौर पर यह कह सकूँ कि तरक़्क़ीपसन्द

तहरीक ने अपनी बिसात भर इनसानी ग़म-ओ-इल्म को समेटने और रंग-ओ-नूर बाँटने में जो बेमिसाल खिदमत अंजाम दी हैं उनकी अज़मत और अहमियत का ऐतराफ़ अपने और बेगाने दोनों ही करते हैं—अवल अल्ज करमदह करके और मोखर आख़िर अल्ज कर दुश्नाम तराजी का सहारा लेके...

इस्मत चुग़ताई के ज़िक्र के साथ तरक़्क़ीपसन्द तहरीक का ज़िक्र लाज़मी हो जाता है। इसलिए ख़्वाहिशें न होने पर भी इस मज़मून में इस बात का तज़्किरा आ ही गया। सारे फ़साने में जिसका ज़िक्र न था। इस्मत चुग़ताई की हर कहानी मुझे ऐसी मतहरक नज़र आती है जैसे किरदार पढ़ न रही हों। मालूम नहीं इस्मत आपा को अपने किरदार याद हैं या नहीं, मुझे तो उनका हर किरदार नज़र आता रहता है। 'नन्ही की नानी' कहानी को आप ने किसी रिसाले में पढ़ा होगा। मैंने तो उसे अलीगढ़ में बार-बार देखा है। कैसी मासूम, बेवकूफ, चिड़चिड़ी, चोर-उचक्की सी बुढ़िया थी वह—फिर भी कितनी दिलकश। मुमकिन है मैंने जो नन्ही की नानी देखी हो, वही नन्ही की नानी न हो जिसने इस्मत चुग़ताई से कहानी लिखवाई हो—लेकिन उससे क्या फ़र्क़ पड़ता है, मेरी नन्ही की नानी किसी तरह इस्मत चुग़ताई की नन्ही की नानी बन के अमर हो गयी—वह चाहे हमारी आपकी नन्ही नानी हो चाहे इस्मत आपा की नन्ही की नानी...

'चौथी का जोड़ा' भला किस ने सिलता नहीं देखा? सुनसान वीरान दोपहर की उदास और घुटी हुई फ़िज़ा में नौजवान लड़कियाँ शाने-झुकाये चारपाइयों पे बैठी सुई-धागे से अरमानों की ओढ़नी पे कशीदाकारी करते किसने नहीं देखीं—ठीक है आजकल की लड़कियों ने ऐसी लड़कियाँ नहीं देखीं—लेकिन वह जो यह देखने से महफूज रहीं तो पता है कि किसकी वजह से? छोड़िये नाम लेने से क्या फायदा, जाने किसका क्रेडिट कौन ले जाये! आपने कभी इस्मत चुग़ताई से बात की है? नहीं की, तो भी कोई बात नहीं—दरअसल उनकी कहानियाँ उन्हीं की तरह बातचीत करती हैं—बुरा-भला कहती हैं—हँसती-बोलती हैं, तीखे-खट्टे-मीठे फिकरे कहती हैं। लेकिन कहानी की अपनी एक हद होती है। इसे सफ़हात के हिसार में रहना बसना होता है। इस्मत चुग़ताई तो अपने अहद पे माहस में आजकल की नौजवान नस्ल ने जो एक बहुत माअरक्तोलन लफ़्ज़े जादू किया है। इसकी गत बनते देखनी हो तो ज़रा इस्मत चुग़ताई के पास जाके देखिए। ऐसा हँस-हँस के रुलायेंगी और ऐसा रुला-रुला के हँसायेंगी कि लड़के-लड़कियाँ खिसिया के किसी डिस्को थेक में घुस जायेंगे और वहाँ भी चैन न पाया तो किधर जायेंगे?

इस्मत चुग़ताई से जब कभी मिलिए कोई न कोई ऐसा दिलचस्प क़िस्सा सुनने को मिलता है कि मुद्दतों याद रहता है। चन्द माह पहले की बात है, टीवी पे एक मुबाहिसा हो रहा था—इस्मत आपा के साथ दो ख़वातीन और भी थीं—एक जवान थीं दूसरी नौजवान—गुफ़्तगू का आग़ाज़ हुआ तो यह तो मालूम न हो सका कि बहस का मौज़ू क्या था। (हम औरतों को गुफ़्तगू करने के लिए किसी मौज़ू की ज़रूरत होती भी नहीं है) लेकिन इतना ज़रूर अन्दाज़ा हो रहा था कि ख़याल और ज़ाविया नज़र के ऐतबार से सबसे कमसिन और

अप-टू-डेट इस्मत चुग़ताई थीं—

एक बार एक अदबी नशस्त में कृष्ण चन्दर और ख़्वाजा अहमद अब्बास दोनों बराबर कुर्सियों पे बैठे हुए थे। इस्मत आपा आहिस्ता टहलती हुई उन तक पहुँचीं, उन दोनों के पीछे जाके खड़ी हो गयीं, मुझे बुलाया और मुझसे बोलीं—

"कौन कहता है कृष्ण गंजा है...?"

मैंने सहम के कहा—"मैं तो नहीं कहती!"

दोनों के सर पर हाथ रखकर बोलीं—"अब्बास के मुक़ाबले में कृष्ण के बाल, सिर्फ़ बाल नहीं ज़ुल्फ़ें हैं," गैसू हैं, फिर हँस के बोलीं—गंज हाथ! गिरा नुमाया यही तो है भई! सुना है, एक बार एक दुखिया तवाइफ़ की शामत आ गयी जो इस्मत चुग़ताई से अपना दुखड़ा रोने बैठ गयी—सब कुछ बता सुना चुकी तो उसने अपने इस नेक इरादे से इस्मत आपा को मुत्तला किया कि वह अपनी गुनाह की ज़िन्दगी से आजिज़ आ गयी है और अपनी बाकी मान्दा ज़िन्दगी शरीफ़ाना और सूफ़ियाना तौर पर गुज़ारने का फैसला कर चुकी है...

इस्मत आपा बेहद मटकके बोलीं—"हैइये-हैइये...कमबख़्त क्या भूखों मरने का इरादा है...? कितने ऐश कर रही हो, शरीफ़ों के क्या सुरख़ाब के पर लगे होते हैं, जो शरीफ़ बनने के लिए मरी जा रही हो—कभी पेशा छोड़ने की ग़लती भी मत करना...और छोड़ दो तो मेरे पास मत आना रोती बिलखती...शरीफ़ बीवियों की तरह शरीफ़ मर्दों के जूते डंडे सहती हुई।"

और इस तरह इस्मत चुग़ताई ने उस तवाइफ़ को तवाइफ़ियत के ऐसे-ऐसे फ़ाइदे बताये कि वह लाला रुख़ अपने काशाने में वापिस चली गयी।

एक ट्रेनिंग कॉलेज में इस्मत आपा को बुलाया गया—इस्मत आपा ने अपने बेझिझक लहज़े में बहुत कुछ कह डाला...लड़कियों को बुर्के और पर्दे के हिसार से बाहर आने की दावत भी दे डाली—एक मतशुरू किस्म के बुज़ुर्ग को इस तकरीर पर ऐतराज़ हुआ—उठ खड़े हुए और इस्मत आपा को मुख़ातिब करके ज़रा तुरूप लहज़े में बोले—"मोहतरिमा! क्या आप चाहती हैं कि लड़कियाँ अपने उरियाँ-जिस्म की नुमाइश करें?"

इस्मत आपा ने बेइतमिनान से फ़रमाया—"जी हाँ! अगर इनके जिस्म पे कोढ़ न हो तो कोई हर्ज नहीं है—" बजाहिर यह फ़िकरा बहुत चुभता हुआ है, लेकिन गौर कीजिए तो बड़ा बलीग फिकरा है (इस्मत चुग़ताई तो महज़ यह कहना चाहती हैं कि कोई काम करने में कोई हर्ज नहीं है—अगर इस अमल या नजरिये या ऐतकाद या तकाद के जिस्म पे।)।

एक दफ़ा मैंने इस्मत चुग़ताई के ज़हन में कहानी बनते देखी—उनके चेहरे के उतार-चढ़ाव की सीढ़ियों पे मैंने एक कहानी को सजते देखा। (बस कहानी पे वह आलम तारी था जो जिन पे बोतल में बन्द होते वक़्त तारी होता होगा) अलीगढ़ में सख़्त सर्दियों का ज़माना था—जनवरी की महावटे पड़ रही थीं और उजला-उजला चाँदी का पानदान उनके सामने खुला हुआ था—मुलाक़ातियों, तलवा-व-तालिबात, दोस्त एहबाब वग़ैरा के इलावा एक मा-अम्मुर खातून भी वहाँ बैठी थीं...बेहद साफ शफ़्फ़ाक, मैदे शहाब ऐसी रंगत, बेहद नरम-ओ-नाज़ुक,

ख़ुद-ओ-खाल, बेहद धानपान लगता था औरत नहीं चमेली की कली पंगडडी पे खिली है। किसी ने सरगोशी में कहा—“कैसी खूबसूरत हैं बड़ी बी—अपने दिनों में क्या सितम ढाती होंगी!” इस्मत ने भी उसी सरगोशी में जवाब दिया—

“बिल्कुल कुँआरी लगती हैं...”

और इस तरह इस्मत चुग़ताई की निहायत ख़ूबसूरत कहानी ‘घूँघट’ का जन्म हुआ। इस्मत आपा को मैंने बेमुहाबा क़हक़हे लगाते या खिलखिला के हँसते कभी नहीं देखा—लेकिन उनकी आँखों में हमेशा एक अजीब-सी तंजआमेज शोखी और लबों पे एक तीखी सी मुस्कराहट तैरती रहती है। ग़म से किसे निजात है—और इस्मत आपा को भी रंज-ओ-इल्म ने क्यों बख़्शा होगा, लेकिन जाने वह किस मिट्टी की बनी हैं—कभी रोते, आह भरते उनको किसी ने नहीं देखा। उनके घर में तो कोई ऐसा सेफ डिपोजिट वाल्त भी नहीं है जहाँ वह अपने सब दुख-दर्द और रंज-ओ-ग़म छुपाके रख देतीं। कितना जी चाहता है कभी तो वह अपनी कोई परेशानी अपने किसी हम-उमर अज़ीज़ वाकारिब दोस्त या दुश्मन को बतायें सुनायें—बहुत परेशान होंगी तो रमी खेलेंगी, ज़्यादा पान खायेंगी, ज़्यादा गप करेंगी लेकिन हम अब लाख उस अरमान में तड़पें कि इस्मत चुग़ताई के मकरब ख़ास बन के उनकी परेशानियों में हिस्सा बाँटें—यह मुमकिन नहीं है—कभी ऐसा मत सोचियेगा हमदर्दी के लफ़्ज़ से तो वह ऐसा चिढ़ती हैं, ऐसा बिदकती हैं कि ख़ुद हमदर्दी का लफ़्ज़ उनसे पनाह माँगता है।

इस्मत चुग़ताई

पद्मा सचदेव

इनसान कितना भी बड़ा क्यों न हो जाये, बचपन की कोई-न-कोई बात उसके सिर के ऊपर ख़ूबसूरत तितली की तरह मँडराती रहती है। रंग-बिरंगे परों वाली यह तितली उसके हाथ में तो नहीं आती, पर सपनों में, छत पर अकेले बैठे हुए, अँधेरे कमरे में नींद को बुलाते हुए, किसी बहुत अपने से कोई बड़ी कड़वी बात सुनते हुए या बहुत-सा काम करते-करते थक जाते वक़्त—यह सिर पर घूमना शुरू कर देती है, आँखों की पुतलियों की तरह। बहुत चाहने पर, सपने में कभी यह तितली आपके हाथ के दायरे में आ भी जाये तो भी आप इसे पकड़ नहीं सकते। खाली देख सकते हैं, और चाह सकते हैं उस लमहे को और-और अतीत में डुबो-डुबोकर याद करना, ताकि आप इस तितली के पंखों के सारे रंग गिन सकें।

इस्मत चुग़ताई, जिन्हें प्यार से हम सब इस्मत आपा भी कहते हैं, अपनी आँखों की चमक पर अतीत के पर्दों की परछाइयाँ तह-दर-तह उठाते हुए कह रही थीं—जब अपनी ज़िन्दगी की सबसे पहली बात याद आती है, तब लाल-लाल शीशोंवाला एक गोल कमरा अपनी चकाचौंध के साथ आँखों के आगे घूमता है, जहाँ मैं तालियाँ बजाते हुए घूमा करती थी। यह शीशमहल मेरी माँ का पेट था जो उस कमरे की शक्ल में मुझे कभी-कभी दिखाई देता रहा। फिर एक और घेरा याद आता है जहाँ बहुत चमकदार कपड़े पहने मैं खड़ी हूँ और आसपास खड़े लोग गोल-गोल मेरे गिर्द घूम रहे हैं। बात यों थी कि मैं अपने मामू की शादी में नाच रही थी, लोग खड़े थे, जो मुझे घूमते दिखाई दे रहे थे। आज भी लगता है, वे सब घूम रहे हैं, और मैं खड़ी हूँ।

यह कहकर इस्मत आपा फिर लाल रंगोंवाले शीशमहल को खोजने लगीं। तब मैंने उनसे पूछा, "आपके ऐसे व्यक्तित्व को देखकर यह तो लगता ही नहीं कि आप कभी छोटी भी थीं। यों लगता है, जैसे आप इतनी ही बड़ी थीं और बाक़ी सब बौनों की तरह अपना सिर ऊँचा किये आपको देखते रहते थे।"

पर मेरी बात अनसुनी करते हुए वे बताने लगीं। "हमारे घर में एक सफ़ेद घोड़ी थी, मेरे सभी भाई उस पर बारी-बारी से घूमते। साईस उन्हें घुमाकर लाता। मैं ललचाई नज़रों से उन्हें देखती रहती और घोड़ी पर चढ़ने की ज़िद करती रहती। पर माँ की इजाज़त न थी।

वे कहतीं—लड़कियाँ घुड़सवारी नहीं करतीं, घोड़ी पर चढ़ी तो टाँगें तोड़ दूँगी। पर जब भी मैं अपने किसी भाई को सफ़ेद घोड़ी पर अकड़कर बैठे हुए देखती तो मचल उठती। एक बार मैं घोड़ी के पीछे-पीछे रोते-रोते आ रही थी। भाई घोड़ी पर शान से बैठा था। तभी मेरे वालिद कचहरी से लौटे। साईस से उन्होंने पूछा—ये क्यों रो रही है? उसने बताया—घोड़ी पर बैठना चाहती है। अब्बा ने कहा—तो बिठाते क्यों नहीं? ...जी, बेगम साहिबा की इजाज़त नहीं है। अब्बा ने कहा—बिठाओ...तब से मैं भी रोज़ सफेद घोड़ी पर बैठने लगी। घोड़ी पर बैठकर मुझे यों लगा, जैसे मैंने कोई क़िला फ़तह कर लिया हो। विद्रोहिणी इस्मत की पहली जीत थी यह। उसके बाद तो वालिद जब भाइयों से निशाना लगवाते, तब मेरे हाथ में भी कारतूस थमा देते और निशाना लगाना सिखाते।" मैंने हँसते हुए पूछा, "किसी को निशाना तो नहीं बनाया?" वे भी हँसते हुए ही बोलीं, "नहीं बन्दूक़ से नहीं।"

बाजी को ले गया थानेदार

फिर आपा संजीदगी से कहने लगीं, ''मैं माँ का दसवाँ नम्बर बच्चा थी। मेरे पैदा होते-होते बच्चों में माँ की दिलचस्पी एकदम कम हो गयी थी। मुझे या तो अन्ना देखती, या मेरी बाजी। पर अन्ना भी दो-तीन साल बाद चली गयी। अन्ना का दूसरी तरफ़ मुँह किये हुए एक ख़ास अन्दाज़ मुझे अब तक याद है, जिसमें उसके हरे-हरे गोदने साफ़ दिखाई देते थे। बाजी बहुत सँभालती थी, उनकी टाँगों में लिपटी मैं सारा-सारा दिन अपने-आपको महफ़ूज़ समझती रहती। अम्मा तो, लगता है मुझे नफ़रत ही करती थीं। हर दो साल बाद उनके बच्चा हो जाता था। भला हो उस बन्दर का, जिसने उन दिनों परिवार-नियोजन का काम किया!'' आपा फिर बताने लगीं, "हुआ यों कि माँ पूरे दिनों से थी। अपने पेट पर कटोरी टिकाए वे चने खा रही थी। दरख़्त पर बैठे एक मोटे-ताज़े बन्दर का मन भी चने खाने को हो आया। उसने ऊपर से माँ के पेट पर छलाँग लगाई। उसके बाद वह बच्चा भी चला गया और अम्मा के फिर कभी बच्चा न हुआ...तो जब मैं चार बरस की थी, बाजी की शादी हो गयी। लम्बे-से सूखे-से दूल्हा, जिनकी सेहरे की लड़ियाँ नोच लेने को जी चाह रहा था, बाजी को ले गये। वे थानेदार थे, घर-भर में छोटे-बड़े सब मुझे चिढ़ाते थे—

बाजी के बिछुए थानेदार
बाजी को ले गया थानेदार

"ज़ोर-शोर के साथ बजते बाजों में अपनी रुलाई को गुम होते मैं देखती रही। बाजी चली गयी। उस वक़्त इतने हंगामे में एक बच्ची का रोना-बिसूरना क्या अहमियत रखता था। उन दिनों कभी-कभी ख़ाबों में मुझे अँधेरी ख़ाली सड़क पर रोती हुई धीरे-धीरे आगे बढ़ती एक छोटी लड़की दिखाई दिया करती थी। वह मैं होती थी। ...मैं घर में अकेली इसलिए भी थी कि मुझमें और बाक़ी बहनों में उम्र का बड़ा फ़र्क़ था। वे सब एक कोने में गुच्छा बनाकर अपने-अपने होने वाले मियाँ लोगों का ज़िक्र करती होतीं, मुझे देखते ही

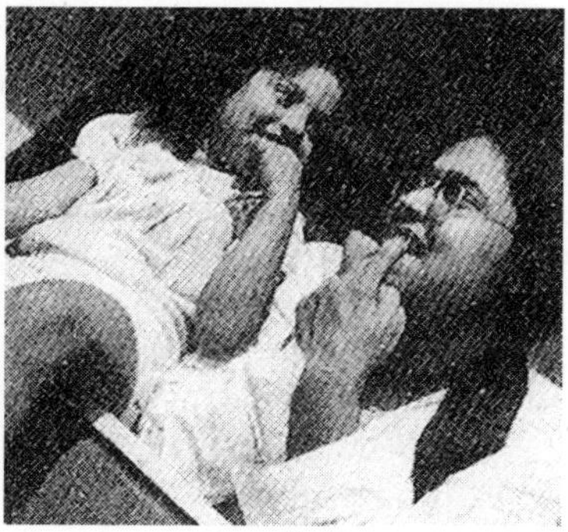
इस्मत और सीमा

भगा देतीं। भाई लोग अपने खेल-कूद में मस्त रहते थे। मैं बग़ैर पार्टी की थी, यानी निर्दलीय कोई भी मुझे अपनी पार्टी के दायरे के क़रीब न फटकने देता।

"धीरे-धीरे मुझे यह समझ आने लगा कि बहनों की तरह सिर जोड़कर फ़िज़ूल बातें करने से अमरूद के दरख़्त पर चढ़ना ज़्यादा सुन्दर है, घर में बैठकर बावर्चीख़ाने में नौकरों के सिर पर खड़े रहने से बन्दर का तमाशा देखना ज़्यादा दिलचस्प है, और ब्याह के लिए तैयार हो रहे दहेज में सिर खपाने से मुर्गियों के पीछे दौड़ना ज़्यादा आसान है। मैंने दूसरा रास्ता पकड़ा, जो आज तक पकड़े हुए हूँ।" आपा सुनाती रहीं, "घर में किसको इस बात की फ़िक्र थी कि मैं कैसे बड़ी हो रही हूँ। मैं अपने भाइयों के साथ वे सभी खेल खेलती, जो लड़के खेलते। गुल्ली-डंडा, पतंगबाजी और फुटबाल खेलते-खेलते मैं बारह बरस की हो गयी। तब तक मैंने पढ़ने के नाम पर क़ुरानशरीफ ख़त्म कर लिया था। शाबाशी देने के बजाय सब कहने लगे—अए-हए, इतनी बड़ी हो गयी, और क़ुरान अब ख़त्म किया। इन्हीं की भांजी को देखिए—पाँच बरस की है, क़ुरान भी ख़त्म किया और सीना-पिरोना भी जानती है। यह भांजी मेरी बड़ी आपा की लड़की थी। आपा बेवा हो गयी थी। याद आया—एक बार घर में तार आने से कुहराम मच गया था। पता चला, दूल्हा भाई चल बसे। मैं बड़ी खुश हुई कि अब बाजी वापस आ जायेंगी, अब फिर रातों में अँधेरी सड़क पर रोते हुए जाती वह छोटी लड़की मुझे न दिखाई देगी। पर मालूम हुआ, ये बड़ी बहन के शौहर थे, जो गुज़र गये। मुझे बड़ा ग़ुस्सा आया। अल्लाह मियाँ को अगर मारना ही था तो बाजी वाले दूल्हे को मारते ताकि मैं जी जाती। पर अल्ला मियाँ को मुझसे क्या मतलब!

"बारह साल की हुई, तो एक दिन अम्माँ ने हाथ में पुराने गरारे की गोट निकालकर दे दी। सूई-धागा थमाकर कहा कि इसका कमरबन्द सियो हाथ खुल जायेगा। जब तक अम्माँ सिर पर खड़ी रहीं, मैं भी सीने की कोशिश करती रही। एक टाँका दूँ तो दम घुटता हुआ लगे। मुर्गियाँ दौड़ाते या पेड़ों पर चढ़ते भाई दिखाई दे तो हाथ में चुभ जाये। अम्मी को घर में बहुत काम होते थे। उनके जाते ही मैं यह गोट बन्द रजाइयों में घुसा देती, जो कभी सर्दियों में बिस्तर खुलने पर नज़र आती।"

"फिर माँ ने खाना बनाना सिखाना चाहा। मैंने कहा—मैं तो न सीखूँगी। अम्माँ ने कहा—क्यों न सीखोगी? मैंने कहा—शहनाज़ भाई क्यों नहीं सीखते? माँ ने कहा—उसकी बीवी आयेगी, वह खाना बनायेगी। मैंने कहा—अगर उनकी बीवी मर गयी या भाग गयी तो कौन बनायेगा? शहनाज़ भाई रोने लग गये कि मेरी बीवी को क्यों भगा रही है? तभी अब्बा आ गये। सारी बात सुनकर उन्होंने बड़े प्यार से मुझसे कहा—खाना तो औरतें बनाती हैं। ससुराल जाकर दूल्हे को क्या खिलाओगी? मैंने जवाब दिया—दूल्हा ग़रीब हुआ तो

खिचड़ी बनाकर खा लेंगे, और अगर अमीर हुआ तो बावर्ची बनायेगा।"

"अब्बा ने तभी समझ लिया, इस भूतनी का हम कुछ न बिगाड़ सकेंगे। उन्होंने पूछा—क्या करोगी फिर तुम? मैंने कहा—सभी भाई पढ़ते हैं, मैं भी पढ़ूँगी। तब मेरे मामू महीना-भर मुझे घर पढ़ाते रहे। और उस एक महीने में सुबह-शाम मैंने इतना पढ़ा कि स्कूल में मैं चौथी जमात में ले ली गयी। उसके बाद डबल प्रमोशन मिला और मैं छठी में आ गयी। मैं आज़ाद रहना चाहती हूँ, यह तो बचपन से मैं सोचती थी, अब एक राह भी सुझाई दी। शिक्षा के बिना औरत को आज़ादी नहीं मिल सकती। बेपढ़ी औरत घर बैठकर मियाँ से 'बेवकूफ़', 'जाहिल' जैसे ख़िताब पायेगी और मियाँ के दफ़्तर जाते ही घर बैठ फिर उसी का इन्तज़ार शुरू कर देगी। मैंने सोचा, चाहे कुछ हो जाये किसी से दबकर नहीं रहूँगी, और जितना मुमकिन हुआ पढ़ूँगी।"

लड़के कोई खा तो नहीं जायेंगे?

मैंने डरते हुए आहिस्ते से पूछा, "इन साहब की तरह क्या कालेज में फिर कोई लड़का कभी अच्छा लगा?"

वे बोलीं, "कई एक लड़के अच्छे लगे। पर थोड़े-थोड़े दिन ही अच्छे लगते थे। जो बहुत हैंडसम व लायक लड़के थे, उन पर तो लड़कियाँ ही मरती थीं। जो सूखे-सड़ियल, कुतरे-से लड़के थे, वही लड़कियों के पीछे भागते थे। एक क्रिश्चियन लड़का बड़ा हैंडसम था। उस पर बहुत लड़कियाँ फ़िदा थीं। हमारे साथ भी उसकी दोस्ती थी। लड़कियाँ उसके घर जाकर केक-पेस्ट्री भी खा आती थीं। हमारे कॉलेज में तो सिर्फ़ लड़कियाँ पढ़ती थीं। जब कभी कोई लीडर आते—जैसे मौलाना आज़ाद आये, नेहरू जी आये, विजयलक्ष्मी आयीं—उनके भाषण यूनिवर्सिटी में होते थे। तब हम लड़कों की यूनिवर्सिटी में जाते थे। वहाँ तो हॉल में लड़के शरीफों की तरह बेंचों पर बैठे रहते, पर बाहर सड़क पर आते ही आवारा हो जाते। सामने की पटरी पर चलते हुए घटिया-घटिया शेर उछालते, बिला वजह हँसते या एक-दूसरे पर गिरते-पड़ते चलना शुरू कर देते। लड़कियाँ नीची नज़र किये अपनी पटरी की ओर देखते-देखते मुश्किल से होस्टल पहुँचतीं। इस ड्रामे से मुझे बड़ी कोफ्त होती। उस्तानियाँ[1] से समझी थी कि इधर लड़कियों ने लड़कों से बात करनी शुरू की, उधर लड़के ख़त्म। मैं लड़कियों से कहती—ये लड़के हम से सिर्फ़ दोस्ती करना चाहते हैं, खा तो नहीं जायेंगे, पर कोई लड़की मुझसे सहमत न थी।"

"बहरहाल, एक दिन भाषण सुनकर जब हम अपनी-अपनी पटरियों पर चल रहे थे, एक लड़के के शेर ख़त्म करते ही मैंने अपनी पटरी से जुमला उछाला—क्यों भई, यह जिगर का शेर है क्या? लड़के ने दायें-बायें देखा—यह आवाज़ कहाँ से आयी? आवाज़ तो ज़नाना लगती है! तब तक मैंने अपना सवाल दोहरा दिया। वह हकलाता हुआ बोला—मालूम

1. शिक्षिकाएँ।

नहीं! मैंने फिर कहा—बिना जाने ही अँधेरे में गोटी फेंक रहे हो? अरे भई, यह दाग़ का शेर है। उसके बाद मैंने लड़कियों से कहा—देखो तो, मुझे तो किसी ने खाया नहीं। मैं तो सही-सलामत हूँ। उसके बाद कई लड़कों से हमारी दोस्ती हुई। पढ़ने-लिखने की, शायरी की बातें होतीं। हाँ तीन-चार लड़कियाँ मिलकर लड़का से चाय-वाय भी पी लेते। पहले से यह सोचकर जाते, क्या-क्या मँगवायेंगे। सोडा, समोसे, आलू की टिकियों का दौर चलता। लड़कों के घरों से जो आमों के टोकरे आते, मिठाइयाँ आतीं, उनमें हमारे लिए भी हिस्सा रहता। उस्तानियाँ ख़फ़ा होतीं तो एक-आध आम उन्हें भी दे दिया जाता।"

"एक बार छुट्टियों में हम घर जा रहे थे। लड़के भी, ज़ाहिर है, उस ट्रेन में थे। ज्यों ही किसी स्टेशन पर गाड़ी रुकती, बस लड़के जाकर हमारे डिब्बे के सामने इकट्ठा हो जाते। डर के मारे, लड़कियाँ छोले-भटूरे व टिकियों की तरफ़ देखती रह जातीं और नीचे जाकर ख़रीदने की किसी को हिम्मत न होती। प्यास के मारे बुरा हाल था। मैंने सोचा, यह सफ़र तो बड़ा बदमज़ा रहेगा। अगली बार प्लेटफ़ार्म पर जब गाड़ी खड़ी थी, मैंने एक लड़के से कहा—ज़रा इधर आओ। वह कुछ समझा नहीं। मैंने फिर इशारे से बुलाया। वह डरते-डरते खिड़की के पास आकर खड़ा हो गया। मैंने कहा—सोडा ला दोगे? बोला, ज़रूर और पलक झपकते ही सोडे की बोतल लाकर हाथ में रख दी? पैसे लेने से वह इनकार करने लगा! मैंने कहा—भई, दो आने के लिए तुम्हारा एहसान क्यों लूँ। तुमने सोडा ला दिया, यह क्या कम है? जब गाड़ी चली तो एक टीचर जो साथ में थी, ग़ुस्सा होने लगी कि क्यों लड़कों से सोडा मँगवाया? मैंने कहा—अब की पूछेगा तो खाना ही मँगवा लूँगी। बात ही तो की है—बात करने में क्या हर्ज है? अगले स्टेशन पर एक सोडा आपको भी मँगवा देंगे। टीचर शायद माइंड कर गयी। अगले स्टेशन पर लड़के फिर आये। जब-जब प्लेटफ़ार्म आता, हम कुछ-न-कुछ मँगवा ही लेते। काफ़ी बेतकल्लुफ़ी हो गयी। सफ़र भी ख़ूब मज़े में कटा।"

आपा ने सिलसिला आगे बढ़ाया, "बचपन में मुझे सोते में चलने की आदत थी। दस बरस की उम्र तक यह आदत रही। सोते में उठकर कहीं भी निकल जाती। एक बार कुंडी खोलकर बाग़ में निकल गयी। जब होश आया तो एक पेड़ के नीचे खड़ी थी। उसे हम भुतहा पेड़ कहते थे। मुझे तो कोई भूत-वूत नहीं दिखा। पर माँ ने समझा, मुझ पर बला आती है। वे दरगाह में चढ़ावे चढ़ातीं। दरगाह का डंडा भूत भगाने के लिए सिर पर लगातीं। पर न बला आयी, न गयी।" यह कहकर वे ज़ोर से हँसीं। हँसी तो उनके साथ मैं भी, पर यह कहने की मेरी हिम्मत न हुई कि बला आपका भला क्या खाकर मुक़ाबला करती?

विषय को जरा बदलते हुए मैंने पूछा, "स्कूल में दाख़िल होने के बाद क्या फिर घरवालों ने शादी की बात नहीं उठाई?" आपा बताने लगीं, "क्यों नहीं, जब मैं नौवीं क्लास में थी, पैग़ाम आने शुरू हो गये। एक लड़का डिप्टी कलक्टर था। माँ ने फौरन फ़ैसला कर लिया—अपनी भूतनी लड़की मैं इसी को दूँगी। दर्जी-सुनार बैठा दिये गये। एक दिन स्कूल से लौटकर मैंने चहल-पहल देखी, तो कुछ शुबहा-सा हुआ। अब कोई और बहन कुँवारी तो न थी, फिर यह हंगामा कैसा। सुराग़ लगाने से पता चला, ये हमारी ही शादी की तैयारियाँ

इस्मत और पद्मा सचदेव

हैं। मैं तो घबरा गयी। बारी-बारी अम्माँ-अब्बा से कहा—मैं शादी नहीं करूँगी, पढ़ूँगी। माँ बोली—पागल है। अब्बा समझाने लगे—पढ़ने को कौन मना करता है। ससुराल में जाकर पढ़ लेना। मैंने सोचा, ससुराल में पढ़ाई हो चुकी। अब्बा जैसा कलक्टर हुआ तो हर साल बच्चे पैदा करूँगी, या इम्तहान दूँगी? बहुत सोचने के बाद एक तरकीब सूझी। मेरे मामजाद भाई बम्बई में डाक्टरी पढ़ रहे थे। मैंने बड़ी मिन्नत करते हुए, गिड़गिड़ाकर उन्हें ख़त लिखा—मुझे सिचुएशन से निजात आप ही दिला सकते हैं। आपको कुछ नहीं करना है। सिर्फ़ मामूजान को ख़त लिख दीजिए कि मैं आपको पसन्द हूँ। आप मुझसे शादी करेंगे। इससे मेरी शादी रुक जायेगी। और मैं क़ुरानशरीफ़ की, अल्लाह पाक की और अपनी पढ़ाई की क़सम खाकर कहती हूँ कि कभी आपसे शादी नहीं करूँगी। खुदा के लिए यह शवाब का काम कीजिए। मेरी शादी रुकवा दीजिए। भाई मेरी चाल में फँस गये। चार-पाँच दिन बाद अब अम्माँ सफेदीवालों से मोल-भाव करवा रही थीं, मामूजान हड़बड़ाते हुए आये और बोले शौकत इसे पसन्द करता है। लड़की तुम बाहर नहीं दे सकतीं। यह देखो चिट्ठी। अम्माँ की तो बाँछें खिल गयीं। अधसिले कपड़े और पिघले हुए सोने को उठाकर दर्जी व सुनार चले गये। अपनी शादी रुक गयी।"

मैंने पूछा, "आपा, जब आप बड़ी हो गयी होंगी तो पर्दा तो करती होंगी?"

आपा बोलीं, "अरे नहीं, काहे को करते। जब छोटी थी, तब एक पर्देवाली खटास गाड़ी में स्कूल जाते थे। यह दरवाज़े के साथ आकर लग जाती थी। उसमें एक औरत रहती थी, वह बाहर झाँकने पर डाँटती थी। मैट्रिक तक तो अलीगढ़ में रहे। उसके बाद लखनऊ होस्टल में चले गये। बचपन में बाहर अम्माँ के साथ शिकरम में जाते। उन दिनों बन्द पर्देवाली गाड़ियाँ होती थीं। स्कूल में ही जब ज़रा बड़े हो गये तब घरवालों ने बुर्क़ा पहनने को कहा तो था। हाँ, याद आया। एकबार सब रेलगाड़ी में जा रहे थे। मंज़िल आने से पहले सब बीबियों ने अपने बुर्के सँभाल लिए। मैंने सोचा—उतरते ही मुझे बुर्क़ा पहनना पड़ेगा। जब नौकर बिस्तर बाँध रहे थे, मैंने उसमें अपना बुर्क़ा रख दिया। सात-आठ बिस्तरों में से एक वह बँध गया। जब ट्रेन रुकी तो मैंने बहुत भोली बनकर अपना बुर्क़ा ढूँढ़ना शुरू कर दिया। सबने पूछा कि आख़िर गया कहाँ? अम्माँ ने तलब किया—कहीं चलती ट्रेन से फेंक दिया कमबख़्त? जब पीठ पर एक-दो धौल पड़े तो मैंने जैसे बहुत सोचकर जवाब दिया—हो सकता है, बिस्तर में बन्द हो गया हो। मैंने तकिये के लिए तहाकर रखा था। अब तो कोई चारा न था। बिस्तर बन्द करने में दो घंटे लगे थे। खोलने में एक तो

लगता ही। लिहाजा मैं बग़ैर बुर्क़े के ही बाहर निकल आयी। एक बार अब्बा ने पूछा—तुम स्कूल में सिर ढककर रखती हो? मैंने कहा—नहीं, ढके हुए सिर में मैं बड़ी बेवकूफ़ लगती हूँ। अब्बा हूँ करके रह गये।"

"मेरा पर्दा तो छूट ही चुका था। कभी बहुत ज़रूरत होती तो किसी बूढ़ी से माँगकर पहन लेती थी। पर रिटायर होने के बाद जब अब्बा जोधपुर आये, तब सभी को बुर्क़ा छोड़ना पड़ा। हुआ यों कि जोधपुर में हिन्दू औरतें चादर ओढ़कर आती-जाती थीं। मुसलमान औरतें बुर्क़े में होती थीं। चौपालों पर बैठे मुस्टंडे देखते रहते कि अच्छा ये जा रही हैं घर निकलने से लेकर कहाँ जाती हैं, वहाँ की पूरी ख़बर ये लोग रखते। रिश्तेदारी में बड़ा हंगामा होता। इन बातों से बचने के लिए यह तरकीब निकाली गयी कि हिन्दू औरतों की तरह चादर ओढ़कर निकला जाये। न कोई पहचानेगा न बातें होंगी। पहचान तो सारी बुर्क़े की होती थी। तभी घर में भी सबका पर्दा छूट गया।"

शाहिद से दोस्ती और शादी

आपा ने अपना बड़ा-सा सफ़ेद पानदान निकाला और पान की चोंच क़िमाम में लपेटते हुए कहने लगीं, "मैंने बचपन में क़दम-क़दम पर ज़ंजीरें तोड़ी हैं। विरोधी पार्टियाँ ज़ोरों पर रहती थीं तो भी जीत हमेशा अपनी ही हुई।"

मैंने सवाल किया, "शाहिद साहब से आपकी मुलाक़ात कब हुई?" बताने लगीं, "शाहिद से मैं सबसे पहले अलीगढ़ में मिली। वे एम.ए. कर रहे थे। मैं बी.टी.। उसके बाद एक बार दिल्ली में सरसरी मुलाक़ात हुई। फिर तो वे बम्बई आ गये थे। बॉम्बे टॉकीज में कहानी और डॉयलॉग लिखने के लिए नौकर हो गये थे। पौने दो सौ तनख़्वाह पाते थे। जब मैं स्कूल-इंस्पेक्ट्रेस होकर बम्बई आयी अपने बड़े भाई के साथ रहने लगी तब फिर शाहिद से मुलाक़ात हुई। शाहिद ने हमारे घर आना जाना शुरू कर दिया। मैं भी उनके साथ घूमते, दूसरे लेखक मित्रों से मिलती।

"एक बार शाहिद मेरी कहानी दिखाने बॉम्बे टॉकीज में ले गये। भाई को किसी ने बता दिया। भाई बड़े ख़फ़ा हुए। वे सोचते थे, मेरी बहन साढ़े तीन सौ तनख़्वाह पाती है, किसी हज़ार-डेढ़ हज़ार पाने वाले के साथ इसकी शादी करूँगा। पौने दो सौ तनख़्वाह पाने वाले डॉयलॉग-राइटर से मेरा मिलना-जुलना उन्हें क़तई पसन्द न था। इस वाक़ये के बाद आने-जाने पर रोक-टोक हो गयी तो मैंने भाई का घर छोड़कर होस्टल में रहना शुरू कर दिया। तब भाई ने मेरे उन्हीं मामूजाद भाई को पटाया, जिन्होंने मेरी शादी रुकवाई थी, कि तुम अभी तक कुँआरे हो, इस्मत से पूछो शायद तुमसे शादी करने के लिए हाँ कर दे। वे एक दिन घर आये। कहने लगे—चौपाटी चलोगी? मैंने कहा—ज़रूर चलूँगी। थोड़ा ताज्जुब भी हुआ। चौपाटी पर काफ़ी देर चलने के बाद वे कुछ संकोच से बोले—भाई ने ऐसा कहा है कि अगर तुम्हारी मर्ज़ी हो तो मुझसे शादी कर लो। मैंने कहा—तौबा-तौबा!

तुमने ज़िन्दगी में मेरे साथ इतनी भलाई की है, मैं तुम्हारे साथ यह दुश्मनी क्यों मोल लूँ? फिर मैंने संजीदगी से कहा—तुम्हारे लिए जो बीवी मेरे ज़ेहन में है, यह मैं नहीं हूँ एकदम हसीन भोली-भाली लड़की है वह। और हम घर वापस आ गये।"

मैंने ज़रा-सा साहस करके पूछा जब शाहिद साहब ने आपसे शादी के बारे में पूछा,

तो आप क्या इस सवाल के लिए तैयार थीं? इसका उत्तर वे टाल गयीं और कहने लगीं, "शाहिद से हमारी दोस्ती थी। शादी तो घपले में हो गयी। अब्बास ने अपने घर के पास, एक फ़्लैट ले लिया। मोहसिन काज़ी पकड़ लाये और शादी हो गयी।" मैंने कहा, "गोया जब होश आया, शादी हो गयी थी।"

बोलीं, "ऐसा तो नहीं है भई, मैंने शाहिद को ख़ूब समझाया था कि मैं बड़ी गड़बड़ किस्म की औरत हूँ। बाद में पछताओगे। मैंने सारी उम्र ज़ंज़ीरें काटी हैं, अब किसी ज़ंज़ीर में जकड़कर न रह सकूँगी। फ़रमाबरदार पतिव्रता औरत होना मुझ पर सजता ही नहीं है। पर शाहिद न माने उन्होंने भी दोस्तों में डींग हाँक रखी थी कि मैं इस्मत से शादी करूँगा और जब सब इस मज़ाक़ पर ज़ोर से हँस पड़े थे, तब शाहिद का इरादा और भी पुख़्ता हो गया था। शादी से एक दिन पहले मैंने अन्तिम चेतावनी देकर कहा था—अब भी वक़्त है, मान जाओ। हम सारी उम्र दोस्त रहेंगे। एक दोस्त की तरह कह रही हूँ। जब वे न माने, तब मैंने मन-ही-मन सोचा, कभी बाद में याद करोगे कि किसी दोस्त ने अच्छी सलाह दी थी जो तुमने न मानी। शादी के बाद भी मैंने एक बार कहा कि भई, ज़बरदस्ती थोड़े ही है, न निभे तो तलाक दे देना। और वे खुद हँसीं फिर बोलीं, शाहिद का ख़याल था, अगर वे कभी तुझे तलाक़ दे देंगे, तो लोग यही समझेंगे, मैं ही उन्हें छोड़कर भाग गयी हूँ।"

"शादी में आपके बड़े भाई तो न आये होंगे?" मैंने पूछा। बोलीं, "उन्होंने मरते दम तक हमारी शक्ल न देखी। हाँ, अम्माँ को मालूम हुआ तो उन्होंने छोटे भाई को बम्बई यह देखने के लिए भेज दिया कि देख आ, कमबख़्त वहाँ क्या कर रही है। छह फीट तीन इंच के मेरे छोटे भाई जब शाहिद से दुआ-सलाम कर चुके तो मुझे एक तरफ़ ले जाकर बोले—यह क्या कर रही हो! इतना भोला, मासूम शक्ल का लड़का है, इससे तुम शादी करोगी? दिमाग़ चल गया है क्या? मैंने बड़ी मासूमियत से कहा कि मैं क्या करूँ, मान ही नहीं रहे हैं। मैंने तो काफ़ी समझाया, अब तुम कोशिश कर देखो।"

फिर आपा अतीत में डूबते हुए सुनाने लगीं, "शाहिद ने बड़ा सुख दिया। उन्हें किताबें ख़रीदने की लत थी। अच्छी-अच्छी किताबें खरीदकर लाते थे। जो भी नया क़लम निकलता, ख़रीद लाते। अब तक मेरे पास सब उन्हीं के ख़रीदे हुए क़लम हैं।"

मैंने मन में सोचा—शाहिद साहब मुहब्बत के अलावा अपनी इस दबंग, साफ़-साफ़ बोलने व लिखने वाली लेखिका बीवी की बड़ी इज़्ज़त भी करते रहे होंगे। ऐसी स्त्री कितनी भाग्यशाली होती है, इस्मत आपा के बेपरवाह अन्दाज़ से जाना जा सकता है। आपा बड़े सरगोशी के अन्दाज़ में कह रही हैं। जैसे मेरे मन की आवाज़ उन तक पहुँच गयी हो—पुरुष स्त्री को पूजकर देवी बनाने को तैयार है। वह उसे मुहब्बत दे सकता है, इज़्ज़त दे सकता है, सिर्फ़ बराबरी नहीं दे सकता। आहा, कितनी सुन्दर बात। पुरुष समझता है, अनपढ़ औरत से कैसी दोस्ती? पर दोस्ती के लिए प्यार की ज़रूरत होती है, इल्म की नहीं।

इतने में स्कूल से उनका नवासा आ गया। आपा की सारी तवज्जोह उस पर केन्द्रित हो गयी। उसने आते ही अलमारी में से सेब निकाले और नानी को काटने के लिए दे

दिए। सेब काटने में मसरूफ़ आपा अब सिर्फ़ एक नानी लग रही थीं। मैंने एक लेखिका से विदा लेने की जगह नानी से विदा लेना ज़्यादा अच्छा समझा।

उजली सड़क पर जब मैं अकेली जा रही थी, तब मुझे अँधेरी सड़क पर एक अकेली लड़की सुबकती हुई जाती दिखाई दी। यह लड़की सिर्फ़ रो रही थी, माँ को भी नहीं पुकार रही थी। उस लड़की के तसव्वुर में मैं घर पहुँची। पहुँचते ही मैंने अपनी सोती बच्ची को उठाकर कलेजे से लगा लिया। धीरे-धीरे सड़क का अँधेरा घुल गया। उसकी जगह ले ली मेरी बच्ची की तेज़ चमकती सुन्दर आँखों के उजाले ने। मैं भगवान से प्रार्थना करने लगी—दुनिया की हर बच्ची की आँख में यही उजाला चमकता रहे।

(**'दीवानखाना' से**)

आमने-सामने

पोम-पोम डार्लिंग–इस्मत चुग़ताई
लेडी चंगेज़ खाँ–कुर्रतुलएन हैदर

पोम-पोम डार्लिंग

इस्मत चुग़ताई

जब ख़ानदान में एक नये शख़्स का इज़ाफ़ा होता है, तो धूम-धाम से लोग अपनी ख़ुशी का इज़हार करते हैं। जब किसी नये लिखने वाले का पहला मज़मून किसी पत्रिका में प्रकाशित होता है, तो सारे मामूँ, चाचा, ख़ाला, फूफ़ी मिलकर अपनी-अपनी राय पेश करते हैं।

जब कुर्रतुलएन की पहली कहानी प्रकाशित हुई तो ऐसा मालूम हुआ कि साहित्य के क्षितिज पर एक नया सितारा निकला है। चमक-दमक से अन्दाज़ा होता था कि वह दिन दूर नहीं जब यह नन्हा-मुन्ना सा सितारा अदब का सूरज बनकर आँखों में चकाचौंध कर देगा। अदबी हलक़ों में बातें होने लगीं। कुर्रतुलएन का मज़मून देखकर पत्रिका पर छीना-झपटी शुरू हो जाती, वाह-वाह क्या कहना, कृष्ण चन्दर जैसी ठोस रूमानियत, हिजाब इस्माईल जैसी तिलिस्मी फ़िज़ाएँ और इस्मत जैसे चटख़ते हुए मुकालमे...जी नहीं, ख़ास कुर्रतुलएन की अपनी तराश-ख़राश, रंगीनी और लोच जो किसी ख़दशे का मोहताज नहीं।

"अब ख़ैर मनाइये अदीबा साहिबा!" ख़्वाजा अहमद अब्बास ने डराया और मैंने वाक़ई ख़ैर मनायी। ये छोटे तो अपने साथ बड़े बन जाने का ख़मीर लेकर ही पैदा होते हैं। बाद में आने वाले बहुत से झमेलों से बच जाते हैं। पहले आने वाले बहुत कुछ कील-काँटे रास्ते से हटा चुकते हैं और नये आने वालों को आगे बढ़ने में बहुत-सी आसानियाँ मिल जाती हैं। लेकिन एक बात तो होगी। अब वह अकेला-अकेला निक्कूपन न रहेगा। मैदान भरता जा रहा है। हाजरा, ख़दीजा आ ही चुकी हैं। और अब यह नया तीर तो यक़ीनन निशाने पर बैठने के लिए ही कमान पर चढ़ा है। अब तो लोग "लिखने वाला मर्द है या औरत?" के सवाल में उलझ कर क़लाबाज़ियाँ खाना कम कर देंगे। अब तो यह जानवर कहीं-कहीं के बजाय, हर जगह पाया जायेगा क्योंकि ज़माना भी तो स्त्री संस्कृति और पुरुष संस्कृति के बजाय इनसानी संस्कृति का सवाल उठा रहा है।

एक के बाद दूसरा, तीसरा, चौथा और पाँचवाँ मज़मून भी निकला, सितारा उसी तरह जगमगाता रहा।

उसका केन्द्र बदला, न चाल-ढाल!!

देखने वालों ने आँखें मलकर देखा और ग़ौर से देखा कि कहीं यह उनकी आँखें बुढ़ापे

से कमज़ोर तो नहीं होती जा रही हैं। सितारा तो कुछ टिमटिमाने लगा है।

"ठहरो ज़रा सिंड्रेला के ज़मीन पर उतरने का इन्तज़ार करो।" आलोचक ने ढाढस बँधायी मगर वह उसी तरह उर्दू फ़िज़ाओं में टिमटिमाती रही।

ज़माने के घड़ियाल ने बारह बजाये और जादू की छड़ी का तिलिस्म थककर टूटने लगा।

"अजी आपकी कुर्रतुलएन क्या लिखती हैं?" जी हाँ, मेरी कुर्रतुलएन, आख़िर हमारा इतना क़रीब का रिश्ता है ना। दोनों एक ही ज़ंज़ीर की अगली-पिछली कड़ियाँ ही तो हैं। नयी कड़ियाँ तो पुरानी कड़ियों से ज़्यादा मज़बूत ढली हुई होती हैं, तो फिर ये भूल-चूक कहाँ हो गयी ख़ुदाया!

और मैंने एक लम्बा नसीहत भरा ख़त लिखना शुरू किया, जिसमें मैंने बाद दुआ के साफ़ करना चाहा कि भई ये शो-शो, फ़ो-फ़ो भरतनाट्यम सिवाय डीला मार के स्वीमिंगपूल में कब तक डुबकियाँ लगाती रहोगी। एक बार ज़रा बाहर छलाँग लगाकर भी देखो। एक ही बिन्दु पर कितने चक्कर दोगी। क्या सारी उम्र 'मेरी ग्राउंड' ही पर घुमाती रहोगी? लोग कहीं बौखला न जायें। और फिर जब वह चढ़कर तनक़ीद करेंगे तो उसमें झल्लाहट और बदले के नश्तर पोशीदा होंगे। फिर तुम्हारा दिल टूट जायेगा और तुम इस गली से बचकर कोई दूसरी हॉबी पकड़ लोगी।

ख़त लिखने के बाद एकदम ख़याल आया, कहीं मेरा ख़त ही उस पहले पत्थर का काम न कर जाये जिसकी तरफ़ मैं इशारा कर रही हूँ। कहीं मेरे एतराज़ से ख़फ़ा होकर चिड़िया फुर्र से उड़कर दूसरी डाल पर न जा बैठे। लोग कहेंगे कि "ये अदब के ठेकेदार" नये आने वालों को धमकाते हैं ताकि इससे पहले कि उन बेचारों का फ़न पुख़्ता होकर मुक़ाबले में आये, उन्हें मार भगायें। फ़नकार बड़े हासिद होते हैं ना। दूसरे भई शायद मैं कुर्रतुलएन के ज़माने से पीछे हूँ, इसलिए उनकी बातें मेरी समझ से बालातर हैं। लिहाज़ा मैंने उनकी उम्र के लोगों से रोशनी हासिल करनी चाही लेकिन उन्हें भी अपना हमख़याल पाकर कुछ ख़ुद एतिमादी पैदा हुई और मुझे अफ़सोस हुआ कि मैंने वह ख़त क्यों फाड़ डाला और आज जब मैं यह मज़मून लिख रही हूँ, ख़्वाज़ा अहमद अब्बास फिर कह रहे हैं, "तुमने जान-बूझकर एक होनहार कहानीकार की रहनुमाई न की, उसकी ख़राबियों को पुख़्ता होने दिया, क्योंकि तुम जानती थीं कि अगर उसकी ख़राबियाँ दूर हो गयीं तो वह सबको फलाँग कर मीलों आगे निकल जायेगी।"

ये लीजिए, साँप के मुँह की छछूँदर, न निगले बने, न उगले। ज़माना भी तो बड़ा नाज़ुक है। किसी पर आलोचना करो तो लोग कहते हैं कम्युनिस्टों ने बहका दिया है जी। ख़्वाज़ा अहमद अब्बास को असकरी और रामानन्द सागर को एम. असलम से दूर का भी रिश्ता बता दो तो जानो मोटी सी गाली दे दी। हमें यह कभी न भूलना चाहिए कि लिखने वाले पढ़ने वालों ही के लिए लिखते हैं, कुछ चटख़ारे लेने के लिए नहीं लिखते। वह पढ़ने वालों की तनक़ीद और तारीफ़ दोनों के बराबर हक़दार हैं। वह अदीब जो तनक़ीद नहीं सह सकते वह न ही ज़िन्दा रह सकते हैं और न आगे बढ़ सकते हैं। तनक़ीद करने वाले

का रुतबा, अगर वह ईमानदारी से अपना फ़र्ज़ अदा करे, तो बहुत बुलन्द है। एक तरफ़ वह अदीब के दिमाग़ को ख़ुराक पहुँचाता है तो दूसरी तरफ़ अदब की हिफ़ाज़त करता है। उस अदब की जिसका ज़िन्दगी से दामन बँधा हुआ है, और इस तरह वह ज़िन्दगी की भी हिफ़ाज़त करता है। जैसे हर इनसान को दाँतों के डॉक्टर के पास कभी-कभी जाने की ज़रूरत होती है, उसी तरह हर अदीब को तनक़ीद की ज़रूरत है। दाँत उखड़वाने में दुख तो बड़ा होता है मगर सेहत भी तभी बनती है। सिर्फ़ सही तनक़ीद ही बहकने वाले क़लम को सीधा और सेहतमन्द रास्ता दिखाकर ग़लत मोड़ से बचा सकती है।

लेकिन जब कुर्रतुलएन को ख़िज्र[1] राह दिखाने चले तो ख़ुद अँधियारे में घिरकर सिटपिटा गये और धक्का देकर वापस लौट आने के सिवा कुछ न सूझा। वह सितारा जो आफ़ताब बन जाने के आसार लेकर उभरा था भटककर 'सितारों से आगे' 'कुछ भी नहीं' की ख़ला[2] में गुम होता चला गया। कुर्रतुलएन को समझने के लिए बड़ी आसानी होगी अगर नज़्र सज्जाद हैदर[3] को भी पढ़ लिया जाय। जो उनका निजी रिश्ता है वही उनका अदबी रिश्ता भी है। अदबी रिश्ते में नज़्र सज्जाद हैदर माँ हैं और कुर्रतुलएन बेटी। दोनों ही का वास्ता एक ही तबक़े से पड़ा। इसलिए दोनों के मसायल भी एक जैसे हैं। वह दुख जो अख़्तरुन्निसा ने झेले थे, कुर्रतुलएन हैदर की डॉली-पॉली और अमीनी झेल रही हैं। दुखड़ा वही यानी ठीक नाप-तौल, शौहर की नायाबी। अख़्तरुन्निसा के माँ-बाप ज़ालिम होने का इल्ज़ाम माथे पर लिए हुए थे और डॉली-पॉली के माँ-बाप माल तैयार करके ड्राइंग रूमों में बिठा देते हैं। घेर-घारकर कम-से-कम आठ सौ कमाने वाले शिकार लाते हैं और खुली इजाज़त देते हैं कि मारो फन्दा। फन्दे चलते हैं। शिकार फाँदा-फूँदी करने में फँस गये तो ठाठ का एक ऐट होम होता है। वरना डॉली का शिकार जोनी ले भागती है, शो-शो को पोम-पोम हड़प कर जाती है और टूडल्स को फ़ी-फ़ी डकार जाती है। यह है ख़ुलासा इन चार्मिंग लोगों की राम-कहानियों का।

अख़्तरुन्निसा दिल का शिकार हो जाया करती थी पॉली-मॉली ज़हनी दिक़ की बीमार है। कुत्ते कहानियों में बेहतर नज़र आने लगते हैं। हर चीज़ के पीछे 'कुछ न होने' का एहसास सताने लगता है। ''सब कुछ हासिल करने पर भी मौत पर और कुछ न होने पर ज़िन्दगी पर फ़तह हासिल नहीं हो सकती।'' ज़िन्दगी इतनी अजीब बन जाती है कि उसे कोई मानी नहीं पहनाये जा सकते और वह नहीं जानतीं कि वह ''जंगल और पहाड़ और नदियाँ, वह जगहें कहाँ हैं जहाँ ज़िन्दगी है।''

अख़्तरुन्निसा का दुश्मन समाज था। पॉली-डॉली और शो-शो के दुश्मन वहम, चेतन, अचेतन और निराशावाद हैं। समाज से तो कोई लड़ भी सकता है लेकिन इन ज़हनी भूतों से कौन लड़े। सिनिक बन जाने के सिवा और कोई चारा नहीं। नज़्र सज्जाद ने तो किसी चीज़ से बग़ावत की लेकिन कुर्रतुलएन हैदर में वह भी सकत नहीं। जहाँ तक,

---

1. राह दिखाने वाले पैग़म्बर का नाम, 2. शून्य, 3. कुर्रतुलएन हैदर की माँ।

प्रगतिशीलता का सवाल है, इन दोनों का रिश्ता बिल्कुल उल्टा नज़र आता है। यानी माँ बेटी से आगे सोचती है। नज़्र सज्जाद हैदर जागीरदारी निज़ाम के ज़वाल के वक़्त उठी थीं और कुर्रतुलएन हैदर सरमायादारी निज़ाम की पैदावार हैं। मगर कम-से-कम उन्होंने गिरती हुई दीवारों से लिपट-लिपट कर सर नहीं फोड़ा था। जागीरदारी निज़ाम की बुराइयों पर अफ़सोस ही क्या है। हालाँकि उनके आँसू बेकार गये क्योंकि वह इस निज़ाम को दोबारा खड़ा तो न कर सकीं लेकिन कुर्रतुलएन हैदर सरमायादारी निज़ाम के डूबते हुए सूरज के अँधियारे में हाथ-पैर मार रही हैं। इस सड़ाँध भरी बोसीदगी से उन्हें घिन आती है, मगर प्यार भी है। वह अपने तबक़े को उस मछली की तरह देखती हैं जिसके इर्द-गिर्द का पानी सड़ चुका है, मगर ख़ुश्क रेत पर भी मौत के सिवा कुछ भी नहीं। उन्हें नहीं मालूम कि पॉली-डॉली के पास हुस्न भी है, दौलत भी है, तालीम भी है, कल्चर भी है फिर भी पो-पो डॉली से शादी करने के बजाय ज़ोनी के चक्कर में फँस जाता है। जेमी ज़ोनी को छोड़कर पोम-पोम पर क्यों मिटता है? यह जानने के

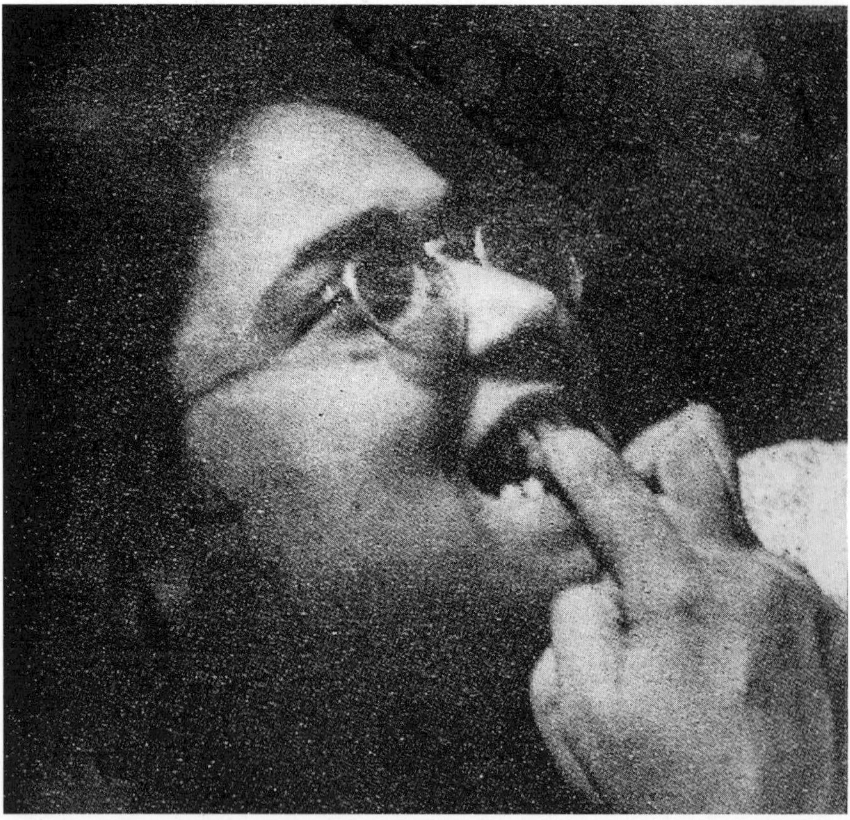

लिए उसका राज़ मालूम करना ज़रूरी है कि जब सरमायादारी दम तोड़ने लगती है तो लाज़िमी तौर पर ज़हनी और एख़लाक़ी कमी पैदा हो जाती है। जब एक चीज़ गलने-सड़ने लगती है तो उसके आस-पास की चीज़ें भी बजबजाने लगती हैं। एक सरमायादार रुई का व्यापार छोड़कर लहसुन-प्याज का धन्धा सँभाल लेता है। बॉबी, शोशम को छोड़कर रफ़िया को पकड़ लेता है। दोनों की एक ही ज़हनियत है। एक ही पेशा और एक ही मक़सद। जिसमें ज़्यादा मुनाफ़ा हो वही इनका मज़हब वही इनका इश्क़ और वही इनकी ज़िन्दगी। इसके बावजूद एक सरमायादार यह भी जानता है कि सबकुछ पाकर भी 'कुछ भी नहीं' का एहसास उसका वहम नहीं बल्कि एक ठोस हक़ीक़त है। उसके काम करने का तरीक़ा इनसानियत की भलाई के लिए नहीं, उसकी सारी स्कीमें, सारे मार्शल प्लान, सारे समझौते और गठबन्दियाँ आगे जाकर एक ऐसी जगह पर जाकर ख़त्म हो जाते हैं जहाँ एहसास 'कुछ भी नहीं' के सिवा नहीं रहता। वह जानता है कि इसका अंजाम फ़ना ही है। वह काँटे की नोक पर टँगा हुआ है और इस खौलते-उबलते तूफ़ान को देखकर लरज़ रहा है जो दिन-ब-दिन घेरा तंग करता आ रहा है।

नयी पौध ये बेइत्मिनानी, ये ख़ौफ़, ये ज़िन्दगी से फ़रार और 'कुछ भी नहीं' विरसे में लेकर जनम ले रही है। उसके चेतन और अचेतन इस साँचे में ही ढलकर पैदा हो रहे हैं। वह जानते हैं मगर खुलकर नहीं कह सकते कि उनके दुश्मन कौन हैं। कुर्रतुलएन खुलकर कभी यह नहीं कह सकतीं कि अवाम ही उनके सुकून और ऐश के दुश्मन हैं और हव्वा बनकर डराते हैं क्योंकि वह जानती हैं कि बड़े से बड़ा अवाम-दुश्मन भी खुलकर अपने वजूद का ऐलान नहीं कर सकता। अवाम को लूटने के लिए ठगों को भगत का रूप धारण करना पड़ता है।

सरमायादारों के एजेंटों को ज़िन्दगी के हर मोड़ पर कम्युनिस्ट दुबके हुए नज़र आ रहे हैं। सरकार तो सीधी भूखे पेट में दुबके हुए कम्युनिस्ट पर लाठी चार्ज और गोली से वार करती है। मगर कुर्रतुलएन हैदर निहायत ही रूमानी माहौल में हसीनाओं के ज़रिये कम्युनिस्ट पर तंज़ करती हैं। उनका कथकली, मनीपुरी और रम्बा में मस्त जूही की कलियाँ सूँघने वाला क़लम जब 'कम्युनिस्ट' लफ़्ज़ लिखता है तो एकदम काले नाग की तरह फुंकारने लगता है। एक ही साँस में केथोलिक चर्च, कम्यून्ज़ और योगा की क़ै कर डालता है, और उस वक़्त वह अपने तबक़े का भाँडा फोड़ देता है। फिर साफ़ मालूम हो जाता है कि इस क़लम में कौन-सी स्याही भरी है, और इसका क़ातिब किस फ़र्म का ढला हुआ है। उनके 'चार्मिंग लोग' जेमी के पाँच अक्लमन्द कुत्तों की तरह किसी पार्टी में शामिल होने का प्रोग्राम बनाते हुए जब बुद्धिजीवियों का रूप धारकर फ़िलॉस्फी बघारने की कोशिश फ़रमाते हैं तो बड़ा ही पुर लुत्फ़ मंज़र नज़रों के सामने आ जाता है। वह हेडी लामार, बेटी ग्रेबल, टाइलर और चार्ल्स ब्वाय के काली चमड़ी वाले चर्बे अच्छे-ख़ासे सियासत दाँ बनने लगते हैं। 'किस प्रूफ़' 'ब्रिगेंडी' इस्तेमाल के बाद यह काम काफ़ी आसान भी तो है। उस वक़्त उनकी नर्गिसी आँखों को कम्युनिस्ट, दहशत पसन्द कांग्रेसी और लीग़ी सब के सब

गडमड दिखायी देते हैं और ये बुद्धिजीवी इस नतीजे पर पहुँचते हैं कि ये सारे कम्युनिस्ट इन हसीनाओं के घायल नामुराद आशिक़ हैं, जो फ़रार की ग़रज़ से और कुछ जले-फफोले फोड़ने के लिए बेचारी बोर्जवा लड़कियों की ज़हनियत पर लेक्चर देकर पार्टी में शामिल हो गये हैं और अब दुनिया भर को गालियाँ देते फिरते हैं। क्या पते की बात फ़रमाई है मोहतरमा ने कि "न आज टॉली-मॉली इन बेचारों का दिल तोड़तीं और न ये कम्युनिस्ट बनते।" ताज्जुब है कि सामराजियों को मोहतरमा की दरियाफ्त का अब तक पता क्यों नहीं चला वरना वह इन्हें ज़रूर 'क़ेसरे-हिन्द' का ख़िताब अता फ़रमाते। अगर उन्हें मालूम हो जाये कि कम्युनिस्ट बनाने की ज़िम्मेदार ये हसीनायें हैं तो बजाय गोली और लाठीचार्ज में वक़्त बरबाद करने के आशिक़ों की हिफ़ाज़त के लिए एक क़ानून पास कर दें जिसकी रू से किसी हसीना को किसी आशिक़ का दिल तोड़ने का हक़ न रहे। न दिल टूटेंगे, न कम्युनिस्ट पैदा होंगे। और जो ये आये दिन जेलें भरती जा रही हैं, भूख फैल रही है, हड़तालें हो रही हैं, आप ही आप ख़त्म हो जायेंगी। भला जब मुल्क के नौजवानों को मालूम होगा कि ज़ोनी, पोम-पोम और फ़्री-फ़्री कम्युनिस्टों को पसन्द नहीं फ़रमातीं तो वह फौरन इस पेशे से अलग हो जायेंगे। आजकल हर मुल्क की साम्राज्यी ताक़तें इन कम्युनिस्टों के हाथ तिगनी का नाच नाच रही हैं। बहुत मुमकिन है कि मोहतरमा की दरियाफ़्त ऐटम बम की रुतबा हासिल कर जाये और उन्हें अन्तर्राष्ट्रीय ज़िम्मेदारियाँ सँभालनी पड़ें।

यह नहीं तो कम-से-कम उन्हें कम्युनिस्टों पर कीचड़ उछालने में सामराजियों का हाथ बँटाने के बदले कुछ तो इनाम मिलना ही चाहिए। हालाँकि जहाँ तक अवाम के फ़ैसले का सवाल है ये हर्बा ख़ाली जायेगा। अगर आप उनसे जाकर कहें कि ये तुम्हारे नुमाइन्दे हम मुक़द्दस बच्चियों पर ज़बरदस्ती आशिक़ हो जाते हैं और अगर हम उन्हें टरकाकर कमाने वालों से शादियाँ कर लें तो ये जलकर तुमसे जा मिलते हैं और तुम्हें हमारे ख़िलाफ़ भड़काने लगते हैं, तो वह उसे भागते वक़्त का आख़िरी पत्थर समझकर मुँह मोड़ लेंगे। उन्हें अपने नुमाइन्दों के चाल-चलन की तस्दीक़ करने के लिए पोम-पोम डार्लिंग के सर्टीफ़िकेट की क़तई ज़रूरत नहीं। वह इतने अहमक़ नहीं जितना आप उन्हें समझती हैं। वह अब अपने दुश्मन की बिसान्ध दूर से ही सूँघ लेते हैं।

इतनी बात याद रहे कि कम्युनिस्ट जो चीन, बर्मा, इण्डोनेशिया और तेलंगाना में सामराजियों के छक्के छुड़ा रहे हैं, ये वो आपके दरबार में मुसाहिबी करने वाले भिखारी नहीं जो दौलत की कमी को तरक़्क़ीपसन्दी और कम्युनिज़्म के लबादे में लपेट कर महबूबा के क़दमों में डालते थे क्योंकि वह हमारे तुम्हारे ज़माने के कम्युनिस्ट हैं। ये क़तई रोमांटिक और रसीले नहीं। बहुत चालाक, तल्ख़ ज़बान। ये लाठी चार्ज से नहीं रुकते। गोली को ये ख़याल में नहीं लाते। ये मरके भी नहीं ख़त्म होते तो भला हसीनाओं के नख़रों को ख़ातिर में कब लायेंगे। टॉली-मॉली हज़ार उन पर आशिक़ न होने की धमकी दें, इनके कान पर जूँ न रेंगेगी।

इनकी महबूबा वह ज़ूफ़ी नहीं जो जेमी के इश्क़ में नाकाम होकर फ़तहे-कश्मीर के

इरादे से तफ़रीहन दौड़ पड़ती है बल्कि वह ज़ूफ़ी है जो तेलंगाना में अपनी ज़मीन के ज़र्रे-ज़र्रे की ख़ातिर अपने महबूब के साथ काँधा मिलाकर चल रही है, जो कलकत्ते में साम्राज्यी गोलियाँ सीने पर खाए सड़क पर ख़ून में नहा रही है, जो बम्बई में अपने प्यारों को भूखा मरता देखकर लाठियों और गोलियों की बौछार में सीने को ढाल बना रही है। वह और ही तबक़ा है जो 'डी लामार' के चिकने फ़र्श के ख़याल से ही फिसल पड़ता है।

एक बार पितरस ने मुझ पर एतराज़ किया था कि मैं औसत दर्जे की अक्कासी तो कर लेती हूँ लेकिन ड्राइंग रूम में जाकर चौकड़ी भूल जाती हूँ। मुझे बड़ा दुख हुआ था कि लो भई पितरस साहब को भी पता चल गया कि मैं ड्राइंग रूम की मख़्लूक़ नहीं हूँ, लेकिन अब शुक्र करती हूँ कि अच्छा हुआ। मेरी फूहड़ माँ कसीरुल औलाद[1] बाप को ड्राइंग रूम सजाने की तौफ़ीक़ न हुई, वरना मेरा वास्ता भी टूटो-फ़ूफ़ो के सिवा किसी इनसान से न पड़ता और आज यह दरमियाना तबक़े के झमेलों से भी बेकार झमेले मेरा विषय होते, मैं इन पर शर्मिन्दा हूँ लेकिन दरमियाना तबक़ा फिसल-फिसलकर मज़दूर की आग़ोश में गिर रहा है। इस तबक़े के सारे अदीब अगर फ़रार में न डूब गये तो एक दिन वहीं पहुँच जायेंगे।

मगर कुर्रतुलएन हैदर के किरदार और उनका रवैया समझ में नहीं आता, ये 'चार्मिंग लोग' सब के सब एक ही फ़र्मे के ढले हुए हैं। सब ही तो मुर्ग़ाबियों के शिकार ब्रिगेंडी, क्यूटेक्स, राबर्ट टाइलर के सलोने हुस्न, कार्मन मीरान्डा के गालों, एस्थर बिलियम की सुडौल पिंडलियों के दीवाने मालूम होते हैं। ईसाई यतीम ख़ानों की तालीम जहाँ जौक़े-शेरी[2] 'ट्विंकल ट्विंकल लिटिल स्टार' से शुरू होकर 'जार्ज आफ़ दि लाइट' ब्रिगेड पर ख़त्म हो जाती है और गद्य का पाठ बाप-दादा की पुरानी लाइब्रेरियों की चन्द जर्मन, फ्रांसीसी, तुर्की और अंग्रेज़ी किताबों पर सीमित नज़र आता है। वैसे भी सूरत-शक्ल में, चाल-ढाल में सब एक जैसे ही नज़र आते हैं। वही ख़ामोश झील जैसी नीली आँखें, सुनहरे घुँघराले बालों की मालिक लड़कियाँ और सारे के सारे हैंडसम नौजवान। न किसी को चेचक ने खुर्रा किया न टाइफ़ाइड ने गंजा किया, न कभी किसी के ख़ून में कमी पैदा हुई, सिवाय इश्क़ के किसी को कोई रोग नहीं सताता। कोई कभी बेजोड़ वबाओं का शिकार नहीं होता क्योंकि उनके बाड़े में कोई लँगड़ा-लूला फटकने ही नहीं पाता। एक बार किसी ने कहा था कि कुर्रतुलएन के यहाँ जिंस का ज़िक्र नहीं होता, उरियानी नहीं होती। वैसे तो यह बड़ी अच्छी बात हैं, फ़हाशी कोई फ़ख़्र की बात नहीं लेकिन इस फ़िज़ा को जो उनकी कहानियों में नज़र आती है किस तरह की घुटन कहा जाये? लड़कों और लड़कियों के जमघटे होते हैं मगर एक अजीब तरह की बेहिसी तारी रहती है। हसीनाएँ बिल्कुल थोक के माल की तरह परखी है और परखी जाती हैं। जैसे ठोंक बजा कर ताँबे की पतीलियाँ खरीदी जा रही हैं। अमरीका और ब्रिटेन की एक्सपोर्ट-इंपोर्ट हो रही है। जैसे वहाँ मंडी की तलाश में समझौते होते हैं, बिल्कुल उसी तरह प्रोसपेक्टस की तलाश में शादी-ब्याह होते हैं। जिन्सी एहसास कभी

---

1. अधिक औलाद वाला, 2. शायरी की समझ।

का मर कर आटे और रुई की बोरियों वाला एहसास रह गया है। ''इश्क़ में बहुत हुआ तो बेहोश होने को जी चाहता है'', और नाकामी के बाद तराड़ख़ेल रवानगी हो जाती है।

किरदार निगारी को छोड़कर अगर अन्दाज़े-तहरीर को देखा जाये तो इसमें काफ़ी अनोखापन है, हाँ कभी-कभी अंग्रेज़ी के कुछ लफ्ज़ भोंडे मालूम होते हैं लेकिन उनके ख़यालात उल्टे-सीधे एक-दूसरे से कुछ इस तरह उलझते नज़र आते हैं कि जी घबराने लगता है। अब नुक़्ता उभरता है, उसकी हिमायत और मुख़ालफ़त के सारे नुक़्ते दौड़कर साथ लिपट जाते हैं। पता ही नहीं चलता कि हाँ कह रही हैं या ना। हिमाक़त और अक़्लमन्दी की बातें एक साँस में एक ही इरादे से उबला करती हैं। आमतौर पर लिखने वाला एक किरदार चुन लेता है जो उसके अपने मेयार पर पूरा उतर सके जिसमें वह खुद अपनी हस्ती छिपाकर बिठा देता है। वह जो पढ़ने वाले को अपने में जज़्ब करके जगबीती को आपबीती की चाश्नी बख़्शता है। यह किरदार कोई ख़यालात का हयूला नहीं बल्कि हक़ीक़त से वाबस्ता सही और ग़लत में फ़र्क़ करने वाला किरदार होता है। मगर मिस हैदर का हर किरदार कोई न कोई ऐसी छिछोरी हरकत कर बैठता है कि उसकी पूरी तस्वीर में एक बेहंगम-सा कूबड़ निकल आता है। वैसे आँवे का आँवा ही कुछ ज़्यादा ही चार्मिंग है। लेकिन उसके सोचने में भी बाटा के जूतों जैसी यकसानियत नज़र आती है। पढ़ने वाले को कुछ सोचने और समझने में मदद नहीं मिलती। शायद इसी यकसानियत से उकता कर खुद लेखिका कभी-कभी पढ़ने वाले को उछालकर किसी बॉलरूम या होटल में नाच के दो-चार चक्कर दे देती हैं। कभी जूही की कलियाँ नाक में ठूँस देती हैं, कभी सितारों और झरनों में घसीट ले जाती हैं।

कृष्ण चन्दर का कहना है कि ''वह अब नाच घरों की रोशनी के साथ-साथ बाहर का अँधेरा भी देखने लगी हैं।'' उन्होंने शर्तिया यह बात तकल्लुफ़न कही है एक आलोचक की हैसियत से नहीं कहा। क्योंकि फ़ी-फ़ी, शी-शी अगर कभी भूले से अँधेरे में जाती हैं तो फ़ौरन टोल्डर, जेमी और शो-शो की टार्च चमक उठती है। इसलिए वह अँधेरा कहीं नहीं देखतीं। दरअसल उन्होंने उजाला कभी नहीं देखा। अभी तक वह ऐशगाहों और सरकसों की उजली फ़िज़ायें टटोल रही हैं। ज़िन्दगी के चिराग़ों की लौ उन्होंने नहीं देखी कि कितनी बुलन्द हो चुकी है। क्योंकि उनकी कल्पना के शीशमहल की दीवारें बड़ी मोटी-मोटी हैं। और हर रोशनदान पर क़ीमती ईरानी कालीन मढ़े हुए हैं। बाक़ी तमाम चीज़ों पर गर्द जम चुकी है। यही वजह है कि कुर्रतुलएन के क़लम का सारा चुलबुलापन और सारी फुर्ती एक घुटे हुए माहौल में बेदम नज़र आती है। वह दिन दूर नहीं कि जब मिस हैदर भी मिस हिजाब इस्माईल की तरह 'मम्मी' और 'लाशों' के क़िस्से लिखने लगेंगी। वैसे अब भी उनके किरदारों में काफ़ूर की बू कुछ कम नहीं है।

सवाल उठता है कि वह यह सब कुछ क्यों करने पर मजबूर हैं। उनका ख़याल है कि दुनिया ख़त्म हो रही है। बड़ी तेज़ रफ़्तारी से ख़त्म हो रही है। स्पेन, चीन, इंडोनेशिया, कश्मीर सब ख़त्म हो रहे हैं। क्योंकि वह सामराजियों के चंगुल से छूटे जा रहे हैं। बेशक

उनकी दुनिया मर रही है। ख़त्म हो रही है। चीन में सामराज दम तोड़ चुका है और बाक़ी मुल्कों में भी पड़ा सिसक रहा है। उनकी इनसानियत बड़े नाज़ुक दौर से गुज़र रही है। और अब अगर सारी दुनिया भी एम्बुलेंस लेकर दौड़े तो इस मरते हुए मरीज़ को न बचा सकेगी। लेकिन यह भी तो मुमकिन नहीं, उन्हें खुद अपनी बातों पर यक़ीन नहीं, एक-दूसरे पर यक़ीन नहीं। "ज़िन्दगी से, अतीत से और भविष्य से।" अब आयोरी के बुर्ज में बैठ कर निराशावादी बातें करने से भी काम नहीं चलता। उनके लिए ज़िन्दगी मौत का ही एक हिस्सा है। हर चीज़ की आड़ में कुछ-न-कुछ होने का हव्वा डरा रहा है। अपने अंजाम के आसार, मुहल्ले-टोले में गिरती हुई दीवारों के धमाकों से दिखाई देने लगे हैं–'दुनिया' मर रही है। दम घुट रहे हैं।

वैसे फ़साद के ज़माने में तो अच्छी-ख़ासी गुज़र गयी। पुरानी कोठी बन्द होकर सुर्ख ईंटों, लकड़ी के झूलों पर गर्द जम गयी तो ये लोग मय कुत्तों के हवाई जहाज़ लद कर नये मुल्क में क़हवा पीने और ख़्वाब देखने लगे। तो फिर ये हाय-तौबा, ये वहशत सिर्फ़ उसी ताक़त की हो सकती है जो अब उन्हें बेदेखे नज़र आने लगी है। नयी-नवेली उम्र में मरने का यह एहसास, ये फ़रार और निराशा क्या मानी रखती है। शायद सरमायादारी की नयी पौध ही घुटी हुई पैदा हो रही है। मुर्दापन, फ़रार और नाउम्मीदी के जरासीम इसे विरसे में ही मिल रहे हैं। 'सबकुछ पाकर भी कुछ नहीं का एहसास'–'दुनिया ख़त्म होने वाली और कुछ दिनों की है।' 'ज़िन्दगी को कोई मानी नहीं पहनाये जा सकते।' यह सब कुछ इन हड्डियों में रचा-बसा है।

बात यह है कि उन्हें यह मालूम होता जा रहा है कि अब यह चादर किसी पैबन्द से नहीं बनाई जा सकती। इसकी धज्जियाँ उड़कर रहेंगी। कुछ तो ये डॉली-मॉली छीना-झपटी में मसका देंगी, और रही-सही मार्शल प्लानों, डालर स्कीमों और समझौतों की लूट-घसोट में तार-तार हो जायेगी–

अपने मरकज़ ही से टकराता है ज़र का फैलाव

और यह दुनिया के ख़त्म होने का एहसास वह दूसरों को भी दिलाना चाहती हैं। वैसे बात बेहद रोमांटिक मालूम होती है, मगर समझने वालों को नुक़्ता भी काम का मिल जाता है। इन लोगों का मक़सद अवाम के दिलों में नाउम्मीदी और फ़रार पैदा करना है कि यह ज़िन्दगी ख़त्म होने वाली है। मार्शल प्लान बनते हैं तो भाइयो तुम्हारी बला से, जीना ही कितने दिनों का है। डालर के जाल फैलते जा रहे हैं, तो क्या है, हम तो दो घड़ी के मेहमान हैं। क्या इस दो दिन की ज़िन्दगी में कम्युनिस्टों के साथ मिलकर अपना हक़ माँगते हो? 'यहाँ तो ज़िन्दगी भी मौत का हिस्सा है', कुछ उम्दा-उम्दा मरने के तरीक़े बनाओ। आपस में कट मरो। चाहो तो मज़हब का शोशा उठा सकते हो, मुल्क और क़ौम का ढोंग रचा लो मगर अपने बच्चे के दूध की फ़िक्र में न घुलो। अपनी बीवी की फटी साड़ी की परवाह न करो। ये ग़ैर रोमानी बातें हैं। खाने-कपड़े के अलावा और भी तो ज़िन्दगी की ज़रूरतें हैं।

जेमी के पाँच स्पेनल भी तो हैं उनमें दिलचस्पी लो। इधर देखो ग़रीब जूफ़ी नामुरादी के मारे तड़ारखेल दौड़ी जा रही है। क्योंकि जेमी डॉली का हो गया है। कितना अनरोमांटिक हादसा हो गया। ये क्या बेकार का एलेक्शन गड़बड़ा के अच्छे-भले अंकल और डैडी की बोलती बन्द कर रहे हो। इसके बजाय अपनी रूहों को फ़र्बा करो। शऊर और लाशऊर की गुत्थियों को समझो। आओ तुम्हें 'सितारों से आगे, खला में उल्टा लटका दें। वहाँ कम्युनिस्ट पर नहीं मार सकते।'

वैसे भी तो इससे बेहतर है कि तुम ल्यूकैप्टन और हवाबाज़ क्यों नहीं बन जाते। कम से कम चार्ल्स ब्वॉय या राबर्ट टाएलर ही बन जाओ ताकि मॉली और डॉली के सेहरों के फूल भी खिल जायें। कब से निगोड़ियाँ कान्वेंट छोड़े बैठी हैं। ग्राहकों की कमी की वजह से माल गहना कर लाशऊर बौखलाये जा रहे हैं। इस तरह दुनिया की बेकारी भी मिट जायेगी। चुपड़ी और दो-दो। क्या गुर की बातें हैं। मगर कोई समझे जब ना। क्या बेक़द्री है इस मुल्क में इंटलेक्चुअल की।

आप समझ गये होंगे कि ये सारी बकवास करने के बाद मैं मार्क्सी फ़िलास्फ़ी की लम्बी-सी मशाल लेकर कुर्रतुलएन की रहनुमाई करने चल पड़ूँगी। और उनसे कहूँगी कि "अपनी नयी स्टॉडी बेकर जिसमें आगे भी शीशा है और पीछे भी" में बैठकर वह भंगी कालोनी में चली जायें और उनके साथ रह कर उनके लिए अवामी अदब तैयार करने लगें। जी नहीं, अव्वल तो अवाम को लिखने वालों की मदद की ज़रूरत नहीं। अगर सारी उम्र भी बादशाहों के सेहरे और मरसिये लिखते रहें, तब भी अवाम की जद्दोजहद को नुक़सान नहीं पहुँच सकेगा। इन्क़लाब की जंग सिर्फ़ मज़दूरों और किसानों की जंग है। हम लेखकों की हैसियत इस अथाह समन्दर में एक चुल्लू से ज़्यादा नहीं। मुमकिन है हमारी पालिसी उनकी विजय में चन्द घंटों का फ़र्क़ डाल सके, इससे ज़्यादा नहीं। अब हमें यह फ़ैसला करना है कि हम अपने चन्द घंटे किस पार्टी को दें। गिरते हुए सामराज या उठते हुए अवामी जज़्बे को। उन्हें एक घंटा ज्यादा जलायें, या उनकी मुश्किल जल्दी से जल्दी अवाम की जीत में होने वाली देरी को मिटायें। हमारे इस फ़ैसले पर हमारे फ़न और उसकी ज़िन्दगी का दारोमदार है।

इसके अलावा अवाम की मदद करने का यही तरीक़ा नहीं कि हम ऊटपटाँग, बिना जाने-बूझे उनके बारे में लिखना शुरू कर दें। वो जो वाक़ई अवाम में घुल-मिलकर उनके बन सकते हैं तो क्या कहने। लेकिन वो जिनकी दिशाएँ सीमित हैं और जो मिडिल क्लास के ही ज़्यादा करीब हैं। उनका फ़र्ज़ है कि वह सिर्फ़ अपने तबक़े की सिर्फ़ अक्कासी ही न करें बल्कि अपने फ़न से उनके ख़ाकों में आकर्षक रंग भरकर सेहतमन्द नज़रिया पेश करें। उन्हें मज़दूर तबक़े के करीब लायें। उनकी बेकार के मूल्यों की हिमाक़त और सही मूल्यों की खूबसूरती को उजागर करने में मदद करें। इसलिए कुर्रतुलएन हैदर का फ़र्ज़ है कि वह कम-से-कम अपने तबक़े ही की ईमानदारी से ऐसी अक्कासी करें और उनमें ऐसे रंग भरें जो उनकी उलझनों का जवाब बन सकें। उल्टे-सीधे फ़ोटो उतारने के बजाय ऐसी

रंगीन तस्वीरें तैयार करें जिन्हें देखकर ज़ूफ़ी और पोम-पोम सोचें और समझें कि उन्हें क्या और कैसे करना है। कम-से-कम यही बतायें कि बेचारियाँ किन हथकंडों के ज़रिये शादी के बाज़ार में कामियाब छीना-झपटी करें कि "बेचारी औरत कुछ तो कम ट्रैजिक बन सके।" ये क्या कि एक तरफ़ वह कम्युनिस्टों और उनके इरादों से नाराज़ हैं, दूसरी ओर लोगों के दिल में ख़ौफ़ और 'कुछ नहीं' का एहसास शिद्दत से पैदा करना चाहती हैं।

मगर ये मैंने ग़लत राय दी। इस तबक़े को सुधारने की कोशिश उतनी ही फ़ुज़ूल है जितनी मेढ़कों को उड़ना सिखाने की। ये पौध तो लुंड-मुंड ही पैदा हो रही हैं। दिक़ तीसरे दर्ज़े को पहुँच गयी है। अब तो दवा और दुआ दोनों का वक़्त निकल चुका है। ये तो अब यूँ ही रूहानी शऊर और ला-शऊर के मर्ज़ों में मिलकर ख़त्म हो जायेगी। अब तो बेहतर यही है कि कुर्रतुलएन इनकी मिट्टी अज़ीज़ करने[1] में जो भी मदद कर सकती हैं, कर डालें, सवाब मिलेगा। इससे तो बेहतर यह है कि इन ओक़ाबों[2] के नोकीले पंजों पर सान रखी जाये जो इस मरते हुए मरीज़ पर झपट्टे मार रहे हैं और किसी पल टिक्का-बोटी किया चाहते हैं। चलते-चलते इतना कहे बिना नहीं रहा जाता कि हमें कुर्रतुलएन के क़लम से लगाव है। अजीब तरह का प्यार है जिसे झटकते वक़्त वही पुरानी रस्मी टीसें उठती हैं और जी चाहता है कि काश उनकी पोम-पोम डार्लिंग एक बार इन मोटे-मोटे ईरानी क़ालीनों को दूर फेंक कर अधमरे चार्मिंग लोगों को भूलकर चल पड़े—मसलन बम्बई—"फिर यहाँ उसको एक कामरेड मिल जाये जो अपने आदर्शों के लिए दुनिया से लड़ कर मैदान में आया, फिर वह उससे शादी करे तो जेमी-ज़ूफ़ी की मुहब्बत उसे मज़ाक़ मालूम होने लगे। एक छोटे-से फ़्लैट में रहने लगे। घर का खर्च पूरा करने के लिए किसी स्कूल या अख़बार के दफ़्तर में नौकरी कर ले और शाम को दोस्तों में बैठकर सोशलिज़्म बघारे और उनके लिए कॉफ़ी तैयार करे।" खुदा की क़सम कॉफ़ी बनाना उन "चार्मिंग बोरों" से दिमाग़ लड़ाने से कहीं ज़्यादा आसान और दिलचस्प काम है। और फिर जब उसके बच्चे का बाप शायर या अदीब होने के जुर्म में नामालूम मेयाद के लिए जेल में डाल दिया जाये तो हर हफ़्ते नन्हे बच्चे को गोद में लेकर उससे मिलने जाये। ख़ुदा ने चाहा तो पुराने जरासीम मर जायेंगे। टू-टी, फ़ी-फ़ी और जेमी के पाँच ग़ैर जानिबदार कुत्तों की जुदाई दुख न देगी। एक टोल्डर को छोड़कर दूसरे के पीछे भागने की ज़रूरत ख़त्म हो जायेगी। अपने पुराने ख़ोल से नफ़रत भी न रहेगी, सिर्फ़ कभी-कभी फुरेरी आ जायेगी।

'कुछ भी नहीं', 'मिट कर', 'बहुत कुछ जनम लेगा' जमी हुई गर्द झड़ जायेगी और मुर्दा ज़िन्दगी में चहल-पहल जाग उठेगी। अरे वाह कहीं बीसवीं सदी में भी मोजज़े हो सकते हैं!!!

---

1. दफ़न का इन्तज़ाम करना, 2. शिकारी पक्षी।

लेडी चंगेज़ ख़ाँ

कुर्रतुलएन हैदर

24 अक्टूबर की शाम पद्मा सचदेव ने रुँधी हुई आवाज़ में टेलीफ़ोन पर इत्तेला दी, "इस्मत आपा गुज़र गयीं।"

गुज़र जाना या पास्ड अवे बहुत ही गम्भीर शब्द हैं। कसरते-इस्तेमाल[1] की वजह से इनकी मानवियत खो गयी है। यानी इनसान दुनिया से महज़ गुज़र जाता है।

इस्मत चुग़ताई भी एक वक़्त दुनिया में आयीं। समाजी और अदबी इन्क़लाब के एक हंगामी दौर में अपना हंगामाख़ेज़ रोल अदा किया और "गुज़र गयीं।"

एक क्लीशे ऐसे लेखों में लामोहाला इस्तेमाल किया जाता है कि "गुज़रना हम सबको है।"

सवाल यह है कि कौन किस तरह गुज़रता है।

पद्मा सचदेव का दर्द इस हक़ीक़त का बयान था कि जो लोग मरहूमा से ज़ाती तौर पर वाक़िफ थे, वह उनको कितना चाहते थे। मगर उसी शाम आधे घंटे के बाद जब दूरदर्शन की हिन्दी और अंग्रेज़ी ख़बरों में उनकी वफ़ात की ख़बर के साथ ग़लत तस्वीर दिखाई गयी जो इस्मत चुग़ताई के बजाय उनकी माँ की तस्वीर थी। इसके साथ ही एक और हक़ीक़त ज़ाहिर हुई कि अगर वह कोई अहम सियासी लीडर बड़ी इंडस्ट्रियलिस्ट या ग्लैमरस फ़िल्मी शख़्सियत होतीं तो क्या दूरदर्शन ऐसी बेपरवाही बरत सकता था?

दूसरी सुबह अख़बारों में जो ख़बर छपी, उसमें उनकी कहानी 'लिहाफ़' का ही ज़िक्र था और यह बिल्कुल नहीं कहा गया था कि वह तरक़्क़ीपसन्द तहरीक और नयी कहानी की मेमार थीं।

उनकी गहरी इनसान दोस्ती की मिसालें उनके लाजवाब अफ़साने 'नन्ही की नानी', 'चौथी का जोड़ा', 'बिच्छो फूफ़ी' और 'भेड़ें' हैं। बक़ौल डॉ. सोग़रा मेहदी "इस्मत आपा को आख़िर-आख़िर में इस बात का बेहद दुख था कि लोग उनको महज़ 'लिहाफ़' की वजह से याद रखते हैं, और बूढ़ी, बेकस औरतों और समाज के मज़लूम तबक़े की कहानियों को

---

1. निरन्तर प्रयोग।

कुर्रतुलएन हैदर

भुला दिया जाता है। गोया जिन्सी विषय और इस्मत चुग़ताई एक-दूसरे के पूरक होकर रह गये हैं।''

यह सही है कि तरक़्क़ीपसन्द तहरीक़ की शुरुआत में जब ये नये अदीब एक ठहरे हुए और बेहिस समाज को झिंझोड़ने की कोशिश में जुटे हुए थे, मण्टो और इस्मत आपा ने ऐसे अफ़साने लिखे जिन पर फ़हाशी के मुक़दमे चलाये गये लेकिन ये दोनों अदीब जो बाग़ियाना ज़हन रखते थे, बहुत हद तक अपने मिशन में कामियाब रहे। यानी उन्होंने दोहरे मेयार रखने वाले समाज में हलचल मचा दी।

1869 ई. में पटना की रशीदतुन्निसा बेगम ने 'इस्लाहे निस्वाँ' नाम से एक नॉवेल लिखा था इसके बाद उर्दू की स्त्री उपन्यासकारों की एक पूरी नस्ल ने सुधारवादी लेकिन शरीफ़ाना उपन्यास लिखे जिनके ज़रिये उन्होंने समाज के हर तबक़े में औरतों पर होने वाले अत्याचार की सच्ची तस्वीर पेश की। लेकिन वह स्त्री उपन्यासकार समाजी सुधारवाद के दरमियानी दौर की नुमाइन्दा थीं। इन्क़लाबी रवैये और अन्दाज़े-तहरीर का आरम्भ 1932 में 'अंगारे' के प्रकाशन से हुआ, जिसके कहानीकारों में डॉ. रशीद जहाँ भी शामिल थीं। उनकी कहानियों के कई संग्रह प्रकाशित हुए। एक दिलचस्प बात यह है कि आम तौर पर अलीगढ़ को रूढ़िवादी मिडिल क्लास या मुस्लिम स्टेब्लिशमेंट का नुमाइन्दा समझा जाता है लेकिन इस हक़ीक़त को नज़रअन्दाज़ किया गया है कि यह कई इन्क़लाबी तहरीकों का सरचश्मा संस्था भी थी।

मिसाल के तौर पर सैयद अहमद खाँ को औरतों की अंग्रेज़ी तालीम का मुख़ालिफ़ समझा जाता है। दरअसल ऐसा नहीं था। वह औरतों की तालीम को समय से पूर्व समझते थे। अंग्रेज़ी हुकूमत के ख़िलाफ़ अंडरग्राउंड तहरीक अलीगढ़ में 1903 ई. के लगभग शुरू हुई। डॉ. अब्दुल रहमान बिजनौरी और सज्जाद हैदर यल्दरम जिसमें शामिल थे। इस तहरीक का कहीं ज़िक्र ही नहीं किया जाता। अदब के मुख़्तलिफ़ नये रुजहानात अलीगढ़ ही की पैदावार हैं। इन्क़लाबी शायरों की फ़ेहरिस्त भी परिचय की मोहताज नहीं।

इस्मत चुग़ताई अलीगढ़ में शायद 1938 ई. में मेरी चचेरी बहनों के साथ पढ़ती थीं। उन्हीं दिनों मुस्लिम यूनिवर्सिटी में सहशिक्षा इस तरह शुरू हुई थी कि क्लास में एक स्क्रीन लगा दी जाती थी। उसके पीछे बैठकर लड़कियाँ लेक्चर सुनती थीं। उस ज़माने के बारे में इस्मत आपा की कहानी 'परदे के पीछे' प्रकाशित हुई। यह बहुत ही सादा क़िस्म का ख़ाका था जिसमें उन्होंने परदे के पीछे लड़कियों की हँसी-मज़ाक़ और जुमलेबाज़ी का नक़्शा खींचा था लेकिन बहुत जल्दी कहानी 'परदे के पीछे' इस्मत आपा के अदब का प्रतीक बन गयी क्योंकि उन्होंने हिन्दोस्तानी समाज के फ़रेब का परदाफ़ाश करने की हिम्मत की। वह एक बाग़ी औरत कहलायीं, और अपनी हैसियत से बेहद खुश हुईं। उन्हें लोगों को चौंकाने

और पारम्परिक मूल्यों की मुख़ालफ़त का हुनर आता था।

अलीगढ़ की ही रशीद जहाँ ने कम्युनिस्ट पार्टी में शिरकत की और उनकी छोटी बहन ख़ुरशीद जहाँ बॉम्बे टॉकीज में 1937 में शामिल हुई और रेनुका देवी के नाम से शोहरत हासिल की। उनकी भावज शाहिदा अब्दुल्लाह ने फ़िल्मी नाम 'नैना' रखा। आज ये बातें अहम नहीं मालूम होतीं लेकिन आज से पचास-पचपन साल पहले यह एक बहुत बड़ी समाजी जुर्रत थी। इस्मत चुग़ताई भी इसी पीढ़ी से तअल्लुक़ रखती थीं। उस समय जब उर्दू में औरतें सुधारवादी कहानियाँ लिख रही थीं या ज़ेबुन्निसा वग़ैरा औरतों की पत्रिकाओं में उनकी रूमानी क़िस्म की कहानियाँ छपती थीं, (जिनमें कुछ बहुत अच्छी होती थीं। हिजाब इम्तियाज़ अली उर्दू फ़िक्शन की एक अलाहिदा पहचान हैं जिनके ज़िक्र की इस वक़्त गुंज़ाइश नहीं है) उस वक़्त इस्मत चुग़ताई बम के गोले की तरह अदब के मैदान पर आ गिरीं बक़ौल शख़्से :

रेस्ट इज़ हिस्ट्री

उनका पहला संग्रह 'चोटें' था या 'कलियाँ' मुझे याद नहीं, शायद 1941 में छपा था।

इस्मत आपा ने ज़िन्दगी के बहुत उतार-चढ़ाव देखे। मैं उनसे पहली बार 1956 में बम्बई में मिली जब वह और शाहिद लतीफ़ अपने फ़िल्मी कैरियर की बुलन्दी पर थे। वह स्क्रिप्ट लिखती थीं और शाहिद लतीफ़ डायरेक्ट करते थे, और वह सारी फ़िल्में हिट होती थीं। दो नाम मुझे याद हैं, 'ज़िद्दी' और 'बुज़दिल' और एक फ़िल्म जिसमें उन्होंने शायद नर्गिस की ज़िन्दगी को विषय बनाया था।

उस समय भी उन्होंने चन्द अच्छी कहानियाँ लिखीं, लेकिन मेरा ख़याल यह है कि उसी ज़माने से स्क्रिप्ट लिखने के कारण अनजाने में उनके यहाँ कहानी के फ़न की गिरफ़्त कमज़ोर पड़ गयी और कुछ घास काटने वाला अन्दाज़ आ गया। 'अजीब-आदमी' और 'मासूमा' में कहीं-कहीं फ़िल्म गॉसिप का-सा अन्दाज़ झलकने लगा।

लेकिन इस्मत आपा ने उर्दू फ़िक्शन को जो बहुमूल्य कहानियाँ दी हैं, वह हमेशा याद रखी जायेंगी। अच्छी कहानी का एक मेयार मैं यह समझती हूँ कि आप उसे बार-बार पढ़िये और फिर पढ़ने को जी चाहे। मण्टो और इस्मत की कुछ कहानियाँ इसी मेयार की हैं।

कभी-कभी मैं उनको लेडी चंगेज़ खाँ पुकारती थी क्योंकि वह उर्दू फ़िक्शन की एक ऐसी चुग़ताई सवार और तीरन्दाज़ थीं जिनका निशाना कभी नहीं चूकता था।

उनकी कहानियों में जो बेसाख़्तापन और भाषा का चटख़ारा मिलता है, वह उनकी और उनके ख़ानदान की दूसरी औरतों की भाषा थी। इस्मत आपा एक मुहब्बत करने वाली, मुँहफट, साफ़ गो की ढीठ क़िस्म की ख़ुशमिज़ाज औरत थीं।

एक बार का ज़िक्र है कि एक औरत की नयी-नयी शादी हुई थी। उस ज़माने में

'मुग़ल-ए-आज़म' फ़िल्म हिट जा रही थी। वह औरत एक दावत में मुग़लों का जोड़ा पहन कर शामिल हुई और खाने के बाद सोफ़े पर मधुबाला के पोज़ में दुपट्टा तान कर लेट गयी। जो मेहमान हाथ धोने के लिए सोफ़े के पास से गुज़र रहे थे वह लामोहाला ठिठक कर उनको देखते। इतने में इस्मत आपा नमूदार हुईं और ब-आवाज़े बुलन्द ड्रामाई अन्दाज़ में पुकारीं, "अनारकली! मैं आ गया।"

जाँ निसार अख़्तर के इन्तक़ाल के वक़्त एक कोहराम मचा हुआ था। एक औरत जो उनकी मुँहबोली बहन थी, पछाड़ें खा रही थी। एक और चिल्लाए जा रही थी। अरे बेवा को बुलाओ, बेवा की चूड़ियाँ तोड़ो। इस्मत आपा ख़ामोशी से कुछ देर यह मंज़र देखती रहीं, फिर आग-बबूला होकर उठीं। पहले तो उन मुँहबोली बहन को अच्छी तरह झाड़ा, उसके बाद जो औरत, बेचारी-बेहाल ख़दीजा की चूड़ियाँ तोड़ने पर तैयार थी, इस्मत आपा ने उनकी तबीयत साफ़ की। पहले तो कड़कीं, औरत ही को क्यों कहा जाता है कि फलाँ की बेवा है, मर्द के लिए क्यों नहीं कहते कि फलाँ का रंडुवा है और फ़ौरन जब वह रंडुवा हो तो खींच कर उसकी ऐनक और घड़ी तोड़ डालो।

उन्होंने अपनी आर्थिक परेशानी के समय में भी किसी से अपनी परेशानियों का रोना नहीं रोया, न दोस्तों की बेमुरव्वती की शिकायत की। वह ख़ुद्दारी के साथ अपने क़रीबी दोस्तों की महफ़िल में बैठी ताश खेला करतीं।

इस्मत आपा बुनियादी तौर पर उस तबक़े से तअल्लुक़ रखती थीं जिसे एक समय में फ़्री थिंकर कहा जाता था। उनकी बड़ी बेटी ने बैंग्लोर में सिविल मैरिज कर ली और ख़बर दी कि उसके सास-ससुर मज़हबी रस्म भी अदा करना चाहते हैं, आप भी आ जाइये। बैंग्लोर से वापस आकर इस्मत आपा ने अपने ख़ास अन्दाज़ में बहुत ख़ुश होते हुए सुनाया कि, "सुबह-सुबह मैं उठ गयी। सारा घर सो रहा था। उनका पंडित आ गया। अब वह बेचारा एक कमरे में परेशान बैठा था। कहने लगा मुहूरत निकली जा रही है और यहाँ कोई है ही नहीं। मैं कैसे पूजा शुरू करूँ। मैंने कहा, ऐ पंडितजी! आप क्यों फ़िक्र करते हैं, मैं पूजा शुरू करवाये देती हूँ। बस मैं बैठ गयी और मैंने पूजा करवा दी।"

मैंने हैरान होकर पूछा, "भला आपने पूजा किस तरह करवायी?" कहने लगीं, "ऐ, इसमें क्या था। पंडितजी ने कहा, मैं मन्त्र पढ़ता हूँ, आग में थोड़े-थोड़े चावल फेंकती जाओ, मैं चावल फेंकती गयी। इतने में घर के लोग भी आ गये, बस!"

एक अमरीकन स्कॉलर शायद कार्लो कपोला बम्बई आया हुआ था। एक दिन उसने बताया कि आजकल इस्मत आपा इमाम हुसैन के बारे में बहुत फ़िक्रमन्द हैं। अब मैंने देखा कि मुहर्रम की एक मजलिस में इस्मत आपा काला ब्लाउज़, काली साड़ी पहने एक इमाम बाड़े में बैठी निहायत ग़ौर से मसायब का बयान सुन रही हैं। कहने लगीं, "भाई कमाल है। इमाम हुसैन कितने कमाल के इनसान थे। देखो तो उन्होंने क्या किया।" न

जाने उन्हें इमाम हुसैन में दिलचस्पी किस तरह पैदा हुई लेकिन अब मजलिसों में काले कपड़े पहने इसमत चुग़ताई नज़र आने लगीं। और बम्बई के शियों में बहुत प्रसिद्ध हो गयीं। सब इमाम हुसैन और उनके घरवालों से उनकी मुहब्बत से बहुत प्रभावित थे। कहने लगीं, ''दरअसल मैं मीर अनीस के मर्सियों को 'गद्य' में ढाल रही हूँ।'' इसके बाद उनकी किताब 'एक क़तरएँ-खूँ' प्रकाशित हुई।

बहुत दिनों तक मुझे उनसे मिलने का मौक़ा नहीं मिला, लेकिन पिछले चन्द बरसों, ख़ासकर उनकी ज़िदगी के आख़िरी दिनों के बारे में जिस अन्दाज़ से लोगों ने उनका नक़्शा खींचा था, उससे इनसानी मनोविज्ञान का एक अजीबोग़रीब पहलू सामने आया। बच्चों के लिए लम्बी उम्र की कामना की जाती है। जीते रहो, जीती रहो, सबसे बड़ी दुआ समझी जाती है। हर शख़्स चाहता है कि उसे लम्बी उम्र मिले। लेकिन जब कोई दूसरा व्यक्ति उस मंज़िल पर पहुँच जाये, जब याददाश्त कमज़ोर पड़ जाती है तो वह फ़ौरन सेनाइल मशहूर कर दिया जाता है। इस्मत आपा की याददाश्त कमज़ोर पड़ गयी थी लेकिन उनके लिए लोग इस तरह मज़े लेकर बात करते थे—अरे साहब, वह तो अब चार बरस की बच्ची बन गयी हैं। गुड़ियाँ खेलने लगी हैं, वग़ैरा वग़ैरा। हालाँकि यह हक़ीक़त नहीं थी।

जब हम दूसरों के बुढ़ापे और उससे मुतअल्लिक़ बीमारियों का मज़ाक़ उड़ाते हैं, उस वक़्त यह भूल जाते हैं कि अगर बुज़ुर्गों की दुआयें क़ुबूल हो गयीं तो हम खुद भी स्टेज तक पहुँच सकते हैं, जब हमारा मज़ाक़ उड़ाया जाये या कम-से-कम हमारे ज़िक्र से लोग लुत्फ़ लें। यह तो अक़सर सुनने में आता है कि फलाँ, फलाँ—अच्छा वह अब तक ज़िन्दा हैं? कमाल है, हीं हीं हीं—वह तो अब अलगनी पर लटकाने के लायक होंगे/होंगी। इस्मत आपा अक़सर कहती थीं, भई मुझे तो क़ब्र से बहुत डर लगता है। मिट्टी में तोप देते हैं। दम घुट जायेगा। एक बार मैंने कहा कि दम होता ही कहाँ है, जो घुटेगा, कहने लगीं, ''नहीं भई, क्या पता किस वक़्त वापस आ जाये। भई मैं तो अपने आप को जलवाऊँगी।'' इस्मत आपा का कमाल यह था कि जो कहती थीं, कर भी दिखाती थीं। लिहाज़ा सुना है कि जब मजरूह सुल्तानपुरी वग़ैरा उनके इन्तक़ाल की ख़बर सुनकर सीधे चन्दनवाड़ी क़ब्रिस्तान पहुँचे तो मालूम हुआ कि उनको, उनकी वसीयत के मुताबिक़ जलाया जा चुका था। उन्होंने कह रखा था कि जब मैं मरूँ तो किसी को ख़बर न करना और मुझे फ़ौरन क्रीमीटोरियम में पहुँचा देना। क्या अजीबोग़रीब ख़ातून थीं।

बाग़ो-बहार और दर्दमन्द इस्मत चुग़ताई बोर लोगों को झेलने की बेपनाह सलाहियत रखती थीं। उनकी पूरी शख़्सियत की तस्वीरकशी इस एक मज़मून में नहीं की जा सकती। उन जैसी सबसे अलग इनसान और सबसे अलग लेखिका अब कहाँ से आयेगी। आले-चुग़ताई की उर्दू-ए-मुअल्ला कब की ख़त्म हुई। उर्दू ज़बान की काट और तुर्कताज़ी इस्मत चुग़ताई के साथ चली गयी।

कुछ ख़त...

पाकिस्तान से ख़त

आजकल इस्मत आपा ने तहलका मचा रखा है। तक़रीबन एक महीने कराची में तो रात-दिन ख़ुद भी हलकान होती रहीं और इस बुढ़ापे में अपने चाहने वालों को भी दर-दर भगाया। सुबह कहीं दावतें, दोपहर को कहीं और मीटिंग, शाम को कहीं जलसा है, रात को कहीं महफिल है। और लोग हैं कि ख़ुशामदें और अजदरसूख इस्तेमाल करके दावतनामा हासिल कर रहे हैं। इदारा यादगार ग़ालिब में दो रोज़ मुस्लसल दो मुख़्तलिफ़ अंजुमनों की तरफ़ से शाम को मदू[1] थीं। पहले दिन बिजली फेल हो गयी और गैस की बत्ती भी नहीं आ सकी। तक़रीबन डेढ़ घंटे तक खुले आसमान के नीचे, तारों की छाँव में बैठी रहीं और चार पाँच सौ हाज़रीन और हज़रात में कोई न हिला। इसी अँधेरे में सैकड़ों ऑटोग्राफ़ देती रहीं। अगर रौशनी होती और जल्सा जारी रहता तो लोगों को यह नियामत कहाँ मिलती। अब लाहौर पर हमलावर हैं। अख़बारों में तफ़सीलात आ रही है। अदबी व शफ़ाकती व फ़िल्मी हर क़िस्म की अंजुमनें घेरे हुए हैं। फिर रावलपिंडी वाले कब छोड़ेंगे। ग़रज़ कि हमहमा बान सेहरा सरखुद निहाद बरकफ मुन्तज़िर हैं? बाउम्मीद कि रोजें बाशिकार ख्वाहिद नहज और लोगों को तो कुछ न कुछ ख़र्च करके इस्मत आपा से कुछ मिला लेकिन नासरीन कुतुबफ़रोश[2] जैसे ईद मना रहे हैं। पुरानी-पुरानी किताबें और मजमुए जो 25-30 बरस से पड़े थे बिल मुबालिगा चौगुनी और छह गुनी क़ीमत पर बिक गये। और न सिर्फ़ उनके ही नये संस्करण छपने शुरू हो गये बल्कि पुराने-पुराने रसालों में से वह अफ़साने वग़ैरह भी जमा किये गये जो यह दस्तेयाब किसी मज़मुएँ में नहीं हैं। उनके भी मज़मुएँ छपने लगे। कराची का एक पर्चा दोसीजा है इसमें इस्मत को—और इस अल्फ़ाज़ में उर्दू अदब की ख़ातून का इस्तेमाल किया। इस्मत चुग़ताई उर्दू अदब की इस्मत हैं। पाकिस्तान में उनकी आमद ने समाजी हल्कों में हलचल मचा दी है। अक़सर अदबी मजलिसों में उनसे गहरी अक़ीदत, बेपनाह मुहब्बत और ग़ैरमामूली एहसास का इज़हार किया गया। बाज अदबी

---

1. आमन्त्रित, 2. पुस्तक विक्रेता।

नस्लों में जो चन्द तंगनज़र और मुतासिव हज़रात ने हाशिये पर करने की कोशिश की मगर उर्दू की इस अज़ीम अफ़साना निगार ने बड़ी ख़ूबसूरती के साथ अपना दामन बचा लिया और वह लोग जो इस्मत चुग़ताई के ज़रिये दो मुल्कों के ताल्लुक़ात को ख़राब करने की कोशिश कर रहे थे खुद ही फिज़ूल हो गये? इस्मत चुग़ताई भारतीय अवाम और दानिशवरों की तरफ़ से हमारे लिए मुहब्बत और आशनी का पैग़ाम लेकर आयी हैं। हम पाकिस्तानी अवाम भी जवाबन भारतीय अवाम के लिए ऐसे ही एहसासात और जज़्बात पहुँचा रहे हैं।

जिलानी बानो के नाम

कितने दिन से ख़त ही किसी को नहीं लिखा। हबीब अभी तक नहीं आयी, बीच में आजकल ये तीसरी नौकरी मिली है, बहुत नखरे झेल रही हूँ। मुश्किल से चालीस की होगी, सात बच्चे और बेवा बस बौखलाई सी रहती है, बच्चे बाँट रखे हैं। कुछ गाँव में, कुछ चची के पास, कुछ बहन के पास, तरस भी आता है और ग़ुस्सा भी।

अभी ओमपुरी आया था। मुन्नी, सीमा दोनों नहीं थीं। चाय बनायी और फ़रमाबरदार बच्चे की तरह लाकर रखी। दो मेहमान और आ गये, शायद किसी मामुज़ाद बहन का बेटा और पीयो। मालूम हुआ होगा, ओमपुरी को बेहतरीन एक्टर का अवॉर्ड मिला, बड़ी ज़ोर की दावत रखी। श्याम, शशि, जेनिफर, नायरा और श्याम की बीवी मौजूद थे, बहुत हल्ला रहा तीन बजे तक।

दो महीने से किसी को ख़त ही नहीं लिखा—तीन-चार बल्कि कहानियाँ अधूरी पड़ी हैं—ख़ूब बर्तन डालते और दूध भी—मैंने हबीब से कह दिया है कि अब के तू बच्चे डाल के आया तो अच्छा नहीं होगा—बावर्चीख़ाना जैसे तन्दूर, सीमा किचन के लिए पंखा ले आयी—आशीष अपने चाचा के यहाँ गये, दो दिन से छुहियाँ आ गयी थी। कब बुलवाना है श्याम को—परसों स्कूल खुलेगा—तो इस वक़्त रात के 2:34 हुए हैं—कल तो हो ही गयी।

ईद बहुत फुस्स रही, यासिर अराफ़ात और साथियों के बारे में अख़बार में पढ़-पढ़ कर मैंने तो सिवइयाँ भी नहीं उबालीं—लखनऊ से सबीहा ने बहुत अच्छी भुनी हुई सिवइयाँ भेजी थीं। और चार बहुत ख़ूबसूरत इलाइचियाँ और लौंगें। और भुनी-भुनी सौंफ आज उसे भी जवाब दे रही हूँ। पद्मा सचदेव को जानती हो वह तुम्हारे नॉवेल पढ़-पढ़ कर झूम रही थी। उसने भी दो कहानियाँ लिखी हैं। मुझे सुनाने आयी थी। अच्छे अदब में लिखी है—पिछले दिनों अमृता आयी थीं—बड़ी अच्छी नज़्में सुनायीं—वह तो पंजाबी में लिखती हैं—एकदम ज़्यादा ख़ूबसूरत लगने लगी हैं, थीं तो पहले भी ख़ूबसूरत—मगर ज़रा कड़वाहट थी चेहरे पर अब मिठास आ गयी है। अवॉर्ड से पहले होमा नर्म होने लगी थी, पार्टियाँ हुईं ख़ूब। मैं तीलियों सी जली थी उसे बुला भी नहीं पायी।

फ़िल्मी तस्वीर में चोपड़ा साब जो फ़िल्म बना रहे हैं तलाक़-तलाक़-तलाक़—उस पर बेहद द्वन्द्व मचा है। काफ़ी वाहियात, फ़िलहाल इस्लामी गुंडागर्दी—तलाक़ और चार निकाह खुदाई एहकामात है और कोई ख़ाला का ज़िक्र नहीं करता।

अब बहुत-सी दुआएँ—मुझे चन्द सवाल बहुत परेशान कर रहे हैं। किसी मुल्ला से पूछूँगी तो बिदकेगा भाई ये ज़बर किसे कहते हैं—एक साहब ने बताया—ग़ैर शादीशुदा मर्द और स्त्री का जिन्सी मिलाप क़ाबिले संगसार है—मैंने कहा फिर लौंडी कैसे जायज़ है—वो बोले वह तो ख़रीदी हुई होती है, मगर अब तो ख़रीदफरोख़्त बन्द है—तो फिर ये रंडियाँ, कॉल गर्ल्स लोग खुलेबन्द रखैल भी चलाते हैं तो कहने लगे भई! पता नहीं।

इस्लाम में औरत को हक-ए-ख़ला है—यानी तलाक़ दे सकती है या ले सकती है। स्वतः वह एक ही बात हुई—चाहे खरबूजा छुरी पर या छुरी खरबूजे पर। एकदम तीन तलाक़ें दी जा सकती हैं कि नहीं—एक भी तलाक़ देने के बाद अगर चार माह दूसरी से मेल-मिलाप न हो तो तलाक़ हो जायेगा। यानी तलाक़ें शलास एक तलाक़ बाइन तलाक़ है—समय में दिन के भी दीनीयात और तलाक़ के गवाहों के तहरीरी वजूद ज़रूरी है—मैंने अपनी बीवी (नाम के साथ) तीन तलाक़ें दीं ये काफ़ी हैं—हिन्दुस्तान की इस्लामिक लौ में हक-ए-ख़ला नहीं—इस मौजू पर किस किताब में ये देखें किस सफ़े पर मैं किसी से लेकर देखूँगी। जगह नहीं किताबें रखने की।

फ़रहान, बहुत सी दुआएँ और प्यार।

अच्छा।

ख़ुदा हाफ़िज़।

आशीष* के नाम

प्रिय आशीष,

मैं शूटिंग से आयी और अपने कमरे की चाबी के साथ तुम्हारा ख़त मिला। आई मिस यू डार्लिंग! मैं तुम्हारे बारे में हर किसी से बात करती हूँ। मैंने तुम्हारा ख़त शशि कपूर को दिखाया और वह इससे बहुत प्रभावित हुए। मैं बिल्कुल ठीक हूँ लेकिन फ़िल्म में मुझे बहुत बहुत बीमार लगना है। मैं हमेशा खाँसती कराहती रहती हूँ। फ़िल्म में मेरी पोती जो बनी है वह बहुत प्यारी है। वह लम्बी और पतली है।

इस्मत और आशीष

आज हम लखनऊ से 25 मील आगे गये थे। अब हर एक को वहाँ जाना होगा। मैं ताश को बहुत याद करती हूँ। यहाँ कोई ताश नहीं खेलता। तुम अन्दाज़ा नहीं लगा सकते कि तुम्हारा पत्र मिलने से मैं कितना खुश हुई। मेरे यहाँ कितने ही दोस्त हैं और वे मेरा अच्छा ख़याल रखते हैं लेकिन मैं बम्बई को मिस करती हूँ।

फ़िल्म में मेरी बेटी शशि कपूर की पत्नी है। उसे फ़िल्म में एक चोर की हत्या करनी है। यह बहुत डरावना था और हम सब चिल्लाने लगे। यह चोर था जिसे उसे छुरे से मारना था। इस फ़िल्म में बहुत सी हत्याएँ और लड़ाइयाँ हैं।

दुबारा लिखना,

तुम्हारी प्रिय
नानो

लखनऊ होटल के कमरे से अपने नाती आशीष को लिखा मूल अंग्रेज़ी पत्र का अनुवाद।

*आशीष साहनी, इस्मत के नवासे, सीमा साहनी के पुत्र।

मुहम्मद तुफ़ैल के नाम

तुफ़ैल साहब, जी हाँ, 'तुलूअ' पढ़ा। आप बिल्कुल बज़ा फ़रमाते हैं, क्योंकि आपने फ़रमाया है। चूँकि आपने ब्राडमाइंडेड भी होना है लेकिन अगर कोई एतराज़ करे या इस उर्दू पर दाँत निकोसे तो भी आपने ब्राडमाइंडेड होना होगा। यह आज़ादी का ज़माना है, और कोई किसी का क़लम रोक नहीं सकता। अगर आप लोग छापने माँगता तो कौन साला बूम मारने सकता। मैं ख़ुद बहुत अड़ियल हूँ इसीलिए मुझे अड़ियल क़िस्म के लोग बहुत पसन्द हैं, ख़ास तौर पर अगर वह कोई उल्टी बात मनवाने की ज़िद कर रहे हों। तब तो उन पर बहुत प्यार आता है। आपने अच्छा शिगूफ़ा छोड़ दिया। अब इसी शोशे का एक नम्बर निकाल डालिये। जो लोग वैसे लिखने में सुस्ती करते हैं, शायद चिढ़कर इस मौज़ू पर लिख मारें। कुछ न सही, हंगामा ही सही। ज़रा एक-दूसरे को लताड़ने और कुरेदने का बहाना मिल जायेगा।

आपकी पंजाबी उर्दू, हमारी बम्बइया उर्दू के आगे पानी भरती है। आप ये लफड़ा चलाइये, फिर हम बम्बइया उर्दू की हिमायत में लठबाज़ी की कोशिश करेंगे कि शायद कुछ अदब की ख़िदमत हो पड़े। बेहतर तो यह है कि इसे क़ौमी, बल्कि बैनल-अक़वामी[1] हैसियत दे दीजिए और मुख़ालिफ़त करने वालों को उर्दू दुश्मन ही नहीं, इस्लामी रवायात[2] का बैरी बल्कि इनसानियत का दुश्मन कहा जाये ताकि बात में घन-गरज पैदा हो, वैसे शायद आपका ख़याल कुछ ठीक ही है, यहाँ भी यही यक़ीन है कि हमारी तहरीरों[3] और बेटियों का नसीबा पाकिस्तान में ही खुलता है।

मगर आपको एक बड़ा शदीद मुग़ालता है कि उर्दू की पनाहगाह सिर्फ़ पाकिस्तान है, यक़ीन मानिये कि यहाँ उर्दू की शदीद माँग मौजूद है, उर्दू के अलावा हिन्दी, गुजराती, मराठी, सिन्धी और बंगाली में भी मौक़ा और गुंज़ाइश है, और लिखने वाले को इससे ज़्यादा क्या चाहिए कि उसके ख़यालात किसी भी ज़रिये से दूसरों तक पहुँच जायें। उर्दू सरकारी ज़बान न होते हुए भी हर सूबे में ज़्यादा से ज़्यादा समझी जा रही है, ज़्यादातर फ़िल्म जो मुल्क की वाहिद तफ़रीह का ज़रिया है, उर्दू ही में बनते हैं, सरकारी तौर पर न सही वैसे अवाम दिन-ब-दिन उर्दू को उठाते जा रहे हैं, हिन्दोस्तान के ही नहीं पाकिस्तान के अदीबों की

---

1. अन्तरराष्ट्रीय, 2. परम्पराओं, 3. रचनाओं।

तख़्लीक़ात[1] भी यहाँ हिन्दी और दूसरी ज़बानों में इफ़रात से छपती हैं, जिनका शायद वहाँ वालों को इल्म नहीं, ज़बान ज्यूँ की त्यूँ न सही, मगर जज़्बात और ख़यालात अवाम तक बराबर पहुँच रहे हैं। उर्दू की हिमायत में लड़ने वालों की जाँफिशानियाँ[2] रायगाँ नहीं गयीं, स्क्रिप्ट शायद ख़त्म हो जाये मगर अल्फ़ाज़ और जज़्बात हिन्दी की रगों-पै में समा जायेंगे।

एक बात अर्ज़ करूँ, उर्दू वाले इसलिए पाकिस्तान अपनी तहरीरें नहीं भेजते कि यहाँ उर्दू ख़त्म हो गयी, बल्कि इसलिए भेजते हैं कि पाकिस्तान के दोस्त और क़द्रदान एडिटर बड़े चाव से हमसे माँग रहे हैं, बेशक किताबें अच्छी वहाँ ही छपती हैं, लेकिन यहाँ भी कोशिश जारी है और बहुत जल्द अच्छी सूरत-शक्ल की किताबें आने लगेंगी।

फिर भी मेरी राय है कि अगर आपका ख़याल है कि जो जैसा चाहे लिखे और दिल खोल कर लिखे तो मुझे कोई ख़तरा नज़र नहीं आता, अक्सर छोटी उर्दू की ग़लतियों के बावजूद अज़ीम कहानियाँ लिखी गयी हैं, और हज़ारों कहानियाँ साफ़ उर्दू के बावजूद बोर होती हैं, ज़बान ही सबसे अहम चीज़ नहीं, तहरीर की रूह में बड़ाई पोशीदा होती है।

बम्बई में तो यह ताम-झाम क़िस्म की जो आजकल शायरी हो रही है उसके भी ख़िलाफ़ नहीं, न मुझे टेडीइज़्म और टेंक से डर लगता है। यह सब फ़ैशन वक़्त की ज़रूरत को पूरा करते हैं, हाँ जब यह शायरी पढ़ती हूँ तो एक तरफ़ से तो इत्मीनान होता है कि मेरे कोर्स में यह हिस्से शामिल होने का ख़तरा नहीं और मुझसे इम्तहान में कोई इनके मानी नहीं पूछेगा, वह जिन्हें भुगतना पड़ेगा वह लरजें, मैं क्यों ख़्वामख़्वाह अपना जी जलाऊँ, कितने मज़े की बात है कि मैं तनक़ीद निगार[3] भी नहीं जो सर मारना पड़े, मुझे यक़ीन है कि जब यही शायर मर जायेंगे तो लोग उनके नम्बर निकालेंगे और उनका एक-एक लफ़्ज़ समझकर सर धुनेंगे, वही शेर जो आज घन-चक्कर बना रहे हैं, कल दिलों में घाव डाल देंगे।

आज इतवार है, आपका ख़त देखकर लिखने बैठ गयी, अब न जाने कब मौक़ा मिले क्योंकि मैंने फिर फ़िल्म में काम करना शुरू कर दिया है, तीन साल की परेशानियाँ और ज़िल्लतें उठाने के बाद फ़िल्म की जन्नत में पनाह ली, अब अगर कोई मुझे फ़िल्म का ताना दे तो चूल्हे में जाये। वह मेरा और मेरे बच्चों का दुश्मन! और मेरे हिसाबों इनसानियत का दुश्मन! अच्छा अब ख़त्म करती हूँ क्योंकि मैंने कुछ थोड़ा-सा काम करना है।

–इस्मत चुग़ताई

नोट : 'नकूश' के अंक नं. 97 में मैंने उर्दू के नाख़ुदाओं से मालूम किया था कि क्या वह इतनी रिआयत देने के लिए तैयार हैं कि किसी ज़बान के अन्दाज़े-गुफ़्तगू को उर्दू ज्यूँ का त्यूँ क़ुबूल कर ले? उस पर दोस्तों ने अपनी-अपनी राय दी थी। हक़ में भी, ख़िलाफ़ भी, जो 'नुक़ूश' के पिछले अंकों में आ चुकी है।

---

1. रचनाएँ, 2. मेहनत, 3. आलोचक।

1. कुछ दोस्तों ने फ़रमाया था कि जहाँ तक ग्रामर से मुँह फेर लेने का तअल्लुक़ है, उर्दू साथ नहीं दे सकती (हालाँकि उर्दू ग्रामर मोम की नाक है, जिसके कुछ उसूल हैं भी और नहीं भी। प्रचलित उसूलों के मुताबिक़ ज़रा मुझे—होना, जाना, करना मस्दर[1] से माज़िए-मुतलक़[2] बना कर तो दिखाइए।)
2. कुछ भाषाविदों ने कहा कि ज़बानें अवाम की बोली-ठोली से बना करती हैं। अगर अवाम ने ऐसी ईजाद को क़ुबूल कर लिया तो वह ख़ुद-ब-ख़ुद चलन में आ जायेंगी। इसके लिए हमें परेशान होने की ज़रूरत नहीं।

यह ठीक है कि ज़बान का मसला नाज़ुक होता है। इसलिए उसके साथ बेदर्दी भी नहीं करनी चाहिए, मगर यह भी अजीब बात है कि हर ग़ैर अहले-ज़बान के बारे में यह गुमान कर लेना कि वह उर्दू दुश्मन है, कितनी अफ़सोसनाक बात है। सही उर्दू लिखना या उर्दू के बारे में ख़ुलूस से सोचना क्या कुछ इलाक़ों ही की मीरास है? मैंने तो 'मुस्तनाद है मेरा फ़रमाया हुआ' के साथ यह भी सुना है—

हाथ में सबके है उर्दू-ए-मुअल्ला का निशाँ।
मुँह में रखते हैं ज़बाँ, इसलिए हैं अहले-ज़बाँ॥

यह शेर मेरा नहीं सफ़ी लखनवी का है। और सुनिये इंशा-अल्लाह ख़ाँ इंशा कहते हैं कि लखनऊ वालों की भी ज़बान सही नहीं है सिवाय (लखनऊ के) दो-तीन मुहल्लों के, ज़रूरत पड़े तो 'दरियाए-लताफ़त' देख लीजिए।

ऐसे हालात में ऐसी सोचों की मौजूदगी में, मैं तो किसी दोस्त से झगड़ना नहीं चाहता, न ही इस विषय को दोबारा ज़िन्दा करने का इरादा है। उर्दू के निखार से दिलचस्पी आपको भी है, मुझे भी है, अब कहना यह चाहता हूँ कि जिन दिनों यह मसला 'नुक़ूश' के पन्नों पर उभरा था उस ज़माने में (मगर कुछ दिनों बाद) इस्मत चुग़ताई का भी एक दिलचस्प ख़त मिला था जिसे ख़ास अंकों की वजह से इससे पहले पेश न कर सके। मगर अब पाठकों के सुपुर्द कर दिया है, ऐसी पुर-लुत्फ़ तहरीर को अपने पास रखने के बजाय आपको भी हिस्सेदार बनाने को जी चाहा।

—मुहम्मद तुफ़ैल

---

1. शब्द का स्रोत, 2. ऐसा भूतकाल जिसमें दूर-पास का कोई भाव न हो।

रामलाल के नाम

मेरे मरने के बाद मुझे समन्दर में फेंक दिया जाये ताकि मछलियों के पेट में काँटा बन जाऊँ और किसी बहुत ज़्यादा भाषण देने वाले के गले में फँस कर किसी अच्छे काम का कारण बन सकूँ।

–इस्मत चुग़ताई

मण्टो के नाम से न जाने क्यों ग़म और गुस्से का पहाड़ टूट पड़ता है और फिर उसकी रूह को मेरे वजूद में दाख़िल करके यह भी बता दिया है कि वह मर चुका है। एक मण्टो है जिसकी सारी किताबें उसकी बीवी सफ़िया ने मुझे दी थीं।

तुमने उसे याद दिलाया और उसकी रूह तो उसका अपना कलेजा चीरकर समाप्त हो गयी। भला वह मेरे वजूद में समाने का अपमान कैसे सहन करेगी? एक तो करेला, ऊपर से नीम चढ़ा। अरे भई तुमने कन्हैया जी को औरतबाज़ कह कर बड़ा जी जलाया। एक वही तो ढंग के भगवान हैं। सबसे ज़्यादा प्रोग्रेसिव और लेखक तो थे ही। यानी अपनी ही ज़ात-बिरादरी के हुए। गीता की रचना की।

सबसे बड़ा चमत्कार उनमें यह था कि उन्होंने औरत को भी इनसानों में शामिल किया। दुनिया के किसी साहित्य में इतनी बहादुरी के साथ औरत को मर्द से प्रेम की अभिव्यक्ति करने की मिसाल नहीं मिलती। किसी तहज़ीब ने औरत को आशिक़ और मर्द को माशूक़ बनाने की कोशिश नहीं की। फ्रांसीसी और अंग्रेज़ी साहित्य में भी औरत ही महबूबा है और ज़्यादातर रंडियों ने ही आज़ाद इश्क़ किया है जिसे नीचा और व्यापार का रंग दे दिया गया है, मगर कृष्ण जी ने शारीरिक प्रेम को भक्ति का रुत्बा दिया है। राधा शादीशुदा है मगर कृष्ण के प्रेम में ऐसी दीवानी हुई कि पूजी जाने लगी। इतनी बाग़ी और बेलगाम आशिक़ की मिसाल कहीं और नहीं मिलेगी। औरत तो दुनिया में प्रेमिका बनाकर भेजी गयी है। उस पर आशिक़ हुआ जा सकता है। लेकिन शरीफ़ औरत छुपे-चोरी कर भी डाले इश्क़ तो या तो डूब मरती है या ज़हर खाकर मर जाती है। और ब्याही औरत का पति उसका भगवान होता है। ब्याही राधा अपने पति की नहीं, कृष्ण की है। राधा के पति देव का क्या नाम था? मुझे तो नहीं मालूम, हाँ उसके प्रेमी का नाम दुनिया जपती है।

यही नहीं, अगर कोई ग़ैरमर्द किसी की माँ-बहन की तरफ़ आँख उठाकर देख ले तो

उसकी आँखें निकाल ले मगर जब अर्जुन आशिक़ हो जाते हैं और बाप शादी के लिए तैयार नहीं होता तो कृष्ण कहते हैं, "मैं बहन को किसी बहाने से ले आऊँगा और तुम उसे भगा ले जाना।" है किसी माई के लाल का इतना बड़ा कलेजा कि बहन को उसके प्रेमी के साथ भगाने में मदद करे।

सेक्स को कृष्ण ने पवित्रता का स्थान दिया है। उस समय भी आज की तरह औरत-मर्द के मिलाप पर पहरा था। सौदेबाज़ी के बाद ही उनका मिलाप सही समझा जाता था। यानी औरत-मर्द का रिश्ता एक-दूसरे की लगावट पर नहीं, दौलत के लेन-देन पर निर्भर था। मर्द तो औरत के रेवड़ ख़रीद सकता था। औरत उसकी जायदाद बन जाती थी और उसके साथ चिता पर फूँक दी जाती थी। बेवा जीते जी भी मर जाती थी। कृष्ण जी ने राधा को न सोने से ख़रीदा न उस पर कोई छाप लगायी। बंसी बजाई और वह खिंची चली आयी। दुनिया की कोई ताक़त न रोक सकी। ऐसी आज़ादी की मिसाल किसी मुल्क और किसी मज़हब में नहीं मिलती। मर्द की तो मिलती है मगर औरत की नहीं।

इतिहास उठा कर देखो। बादशाह, राजा, नवाब, औरत के गोल के गोल पालते हैं। क्या उन्होंने अपने प्यार की बदौलत पायी थीं? लोगों ने उनके सर मढ़ी थीं और बदले में जागीरें और ओहदे लिए थे। पत्तेबाज़ी की तरह और माँ, बहन, बीवी, बेटी को तुरुप बनाकर मारा था। कृष्ण ने सेक्स की आज़ादी को धर्म का एक स्तम्भ क्यों समझा? किसी ने उस वक़्त की समाजी पाबन्दियों पर रिसर्च की है? क्या ऐसा तो नहीं था, जैसा आज भी ज़्यादातर है कि औरत सस्ती थी, बेबस थी, अधमरी थी। माल की तरह ख़रीदी और बेची जाती थी। पुराने कूड़े-करकट की तरह चिता पर फेंक दी जाती थी।

औरत और मर्द का रिश्ता जब इन गतों को पहुँच जाता है तो इस समाज की बौद्धिक स्थिति क्या होती है। औरत को पैर की जूती बनाकर क्या मर्द वाक़ई यौन सन्तुष्टि प्राप्त कर सकता है। ज़रूरत से ज़्यादा चिकनाई वाले खाने खाकर बदहज़मी और अक्सर हैज़ा हो जाता है। पैर की जूती कोई चबाकर निगल ले तो क्या पेट भर सकेगा? रोटी की भूख से भी मौत हो सकती है। मगर जो रोटी की मार देते हैं, ग़रीबों का हक़ दबाकर अपने लिए ऐश ख़रीदते हैं, उनमें यौन-ऐश सबसे महँगे पड़ते हैं, क्योंकि औरतों को कुनबे पालने पड़ते हैं। उन कुनबों के मर्द भी तो ऐश पालते हैं, उन्हें भी तो औरतों के समूह चाहिए।

देश की पूँजी का ज़्यादातर हिस्सा हाकिम और उसके चाटुकारों के हिस्से में आता है। जहाँ-जहाँ इम्पीरियलिज़्म पला है और अब भी सरमायादारों की सूरत में पल रहा है, वहाँ-वहाँ अवाम भूखे मर रहे हैं। बस चोर और डाकू ऐश कर सकते हैं।

इसी कलयुग में कृष्ण पैदा हुए और हज़रत मूसा की तरह शाही ताक़त से बच निकले और अवतार बन गये। उन्होंने बड़े-बड़े कालिया मारे।

मगर हार गये कन्हैया जी भी। उन्हें तो पूज डाला गया। झूम-झूमकर राधा-कृष्ण के गीतों पर सर धुनते हैं लेकिन अगर पता चल जाये कि उनकी अपनी बीवी किसी कन्हैया के साथ रास रचा रही है तो उसकी नाक-चोटी की ख़ैर नहीं और कन्हैया जी की भी छुट्टी।

कृष्ण को पत्थर का बनाकर माथा टेकते हैं, मगर उनकी बानी भूल गये कि औरत और मर्द में अगर एक आज़ाद और दूसरा नज़रबन्द होगा तो मिलन फ्रॉड होगा।

यौन इच्छाएँ अगर अपवित्र होतीं तो इससे बड़े-बड़े पैग़म्बर और रसूल कैसे पैदा हो सकते थे? जब से यौन सम्बन्ध मन की मौज के बजाय बाज़ार की चीज़ बन गये इनसानी दिमाग़ बिगड़ गया।

मैंने सारी ज़िन्दगी औरत-मर्द दोनों को बराबर की अहमियत दी है। दोनों की जिहालत, ज़ुल्म और ज़्यादती के ख़िलाफ़ क़लम उठाया है। अगर मर्द ज़ालिम, नाइन्साफ़, चोर-उचक्का है तो सबसे पहले वह औरतें मुजरिम हैं जिन्होंने उसे अपने ऐश-आराम की ख़ातिर चोर-उचक्का, उठाईगीर, और मुर्दा ज़मीर का कचूमर बनाया है। मर्द दुनिया के जरायम सिर्फ़ माँ, बहन, बेटी, बीवी, सास, साली के ऐश और आराम की ख़ातिर करता है और तबाह-बरबाद होता है।

लोगों का ख़याल है कि मैं औरत की हिमायत करती हूँ। कितना अहमक़ है यह जानवर। उससे मज़दूरी का काम लिया जाता है और वह ख़ुद को बड़ा समझता है। हालाँकि उसे बराबरी का भी हक़ नहीं, सिवाय कम्युनिस्ट मुल्कों के, जहाँ औरत-मर्द को बराबर की मेहनत का बराबर फल मिलता है और मज़े की बात यह कि ये जोरू के ग़ुलाम मर्द ही इस नाइंसाफ़ी पर भड़कते हैं।

मैंने बहुत बचपन से लड़कों के साथ बराबर का हक़ हासिल करने की कोशिश की। मैंने उन्हीं जैसे सादा कपड़े पहनने की ज़िद की और ज़ेवर-कपड़े की सजावट को ठुकरा दिया। कुनबा बड़ा था, ख़ानदान के बहुत सारे बच्चों का वालिद पर बोझ था। अपने और लड़कों के कपड़े वह बहुत सादा, अक्सर गाँव के लाये हुए गाढ़े और खद्दर के बनवाते थे। मगर लड़कियों के जहेज़ के लिए विदेशी रेशम और सोने-चाँदी के बर्तन और ज़ेवर बनवाये जाते थे।

काँग्रेस की जीत इसीलिए हुई कि औरत-मर्द दोनों ने विदेशी माल का बायकाट किया। गाँधी जी ने मेरी आटोग्राफ़ (बुक) पर दस्तख़त करने से इनकार किया क्योंकि मैं और मेरी कालेज की लड़कियाँ विदेशी कपड़े पहने थीं। हमने उसी वक़्त खादी भंडार से खादी की धोतियाँ ख़रीदीं और गाँधी जी की बाछें खिल गयीं, आटोग्राफ़ (बुक) पर दस्तख़त कर दिये। आज फिर अमरीका और यूरोप का फ़ैशन, इम्पोर्टेड कपड़ा, सजावट, सिंगार, रहन-सहन विलायती बन गया है। मुल्क के एक अदद बादशाह हैं जिन्हें प्रेसीडेंट कहा जाता है। हर सूबे का गवर्नर शाही ठाठ-बाट से डटा हुआ है। हर सूबे की अपनी सरकार है। लीडर बहुत मोटे और चिकने हो रहे हैं और बस हार्ट फ़ेल से मरते हैं। तब बड़ी धूम-धाम से उनका अन्तिम संस्कार होता है। टी.वी. और रेडियो पर मातमी धुनें बजती हैं। प्रतिमाएँ लगायी जाती हैं। मलिका विक्टोरिया की जगह कोई देसी राजा मनों लोहे में ढालकर खड़ा कर दिया जाता है, जिस पर कौए और चीलें बीट की सूरत में उनका आदर करती हैं, जबकि करोड़ों गाँव के बच्चे नित नयी बीमारियों से मरते हैं। कुछ चन्दा बटोरने के लिए

सड़कों पर घुमाये जाते हैं और बड़ी चर्चा होती है। लेखक की ऐसी की तैसी हो गयी है। अकादमियाँ जूतम-पैज़ार में जुटी हुई हैं। आलोचक बड़े-बूढ़ों की तरह लगामें खींचे नये लेखक को दिशा हीनता की ओर हाँक रहे हैं।

मैं आज बड़ी ढिठाई से ऐलान करती हूँ कि मैं लेखक-वेखक नहीं हूँ। अपनी मर्ज़ी से जीती हूँ। मर कर अगर भूत न बन गयी तो मरने के बाद मुझे समन्दर में फेंक दिया जाये ताकि मछलियों के पेट में काँटा बन जाऊँ और किसी बहुत ज़्यादा भाषण देने वाले के गले में फँसकर किसी अच्छे काम का कारण बन सकूँ।

रामलाल और इस्मत चुग़ताई

मेरे पास नये लिखने वालों के बहुत से संग्रह आये हैं। बड़े जोड़-तोड़ करके पन्द्रह हज़ार के ख़र्च से ख़ुद किताब छपवाई है। मेरी राय माँगते हैं। काश! एक अदद चपत बैरंग भेजने का कोई तरीक़ा होता। मैंने कभी किसी की राय न माँगी, न परवाह की और अपनी राय बाँटती फिरूँ, यानी मैं आलोचक बनने की हिमाक़त करूँ। जो भी, जो कुछ लिखता है अपने भरम पर लिखता है। हाल ही में जितनी किताबें और कहानियाँ पढ़ी हैं। हर लिखने वाला औरत से असन्तुष्ट है। वह जिससे शादी हो जाती है वह बीवी यानी गर्दन पर जुआ और महबूबा अमीर तबक़े की होने के कारण वेम्प मगर दिल पर वही लकड़ी के जूते की तरह खटा-खट बरस रही है, तो मैं क्या करूँ?

अदीब बनने का जुनून उर्दू वालों में ही है या सभी भाषाओं के लेखक इस बीमारी का शिकार हैं। फ़िल्मों में भी हीरोइन बेहद जूते खाने की बातें करती हैं; रेप होकर आत्महत्या करती है या रंडी बनकर हमदर्दी वसूल करती है। रंडी के बड़े ऐश हैं। उमराव जान अदा आज भी नौजवानों के दिल की कली खिला रही है। शादी के बजाय किसी सेठ की रखैल बनने में ज़्यादा फ़ायदे हैं।

रामलाल उर्दू के मशहूर अफ़साना निगार हैं।

डायरी

13 अप्रैल, 1978, मास्को

फ़ैज़ पीये जा रहे हैं...

राइटर्स क्लब में लंच हुआ—बेहद वोदका और शैम्पेन पी गयी। अजीब-अजीब स्नैक्स पहले मिले फिर मज़े का स्टिक आया। लंच पाँच बजे तक चलता रहा, रात को शायदा और रंजीत के घर गये। उनकी बेटी लैला मुझसे डेढ़ इंच लम्बी है। बाप से ऊँची है और माँ तो बहुत छोटे क़द की है। वहाँ से ग्यारह बजे लौटे जल्द ही सो गये। यानी एक बजे फ़ैज़ भी आ गये। सुल्ताना, सरदार जाफ़री ग्यारहवीं पे हैं मैं और फ़ैज़ आठवीं पर। फ़ैज़ पीये जा रहे हैं किसी तरह क़ाबू में नहीं आते।

14 अप्रैल, दोशम्बह

टी.वी. है मगर चलाना नहीं आता...

दोशम्बह बहुत ख़ूबसूरत और माडर्न शहर है। पुराने गाँव को ख़तम करके बिल्कुल नया माडर्न शहर बना दिया गया। रोशनी से चिरागां का शुबहा होता है। लोग फ़ारसी, अंग्रेज़ी, उर्दू, रूसी ज़बान में कचर-कचर बोले जा रहे हैं। हमारे मेज़बानों ने हमें समेट लिया है। मेरे कमरे का नं. 4 है। एक साहब मुझे ढूँढ़ते बौखलाये फिर रहे हैं। मैं मिल जाती हूँ मुझे कमरे में पहुँचा देते हैं। बहुत ख़ूबसूरत कमरा है। तोतजाकी कालीन बिछे हैं। एक मेज़ रखने के बीच कमरे में इर्द-गिर्द चार कुर्सियाँ, एक अलमारी और एक टी.वी. है। मगरा चलाना नहीं आता।

यहाँ लोग फ़ैज़ और राजकपूर के बड़े दीवाने हैं...

दो डेलिगेट्स बहुत पीये हुए आ गये और कोनियाक की बोतल खोल कर सबके जाम भर दिये। सुल्ताना और सरदार तो एक जाम पी कर भाग लिए। फ़ैज़ को वो दाब कर बैठ गये। फ़ैज़ ने मुझे भी उठने ना दिया। और वे दीवाने जाम पर जाम भरते गये। मैंने चुपके से चाय की प्याली में उड़ेलने शुरू कर दिये। फ़ैज़ और वो दोनों पीते रहे। उनमें एक कजाकिस्तान का है। जिसे नेहरू अवॉर्ड मिल चुका है। आठ बार हिन्दुस्तान हो आया है। मगर न अंग्रेज़ी जानता है न तजाकी न उर्दू और न रूसी। बहुत मुश्किल से इशारों

से दो-चार अंग्रेज़ी लफ़्ज़ बोल कर काम चला लेता है। बिल्कुल गोरखा लगता है। दूसरा आर्मेनियन है। उसका नाम मोमिन है। और वह भी तीन-चार अंग्रेज़ी के लफ़्ज़ बोल लेता है आठ पेग पी चुका है और फ़ैज़ को प्यार किये जा रहा है। यहाँ लोग फ़ैज़ और राजकपूर के बड़े दीवाने हैं। मैं तो बूढ़ी होकर भी बड़े ठाठ कर रही हूँ।

...इस क़दर धूमधाम थी कि मैंने चार पेग वोदका के और तीन शैम्पेन के पी डाले... सिर्फ़ सीख कबाब सनसिल तक खाये और फिर शैम्पेन चली। कोस्ट चली, खूब स्पीचें हुईं। हाँ भूल गयी, लंच के बाद तीन बजे मीटिंग हुई और बहुत से भाषण झाड़े गये। डायस पर बैठना पड़ा जहाँ टी.वी. की रोशनियाँ भूने डाल रही थीं...

गुज़राल ने कहा कि यहाँ का जश्न हफ़्ते भर में ख़तम हो जायेगा। उसके बाद मैं सुल्ताना और सरदार, गुज़राल के यहाँ जाकर ऐश करेंगी। गुज़राल कितनी अच्छी तरह मिलता है। बार-बार आकर पूछता है। ऐसे प्यारे एम्बेसडर कहाँ होते हैं। मैं यों, बूढ़ी होकर भी बड़े ठाठ कर रही हूँ। सब लोग मेरी ख़ातिर करते हैं। यहाँ पानी कोई नहीं पीता है। सोडा या शराब पीते हैं। बाथरूम के नलके का पानी पीना सख़्त मना है।

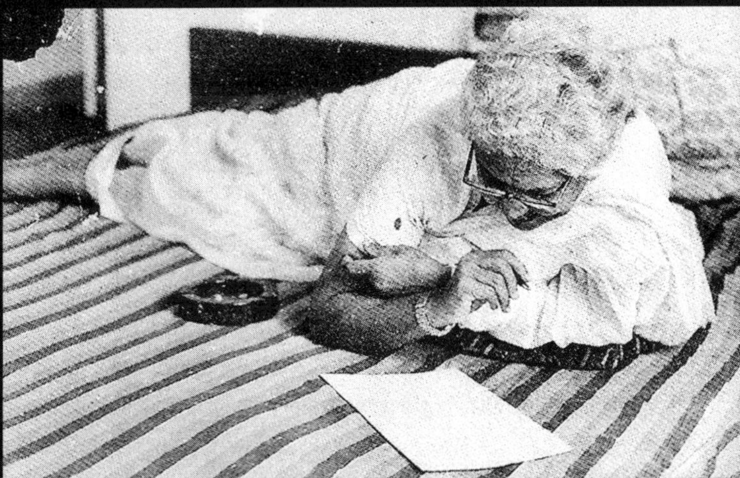

उर्दू कहानी का आगा-पीछा

जोगिन्दर पॉल

पुराने ज़माने में लोग जब सच्चे और खरे थे तो झूठ-मूठ की कहानियाँ उन्हें बहुत पसन्द थीं, कोई बड़ा हो या छोटा, जादुई क़िस्से सुनकर वह झट उन पर विश्वास कर लेता था कहानी यदि ऐसे नहीं तो कैसे हो? ऐसे, जैसे ज़िन्दगी? ऐसे हो तो उसे कहानी कौन कहेगा? सच्ची कहानी तो इसी तरह बड़ी झूठी, बड़ी प्यारी होती है। भोले-भाले मनमौजी लोग, उनकी मनमानी कहानियाँ, इतनी मनमानी कि जो ज़िन्दगी में हज़ार दौड़-धूप पर भी न हो पाया, उसे चुटकियों में कहानी में कर दिखाया। और यूँ जीने-मरने के कड़वे सच में बैठे-बैठे झूठ का मीठा घोल लिया। यही कारण है कि क़िस्सागो सारी रात गा-गा कर अपना क़िस्सा वर्णन करते और सुनाने वाले आत्म-विस्मृति की दशा में सिर धुन-धुन कर मूँगफली के छिलके उतारने के लिए अपने हाथ और तेज़ मारने लगते और हवाई घोड़ों पर सवार प्रभात से पहले अपनी-अपनी खाट तक पहुँच न पाते।

यह ज़माना गुज़रने में आया तो कहानी ने पंडिताई की चोटी बढ़ा ली और वह मंच पर जा खड़ी हुई और सीधे-सादे लोगों को समझाने लगी कि जादू-टोना बहुत हो लिया, अब ज़िन्दगी के तौर-तरीक़े सीखो। यह करो, वह करो और यह मत करो, राशिदुलखैरी का गद्य में लिखा 'मृत्यु-शोक' पढ़ने वालों को इतना भला लगा कि और तो और, नवयुवक भी मुँह पक्का बना कर बस उपदेश ही दे पाते, यहाँ तक कि किसी को किसी का केवल नाम ही पूछने की आवश्यकता होती तो उसके मुँह में आप ही आप आदेश और उपदेश की भूमिका ठुँस आती। इस दृश्य का एक पहलू यह है कि बीसवीं शताब्दी की पहली तिहाई तक पढ़े-लिखे अधिकांश पाठकों को उर्दू कहानी में बेतुकी नैतिकता की भरमार यथार्थवाद ही प्रतीत होती और इससे भी रोचक पहलू यह कि परियों और भूतों के हौलनाक दृष्टिकोण में उनका ऐसा सोचना ठीक ही नहीं लगता। इस दौर में एक ओर तो यह हुआ कि कथाओं का नंग-धड़ंग जादू हिजाब इमतियाज़ अली की कहानियों में सज-धज कर उठना-बैठना सीख गया और दूसरी ओर क़िस्सों की परम्परा के पात्र पहले की तरह लेटे-लेटे सपने देखने की बजाय नयाज़ फ़तेहपुरी और यलदरम की कहानियों में स्वप्निल दशा में भी चलते-फिरते नज़र आने लगे। अल्लामा नयाज़ फ़तेहपुरी तो इन स्वप्निल लोगों को खड़ा करके या बैठा कर उन से विद्वत्ता और दर्शन की सारी टेढ़ें कुछ इस तरह सीधी करवा के दम लेते कि

पाठक वाह-वाह कर उठते, इस साहित्यिक वातावरण में एक सादा से धनपत राय ने अपने दौर के सम्माननीय भद्र पुरुषों से कहानी का रास्ता पूछते-पूछते उसे घर में ही जा पकड़ा।

आदर्शवादी धनपत राय (प्रेमचन्द) ने कहानियों के संग अपनी गृहस्थी तो बसा ली तथा अपनी ब्याहता की टोहों में शरीक हो कर जब उस पर धीरे-धीरे खुलने लगा कि आदर्शों में कैसे परिस्थितियों की विवशता से परिवर्तन अनिवार्य हो जाता है, तो उसने किसी काज़ी की तरह सज़ानामे लिखने से हाथ खींच लिया और कलाकार की तरह संवेदनशील सहानुभूति से उन पर पहुँचने लगा। 'सोज़े वतन' से शुरू होकर 'कफ़न' तक आते-आते प्रेमचन्द ने सैकड़ों कहानियों और उपन्यासों में इसकी संवेदनशील सहानुभूति से अपनी यात्रा पूरी की। और जहाँ उसकी यात्रा पूरी हुई, वहाँ से नये लिखने वालों को आगे के रास्ते की भी टोह होने लगी। प्रेमचन्द की कहानियों, विशेषकर आख़िरी कहानियों की बदौलत उर्दू कहानी पहली बार कहानी की भाषा से परिचित हुई और मानव आदर्शों को उनके घटनात्मक सन्दर्भ में सीने-पिरोने पर विवश होने लगी।

जोगिन्दर पॉल

यद्यपि प्रेमचन्द की कथावस्तु की विविधता भी हमें तुरन्त आकर्षित करती है, परन्तु 'अंगारे' का प्रकाशन (1936) हिन्दुस्तानी ज़िन्दगी के व्यापक विषयों पर फैला हुआ है। 'अंगारे' के कहानीकारों से कलात्मक समस्याओं पर झगड़ा किया जा सकता है। परन्तु इससे इंकार नहीं कि उन दिनों के हिन्दुस्तानी समाज की उथल-पुथल बेधड़क 'अंगारे' की हर कहानी में उतर आयी है जिस धक्के में उर्दू कहानी घर की सुरक्षित चारदीवारी से बाहर निकल आयी है।

पहले किसी घर से रोने की आवाज़ सुनकर मुहल्ले के सारे लोग झट वहाँ आ जमा होते थे, किन्तु उन दिनों बाहर चारों ओर शोर मचा हुआ था कि गलियों और सड़कों में घरों के अन्दर की आवाज़ें किसी को सुनाई ही न देती थीं, ज़िन्दगी के पुराने सन्तुलन के टूटने और नये सन्तुलन के विकसित होने के इस अन्तराल में द्वितीय युद्ध के दौरान युवा बेटे अपने माँ-बाप को अकेला छोड़ कर जीविका की तलाश में महानगरों में आ टिके थे, जहाँ कारखानों में काम-वाम मिल जाने के बाद वे ब्याह करके घर बसाने की बजाय चकलों पर अपनी सेक्सुअल अर्ज पूरी कर लेते। बहुत से नौजवान फ़ौज में भर्ती होकर 'ऐलाईज' के मोर्चे पर डटे हुए थे और बहुत से जगह-जगह राजनीतिक नेताओं के भाषण से प्रभावित, आज़ादी की लड़ाई में शामिल हो गये थे। गाँधी का हिन्दुस्तान छोड़ो का दो-टूक नारा ख़ूब ऊँचाई में गूँज रहा था और ठठ के ठठ इतने जोश से उसके पीछे हो लिए थे कि बौखलाहट में अंग्रेज़ों के हाथ अपने प्रशासन की डोर पर ढीले पड़ने लगे थे और वह बड़ी निर्ममता से राजकीय अहिंसा पर उतर आया था। स्त्रियों की कई संस्थाओं ने भी शुरू में झिझक और बाद में बिना झिझक घरों से बाहर न केवल अंग्रेज़ों, बल्कि अपने मर्दों से पारम्परिक गर्व से लड़ने के लिए अपने मोर्चे खड़े कर लिए थे। 'अंगारे' की कहानियों में ऐसे ही दृश्य बनते-बिगड़ते दिखाई देते

हैं। उन्हें पढ़-पढ़ कर उर्दू पाठक मानो अपने इर्द-गिर्द को और शिद्दत से जीने लगा।

बीसवीं सदी के प्रारम्भ में अंग्रेज़ी राज की अन्य कई खूबियों में बड़े गर्व से यह भी कहा जाता है कि शेर और बकरी एक ही घाट पर पानी पीते हैं। जनसाधारण अपने देशी और विदेशी मालिकों की सहूलती अच्छाई को बड़ी सहजता से अच्छा और बुराई को बुरा समझते थे, परन्तु पहले महायुद्ध के बाद जब भौतिक सतहों पर ही नहीं, बौद्धिक सतहों पर भी दुनिया गोल-मटोल सी नज़र आने लगी तो 'अच्छा बुरे से बेहतर है' के कहावती बयान से यथावत 'तरजीही सलूक' के बावजूद उनके दिलों में अच्छे और बुरे की पहचान में प्रचलित मूल्यों के सन्दर्भ में शक की गुंज़ाइशें पैदा होने लगीं। वे कथागत अच्छाइयों और बुराइयों के मुहावरे के ऐतिहासिक जादू से अभी पूर्ण रूप से आज़ाद न हो पाये थे, यहाँ तक कि चौथे दशक के दूसरे भाग में जब मुंशी प्रेमचन्द की कहानी 'कफ़न' प्रकाशित हुई तो अच्छे-अच्छे ने बावेला मचा दिया कि मुंशी जी का दिमाग़ फिर गया है। कोई होशमंद आदमी इस प्रकार के दुश्चरित्र बाप बेटे की इस तरह हवा बाँधता है? बुरों को कौन इस तरह अच्छा ठहराता है? बहुतों के यहाँ बाह्य रख-रखाव, क़ायदा क़ानून और सामाजिक शिष्टाचार अपने आप में महत्त्व रखते थे और उनके शाब्दिक अनुसरण के बग़ैर कोई चारा ही नहीं था। इस परिवेश में यह समझ पाना कठिन नहीं कि प्रेमचन्द के कई समकालीनों ने यह हुकुम क्यों लगाया कि मुंशी जी कहानी लिखना तो जानते हैं, अलबत्ता उन्हें उर्दू लिखना नहीं आता (मानो कहानी और उसकी भाषा अलग-अलग हों।)।

यह सारा समय बीत जाने पर हम पहुँच तो इस नतीजे पर गये कि अपने समकालीनों में प्रेमचन्द ही एक कहानीकार था जो ग़लत भाषा में सही कहानी लिख रहा था। उसकी आख़िरी कहानी 'कफ़न' को हम उर्दू की पहली क्लासिक आधुनिक कहानी मानते हैं। आरोपी पर निर्ममता से मुक़दमा चला कर उसे काल कोठरी पहुँचाना वकीलों का काम है। साहित्य तो यह है कि साहित्यकार सारी दुनिया के गुनहगारों की शर्मिन्दगी भुगतने पर आमादा हो और बुरों की अच्छाई टटोल ले। इस तरह दुखों की साँझ झेले बिना वह अपनी कहानी कैसे झेलेगा? उर्दू कहानी में कम्पैशन की परम्परा की नींव डालने वाली बुरों की इस कहानी से कहानीकारों पर धीरे-धीरे खुलने लगा कि बाहर से भीतर तक पुल कैसे बाँधा जाता है। 'अंगारे' में दस नयी कहानियाँ भी इसी मानवी सामंजस्य के अर्थ से सम्बन्धित बेहद महत्त्वपूर्ण हैं कि समकालीन ज़िन्दगी के नित नये विषयों की डालियों पर चहचहाते हुए वे उर्दू कहानी को उसकी भाषाई घुटन से खुले में निकाल लायी।

प्रगतिवाद उपमहाद्वीप की उर्दू दुनिया में धूमधाम से दाख़िल हुआ। डूबते हुए लोग बहुत ऊँचा सुनते हैं। सारे दक्षिण एशिया के लोग उस समय बड़े डाँवाडोल हालात से दो-चार थे और उन्हें देख कर बेअख़्तियार तूफ़ानों में घिरे हुए बेड़े का ख़याल आने लगता था। सो लोकगीतों की ऊँची लय की तरह प्रगतिशील साहित्य की बहुत ऊँची आवाज़ उन्हें रास आयी और देखते ही देखते कई जियाले तूफ़ानी लहरों में ऐसे डट कर खड़े हो गये जैसे रोशनी की मीनार डोलते बेड़ों को संकेत देती है। मण्टो उस ज़माने का सबसे ज़्यादा

जियाला कहानीकार है और यद्यपि यह सत्य है कि प्रगतिवाद मण्टो को पूरी तरह अपने सुर में उतार नहीं पाया और बेदी को सुर में उतार पाने के बावजूद शुरू और मध्य में उससे बेपरवाही बरतता रहा, फिर भी इस यथार्थ से इंकार नहीं किया जा सकता कि मण्टो, कृष्ण चन्दर और बेदी के त्रिकोण के कोण मूलतः प्रगतिशील पाठ के कारण ही कथागत रेखागणित के एक नये अध्याय को प्रारम्भ करने में सफल हुए।

कृष्ण चन्दर प्रगतिशील कहानी का दूल्हा था। उसने बड़े ठाठ से ससुराल की आवभगत में बसर की और उसने आन्दोलन से उतना ही लाभ उठाया जितना आन्दोलन ने उससे। बेदी भी उसके लेखन के तेज़ बहाव में बह कर आनन्दित हुआ था परन्तु उसकी कलात्मक बेपरवाही पर बेदी ने एक जगह यह वाक्य कसा था कि 'यदि वह कहानी भी लिख पाये तो जानूँ' बेदी के कथागत हुनरमन्दी के विषय में उसके बारे में बिल्कुल सही कहा जाता है कि उसने उर्दू कहानी को पक्का घर दिया। परन्तु उसकी इस खूबी पर वाह-वाह करने पर मण्टो जैसा पाठक मुँह खोले बग़ैर नहीं रह सका कि 'बेदी बहुत सोचते हैं और सिर्फ़ सोचते हैं और सोचते रह जाते हैं' इस सन्दर्भ में फ़्लाबेयर ने अपनी प्रेमिका से 'मादाम बोवरी' का ज़िक्र करते हुए कहा था—मैं अपने उपन्यास को इसलिए इतना तेज़ रौ बना सका हूँ कि कई बार कॉमे, फुलस्टॉप पर भी घंटों रुका रहा। सवाल यह है कि लिखने वाला रुके या चले, उसे बहरहाल पाठक को अपने कारीगरी के नरक से दूर रखना होता है। मण्टो ने दूसरे शब्दों में बेदी की कला पर आक्षेप करना चाहा था कि वह अपनी हुनरमन्दी की घुटन पाठक को भी सौंपने के पीछे क्यों लग जाता है। उसके पक्के घर में ऐसी कहानियाँ हैं जो बुरों और बेचारों की बदियों पर ऐतराज़ करने के बजाय हमें उन राहों पर डालती हैं जहाँ मिट्टी में खेलते हुए प्रकृति के इन बच्चों की दूधीली मासूमियत हमारी आँखों में भर जाये।

उर्दू कहानी के इस सुनहरी दौर के दूसरे कहानीकारों में अहमद नदीम कासमी, हयातउल्लाह अंसारी, इस्मत चुग़ताई और ख्वाज़ा अहमद अब्बास के नाम भी उल्लेखनीय हैं। इनमें से कासमी की पंजाबी देहात में बसी हुई लम्बी कहानियाँ मानो वनस्पति की तरह अति सूक्ष्म तौर पर उग-उग आप ही पकती चली जाती हैं। इस्मत की नारी मुहाव. रेदार तीखेपन से पुरुषों की अन्तरात्मा को घेरे हुए है और अब्बास आरम्भ से अन्त तक साहित्य को नगाड़े के तौर बरतता है। जो रचनाकार प्रगतिशीलों की बिरादरी से बाहर होने के बावजूद रुचि और शौक़ से पढ़े जाते हैं, उनमें मुहम्मद हसन असकरी, मुमताज मुफ़्ती, ग़ुलाम अब्बास और मिर्ज़ा अदीब प्रमुख हैं। असकरी की दो कहानियाँ ('हरामज़ादी' और 'चाय की प्याली') उन दिनों बहुत प्रसिद्ध हुईं। आज के पाठक के लिए ये कहानियाँ मानव मनोविज्ञान के कुछ पहलुओं की आदर्श और हू-ब-हू शमाबंदी तो करती है, तथापि परिकल्पित और अकादमिक सी लगती हैं। पाकिस्तान के एंग्री ओल्ड मैन मुमताज मुफ़्ती ने इधर दस-पन्द्रह वर्षों में जो कहानियाँ लिखीं, वे इस 'प्रोफ़ेसर ऑफ़ विट' की बातचीत की तरह बड़ी रसीली और आकर्षक हैं। वाक़ई इतनी निजी कि हर पढ़ने वाले को लगता है कि लेखक उसी से सम्बोधित है। ग़ुलाम अब्बास की एक बड़ी अच्छी कहानी 'आनन्दी'

इस सच्चाई को प्रतिबिम्बित करती है कि असल आधुनिक सदा आधुनिक है। यह कब न था और कब न होगा की इनसानी बस्तियाँ बुराई के स्वाभाविक आचरण से ही पनप जाती हैं। मिर्ज़ा अदीब रोमानी सुन्दरता से अबाउट टर्न करके अपने आसपास जो लौटा तो दिन-प्रतिदिन के काले कलूटे सौन्दर्य का जादू भी महसूस किये बिना न रह सका।

प्रगतिशील कहानियों के इन रुपहली दिनों की हरारत में उर्दू के दो ग्रेट मौलानाओं–'साक़ी' के मौलाना शाहिद अहमद देहलवी और 'अदबी दुनिया' के मौलाना सलाउद्दीन अहमद का भी बड़ा हाथ था। ये दोनों इस एतबार से प्रगतिशील न थे कि सैद्धान्तिक पाबन्दियों और आयरन कर्टन के पीछे से मिले हुए आदेशों को शक और प्रश्नात्मक दृष्टि से देखते थे। इसके अतिरिक्त यद्यपि आज उन दिनों के 'हल्क़ा ए अरबाबे ज़ौक़' की किताबियत और विधि पालकता हास्यास्पद लगती है, फिर भी इस क्रम से इंकार नहीं कि प्रगतिशीलों के प्रतिदिन बढ़ते हुए इश्तहार और बेतुकेपन की रोकथाम में 'हल्क़ा' का काम उल्लेखनीय है। यही कारण है कि कृष्ण चन्दर, बेदी और उपेन्द्रनाथ अश्क इत्यादि जहाँ कहलवाना तो प्रगतिशील चाहते थे, वहाँ उनकी इच्छा सदा यही रही थी कि उनकी कहानियों को 'अरबाबे-हल्क़ा' की सौन्दर्यात्मक शास्त्रीय की स्वीकृति भी प्राप्त हो।

वास्तव में देश की स्वतन्त्रता और बँटवारे से पहले ही प्रगतिशील आन्दोलन में असाहित्यिक तत्त्वों की पैदा हुई वैचारिक उथल-पुथल और कार्यकर्ता राजनीति से साहित्यकारों की ज़मीन तंग होना शुरू हो चुकी थी और आन्दोलन के कई मार्गदर्शकों के लिए अच्छी कहानियों का यह मापदंड मंज़ूर किया जाने लगा था कि वे कहाँ तक कम्युनिस्ट पार्टी के मैनिफेस्टों पर पूरा उतरती हैं। आज़ादी और बँटवारे पर हिन्दुस्तान और पाकिस्तान–इन दो देशों में जब स्थानीय ज़िन्दगी के हाथ में आवास के क़ानूनी अधिकारों के काग़ज़ थमा दिये गये तो वह बेमकान हो गयी और पनाह ढूँढ़ते-ढूँढ़ते होश खो बैठी और मण्टो के 'टोबा टेक सिंह' में खिंच आयी और ज़रा साँस लेकर वहाँ से निकली तो अशफ़ाक अहमद के 'गडरिया' की सूरत लिए घोर उदास थी और शुरू से शुरू होने पर विवश। स्थानीय किस तरह अस्थानीय होता है, इसका दृश्य तो ऐसे देखने में आया कि राजेन्द्र सिंह बेदी की 'लाजवन्ती' गुमशुदगी के बाद जब अपनों के पास लौट आयी तो अपने ही अस्तित्व में वे उन्हें नहीं, अपने को भी कोई परायी मालूम होने लगी। एक बार सामूहिक निर्दयता की शिकार जो हुई तो अपने पति से बेअख़्तियार लिपट जाने की ख़्वाहिश से स्वयं को समेट कर वह उससे परे हट गयी। उससे बस इतना मिल पाई जितना सामाजिक नैतिकता की लक्ष्मण रेखा में।

देश के विभाजन के भयानक नतीजों से हमारे माननीय ग्राही विचारकों को एक सुनहरा अवसर भी मिल गया कि वे सफ़ेद झंडा दिखाते हुए घरों से बाहर निकल आयें और मोर्चाबन्द। मलबों को साफ़ करके आपसी मिलाप से नयी बस्तियों के सामान जुटाने लग जायें, हमें रूस से भी कोई आधी शताब्दी पहले 'ग्लासानोस्त' का मौक़ा मिला परन्तु उस वक़्त तो उसे भी 'ग्लासानोस्त' की चेतना न हुई थी। फिर हम किसके आदेश पर

इस ओर ध्यान देते? सो हम वही आपाधापी की चाल चलते रहे। हमें बताया गया कि ख़ूब पढ़ो-लिखो। हमने अनगिनत विद्यापीठ खोल लीं जहाँ पढ़-लिख कर हम पढ़ाने योग्य भी हो गये, किन्तु केवल पढ़ने-पढ़ाने से कोई बुद्धिजीवी थोड़े ही बन जाता है? बुद्धिजीवी के लिए तो ज़रूरी है कि ज्ञान हमें अपना अभ्यास सा लगे और यूँ हमें अनुभव बन कर हमारे सामने आये। इस मध्य के दौर की फ़िक्शन की आलोचना भी विद्वत्ता की बहुतायत के बावजूद प्रायः समकालीन ज़िन्दगी और साहित्य के घटनात्मक तनाव का पूर्वाग्रहविहीन दृश्य तैयार न कर सकी। ग्राही वफ़ादारियाँ नेकनीयती से एक ही काम कर सकती हैं—वाद विवाद अर्थात पानी बिलोने का यह बेज़मीर क्रम जारी रहा और कइयों की धाक बँध गयी। बुरा केवल यह हुआ कि 'शामिल होने' के करिश्मे उभर कर अस्तित्व में आने से रह गये।

आधुनिक विचारधारा की बुनियाद इस पर है कि हम अपनी खींची हुई लकीरों से बाहर निकल आने को तैयार रहें। परन्तु हमारे यहाँ तथाकथित आधुनिकता ने हमें कई पूर्वग्रहों से इसलिए आज़ाद कराने की ठान ली कि हम एक और तरह के पूर्वाग्रह से ग्रस्त हो जायें, इसलिए स्वतन्त्रता को इश्तहारी प्रलोभन की तरह बरत-बरत कर उर्दू फ़िक्शन को एक से कथावस्तु, मेक-बिलीव और बेरूह मुहावरे की चुस्त बैठक का पाबन्द कर लिया गया ताकि लिखने वाले अपने काँइयाँपन की साख बना कर इतराते फिरें परन्तु साहित्य के सृजन में बनना और बन-बन के पोज़ बनाते चले जाना साहित्यिक सृजनात्मकता की विशेषता नहीं। कोई भी साहित्यिक शैली, नयी या पुरानी, ऐन स्वाभाविक और अनिवार्य न लगे तो साहित्य सृजन करने के बजाय अपने आप को प्रस्तुत करती है। मेरे विचार में हमारे अधिकतर आधुनिक लेखकों ने शैली को अपने आप में महत्त्वपूर्ण ठहरा कर एक तरह से पुराने उस्तादों के मसनूई और बनावटी 'ज़ोर-बयान' को रिवाज दिया है, जिससे नये साहित्य में वैसे ही दुखद चिह्न महसूस होने लगे। यदि हमें साहित्य में सत्य और सुन्दरता का वातावरण बनाये रखना है तो जिस तरह आज नया प्रगतिवाद आधुनिकवाद के दावे के अनुसार कोरी सिद्धान्तवादिता और नारेबाज़ी से छुटकारा पाकर ज़िन्दगी से अप्रतिबन्धित प्रतिबद्धता का इच्छुक है, उसी प्रकार प्रगतिवाद की तरह आधुनिकतावाद के पास कोई विकल्प नहीं सिवाय इसके कि शिल्प और विषय को सचेतन और संवेदनशील होकर सँभाले। 'ग्लासानोस्त' का यह सन्देश बहुत अर्थपूर्ण है कि मानवी विचारधारा मानव के परिपक्व होने में निःसन्देह काम करती है, परन्तु इसके प्रौढ़ होते-होते वे आप भी बड़ी न हो पायें तो उसके काम की नहीं रहती। इस प्रकार किसी भी दार्शनिक और साहित्यिक विचारधारा के ठहरे रहने का आधार इसी पर है कि हर ज़माने में मानवी बोध और अनुभव के अनुसार उसमें परिवर्तन होता रहे। ऐसी सम्भावनाओं के कारण लिखने वाले न केवल कलाविहीन प्रलोभनों से सुरक्षित रहते हैं, बल्कि उस अनुपयुक्त हालत में वे ज़िन्दगी से विस्तृत प्रतिबद्धता का साहस महसूस करने लगते हैं।

अच्छी कहानियाँ मुख्यतः प्रगतिशील अथवा आधुनिक नहीं रहतीं बल्कि अपने-अपने सन्दर्भ की विशेष अपेक्षाओं को निभा कर अपने सृजनात्मक तर्क के कारण अच्छी होती

हैं। उदाहरणतः कुर्रतुलएन हैदर की 'पतझड़ की आवाज़' शुरू से अन्त तक बड़ी आज़ाद रवैये से उन स्थानीय सन्दर्भों की टटोल में लगी रहती है, जिनकी बदौलत मुस्लिम समाज की एक नयी लड़की, स्वतन्त्रता की इच्छुक नये वक़्तों में पत्ता-पत्ता झड़ती चली जाती है। ग्यास अहमद गद्दी की 'डूब जाने वाला सूरज' इसलिए विश्वसनीय है कि लेखक इसे अपनी धरती से उखड़ने नहीं देता। इन्तिज़ार हुसैन की 'खोए हुए रास्ते' में दास्तानवी घुमाव और उसके भटकाव का तालमेल बहुत बारीक सूझबूझ का परिणाम है। बाहरी विद्वत्ता का हल्का सा दबाव भी कहानी का सौन्दर्य मिटा देता। इसी तरह रामलाल की 'भीड़' की बेपनाह भीड़ में सिद्धान्त की सुविधा हाथ में होते हुए भी लेखक स्थानीय तनाव के सम्बन्ध से अन्त तक अपने बोध को बिखरने से बचाये रखता है। फ़हीम आज़मी की बौद्धिक बहुतायत भी उसकी कहानियों की विशेष संस्कृति में बँट कर और यूँ उनकी कला की भीतरी साक्षी बन कर सृजनात्मक प्रभाव क़ायम करती है। अभी इन्हीं दिनों मैंने सादक़ हुसैन की कहानी 'इस पुल पर' पढ़ी है। कहानीकार ने इसे इतना डूब कर लिखा है कि इसका विवरण रग-रग में समा जाता है और ऐसा प्रतीत होता है, हम प्रतिदिन इस पुल से गुज़रते हैं और वहाँ अन्धे, फ़क़ीर, अपाहिज, भिखारिन, साईं गुलाबा और नूरे शाह से मिलते हैं और दिलवर ख़ान...? क्या किसी व्यक्ति से मिल कर आपको लगा है कि आप अपने आप से ही मिल रहे हैं? ऐसी कहानी लिखना तभी हो पाता है जब लिखने वाला अपना अस्तित्व भूल कर कहानी में साँस ले रहा हो। किसी कहानी की अच्छाई की ओडिसी अनुभूति की किसी निश्चित युक्ति से सही ढाँचे में नहीं आती। उसके लिखने वाले को उसमें डूब कर उसे ज़िन्दा गिरफ़्तार करना होता है। ऐसी ही कहानियों में मुझे इधर एक और कहानी मिल गयी। मन्शा याद की रैपलिका, जिसकी कलात्मक टेढ़ इतनी सीधी है कि पाठक इसे अपने निजी अनुभव की रोशनी में जैसे भी समझ लें। इसी प्रकार मन्शा याद की रैपलिका जहाँ अपने जादुई यथार्थ के कारण दिल में घर करती है, वहाँ श्रवण कुमार वर्मा की 'एक था ताराचन्द' अपने शुद्ध घटनात्मक यथार्थ में ही ऐसा जादू जगा देती है कि बूढ़ा और बेबस ताराचन्द ऐन मैन हमारे सामने खड़ा अपना भूत मालूम होने लगता है।

पिछले दिनों आलोचकों की राय के प्रभाव से बहुत से नये लिखने वाले यह समझ बैठे कि नयी कहानी अनुभूति के कुछ नये पैरामीटर से ही सम्बन्धित है, सो इधर कहानियों में प्रतीक और एब्सट्रैक्ट की इतनी लीपा-पोती की गयी कि कोई प्रतीकात्मक या एब्सट्रैक्ट कहानी न हो, बस प्रतीकात्मक या एब्सट्रैक्ट हो। ज़रा सोचिये! हमारे असलूब अहमद अंसारी सीधी-सादी सी अचकन पहनते हैं और गले तक उसके बटन बन्द किये रहते हैं। क्या इस वजाहत के कारण हम उन्हें अंग्रेज़ी साहित्य का एब्सट्रैक्ट दौर पढ़ने से रोक दें? या फिर अगर मुल्क राज आनन्द को धोती-कुर्ता पहनने का शौक़ चढ़ जाये तो क्या हम उन्हें मजबूर कर दें कि आधुनिक आर्ट पर अंग्रेज़ी लेख लिखने की बजाय सत्यनारायण की कथा पर समीक्षा करें? वेशभूषा जैसी भी हो, अस्थाई होती है और बाहर-बाहर से ओढ़ी होती है, लेकिन कोई कहानी यदि वाक़ई ओरिजिनल हो तो अपनी मौलिक शक्ल

और सूरत अपने भीतर से लेकर ही प्रगट होती है। रतन सिंह की दिखने में वर्णनात्मक कहानी 'ख़ामोशी' के अन्त में ढोरों का एक फटेहाल सेवादार डंडा लेकर भूखी भैंसों को मारने के लिए दौड़ा कि वे बुत की बुत आकाश की ओर सिर उठाए क्यों खड़ी रहती हैं, परन्तु उनके निकट पहुँच कर उसने जो सिर उठाया तो उस ग़रीब की नज़र भी ज्यों की त्यों आकाश में खुब कर रह गयी। मेरे विचार में यह एक स्पष्ट एब्सट्रैक्ट अनुभव है कि वह हू-ब-हू अपना आप नज़र आते हुए भी भूखी भैंसों में एक भूखी भैंस बन गया। एब्सट्रैक्शन, प्रतीक या मैटाफ़र जब इस तरह कहानी से फूट कर आये तो कहानी बनती है। 'ख़ामोशी' के आख़िर पर मुझे ख़याल आया कि हमारे कई आलोचक यथार्थवाद पर बहस करते हुए तथ्यों की बाहरी सूरत के कारण ही कहानियाँ अनहोनी समझ कर टाल जाते हैं। ऐसा सोचना अनुचित है। काफ़्का की कहानी 'मैटामॉरफ़सिस' के तथ्य अपने सन्दर्भ के बाहर सतही तौर पर अनहोने हैं। लेकिन कौन है जिसे कहानी के अन्दर क़दम रखते ही यह महसूस नहीं होने लगता कि वह अपने ही अन्दरून में आ निकला है। मेरी एक कहानी 'दादियाँ' पर भी एक साहब ने एतराज़ किया था कि एक ही दादी इतनी दादियाँ कैसे हो सकती है? परन्तु मेरा अनुभव यही था तो क्यों नहीं हो सकती? मैं स्वयं चकित था, परन्तु मुझे वाक़ई विश्वास हो गया था कि दादी को अगर अपना आप एक पूरा समूह न लगे और उसे इस समूह की संगति का आसरा न हो तो बेचारी को अपने होने का पता ही न चले। क्या यूँ भी नहीं होता कि किसी कहानी के बाह्य तथ्य ऐन उचित और स्वाभाविक हों, फिर भी वह अनहोनी सी लगे, क्योंकि कहानी की बुनावट में उसकी अनिवार्यता नहीं आ पायी...

प्रगतिशील आन्दोलन के चौथे, पाँचवें और छठे दशक में उर्दू कहानी सचमुच मालामाल हो गयी थी। तथापि उस ज़माने के बाद कई आलोचकों की 'कहानी में पतन' की रट की कोई तुक नहीं थी। हर दौर की परख समय के कुछ फ़ासले के बगैर सम्भव नहीं। आज यदि प्रेमचन्द की कहानी 'कफ़न', मण्टो की 'टोबा टेक सिंह', अज़ीज़ अहमद की 'जब आँखें आहनपोश हुईं' अहमद नदीम क़ासमी की 'जूता', बलवन्त सिंह की 'जग्गा', ग़ुलाम अब्बास की 'आनन्दी' रहमान मुजनिब की 'पुतली जान' या इस्मत चुग़ताई की 'चौथी का जोड़ा' ये कहानियाँ कहानी की बादशाहत में महानगरों की तरह हमारी आँखों में आबाद हैं तो इसका यह कारण है कि इस सारे काल के बीच हज़ारों-लाखों पाठक इन कहानियों में बसते चले गये। केवल यही कहानी नहीं बल्कि प्रगतिवादी के पतन के दिनों की कहानियाँ—उदाहरणतः अश्फ़ाक़ अहमद की 'गडरिया', बलवन्त सिंह की 'कठिन डगरिया', आग़ा बाबर की 'गुलाब चन्द चिट्टी रसाल' और अभी की उर्दू कहानी के ग्रैंड ओल्ड मैन मुमताज़ मुफ़्ती की आख़िर के दिनों की कहानियों में से 'साँप' और कई दूसरी कहानियों में भाव और शैली के आयाम प्रगतिवाद के मापदण्ड से एकदम भिन्न होने के बावजूद या शायद किसी तरह भी निराशाजनक नहीं। इस ज़माने से भी आगे बढ़ कर हमें काज़ी अब्दुल सत्तार की 'मालकिन', बानो कुदसिया की झिझकती सी 'बेटे का ख़त', जलानी

बानो की अद्‌भुत मोड़ों से होते हुई 'मैं', इक़बाल मतीन की गठी हुई 'शोलपोश', इक़बाल मज़ीद की 'एक हल्फ़िया बयान', कलाल हैदरी की अश्लील विचारधाराओं की ज़ालिम सी 'सखी', देवेन्द्र इस्सर की बलपूर्वक 'काली बिल्ली', बलराज मैनरा की संस्कारों में साँस भरती हुई 'आत्माराम' और संस्कारों से बग़ावत करती हुई 'वो', सुरेन्द्र प्रकाश की घर-घर से कान पड़ती 'रोने की आवाज़', कहानी के उस जैंटलमैन आलोचक आबाद सुहैल की 'सब से छोटा ग़म सबसे बड़ा ग़म', अनवर सज्जाद की परेशान करती 'गाय', अहमद हमेश की कहानी 'मुझे लिखती है' के पेंचदार रास्तों का प्रलोभन, हरचरण चावला की 'घोड़ों का क़र्ब' और असद मुहम्मद की 'घुसपैठिया', बलराज कोमल की 'कुआँ', और बहुत-सी दूसरी कहानियाँ पढ़ कर दूर-दूर पतन का खटका नहीं होता। बल्कि कहानी के पर और भी खुलते हुए महसूस होते हैं और मानव साइकी के अनजाने ठिकाने खोज निकालने पर उतारू हैं। ज़ाहिर है कि इस प्रकार की ख़ोज के दौरान ऐसे ऊबड़-खाबड़ स्थान भी आ जाते हैं जिन पर गाड़ी चलने में ही नहीं आती अब? अब क्या? इस साहसी अनुभव से आप तंग आ जायें तो पहलू की सीधी सतहों पर गाड़ी चढ़ा लीजिए जहाँ ग़ुलाम असकलैन नक़वी, कश्मीरी लाल ज़ाकिर, भीम, भीम राजेन्द्र और हीरानंद सोज़ की सहल और शान्त कहानियाँ बसी हुई है और सरपट सफ़र पर चढ़ जाइए। इनमें से ग़ुलाम असकलैन की कहानियाँ तो आपको पके रास्तों पर चढ़ा कर सीमेंट की इमारतों की वीरान भीड़ से बेहिचक सोंधी धरती पर उगे लहलहाते खेतों के बीच ला खड़ा करती हैं।

होता यह है कि नदी आगे की आबादकारी में जुटी हुई होती है, नयी कहानियों की दाग़बेल डाल रही होती है। किन्तु जिन्हें पतन की शिकायत होती है, वे उल्टे पाँव आगे बढ़ने के इच्छुक होते हैं, इसलिए उनके लिए वर्तमान घटित नहीं हो रहा होता। जीवित कहानियाँ हमेशा वही प्रस्तुत करती हैं जो ऐन उसी दम पहली और आख़री बार घट रहा हो। अपने दौर का आईना किये बिना कहानियाँ आने वाले वंशों को भी विश्वसनीय प्रतीत नहीं होतीं और विश्वनीयता खो देने पर उनमें वह आग्रह और तनाव पैदा नहीं होता जो पाठक को तुरन्त उनमें शामिल कर ले और उसे महसूस होने लगे कि वह हू-ब-हू उस पर बीत गयी है। तात्पर्य यह है कि कहानी को केवल रिपोर्ट व ख़बर की बजाय अनुभव से जोड़ा जाता है।

इसी बहस से एक और प्रश्न पैदा होता है—कई लोग बड़ी लम्बी आह भर कर कहते हैं, 'कुछ भी कह लो, अब कोई प्रेमचन्द पैदा न होगा।' क्यों पैदा हो? स्वयं प्रेमचन्द भी नया जन्म ले ले तो उसे भी प्रेमचन्द की ऐतिहासिक हैसियत स्वीकार करने के बावजूद प्रेमचन्द को दोहराने में झिझक हो। नयी ज़िन्दगी की सृजनात्मक पहचान तो तभी बन पड़ेगी जब लिखने वाला कहानी में ही घटित अनुभव की तलाश में लिख पाये। ज़िन्दगी हर युग में अपनी नयी घटनाओं के कारण आवेशपूर्ण रही है। इसी प्रकार शब्द भी उन्हीं घटनाओं का कथन न करे तो वे अप्रासंगिक हो जायें, जैसे प्रेमचन्द से पहले कोई प्रेमचन्द नहीं था, वैसे ही उसके बाद कोई और होगा और उसी की सृजनात्मक उपस्थिति और

प्रासंगिकता सही होगी। प्रेमचन्द के बाद मण्टो का आना इसलिए अर्थपूर्ण सा लगता है।

कहानी की शैली विभिन्न युगों में इसलिए बदलती रहती है कि हर युग में ज़िन्दगी के जीने का ढंग भी प्रायः बदल चुका होता है। किन्तु कोई बदला हुआ ढंग यदि बदली हुई ज़िन्दगी की हू-ब-हू आईनादारी न कर पाये और कहानीकार उसे अपने व्यक्तिगत ऑबसेशन के कारण बरतता हो तो कहानी स्वयं को प्रस्तुत करने की बजाय कहानीकार को ही कथ रही होती है। बर्नार्ड शॉ के बारे में इसलिए कहा जाता है कि उसने एक ही अमर पात्र दिया है और वह है—बर्नार्ड शॉ। इसी प्रकार वर्ज़ीनिया वुल्फ़ ने बार-बार 'स्ट्रीम ऑफ़ कांशसनेस' के प्रयोग से 'टू द लाइट हाउस' लिखा या 'वेव्ज़', वास्तव में उसने एक वही उपन्यास लिखा, बहुत अच्छा परन्तु हर बार एक वही।

इन्तिज़ार हुसैन उर्दू का एक उल्लेखनीय कथाकार है, परन्तु दास्तानी और कथाई लहज़े को अपना मैनरिज़्म बना कर अपनी ज़मीन को प्रतिबद्ध करके इस चारदीवारी में वह हमें उन्हीं लोगों से परिचित करवाता रहता है, बल्कि उनसे मिलते हुए भी यही लगता है कि एक इन्तिज़ार हुसैन ही दास्तानी वेश में बोले जा रहा है। रोचक! किन्तु रचनाओं की जड़ें तो उनकी अलग-अलग पहचान में छिपी होती हैं। और यह अलग-अलग पहचान उस समय बन पाती है जब कहानी अपने पात्रों की अलग-अलग जिन्स प्रतिमा और जीने-झेलने से अपना विशेष रूप धारण करे। हमारे सृष्टिकार के असीमित सृजन का सबक यहाँ अत्यन्त प्रासंगिक है कि खरबों जानदारों में से हर कोई अपनी अद्वितीय पहचान रखता है। जानदार होने का वास्तव में प्रमाण ही यही है कि मानव स्वयं अपनी तरह नज़र आता हो। एक ही शक्ल के उन मशीनी खिलौनों की व्यक्तिगत पहचान से वंचित हों जो चाभी ढीली पड़ जाने पर ठप हो जाते हों।

पुराने क़िस्सों की शैली के अधिकाधिक बर्ताव के पक्ष में यह दलील दी जाती है कि इसकी बदौलत मिथ को बसाना विश्वसनीय हो जाता है ठीक! परन्तु ज़िन्दगी अपने भूतकाल से बाहर आ चुकी है तो बेतुकी अधिमान्यता और पूर्वाग्रह की बिना पर बराबर फ़ैन्सी ड्रेस का प्रदर्शन क्यों? भूतों पर कोई तभी विश्वास करता है जब वे कभी-कभी दिखें, वर्ना भूत ही भूत दिखते रहें तो वे सचमुच के लोग लगते हैं और सचमुच के लोग भूतों की तरह ओझल हो जाते हैं।

दास्तानी शैली पर कोई टैबू नहीं, कहानी आवश्यकतानुसार स्वयं ही उसे अपने बदन पर लपेट कर आपके सामने आ खड़ी होगी, किन्तु आप कौन होते हैं कि उसे अपनी फबन का फैसला स्वयं न करने दे। दूसरे, नयी कहानी में मिथक की चुस्त और नोकदार प्रासंगिकता इस पर निर्भर है कि वह नये ज़माने से सम्बन्धित हों और स्वचालित हों और कहानी के ढाँचे की गोलाइयों से स्वयमेव निकले हों, जैसे हमारे शरीर से हमारे कन्धे, कन्धों से बाज़ू, बाज़ुओं से हाथ मुड़-मुड़ के पीछे देखना अस्वाभाविक नहीं। वास्तव में हमें अपनी गर्दन मोड़ने पर इसलिए सक्षमता प्राप्त है कि मुड़ कर देख सकें। भूतकाल में झाँक-झाँक कर निःसन्देह वर्तमान और भविष्य की झलक पायी जा सकती है। परन्तु हमेशा की झलक

पायी जा सकती है। परन्तु हमेशा केवल इसी तरह क्यों? यदि कोई आज की कहानी आप के सामने खड़ी मिन्नत कर रही हो कि सीधे-सीधे मेरी आँखों में आँखें डाल कर देखो, तो उसकी ओर पीठ करके उसे देखने पर ज़िद क्यों?

दास्तानी लहज़े के लिए यह दलील भी सही है कि काल सारा का सारा ही समय होता है, पल-पल नहीं, किन्तु इसी कारण यह भी तो पूछा जा सकता है कि तो फिर सामने का पल जी कर भी हम सारे के सारे काल में क्यों न नहा लें? वर्तमान काल में मुझे कई बार अपना भूतकाल सामने नज़र आ जाता है परन्तु यह भी तो हो सकता है कि भूत में भी मेरा अपना भविष्य सामने आया हो तो यह कहानी सुनिये—

जब एक मिडिल क्लास जोड़े को पता चला कि कोई सौ बरस बाद कोई विरले ही स्त्री और पुरुष इस योग्य रहेंगे कि सन्तान पैदा कर सकें तो उन्होंने अपने स्पर्म और ओवा को सुरक्षित करवा के वसीयत की कि हमारे बच्चे को हमारी मौत के सौ साल बाद उस समय पैदा किया जाये जब कोई निःसन्तान अरबपति उसे एक करोड़ डालर की कीमत पर ख़रीद ले।

'और यह रक़म'

हाँ। उन्होंने अपनी वसीयत में लिखा कि उस समय तक परलोक में मानव का यातायात आम हो चुका होगा। इसलिए यह रक़म हमें वहीं भेज दी जाये।

बोलिये! आप बड़ी सादगी से नेकियाँ कर-कर के दरिया में डालते जाइए कि मरने पर वहाँ पहुँचा दी जायेंगी। किन्तु ईश्वर के इन चालाक बन्दों को देखिए कि यहाँ भी ऐश लूट ली और वहाँ भी पूरे पैसे वसूल करने का प्रबन्ध कर लिया। कथा का सत्य झूठ-झूठ की त्वचा में भी अटल था परन्तु आज का सत्य जब सचमुच की त्वचा में भी अनहोना और एब्सर्ड लगता है तो हू-ब-हू कथाओं से कैसे बने? या फिर ऐसा हो कि कथाई रूप-रेखा से हमारे दौर की एब्सर्डिटी और तीखी हो जाये। मैं अपनी एक कहानी 'महाभारत' के आठवें अध्याय पर पहुँच कर बौखला सा गया था। मेरे युग की द्रौपदी, एक बाज़ारू औरत, अपने प्रेमी से इस तरह सम्बोधित है—'महाभारत की द्रौपदी के तो केवल पाँच पति थे, पाँचों बड़े भले, बड़े ज़िम्मेदार, परन्तु मेरी ओर देखो, मेरे अनगिनत पति हैं मगर सब के सब नाकारा और घटिया। किसी एक पर भी भरोसा नहीं किया जा सकता। मैं अकेली अपने जीवन का महाभारत कैसे लड़ूँ?'

इस पर विचार करना भी अत्यन्त रोचक होगा कि क्या आने वाली नस्लों को हमारी कहानियों में भी मिथ की चाप सुनाई देंगी? नहीं? क्यों? काफ़्का ने तो समकालीन मानव को बड़े विश्वास से एक जाइगेंटिक कॉकरोच के रूप में भावी नस्लों के रास्ते में ढकेल दिया, और मण्टो के 'टोबा टेक सिंह' में भी हमारे देखते-देखते एक पूरे द्वीप की मिट्टी पागल होकर हू-ब-हू मानव के शरीर में ढल आयी। अपनी एक कहानी 'ग्रीन हाउस' के अन्त पर पहुँचते-पहुँचते मैं भी यक़ीन करने लगा था कि कुल जहान में कोई एक व्यक्ति भी जीवित दिखाई देता है कि उसकी आत्मा आसमान के नीचे उसके गुनाह और गन्दगी

के ग्रीन हाउस की अन्दरूनी छत से टक्करें मार-मार कर अपने शरीर में लौट आयी है, अपने नरक जीने के लिए।

यह सच है कि कहानियाँ सदियों बाद मिथक को जन्म देती हैं, परन्तु ज़रा सोचिये अगर वे कुँआरी और अनछुई रह जायें तो मिथ क्या अपने आप पैदा हो जायेंगे? जिन्नों और परियों का उल्लेख भी किसी न किसी तरह वैज्ञानिक चेतना पर आधारित है। बल्कि वैज्ञानिक चेतना के बिना झूठी कहानियाँ अपना सच ढूँढ़ पाने में असफल रहती हैं। उर्दू में आधुनिकता की लहर आने पर प्रगतिवादियों ने मिथक, एब्सट्रैक्ट और एब्सर्ड कहानी का यद्यपि ऊपरी तौर से अपनी वैज्ञानिक चेतना के बलबूते पर कला से बाहर निकाल लिया, परन्तु सच्चाई यह है कि उनके पतन का सबसे प्रत्यक्ष कारण यही था कि वैज्ञानिक चेतना की घटनात्मक सतहें टटोलने के बजाय उन्होंने बस इसे नारा समझ लिया। वैज्ञानिक चेतना एस्थेटिक सतह पर भरपूर सृजनात्मक अनुभव के समानार्थ होती है। वैज्ञानिक सिर्फ़ दो और दो चार की सही गिनती करके चाँद पर न जो पहुँचे। उनकी इस निरन्तर चेष्टा में एक घटनात्मक रोमान का अविश्वसनीय साहस और ज़िद और विज़न का हाथ था। इस सुनिश्चित मानवीय तत्त्वों के बिना उनका सारा ज्ञान काग़ज़ पर धरा रह जाता है। प्रगतिवाद का कलात्मक पतन इसलिए अनिवार्य हो गया कि यथार्थ की आत्मा तक पहुँचने के बजाय उन्होंने ढाँचों को ही यथार्थ मान लिया। अब ढाँचे तो आप ही आप चलने से रहे।

जब आधुनिकता लोकप्रिय हुई तो समझदार पाठक की अपेक्षाएँ बँधने लगीं कि कहानी अब निर्धारित नियमों और सिद्धान्तों से आज़ाद होकर एब्सट्रैक्ट, प्रतीकात्मक, वर्णनात्मक और किसी भी युक्ति को सृजनात्मक और मौलिक ढंग से अपनायेगी और ऊपर-ऊपर से कोई अर्थ अदा करने की बजाय ज़िन्दगी की तरह अपने स्ट्रक्चर में अपने आप ही अर्थ बन जायेगी और यूँ एक समानान्तर ज़िन्दगी की झाँकी प्रस्तुत करने लगेगी और जैसे ज़िन्दगी बेज़ंज़ीर हरकत में मिथ और यथार्थ, भ्रामक और प्रत्यक्ष, सन्देह और विश्वास, संयोग और सामान्य या मेटाफ़र और वर्णन एक-दूसरे से इस प्रकार गुत्थम-गुत्था होते हैं कि एक दूसरे से अलग पहचान करना कठिन हो जाता है, वैसे ही वैज्ञानिक तथ्यों की काव्यात्मक चेतना बरत-बरत कर कहानीकार वीरानों में आवाज़ और रंग और खुशबू और हरकत का कुछ ऐसा समाँ बाँधेगा कि अनहोनी कहानियाँ पढ़ते हुए हमें ज़िन्दगी जिए जाने का भरपूर अहसास होता रहे। परन्तु जो हुआ वह यह कि आधुनिक कहानीकार अकादमी आलोचकों के आदेश धड़ाधड़ ऐसी कहानियाँ लिखने लगे जिनमें निर्धारित विषय-वस्तु पर जैसे ओढ़ी हुई तन्हाई, किताबी विद्रोह या निराशावाद या अस्वाभाविक मुहावरे का अघटित वर्णन हो और मिथ, एब्सट्रैक्ट, प्रतीक और एब्सर्डिटी के आधार पर ज़िन्दगी की विसंगतियों का निराकरण हो पाने की बजाय कथन की इन उपयुक्तियों की वीरान उन्नति होती रहे। सो न्युक्लाई शस्त्रों ने स्वयं चलित होकर नष्ट-भ्रष्ट का जो सामना करना था, खूब किया।

कई आधुनिक आलोचकों ने इसी हड़बोंग की चरम सीमा पर फ़ैसला सुनाया कि मण्टो की कहानी 'फुँदने' हमारी उर्दू की पहली नयी कहानी है, सो 'फुँदने' की मानसिक सर्कस

की नक़ल में ऐसी अनभोगी घटनाओं की कहानियाँ प्रकाशित होने लगीं, जिनमें दस-बीस रबड़ की गेंदों को अत्यन्त सफ़ाई से एक ही समय दो ख़ाली हथेलियों पर ऊपर-नीचे उछाला जा रहा हो। मण्टो ने तो बस एक ज़हीन सी शरारत की थी किन्तु चार लोगों ने उसके रिलीफ को ही नयी ज़िन्दगी की अत्यन्त गम्भीर साहित्यिक उपलब्धि कह डाला।

परन्तु समस्या उन बेराह चलने वालों की ही पैदा की हुई नहीं थी जिन्होंने कहानी से अनुभव के तार खींच-खींच कर उसे ख़ालिस भाषाई व्यायाम का हीला बना रखा था। समस्या उनके सामने भी थी जो अभी तक इसी भ्रम में थे कि घटनाओं को सजा बिठा कर व्यवस्थित रूप देने से ही कहानी पूरी हो जाती है। एक ओर तो बाह्य नयी शैली को अपने आप में महत्त्वपूर्ण समझ कर कहानी को बेरूह किया जा रहा था और दूसरी ओर अनुभूति की नयी सृजनात्मक उपयुक्तियों की अनिवार्यता भी कई क्लासिकियों को केवल इसलिए अस्वीकृत थीं कि वे नयी हैं। यद्यपि नयी कहानी की प्रस्तुति में कोई नया रंग-रूप बहरहाल अनिवार्य नहीं परन्तु यदि हो तो उससे बिदकना क्यों? जब सचमुच यह अहसास हो कि ज़िन्दगी अब कोई नया ठिकाना कर चुकी है और अनजानी राहें अख़्तियार किये बिना उस तक पहुँचना सम्भव नहीं तो नयी राह पर बिना झिझक क्यों न उतरा जाये? मंज़िलें सीधी लकीर पर टिकी न हों तो भटकना भी अच्छा लगता है। ज़िन्दगी अपने एडवेंचर के कारण ही तो जीने की तरंग पैदा करती है। किसी भटके हुए नये लेखक को अपने सृजन की तलाश में भटकने के बावजूद हठी पाकर मुझे विश्वास होने लगता कि सूर्योदय होते ही छिपे हुए ठिकाने उसकी आँखों में भर आयेंगे।

यह वास्तविकता बड़ी उत्साहकजनक है कि उर्दू कहानी की नयी पौध में कई एक प्रगतिवाद अथवा आधुनिकतावाद को किसी सिद्धान्त या क्लिशे की तरह नहीं मानते। वे खुले-खुले बेझिझक अपनी भुगती हुई घटना पर भरोसा करके निकल पड़ते हैं। उनमें से कँवर सेन की काठी यद्यपि पुरानी हो चुकी है फिर भी वह किसी ताज़ाकार के उत्साह और साहस से समकालीन ज़िन्दगी से कलात्मक और सृजनात्मक जान-पहचान का बीड़ा उठाए हुए है और जहाँ जैसे भी उससे मुठभेड़ हो जाती है, वह उसे अपनी 'तरगीब' या 'मांडवी' में बसाने में जुट जाता है। रशीद अहमद कहानी के गद्य में बड़ी दिलकश वैचारिक कविता किया करता है। उसका लाभ यह हुआ कि इधर कुछ वर्षों में उसने कहानी को जो कच्ची मिट्टी में उगाने की ठान ली, तो वह ज़मीनी होकर फूल-फूल उभरने लगी। 'वा मान्दगी ए शौक़' की फ़रख़न्दा लोदी तो शुरू में ही गीली मिट्टी को उँगलियों की पोरों में ले लेती है तो उसकी मुट्ठी खुलते ही हथेली पर जीवित छवियाँ दिखने लगती हैं। अहमद यूसुफ के कहानी क्षेत्र में रेखागणित की दुरुस्तता इतनी स्पष्ट है कि गुमशुदा उन्हें पढ़-पढ़ कर राह पर आ लगें। इसी तरह इलयास अहमद गद्दी की कहानी 'टॉम जैफरसन के पिंजरे', ख़ालदा हुसैन की 'मगड़ी', मिर्ज़ा अहमद बेग़ की 'मुग़ल सराय' और शफ़ी मशहदी की 'सब्ज़ परिन्दों का सफ़र' पढ़ कर उनकी पहचान ज़ेहन में और साफ़ होने लगती है और नयर मासूद की कहानियों में गुमशुदा अवधी संस्कृति को हू-ब-हू उसकी साँसों में बसा

लेने पर हम पर बशाश की उदासी तारी होने लगती है। नये लिखने वाले शहसवारों में से सलीम आग़ा क़जलबाश की कल्पना को घटनात्मक विश्वसनीयता से प्रस्तुत करती कहानी 'डेड लेटर ऑफिस', सलाम बिन रज़ाक़ की 'चेहरा', अहमद दाऊद की 'दुश्मनदार आदमी', अनवर कमल की 'चौराहे पर टँगा हुआ आदमी', अनवर ख़ान की 'रास्ते और खिड़कियाँ', तारक छतारी की 'नेम प्लेट', ज़किया मशहदी की 'नत्थू बुद्धू खैराती को घिन आती है', अली अवाम नक़वी की 'लक्का कबूतर', शौकत हयात की 'घड़ियाल', गजनफ़्फ़र की 'हैरतफ़रोश', साजद रशीद की 'जलते परों से उड़ान', कमर हसन की 'दीबाचा', शफ़क़ की 'दूसरा कफ़न', अब्दुल समद की 'बहुत देर की', हुसैन लहक्क की 'मुर्दा राडर' और मज़हर उज्जमा खाँ की 'आख़िरी तमाशा' इनकी फलदायक और सफल सहभागिता की आईनादार हैं।

नासर बग़दादी की कायनात की धुन्ध में लिपटे हुए जहाँ आपकी दस्तक की आवाज़ों के झुंड आपको 'अबद का तन्हा सफ़र' पर चढ़ा देते हैं वहीं नये सितारों की गैलेक्सी में और भी कई झुरमुट हैं। पाकिस्तान की साहित्यिक संस्थाओं के अन्दर और बाहर कहानियाँ बाँटते हुए अली हैदर मलिक, उमराओ तारीक, फिरदौस हैदर, सायरा हाशमी, ज़ाहिदा हिना, आसफ़ फ़र्रखी, क्यूमराही, हैदर कुरैशी, सुल्तान जमील नसीम, महमूद अहमद काज़ी और नये हिन्दुस्तानी कहानी के कारवाँ के इब्ने फ़रीद, गुलज़ार, सागर सरहदी, सुगड़ा मैदी, पैग़ाम अफाकी, बेग़ अहसास, हमीद सोहरावर्दी, मन्ज़र काज़मी, सुल्ताना सोबहानी, मुश्ताक़ मोमिन, अंजुम उस्मानी, मुश्ताक़ अहमद नूरी, शमोल अहमद, फ़रहत नवाज़ और दुबई के 'हाथ बेचने वालों' में से नजुल अहसन रिज़वी और फिरंगिस्तान के एक सीनियर कहानीकार सत्यपाल आनन्द, जतिन्द्र बिल्लू, कैसर तमकीन, शीन सग़ीर अदीब, मुस्तफ़ा क्रीम, मक़सूद इलाही, फ़िरोज़ मुकर्जी, सफिया सिद्दीक़ी, सईद अंजुम, ख़ालिद सुहैल, रज़ा उज़बार और न जाने कितने ही और भी ये सभी अपनी उसी एक माँ उर्दू कहानी के लाल और गोहर हैं जो वक़्त के थपेड़ों में लीरा-लीरा बह कर दुनिया भर के कई ठिकानों पर जा बसी है और अपने टुकड़ों की साक्षी किताबों में जोड़-जोड़ कर एक ही छब में सैकड़ों रंग देख लेती है और खुशी से फूली नहीं समाती। कभी एक छोटा सा बीज था, मगर बीज को पानी मिलता रहे तो उसे चाँद और मंगल पर भी जा उगाओ। नयी फ़सलें वास्तव में आदम की ज़्यादा लम्बी आयु और बेहतर सूझबूझ की प्रतिनिधि होती हैं। इसीलिए मैं इनसे निराश नहीं हूँ कि इन बड़ी नसलों के लिखने वालों की कहानियाँ हर दौर में ज़िन्दगी की नित नयी बस्ती की सृजनात्मक टोहें देती रहेंगी। दीवानों में कमी न आये तो रेगिस्तान भी झीलें उगलने लगती हैं।

❑❑

अनुवांशिकी

युनुस अगसकर (शायर, 1976) के साथ हुए एक साक्षात्कार में इस्मत चुग़ताई ने दावा किया कि उनका पैतृक वंश चंगेज़ ख़ान (1161 ई.-1227 ई.) से जुड़ता है। वैसे कुछ निश्चित नस्लीय विशेषता उनके परिवार और मंगोल के बीच मिलती हैं लेकिन उनके इस दावे को अनुवांशिक रूप से प्रमाणित नहीं किया जा सकता। चुग़ताई परिवार में किसी के पास भी चग़ताई ख़ान (1242) से सीधे सम्बन्ध का सबूत नहीं है। चौदहवीं और पन्द्रहवीं शताब्दी के बीच चग़ताई खानदान की कुछ कड़ियाँ ग़ायब हैं।

कैदु ख़ान बोदुनचार का पाँचवाँ पीढ़ी है, एलनकोआ की अवैध सन्तान। कैदु ख़ान से येसुगीप बगातुर का वृक्ष कुछ इस तरह से है।

कैदु ख़ान

बाई सिंगकोर   चर्गा लिंगकम

तुमबिना-सेचेन

क़ाबुल ख़ान

ओकिन-बरकाक   बरतन-बगातुर   खुतुखतु-मुनग्गुर   कुतुला   तीन अन्य लड़के

मोंगेदू-कियान   नेकुन-तैशी   होऐलुन + येसियुगी बगातुर + सुचिगई   दा अरिताई-ओत्चिगेन

हो एलुन, तेमुचीन की माँ जिसने 1206 में चंगेज़ ख़ान की उपाधि धारण की

चंगेज़ ख़ान + बोर्ते बातुर

दि. 18.08.1227

चग़ताई	ओगोदेई ख़ान	तोलुई
1185-1242	दि. 1242	दि. 1233
कारा ओगोई	तोर्गेन	सोरकक्तानी

चग़ताई ख़ान, चंगेज़ ख़ान के सबसे बड़े पुत्र ने चग़ताई खनाते स्थापित किया 1227 ईसवी में। ऐसा माना जाता है कि अपने पिता के जीवन काल में ही उसे यास्स, मंगोल के आदिवासी रिश्तेदारों, पर सबसे अधिक अधिकार प्राप्त था। जैसा कि चंग़ेज़ ख़ान ने दर्ज किया है। अपने भाइयों की तरह उसने अपने पिता के चीन (1211-12) और ख्वरिज्म शाह की सल्तनत (1210-1224) के विरुद्ध अभियानों में भाग लिया। इसलिए चग़ताई का साहित्य प्रेमी होने का इस्मत चुग़ताई का दावा पूरी तरह ठीक नहीं है।

चग़ताई ख़ान को पाँच लड़के थे। उसके सबसे बड़े लड़के मोएतुकेन बामियान (अब अफ़ग़ानिस्तान) के युद्ध में मारा गया 1222 ईसवी में (रोजत्तुस्सफ खंड 5, पृ. 35)। इससे एक नरसंहार शुरू हुआ। गर्भवती महिलाओं के पेट चीरे गये और बच्चों का सर काट दिया गया। उनकी माँओं के मरने से पहले। शहर के कुत्तों और बिल्लियों को भी नहीं बख्शा गया। इसलिए इस्मत का दावा कि चग़ताई हलाकु की तरह हिंसक नहीं थी का सबूत नहीं है।

चग़ताई ख़ान

मोएतुकेन	येसु मंगक (1246/664)	बेदार	सरबन

क़दाक़ाची सेचेन	क़ारा हुलेगु (1244/642)	येसुन्दुआ

येसुन्दुआ
गियसुद्दीन बराक (1266/664)
दुआ (1282/681)

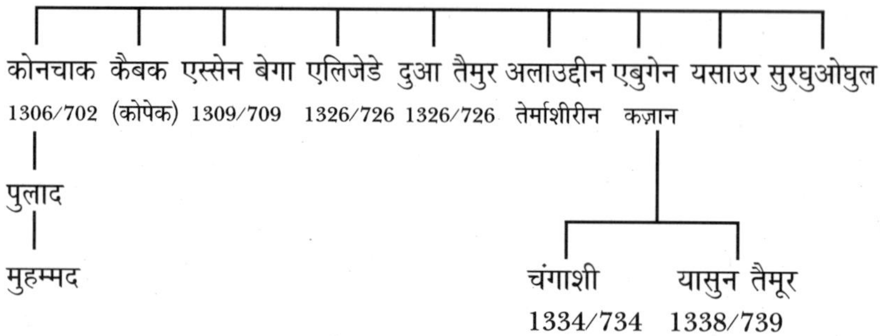

पन्द्रहवीं सदी के बाद, चग़ताई उपनाम का चग़ताई ख़ान के वंशजों ने उपयोग नहीं किया, लेकिन उसके बाद, यह पद साहित्य, कला और संस्कृति के लिए भी उपयोग होने लगा था। चग़ताई साहित्य ने अपना क्लासिक रूप तैमूर वंश (1405-1507) के सरंक्षण में अख़्तियार किया, जिसके अन्दर पूर्ववर्ती उलुस चग़ताई का अधिकांश क्षेत्र शामिल था।

वैसे पहले पहल चग़ताई पद का पन्द्रहवीं सदी के लेखकों (जिन्होंने इस भाषा को तुर्की कहा) के साहित्य पर मुश्किल से लागू होता था। बाद में इसने दोनों पूर्वी और पश्चिमी विद्वानों, विशेषकर उन्नीसवीं सदी में यह रूप अपनाया।

चग़ताई को पूर्वी तुर्की साहित्यिक भाषा के रूप में भी जाना जाता है जो काराखनिद और ख़्वारिजमियान तुर्की साहित्यिक भाषा से विकसित हुआ।

चग़ताई साहित्य को कभी-कभी पुराना उजबेक भी सन्दर्भित किया जाता है चग़ताई के सबसे समीप आधुनिक भाषा उजबेक है।

अपने विकास में चग़ताई साहित्य फ़ारसी तरीक़ों से बहुत अधिक प्रभावित है, विशेषकर कविता में, फ़ारसी पद्य रूप, रोमानी विषय, और काव्यात्मक कल्पना और शब्दावली को पूरी तरह अपनाया गया। निश्चित तुर्की छन्द रूप (उदाहरण तुयुग) भी अरबी फ़ारसी के मीटर व्यवस्था की पुष्टि करते हैं, दूसरी तरफ़ फ़ारसी प्रभाव से अपेक्षाकृत बचे भी थे।

पन्द्रहवीं सदी को चग़ताई साहित्य में स्वर्णिम युग के रूप में चिह्नित किया जाता है। सदी के पूर्वार्द्ध में इसके मुख्य केन्द्र समरकन्द, शिराज, और हेरात में तैमूरी दरबार थे जहाँ सकाकी, लुत्फ़ी और अताई जैसे कवि सक्रिय थे। यह अपने चरमोत्कर्ष पर सदी के उत्तरार्द्ध में पहुँचा जिसमें काव्यात्मक और गद्य में नेवाई (1441-1530) का काम था जो हेरात में बैकरा में सुल्तान हुसैन के दरबार में थे। सोलहवीं सदी में चग़ताई साहित्य को ट्रांसोजियाना में शैबानिद उजबेक ने संरक्षण दिया जिसके दरबार में चग़ताई इतिहास लेखन

विकसित हुआ। इसे भारत में स्थापित तैमूर वंश ने भी संरक्षण दिया। बाबर (1483-1530) ने। श्रेष्ठ कवि नेवाई के बाद बाबर को ही बेहतरीन चग़ताई गद्य लेखक के रूप में याद किया जाता है।

यह सामने आता है भारत में जहाँगीर तक कि मुग़ल दरबार में चग़ताई भाषा का इस्तेमाल होता था, जिसने लाहौर से शासन किया, शाहजहाँ ने प्रशासन, दरबार और संस्कृति में बहुत से बदलाव किये। 1648 में उसने शाहजहानाबाद की नींव रखी और आगरा से राजधानी यहाँ ले आया, इस प्रक्रिया में एक नयी भाषा उभरी, अपनी बुआ के लिए इस्मत लिखती हैं :

"हम लोग यानी चुग़ताई अकबर बादशाह के खानदान से थे, जिन्होंने मेरे ननिहाल के सलीम चिश्ती को पीर कहा था। मगर फूफ़ी कहतीं "खाक पीर की दुम! मजावर थे।"

इस्मत चुग़ताई तथ्यों से भ्रम में पड़ गयीं। क्योंकि भारत के मुग़ल सच में चग़ताई ख़ान के वंशज नहीं थे। वे अपने को चुग़ताई, भाषिक और साहित्यिक परम्परा जिससे वे जुड़े थे उसके कारण कहते थे। चुग़ताई साहित्यिक और सांस्कृतिक पद था।

सत्रहवीं और अठारहवीं सदी के चुग़ताई साहित्य को मुख्यतया नेवाई के काव्यात्मक कार्यों की नक़ल से पहचाना जाता है। उन्नीसवीं सदी में इसने खिवा के खनाते और खोखंड के पतन के पहले अपना पुनरुत्थान देखा सोवियत सेंट्रल एशियन रिपब्लिक्स (1924) के सीमांकन और बोली जाने वाली भाषाओं पर राष्ट्रीय साहित्यिक भाषा के विकास के बाद।

इस्मत चुग़ताई का परिवार जो अब विश्व भर में लन्दन, कराची, बम्बई, न्यूयॉर्क, जेद्दा, इस्लामाबाद, लाहौर, दिल्ली और अलीगढ़ में फैल गया है, का कोई शिजरा उपलब्ध नहीं, जो इन चग़ताइयों से चग़ताई ख़ान, चंगेज़ ख़ान के पुत्र से सीधे सम्पर्क का उल्लेख कर दें। इनकी शिजरें इनका मूल कान'न बताते हैं, यह आधुनिक इराक़ के पूर्वी सीमा पर एक शहर है। इन शिजरों में पहला नाम अमीर शम्सुद्दीन मिर्ज़ा चग़ताई काननी का है। इनके नाम से जुड़ी उपाधि 'अमीर' एक द्वैध निर्मित करता है। यह बताता है कि वे महत्त्वपूर्ण रहे होंगे एक नायक या शासक के रूप में। प्रश्न यह है कि वे एक साथ 'अमीर' और 'चग़ताई' कैसे हो सकते हैं। 'चग़ताई' नाम सुझाता है कि वे चंगेज़ ख़ान के वंशज हैं। तब 'अमीर' उपनाम क्यों इस्तेमाल हुआ। तारीख़ का उल्लेख नहीं, लेकिन हो सकता है कि 1750 तक रहे हों।

इस्मत की माँ नुसरत ख़ानम (नच्छो), रुकसाना ख़ानम (जन्म 1787 ईसवी, मृत्यु 13 अप्रैल 1967) और मिर्ज़ा क़ासिम बेग़ चुग़ताई (जन्म 1861, मृत्यु 3 दिसम्बर 1936) से चार बेटियाँ और छह बेटे हुए जो इस प्रकार हैं :

	जन्म	स्थान	मृत्यु	स्थान
रिफ़त ख़ानम (बड़ी आपा)	1895	आगरा	1986	पेशावर
नसीम बेग़ (नन्हे भाई)	1897	आगरा	10.3.1986	कराची
अज़ीम बेग़ (मुन्ने भाई)	1899	आजमगढ़	20.8.1941	जोधपुर
फ़रहत ख़ानम (बाजी)	1901	-	1964	रामपुर
अज़मत ख़ानम (छोटी आपा)	1903	लखनऊ	1987	बम्बई
वसीम बेग़ (एम भाई)	9.6.1905	-	1983	जयपुर
जसीम बेग़ (जस्सु)	7.3.1905	-	16.11.1950	कराची
शमीम बेग़	1909	कानपुर	1978	कराची
इस्मत चुग़ताई	21.8.1911	बदायूँ	24.10.1991	बम्बई
असीम बेग़	1913	बदायूँ	22.9.1984	कराची

इस्मत के मातृ पूर्वज पर एक टिप्पणी

इस्मत चुग़ताई के मातृ पूर्वज विद्वत्ता के पैमाने और सामाजिक समझ को जो उनके पीढ़ियों से चली आयी है इस तरफ़ साफ संकेत करता है कि यह इमामों, काज़ियों और शेख़ की परम्परा है। यह इस्लाम के तीसरे ख़लीफ़ा हज़रत उस्मन इब्न अफ़न तक जाता है।

एक शेख़ का अभिधात्मक अर्थ होता है बुजुर्ग व्यक्ति। इस शब्द का विशेष अर्थ है आध्यात्मिक शिक्षक, एक गुरु सूफ़ी क्रम का शीर्ष, जो अरबी में भी मुर्शिद (राह दिखाने वाला) है। इस अर्थ में ईरान और भारत में इसका समानार्थी है पीर। जिसका शेख़ के बदले अक्सर इस्तेमाल होता है।

इस्मत ने अपने मातृ और पितृ पूर्वज की वंश परम्परा में अन्तर सख़्ती से महसूस किया था। 'बिच्छो फूफ़ी' में वे लिखती हैं :

कितना ज़मीन और आसमान का फ़र्क़ था हमारे ददिहाल और ननिहाल वालों में। ननिहाल हकीमों की गली में थी और ददिहाल गाड़ीबानों के कटड़े में ननिहाल वाले सलीम चिश्ती के खानदान से थे जिन्हें मुग़ल बादशाह ने अपने पीर का दरजा देकर निजात का रास्ता पहचाना। हिन्दुस्तान में इसे बसे बहुत समय गुज़र चुका था। यादें धुँधला चुकी थीं, मिजाज़ दण्डे हो गये थे।

ददिहाल वाले बाहर से सबसे आखिरी खेप में आने वालों में से थे। दिमाग़ी तौर पर अभी तक घोड़ों पर सवार मंज़िलें मार रहे थे। खून में लावा दहक रहा था। खड़े-खड़े तलवार जैसे चित्र, लाल फिरंगियों जैसे मुँह, गोरिलों जैसा क़द, शेरों जैसी गर्जदार आवाज़ें, शहतीर जैसे हाथ-पाँव।

और ननिहाल वाले, नाज़ुक हाथ-पैरों वाले, शायराना मिजाज़ के धीमी आवाज़ में

बोलने-चालने वाले। अधिकतर हकीम, आलिम और मौलवी थे। जभी मोहल्ले का नाम हकीमों वाली गली पड़ गया था। कुछ कारोबार में भी हिस्सा लेने लगे थे। मेरे ददिहाल वाले ऐसे लोगों को कुंजड़े, कसाई ही कहा करते थे। क्योंकि वह खुद अधिकतर फ़ौज मे थे। वैसे मार-धाड़ का शौक़ अभी तक नहीं हुआ था। कुश्ती-पहलवानी, तैराकी में नाम पैदा करना, पंजा लड़ाना, तलवार और पटे (लाठी) के हाथ दिखाना और जो सर पचीसी को जो मेरे ननिहाल के सबसे पसन्दीदा खेल थे।

इस्मत के मामा शेख़ शम्सुद्दीन महाराजा जोधपुर के रिसालदार थे। इस्मत ने अपनी कहानी 'मुग़ल बच्चा' उन पर लिखी थी। उनको सन्तान नहीं थी लेकिन उन्होंने इस्मत चुग़ताई के बड़े मामा, शेख़ ज़फ़र हुसैन उस्मानी को गोद लिया था।

शेख़ ज़फ़र हुसैन उस्मानी जोधपुर में बड़े हुए और तत्पश्चात महाराज के द्वारा नौकरी पर रखे गये। बाद में उनका विवाह बादशाही ख़ानम की पहली लड़की से हुआ। इस्मत ने अपनी बुआ बादशाही ख़ानम जिसका नाम बिच्छो फूफ़ी था का एक ख़ाका लिखा, मुसर्रत ख़ान जिनकी शदी शेख़ ज़फ़र हुसैन उस्मानी से हुई थी ने मज़हर हुसैन उस्मानी, अज़हर हुसैन उस्मानी और शौकत को जन्म दिया।

इस्मत के ममेरे भाई अज़हर हुसैन उस्मानी, उनके मामा के लड़के, जो कराची में रहते हैं पेशे से डॉक्टर हैं और जिनका घर का नाम जुगनू है।

सन्दर्भ

1. ख़ान बहादुर मिर्ज़ा क़ासिम बेग़ चुग़ताई का शिजरा श्रीमती सलमा इरानी बम्बई, मिर्ज़ा अलीम बेग़ चुग़ताई, मिर्ज़ा असीम बेग़ चुग़ताई, कराची और अन्य से प्राप्त
2. शिजरा-ओ-उस्मानी सिराज अहमद चिस्ती उस्मानी, जवाहर फ़रीदी असगर फ़रीदी चिस्ती सम्पादित, लाहौर 1884 ईयवी/1033 हिजरी
   शिजरा-ए-चंग़ेज़ी, शिजरा-ए-तैमूरी, शिजरा-ए-चग़ताई
3. अलवर्थ, ए, *उजबेक लिट्रेरी पोलिटिक्स,* 1964
4. ब्राउन, ईजी, *ए लिट्रेरी हिस्ट्री ऑफ़ पर्सिया,* 1928
5. एकमैन, जे, *चग़ताई मैनुअल,* 1966
6. बार्थटोल्ड, विल्हेम, *फ़ोर स्टडीज ऑफ़ द हिस्ट्री ऑफ़ सेंट्रल एशिया,* अनु. वी और टी मिनोर्स्की (1956-1962)
7. ग्रोसेट, रेने, *द एम्पायर ऑफ़ द स्तेप्प्स,* नाओमी वालफोर्ड द्वारा सम्पादित, 1970
8. हैम्बली, गी. (संपा.), *सेंट्रल एशिया,* 1969
9. रिपका, जे., *हिस्ट्री ऑफ़ इरानियन लिट्रेचर,* 1968
10. सब्टलनी, मी. अली शायर निवाई, बख़्सी और बेग़, *हार्वर युक्रेनियन स्टडीज,* 3/4 (1979-80), भाग-2, पृ. 797-907

(इस्मत चुग़ताई की यह 'अनुवाशिंकी' ***अब्दुल्लाह*** *के द्वारा तैयार की गयी है जिन्होंने उनकी ज़िन्दगी के सफ़रनामे 'रहगुज़र' का संकलन भी किया है।)*

स्रोत

- रहगुज़र, मोहम्मद अब्दुल्लाह, इस्मत हर लाइफ़ हर टाइम्स, कथा, दिल्ली, 2000
- लिहाफ़, सॉरी मम्मी, वाणी प्रकाशन, नयी दिल्ली, 2005
- नन्ही की नानी, सॉरी मम्मी, वाणी प्रकाशन, नयी दिल्ली, 2005
- दोज़ख़ी, चोटें, साक़ी बुक डिपो, दिल्ली, 1942
- बम्बई से भोपाल तक, उर्दू में रिपोर्ताज़निगारी, सं. अब्दुल अज़ीज़, मकतबा, शाहदरा, दिल्ली, 1997
- तरक़्क़ीपसन्द अदब और मैं, इस्मत हर लाइफ हर टाइम्स, कथा, दिल्ली, 2000
- ग़ुबारे-कारवाँ, क़ाग़जी है पैरहन, उर्दू संस्करण
- उन ब्याहताओं के नाम, गुनहगार, इस्मत चुग़ताई, वाणी प्रकाशन, नयी दिल्ली, 2008
- कुछ और टुकड़े, इस्मत चुग़ताई, गुनहगार, वाणी प्रकाशन, नयी दिल्ली, 2008
- सिने निर्माता और पटकथा लेखक, इस्मत हर लाइफ हर टाइम्स, कथा, दिल्ली, 2000
- मिर्ज़ा अदीब, नक़ूश, 122, जनवरी, 1977
- सआदत हसन मण्टो, इस्मत चुग़ताई (मोनोग्राफ़), नये अदब के मेमार, कुतुब पब्लिशर्स लिमिटेड, बम्बई, 1949
- कृष्ण चन्दर, चोटें, साक़ी बुक डिपो, दिल्ली, 1942
- पितरस बुख़ारी, नक़ूश, 75-76, सितम्बर 1959
- वज़ीर आग़ा, इस्मत के निस्वानी किरदार, माने और तनाजुर, मकतबा नर्दबान सरबोधा, पाकिस्तान, दिसम्बर, 1998
- वारिस अलवी, इस्मत के निस्वानी किरदार, माने और तनाजुर, मकतबा नर्दबान सरबोधा, पाकिस्तान, दिसम्बर, 1998
- मुहाफ़िज़ हैदर, किताबनामा (मासिक), नयी दिल्ली, जनवरी, 1988
  मो. सादिक़, अदब के सरोकार, समर आफ़सेट प्रेस, नयी दिल्ली, 1996
- शम्सुल हक़ उस्मानी, कुछ टिप्पणियाँ, ज़ेहने-ज़दीद (उर्दू, त्रैमासिक), नयी दिल्ली, दिसम्बर-फ़रवरी, 1992
- ख़ालिद लतीफ़, नक़ूश का शख़्सियात अंक (47-48), लाहौर, 1995

स्रोत :: 313

- मोहम्मद हसन अस्करी, मुकालमात, सं. सीमाब अहमद ख़ान, नयी दिल्ली, दिसम्बर, 1991
- सलमा सिद्दीक़ी, मुकालमात, सं. सिमाब अहमद ख़ान, नयी दिल्ली, दिसम्बर, 1991
- पद्मा सचदेव, दीवानखाना, राजकमल प्रकाशन, नयी दिल्ली, 1980
- पोम-पोम डार्लिंग, इस्मत चुग़ताई, छुईमुई, 1952
- लेडी चंगे़ज़ ख़ान, कुर्रतुलएन हैदर, आजकल उर्दू, 2015
- पाकिस्तान यात्रा से एक ख़त
- जिलानी बानो को ख़त
- आशीष के नाम ख़त
- मुहम्मद तुफ़ैल के नाम ख़त, नक़ूश, 101, नवम्बर, 1964
- रामलाल के नाम ख़त, ज़ेहने-ज़दीद (उर्दू, त्रैमासिक), नयी दिल्ली, दिसम्बर-फ़रवरी, 1992
- उर्दू कहानी का आगा-पीछा—जोगिन्दर पॉल, बे-इस्तिलाह, तख़लीक़कार प्रकाशन, नयी दिल्ली, 1998
- अनुवांशिकी, अब्दुल्लाह द्वारा संकलित।

आभार

बहुत जद्दोजहद के बाद इस किताब का प्रकाशन हो पाया है। 'जद्दोजहद' का जान बूझ के इस्तेमाल किया गया है क्योंकि जब हमने पाठों की तलाश शुरू की तो मूल उर्दू में कुछ पाठ मिलने में बहुत सी मुश्किलें हुईं। लेकिन इन मुश्किलों को हल करने के लिए हमेशा कोई न कोई आगे आता रहा। सबसे पहले ज़फ़र इक़बाल का आभार जो किताब की योजना बनाने के साथ ही हमसे जुड़े थे। सुधांशु फ़िरदौस और महेन्द्र साहनी ने भी त्वरित मदद मुहैया की। फ़ैज़ुर्रहमान सैफ़ी ने दिल्ली विश्वविद्यालय के पुस्तकालय में हमारे साथ अपने भी हाथ काले किये, उनकी वजह से बहुत से पाठों तक हम पहुँच सके। गीता धर्मराजन और 'कथा' इस किताब की बुनियाद में हैं। सादिक़ साहब ने भी हमें रास्ता बताया। 'आजकल उर्दू' की उप-सम्पादक और साहित्य अकादेमी के पुस्तकालय कर्मचारी ने दो महत्त्वपूर्ण पाठ खोजने में हमारी मदद की। देवेश इस किताब का अभिन्न अंग बन चुका है लेकिन उसका आभार भी लाज़िम है। अनुवादकों ने भी उपयुक्त समय पर अनुवाद उपलब्ध कराया। ख़ासतौर पर श्री प्रदीप 'साहिल' का आभार जिन्होंने दो लेखों का लिप्यन्तरण किया है।

इस्मत चुग़ताई के नवासे आशीष साहनी के हम बेहद शुक्रगुज़ार हैं जिन्होंने तस्वीरों को छापने की अनुमति हमें दी। इससे किताब को एक अलग कलेवर मिला। और सबसे अन्त में ज़ुबैर रिज़वी साहब, जिन्होंने 'ज़ेहने-ज़दीद' का एक बहुत पुराना अंक हमें उपलब्ध कराया। अफ़सोस कि यह किताब उनके हाथों में न पहुँच सकी। उन्हें श्रद्धांजलि। वाणी प्रकाशन की पूरी टीम का आभार। यह कहना ज़रूरी है कि आभार मात्र औपचारिकता नहीं, बल्कि यह स्वीकृति है कि आप सब के बिना इस किताब का सामने आना सम्भव नहीं हो पाता।

लेखक परिचय

अब्दुल्लाह : दिल्ली विश्वविद्यालय से सम्बन्धित उर्दू के विद्वान। आपने इस्मत चुग़ताई पर वर्षों तक महत्त्वपूर्ण शोध करके इस्मत और उनके काम के बारे में ज़रूरी जानकारियाँ इकट्ठी की हैं।

कुर्रतुलएन हैदर : अलीगढ़ में जन्म और लखनऊ में शिक्षा जहाँ से अंग्रेज़ी में स्नातकोत्तर किया। आपके पिता आधुनिक उर्दू कहानी की नींव रखने वालों में से एक थे और माँ अपने समय की मशहूर उपन्यासकार थीं। उपन्यासों और कहानियों के बहुत से संग्रह प्रकाशित हुए जो अन्य भारतीय और विदेशी भाषाओं में भी अनुवादित हुए। बहुत से साहित्यिक सम्मान प्राप्त हुए जिनमें भारतीय साहित्य जगत का सर्वोच्च पुरस्कार ज्ञानपीठ भी शामिल है जो 1990 में मिला। साहित्य अकादेमी की फेलो भी रहीं।

कृष्ण चन्दर : अंग्रेज़ी में एम.ए. किया लाहौर से और अपने पहले ही संग्रह तस्लीम-ए-ख़याल से उर्दू के महत्त्वपूर्ण कहानीकार के रूप में उभरे। बहुत से कहानी संग्रह और उपन्यास प्रकाशित। भारत सरकार द्वारा पद्म भूषण से सम्मानित। 1977 में मृत्यु। उर्दू कहानी का बेहद महत्त्वपूर्ण नाम।

ख़ालिद लतीफ़ : शाहिद लतीफ़ के भाई। आप इस्मत चुग़ताई और शाहिद के बेहद क़रीब थे। इस्मत पर आपका लेख इस्मत के व्यक्तित्व पर नयी रोशनी डालता है।

जोगिन्दर पॉल : 1925 में स्यालकोट में जन्म। विभाजन के समय भारत आये। केन्या में पन्द्रह वर्ष शिक्षा अधिकारी रहे और उसके बाद औरंगाबाद के एक महाविद्यालय में प्राचार्य। तय अवधि से पहले सेवानिवृत्ति ले ली ताकि सारा समय लेखन को दे सकें और दिल्ली आ बसे। उर्दू के प्रख्यात कथाकार। बहुत से कहानी संग्रह, उपन्यास और लघु उपन्यास प्रकाशित जिनमें 'धरती का काल', 'ख्वाबरो', 'खुला', 'बे इरादा' इत्यादि शामिल हैं। आपको बहादुर शाह ज़फ़र समान, इक़बाल सम्मान आदि से सम्मानित किया गया है।

पद्मा सचदेव : संस्कृत के विद्वानों के परिवार में जन्म हुआ। 1955 में डोगरी में पहली कविता प्रकाशित। 1969 में कविताओं का पहला संग्रह 'मेरी कविता मेरे गीत' प्रकाशित

हुआ जिसके लिए 1971 में साहित्य अकादेमी पुरस्कार मिला। अपनी भाषा डोगरी के प्रोत्साहन के लिए आपने अथक प्रयास किया। दो उपन्यास, कहानियों का एक संग्रह और कविताओं के संग्रह डोगरी और हिन्दी में प्रकाशित हैं। आपको बहुत से साहित्यिक सम्मान भी मिले हैं।

पितरस बुख़ारी : 1898 में पेशावर में जन्म, गवर्नमेंट कालेज लाहौर और कैम्ब्रिज विश्वविद्यालय में अध्ययन। लाहौर में सात साल तक अंग्रेज़ी के प्रोफ़ेसर रहे। आल इंडिया रेडियो के कंट्रोलर भी थे। 1955 में यूएनओ के सूचना विभाग में महासचिव नियुक्त किये गये थे। पहले एशियाई जिसको यह नौकरी मिली। 1958 में इंतक़ाल के समय वे कोलम्बिया विश्वविद्यालय में अंग्रेज़ी के प्रोफ़ेसर थे। उन्होंने अपने लेखों का संग्रह 'पितरस के मज़ामीन' शीर्षक से प्रकाशित करवाया जो बहुत लोकप्रिय हुआ।

मुहाफ़िज़ हैदर : 1928 में हैदराबाद में जन्म। 1949 से आल इंडिया रेडियो के साथ लेखक और अस्थायी निर्माता के तौर पर जुड़े। बम्बई में फ़िल्म और टेलीविज़न के लिए पटकथा और संवाद लेखन भी किया। उर्दू अदब के रिसालों के लिए उन्होंने लेख और कहानियाँ भी लिखीं और फ़िल्म एवं लेखक संगठनों में कई पदों पर कार्य भी किया।

मिर्ज़ा अदीब : पाकिस्तान के जाने माने नाटककार और कथाकार। तरक़्क़ीपसन्द तहरीक़ से भी जुड़े रहे और बहुत सी पत्रिकाओं का सम्पादन किया जिसमें 'अदब-ए-लतीफ़' भी शामिल है।

मोहम्मद सादिक़ : शिक्षा दीक्षा उज्जैन और औरंगाबाद में हुई। दिल्ली विश्वविद्यालय में उर्दू के विभागाध्यक्ष रहे। उर्दू अकादमी, दिल्ली के सचिव भी रहे। एक स्थापित आलोचक और कवि। भारतीय भाषाओं के साहित्य में गहरी रुचि और 'एवान-ए-उर्दू' उर्दू की पत्रिका के सम्पादक, बच्चों की पत्रिका 'उमंग' के भी सम्पादक रहे। आलोचना की दो किताब तरक़्क़ीपसन्द तहरीक़ और उर्दू अफ़साना और अदब के सरोकार प्रकाशित। कविताओं के तीन संग्रह प्रकाशित और पहले संग्रह के लिए मध्य प्रदेश सरकार का ग़ालिब सम्मान प्राप्त।

मोहम्मद हसन अस्करी : 1919 में जन्म। इलाहाबाद से अंग्रेज़ी में एम.ए. करने के बाद दिल्ली में एंग्लो अरबी कालेज में अध्यापन। ऑल इंडिया रेडियो के लिए पटकथा लेखन किया। उर्दू में किये गये पाश्चात्य साहित्य के कुछ अनुवाद बेहद चर्चित रहे। प्रगतिशील लेखन और उसकी विचारधारा के असर में इनके लिखे कुछ सशक्त लेखों ने प्रगतिशील आन्दोलन के लिए नया मोर्चा खोला। 1947 में लाहौर विस्थापित। सआदत हसन मण्टो के साथ उर्दू पत्रिका 'उर्दू अदब' का सह सम्पादन किया। उनकी आलोचनात्मक कृतियों

'आदमी और इनसान', 'सितारा या बन्धन' और 'वक़्त की रागिनी' के साथ साथ उनकी कहानियों का संग्रह 'जज़ीरे' भी प्रकाशित हुआ है। 1978 में कराची में इंतक़ाल।

वज़ीर आग़ा : उर्दू के अप्रतिम कवि और आलोचक, शीर्ष पत्रिका 'औराक़', पाकिस्तान के सम्पादक। आपने आलोचना की आधुनिक सैद्धान्तिकी और साहित्य की समझ विकसित करने के लिए अपने लेखन और पत्रिका के ज़रिये बहुत काम किया। आपकी कविताएँ बहुत सी भाषाओं में, जिसमें अंग्रेज़ी और हिन्दी भी शामिल है, में अनूदित हुईं। कुछ महत्त्वपूर्ण प्रकाशन हैं–'उर्दू शायरी का मिज़ाज', 'दिन का ज़र्द पहाड़', 'आधी सदी के बाद', 'चहक उठी लफ़्ज़ों की छागल'।

वारिस अलवी : 1928 में जन्म। अहमदाबाद के एक कालेज से अंग्रेज़ी विभाग के अध्यक्ष के रूप में सेवानिवृत्त हुए। आपने गुजराती में नाटक और उर्दू में आलोचना की बारह किताबें लिखीं। उनमें से सबसे उल्लेखनीय मण्टो पर हैं। उर्दू के महत्त्वपूर्ण आलोचक। आप साहित्य अकादेमी, गुजरात के अध्यक्ष भी रहे।

सआदत हसन मण्टो : लुधियाना, पंजाब के समराला में 1912 में जन्म। 1941 में एक साल के लिए ऑल इंडिया रेडियो में नौकरी की और सौ के करीब रेडियो नाटक लिखे। ऑस्कर वाइल्ड का उर्दू अनुवाद किया। जीविकोपार्जन के लिए बम्बई में फ़िल्मों के संवाद भी लिखे। आधुनिक उर्दू कहानी में मण्टो एक महत्त्वपूर्ण नाम है। इस्मत चुग़ताई के साथ मण्टो को भी कहानियों में अश्लीलता फैलाने का इल्ज़ाम लगाकर अदालत में सम्मन किया गया था। उनकी कुछ प्रसिद्ध कहानियाँ हैं–'टोबा टेक सिंह', 'नया क़ानून', 'हतक़', 'ठंडा गोश्त', इत्यादि। 1955 में लाहौर में इंतक़ाल हुआ। समाज का दोहरापन, हिंसा, बेबाकी और विभाजन की पीड़ा इनकी कहानियों का मूल स्वर है।

सलमा सिद्दीक़ी : प्रोफ़ेसर राशिद अहमद सिद्दीक़ी की बेटी, प्रख्यात उर्दू अफ़साना निगार कृष्ण चन्दर की पत्नी और अलीगढ़ मुस्लिम विश्वविद्यालय में प्रख्यात व्यंग्यकार और आलोचक सलमा सिद्दीक़ी ने उर्दू अफ़सानानिगारों और व्यंग्यकारों के बीच अपनी निजी पहचान बनाई। आप अपनी किताब 'सिकन्दर नामा' के लिए जानी जाती हैं।

शम्सुल हक़ उस्मानी : 1948 में जन्म। जामिया मिलिया इस्लामिया से उर्दू में पीएच.डी. विद्यालय शिक्षक के तौर पर कैरियर शुरू किया और बाद में प्रोफ़ेसर बने। उनकी दो किताबें 'नज़ीर नामा' और 'बेदी नामा' प्रकाशित हुई हैं।